Una vida perfecta

La historia completa
del Señor Jesús

John MacArthur

Grupo Nelson
Una división de Thomas Nelson Publishers
Desde 1798

Edición: *Madeline Díaz*
Adaptación del diseño al español: *Grupo Nivel Uno, Inc.*

ISBN: 978-1-4003-4690-5

Una vida perfecta

CONTENIDO

PARTE X

Crucifixión, resurrección y ascensión 433

INTRODUCCIÓN

En el curso de mi ministerio, he pasado décadas estudiando, predicando y escribiendo comentarios sobre los cuatro Evangelios. Estos cuatro libros inspirados por el Espíritu Santo son la cumbre de las Escrituras, porque en ellos el Señor Jesucristo se revela de modo más perfecto y Dios se manifiesta más claramente. Nada es comparable con la rica recompensa de entender la verdad y gloria de su vida sin igual.

El Espíritu Santo nos dio cuatro Evangelios y, concretamente, tres de ellos son *sinópticos* (del término griego que significa compartir un mismo punto de vista) de modo que la verdad relativa a nuestro Señor y Salvador pueda quedar establecida sobre la base de dos o tres testigos (cp. Dt. 19:15; Mt. 18:16; 2 Co. 13:1). Dado que cada escritor enfatizaba distintos aspectos de la vida de Jesús, los cuatro testimonios históricos nos proporcionan un poderoso y profundo retrato compuesto del Hijo de Dios y el Hijo del Hombre.

> *Mateo* escribió principalmente para una audiencia judía, presentando a Jesús de Nazaret como el Mesías prometido y esperado, y el legítimo Rey de Israel. Su genealogía, a diferencia de la de Lucas, se enfoca en la descendencia de Jesús del rey David, el más grande rey de Israel. En Mateo aparecen intercaladas citas del Antiguo Testamento presentando varios aspectos de la vida y ministerio de Jesús como cumplimiento de las profecías mesiánicas. Solo Mateo usa la expresión «el reino de los cielos», evitando la frase paralela de «reino de Dios» debido a las connotaciones no bíblicas que la misma tenía en el pensamiento judío del primer siglo. Así, pues, Mateo escribió su Evangelio para fortalecer la fe de los cristianos judíos y para proveerles de una herramienta apologética útil para la evangelización de los judíos.
>
> *Marcos* se dirigió a una audiencia gentil, especialmente romana [...]. Marcos es el Evangelio de la acción; el uso frecuente de expresiones como «inmediatamente» y «entonces» (Mr. 2:2, 3) le da a la narración movimiento y dinamismo. Jesús aparece en Marcos como el Siervo (cp. 10:45) que vino a sufrir por los pecados de muchos. El paso dinámico de la narración de Marcos apelaría especialmente a los romanos que se caracterizaban por la acción y el sentido práctico.

Lucas tenía en mente una audiencia gentil más amplia. Como un griego culto [...], Lucas escribió usando el estilo griego más cultivado y literario de los escritores del Nuevo Testamento. Era un investigador diligente (Lc. 1:1-4) y un historiador cuidadoso. Lucas nos presenta a Cristo como el Hijo del Hombre (un título que aparece veintiséis veces), la respuesta a las necesidades y esperanzas de la raza humana, quien vino a buscar y a salvar a los pecadores perdidos (Lc. 9:56; 19:10).

Juan, el último Evangelio que se escribió, hace hincapié en la deidad de Jesucristo (vea 5:18; 8:58; 10:33; 14:9). Juan escribió para fortalecer a los creyentes e invitar a los incrédulos a depositar su fe en Cristo. [...]

En conjunto, los cuatro Evangelios nos ofrecen un retrato completo del Dios-hombre, Jesús de Nazaret. En Él aparecen entretejidas la perfecta humanidad y deidad, haciendo así que pudiera ser el único sacrificio adecuado por los pecados de todo el mundo y el Señor por derecho propio de los que creen. («Introducción a los Evangelios» en la *Biblia de estudio MacArthur*)

Los cuatro están en perfecta armonía entre ellos porque el infalible Espíritu Santo es el autor divino que inspiró y guio a sus cuatro escritores a toda verdad (Jn. 16:13). Cada uno es un registro sin error que puede armonizarse con los demás hasta el más mínimo detalle.

A lo largo de mis veinticinco años predicando estos cuatro relatos, siempre empezaba con el texto que iba a predicar, párrafo a párrafo, y lo mezclaba con las narraciones paralelas de los otros Evangelios. Mi propósito era que se conociera todo el relato junto y mostrar cómo, por ejemplo, cada parte del Evangelio de Mateo encaja perfectamente con lo que se cuenta en Marcos o Lucas; o, en el caso de Juan, quería demostrar en qué punto encaja su relato y con cuánta perfección complementa a los sinópticos. Estos cuatro registros separados se pueden armonizar razonablemente, y las discrepancias que algunos quieran ver entre ellos solo existen en las mentes de los críticos no creyentes, no en los textos en sí. Cuando se conocen todos los detalles de todos los relatos, se aclara la historia completa y se ratifica la autoría divina.

Al llegar al final de la predicación de esas exposiciones del Evangelio (que suman unos veinte años), y encontrándome todavía escribiendo los comentarios finales, he sentido un intenso deseo de proveer un libro que fundiera los cuatro Evangelios en un solo relato.

Cuando se publicó la *Biblia de estudio MacArthur*, la versión de inglés salió por primera vez en 1997, incluimos una «Armonía de los Evangelios» en forma esquemática, en columnas separadas, unas junto a otras, como solían organizarse estas armonías en el pasado. Este libro, por otra parte, toma esos relatos separados y los funde en una narración continuada. Han sido incluidos todos los detalles de los cuatro Evangelios sin repetir afirmaciones paralelas idénticas.

He utilizado el Evangelio de Mateo como texto base, en coherencia con mi compromiso con la prioridad de Mateo, y le he incorporado detalles de los otros. Así, se ha convertido en una armonía fusionada de los Evangelios. Esta fusión ha sido un esfuerzo mío, de modo que el orden no es infalible, pero cada palabra es Escritura inspirada por el Espíritu Santo.

Para explicar porciones del texto que podrían ser difíciles para el lector he incorporado, como suplemento, notas de la *Biblia de estudio MacArthur*, también armonizadas.

Desde el punto de vista histórico, esta obra no representa el primer intento de crear una armonía de los Evangelios. El dirigente de la iglesia del siglo II, Taciano, compuso su *Diatesseron*, que muchas iglesias de Siria usaron durante varios siglos. Desde entonces, se han producido varias armonías. La mayoría de ellas mantenían los Evangelios separados y los presentaban en columnas paralelas, aunque algunas otras los fundían, como en este libro. Por ejemplo, el método de armonía por separaciones empleado por Robert L. Thomas y Stanley N. Gundry (*A Harmony of the Gospels*) me ha servido en este esfuerzo; como también el método de fusión de Johnston M. Cheney, cuya obra fue titulada originalmente *The Life of Christ in Stereo*.

El resultado final es las mejores noticias que jamás ha recibido el mundo, acerca de la vida más importante de toda la historia: Jesucristo.

El objetivo es dar una visión completa de Aquel que es Emanuel, Dios con nosotros, el Verbo Eterno hecho carne, el preexistente, coexistente, autoexistente Hijo de Dios que se convirtió en el Hijo del Hombre para morir y luego resucitar por nuestra salvación.

Para los creyentes, la visión plena del Señor Jesús es el medio supremo a través del cual somos santificados, conforme somos capturados por su gloria y conformados a su imagen. Como Pablo explicó a los corintios: «Por tanto, nosotros todos, mirando a cara descubierta como en un espejo la gloria del Señor, somos transformados de gloria en gloria en la misma imagen, como por el Espíritu del Señor» (2 Co. 3:18).

Para los no creyentes, la visión completa del Señor Jesús es el medio supremo a través del cual pueden ser salvos. Juan dijo esto acerca de su Evangelio y de los tres anteriores: «Pero éstas se han escrito para que creáis que Jesús es el Cristo, el Hijo de Dios, y para que creyendo, tengáis vida en su nombre» (Jn. 20:31). Que Dios lo use con este fin.

1. Jesucristo, el Creador preexistente y Salvador

Gn. 1:1; Jn. 1:1–5a; 1 Co. 8:6; Ef. 1:3–5; Col. 1:15–18; 2:9; 2 Ti. 1:9; Tit. 1:2; Heb. 1:1b–3a

[GN]En el principio creó Dios los cielos y la tierra. [JN]En el principio era [a]el Verbo, y el Verbo era con Dios, y el Verbo era Dios. Este era en el principio con Dios. Todas las cosas por él fueron hechas, y sin él nada de lo que ha sido hecho, fue hecho.

[1 CO][P]ara nosotros, sin embargo, sólo hay un Dios, el Padre, del cual proceden todas las cosas, y nosotros somos para él; y un Señor, Jesucristo, por medio del cual son todas las cosas, y nosotros por medio de él[,] [HEB]a quien [Dios] constituyó heredero de todo, y por quien asimismo hizo el universo; el cual, siendo el resplandor de su gloria, y la imagen misma de su sustancia, y quien sustenta todas las cosas con la palabra de su poder[,] [COL]es la imagen del Dios invisible, [b]el primogénito de toda creación.

....

[a] EL VERBO. Este título se refiere a Jesucristo, la segunda persona de la Trinidad, quien estaba en comunión íntima con Dios Padre por toda la eternidad. La frase, «el Verbo era Dios» enfatiza el hecho de que el Hijo es igual en su esencia, carácter y ser al Padre. El apóstol Juan tomó el término «verbo» no solo del vocabulario del AT, sino también de la filosofía griega, en la que este término era en esencia impersonal y se refería al principio racional de «la razón divina», «la mente» o incluso «la sabiduría». Sin embargo, Juan imbuyó ese término con significados propios del AT y la teología cristiana (p. ej., Gn. 1:3 donde la Palabra de Dios hizo existir al mundo, y Sal. 33:6; 107:20 y Pr. 8:27, donde la Palabra de Dios es su expresión omnipotente de sí mismo en la creación, la sabiduría, la revelación y la salvación) y lo hizo referirse a una persona, esto es, Jesucristo. En sentido estratégico, la expresión *Verbo* sirve como puente no solo para alcanzar a los judíos, sino también a los griegos no salvos. Juan eligió este concepto porque tanto judíos como griegos estaban familiarizados con él.

[b] EL PRIMOGÉNITO DE TODA CREACIÓN. La palabra griega que se traduce «primogénito» puede referirse al hijo que nació primero en sentido cronológico, pero con mayor frecuencia alude a preeminencia en posición o rango (cp. Heb. 1:6; Ro. 8:29; Sal. 2:7). Tanto en la cultura griega como en la judía, el primogénito era el hijo que ocupaba la posición de mayor privilegio y que había recibido el derecho a heredar de su padre, sin importar que hubiera o no nacido primero. Se emplea con referencia a Israel, que a pesar de no haber sido la primera nación se convirtió en la nación de mayor preeminencia (cp. Éx. 4:22; Jer. 31:9). La palabra *primogénito* en este contexto claramente significa el más alto en rango, y no creado primero (cp. Sal. 89:27; Ap. 1:5). Jesús es el primogénito en el sentido de que él tiene la preeminencia (v. 18) y posee el derecho de heredar «toda creación» (cp. Heb. 1:2; Ap. 5:1–7, 13). Él existió antes de la creación y está exaltado por encima de todo lo creado.

Porque en él fueron creadas todas las cosas, las que hay en los cielos y las que hay en la tierra, visibles e invisibles; sean tronos, sean dominios, sean principados, sean potestades; todo fue creado por medio de él y para él. Y él es antes de todas las cosas, y todas las cosas en él subsisten[.] ᴶᴺEn él estaba la vida, y ᶜla vida era la luz de los hombres. ᶜᴼᴸPorque en él habita ᵈcorporalmente toda la plenitud de la Deidad[.]

ᴱᶠBendito sea el Dios y Padre de nuestro Señor Jesucristo, ² ᵀᴵquien nos salvó y llamó con llamamiento santo, no conforme a nuestras obras, sino según el propósito suyo y la gracia que nos fue dada en Cristo Jesús ᵉantes de los tiempos de los siglos[. El] ᴱᶠnos escogió en él ᶠantes de la fundación del mundo, para que fuésemos santos y sin mancha delante de él, en amor habiéndonos predestinado para ser adoptados hijos suyos por medio de Jesucristo, según el puro afecto de su voluntad, para alabanza de la gloria de su gracia, con la cual nos hizo aceptos en el Amado, ᵀᴵᵀen la esperanza de la vida eterna, la cual Dios, que no miente, prometió desde antes del principio de los siglos[.]

....

ᶜLA VIDA. Juan emplea la palabra «vida» unas treinta y seis veces en su Evangelio, mucho más que cualquier otro libro del NT. No solo se refiere en un sentido amplio a la vida física y temporal que el Hijo impartió al mundo creado mediante su participación activa como el agente de la creación (Jn. 1:3), sino de manera especial a la vida espiritual y eterna impartida como don divino a través de la fe en él (Jn. 3:15; 17:3; Ef. 2:5).

ᵈCORPORALMENTE TODA LA PLENITUD DE LA DEIDAD. Cristo posee la plenitud de la naturaleza y los atributos divinos. En el pensamiento griego la materia era mala y el espíritu era bueno. Por eso era impensable que Dios estuviera dispuesto a ocupar un cuerpo humano. Pablo refuta esa enseñanza falsa al recalcar la realidad de la encarnación de Cristo. Jesús no solo fue Dios a plenitud, sino también plenamente humano.

ᵉANTES DE LOS TIEMPOS DE LOS SIGLOS. El plan de salvación de Dios para la humanidad pecadora fue determinado y decretado antes de que el hombre siquiera fuera creado. La promesa fue hecha a Dios el Hijo (cp. Jn. 6:37–44; 17:4–6; Ef. 1:4, 5).

ᶠANTES DE LA FUNDACIÓN DEL MUNDO. La doctrina de la elección es recalcada a través de todas las Escrituras (cp. Dt. 7:6; Is. 45:4; Jn. 6:44; Hch. 13:48; Ro. 8:29; 9:11; 1 Ts. 1:3, 4; 2 Ts. 2:13; 2 Ti. 2:10). La forma del verbo griego tras la palabra «escogió» indica que Dios no solo escogió por sí mismo, sino para él mismo y para alabanza de su propia gloria (cp. Ef. 1:6, 12, 14). Mediante la voluntad soberana de Dios antes de la creación del mundo y, por lo tanto, independiente de toda influencia humana y aparte de todo mérito humano, aquellos que son salvos han alcanzado la unidad eterna con Cristo Jesús (cp. 1 P. 1:20; Ap. 13:8; 17:8). No obstante, la elección o predestinación de Dios no opera ni anula la responsabilidad del hombre de creer en Jesús como Señor y Salvador (cp. Mt. 3:1, 2; 4:17; Jn. 5:40).

2. La caída de la raza humana en el pecado

Gn. 3:1-12; Jn. 8:44; 1 Co. 11:3b; 1 Ti. 2:14b; Stg. 1:13-15; Ap. 20:2b

GNPero la serpiente era astuta, más que todos los animales del campo que Jehová Dios había hecho[.] AP[L]a serpiente antigua, que es el diablo y Satanás, JN[fue] homicida desde el principio, y no ha permanecido en la verdad, porque no hay verdad en él. Cuando habla mentira, de suyo habla; porque es mentiroso, y padre de mentira. GN[La serpiente] dijo a la mujer: ¿Conque Dios os ha dicho: No comáis de todo árbol del huerto?

Y la mujer respondió a la serpiente: Del fruto de los árboles del huerto podemos comer; pero del fruto del árbol que está en medio del huerto dijo Dios: No comeréis de él, ni lo tocaréis, para que no muráis. Entonces la serpiente dijo a la mujer: ªNo moriréis; sino que sabe Dios que el día que comáis de él, serán abiertos vuestros ojos, y seréis como Dios, sabiendo el bien y el mal.

2 CO[L]a serpiente con su astucia engañó a Eva[.] GNY vio la mujer que el árbol era bueno para comer, y que era agradable a los ojos, y árbol codiciable para alcanzar la sabiduría; y tomó de su fruto, y comió[.] 1 TI[L]a mujer, siendo engañada, incurrió en transgresión GNy dio también a su marido, el cual comió así como ella.

Entonces ᵇfueron abiertos los ojos de ambos, y conocieron que estaban desnudos; entonces cosieron hojas de higuera, y se hicieron delantales. Y oyeron la voz de Jehová Dios que se paseaba en el huerto, al aire del día; y el hombre y su mujer se escondieron de la presencia de Jehová Dios entre los árboles del huerto.

ªNo moriréis. Satanás, envalentonado por la apertura de Eva hacia él, pronunció esta mentira directa. Esta mentira llevó de hecho a ella y a Adán a la muerte espiritual (separación de Dios). Así, Satanás es designado como mentiroso y homicida desde el principio (Jn. 8:44). Sus mentiras siempre prometen grandes beneficios (como en el v. 5). Eva experimentó este resultado; ella y Adán conocieron el bien y el mal, pero a causa de la corrupción personal no conocieron como Dios conoce con perfecta santidad.

ᵇFueron abiertos los ojos de ambos. La inocencia observada en 2:25 había sido reemplazada por la culpa y la vergüenza (vv. 8-10), y desde entonces tuvieron que apoyarse en su conciencia para distinguir entre el bien y su nueva capacidad adquirida de ver y conocer el mal.

Mas Jehová Dios llamó al hombre, y le dijo: ^c¿Dónde estás tú? Y él respondió: Oí tu voz en el huerto, y tuve miedo, porque estaba desnudo; y me escondí. Y Dios le dijo: ¿Quién te enseñó que estabas desnudo? ¿Has comido del árbol de que yo te mandé no comieses? Y el hombre respondió: ^dLa mujer que me diste por compañera me dio del árbol, y yo comí.

^{STG}Cuando alguno es tentado, no diga que es tentado de parte de Dios; porque Dios no puede ser tentado por el mal, ni él tienta a nadie; sino que cada uno es tentado, cuando de su propia concupiscencia es atraído y seducido. Entonces la concupiscencia, después que ha concebido, da a luz el pecado; y el pecado, siendo consumado, ^eda a luz la muerte.

---

^c¿DONDE ESTÁS TÚ? Esta pregunta fue el modo en el que Dios llevó al hombre a explicar por qué estaba escondiéndose, no una expresión de ignorancia acerca de dónde estaba el hombre. La vergüenza, el remordimiento, la confusión, la culpa y el temor los llevaron a su conducta furtiva. No había lugar donde ocultarse; nunca lo hay (cp. Sal. 139:1-12). El pecado de Adán quedó patente por su nuevo conocimiento del mal de la desnudez, pero Dios seguía esperando que Adán confesase aquello que él sabía que habían hecho. La resistencia fundamental de los pecadores acerca de admitir su iniquidad queda establecida aquí. La cuestión sigue siendo el arrepentimiento. Cuando los pecadores se rehúsan a arrepentirse, sufren juicio. Cuando se arrepienten, reciben perdón.

^dLA MUJER QUE ME DISTE. De una manera miserable, Adán pasa la responsabilidad a Dios por haberle dado a Eva. Esto solo intensificó la tragedia, por cuanto Adán había transgredido a sabiendas la prohibición de Dios, pero seguía sin estar dispuesto a abrir su corazón y confesar su pecado, tomando la responsabilidad plena por su acción, que no había llevada a cabo bajo engaño (1 Ti. 2:14).

^eDA A LUZ LA MUERTE. El pecado no es un simple acto espontáneo, sino es resultado de todo un proceso. Las palabras griegas que se traducen «ha concebido» y «da a luz» asemejan este proceso a la concepción y el nacimiento físicos de una criatura. De este modo Santiago personifica la tentación y muestra que siempre sigue una secuencia similar y produce pecado con todos sus resultados mortíferos. Aunque el pecado no resulte en muerte espiritual para el creyente (porque ha sido perdonado), sí puede llevarlo a su muerte física (1 Co. 11:30; 1 Jn. 5:16). En la caída de Gn. 3, el resultado del pecado de Adán trajo muerte física y espiritual a la toda la raza humana (cp. Ro. 5:12-21).

3. La maldición sobre la creación

Gn. 3:13; Sal. 90:10; 144:4; Ec. 1:2b; 3:20; 12:7; Ro. 8:2b, 20a, 22; Gá. 4:4–5; 1 Jn. 3:8b

^{GN}Entonces Jehová Dios dijo a la mujer: ¿Qué es lo que has hecho? Y dijo la mujer: La serpiente me engañó, y comí. Y Jehová Dios dijo a la serpiente: Por cuanto esto hiciste, maldita serás entre todas las bestias y entre todos los animales del campo; sobre tu pecho andarás, y polvo comerás todos los días de tu vida. Y pondré enemistad entre ti y la mujer, y ^aentre tu simiente y la simiente suya; ésta te herirá en la cabeza, y tú le herirás en el calcañar.

^{1 JN}Para esto apareció el Hijo de Dios, para deshacer las obras del diablo. ^{GA}Pero cuando vino el cumplimiento del tiempo, Dios envió a su Hijo, nacido de mujer y nacido bajo la ley, para que redimiese a los que estaban bajo ^{RO}la ley del pecado y de la muerte.

^{GN}A la mujer [Dios] dijo: Multiplicaré en gran manera los dolores en tus preñeces; con dolor darás a luz los hijos; y tu deseo será para tu marido, y él se enseñoreará de ti. Y al hombre dijo: Por cuanto obedeciste a la voz de tu mujer, y comiste del árbol de que te mandé diciendo: No comerás de él; maldita será la tierra por tu causa; con dolor comerás de ella todos los días de tu vida. Espinos y cardos te producirá, y comerás plantas del campo. Con el sudor de tu rostro comerás el pan hasta que vuelvas a la tierra, porque de ella fuiste tomado; pues polvo eres, y al polvo volverás.

^{RO}Porque la creación fue sujetada a vanidad, no por su propia voluntad, sino por causa del que la sujetó[. V]^{EC}anidad de vanidades, todo es vanidad. ^{RO}Porque sabemos que toda la creación gime a una, y a una está con dolores de parto hasta ahora[.]

^{SAL}El hombre es semejante a la vanidad; Sus días son como la sombra que pasa. ^{EC}[T]odo es hecho del polvo, y todo volverá al mismo polvo.

....

^aENTRE TU SIMIENTE Y LA SIMIENTE SUYA. Después de maldecir a la serpiente física, Dios se volvió a la serpiente espiritual, al mentiroso seductor, Satanás, y lo maldijo. Este «primer evangelio» es profético de la lucha y su resultado entre «tu simiente» (Satanás y los incrédulos, que son llamados hijos del diablo en Jn. 8:44) y la simiente de la mujer (Cristo, descendiente de Eva, y aquellos en él), que comenzó en el huerto. En medio del pasaje de la maldición resplandeció un mensaje de esperanza, la descendencia de la mujer designada como «ésta» es Cristo, que un día derrotará a la serpiente. Satanás podría solo «herir» el calcañar de Cristo (hacerlo sufrir), mientras que Cristo herirá la cabeza de Satanás (lo destruirá con un golpe fatal).

�
ˢᴬᴸLos días de nuestra edad son setenta años;
Y si en los más robustos son ochenta años,
Con todo, su fortaleza es molestia y trabajo,
Porque pronto pasan, y volamos.

ᴱᶜ[Y] el polvo vuelva a la tierra, como era, y el espíritu vuelva a Dios que lo dio.

ᴳᴺY llamó Adán el nombre de su mujer, Eva, por cuanto ella era madre de todos los vivientes. Y Jehová Dios hizo al hombre y a su mujer ᵇtúnicas de pieles, y los vistió.

Y dijo Jehová Dios: He aquí el hombre es como uno de nosotros, sabiendo el bien y el mal; ahora, pues, que no alargue su mano, y tome también del árbol de la vida, y coma, y viva para siempre. Y lo sacó Jehová del huerto del Edén, para que labrase la tierra de que fue tomado. Echó, pues, fuera al hombre, y puso al oriente del huerto de Edén querubines, y una espada encendida que se revolvía por todos lados, para guardar el camino del árbol de la vida.

ᵇ TÚNICAS DE PIELES. Las primeras muertes físicas debieran haber sido las del hombre y su mujer, pero fue un animal, una sombra de la realidad de que Dios daría un día muerte a un sustituto para redimir a los pecadores.

4. La necesidad del hombre de un Salvador

Sal. 7:11; Is. 53:6a; 64:6; Ez. 18:20a; Ro. 1:18–21; 3:10–18, 23; 5:12, 18–19; 6:23a; 1 Co. 15:21; Ef. 2:1–3

ROPorque la ira de Dios se revela desde el cielo contra toda impiedad e injusticia de los hombres que detienen con injusticia la verdad; porque lo que de Dios se conoce les es manifiesto, pues Dios se lo manifestó. Porque las cosas invisibles de él, su eterno poder y deidad, se hacen claramente visibles desde la creación del mundo, siendo entendidas por medio de las cosas hechas, de modo que ano tienen excusa. Pues habiendo conocido a Dios, no le glorificaron como a Dios, ni le dieron gracias, sino que se envanecieron en sus razonamientos, y su necio corazón fue entenebrecido.

SALDios es juez justo,
Y Dios está airado contra el impío todos los días.
ROComo está escrito:
No hay justo, ni aun uno;
No hay quien entienda,
No hay quien busque a Dios.
Todos se desviaron, a una se hicieron inútiles;
No hay quien haga lo bueno, no hay ni siquiera uno.
Sepulcro abierto es su garganta;
Con su lengua engañan.
Veneno de áspides hay debajo de sus labios;
Su boca está llena de maldición y de amargura.
Sus pies se apresuran para derramar sangre;
Quebranto y desventura hay en sus caminos;
Y no conocieron camino de paz.
No hay temor de Dios delante de sus ojos.

....

a NO TIENEN EXCUSA. Dios hace responsables a todos los hombres al no querer reconocer lo que él les ha mostrado de sí mismo en su creación. Incluso aquellos que nunca tuvieron una oportunidad de escuchar el mensaje del evangelio han recibido un testimonio claro sobre la existencia y el carácter de Dios, y lo han suprimido. Si una persona responde a la revelación que tiene, así sea nada más que la revelación natural, Dios suministrará los medios necesarios para que esa persona escuche el evangelio y crea (cp. Hch. 8:26–39; 10:1–48; 17:27).

[IS]Todos nosotros nos descarriamos como ovejas[;] [RO]por cuanto todos pecaron, y están destituidos de la gloria de Dios[.] [IS]Si bien todos nosotros somos como suciedad, y todas nuestras justicias como trapo de inmundicia; y caímos todos nosotros como la hoja, y nuestras maldades nos llevaron como viento.

[RO]Por tanto, como el pecado entró en el mundo por un hombre, y por el pecado la muerte, así [b]la muerte pasó a todos los hombres, por cuanto todos pecaron. [EZ]El alma que pecare, esa morirá[,] [RO]porque la paga del pecado es muerte[.]

[EF][Y tú] estabais [c]muertos en vuestros delitos y pecados, en los cuales anduvisteis en otro tiempo, siguiendo la corriente de este mundo, conforme al príncipe de la potestad del aire, el espíritu que ahora opera en los hijos de desobediencia, entre los cuales también todos nosotros vivimos en otro tiempo en los deseos de nuestra carne, haciendo la voluntad de la carne y de los pensamientos, y éramos por naturaleza hijos de ira, lo mismo que los demás.

[RO]Así que, como por la transgresión de uno vino la condenación a todos los hombres, de la misma manera por la justicia de uno vino a todos los hombres la justificación de vida. Porque así como por la desobediencia de un hombre los muchos fueron constituidos pecadores, así también por la obediencia de uno, los muchos serán [d]constituidos justos. [1CO]Porque por cuanto la muerte entró por un hombre, también por un hombre la resurrección de los muertos.

....

[b]LA MUERTE PASÓ A TODOS LOS HOMBRES. Adán no fue sometido a muerte inmediata por su pecado, pero a través de su pecado la muerte se convirtió en una certidumbre penosa para él y su posteridad. La muerte tiene tres manifestaciones claras: (1) muerte espiritual o separación de Dios (cp. Ef. 2:1, 2; 4:18); (2) muerte física (Heb. 9:27); y (3) muerte eterna (llamada también la segunda muerte), que incluye no solo separación eterna de Dios, sino tormento eterno en el lago de fuego (Ap. 20:11–15). Por cuanto la humanidad entera existía en los lomos de Adán, y mientras la procreación heredó su condición caída o depravada, puede decirse que todos pecaron en él.

[c]MUERTOS EN VUESTROS DELITOS Y PECADOS. Un sobrio recordatorio de la pecaminosidad y perdición totales de que fueron redimidos los creyentes. La palabra «en» indica el dominio o la esfera en la que existen los pecadores no regenerados. No están muertos a causa de actos pecaminosos que hayan cometido, sino debido a su naturaleza pecaminosa (cp. Mt. 12:35; 15:18–19).

[d]CONSTITUIDOS JUSTOS. El creyente está vestido en la justicia de Cristo, la cual fue manifestada en su obediencia perfecta (cp. v. 19; Lc. 2:49; Jn. 4:34; 5:30; 6:38), culminando en la más grande demostración de esa obediencia, su muerte en una cruz (Fil. 2:8). La expresión «constituidos justos» se refiere a la postura legal de una persona ante Dios y no a un cambio en el carácter, puesto que Pablo establece en todo el pasaje un contraste entre la justificación y la condenación, y no ha introducido todavía la doctrina de la santificación (la cual viene más adelante en Ro. 6—8), que sí trata acerca de la transformación del pecador como resultado de la redención.

5. La simiente prometida de Abraham

Gn. 12:1–3, 7; 22:1–18; Mt. 1:1; Hch. 3:24–26; Ro. 4:3; Gá. 3:16, 19b; Heb. 11:8–9, 17–19

GNPero Jehová había dicho a Abram: Vete de tu tierra y de tu parentela, y de la casa de tu padre, a la tierra que te mostraré. Y haré de ti una nación grande, y te bendeciré, y engrandeceré tu nombre, y serás bendición. Bendeciré a los que te bendijeren, y a los que te maldijeren maldeciré; y serán benditas en ti todas las familias de la tierra.

ROCreyó Abraham a Dios, ªy le fue contado por justicia. HEBPor la fe Abraham, siendo llamado, obedeció para salir al lugar que había de recibir como herencia; y salió sin saber a dónde iba. Por la fe habitó como extranjero en la tierra prometida como en tierra ajena, morando en tiendas con Isaac y Jacob, coherederos de la misma promesa[.]

GNAconteció después de estas cosas, que probó Dios a Abraham, y le dijo: Abraham. Y él respondió: Heme aquí. Y dijo: Toma ahora tu hijo, tu único, Isaac, a quien amas, y vete a tierra de Moriah, y ofrécelo allí en holocausto sobre uno de los montes que yo te diré. HEBPor la fe Abraham, cuando fue probado, ofreció a Isaac; y el que había recibido las promesas ofrecía su unigénito, habiéndosele dicho: En Isaac te será llamada descendencia; pensando que Dios es poderoso para levantar aun de entre los muertos[.]

GNY extendió Abraham su mano y tomó el cuchillo para degollar a su hijo. Entonces el ángel de Jehová le dio voces desde el cielo, y dijo: Abraham, Abraham. Y él respondió: Heme aquí. Y dijo: No extiendas tu mano sobre el muchacho, ni le hagas nada; porque ya conozco que temes a Dios, por cuanto no me rehusaste tu hijo, tu único.

Entonces alzó Abraham sus ojos y miró, y he aquí a sus espaldas un carnero trabado en un zarzal por sus cuernos; y fue Abraham y tomó el carnero, y lo ofreció

ªY LE FUE CONTADO POR JUSTICIA. La creencia de Abraham fue en respuesta a la promesa en Gn. 15:4–5, una reiteración de su promesa en Gn. 12:1–3. Empleada tanto en sentido financiero como legal, la palabra *contado* significa tomar algo que pertenece a alguien y acreditarlo en favor de otro. Es una transacción unilateral, por eso Abraham no tuvo que hacer algo para acumularla, sino que Dios tomó la iniciativa de asignarle su justicia. Dios tomó su propia justicia y la acreditó a favor de Abraham como si fuera suya. Dios hizo esto porque Abraham creyó en él. Abraham fue un hombre de fe, pero la fe no debe considerarse como una obra meritoria. Nunca es el fundamento de la justificación, sino tan solo el canal a través del cual es recibida, y también es un regalo de Dios (cp. Ef. 2:8).

en holocausto [b]en lugar de su hijo. Y llamó Abraham el nombre de aquel lugar, Jehová proveerá. Por tanto se dice hoy: En el monte de Jehová será provisto.

Y llamó el ángel de Jehová a Abraham por segunda vez desde el cielo, y dijo: Por mí mismo he jurado, dice Jehová, que por cuanto has hecho esto, y no me has rehusado tu hijo, tu único hijo; de cierto te bendeciré, y multiplicaré tu descendencia como las estrellas del cielo y como la arena que está a la orilla del mar; y tu descendencia poseerá las puertas de sus enemigos. En tu simiente serán benditas todas las naciones de la tierra, por cuanto obedeciste a mi voz.

[GÁ]Ahora bien, a Abraham fueron hechas las promesas, y a su [c]simiente. No dice: Y a las simientes, como si hablase de muchos, sino como de uno: Y a tu simiente, la cual es Cristo. [HCH]Y todos los profetas desde Samuel en adelante, cuantos han hablado, también han anunciado [sobre] [MT]Jesucristo, hijo de David, hijo de Abraham—[GÁ]hasta que viniese la simiente a quien fue hecha la promesa[.] [HCH]Vosotros sois los hijos de los profetas, y del pacto que Dios hizo con nuestros padres, diciendo a Abraham: En tu simiente serán benditas todas las familias de la tierra. A vosotros primeramente, Dios, habiendo levantado a su Hijo, lo envió para que os bendijese, a fin de que cada uno se convierta de su maldad.

....

[b]EN LUGAR DE SU HIJO. El carnero fue ofrecido como sustituto de Isaac. De esta manera, el cordero ilustra la expiación sustitutiva de Cristo. Aunque los pecadores merecían la muerte, Cristo tomó el castigo, como el Sustituto perfecto para todos los que creerían en él.

[c]SIMIENTE. La forma singular de la palabra hebrea, como sus equivalentes en griego y en español, puede utilizarse en un sentido individual o colectivo. El punto de Pablo en Gá. 3:16 es que en algunos pasajes del AT (p. ej., Gn. 3:15; 22:18), «simiente» se refiere a Jesucristo, el más grande de todos los descendientes de Abraham.

6. El Mesías venidero como profeta y rey

Gn. 49:10; Nm. 24:17b; Sal. 2:11–12; 72:2; 89:3–4; 110:1; Is. 7:14; 9:6–7; 11:1–2; 42:1; 52:13; Jer. 23:5–6; Dn. 7:13–14; Mi. 5:2; Sof. 9:9; Hch. 3:22–23; 10:42b–43; Ro. 1:2–3

^{HCH}Porque Moisés dijo a los padres: El Señor vuestro Dios os levantará ^aprofeta de entre vuestros hermanos, como a mí; a él oiréis en todas las cosas que os hable; y toda alma que no oiga a aquel profeta, será desarraigada del pueblo.

^{IS}Y reposará sobre él el Espíritu de Jehová; espíritu de sabiduría y de inteligencia, espíritu de consejo y de poder, espíritu de conocimiento y de temor de Jehová.

^{SAL}El juzgará a tu pueblo con justicia,
a tus afligidos con juicio.
^{GNb}No será quitado el cetro de Judá,
Ni el legislador de entre sus pies,
Hasta que venga Siloh;
Y a él se congregarán los pueblos.
^{NM}Saldrá ESTRELLA de Jacob,
Y se levantará cetro de Israel[.]

^{IS}Saldrá una vara del tronco de Isaí, y un vástago retoñará de sus raíces.

^{JER}He aquí que vienen días, dice Jehová, en que levantaré a David ^crenuevo justo, y reinará como Rey, el cual será dichoso, y hará juicio y justicia en la tierra. En sus días será salvo Judá, e Israel habitará confiado; y este será su nombre con el cual le llamarán: Jehová, justicia nuestra.

....

[a] PROFETA. Esta profecía viene de Dt. 18:15. Moisés era reverenciado por los judíos como su primer y más grande profeta, y los judíos consideraban que el profeta venidero a quien Moisés describió en términos de uno semejante a él («como a mí»), tendría que ser el Mesías.

[b] NO SERÁ QUITADO EL CETRO DE JUDÁ. Tan fuerte como un cachorro de león y agazapado como león viejo, a la línea de Judá le pertenecían la preeminencia nacional y la condición regia, incluyendo a David, Salomón y su dinastía (seiscientos cuarenta años después de esto), así como a aquel a quien pertenece el cetro, es decir, «Siloh», el criptograma para el Mesías, también designado el «león de la tribu de Judá» (Ap. 5:5).

[c] RENUEVO. El Mesías es representado como una rama nueva (lit. «retoño») del árbol genealógico de David (cp. Jer. 23:5; 33:15, 16; Is. 4:2; 11:1–5; Zac. 3:8; 6:12, 13), quien reinará sobre el pueblo de Dios en el futuro.

^{MI}Pero tú, Belén Efrata, pequeña para estar entre las familias de Judá, de ti me saldrá el que será Señor en Israel; y sus salidas son desde el principio, desde los días de la eternidad.

^{IS}He aquí mi siervo, yo le sostendré; mi escogido, en quien mi alma tiene contentamiento; he puesto sobre él mi Espíritu; él traerá justicia a las naciones.

^{SAL}Hice pacto con mi escogido;
Juré a David mi siervo, diciendo:
Para siempre confirmaré tu descendencia,
Y edificaré tu trono por todas las generaciones.

^{IS}Porque un niño nos es nacido, hijo nos es dado, y el principado sobre su hombro; y se llamará su nombre Admirable, Consejero, Dios Fuerte, Padre Eterno, Príncipe de Paz. Lo dilatado de su imperio y la paz no tendrán límite, sobre el trono de David y sobre su reino, disponiéndolo y confirmándolo en juicio y en justicia desde ahora y para siempre. El celo de Jehová de los ejércitos hará esto[,] ^{RO}que él había prometido antes por sus profetas en las santas Escrituras, acerca de su Hijo, nuestro Señor Jesucristo, que era del linaje de David según la carne[.] ^{IS}Por tanto, el Señor mismo os dará señal: He aquí que la ^dvirgen concebirá, y dará a luz un hijo, y llamará su nombre ^eEmanuel.

^{ZAC}Alégrate mucho, hija de Sion; da voces de júbilo, hija de Jerusalén; he aquí tu rey vendrá a ti, justo y salvador, humilde, y ^fcabalgando sobre un asno, sobre un pollino hijo de asna.

^{IS}He aquí que mi siervo será prosperado, será engrandecido y exaltado, y será puesto muy en alto.

^{SAL}Jehová dijo a mi Señor:
Siéntate a mi diestra,
Hasta que ponga a tus enemigos por estrado de tus pies.

---

^dLA VIRGEN. Esta profecía anticipaba el nacimiento virginal del Mesías, como lo describe el NT (Mt. 1:23). La palabra hebrea se refiere a una mujer que todavía no se ha casado y significa «doncella» (Gn. 24:43; Pr. 30:19; Cnt. 1:3; 6:8), así que el nacimiento del hijo de Isaías (Is. 8:3) no pudo haber sido el cumplimiento pleno de la profecía.

^eEMANUEL. El título se aplica a Jesús en Mateo 1:23 y significa «Dios con nosotros».

^fCABALGANDO SOBRE UN ASNO. A diferencia de Alejandro Magno, este Rey viene montado sobre un asno (cp. Jer. 17:25), lo cual se cumplió con la entrada triunfal de Cristo (Mt. 21:1-5; Jn. 12:12-16). Los judíos debieron haber estado esperando a alguien del linaje de David (cp. 2 S. 7; 1 Cr. 17). Hay cuatro elementos en este versículo que describen el carácter del Mesías: (1) él es Rey; (2) él es justo; (3) él trae salvación; y (4) él es humilde.

DN[H]e aquí con las nubes del cielo venía uno como un ᵍhijo de hombre, que vino hasta el Anciano de días, y le hicieron acercarse delante de él. Y le fue dado dominio, gloria y reino, para que todos los pueblos, naciones y lenguas le sirvieran; su dominio es dominio eterno, que nunca pasará, y su reino uno que no será destruido.

SALServid a Jehová con temor,
Y alegraos con temblor.
ʰHonrad al Hijo, para que no se enoje, y perezcáis en el camino;
Pues se inflama de pronto su ira.
Bienaventurados todos los que en él confían.

HCHY [él] nos mandó que predicásemos al pueblo, y testificásemos que él es el que Dios ha puesto por Juez de vivos y muertos. De éste dan testimonio todos los profetas, que todos los que en él creyeren, recibirán perdón de pecados por su nombre.

ᵍ Hɪᴊᴏ ᴅᴇ ʜᴏᴍʙʀᴇ. El Mesías (cp. Dn. 9:26), esto es, Cristo. Frecuentemente él hizo referencia a sí mismo con esta frase (Mt. 16:26; 19:28; 26:64). En Apocalipsis 1:7 se ven de nuevo «las nubes del cielo». Aquí se distingue del Anciano de días o el Eterno, el Padre, quien lo coronará para ejercer el reino (Dn. 2:44). El retrato de longevidad no es un símbolo de fragilidad, sino que enfatiza la eternidad y la sabiduría divina para juzgar (como en Dn. 7:9, 10).

ʰ Hᴏɴʀᴀᴅ ᴀʟ Hɪᴊᴏ. O «besad al Hijo». Este acto simbólico indicaría adhesión y sometimiento (cp. 1 S. 10:1; 1 R. 19:18). El término para «Hijo» aquí no es el mismo que el término hebreo empleado en el v. 7 para «hijo», sino su correspondiente arameo (cp. Dn. 7:13), que es un término que hubiera sido especialmente apropiado en estos mandamientos dirigidos a las «naciones» (Sal. 2:1). El retrato pasa de manera fluida del David menor a través de la dinastía davídica al David mayor: Jesucristo.

7. El Mesías venidero como siervo sufrido

Sal. 16:10; 22:1, 13–14, 16b–18; 118:22–23; Is. 11:10; 53:3–5, 6b–12;
Dn. 9:25–27a; Sof. 12:10b; Hch. 26:22–23; Ro. 11:25b–27; 1 P. 2:23

DNSabe, pues, y entiende, que desde la salida de la orden para restaurar y edificar a Jerusalén hasta el Mesías Príncipe, habrá ªsiete semanas, y sesenta y dos semanas; se volverá a edificar la plaza y el muro en tiempos angustiosos. Y después de las sesenta y dos semanas se quitará la vida al Mesías, mas no por sí[.]

ISbDespreciado y desechado entre los hombres, varón de dolores, experimentado en quebranto; y como que escondimos de él el rostro, fue menospreciado, y no lo estimamos. Ciertamente llevó él nuestras enfermedades, y sufrió nuestros dolores; y nosotros le tuvimos por azotado, por herido de Dios y abatido. Mas él cherido fue por nuestras rebeliones, molido por nuestros pecados; el castigo de nuestra paz fue sobre él, y por su llaga fuimos nosotros curados.

SALAbrieron sobre mí su boca
Como león rapaz y rugiente.
He sido derramado como aguas,
Y todos mis huesos se descoyuntaron;
Mi corazón fue como cera,
Derritiéndose en medio de mis entrañas.

. . . .

ª SIETE SEMANAS, Y SESENTA Y DOS SEMANAS. Estas son semanas de años, mientras que las semanas de días se describen de manera diferente (Dn. 10:2, 3). El intervalo de tiempo va desde el decreto del persa Artajerjes para reconstruir Jerusalén, c. 445 A.C. (Neh. 2:1–8), hasta el reino del Mesías. Este panorama incluye: (1) siete semanas de cuarenta y nueve años que posiblemente marcan el final de la carrera de Nehemías con su reconstrucción de «la plaza» (o calle) y «el muro», así como el final del ministerio de Malaquías y el cierre del AT; (2) sesenta y dos semanas de cuatrocientos treinta y cuatro años más para un total de cuatrocientos ochenta y tres años hasta el primer advenimiento del Mesías. Esto se cumplió con su entrada triunfal en el 30 A.D. Al Mesías se le «quitará la vida» (una referencia común a la muerte); y (3) los últimos siete años o la semana septuagésima que corresponde al tiempo del anticristo (cp. v. 27). El pueblo romano, del cual vendrá el anticristo, «destruirá la ciudad» de Jerusalén y su templo en el año 70 A.D.

ᵇ DESPRECIADO Y DESECHADO. El profeta ve por adelantado el odio y el rechazo de la humanidad hacia el Mesías y Siervo, quien no solo sufrió abuso exterior, sino también profunda aflicción interior debido a la falta de respuesta por parte de aquellos a quienes vino a salvar (p. ej., Mt. 23:37; Lc. 13:34).

ᶜ HERIDO FUE POR NUESTRAS REBELIONES. Este versículo está lleno de la terminología de la sustitución. El Siervo sufrió, no por su propio pecado, ya que él no tuvo pecado (cp. Heb. 4:15; 7:26), sino como el sustituto perfecto por los pecadores. Aquí se recalca que Cristo es el receptor sustitutivo de la ira de Dios sobre los pecadores (cp. 2 Co. 5:21; Gá 1:3–4; Heb. 10:9–10).

[IS]Jehová cargó en él el pecado de todos nosotros. Angustiado él, y afligido, [d]no abrió su boca; como cordero fue llevado al matadero; y como oveja delante de sus trasquiladores, enmudeció, y no abrió su boca [y] [1P]cuando le maldecían, no respondía con maldición; cuando padecía, no amenazaba, sino encomendaba la causa al que juzga justamente[.]

[IS]Por cárcel y por juicio fue quitado; y su generación, ¿quién la contará? Porque fue cortado de la tierra de los vivientes, y por la rebelión de mi pueblo fue herido.

[SAL]Horadaron mis manos y mis pies.
Contar puedo todos mis huesos;
Entre tanto, ellos me miran y me observan.
Repartieron entre sí mis vestidos,
Y sobre mi ropa echaron suertes.

[IS]Y se dispuso con los impíos su sepultura, mas [e]con los ricos fue en su muerte; aunque nunca hizo maldad, ni hubo engaño en su boca. Con todo eso, Jehová quiso quebrantarlo, sujetándole a padecimiento.

[SALf]Dios mío, Dios mío, ¿por qué me has desamparado?
¿Por qué estás tan lejos de mi salvación, y de las palabras de mi clamor?

[IS]Cuando haya puesto su vida en expiación por el pecado, verá linaje, vivirá por largos días, y la voluntad de Jehová será en su mano prosperada. Verá el fruto de la aflicción de su alma, y quedará satisfecho[.]

[SAL]Porque no dejarás mi alma en el Seol,
[g]Ni permitirás que tu santo vea corrupción.

....

[d]No abrió su boca. El Siervo no protestará y se someterá por completo a quienes lo oprimen. Jesús cumplió esto (Mt. 26:63; 27:12–14; Mr. 14:61; 15:5; Lc. 23:9; Jn. 19:9).

[e]Con los ricos fue en su muerte. A causa de la naturaleza de su muerte vergonzosa, la ley romana dictaba que el Siervo debía tener una sepultura vergonzosa al lado de los ladrones (pero cp. la ley judía, Dt. 21:22–23; también cp. Jn. 19:31). En lugar de esto fue sepultado «con los ricos» en una sepultura honorable mediante la tumba donada por el rico José de Arimatea (Mt. 27:57–60; Mr. 15:42–46; Lc. 23:50–53; Jn. 19:38–40).

[f]Dios mío, Dios mío, ¿por qué me has desamparado? La repetición del nombre de invocación directa a Dios refleja un pequeño rastro de esperanza en una situación aparentemente desesperada. Desamparado es una enérgica expresión denotando la desolación personal, intensamente sentida por David y supremamente experimentada por Cristo en la cruz (Mt. 27:46).

[g]Ni permitirás que tu santo vea corrupción. Estas palabras expresaban la confianza del David menor, pero fueron aplicadas mesiánicamente a la resurrección del David mayor (el Señor Jesucristo) tanto por Pedro (Hch. 2:25–28) como por Pablo (Hch. 13:35).

ᴵˢPor su conocimiento justificará mi siervo justo a muchos, y llevará las iniquidades de ellos. Por tanto, yo le daré parte con los grandes, y con los fuertes repartirá despojos[.]

ˢᴬᴸLa piedra que desecharon los edificadores
Ha venido a ser cabeza del ángulo.
De parte de Jehová es esto,
Y es cosa maravillosa a nuestros ojos.

ᴵˢ[D]erramó su vida hasta la muerte, y fue contado con los pecadores, habiendo él llevado el pecado de muchos, y ʰorado por los transgresores.

ᴴᶜᴴPero habiendo obtenido auxilio de Dios, persevero hasta el día de hoy, dando testimonio a pequeños y a grandes, no diciendo nada fuera de las cosas que los profetas y Moisés dijeron que habían de suceder: Que el Cristo había de padecer, y ser el primero de la resurrección de los muertos, para anunciar luz al pueblo y a los gentiles.

ᴿᴼ[H]a acontecido a Israel endurecimiento en parte, hasta que haya entrado la plenitud de los gentiles; y luego todo Israel será salvo, como está escrito:

Vendrá de Sion el Libertador,
Que apartará de Jacob la impiedad.
Y este será mi pacto con ellos,
Cuando yo quite sus pecados.

ᶻᴬᶜ[Y] ⁱmirarán a mí, a quien traspasaron, y llorarán como se llora por hijo unigénito, afligiéndose por él como quien se aflige por el primogénito. ᴵˢAcontecerá en aquel tiempo que la raíz de Isaí, la cual estará puesta por pendón a los pueblos, será buscada por las gentes; y su habitación será gloriosa.

ʰ ORADO POR LOS TRANSGRESORES. Esto se refiere al oficio de intercesión del Sumo Sacerdote, que comenzó en la cruz (Lc. 23:34) y continúa en el cielo (cp. Heb. 7:25; 9:24).

ⁱ MIRARÁN A MÍ, A QUIEN TRASPASARON. El arrepentimiento de Israel vendrá porque verán a Jesús, aquel a quien rechazaron y crucificaron (cp. Is. 53:5; Jn. 19:37). En su segundo advenimiento lo verán con fe para salvación (Ro. 11:25–27). Al decir Dios «a mí», afirma sin lugar a dudas la encarnación de la deidad, es decir, que Jesús es Dios (cp. Jn. 10:30).

| El principio del evangelio de Jesucristo

8. Introduciendo la historia de Jesucristo

Is. 9:2; Mr. 1:1; Lc. 1:1–4; Jn. 1:5, 9–13; 2 Ti. 1:10b

MRaPrincipio del evangelio de bJesucristo, cHijo de Dios[,] 2 TIel cual dquitó la muerte y sacó a luz la vida y la inmortalidad por el evangelio[.] JNLa eluz en las tinieblas resplandece, y las tinieblas no fprevalecieron contra ella.

....

a PRINCIPIO [...] HIJO DE DIOS. Esto es mejor visto como el título de Marcos para su Evangelio. El relato histórico del mensaje del evangelio comienza con Juan el Bautista (cp. Mt. 11:12; Lc. 16:16; Hch. 1:22; 10:37; 13:24). El término *evangelio* se refiere a las buenas nuevas de la vida, muerte, y resurrección de Jesucristo, de lo cual los cuatro evangelios son registros históricos.

b JESUCRISTO. *Jesús* es la forma griega del nombre hebreo Joshua (que significa, «el Señor es salvación»); *Cristo* («el ungido») es el equivalente griego de la palabra hebrea *Mesías. Jesús* es el nombre humano del Señor (cp. Mt. 1:21; Lc. 1:31); *Cristo* significa su posición como gobernante del venidero reino de Dios (Dn. 9:25, 26).

c HIJO DE DIOS. Una afirmación de la divinidad de Jesús, acentuando su relación única con el Padre (cp. Mr. 3:11; 5:7; 9:7; 13:32; 15:39; Jn. 1:34).

d QUITÓ LA MUERTE Y SACÓ A LUZ [...] Y LA INMORTALIDAD. «Quitó» significa «dejó inservible». La muerte física todavía existe, pero ha dejado de ser una amenaza o un enemigo para los cristianos (1 Co. 15:54, 55; Heb. 2:14). No fue sino hasta la encarnación y el evangelio que Dios decidió dar a conocer de manera plena la verdad de la inmortalidad y la vida eterna, una realidad que solo fue entendida en parte por los creyentes del AT (cp. Job 19:26).

e LUZ [...] TINIEBLAS. Juan le presenta al lector los temas de contraste que ocurren a lo largo de su Evangelio. En las Escrituras «luz» y «tinieblas» son símbolos muy familiares. En sentido intelectual, «luz» se refiere a la verdad bíblica y «tinieblas» a error o falsedad (cp. Sal. 119:105; Pr. 6:23). En sentido moral, «luz» se refiere a santidad o pureza (1 Jn. 1:5), mientras que «tinieblas» alude a pecado o maldad (Juan 3:19; 12:35, 46; Ro. 13:11–14; 1 Ts. 5:4–7; 1 Jn. 1:6; 2:8–11). El concepto de «tinieblas» tiene especial relevancia en relación con Satanás (y sus legiones de demonios), el cual ejerce dominio sobre el mundo presente de tinieblas espirituales (1 Jn. 5:19) como el «príncipe de la potestad del aire» que promueve la tenebrosidad espiritual y la rebelión contra Dios (Ef. 2:2). Juan usa el término «tinieblas» en catorce ocasiones (ocho en el Evangelio y seis en 1 Jn.), el cual ocurre un total de diecisiete veces en el NT y podría decirse que es una expresión casi exclusiva de Juan.

f PREVALECIERON. Las tinieblas no pueden prevalecer sobre la luz ni conquistarla. Así como una sola vela puede sobreponerse a toda una habitación inmersa en la oscuridad, los poderes de las tinieblas son vencidos por la persona y la obra del Hijo a través de su muerte en la cruz (cp. 19:11a).

[15]El pueblo que andaba en tinieblas vio gran luz; los que moraban en tierra de sombra de muerte, luz resplandeció sobre ellos.

[Ng]Aquella luz verdadera, [h]que alumbra a todo hombre, venía a [i]este mundo. En el mundo estaba, y el mundo por él fue hecho; pero el mundo no le conoció. A [j]lo suyo vino, y los suyos no le recibieron. Mas [k]a todos los que le recibieron, a los que creen en [l]su nombre, les [m]dio [n]potestad de ser hechos hijos de Dios; los cuales no son engendrados de sangre, ni de voluntad de carne, ni de voluntad de varón, sino [o]de Dios.

....

[g] AQUELLA LUZ VERDADERA [...] VENÍA A ESTE MUNDO. También se puede traducir: «la Luz verdadera viniendo al mundo da luz a todo hombre», porque las palabras «venía a este mundo» tienen una mejor conexión gramatical con «luz» y no con «todo hombre». Esto resalta la encarnación de Jesucristo (Jn. 14; 3:16).

[h] QUE ALUMBRA A TODO HOMBRE. A través del poder soberano de Dios, todo hombre tiene luz suficiente para ser responsable. Dios ha plantado su conocimiento en el hombre mediante la revelación general en la creación y la conciencia. Ahora bien, como resultado de la revelación general no se produce la salvación, sino que más bien este conocimiento nos lleva a la luz completa de Jesucristo o produce condenación en aquellos que rechazan dicha «luz» (Ro. 1:19, 20; 2:12–16). La venida de Jesucristo fue el cumplimiento y la encarnación de la luz que Dios había puesto dentro del corazón del hombre.

[i] ESTE MUNDO. El sentido básico de esta palabra griega cuyo modo verbal significa «adornar» está ilustrado por la palabra *cosmético* (1 Pedro 3:3). Mientras que se usa en el NT un total de ciento ochenta y cinco veces, Juan tenía una atracción singular hacia este término, ya que lo usó setenta y ocho veces en su Evangelio, veinticuatro veces en 1–3 Juan y tres en Apocalipsis. Juan le asigna diversas tonalidades de significado: (1) el universo físico creado (Jn. 1:9; cp. el v. 3; 21:24, 25); (2) la humanidad en general (Juan 3:16; 6:33, 51; 12:19); y (3) el sistema espiritual invisible de maldad dominado por Satanás y todo lo que ofrece en oposición a Dios, su Palabra y su pueblo (Jn. 3:19; 4:42; 7:7; 14:17, 22, 27, 30; 15:18, 19; 16:8, 20, 33; 17:6, 9, 14; cp. 1 Co. 1:21; 2 P. 1:4; 1 Jn. 5:19). El tercer concepto constituye el nuevo uso significativo que adquiere el término en el NT y que predomina en Juan. De este modo, en la mayoría de las ocasiones en las que Juan emplea la palabra, esta presenta un matiz negativo determinante.

[j] LO SUYO [...] LOS SUYOS. La primera referencia a «lo suyo» corresponde con mayor probabilidad al mundo de la humanidad en general, mientras que la segunda corresponde a la nación judía. Como Creador, el mundo pertenece al Verbo como su propiedad, pero el mundo ni siquiera lo reconoció debido a su ceguera espiritual (cp. también el v. 10). Juan usó la reiteración de «los suyos» en un sentido más concreto para referirse al propio linaje físico de Jesús, los judíos. Aunque ellos poseían las Escrituras que daban testimonio de su persona y su venida, optaron por no aceptarlo (Is. 65:2, 3; Jer. 7:25). Este tema del rechazo judío hacia su Mesías prometido recibe atención especial en el Evangelio de Juan (12:37–41).

[k] A TODOS LOS QUE LE RECIBIERON, A LOS QUE CREEN EN SU NOMBRE. La segunda frase describe la primera. Recibir a aquel que es el Verbo de Dios significa reconocer todo lo que él afirma, depositar la fe en él y así demostrar sujeción y lealtad incondicionales a él.

[l] SU NOMBRE. Denota el carácter de la persona misma.

[m] DIO. Este término recalca la gracia de Dios involucrada en el regalo de la salvación (cp. Ef. 2:8–10).

[n] POTESTAD. Quienes reciben a Jesús, el Verbo, reciben toda la autoridad para reclamar el título exaltado de «hijos de Dios».

[o] DE DIOS. El lado divino de la salvación: en última instancia no depende de la voluntad de un hombre que se produzca la salvación, sino de la voluntad de Dios (cp. Jn. 3:6–8; Tit. 3:5; 1 Jn. 2:29).

[LCp]Puesto que ya [q]muchos han tratado de [r]poner en orden la historia de [s]las cosas que [t]entre nosotros han sido ciertísimas, tal como nos lo enseñaron los que desde el principio [u]lo vieron con sus ojos, y fueron ministros de la palabra, me ha parecido también a mí, [v]después de haber investigado con diligencia todas las cosas [w]desde su

....

[p]Puesto que. Estos cuatro versículos de apertura del Evangelio de Lucas constituyen una sola frase, escrita en el estilo pulido de un clásico de la literatura griega. Era común que las obras griegas de historia comenzaran con un prólogo así. No obstante, tras esta introducción formal, Lucas pasó a un estilo narrativo más sencillo, tal vez para seguir el patrón familiar de la Septuaginta.

[q]Muchos. Aunque Lucas escribió la revelación divina directa inspirada por el Espíritu Santo, él reconoció las obras de otros que habían puesto por escrito acontecimientos de la vida de Cristo. Todas esas fuentes se habían perdido mucho tiempo atrás, a excepción de los Evangelios inspirados. Puesto que lo más probable es que Mateo y Marcos hayan sido escritos antes que Lucas, se ha sugerido que uno de ellos o ambos se cuenten entre las fuentes usadas por Lucas en su investigación. También se sabe que conocía en persona a muchos testigos oculares de ciertos sucesos de la vida de Cristo. Además, es posible que algunas de sus fuentes fueran testimonios e informes orales. Casi el sesenta por ciento del material contenido en Marcos aparece en Lucas, y es evidente que Lucas sigue de cerca el orden de los acontecimientos propio de Marcos.

[r]Poner en orden. Lucas se propuso narrar con autoridad el ministerio de Cristo en orden lógico y fáctico (aunque no siempre en orden cronológico estricto).

[s]Las cosas que entre nosotros han sido ciertísimas. Esto es, las promesas mesiánicas del AT que se cumplieron en Cristo.

[t]Entre nosotros. Esto es, en nuestra generación. Esta frase no significa que Lucas haya sido testigo presencial de la vida de Cristo.

[u]Lo vieron con sus ojos [...] ministros de la palabra. Las fuentes primarias de Lucas fueron los apóstoles mismos, quienes comunicaron los hechos acerca de la vida y la enseñanza de Jesús, tanto por transmisión oral como a través de memorias escritas que Lucas tuvo a su disposición. En todo caso, Lucas no afirmó haber sido él mismo un testigo, más bien explicó que se trataba de hechos respaldados por una investigación cuidadosa.

[v]Después de haber investigado con diligencia. Lit. «tras haber seguido las pistas con cuidado». El Evangelio de Lucas fue resultado de una investigación minuciosa. Lucas, más que cualquier otra persona en la iglesia primitiva, tenía las habilidades y la oportunidad única de consultar con testigos oculares del ministerio de Jesús para corroborar los relatos. Como pasó más de dos años en Cesarea durante el encarcelamiento de Pablo (Hch. 24:26, 27), pudo conocer y entrevistar a muchos de los apóstoles y otros testigos del ministerio de Jesús. Sabemos, por ejemplo, que conoció a Felipe (Hch. 21:8), quien se convirtió sin duda alguna en una de sus fuentes fidedignas. En sus viajes también pudo haber sostenido encuentros prolongados con el apóstol Juan. La esposa del intendente de Herodes, Juana, solo se menciona en el Evangelio de Lucas (cp. Lc. 8:3; 24:10), así que ella debió haber sido una persona allegada a él que también le relató ciertos detalles sobre el encuentro de Herodes con Cristo que no se incluyen en los demás Evangelios (Lc. 13:31–33; 23:7–12). Sin duda alguna fue a través de Juana, o de alguien en una posición similar, que Lucas se enteró de esos hechos específicos. Ahora bien, lo cierto es que su entendimiento fue perfecto gracias a la revelación divina que recibió del Espíritu Santo (2 Ti. 3:16, 17; 2 P. 1:19–21).

[w]Desde su origen. Esto podría significar desde el comienzo de la vida terrenal de Cristo. Sin embargo, la palabra puede significar «de arriba» o «de lo alto» (Jn. 3:31; 19:11; Stg. 3:15). «Desde el principio» en Lc. 1:2 emplea una palabra griega distinta (*arch*), así que la mejor interpretación es decir que Lucas establece aquí que a pesar de haber recurrido a fuentes terrenales, siempre recibió la orientación celestial a lo largo de su labor de investigación y elaboración del texto. Es evidente que atribuía autoridad divina a su escrito.

origen, ˣescribírtelas por orden, oh ʸexcelentísimo Teófilo, para que conozcas bien ᶻla verdad de las cosas en las cuales has sido ᵃᵃinstruido.

ˣ **Escribírtelas por orden.** El relato de Lucas se ciñe casi siempre a un orden cronológico, pero él mismo no se supedita a ese dictamen.

ʸ **Excelentísimo.** Este título se empleaba para dirigirse a los gobernantes (Hch. 23:26; 24:3; 26:25). Esta clase de lenguaje estaba reservado para los más altos dignatarios, lo cual indica que «Teófilo» era una persona de esa índole.

ᶻ **La verdad.** Note la afirmación implícita de autoridad. Aunque Lucas acudía a otras fuentes, consideraba que la confiabilidad y la autoridad de su Evangelio eran superiores a las de cualquier fuente no inspirada.

ᵃᵃ **Instruido.** Teófilo había sido educado en la tradición apostólica, quizás a los pies del mismo apóstol Pablo. Sin embargo, lo que garantizaba como un sello la certeza y la veracidad de lo que había oído era la Palabra de Dios mediante este Evangelio.

9. El linaje real de Jesucristo a través de José

Mt. 1:1-17

[MTa]Libro de la genealogía de [b]Jesucristo, [c]hijo de David, [d]hijo de Abraham.

Abraham engendró a Isaac, Isaac a Jacob, y Jacob a Judá y a sus hermanos. Judá engendró de [e]Tamar a Fares y a Zara, Fares a Esrom, y Esrom a Aram. Aram engendró a Aminadab, Aminadab a Naasón, y Naasón a Salmón. [f]Salmón engendró de Rahab a Booz, Booz engendró de Rut a Obed, y Obed a Isaí. Isaí engendró al rey David[.]

[E]l rey David engendró a Salomón de la que fue mujer de Urías. Salomón engendró a Roboam, Roboam a Abías, y Abías a Asa. Asa [g]engendró a Josafat, Josafat a Joram, y Joram a Uzías. Uzías engendró a Jotam, Jotam a Acaz, y Acaz a

....

[a] LIBRO DE LA GENEALOGÍA DE JESUCRISTO. Esta frase es vista por algunos como el título dado por Mateo a todo el Evangelio. La frase griega traducida como «libro de la genealogía» es exactamente la misma frase usada en Génesis 5:1 en la Septuaginta.

[b] JESUCRISTO. El nombre arameo o hebreo *Jeshua* (*Yeshua*) significa «el Señor es Salvación». *Christos* significa «el ungido» y es el equivalente exacto de la palabra *mashiakh*, la palabra hebrea para «Mesías» (Dn. 9:25).

[c] HIJO DE DAVID. Un título mesiánico utilizado como tal solamente en los Evangelios sinópticos (cp. Mt. 22:42, 45).

[d] HIJO DE ABRAHAM. Lleva su linaje real hasta llegar al comienzo de la nación en el pacto abrahámico (Gn. 12:1-3).

[e] TAMAR. Es inusual que las mujeres sean nombradas en las genealogías. Mateo nombra a cinco: «Tamar» fue una mujer cananita que se disfrazó de prostituta para seducir a Judá (Gn. 38:13-30). «Rahab» (Mt. 1:5) fue una mujer gentil y prostituta (Jos. 2:1). «Rut» (Mt. 1:5) fue una mujer moabita (Rt. 1:3), y por lo tanto a su descendencia se le prohibió entrar en la asamblea del Señor durante diez generaciones (Dt. 23:3). «Betsabé» (la «mujer de Urías», Mt. 1:6) cometió adulterio con David (2 S. 11). Y «María» (Mt. 1:16) llevó el estigma de un embarazo fuera del matrimonio. Cada una de estas mujeres es una lección sobre la manera en la que obra la gracia de Dios.

[f] SALMÓN ENGENDRÓ DE RAHAB A BOOZ [...] ISAÍ ENGENDRÓ AL REY DAVID. Esta no es una genealogía exhaustiva. Varias generaciones fueron omitidas entre Rahab (en época de Josué) y David (Mt. 1:6), casi cuatro siglos más tarde. La genealogía de Mateo (como la mayoría de las bíblicas) salta algunas veces varias generaciones entre personajes bien conocidos con el propósito de abreviar la lista.

[g] ENGENDRÓ [...] JORAM A UZÍAS. Cp. 1 Cr. 3:10-12. Mateo omite a Ocozías, Joás y Amasías, yendo directamente de Joram a Uzías (Azarías), usando un tipo de genealogía abreviada. Mateo parece hacer esto intencionalmente para lograr una simétrica división de tres niveles en Mt. 1:17.

Ezequías. Ezequías engendró a Manasés, Manasés a Amón, y Amón a Josías. [h]Josías engendró a Jeconías y a sus hermanos, en el tiempo de la deportación a Babilonia.

Después de la deportación a Babilonia, Jeconías [i]engendró a Salatiel, y Salatiel a Zorobabel. Zorobabel engendró a Abiud, Abiud a Eliaquim, y Eliaquim a Azor. Azor engendró a Sadoc, Sadoc a Aquim, y Aquim a Eliud. Eliud engendró a Eleazar, Eleazar a Matán, Matán a Jacob; y Jacob engendró a [j]José, marido de María, de la cual nació Jesús, llamado el Cristo.

De manera que todas las [k]generaciones desde Abraham hasta David son catorce; desde David hasta la deportación a Babilonia, catorce; y desde la deportación a Babilonia hasta Cristo, catorce.

---

[h]Josías engendró a Jeconías. Otra vez, Mateo salta la generación entre Josías y Jeconías (cp. 1 Cr. 3:14–16). Jeconías es también llamado Joaquín (2 R. 24:6; 2 Cr. 36:8), y algunas veces Conías (Jer. 22:24). La presencia de Jeconías en esta genealogía presenta un interesante dilema. Una maldición en contra de él prohibió a cualquiera de sus descendientes acceder al trono de David por siempre (Jer. 22:30). Puesto que Jesús pasó a heredar a través de José la línea real de descendientes, pero no fue su hijo biológico y, por lo tanto, no fue descendiente físico de esta línea, la maldición no operó sobre él.

[i]Engendró [...] Salatiel a Zorobabel. Vea 1 Crónicas 3:17–19, donde Zorobabel aparece como hijo de Pedaías, hermano de Salatiel. En otras partes del AT, Zorobabel es llamado siempre hijo de Salatiel (p. ej., Hag. 1:1; Esd. 3:2; Neh. 12:1). Posiblemente Salatiel adoptó a su sobrino (cp. Hag. 2:23). Zorobabel es el último personaje en la lista de Mateo que aparece en alguna de las genealogías del AT.

[j]José, marido de María, de la cual nació Jesús. Esta es la única parte de la genealogía en la cual la palabra «engendró» no es utilizada, incluyendo todos aquellos casos en los que generaciones enteras fueron omitidas. La frase «de la cual» se refiere solamente a María. La inusual forma en la que se presenta esta sección de la genealogía pone de manifiesto el hecho de que Jesús no era, en sentido estricto, descendiente de José. No obstante, la genealogía establece claramente su derecho al trono de David como legítimo heredero de José.

[k]Generaciones [...] catorce. La importancia del número catorce no está clara, pero la atención dada por Mateo a los números, una distintiva característica hebrea, es evidente a lo largo de todo el Evangelio. El orden sistemático podría ser una ayuda a la memorización. Note que Mateo cuenta a Jeconías tanto en el tercer como en el cuarto grupo, representando en ambos casos la última generación antes de la cautividad en Babilonia y la primera generación después de ella.

10. El linaje físico de Jesucristo a través de María

Gá. 4:4; Lc. 3:23b–38

^{GA}Pero cuando vino ^ael cumplimiento del tiempo, ^bDios envió a su Hijo, ^cnacido de mujer y nacido ^dbajo la ley, ^{LCe}hijo, según se creía, de José, hijo de Elí, hijo de Matat, hijo de Leví, hijo de Melqui, hijo de Jana, hijo de José, hijo de Matatías, hijo de Amós, hijo de Nahum, hijo de Esli, hijo de Nagai, hijo de Maat, hijo de Matatías, hijo de Semei, hijo de José, hijo de Judá, hijo de Joana, hijo de Resa, hijo de Zorobabel, hijo de Salatiel, hijo de Neri, hijo de Melqui, hijo de Adi, hijo de Cosam, hijo de Elmodam, hijo de Er, hijo de Josué, hijo de Eliezer, hijo de Jorim, hijo de Matat, hijo de Leví, hijo de Simeón, hijo de Judá, hijo de José, hijo de Jonán,

....

^aEL CUMPLIMIENTO DEL TIEMPO. En el tiempo de Dios, cuando las condiciones exactas a escala religiosa, cultural y política requeridas por su plan perfecto estaban en su lugar, Jesús vino al mundo.

^bDIOS ENVIÓ A SU HIJO. Como un padre que determina la fecha en la que se realizará la ceremonia que marca la mayoría de edad de su hijo para que quede libre de los guardianes, custodios y tutores, Dios envió a su Hijo en el momento preciso para que librara a todos los que creen de su esclavitud a la ley. Esta es una verdad que Jesús afirmó de manera reiterada (Jn. 5:30, 36, 37; 6:39, 44, 57; 8:16, 18, 42; 12:49; 17:21, 25; 20:21). El hecho de que el Padre haya enviado a Jesús al mundo demuestra su existencia previa y eterna como el segundo miembro de la Trinidad (cp. Fil. 2:6,7; Heb. 1:3–5).

^cNACIDO DE MUJER. Esto enfatiza la humanidad plena de Jesús y no solo su nacimiento de una virgen (Is. 7:14; Mt. 1:20–25). Jesús tenía que ser Dios a plenitud de modo que su sacrificio tuviera el valor infinito que se requería para expiar el pecado, pero él también tenía que ser hombre a plenitud para que pudiera llevar sobre sus hombros el castigo por el pecado como sustituto del ser humano. Vea Lucas 1:32, 35; Juan 1:1, 14, 18.

^dBAJO LA LEY. Como todos los hombres, Jesús tenía la obligación de obedecer la ley de Dios. A diferencia de todos, no obstante, él mantuvo una obediencia perfecta a esa ley (Jn. 8:46; 2 Co. 5:21; Heb. 4:15; 7:26; 1 P. 2:22; 1 Jn. 3:5). Su naturaleza libre de pecado hizo de él el sacrificio sin mancha por los pecados, quien cumplió toda justicia, esto es, mostró una obediencia perfecta a Dios en todo. Esa justicia perfecta es lo que se imputa a los que creen en él.

^eHIJO [...] DE. La genealogía de Lucas avanza del presente hacia el pasado, desde Jesús hasta Adán. La de Mateo va del pasado al presente, desde Abraham hasta José. En Lucas toda la sección desde José hasta David difiere marcadamente de la presentada por Mateo. Las dos genealogías se reconcilian con facilidad si la de Lucas se considera como la genealogía de María y la de Mateo presenta el lado de José. Se entiende así que el linaje real es transmitido a través del padre legal de Jesús, mientras que su descendencia física de David queda establecida por el linaje de María. Lucas, a diferencia de Mateo, no incluye mujeres en su genealogía, ni siquiera a María misma. José fue el «hijo de Elí» por matrimonio, ya que Elí no tuvo hijos propios, por lo cual se nombra aquí en Lc. 3:23 como representante de la generación de María. Moisés mismo estableció precedentes para esta clase de sustitución en Números 27:1–11; 36:1–12. Los hombres enumerados desde Elí (Lc. 3:23) hasta Resa (Lc. 3:27) no se encuentran en otro lugar de las Escrituras.

hijo de Eliaquim, hijo de Melea, hijo de Mainán, hijo de Matata, hijo de Natán, hijo de David, hijo de Isaí, hijo de Obed, hijo de Booz, hijo de Salmón, hijo de Naasón, hijo de Aminadab, hijo de Aram, hijo de Esrom, hijo de Fares, hijo de Judá, hijo de Jacob, hijo de Isaac, hijo de Abraham, hijo de Taré, hijo de Nacor, hijo de Serug, hijo de Ragau, hijo de Peleg, hijo de Heber, hijo de Sala, hijo de Cainán, hijo de Arfaxad, hijo de Sem, hijo de Noé, hijo de Lamec, hijo de Matusalén, hijo de Enoc, hijo de Jared, hijo de Mahalaleel, hijo de Cainán, hijo de Enós, hijo de Set, hijo de Adán, hijo de Dios.

11. La venida del precursor de Cristo, Juan el Bautista

Mr. 1:2-3; Lc. 1:5-25; Jn. 1:6-8

JNHubo un hombre ªenviado de Dios, el cual se llamaba ᵇJuan. Este vino por ᶜtestimonio, para que diese testimonio de la luz, ᵈa fin de que todos creyesen por él. ᵉNo era él la luz, sino para que diese testimonio de la luz.

MRComo ᶠestá escrito ᵍen Isaías el profeta:

ª ENVIADO DE DIOS. Como precursor de Jesús, Juan debía dar testimonio de él como el Mesías e Hijo de Dios. Con el ministerio de Juan, el período del NT comenzó.

ᵇ JUAN. El nombre *Juan* siempre se refiere a Juan el Bautista en este Evangelio y nunca al apóstol Juan. El escritor del cuarto Evangelio lo llama *Juan* sin añadir su título «el Bautista», a diferencia de los otros Evangelios que usan la descripción adicional para identificarle (Mt. 3:1; Mr. 1:4; Lc. 7:20). Además, Juan el apóstol (o el hijo de Zebedeo) nunca se identificó a sí mismo por nombre propio en su Evangelio, aunque fue uno de los tres asociados más íntimos de Jesús (Mt. 17:1). Este silencio es un argumento sólido en el sentido de que Juan el apóstol fue el autor del cuarto Evangelio y sus lectores sabían muy bien que él había redactado el Evangelio que lleva su nombre.

ᶜ TESTIMONIO [...] DIESE TESTIMONIO. Las expresiones *testimonio* y *dar testimonio* reciben atención especial en el Evangelio de Juan, porque reflejan el lenguaje judicial propio del AT, donde la verdad de un asunto debía establecerse con base en la evidencia de múltiples testigos (Jn. 8:17, 18; cp. Dt. 17:6; 19:15). Juan el Bautista no fue el único que dio testimonio acerca de Jesús como Mesías e Hijo de Dios (Jn. 1:19-34; 3:27-30; 5:35), sino que hubo también otros testigos: (1) la mujer samaritana (Jn. 4:29); (2) las obras de Jesús (10:25); (3) el Padre (5:32-37); (4) el AT (5:39, 40); (5) la multitud (12:17); y (6) el Espíritu Santo (15:26, 27).

ᵈ A FIN DE QUE TODOS CREYESEN POR ÉL. El pronombre *él* no se refiere a Cristo, sino a Juan como el agente que dio testimonio de Cristo. El propósito de su testimonio fue producir fe en Jesucristo como el Salvador del mundo.

ᵉ NO ERA ÉL LA LUZ. Mientras que Juan el Bautista fue el agente de la creencia, Jesucristo es el objeto de la creencia. Aunque la persona y el ministerio de Juan tuvieron importancia vital (Mt. 11:11), él se limitó a ser meramente el precursor que anunció la venida del Mesías. Muchos años después del ministerio y la muerte de Juan, algunos no entendían todavía la función subordinada de Juan con respecto a Jesús (Hch. 19:1-3).

ᶠ ESTÁ ESCRITO. Una frase comúnmente usada en el NT para introducir citas del AT (cp. Mt. 2:5; 4:4, 6, 7; Mr. 7:6; 9:13; 14:21, 27; Lc. 2:23, 3:4; Jn. 6:45; 12:14; Hch. 1:20; 7:42; Ro. 3:4; 8:36; 1 Co. 1:31; 9:9; 2 Co. 8:14; 9:9; Gá. 3:10; 4:22; Heb. 10:7; 1 P. 1:16).

ᵍ EN ISAÍAS EL PROFETA. Es así como aparece en los mejores manuscritos griegos. Sin embargo, Marcos cita en realidad dos diferente pasajes del AT (Is. 40:3; Mal. 3:1), lo cual probablemente explica la frase «los profetas» que se encuentra en algunos manuscritos. Todos los Evangelios introducen el ministerio de Juan el Bautista citando Is. 40:3 (cp. Mt. 3:3; Lc. 3:4; Jn. 1:23).

> He aquí yo envío [h]mi mensajero delante de tu faz,
> El cual preparará tu camino delante de ti.
> Voz del que clama en el desierto:
> Preparad el camino del Señor;
> Enderezad sus sendas.

[LC]Hubo en los días de Herodes, rey de Judea, un sacerdote llamado [i]Zacarías, de [j]la clase de Abías; su mujer era de las [k]hijas de Aarón, y se llamaba Elisabet. Ambos eran justos delante de Dios, y andaban irreprensibles en todos los mandamientos y ordenanzas del Señor. Pero no tenían hijo, porque Elisabet era [l]estéril, y ambos eran ya de edad avanzada.

Aconteció que ejerciendo Zacarías el sacerdocio delante de Dios según el orden de su clase, conforme a la costumbre del sacerdocio, [m]le tocó en suerte ofrecer el incienso, entrando en el santuario del Señor. Y toda la multitud del pueblo estaba fuera orando a la hora del incienso. Y se le apareció un ángel del Señor puesto en pie a la derecha del altar del incienso. Y se turbó Zacarías al verle, y le sobrecogió [n]temor.

---

[h] MI MENSAJERO. Juan fue el mensajero divinamente prometido enviado para prepararle el camino al Mesías. En tiempos antiguos, los mensajeros de un rey viajaban delante de este a fin de asegurarse de que los caminos eran seguros y estaban en buen estado para que el rey viajara en ellos, así como para anunciar su llegada.

[i] ZACARÍAS. Lit. «Jehová se ha acordado».

[j] LA CLASE DE ABÍAS. El sacerdocio del templo estaba organizado en veinticuatro divisiones y cada división prestaba sus servicios dos veces al año por una semana (1 Cr. 24:4–19). La clase de Abías era la octava (1 Cr. 24:10). En este momento, la división de Zacarías estaba en turno para uno de sus dos períodos anuales (Lc. 1:8).

[k] HIJAS DE AARÓN [...] AMBOS ERAN JUSTOS DELANTE DE DIOS. Tanto el esposo como la esposa descendían de la tribu sacerdotal y eran creyentes, justificados ante los ojos de Dios.

[l] ESTÉRIL [...] DE EDAD AVANZADA. Muchos veían esto como una señal de que habían perdido el favor divino.

[m] LE TOCÓ EN SUERTE OFRECER EL INCIENSO. Un honor supremo (Éx. 30:7, 8; 2 Cr. 29:11). Debido a la gran cantidad de sacerdotes disponibles, ellos en su gran mayoría nunca serían elegidos para cumplir un deber tan destacado y a ninguno se le permitía prestar este servicio más de una vez. Es indudable que Zacarías consideró este como un momento culminante en toda una vida dedicada al servicio sacerdotal. El incienso se mantenía encendido todo el tiempo frente al velo que dividía el Lugar Santo del Lugar Santísimo. A solas, el sacerdote ofrecía el incienso cada mañana y cada tarde, mientras el resto de los sacerdotes y adoradores permanecían fuera del Lugar Santo en oración (v. 10).

[n] TEMOR. La respuesta normal y de hecho, apropiada (12:5), cada vez que alguien es confrontado por una visitación divina o una obra poderosa de Dios (Jue. 6:22; 13:22; Mr. 16:5; Ap. 1:17). Parece que Lucas presta atención especial a esta reacción, ya que hace mención frecuente del temor ante la presencia de Dios y sus obras (cp. Lc. 1:30, 65; 2:9, 10; 5:10, 26; 7:16; 8:25, 37, 50; 9:34, 45; 23:40).

Pero el ángel le dijo: Zacarías, no temas; porque °tu oración ha sido oída, y tu mujer Elisabet te dará a luz un hijo, y llamarás su nombre ᴾJuan. Y tendrás ᑫgozo y alegría, y muchos se regocijarán de su nacimiento; porque será grande delante de Dios. No beberá ʳvino ni sidra, y será lleno del Espíritu Santo, ˢaun desde el vientre de su madre. Y hará que muchos de los hijos de Israel se conviertan al Señor Dios de ellos. E irá delante de él ᵗcon el espíritu y el poder de Elías, ᵘpara hacer volver los corazones de los padres a los hijos, y de los rebeldes a la prudencia de los justos, para preparar al Señor un pueblo bien dispuesto.

Dijo Zacarías al ángel: ᵛ¿En qué conoceré esto? Porque yo soy viejo, y mi mujer es de edad avanzada. Respondiendo el ángel, le dijo: Yo soy ʷGabriel, que estoy delante de Dios; y he sido enviado a hablarte, y darte estas buenas nuevas. Y ahora quedarás mudo y no podrás hablar, hasta el día en que esto se haga, por cuanto no creíste mis palabras, las cuales se cumplirán a su tiempo.

....

° Tu oración. Es probable que se tratara de una oración para que hubiera hijos en su hogar (cp. Lc. 1:7, 25).

ᴾ Juan. Lit. «Jehová ha mostrado gracia».

ᑫ Gozo y alegría. Las marcas distintivas del reino mesiánico (Is. 25:9; Sal. 14:7; 48:11). El tema del gozo es recurrente en el Evangelio de Lucas (cp. Lc. 1:44, 47, 58; 2:10; 6:23; 8:13; 10:17–21; 13:17; 15:5–10, 22–32; 19:6, 37; 24:52).

ʳ Vino ni sidra. Este era un elemento esencial del voto nazareo (Nm. 6:1–21), y es probable que Zacarías lo hubiera entendido así. Por lo general era un voto temporal, pero Sansón (Jue. 16:17) y Samuel (1 S. 1:11) estuvieron sujetos a él desde su nacimiento. Aquí el lenguaje evoca las instrucciones del ángel a los padres de Sansón (Jue. 13:4–7). Sin embargo, no se menciona restricción alguna en cuanto a que el cabello de Juan no fuera cortado. Es posible que Lucas omitiera ese detalle para no cansar a su audiencia gentil con asuntos propios de la ley judía.

ˢ Aun desde el vientre de su madre. Esto nos recuerda a Jeremías (Jer. 1:5). Esto ilustra la soberanía de Dios en la salvación.

ᵗ Con el espíritu y el poder de Elías. Elías, como Juan el Bautista, fue conocido por su postura firme e invariable a favor de la Palabra de Dios, aun frente a las amenazas de un monarca desalmado (cp. 1 R. 18:17–24; Mr. 6:15). Los últimos dos versículos del AT (Mal. 4:5, 6) habían prometido el regreso de Elías antes del día del Señor (cp. Mt. 3:4; 11:14; Mr. 19:11, 12).

ᵘ Para hacer volver los corazones. Cita de Malaquías 4:6 para mostrar que Juan el Bautista cumplió esa profecía.

ᵛ ¿En qué conoceré esto? Abraham también pidió una señal bajo circunstancias similares (Gn. 15:8). La señal dada a Zacarías también fue una reprensión ligera por dudar (Lc. 1:20).

ʷ Gabriel. Lit. «hombre fuerte de Dios». Gabriel también aparece en Daniel 8:16; 9:21. Además de Miguel, es el único ángel santo cuyo nombre se da en las Escrituras (Dn. 10:13, 21; Jud. 9; Ap. 12:7).

Y el pueblo estaba esperando a Zacarías, y *se extrañaba de que él se demorase en el santuario. Pero cuando salió, no les podía hablar; y comprendieron que había visto visión en el santuario. Él les hablaba por señas, y permaneció mudo.

Y cumplidos ʸlos días de su ministerio, se fue a su casa. Después de aquellos días concibió su mujer Elisabet, y ᶻse recluyó en casa por cinco meses, diciendo: Así ha hecho conmigo el Señor en los días en que se dignó quitar mi afrenta entre los hombres.

ˣ SE EXTRAÑABA DE QUE ÉL SE DEMORASE. Se suponía que Zacarías solo tenía que ofrecer el incienso y después salir para pronunciar la conocida bendición de Números 6:23–27 para beneficio del pueblo que aguardaba en el atrio del templo. La conversación con el ángel habría tomado un tiempo adicional.

ʸ LOS DÍAS DE SU MINISTERIO [...] A SU CASA. Después de que sus días de servicio terminaron (los cuales consistieron de una semana), Zacarías regresó a su hogar en el campo montañoso de Judea (v. 39).

ᶻ SE RECLUYÓ [...] MI AFRENTA. Elisabet probablemente buscó la soledad como un acto de devoción motivado por una gratitud profunda al Señor. Ella ya no llevaba el estigma social de la esterilidad. La falta de hijos conllevaba un oprobio en una cultura donde las bendiciones estaban ligadas a los derechos de nacimiento y los linajes familiares. La infecundidad también podía en ciertas ocasiones ser una señal de la pérdida del favor divino (Lv. 20:20, 21), pero no siempre era así (cp. Gn. 30:23; 1 S. 1:5–10).

12. Gabriel anuncia la venida de Jesucristo

Lc. 1:26-38

[LCa]Al sexto mes el ángel Gabriel fue enviado por Dios a una ciudad de Galilea, llamada Nazaret, a [b]una virgen desposada con un varón que se llamaba José, de la casa de David; y el nombre de la virgen era María. Y entrando el ángel en donde ella estaba, dijo: ¡Salve, [c]muy favorecida! El Señor es contigo; bendita tú entre las mujeres.

Mas ella, cuando le vio, se turbó por sus palabras, y pensaba qué salutación sería esta. Entonces el ángel le dijo: María, [d]no temas, porque has hallado gracia delante de Dios. Y ahora, concebirás en tu vientre, y darás a luz un hijo, y llamarás su nombre JESÚS. Este será grande, y será llamado [e]Hijo del Altísimo; y el Señor Dios le dará el trono de [f]David su padre; y reinará [g]sobre la casa de Jacob para siempre, y su reino no tendrá fin.

....

[a]AL SEXTO MES. Esto es, el sexto mes del embarazo de Elisabet.

[b]UNA VIRGEN. La importancia del nacimiento virginal no puede subrayarse con exageración. Una visión correcta de la encarnación depende de la verdad sobre el nacimiento de Jesús por medio de una virgen. Tanto Lucas como Mateo declaran sin lugar a equivocación que María era virgen al ser concebido Jesús en su vientre (cp. Mt. 1:23). El Espíritu Santo realizó la concepción a través de medios sobrenaturales (cp. Mt. 1:18). La naturaleza de la concepción de Cristo da testimonio de su deidad y de ser libre de pecado.

[c]MUY FAVORECIDA. Lit. «llena de gracia», un término empleado con referencia a todos los creyentes en Efesios 1:6, donde se traduce «aceptos». Esto presenta a María como receptora y no dispensadora de la gracia divina.

[d]NO TEMAS. Lo mismo que Gabriel había dicho a Zacarías (Lc. 1:13).

[e]HIJO DEL ALTÍSIMO. Cp. Lc. 1:76, donde Juan el Bautista es llamado «profeta del Altísimo». El término griego que Lucas emplea para «Altísimo» es el mismo que aparece en la Septuaginta para traducir la expresión hebrea «el Dios Altísimo». Puesto que un hijo porta las cualidades de su padre, llamar a una persona «hijo» era una forma de aludir a la igualdad mutua de ambos. Aquí el ángel dijo a María que su Hijo sería igual al Dios Altísimo.

[f]DAVID SU PADRE. Cp. Mt. 9:27. Jesús fue el descendiente físico de David a través del linaje de María. El «trono» de David eran un emblema del reino mesiánico (cp. 2 S. 7:13-16; Sal. 89:26-29).

[g]SOBRE LA CASA DE JACOB PARA SIEMPRE. Esto recalca tanto el carácter judío del reino milenario como la permanencia eterna del gobierno de Cristo sobre todos. Cp. Is. 9:7; Dn. 2:44.

Entonces María dijo al ángel: ¿Cómo será esto? pues [h]no conozco varón. Respondiendo el ángel, le dijo: [i]El Espíritu Santo vendrá sobre ti, y el poder del Altísimo te cubrirá con su sombra; por lo cual también el Santo Ser que nacerá, será llamado Hijo de Dios. Y he aquí [j]tu parienta Elisabet, ella también ha concebido hijo en su vejez; y este es el sexto mes para ella, la que llamaban estéril; porque nada hay imposible para Dios. Entonces María dijo: He aquí la sierva del Señor; [k]hágase conmigo conforme a tu palabra. Y el ángel se fue de su presencia.

----

[h]NO CONOZCO VARÓN. En sentido conyugal. María entendió que el ángel hacía referencia a una concepción inmediata, en tanto que ella y José apenas estaban en medio de un largo proceso de desposorio o período de compromiso (Mt. 1:18) antes de la boda y la consumación del matrimonio como tal. Su pregunta estaba motivada por el asombro y no por la duda o la incredulidad, por eso el ángel no la reprendió como lo hizo con Zacarías (v. 20).

[i]EL ESPÍRITU SANTO VENDRÁ SOBRE TI. Este fue un acto creativo del Espíritu Santo, no la clase de cohabitación entre seres humanos y divinos que se ve con frecuencia en la mitología del Antiguo Medio Oriente, Grecia y Roma.

[j]TU PARIENTA ELISABET. Parece más razonable considerar la genealogía de Lucas 3:23–28 como correspondiente a María. Esto la convertiría en descendiente directa de David. Ahora bien, Elisabet era descendiente de Aarón. Por ende, María estaba emparentada con Elisabet a través de su madre, quien habría tenido ascendencia aarónica. En conclusión, María fue descendiente de David por medio de su padre.

[k]HÁGASE CONMIGO CONFORME A TU PALABRA. María quedó en una posición difícil y vergonzosa en extremo. Desposada para casarse con José, enfrentaba el estigma de una maternidad fuera del matrimonio. Es obvio que José habría sabido que el hijo no era suyo, y ella era consciente de que sería acusada de adulterio, una ofensa que se castigaba con el apedreamiento (Dt. 22:13–21; cp. Jn. 8:3–5). No obstante, ella se sometió con gracia y buena disposición a la voluntad de Dios.

13. María se regocija con Elisabet

Lc. 1:39-56

[LC]En aquellos días, levantándose María, fue de prisa a la montaña, a una ciudad de Judá; y entró en casa de Zacarías, y saludó a Elisabet. Y aconteció que cuando oyó Elisabet la salutación de María, la criatura saltó en su vientre; y Elisabet fue [a]llena del Espíritu Santo, y exclamó a gran voz, y dijo: Bendita tú entre las mujeres, y bendito el fruto de tu vientre. ¿Por qué se me concede esto a mí, que [b]la madre de mi Señor venga a mí? Porque tan pronto como llegó la voz de tu salutación a mis oídos, [c]la criatura saltó de alegría en mi vientre. Y bienaventurada la que creyó, porque se cumplirá lo que le fue dicho de parte del Señor.

Entonces [d]María dijo:

Engrandece mi alma al Señor;
Y mi espíritu se regocija en Dios [e]mi Salvador.

....

[a] LLENA DEL ESPÍRITU SANTO. Es decir, controlada por el Espíritu Santo, quien sin duda alguna guio a Elisabet en su expresión de alabanza.

[b] LA MADRE DE MI SEÑOR. Esta expresión no es de alabanza a María, sino al Hijo que está en su vientre. Fue una expresión profunda de la confianza de Elisabet en que el Hijo de María habría de convertirse en el Mesías esperado por mucho tiempo, a quien David mismo llamó «Señor» (cp. Lc. 20:44). La comprensión de la situación por parte de Elisabet fue extraordinaria, si consideramos el aura de misterio que envolvió todos estos acontecimientos (cp. Lc. 2:19). Ella saludó a María, no con escepticismo, sino con regocijo. Entendió la reacción del hijo que llevaba en su propio vientre, y parece que comprendió la importancia inmensa del Hijo que María portaba. Todo esto debe atribuirse a la obra de iluminación del Espíritu (Lc. 1:41).

[c] LA CRIATURA SALTÓ DE ALEGRÍA EN MI VIENTRE. El infante, como su madre, fue lleno del Espíritu (cp. Lucas 1:15, 41). Su reacción, como la de Elisabet, fue motivada de manera sobrenatural por el Espíritu de Dios.

[d] MARÍA DIJO. El Magnificat de María (esta es la primera palabra de su exaltación en la traducción latina de Lucas 1:46-55) está lleno de alusiones y citas al AT. Revela que el corazón y la mente de María estaban saturados con la Palabra de Dios. También hace ecos reiterados a las oraciones de Ana, p. ej., 1 S. 1:11; 2:1-10. Estos versículos contienen alusiones numerosas a la ley, los salmos y los profetas. Todo el pasaje es una recitación punto por punto de las promesas de pacto dadas por Dios.

[e] MI SALVADOR. María se refirió a Dios como «Salvador», lo cual indica que reconocía su propia necesidad de un Salvador, y también que conocía al Dios verdadero como su Salvador. Nada aquí o en cualquier otra parte de las Escrituras indican que María se viera a sí misma como «inmaculada» (libre de la mancha propia del pecado original). Todo lo contrario, ella empleó las expresiones comunes de una persona cuya única esperanza de salvación es la gracia divina. Nada en este pasaje presta respaldo a la noción de que María misma deba ser objeto de adoración.

Porque ha mirado [f]la bajeza de su [g]sierva;

Pues he aquí, desde ahora me dirán bienaventurada todas las generaciones.

Porque me ha hecho grandes cosas el Poderoso;

Santo es su nombre,

Y su misericordia es de generación en generación

A los que le temen.

Hizo proezas con su brazo;

Esparció a los soberbios en el pensamiento de sus corazones.

Quitó de los tronos a los poderosos,

Y exaltó a los humildes.

A los hambrientos colmó de bienes,

Y a los ricos envió vacíos.

Socorrió a Israel su siervo,

Acordándose de la misericordia

De la cual habló a nuestros padres,

Para con Abraham y su descendencia para siempre.

Y se quedó María con ella [h]como tres meses; después se volvió a [i]su casa.

---

[f]LA BAJEZA. La cualidad de María que brilla con más claridad a lo largo de este pasaje es un sentido profundo de humildad.

[g]SIERVA. Es decir, una esclava.

[h]COMO TRES MESES. María llegó en el sexto mes del embarazo de Elisabet (Lucas 1:26), por lo cual es evidente que se quedó allí hasta el nacimiento de Juan el Bautista.

[i]SU CASA. En este punto, María seguía desposada con José y todavía no vivía con él (cp. Mt. 1:24).

14. Nace Juan el Bautista

Lc. 1:57-80

LCCuando a Elisabet se le cumplió el tiempo de su alumbramiento, dio a luz un hijo. Y cuando oyeron los vecinos y los parientes que Dios había engrandecido para con ella su misericordia, se regocijaron con ella.

Aconteció que ªal octavo día vinieron para circuncidar al niño; y le llamaban con el nombre de su padre, Zacarías; pero respondiendo su madre, dijo: ᵇNo; se llamará Juan.

Le dijeron: ¿Por qué? No hay nadie en tu parentela que se llame con ese nombre. Entonces ᶜpreguntaron por señas a su padre, cómo le quería llamar.

Y pidiendo una tablilla, escribió, diciendo: Juan es su nombre. Y todos se maravillaron. Al momento fue abierta su boca y suelta su lengua, y habló bendiciendo a Dios. Y se llenaron de temor todos sus vecinos; y en ᵈtodas las montañas de Judea se divulgaron todas estas cosas. Y todos los que las oían las guardaban en su corazón, diciendo: ¿Quién, pues, será este niño? Y la mano del Señor estaba con él.

Y Zacarías su padre fue ᵉlleno del Espíritu Santo, y profetizó, ᶠdiciendo:

....

ª AL OCTAVO DÍA. De conformidad con el mandato de Dios (Gn. 17:12; Lv. 12:1-3; cp. Fil. 3:5), se había vuelto corriente la práctica de darle nombre al niño en su circuncisión. Este ritual era una ocasión para que se reunieran familiares y amigos que, en este caso, presionaron a los padres para darle al hijo «el nombre de su padre», tal vez como un gesto de respeto a Zacarías.

ᵇ No. Elisabet se había enterado, por medio de lo que Zacarías le escribía (Lc. 1:63), de todo lo que Gabriel le había dicho.

ᶜ PREGUNTARON POR SEÑAS A SU PADRE. Parece que los sacerdotes que realizaron la ceremonia de circuncisión supusieron que como no podía hablar también era sordo.

ᵈ TODAS LAS MONTAÑAS DE JUDEA. Esto es, Jerusalén y sus alrededores. La reputación de Juan el Bautista comenzó a extenderse desde el tiempo de su nacimiento (Lc. 1:66).

ᵉ LLENO DEL ESPÍRITU SANTO. En todos los casos en los que una persona fue llena del Espíritu en el relato de la natividad de Lucas, el resultado fue la adoración dirigida por el Espíritu. Cp. Ef. 5:18-20.

ᶠ DICIENDO. La exaltación de Zacarías (en Lucas 1:68-79) es conocida como el *Benedictus* (la primera palabra del v. 68 en la traducción latina). Como el *Magnificat* de María, está saturado de citas y alusiones al AT. Al perder el habla en el templo (Lc. 1:20), se suponía que Zacarías debía proclamar una bendición al pueblo. Por eso es acertado que tan pronto recuperó el habla, las primeras palabras que salieron de su boca fueron esta bendición inspirada.

Bendito el Señor Dios de Israel,
Que ha visitado y redimido a su pueblo,
Y nos levantó [g]un poderoso Salvador
En la casa de David su siervo,
Como habló por boca de sus santos profetas que fueron desde el principio;
Salvación de nuestros enemigos, y de la mano de todos los que nos aborrecieron;
Para hacer misericordia con nuestros padres,
Y acordarse de [h]su santo pacto;
Del juramento que hizo a Abraham nuestro padre,
Que nos había de conceder
Que, librados de nuestros enemigos,
Sin temor le serviríamos
En santidad y en justicia delante de él, todos nuestros días.
Y tú, niño, profeta del Altísimo serás llamado;
Porque irás delante de la presencia del Señor, para preparar sus caminos;
Para dar conocimiento de salvación a su pueblo,
Para [i]perdón de sus pecados,
Por la entrañable misericordia de nuestro Dios,
Con que nos visitó desde lo alto [j]la aurora,
Para dar luz a los que habitan en tinieblas y en sombra de muerte;
Para encaminar nuestros pies por camino de paz.

Y el niño crecía, y se fortalecía en espíritu; y [k]estuvo en lugares desiertos hasta el día de su manifestación a Israel.

....

[g] UN PODEROSO SALVADOR. O «cuerno de salvación», una expresión común en el AT (2 S. 22:3; Sal. 18:2; cp. 1 S. 2:1). El cuerno es un símbolo de fortaleza (Dt. 33:17). Es evidente que estas palabras no son una exaltación de Juan el Bautista. Puesto que tanto Zacarías como Elisabet eran levitas (cp. Lc. 1:5), aquel que fue levantado «en la casa de David» no podría ser Juan, sino uno más grande que él (Jn. 1:26, 27).

[h] SU SANTO PACTO. Esto es, el pacto con Abraham (v. 73), con su promesa de salvación por gracia. Cp. Gn. 12:1–3.

[i] PERDÓN DE SUS PECADOS. El perdón de los pecados es la esencia de la salvación. Dios salva a los pecadores de la separación eterna de él, al igual que del infierno, solo a través de la expiación y el perdón de sus pecados. Cp. Ro. 4:6–8; 2 Co. 5:19; Ef. 1:7; Heb. 9:22.

[j] LA AURORA. Una referencia mesiánica (cp. Is. 9:2; 60:1–3; Mal. 4:2; 2 P. 1:19; Ap. 22:16).

[k] ESTUVO EN LUGARES DESIERTOS. Varios grupos de ascetas habitaban en las regiones desérticas al este de Jerusalén. Uno de ellos era la famosa comunidad de Qumrán, fuente de los famosos rollos del Mar Muerto. Los padres de Juan que ya eran ancianos a la hora de su nacimiento, pudieron haberlo encomendado al cuidado de una persona vinculada con alguna de estas comunidades. De forma similar, Ana consagró al Señor a su hijo Samuel y lo entregó al cuidado de Elí (1 S. 1:22–28). Sin embargo, nada concreto en las Escrituras indica que Juan haya formado parte de un grupo como este. Por el contrario, es presentado como un personaje solitario, al estilo de Elías.

15. El nacimiento milagroso de Jesús se le explica a José

Mt. 1:18-25

^{MT}El nacimiento de Jesucristo fue así: Estando ^adesposada María su madre con José, antes que se juntasen, se halló que había concebido del Espíritu Santo. ^bJosé su marido, como era justo, y no quería infamarla, quiso dejarla secretamente. Y pensando él en esto, he aquí ^cun ángel del Señor le apareció ^den sueños y le dijo: José, hijo de David, no temas recibir a María tu mujer, porque lo que en ella es engendrado, del Espíritu Santo es. Y dará a luz un hijo, y llamarás su nombre ^eJESÚS, porque él salvará a su pueblo de sus pecados.

Todo esto aconteció ^fpara que se cumpliese lo dicho por el Señor por medio del profeta, cuando dijo:

....

^aDESPOSADA. Los esponsales judíos eran tan comprometedores como los matrimonios modernos. Era necesario el divorcio para terminar el compromiso (Mt. 1:19) y la pareja desposada era tratada legalmente como esposo y esposa (v. 19) aunque la unión física no hubiera tenido lugar todavía.

^bJOSÉ [...] COMO ERA JUSTO [...] QUISO DEJARLA SECRETAMENTE. El apedreamiento era el castigo legal para este tipo de adulterio (Dt. 22:23, 24). La rectitud de José significa que él también fue misericordioso. Y por esto, no intentó hacer de María un «ejemplo público». El calificativo «justo» es un hebraísmo que sugiere que José era un verdadero creyente en Dios, quien por lo tanto había sido declarado una persona recta y que obedecía cuidadosamente a la ley (vea Gn. 6:9). Para «dejarla secretamente» debía obtener el divorcio legal (Mt. 19:8, 9; Dt. 24:1), lo cual era necesario de acuerdo con las costumbres hebreas para disolver el compromiso.

^cUN ÁNGEL DEL SEÑOR. Esta es una de las pocas visitas angelicales en el NT, la mayoría de las cuales están asociadas con el nacimiento de Cristo. Para otras, vea Mt. 28:2; Hch. 5:19; 8:26; 10:3; 12:7-10; 27:23; Ap. 1:1.

^dEN SUEÑOS. Como para poner de manifiesto el carácter sobrenatural del advenimiento de Cristo, Mateo narra el acontecimiento describiendo cinco sueños de revelación como este: Mt. 1:20; 2:12, 13, 19, 22. Aquí el ángel le dijo a José que recibiera a María bajo su mismo techo.

^eJESÚS. Cp. Mt. 1:25; Lc. 1:31. Este nombre significa «Salvador».

^fPARA QUE SE CUMPLIESE. Mateo apunta a cumplimientos de las profecías del AT en no menos de doce veces (cp. Mt. 2:15, 17, 23; 4:14; 8:17; 12:17; 13:14, 35; 21:4; 26:54-56; 27:9, 35). Mateo utiliza citas del AT en más de sesenta ocasiones, mucho más frecuente que cualquier otro escritor del NT excepto Pablo en Romanos.

He aquí, una [g]virgen concebirá y dará a luz un hijo,
Y llamarás su nombre [h]Emanuel,
que traducido es: Dios con nosotros.

Y despertando José del sueño, hizo como el ángel del Señor le había mandado, y recibió a su mujer. Pero no [i]la conoció hasta que dio a luz a su hijo primogénito; y le puso por nombre JESÚS.

---

[g] VIRGEN. Los estudiosos están en desacuerdo algunas veces en cuanto a si el término hebreo utilizado en Isaías 7:14 significa «virgen» o «doncella». Mateo cita aquí la Septuaginta, la cual usa el ambiguo término griego para «virgen» (Is. 7:14). De esta manera Mateo, escribiendo bajo la inspiración divina, concluye con la duda acerca del significado de la palabra usada en Isaías 7:14.

[h] EMANUEL. Cp. Is. 8:8, 10.

[i] LA CONOCIÓ. Un eufemismo utilizado para referirse a la relación sexual. Vea Génesis 4:1, 17, 25; 38:26; Jueces 11:39.

16. El Mesías nace en Belén

Lc. 2:1-7; Jn. 1:14

^{LC}Aconteció en aquellos días, que se promulgó un edicto de parte de ^aAugusto César, que todo el mundo fuese empadronado. Este primer censo se hizo ^bsiendo

......

^aAugusto César. Cayo Octavio, sobrino nieto, hijo adoptivo y heredero principal de Julio César. Antes y después de la muerte de Julio en 44 A.C., el gobierno romano estuvo sometido a constantes luchas por la hegemonía. Octavio alcanzó la supremacía irrefutable en el año 31 A.C. al derrotar a su último rival, Antonio, en una batalla militar en Actium. En 29 A.C. el senado romano declaró a Octavio como el primer emperador de Roma. Dos años más tarde lo honraron con el título «Augusto» («el exaltado», un término que también suponía su veneración religiosa). El gobierno republicano de Roma quedó abolido y Augusto recibió poder militar supremo. Reinó hasta su muerte a la edad de setenta y seis años (14 A.D.). Bajo su dominio, el Imperio Romano dominó toda la región del Mediterráneo e inauguró un período de gran prosperidad y paz relativa o *pax romana*. Ordenó que «todo el mundo» (esto es, el mundo del Imperio Romano) «fuese empadronado». No se trataba de un simple censo que iba a hacerse una sola vez. El decreto establecía un ciclo de registros que debían hacerse cada catorce años. Antes de esto, Israel había sido excluido del censo romano porque los judíos estaban exentos de prestar servicio en el ejército romano, y la función principal del censo era reclutar a hombres jóvenes para el servicio militar, así como contar a todos los ciudadanos romanos. Con este nuevo censo universal se quiso enumerar a cada nación por familia y tribu, de ahí que José como habitante de Judea tuviera que regresar a su hogar ancestral para empadronarse. Aunque el censo no tuvo en cuenta valores económicos como la propiedad y el ingreso, en poco tiempo se utilizaron los nombres y las estadísticas para gravar a la población con impuestos individuales (vea Mt. 22:17), y los judíos llegaron a considerar el censo mismo como un símbolo desagradable de la opresión romana.

^bSiendo Cirenio gobernador de Siria. Resulta problemático asignar una fecha precisa para este censo. Se sabe que Publio Sulpicio Cirenio gobernó Siria entre los años 6 y 9 A.D. Un censo bastante divulgado se realizó en Palestina en 6 A.D. Josefo escribe que provocó una revuelta judía violenta, la cual es mencionada por Lucas en su cita de Gamaliel, en Hechos 5:37. Cirenio fue responsable de la administración de ese censo, y también jugó un papel importante en el aplacamiento de la rebelión suscitada. Sin embargo, no puede ser el censo que Lucas tiene aquí en mente, que ocurrió casi una década después de la muerte de Herodes (cp. Mt. 2:1), demasiado tarde para ajustarse a la cronología de Lucas (cp. Lc. 1:5). En vista del cuidado meticuloso de Lucas como historiador, no sería razonable acusarlo de un anacronismo tan obvio. En efecto, la arqueología ha demostrado la precisión de Lucas. Un fragmento de piedra hallado en Tívoli (cerca de Roma) en 1764 A.D. contiene una inscripción en honor de un oficial romano que, según declara, fue dos veces gobernador de Siria y Fenicia durante el reino de Augusto. Aunque no se menciona el nombre del oficial, se incluyen ciertos detalles sobre sus logros que solo podrían aplicarse a Cirenio. Este hombre debió haber servido como gobernador de Siria en dos oportunidades. Es probable que haya sido gobernador militar durante el mismo tiempo en que Varo ejerció como gobernador civil. En cuanto a la fecha del censo, algunos registros antiguos hallados en Egipto hacen mención de un censo mundial ordenado en 8 A.C., pero esta fecha tampoco está libre de problemas. Los eruditos consideran por lo general que 6 A.C. es la fecha más temprana posible del nacimiento de Cristo. Es evidente que el censo fue ordenado por César Augusto en 8 A.C., pero no se llevó a cabo hasta de dos a cuatro años más tarde, quizá por motivo de dificultades políticas entre Roma y Herodes. Por lo tanto, el año preciso del nacimiento de Cristo no puede conocerse con certidumbre, pero es probable que no tuvo lugar antes del año 6 A.C. y por cierto no después de 4 A.D. Los lectores de Lucas que estaban familiarizados con la historia política de la época habrían discernido sin lugar a dudas la fecha exacta con base en la información que el escritor sagrado les suministró.

Cirenio gobernador de Siria. E iban todos para ser empadronados, cada uno ᶜa su ciudad.

Y José subió de Galilea, de la ciudad de ᵈNazaret, a Judea, a la ciudad de David, que se llama Belén, por cuanto era de la casa y familia de David; para ser empadronado con María su mujer, ᵉdesposada con él, la cual estaba encinta. Y aconteció que estando ellos allí, se cumplieron los días de su alumbramiento. Y dio a luz a su hijo ᶠprimogénito, y lo envolvió en ᵍpañales, y lo acostó en un ʰpesebre, porque ⁱno había lugar para ellos en el mesón.

ᶜA SU CIUDAD. Es decir, el lugar de origen tribal.

ᵈNAZARET [...] BELÉN. Tanto José como María eran descendientes de David y por esa razón acudieron al territorio de su tribu en Judea para ser registrados. Era un viaje difícil de más de ciento doce kilómetros por territorio montañoso, y resultó extenuante para María, que estaba a punto de dar a luz. Quizás ella y José eran conscientes de que un nacimiento en Belén sería el cumplimiento de la profecía hallada en Miqueas 5:2.

ᵉDESPOSADA. Mateo 1:24 indica que cuando el ángel le dijo a José acerca del embarazo de María, él «recibió a su mujer», esto es, la llevó a casa de él. Sin embargo, no consumaron su matrimonio hasta después del nacimiento de Jesús (Mt. 1:25). Por lo tanto, en el sentido técnico, todavía estaban desposados.

ᶠPRIMOGÉNITO. María tuvo otros hijos después de este primer nacimiento. Cp. 12:46.

ᵍPAÑALES. Pedazos de tela que se utilizaban para envolver con firmeza a un bebé, lo cual impedía que el mismo se hiciera daño en la delicada piel facial con sus propias uñas (que con frecuencia estaban afiladas), y también se creía que ayudaba a fortalecer las extremidades. Esta costumbre se continúa en algunas culturas orientales de la actualidad. La ausencia de pañales era una señal de pobreza o falta de cuidado paternal (Ez. 16:4).

ʰPESEBRE. Un comedero para los animales. De aquí se desprende la noción de que Cristo nació en un establo, algo que no se confirma en ningún lugar de las Escrituras. Según la tradición antigua su nacimiento tuvo lugar en una cueva (es posible que estas formaciones rocosas se utilizaran como refugio para los animales). Lo cierto es que no se hace una descripción física de la ubicación.

ⁱNO HABÍA LUGAR PARA ELLOS EN EL MESÓN. Es posible que se debiera a que muchas personas habían regresado a esta población antigua para empadronarse.

[j]Y [j]aquel Verbo fue hecho carne, y [k]habitó entre nosotros (y [l]vimos su gloria, [m]gloria como del [n]unigénito del Padre), [o]lleno de gracia y de verdad.

[j]AQUEL VERBO FUE HECHO CARNE. Mientras que Cristo como Dios fue eterno y nunca creado (cp. Jn. 1:1), la expresión «fue hecho» confirma que Cristo adoptó la naturaleza humana (cp. Heb. 1:1–3; 2:14–18). Esta realidad es sin duda alguna la más profunda e inescrutable en toda la historia, porque indica que el Infinito se volvió finito, el Eterno se conformó al tiempo, el Invisible se hizo visible y el Sobrenatural se redujo a sí mismo a lo natural. Sin embargo, en la encarnación el Verbo no dejó de ser Dios, sino que se volvió Dios en carne humana, esto es, deidad sin disminución alguna en forma humana como varón (1 Ti. 3:16).

[k]HABITÓ. El significado es «montar un tabernáculo» o «vivir en una tienda». El término trae a la mente el tabernáculo del AT donde Dios se reunió con Israel antes de que el templo fuera construido (Éx. 25:8). Fue llamado el «tabernáculo de reunión» (Éx. 33:7, o «tabernáculo del testimonio» en la Septuaginta) y allí «hablaba Jehová a Moisés cara a cara, como habla cualquiera a su compañero» (Éx. 33:11). En el NT Dios optó por habitar entre su pueblo de una forma mucho más personal al convertirse en un ser humano. En el AT, al quedar terminado el tabernáculo, la gloria *Shekiná* de Dios llenó toda la estructura (Éx. 40:34; cp. 1 R. 8:10). Al encarnarse el Verbo, la presencia gloriosa de la deidad fue encarnada en él (cp. Col. 2:9).

[l]VIMOS SU GLORIA. Aunque su deidad pudo haber sido velada en carne humana, quedaron vislumbres de su majestad divina en los Evangelios. Los discípulos vieron los fulgores de su gloria en el Monte de la Transfiguración (Mt. 17:1–8). Ahora bien, la referencia a la gloria de Cristo no solo implicó algo visible, sino también espiritual. Ellos lo vieron desplegar los atributos o características de Dios (gracia, bondad, misericordia, sabiduría, verdad y más. Cp. Éx. 33:18–23).

[m]GLORIA COMO DEL [...] PADRE. Jesús como Dios manifestó la misma gloria esencial que el Padre. Ellos son uno en su naturaleza esencial (cp. Jn. 5:17–30; 8:19; 10:30).

[n]UNIGÉNITO. El término *unigénito* es una traducción aproximada de la palabra griega, la cual no proviene de un vocablo que aluda a la progenitura, sino que más bien sugiere la noción de «el único amado». Por lo tanto, se refiere a un concepto único de singularidad, de ser amado como ningún otro. Juan utilizó el término para hacer hincapié en el carácter exclusivo de la relación que existe entre el Padre y el Hijo en la Trinidad (cp. 3:16, 18; 1 Jn. 4:9). No connota origen, sino más bien preeminencia única. Por ejemplo, se empleó con referencia a Isaac (Heb. 11:17), quien fue el segundo hijo de Abraham (Ismael fue el primero, cp. Gn. 16:15 con Gn. 21:2, 3).

[o]LLENO DE GRACIA Y DE VERDAD. Es probable que Juan tuviera Éxodo 33, 34 en mente. En aquella ocasión, Moisés solicitó a Dios que le mostrara su gloria. El Señor contestó a Moisés que haría pasar «todo [su] bien» delante de él, y al hacerlo declaró: «¡Jehová! ¡Jehová! fuerte, misericordioso y piadoso; tardo para la ira, y grande en misericordia y verdad» (Éx. 33:18, 19; 34:5–7). Estos atributos de la gloria de Dios resaltan la bondad del carácter divino, en especial con respecto a la salvación. Jesús como Yahweh del AT (Jn. 8:58, «Yo soy») desplegó los mismos atributos divinos al establecer su tabernáculo entre los hombres en la era del NT (Col. 2:9).

17. Los pastores le ofrecen homenaje al Señor Jesús

Lc. 2:8-20

[LC]Había [a]pastores en la misma región, que velaban y guardaban las vigilias de la noche sobre su rebaño. Y he aquí, se les presentó un ángel del Señor, y la gloria del Señor los rodeó de resplandor; y tuvieron gran temor. Pero el ángel les dijo: No temáis; porque he aquí os doy nuevas de gran gozo, que será para todo el pueblo: que os ha nacido hoy, en la [b]ciudad de David, [c]un Salvador, que es [d]CRISTO el [e]Señor. Esto os servirá de señal: Hallaréis al niño envuelto en pañales, acostado en un pesebre.

Y repentinamente apareció con el ángel una [f]multitud de las huestes celestiales, que alababan a Dios, y decían:

....

[a] PASTORES. Belén estaba cerca de Jerusalén, y muchas de las ovejas que se utilizaban en los sacrificios del templo procedían de allí. Las colinas de los alrededores tenían prados abundantes y los pastores trabajaban en el área día y noche durante todo el año. Por lo tanto, no es posible sacar una conclusión definitiva sobre la época del año por el simple hecho de que los pastores vivieran en esa región.

[b] CIUDAD DE DAVID. Esto es, Belén, el pueblo donde nació David y no la ciudad de David que se encontraba en la ladera sur del Monte Sión (cp. 2 S. 5:7-9).

[c] UN SALVADOR. En los Evangelios, este es uno de los dos únicos textos en que se hace referencia a Cristo como «Salvador». El otro es Juan 4:42, donde los hombres de Sicar lo confesaron como «el Salvador del mundo».

[d] CRISTO. La palabra *Cristo* es el equivalente griego de *Mesías*.

[e] SEÑOR. La palabra griega puede significar «maestro» y «amo», pero también es la palabra que se utiliza para traducir el nombre del pacto de Dios. Aquí y casi siempre que aparece en el NT se emplea en ese último sentido, como un título de la deidad.

[f] MULTITUD. Término que se emplea para describir un destacamento de soldados. Cristo también utilizó imágenes militares para describir a los ángeles en Mateo 26:53. Apocalipsis 5:11 sugiere que el número de la hueste angelical puede ser demasiado grande para que la mente humana lo comprenda. Note aquí que el ejército celestial trajo un mensaje de paz y buena voluntad.

¡Gloria a Dios en [g]las alturas,
Y en la tierra [h]paz, [i]buena voluntad para con los hombres!

Sucedió que cuando los ángeles se fueron de ellos al cielo, los pastores se dijeron unos a otros: Pasemos, pues, hasta Belén, y veamos esto que ha sucedido, y que el Señor nos ha manifestado. Vinieron, pues, apresuradamente, y hallaron a María y a José, y al niño acostado en el pesebre. Y al verlo, dieron a conocer lo que se les había dicho acerca del niño. Y [j]todos los que oyeron, se maravillaron de lo que los pastores les decían. Pero María guardaba todas estas cosas, meditándolas en su corazón. Y volvieron los pastores glorificando y [k]alabando a Dios por todas las cosas que habían oído y visto, como se les había dicho.

---

[g] LAS ALTURAS. Esto es, el cielo.

[h] PAZ. No se debe interpretar como una declaración universal de paz hacia toda la humanidad. Más bien, la paz con Dios es el resultado de la justificación (cp. Ro. 5:1).

[i] BUENA VOLUNTAD PARA CON LOS HOMBRES. La palabra griega que corresponde a «buena voluntad» también se emplea en Lc. 10:21. La forma verbal de la misma palabra se utiliza en Lc. 3:22; 12:32. En cada caso se refiere a la complacencia soberana de Dios, así que la mejor traducción sería: «paz para con los hombres en quienes reposa el favor soberano de Dios». La paz de Dios no es una recompensa para aquellos que tienen buena voluntad, sino un regalo de gracia para quienes son objetos de su buena voluntad.

[j] TODOS LOS QUE OYERON, SE MARAVILLARON. La maravilla ante los misterios de las palabras y las obras de Cristo es uno de los hilos conductores que corren por todo el Evangelio de Lucas. Cp. Lucas 1:21, 63; 2:19, 33, 47–48; 4:22, 36; 5:9; 8:25; 9:43–45; 11:14; 20:26; 24:12, 41.

[k] ALABANDO A DIOS. Lucas menciona con frecuencia en varias ocasiones esta clase de reacción. Cp. Lucas 1:64; 2:28; 5:25, 26; 7:16; 13:13; 17:15–18; 18:43; 19:37–40; 23:47; 24:52, 53.

18. Presentan a Jesús en el templo

Lc. 2:21-39

LCCumplidos los ocho días para circuncidar al niño, le pusieron por nombre JESÚS, el cual le había sido puesto por el ángel antes que fuese concebido.

Y cuando se cumplieron los días de ªla purificación de ellos, conforme a la ley de Moisés, le trajeron ᵇa Jerusalén ᶜpara presentarle al Señor (como está escrito en la ley del Señor: Todo varón que abriere la matriz será llamado santo al Señor), y para ofrecer conforme a lo que se dice en la ley del Señor: ᵈUn par de tórtolas, o dos palominos.

Y he aquí había en Jerusalén un hombre llamado ᵉSimeón, y este hombre, justo y piadoso, esperaba ᶠla consolación de Israel; y el Espíritu Santo estaba sobre él. Y ᵍle había sido revelado por el Espíritu Santo, que no vería la muerte antes que viese al Ungido del Señor. Y movido por el Espíritu, vino al templo. Y cuando los padres del niño Jesús lo trajeron al templo, para hacer por él conforme al rito de la ley, él le tomó en sus brazos, y bendijo a Dios, ʰdiciendo:

....

ª LA PURIFICACIÓN. Una mujer que daba a luz quedaba con impureza ceremonial durante cuarenta días, y el doble de tiempo si le nacía una hija (Lv. 12:2-5). Después de ese tiempo debía ofrecer un cordero de un año y un palomino o una tórtola (Lv. 12:6). Si era pobre podía ofrecer dos tórtolas o dos palominos (Lv. 12:8). La ofrenda que presentó María indica que ella y José eran pobres (Lc. 2:24).

ᵇ A JERUSALÉN. Un viaje de unos diez kilómetros desde Belén.

ᶜ PARA PRESENTARLE AL SEÑOR. La dedicación del primogénito también era requerida por la ley de Moisés (Lucas 2:23, cp. Éx. 13:2, 12-15).

ᵈ UN PAR DE TÓRTOLAS. Cita de Levítico 12:8.

ᵉ SIMEÓN. Este hombre no se menciona en el resto de las Escrituras.

ᶠ LA CONSOLACIÓN DE ISRAEL. Un título mesiánico que se deriva de versículos como Isaías 25:9; 40:1, 2; 66:1-11.

ᵍ LE HABÍA SIDO REVELADO. Es significativo que en un tiempo en el que se esperaba con tanta anticipación al Mesías (Lc. 3:15) y con las muchas profecías del AT que hablaban de su venida, fueron muy pocas las personas que reconocieron la importancia del nacimiento de Cristo. La mayoría de ellos, incluido Simeón, recibieron algún tipo de mensaje angelical u otra revelación especial para hacer patente el cumplimiento de las profecías del AT.

ʰ DICIENDO. El salmo de Simeón (en Lucas 2:29-32) se conoce como el *Nunc Dimittis*, por las primeras dos palabras en la traducción al latín. Es el cuarto de cinco salmos de alabanza que Lucas incluyó en su narración de la natividad. Es una expresión conmovedora de la fe extraordinaria de Simeón.

Ahora, Señor, despides a tu siervo en paz,
Conforme a tu palabra;
Porque han visto mis ojos [i]tu salvación,
La cual has preparado en presencia de [j]todos los pueblos;
Luz para revelación a los gentiles,
Y gloria de tu pueblo Israel.

Y José y su madre estaban maravillados de todo lo que se decía de él. Y los bendijo Simeón, y dijo a su madre María: He aquí, éste está puesto [k]para caída y para levantamiento de muchos en Israel, y para señal que [l]será contradicha (y [m]una espada traspasará tu misma alma), [n]para que sean revelados los pensamientos de muchos corazones.

Estaba también allí Ana, [o]profetisa, hija de Fanuel, de la tribu de Aser, de edad muy avanzada, pues había vivido con su marido siete años desde su virginidad, y era

....

[i] TU SALVACIÓN. Esto es, aquel que habría de redimir a su pueblo de sus pecados.

[j] TODOS LOS PUEBLOS. Esto es, todas las naciones, lenguas y tribus (cp. Ap. 7:9), tanto Israel como los gentiles (v. 32).

[k] PARA CAÍDA Y PARA LEVANTAMIENTO DE MUCHOS EN ISRAEL. Para quienes lo rechazan, él es una piedra de tropiezo (1 P. 2:8); en cambio, quienes lo reciben son levantados (Ef. 2:6). Cp. Isaías 8:14, 15; Oseas 14:9; 1 Corintios 1:23, 24.

[l] SERÁ CONTRADICHA. Esta fue una sinécdoque, ya que Simeón no solo se refería a los insultos verbales que Cristo recibió, sino a mucho más que eso: el rechazo, el odio y la crucifixión que padeció por parte de Israel.

[m] UNA ESPADA. Esta es una referencia indudable a la aflicción personal que María tendría que soportar al contemplar la agonía de su propio Hijo (Jn. 19:25).

[n] PARA QUE SEAN REVELADOS LOS PENSAMIENTOS DE MUCHOS CORAZONES. El rechazo del Mesías (cp. Lc. 2:34) revelaría la verdad terrible acerca de la condición apóstata de los judíos.

[o] PROFETISA. Se refiere a una mujer que proclamaba la Palabra de Dios. Era maestra del AT y no una fuente de revelación nueva. El AT solo identifica a tres mujeres que profetizaron: María la hermana de Moisés (Éx. 15:20), Débora (Jue. 4:4) y Hulda (2 R. 22:14; 2 Cr. 34:22). Otra «profetisa» fue Noadías, a quien Nehemías contó entre sus enemigos los falsos profetas. Isaías 8:3 se refiere a la esposa del profeta como una «profetisa», pero no hay evidencia de que la esposa de Isaías haya profetizado. Quizás se le llama así porque el hijo que dio a luz recibió un nombre profético (Is. 8:3, 4). Este uso del título para la esposa de Isaías también muestra que no se refiere siempre a un ministerio profético de revelación constante. La tradición rabínica también consideraba a Sara, Ana, Abigail y Ester como profetisas, al parecer para formar un grupo de siete en total junto a María, Débora y Hulda. En el NT, las hijas de Felipe el evangelista también profetizaban (Hch. 21:9).

[p]viuda hacía ochenta y cuatro años; y [q]no se apartaba del templo, sirviendo de noche y de día con ayunos y oraciones. Esta, presentándose en la misma hora, daba gracias a Dios, y hablaba del niño a todos los que esperaban la redención en Jerusalén.

Después de haber cumplido con todo lo prescrito en la ley del Señor, [r]volvieron a Galilea, a su ciudad de Nazaret.

---

[p] Viuda hacía ochenta y cuatro años. Esto probablemente significa que era una viuda que tenía ochenta y cuatro años de edad y no que había sido viuda todo ese tiempo, porque en ese caso tendría ciento cuatro años de edad si hubiera enviudado tras un matrimonio que duró siete años (Lc. 2:35).

[q] No se apartaba del templo. Es evidente que vivía en las inmediaciones del templo. Los sacerdotes contaban con varias habitaciones en el atrio exterior y es seguro que a Ana se le permitió vivir allí de forma permanente a causa de su posición excepcional como profetisa.

[r] Volvieron a Galilea. Lucas omitió la visita de los sabios de oriente y la huida a Egipto (Mt. 2:1–18), lo cual ocurrió después de estos acontecimientos en el templo, pero antes del regreso a Nazaret. El tema del rechazo desde un principio, que es tan prominente en Mateo, no forma parte del enfoque de Lucas.

19. Los magos le ofrecen homenaje al Rey de Israel verdadero

Mt. 2:1–12

[MT]Cuando Jesús nació en [a]Belén de Judea [b]en días del rey Herodes, [c]vinieron del oriente a Jerusalén unos magos, [d]diciendo: ¿Dónde está el rey de los judíos, que ha nacido? Porque su [e]estrella hemos visto en el oriente, y venimos a adorarle.

Oyendo esto, el rey Herodes se turbó, y toda Jerusalén con él. Y convocados todos los [f]principales sacerdotes, y los [g]escribas del pueblo, les preguntó dónde había de nacer el Cristo.

....

[a] BELÉN. Una pequeña villa al sur de las afueras de Jerusalén. Los estudiosos hebreos en los días de Jesús claramente esperaban que Belén fuera el lugar de nacimiento del Mesías (cp. Mi. 5:2; Jn. 7:42).

[b] EN DÍAS DEL REY HERODES. Se refiere a Herodes el Grande, el primero de los muchos importantes regentes de la dinastía herodiana que son nombrados en las Escrituras. Este Herodes, fundador de la famosa línea, reinó del año 37 al 4 A.C. Se cree que fue idumeo, descendiente de los edomitas, de la descendencia de Esaú. Herodes fue cruel y astuto. Amaba la opulencia y los proyectos arquitectónicos grandiosos, y muchas de las ruinas más importantes que pueden hoy día ser vistas en el moderno Israel datan de los días de Herodes el Grande. Su proyecto más famoso fue la reconstrucción del templo en Jerusalén (cp. Mt. 24:1). Tan solo este proyecto tomó varias décadas y no fue completado sino hasta mucho después de la muerte de Herodes (cp. Jn. 2:20).

[c] VINIERON DEL ORIENTE [...] UNOS MAGOS. No se nos da el número de estos magos. La idea tradicional de que fueron tres deriva del número de regalos que trajeron. Estos no eran reyes, sino magos o astrólogos, posiblemente sacerdotes persas, cuyo conocimiento de las Escrituras hebreas pudiera trazarse hasta los tiempos de Daniel (cp. Dn. 5:11).

[d] DICIENDO. El presente gerundio transmite la idea de una acción continua. Esto sugiere que ellos estuvieron por toda la ciudad preguntando a cada persona que vieron.

[e] ESTRELLA. Esta no pudo ser una supernova o una conjunción de los planetas, como algunas modernas teorías sugieren, debido a la forma en que la estrella se movió y se detuvo en un lugar específico (Mt. 2:9). Es más probable una realidad sobrenatural similar a la *Shekiná* que guio a los israelitas en los días de Moisés (Éx. 13:21).

[f] PRINCIPALES SACERDOTES. Esta era una jerarquía propia del templo. La mayoría de ellos eran saduceos.

[g] ESCRIBAS. Principalmente fariseos, es decir, autoridades de la ley judía. Algunas veces se habla de ellos como «intérpretes» o especialistas de la ley (Lc. 10:25). Eran estudiosos profesionales cuya especialidad era la explicación de la aplicación de la ley. Ellos sabían exactamente dónde habría de nacer el Mesías, pero por falta de fe no acompañaron a los magos hasta el lugar donde él estaba.

Ellos le dijeron: En Belén de Judea; porque así está escrito por [h]el profeta:

Y tú, Belén, de la tierra de Judá,
No eres la más pequeña entre los príncipes de Judá;
Porque de ti saldrá [i]un guiador,
Que apacentará a mi pueblo Israel.

Entonces Herodes, llamando en secreto a los magos, indagó de ellos diligentemente el tiempo de la aparición de la estrella; y enviándolos a Belén, dijo: Id allá y averiguad con diligencia acerca del niño; y cuando le halléis, hacédmelo saber, [j]para que yo también vaya y le adore.

Ellos, habiendo oído al rey, se fueron; y he aquí la estrella que habían visto en el oriente iba delante de ellos, hasta que llegando, se detuvo sobre donde estaba el niño. Y al ver la estrella, se regocijaron con muy grande gozo. Y al [k]entrar en la casa, [l]vieron al niño con su madre María, y postrándose, lo adoraron; y abriendo sus tesoros, le ofrecieron presentes: [m]oro, incienso y mirra.

Pero siendo avisados por revelación en sueños que no volviesen a Herodes, regresaron a su tierra por otro camino.

---

[h] EL PROFETA. La antigua profecía de Miqueas 5:2 fue escrita en el siglo 8 a.c. La profecía original, que Mateo no citó por completo, declara la deidad del Mesías de Israel: «de ti saldrá el que será Señor en Israel; y sus salidas son desde el principio, desde los días de la eternidad».

[i] UN GUIADOR, QUE APACENTARÁ A MI PUEBLO ISRAEL. Esta porción de la cita de Mateo de hecho parece ser una referencia a las palabras de Dios dadas a David cuando el reino de Israel fue originalmente establecido (2 S. 5:2; 1 Cr. 11:2). La palabra griega para «guiador» evoca la imagen de un liderazgo fuerte, incluso severo. «Apacentará» enfatiza la idea de un cuidado tierno. El gobierno de Cristo evoca ambos principios (cp. Ap. 12:5).

[j] PARA QUE YO TAMBIÉN VAYA Y LE ADORE. Herodes deseaba en verdad matar al niño (Mt. 2:13–18), a quien veía como una amenaza potencial para su trono.

[k] ENTRAR EN LA CASA. Para el momento en el que los magos llegaron, María y José estaban en una casa, no en el establo (cp. Lc. 2:7).

[l] VIERON AL NIÑO CON SU MADRE MARÍA. Cada vez que Mateo menciona a María en conexión con su hijo, es a Cristo a quien siempre se le da el primer lugar (cp. Mt. 2:13, 14, 20, 21).

[m] ORO, INCIENSO Y MIRRA. Regalos propios para un rey (cp. Is. 60:6). El hecho de que gentiles hubieran ofrecido este tipo de alabanza tuvo significado profético también (Sal. 72:10).

20. El escape hacia Egipto y el regreso a Nazaret

Mt. 2:13–23; Lc. 2:40

ᴹᵀDespués que partieron ellos, he aquí un ángel del Señor apareció en sueños a José y dijo: Levántate y toma al niño y a su madre, y huye a Egipto, y permanece allá hasta que yo te diga; porque acontecerá que Herodes buscará al niño para matarlo.

Y él, despertando, tomó de noche al niño y a su madre, y se fue a Egipto, y estuvo allá hasta [a]la muerte de Herodes; para que se cumpliese lo que dijo el Señor por medio del profeta, cuando dijo: [b]De Egipto llamé a mi Hijo.

Herodes entonces, cuando se vio burlado por los magos, se enojó mucho, y mandó [c]matar a todos los niños menores de dos años que había en Belén y en todos sus alrededores, conforme al tiempo que había inquirido de los magos. Entonces [d]se cumplió lo que fue dicho por el profeta Jeremías, cuando dijo:

Voz fue oída en Ramá,
Grande lamentación, lloro y gemido;
Raquel que llora a sus hijos,
Y no quiso ser consolada, porque perecieron.

Pero después de muerto Herodes, he aquí un ángel del Señor apareció en sueños a José en Egipto, diciendo: Levántate, toma al niño y a su madre, y vete a tierra de

....

[a]LA MUERTE DE HERODES. Estudios recientes ubican este hecho en el año 4 A.C. Es probable que la estadía en Egipto haya sido muy breve, quizá no más que algunas semanas.

[b]DE EGIPTO. Esta cita es de Oseas 11:1, donde se habla de Dios conduciendo a Israel fuera de Egipto en el Éxodo. Mateo sugiere que la permanencia de Israel en Egipto fue más una imagen profética que una profecía literal como Mt. 1:23; 2:6. Estas imágenes son llamadas *tipos* y siempre se cumplen en Cristo, identificadas claramente por los escritores del NT. Otro ejemplo de un tipo se encuentra en Juan 3:14.

[c]MATAR A TODOS LOS NIÑOS. El acto de Herodes fue el más atroz, tomando en cuenta su conocimiento de que el Ungido del Señor era el blanco de su conspiración asesina.

[d]SE CUMPLIÓ. Nuevamente, esta profecía se encuentra bajo la forma de un tipo. Mt. 2:18 cita Jeremías 31:15, que habla del lamento de Israel en época de la cautividad en Babilonia (c. 586 A.C.). Ese gemido prefigura el gemido producido por la masacre de Herodes.

Israel, porque han muerto los que procuraban la muerte del niño. Entonces él se levantó, y tomó al niño y a su madre, y vino a tierra de Israel.

Pero oyendo que ᵉArquelao reinaba en Judea en lugar de Herodes su padre, tuvo temor de ir allá; pero avisado por revelación en sueños, se fue a la región de Galilea, y vino y habitó en la ciudad que se llama Nazaret, para que se cumpliese lo que fue dicho por los profetas, que ᶠhabría de ser llamado nazareno. ᴸᶜY el niño crecía y se fortalecía, y se llenaba de sabiduría; y la gracia de Dios era sobre él.

<hr />

ᵉARQUELAO. El reino de Herodes fue dividido en tres partes entre sus hijos: Arquelao reinó sobre Judea, Samaria e Idumea; Herodes Felipe II reinó en las regiones al norte de Galilea (Lc. 3:1); y Herodes Antipas reinó en Galilea y Perea (Lc. 3:1). La historia recoge que Arquelao era tan cruel e incapaz que fue depuesto por los romanos después de un corto reinado y reemplazado por un gobernador escogido por Roma. Poncio Pilato fue el quinto gobernador de Judea. Herodes Antipas es el principal Herodes en el recuento del Evangelio. Fue él quien ordenó matar a Juan el Bautista (Mt. 14:1–12) e interrogó a Cristo la víspera de su crucifixión (Lc. 23:7–12).

ᶠHABRÍA DE SER LLAMADO NAZARENO. Nazaret, un oscuro poblado a unos ciento doce kilómetros al norte de Jerusalén, fue un lugar de baja reputación, nunca mencionado en el AT. Algunos han sugerido que «nazareno» es una referencia a la palabra hebrea para vástago en Isaías 11:1. Otros consideran que la afirmación de Mateo de que los «profetas» han hecho esta predicción puede ser una referencia a una profecía verbal no recogida en el AT. Una explicación más posible es que Mateo esté usando «nazareno» como sinónimo de alguien que es despreciado o detestable, pues esta era la forma en la que las personas de esta región eran frecuentemente caracterizadas (cp. Jn. 1:46). Si este es el caso, las profecías que Mateo tiene en mente incluyen Salmo 22:6–8; Isaías 49:7; 53:3.

21. Jesús visita el templo a la edad de doce años

Lc. 2:41–52

[LC]Iban sus padres todos los años a Jerusalén en la [a]fiesta de la pascua; y cuando tuvo doce años, subieron a Jerusalén conforme a la costumbre de la fiesta. Al regresar ellos, acabada la fiesta, [b]se quedó el niño Jesús en Jerusalén, sin que lo supiesen José y su madre. Y pensando que estaba [c]entre la compañía, anduvieron camino de un día; y le buscaban entre los parientes y los conocidos; pero como no le hallaron, volvieron a Jerusalén buscándole. Y aconteció que [d]tres días después le hallaron en el templo, sentado en medio de los doctores de la ley, [e]oyéndoles y preguntándoles. Y todos los que le oían, se maravillaban de su inteligencia y de sus respuestas. Cuando le vieron, se sorprendieron; y le dijo su madre: Hijo, [f]¿por qué nos has hecho así? He aquí, [g]tu padre y yo te hemos buscado con angustia.

....

[a] FIESTA DE LA PASCUA. Cp. Éx. 23:14–19. La Pascua era una fiesta de un solo día a la que seguía de inmediato la fiesta del pan sin levadura que duraba una semana (cp. Mt. 26:17).

[b] SE QUEDÓ EL NIÑO JESÚS. A diferencia de los cuentos espurios de los Evangelios apócrifos acerca de milagros juveniles y espectáculos sobrenaturales, esta simple frase bíblica nos presenta un cuadro de Jesús como un niño típico en una familia típica. El hecho de haberse quedado no era una expresión de travesura ni desobediencia, tan solo se debió a la suposición equivocada de sus padres en el sentido de que Jesús se había quedado atrás.

[c] ENTRE LA COMPAÑÍA. Es obvio que José y María viajaron con una caravana extensa de amigos y parientes provenientes de Nazaret. Sin lugar a dudas cientos de personas de su comunidad acudieron en masa a la fiesta. Se acostumbraba que los hombres y las mujeres en un grupo así se desplazaran en dos grupos a cierta distancia uno del otro, y al parecer cada padre pensó que Jesús estaba con el otro.

[d] TRES DÍAS. Esto probablemente no significa que hayan buscado por Jerusalén durante tres días, porque se dieron cuenta de su ausencia tras el primer día de viaje. Esto requería otro viaje de regreso a Jerusalén y gran parte de un día más en su búsqueda.

[e] OYÉNDOLES Y PREGUNTÁNDOLES. Él fue respetuoso al máximo y asumió la postura de un estudiante sumiso, pero incluso a su tierna edad sus preguntas mostraron una sabiduría que abochornó a los maestros y los académicos.

[f] ¿POR QUÉ NOS HAS HECHO ASÍ? Las palabras de María transmiten un tono de exasperación y reprimenda normal para cualquier madre en esas circunstancias, aunque injustificadas en este caso. Él no se escondió de ellos ni desafió su autoridad. En realidad, Jesús hizo lo que cualquier niño haría en caso de ser dejado por sus padres: ir a un lugar público y seguro, en la presencia de adultos de confianza y donde podía esperar que sus padres acudieran a buscarlo.

[g] TU PADRE. Es decir, José, que era su padre en sentido legal.

Entonces él les dijo: ¿Por qué me buscabais? ¿No sabíais que en ʰlos negocios de mi Padre me es necesario estar? Mas ellos no entendieron las palabras que les habló.

Y descendió con ellos, y volvió a Nazaret, y ⁱestaba sujeto a ellos. Y su madre guardaba todas estas cosas en su corazón. Y Jesús crecía en sabiduría y en estatura, y en gracia para con Dios y los hombres.

ʰ Los NEGOCIOS DE MI PADRE. Como un contraste a la explicación de María sobre «tu padre» en Lc. 2:48, la respuesta de Jesús no fue insolente, pero sí revela la sorpresa genuina de que ellos no supieran dónde encontrarlo. Esto también revela que a esa edad tan temprana él ya tenía una conciencia clara sobre su identidad y su misión.

ⁱ ESTABA SUJETO. Su relación con su Padre celestial no estaba por encima del deber que tenía para con sus padres terrenales, ni tampoco la abolía. Su obediencia al quinto mandamiento fue una parte esencial de su obediencia perfecta a la ley que mantuvo para nuestro beneficio (Heb. 4:4; 5:8, 9). Él tenía que cumplir toda justicia (cp. Mt. 3:15).

22. Juan el Bautista comienza su ministerio

Mt. 3:1–12; Mr. 1:4–8; Lc. 3:1–18

[LC]En [a]el año decimoquinto del imperio de Tiberio César, siendo gobernador de Judea Poncio Pilato, y Herodes tetrarca de Galilea, y su hermano Felipe tetrarca de Iturea y de la provincia de Traconite, y [b]Lisanias tetrarca de Abilinia, y [c]siendo

....

[a]EL AÑO DECIMOQUINTO DEL IMPERIO DE TIBERIO. Debido a la forma en la que Tiberio llegó al poder, es difícil fijar esta fecha con precisión. Cuando el senado romano declaró emperador a Augusto, lo hizo con la condición de que su poderío llegaría a su fin con su muerte en lugar de ser transmitido a sus herederos. La idea era que el senado, en lugar del emperador mismo, tuviera la prerrogativa de elegir a un heredero al trono. Sin embargo, Augusto superó esa dificultad con el nombramiento de un corregidor a quien planificaba conferir de forma gradual los poderes imperiales. Como vivió más tiempo que su primer candidato a sucesor, Augusto seleccionó enseguida a su yerno Tiberio, a quien adoptó y convirtió en su heredero en el año 4 A.D. Aunque a Augusto no le gustaba Tiberio, su objetivo real era transmitir el poder a sus nietos a través de él. Tiberio fue nombrado corregidor en el año 11 A.D. y así se convirtió de forma automática en único gobernante al morir Augusto el 19 de agosto de 14 A.D. Si la cronología de Lucas toma como punto de partida el nombramiento de Tiberio como corregidor, el año decimoquinto sería 25 A.D. o 26 A.D. Si Lucas calcula el tiempo a partir de la muerte de Augusto, esta fecha caería entre el 19 de agosto de 28 A.D. y el 18 de agosto de 29 A.D. Otro hecho adicional complica la determinación de una fecha precisa: los judíos contaban el mandato de un gobernante a partir del año nuevo judío que venía después de su ascenso, de modo que si Lucas empleó el sistema judío las fechas tendrían que adelantarse un poco.

[b]LISANIAS. Gobernador del área al noroeste de Damasco. La historia prácticamente guarda silencio acerca de él.

[c]SIENDO SUMOS SACERDOTES ANÁS Y CAIFÁS. Según Josefo, Anás sirvió como sumo sacerdote entre 6 y 15 A.D., fecha en la que fue depuesto por oficiales romanos. Sin embargo, él retuvo cierta medida de poder de facto como se observa en el hecho de que sus sucesores incluyeron a cinco de sus propios hijos y a Caifás su yerno. Caifás fue el sumo sacerdote durante el tiempo descrito por Lucas, pero Anás todavía controlaba la posición. Esto puede verse con claridad en el hecho de que Cristo fue llevado primero a Anás después de su arresto, luego a Caifás (cp. Mt. 26:57).

sumos sacerdotes Anás y Caifás, vino palabra de Dios a ᵈJuan, hijo de Zacarías, en el desierto.

ᴹᵀEn aquellos días vino Juan el Bautista ᴹᴿ[y b]autizaba Juan en ᵉel desierto ᴹᵀde Judea[.] ᴸᶜY él fue por toda la región contigua al Jordán, ᶠpredicando el ᵍbautismo del arrepentimiento ʰpara perdón de pecados, ᴹᵀdiciendo: ⁱArrepentíos, porque ʲel reino de los cielos ᵏse ha acercado. Pues éste es aquel ˡde quien habló el profeta Isaías, ᴸᶜque dice:

....

ᵈ JUAN. Un nombre judío común en los tiempos del NT, el equivalente griego para el nombre hebreo Johanán (cp. 2 R. 25:23; 1 Cr. 3:15; Jer. 40:8), que significa «Dios es dadivoso». El nombre de Juan le fue dado a su padre Zacarías por el ángel Gabriel durante su servicio sacerdotal en el templo (Lc. 1:13). Su madre, Elisabet, también descendiente de Aarón (Lc. 1:5), era familiar de María, la madre de Jesús (Lc. 1:36). Como el último profeta del AT y precursor divinamente ordenado del Mesías, Juan fue la culminación de la historia y la profecía del AT (Lc. 16:16), así como el principio del registro histórico del evangelio de Jesucristo. No es de extrañar que Jesús designara a Juan como el hombre más grande que hubiera vivido hasta ese entonces (Mt. 11:11).

ᵉ EL DESIERTO DE JUDEA. La región inmediata al oeste del Mar Muerto, un desierto absolutamente estéril. La secta judía de los esenios tenía comunidades importantes en la región. Sin embargo, no existe evidencia bíblica que sugiera que Juan estuvo conectado de algún modo con esta secta. Según parece, Juan predicó cerca del límite norte de esta región, muy cerca de donde el río Jordán fluye hacia el Mar Muerto (Mt. 3:6). Tomaba todo un día llegar allí desde Jerusalén y parece un lugar impropio para anunciar la llegada de un rey. Sin embargo, es completamente compatible con los planes de Dios (1 Co. 1:26–29).

ᶠ PREDICANDO. Una mejor traducción sería «proclamaba». Juan fue el mensajero de Jesús, enviado para anunciar su venida.

ᵍ BAUTISMO DEL ARREPENTIMIENTO. El bautismo resultante del verdadero arrepentimiento. El ministerio de Juan consistió en llamar a Israel al arrepentimiento en preparación para la llegada del Mesías. El bautismo no produce arrepentimiento, es el resultado de este (cp. Mt. 3:7, 8). Va mucho más allá de un simple cambio en la manera de pensar o del remordimiento. El arrepentimiento envuelve regresar del pecado a Dios (cp. 1 Ts. 1:9), el cual resulta en una vida recta. El arrepentimiento genuino es una obra de Dios en el corazón humano (Hch. 11:18).

ʰ PARA PERDÓN DE PECADOS. El ritual del bautismo de Juan no produce perdón de pecados (cp. Hch. 2:38; 22:16); es simplemente la confesión externa y la ilustración del verdadero arrepentimiento que trae perdón (cp. Lc. 24:47; Hch. 3:19; 5:31; 2 Co. 7:10).

ⁱ ARREPENTÍOS. Esto no es solamente un cambio en la manera de pensar, un simple pesar o remordimiento. Juan el Bautista habla del arrepentimiento como un cambio radical en el abandono del pecado que inevitablemente se manifiesta en frutos de rectitud (Mt. 3:8). El primer sermón de Jesús comenzó con la misma orden imperativa (Mt. 4:17).

ʲ EL REINO DE LOS CIELOS. Esta es una expresión que solo aparece en el Evangelio de Mateo. Mateo usa la palabra «cielos» como un eufemismo para el nombre de Dios, a fin de no herir la sensibilidad de sus lectores judíos (cp. Mt. 23:22). En el resto de las Escrituras, el reino es llamado «el reino de Dios». Ambas expresiones se refieren a la esfera del dominio de Dios sobre todos aquellos que le pertenecen. El reino es ahora manifiesto en el reinado espiritual del cielo sobre el corazón de los creyentes (Lc. 17:21) y un día será establecido en un reino terrenal literal (Ap. 20:4–6).

ᵏ SE HA ACERCADO. En un sentido, el reino de los cielos es una realidad presente, pero en su sentido completo se espera su cumplimiento futuro.

ˡ DE QUIEN HABLÓ EL PROFETA ISAÍAS. La misión de Juan había sido descrita hacía mucho tiempo en Isaías 40:3–5. Los cuatro Evangelios citan este pasaje como una profecía que apunta a Juan el Bautista (Mt. 3:3; Lc. 3:4–6; Mr. 1:3; Jn. 1:23).

Voz del que clama en el desierto:
Preparad el camino del Señor;
[m]Enderezad sus sendas.
Todo valle se rellenará,
Y se bajará todo monte y collado;
Los caminos torcidos serán enderezados,
Y los caminos ásperos allanados;
Y verá [n]toda carne la salvación de Dios.

[MT]Y Juan estaba vestido de [o]pelo de camello, y tenía un cinto de cuero alrededor de sus lomos; y su comida era [p]langostas y miel silvestre. [MR]Y salían a él [q]toda la provincia de [r]Judea, y todos los de Jerusalén, [MT]y toda la provincia de alrededor del Jordán, [MR]y eran bautizados por él en el [s]río Jordán, [t]confesando sus pecados.

----

[m]ENDEREZAD SUS SENDAS. Cita de Isaías 40:3–5. Un monarca que se desplazara por las regiones desérticas enviaba delante de él a una cuadrilla de trabajadores para asegurarse de que el camino estuviera libre de escombros, obstrucciones, huecos y otros peligros que pudieran frustrar la travesía. En un sentido espiritual, Juan hacía un llamado al pueblo de Israel a preparar el corazón de cada uno de ellos para la llegada de su Mesías.

[n]TODA CARNE. Es decir, gentiles tanto como judíos.

[o]PELO DE CAMELLO [...] CINTO DE CUERO. La ropa tradicional de un habitante del desierto, que aunque práctica y resistente, no era confortable o elegante. La vestimenta de Juan le habría recordado a su audiencia a Elías (cp. 2 R. 1:8), quien esperaban que viniera antes del Mesías (Mal. 4:5).

[p]LANGOSTAS Y MIEL SILVESTRE. Las regulaciones dietéticas del AT permitían comer «langostas» (Lv. 11:21, 22). La «miel silvestre» podía hallarse fácilmente en el desierto (Dt. 32:13; 1 S. 14:25–27). La austera dieta de Juan correspondía con su estatus de nazareno permanente (cp. Lc. 1:15; cp. Nm. 6:2–13).

[q]TODA LA PROVINCIA DE JUDEA, Y TODOS LOS DE JERUSALÉN. Después de siglos sin una voz profética en Israel (Malaquías había profetizado más de cuatrocientos años antes), el ministerio de Juan generó un interés muy grande.

[r]JUDEA. La división más al sur de Israel (Samaria y Galilea eran las otras) en tiempos de Jesús. Se extendía aproximadamente desde Betel en el norte, hasta Beerseba en el sur, y desde el Mar Mediterráneo en el oeste hasta el Mar Muerto y el río Jordán en el este. Dentro de Judea se incluía a la ciudad de Jerusalén.

[s]RÍO JORDÁN. El mayor y más importante de Israel, fluyendo a lo largo del valle del Jordán desde el lago Hulé (agotado en tiempos modernos), al norte del Mar de Galilea, y al sur hasta el Mar Muerto. Según la tradición, Juan comenzó su ministerio de bautismo en los vados cercanos a Jericó.

[t]CONFESANDO. La confesión de los propios pecados, a medida que eran bautizados, implicaba estar de acuerdo con Dios con respecto a ellos. Juan no bautizaba a quien no confesara y se arrepintiera de sus pecados.

^MTAl ver él que muchos de los ^ufariseos y de los saduceos venían a su bautismo, ^LCdecía a las multitudes que salían para ser ^vbautizadas por él: ^MT¡Generación de víboras! ¿Quién os enseñó a huir de ^wla ira venidera? Haced, pues, ^xfrutos dignos de arrepentimiento, y no penséis decir dentro de vosotros mismos: A Abraham tenemos por padre; porque yo os digo que Dios puede levantar ^yhijos a Abraham

---

^u FARISEOS Y [...] SADUCEOS. Los fariseos eran una pequeña secta judía legalista (cerca de seis mil) que era conocida por su adherencia rígida a los más mínimos detalles del ceremonial contenidos en la ley. Su nombre significa «los apartados». Los encuentros de Jesús con los fariseos fueron generalmente conflictivos. Él los desaprobó por usar la tradición humana para anular las Escrituras (Mt. 15:3–9), y especialmente por su manifiesta hipocresía (Mt. 15:7, 8; 22:18; 23:13, 23, 25, 29; Lc. 12:1). Los saduceos eran conocidos por su negación de las cosas sobrenaturales. Negaban la resurrección de los muertos (Mt. 22:23) y la existencia de los ángeles (Hch. 23:8). A diferencia de los fariseos, estos rechazaban las tradiciones humanas acerca de la interpretación de la ley y aceptaban solo el Pentateuco como autoridad. Tendían a ser adinerados, miembros aristocráticos de la tribu sacerdotal, y en los días de Herodes esta secta controlaba al templo, aunque eran mucho menos en número que los fariseos. Los fariseos y los saduceos tenían poco en común. Mientras que los fariseos interpretaban la ley de manera más estricta y por ello se separaban de la sociedad romana, los saduceos eran conocidos por hacer concesiones con las autoridades y las prácticas romanas. Aun así se unieron en su oposición a Cristo (Mt. 22:15, 16, 23, 34, 35). Juan los llamó públicamente serpientes mortales.

^v BAUTIZADAS. El simbolismo del bautismo de Juan probablemente tiene sus raíces en los rituales de purificación del AT (cp. Lv. 15:13). El bautismo había sido administrado por un largo tiempo a los gentiles prosélitos que adoptaban el judaísmo. De esta forma, el bautismo de Juan representaba poderosa y dramáticamente el arrepentimiento. Los judíos que aceptaban el bautismo de Juan estaban admitiendo que habían sido como gentiles y necesitaban llegar a ser el pueblo de Dios de manera genuina, interiormente (un increíble paso, ya que muchos odiaban a los gentiles y desconfiaban de ellos). Las personas se arrepentían en anticipación a la llegada del Mesías. El significado del bautismo de Juan difiere en cierto sentido del bautismo cristiano (cp. Hch. 18:25). De hecho, el bautismo cristiano alteró la importancia del ritual, simbolizando la identificación de los creyentes con Cristo en su muerte, sepultura y resurrección (Ro. 6:3–5; Col. 2:12).

^w LA IRA VENIDERA. Una referencia posible a la destrucción de Jerusalén en un futuro no muy lejano, aunque es indudable que también contempla algo más grande que cualquier calamidad terrenal, como lo es el desbordamiento escatológico de la ira divina en el día del Señor (por ej., Ez. 7:19; Sof. 1:18), y en especial el juicio final en el que la ira divina será el fruto justo de todos los que no se arrepienten (cp. Ro. 1:18; 1 Ts. 1:10; Heb. 10:27). Esto debió haber sido una represión particularmente aguda en contra de los líderes judíos, quienes pensaron que la ira divina estaba reservada únicamente para los que no eran judíos.

^x FRUTOS DIGNOS DE ARREPENTIMIENTO. El arrepentimiento en sí mismo no es una obra, pero las obras son su fruto inevitable. El arrepentimiento y la fe están inextricablemente ligados en las Escrituras. El arrepentimiento significa darle la espalda al pecado de uno, y la fe significa volver a Dios (cp. 1 Ts. 1:9). Son como los lados opuestos de la misma moneda. Esta es la razón por la cual están relacionados con la conversión (Mr. 1:15; Hch. 3:19; 20:21). Note que las obras que Juan demanda ver son «frutos» de arrepentimiento. No obstante, el arrepentimiento en sí mismo no es más «obra» que la misma fe (cp. 2 Ti. 2:25).

^y HIJOS A ABRAHAM. Los hijos verdaderos de Abraham no son simples descendientes físicos, sino aquellos que siguen su fe y creen en la Palabra de Dios tal como él lo hizo (Ro. 4:11–16; 9:8; Gá 3:7, 29). Depositar la confianza en los ancestros físicos de uno equivale a apartar el enfoque de la fe de Dios mismo, lo cual trae como resultado la muerte espiritual (cp. Jn. 8:39–44).

aun de estas [z]piedras. Y ya también [aa]el hacha está puesta a la raíz de los árboles; por tanto, todo árbol que no da buen fruto es cortado y echado en el fuego.

[LC]Y la gente le preguntaba, diciendo: Entonces, ¿qué haremos? Y respondiendo, les dijo: El que tiene [bb]dos túnicas, dé al que no tiene; y el que tiene qué comer, haga lo mismo. Vinieron también unos publicanos para ser bautizados, y le dijeron: Maestro, ¿qué haremos? Él les dijo: No exijáis más de lo que os está ordenado. También le preguntaron unos [cc]soldados, diciendo: Y nosotros, ¿qué haremos? Y les dijo: [dd]No hagáis extorsión a nadie, ni calumniéis; y contentaos con vuestro salario.

Como el pueblo estaba en expectativa, preguntándose todos en sus corazones si acaso Juan sería el Cristo, respondió Juan, [MR][y] predicaba, diciendo: [LC]Yo a la verdad os [ee]bautizo en agua [MT]para arrepentimiento; pero el que viene tras mí, cuyo calzado yo no soy digno de llevar, es más poderoso que yo, [MR]a quien no soy digno de desatar encorvado [ff]la correa de su calzado. Yo a la verdad os he bautizado con agua; pero [LC]él os bautizará en Espíritu Santo y fuego. Su [gg]aventador está en su mano, y limpiará su era, y recogerá el trigo en su granero, y quemará la paja en fuego que nunca se apagará. Con estas y otras muchas exhortaciones anunciaba las buenas nuevas al pueblo.

....

[z] PIEDRAS. Cp. Lc. 19:40. Esta imagen puede hacer eco de versículos del AT como Ezequiel 11:19; 36:26. Dios en su soberanía puede convertir un corazón de piedra en un corazón que cree. Él puede levantar hijos de Abraham a partir de objetos no animados si así lo decide, e incluso entre gentiles con el corazón endurecido (cp. Gá 3:29).

[aa] EL HACHA ESTÁ PUESTA A LA RAÍZ. Un irreversible juicio era inminente.

[bb] DOS TÚNICAS. Prendas semejantes a una camisa que solo podían ponerse una a la vez. Juan sigue haciendo hincapié en el carácter inminente del juicio venidero, y no era tiempo de acaparar para uno mismo el excedente de provisiones.

[cc] SOLDADOS. Lo más probable es que estos eran miembros de las fuerzas de Herodes Antipas, quizá asignados y establecidos en Perea junto con policía de Judea.

[dd] NO HAGÁIS EXTORSIÓN A NADIE. Juan exigió integridad y carácter noble en los asuntos prácticos de la vida diaria, no un estilo de vida monástico o un ascetismo místico. Cp. Santiago 1:27.

[ee] BAUTIZO. Tres tipos de bautismo son mencionados aquí: (1) CON AGUA PARA ARREPENTIMIENTO. El bautismo de Juan simbolizaba limpieza; (2) CON EL ESPÍRITU SANTO. Todos los creyentes en Cristo son bautizados espiritualmente (1 Co. 12:13; cp. Hch. 1:5; 8:16–17); y (3) CON FUEGO. Ya que el fuego es utilizado en este contexto como medio de juicio, este debe referirse a un bautismo de juicio contra los no arrepentidos.

[ff] LA CORREA DE SU CALZADO. Desatar la correa del calzado (sandalia) era una de las tareas más rastreras de un esclavo, como preparación para el lavado de los pies (cp. Jn. 13:5).

[gg] AVENTADOR. Una herramienta utilizada para echar grano al viento de forma que la paja quede fuera.

23. Juan bautiza a Jesús

Mt. 3:13–17; Mr. 1:9–11; Lc. 3:21–23a; Jn. 1:15–18

[MR]Aconteció [a]en aquellos días, que Jesús vino de [b]Nazaret de Galilea [MT]a Juan al Jordán, para ser [c]bautizado por él. Mas [d]Juan se le oponía, diciendo: Yo necesito ser bautizado por ti, ¿y tú vienes a mí? Pero Jesús le respondió: Deja ahora, porque [e]así conviene que cumplamos toda justicia. Entonces le dejó.

[LC]Aconteció que cuando todo el pueblo se bautizaba, también Jesús fue bautizado[.] [MT]Y [f]Jesús, después que fue bautizado, subió luego del agua; y he aquí, [LC]orando, [MT]los cielos le fueron abiertos, y vio [MR]abrirse los cielos, y al [LC]Espíritu Santo [MT]de Dios que descendía [LCh]en forma corporal, [i]como paloma [MT]y venía sobre

....

[a]EN AQUELLOS DÍAS. Durante un tiempo inespecífico del ministerio bautismal de Juan en el Jordán.

[b]NAZARET. Una oscura villa (no mencionada en el AT, por Josefo, o en el Talmud) a unos cinto doce kilómetros al norte de Jerusalén, que no disfrutaba de una buena reputación (cp. Jn. 1:46). Jesús aparentemente vivó allí antes de su aparición pública ante Israel.

[c]BAUTIZADO POR JUAN. Las objeciones de Juan (cp. Mt. 3:14), quien no vio necesidad alguna en el Cordero sin mancha de Dios (Jn. 1:29) de recibir el bautismo de arrepentimiento.

[d]JUAN SE LE OPONÍA. El bautismo de Juan simbolizaba arrepentimiento, por lo que lo creyó inapropiado para aquel que sabía era el Cordero sin mancha de Dios (cp. Jn. 1:29).

[e]ASÍ CONVIENE QUE CUMPLAMOS TODA JUSTICIA. Cristo aquí se identifica con los pecadores. Él llevará finalmente sus pecados. Su rectitud perfecta será dada también a ellos (2 Co. 5:21). Este acto del bautismo fue una parte necesaria de la rectitud que él aseguró para los pecadores. Este primer acontecimiento público en su ministerio es también rico en significado: (1) prefigura su muerte y resurrección (cp. Lc. 12:50); (2) por lo tanto, es también una prefiguración de la importancia del bautismo cristiano; (3) marca su primera identificación pública con aquellos cuyos pecados él habría de llevar (Is. 53:11; 1 P. 3:18); y (4) fue una afirmación pública de su carácter mesiánico mediante un testimonio directo desde el cielo.

[f]JESÚS [...] ESPÍRITU SANTO DE DIOS [...] UNA VOZ DE LOS CIELOS. Las tres personas de la Trinidad pueden distinguirse con claridad en este versículo, como una prueba contundente en contra de la herejía del modalismo, la cual sugiere que Dios es una persona que se manifiesta en tres modos distintos, pero solo uno a la vez.

[g]ORANDO. Lucas es el único que menciona que Jesús estaba orando. La oración es uno de los temas de Lucas.

[h]EN FORMA CORPORAL. Esto es, físico y visible para todos (cp. Mt. 3:16; Jn. 1:32). La orden del Padre de oír a su Hijo y la justificación y el fortalecimiento del Espíritu inauguran oficialmente el ministerio de Cristo.

[i]COMO PALOMA. Un símbolo de benevolencia (Mt. 10:16).

él. Y hubo una voz de los cielos, que decía: MRTú eres ʲmi Hijo amado; en ti tengo complacencia.

ᴶᴺJuan dio testimonio de él, y clamó diciendo: Este es de quien yo decía: El que viene después de mí, es antes de mí; porque era primero que yo. Porque de su plenitud tomamos todos, y ᵏgracia sobre gracia. Pues ˡla ley por medio de Moisés fue dada, pero la gracia y la verdad vinieron por medio de Jesucristo. A Dios nadie le vio jamás; el unigénito Hijo, ᵐque está en el seno del Padre, él le ha ⁿdado a conocer.

ᴸᶜJesús mismo al comenzar su ministerio era °como de treinta años[.]

....

ʲ MI HIJO AMADO; EN TI TENGO COMPLACENCIA. Este pronunciamiento celestial combina el lenguaje usado en el Salmo 2:7 e Isaías 42:1, profecías muy bien conocidas por aquellos que tuvieron expectativas mesiánicas. Cp. Mt. 17:5; Mr. 1:11; 9:7; Lc. 3:22; 9:35.

ᵏ GRACIA SOBRE GRACIA. Esta expresión recalca la sobreabundancia de gracia que ha sido extendida por Dios a la humanidad, en especial a los creyentes (Ef. 1:5–8; 2:7).

ˡ LA LEY. La ley, dada por Moisés, no fue una demostración de la gracia de Dios, sino de su demanda de santidad. Dios diseñó la ley como un medio para demostrar la injusticia del hombre con el propósito de hacer evidente la necesidad de un Salvador, Jesucristo (Ro. 3:19, 20; Gá 3:10–14, 21–26). Además, la ley solo revelaba una parte de la verdad que por naturaleza era preparatoria. La realidad de la verdad plena hacia la cual apuntaba la ley vino a través de la persona de Jesucristo.

ᵐ QUE ESTÁ EN EL SENO DEL PADRE. Esta expresión denota la intimidad, el amor y el conocimiento mutuos que existen entre las personas de la Trinidad (cp. Lc. 16:22, 23; Jn. 13:23).

ⁿ DADO A CONOCER. Los teólogos derivaron el término *exégesis* o «interpretar» de esta palabra. Juan quiso decir que todo lo que Jesús es y hace interpreta y explica quién es y qué hace Dios (Jn. 14:8–10).

° COMO DE TREINTA AÑOS. Es probable que Lucas no haya establecido aquí una edad exacta, sino una aproximación, pues se consideraba como la edad en la que un hombre podía comenzar a ejercer el cargo de profeta (Ez. 1:1), sacerdote (Nm. 4:3, 35, 39, 43, 47) o rey (Gn. 41:46; 2 S. 5:4).

24. Jesús es tentado en el desierto

Mt. 4:1–11; Mr. 1:12–13; Lc. 4:1–13

ᴸᶜJesús, lleno del Espíritu Santo, volvió del Jordán, y ᵃ[luego] ᴹᵀᵇfue llevado por el Espíritu al desierto, para ser tentado por el diablo. ᴹᴿY estuvo allí en ᶜel desierto ᵈcuarenta días, y era ᵉtentado por ᶠSatanás, y estaba con ᵍlas fieras; ᴸᶜ[y] no comió nada en aquellos días[.] ᴹᵀY después de haber ayunado cuarenta días y cuarenta nochesᴸᶜ, pasados los cuales, ᴹᵀtuvo hambre.

....

ᵃ Luego. Manteniendo este estilo narrativo rápido, Marcos usa este adverbio más que los otros tres evangelistas juntos. Aquí indica que la tentación de Jesús vino inmediatamente después de su bautismo.

ᵇ Fue llevado por el Espíritu [...] para ser tentado por el diablo. Dios en sí mismo nunca es el agente de la tentación (Stg. 1:13); pero aquí, así como en el libro de Job, Dios usa incluso tentaciones satánicas para servir a sus soberanos propósitos. Jesús confrontó a Satanás y dio el primer paso para destruir su reino malvado (cp. 1 Jn. 3:8). Cristo fue tentado en todo (Heb. 4:15; 1 Jn. 2:16); Satanás lo tentó con «los deseos de la carne» (Mt. 4:2–3); «los deseos de los ojos» (Mt. 4:8, 9); y «la vanagloria de la vida» (Mt. 4:5, 6).

ᶜ El desierto. El lugar exacto del encuentro de Jesús con Satanás es desconocido. Debió ser probablemente el mismo desierto en el que Juan vivió y ministró, la región desolada más lejana al sur, o el árido desierto árabe al otro lado del Jordán.

ᵈ Cuarenta días. Quizás una reminiscencia de los cuarenta años de Israel dando vueltas en el desierto (Nm. 14:33; 32:13). Jesús estuvo sin comida durante este tiempo. Moisés (dos veces, Dt. 9:9, 18) y Elías (1 R. 19:8) también ayunaron por esa cantidad de tiempo. Evidentemente la tentación de Cristo abarcó los cuarenta días completos de su ayuno.

ᵉ Tentado. Tanto Mateo como Lucas presentan una descripción condensada de tan solo tres tentaciones específicas. Lucas invierte el orden de las últimas dos tentaciones que Mateo presenta. Lucas ocasionalmente presentó su material en orden lógico antes que cronológico. Es posible que Lucas se propusiera hacerlo así en este caso para terminar su relato de la tentación de Jesús en el templo en Jerusalén, una ubicación de gran importancia en la narración de Lucas.

ᶠ Satanás. De la palabra hebrea que significa «adversario». Puesto que Jesús no tenía una naturaleza caída, la tentación de Jesús no fue una lucha interna emocional o psicológica, sino un ataque externo por un ser personal.

ᵍ Las fieras. Un detalle único en el relato de Marcos que resalta la soledad y el completo aislamiento de otras personas que experimentó Jesús.

Y vino a él el tentador, LCel diablo le dijo: hSi eres Hijo de Dios, di a esta piedra que se convierta en pan. Jesús, respondiéndole, dijo: MTiEscrito está: No sólo de pan vivirá el hombre, sino jde toda palabra que sale de la boca de Dios.

Entonces el diablo LCle llevó a Jerusalén, MTla santa ciudad, y le puso sobre kel pináculo del templo, y le dijo: Si eres Hijo de Dios, échate LCde aquí abajo; lporque escrito está:

A sus ángeles mandará acerca de ti, que te guarden;

y,

En las manos te sostendrán,
Para que no tropieces con tu pie en piedra.

Respondiendo Jesús, le dijo: MTmEscrito está también: No tentarás al Señor tu Dios.

Otra vez le llevó el diablo a un monte muy alto, y le mostró todos los reinos del mundo y la gloria de ellos LCen un momento[.] MT[Y] le dijo: Todo esto nte daré[, y]

....

h Si eres Hijo de Dios. El condicional «si» significa en este contexto «debido a que». Satanás no tenía la menor duda en su mente de quién era Jesús, pero el deseo de Satanás era hacer que Jesús violara el plan de Dios y empleará su divino poder, que había puesto a un lado en su humillación (cp. Fil. 2:7).

i Escrito está. Las tres respuestas de Jesús al diablo fueron tomadas de Deuteronomio. Esta, de Dt. 8:3, afirma que Dios le permitió a Israel tener hambre a fin de que pudiera alimentarlos con maná y enseñarles a confiar en que él proveería para ellos. De modo que el versículo es aplicable de manera directa a las circunstancias de Jesús y una respuesta apropiada a la tentación de Satanás.

j De toda palabra que sale de la boca de Dios. Una fuente de sustento más importante que el alimento, que suple nuestras necesidades espirituales de manera que nos beneficie por la eternidad, en lugar de proveer meramente alivio temporal al hambre físico.

k El pináculo del templo. Este era probablemente un tejado con un pórtico en la esquina sureste del complejo del templo, donde un masivo muro de contención venía desde un nivel bien alto de la montaña del templo, muy adentrado en el torrente de Cedrón. De acuerdo con el historiador judío Josefo, esta era una caída de unos ciento diecisiete metros.

l Porque escrito está [...] Para que no tropieces con tu pie en piedra. Note que Satanás también está citando aquí las Escrituras (Sal. 91:11, 12), pero torciendo completamente su significado, empleando un pasaje que habla sobre la confianza en Dios para justificar tentarlo.

m Escrito está también. Cristo replicó con otro versículo a partir de la experiencia de Israel en el desierto (Dt. 6:16), recordando la experiencia de Masah, donde los quejumbrosos israelitas tentaron al Señor demandando con gran enojo que Moisés produjera agua donde no había ninguna (Éx. 17:2-7).

n Te daré. Satanás es el «príncipe de este mundo» (Jn. 12:31; 14:30; 16:11), y el «dios de este siglo» (2 Co. 4:4). El mundo entero está bajo su poder (1 Jn. 5:19). Esto es ilustrado en Daniel 10:13, donde el poder demoníaco controlaba el reino de Persia, teniendo un demonio llamado el «príncipe de Persia».

[LC]toda esta potestad, y la gloria de ellos; porque a mí me ha sido entregada, y a quien quiero la doy. Si tú postrado me adorares, todos serán tuyos. [MT]Entonces Jesús le dijo: Vete, Satanás[!] [LC]Vete de mí[!] [MT]°porque escrito está: Al Señor tu Dios adorarás, y a él sólo servirás.

[LC]Y cuando el diablo hubo acabado toda tentación, se apartó de él por un tiempo[,] [MT]y he aquí vinieron [P]ángeles y le servían.

° PORQUE ESCRITO ESTÁ. Aquí Cristo cita en paráfrasis Deuteronomio 6:13, 14. Otra vez se hace referencia a la experiencia de los israelitas en el desierto. Cristo, como ellos, fue dejado en el desierto para ser probado (cp. Dt. 8:2). Pero a diferencia de ellos, él aprobó cada aspecto de la prueba.

[P] ÁNGELES Y LE SERVÍAN. Salmo 91:11, 12, el versículo que Satanás trató de torcer, fue entonces cumplido a la manera de Dios y en el tiempo perfecto de Dios. El tiempo verbal de la palabra griega «servían» sugiere que los ángeles ministraron a Jesús durante toda su tentación.

25. Juan testifica más de Jesús

Jn. 1:19-34

[Jn][a]Este es el testimonio de [b]Juan, cuando [c]los judíos enviaron de Jerusalén sacerdotes y levitas para que le preguntasen: ¿Tú, quién eres?

Confesó, y no negó, sino confesó: [d]Yo no soy el Cristo.

Y le preguntaron: ¿Qué pues? [e]¿Eres tú Elías? Dijo: No soy. [f]¿Eres tú el profeta? Y respondió: No.

....

[a]ESTE ES. En estos versículos el apóstol Juan presentó el primero de muchos testigos para probar que Jesús es el Mesías y el Hijo de Dios, y así reforzar su tema principal (Jn. 20:30, 31). El testimonio de Juan el Bautista fue dado en tres días diferentes a tres grupos distintos (cp. Jn. 1:29, 35, 36). En cada oportunidad habló de Cristo desde una perspectiva diferente para resaltar distintos aspectos suyos. Los acontecimientos descritos en estos versículos tuvieron lugar entre 26 y 27 A.D., tan solo unos meses después del bautismo de Jesús por parte de Juan (cp. Mt. 3:13–17; Lc. 3:21, 22).

[b]JUAN. Juan había nacido en una familia sacerdotal y esto lo hacía miembro de la tribu de Leví (Lc. 1:5). Él comenzó su ministerio en el valle del Jordán a la edad aproximada de veintinueve o treinta años, y proclamó con denuedo la necesidad de arrepentimiento y preparación espiritual para la venida del Mesías. Fue primo de Jesucristo y sirvió como su precursor profético (Mt. 3:3; Lc. 1:5–25, 36).

[c]LOS JUDÍOS [...] DE JERUSALÉN. Esto puede referirse al Sanedrín, el principal ente gubernamental de la nación judía. El Sanedrín era controlado por la familia del sumo sacerdote, así que sus enviados tendrían que ser sacerdotes y levitas que estaban interesados en el ministerio de Juan, tanto en su mensaje como en su bautismo.

[d]YO NO SOY EL CRISTO. Algunos pensaban que Juan era el Mesías (Lc. 3:15–17). El término Cristo es el equivalente griego del nombre hebreo para Mesías.

[e]¿ERES TÚ ELÍAS? En Malaquías 4:5 se promete que el profeta Elías regresará antes de que el Mesías establezca su reino sobre la tierra. Por eso se preguntaban si Juan, como precursor del Mesías, sería Elías mismo. El ángel que anunció el nacimiento de Juan dijo que Juan iría delante de Jesús «con el espíritu y el poder de Elías» (Lc. 1:17), lo cual indica que sería otra persona y no el mismo Elías quien podría cumplir la profecía. Dios envió a Juan y tanto él como Elías tuvieron el mismo tipo de ministerio, la misma clase de poder y hasta personalidades similares (2 R. 1:8; cp. Mt. 3:4). Si hubieran recibido a Jesús como Mesías, Juan habría cumplido esa profecía (cp. Mt. 11:14; Mr. 9:13; Lc. 1:17; Ap. 11:5, 6).

[f]¿ERES TÚ EL PROFETA? Esta es una referencia a Deuteronomio 18:15–18, donde se predijo que Dios levantaría a un gran profeta como Moisés, que sería su vocero en la tierra. Aunque algunos en el tiempo de Juan interpretaron que esta profecía se refería a otro precursor del Mesías, el NT (Hch. 3:22, 23; 7:37) aplica el pasaje a Jesús.

Le dijeron: ¿Pues quién eres? para que demos respuesta a los que nos enviaron. ¿Qué dices de ti mismo?

Dijo: Yo soy la ᵍvoz de uno que clama en el desierto: Enderezad el camino del Señor, como dijo el profeta Isaías.

Y los que habían sido enviados eran de los fariseos. Y le preguntaron, y le dijeron: ¿Por qué, pues, ʰbautizas, si tú no eres el Cristo, ni Elías, ni el profeta?

Juan les respondió diciendo: Yo bautizo con agua; mas ⁱen medio de vosotros está uno a quien vosotros no conocéis. Este es el que viene después de mí, el que es antes de mí, del cual yo no soy digno de desatar la correa del calzado.

Estas cosas sucedieron en ʲBetábara, al otro lado del Jordán, donde Juan estaba bautizando.

ᵍ Voz. Juan citó y aplicó Isaías 40:3 a él mismo (cp. Mt. 3:3; Mr. 1:3; Lc. 3:4). En el contexto original de Isaías 40:3, el profeta oyó una voz que hacía un llamado para aplanar un sendero. Este llamado fue una imagen profética que anticipaba el regreso final y más grandioso de Israel a su Dios desde la alienación y las tinieblas espirituales a través de la redención espiritual obrada por el Mesías (cp. Ro. 11:25–27). En humildad, Juan se identificó a sí mismo como una voz antes que como una persona, para así enfocar la atención exclusiva en Cristo (cp. Lc. 17:10).

ʰ BAUTIZAS. Puesto que Juan se había identificado como una simple voz, algunos pusieron en duda su autoridad para bautizar. El AT asociaba la venida del Mesías con el arrepentimiento y la purificación espiritual (Ez. 36, 37; Zac. 13:1). Juan se concentró en su función como precursor del Mesías, y empleó el bautismo tradicional de prosélitos como un símbolo de la necesidad de reconocer a los judíos que estaban fuera del pacto de salvación de Dios, como también era el caso de los gentiles. Ellos del mismo modo necesitaban limpieza y preparación espiritual (arrepentimiento; Mt. 3:11, Mr. 1:4; Lc. 3:7, 8) para el advenimiento del Mesías.

ⁱ EN MEDIO DE VOSOTROS ESTÁ UNO. Las palabras de Juan el Bautista continúan aquí el tema de la preeminencia del Mesías que viene desde el prólogo y demuestran una humildad extraordinaria. Cada vez que Juan tuvo la oportunidad de convertirse en protagonista a raíz de estos encuentros, se aseguró de siempre dirigir la atención al Mesías. Lo hizo a tal extremo, que en su humildad llegó a afirmar que a diferencia de un esclavo a quien se impone el deber de quitar el calzado de su amo, él ni siquiera se consideraba digno de realizar esta acción en relación con el Mesías.

ʲ BETÁBARA. Esta palabra ha sido substituida por «Betania», que se encuentra en el texto original porque algunos consideran que Juan se equivocó al identificar Betania como el lugar de estos acontecimientos. La solución es que existían dos poblaciones conocidas como Betania, la primera cerca de Jerusalén, donde vivían María, Marta y Lázaro (Jn. 11:1), y la segunda «al otro lado del Jordán», cerca a la región de Galilea. Como Juan se esmeró en identificar la cercanía de la otra Betania a Jerusalén, lo más probable es que se refiriera aquí a la otra población con el mismo nombre.

[k]El siguiente día vio Juan a Jesús que venía a él, y dijo: He aquí [l]el Cordero de Dios, que quita el [m]pecado del mundo. Este es aquel de quien yo dije: Después de mí viene un varón, el cual es antes de mí; porque era primero que yo. Y yo no le conocía; mas para que fuese manifestado a Israel, por esto vine yo bautizando con agua.

También [n]dio Juan testimonio, diciendo: Vi al Espíritu que descendía del cielo como paloma, y permaneció sobre él. [o]Y yo no le conocía; pero el que me envió a bautizar con agua, aquél me dijo: Sobre quien veas [p]descender el Espíritu y que permanece sobre él, ése es el que bautiza con el Espíritu Santo. Y yo le vi, y he dado testimonio de que éste es [q]el Hijo de Dios.

---

[k] EL SIGUIENTE DÍA. Estos acontecimientos se llevaron a cabo el día después de la respuesta de Juan a aquellos enviados de los fariseos. Esta porción trata con el testimonio de Juan a un segundo grupo de judíos en el segundo día con respecto a Jesús. Los versículos también presentan una serie de títulos mesiánicos que se refieren a Jesús: Cordero de Dios (Jn. 1:29, 36), Rabí (vv. 38, 49), Mesías/Cristo (v. 41), Hijo de Dios (vv. 34, 49), Rey de Israel (v. 49), Hijo del Hombre (v. 51) y «aquél de quien escribió Moisés en la ley, así como los profetas» (v. 45).

[l] EL CORDERO DE DIOS. El uso de un cordero para el sacrificio era muy común para los judíos, quienes utilizaban un cordero como sacrificio durante la Pascua (Éx. 12:1–36). En las profecías de Isaías un cordero sería llevado al matadero (Is. 53:7) y en los sacrificios diarios de Israel se ofrecía un cordero (Lv. 14:12–21; cp. Heb. 10:5–7). Juan el Bautista usó esta expresión como una referencia al sacrificio máximo y definitivo de Jesús en la cruz para hacer expiación por los pecados del mundo, un tema que Juan el apóstol trata en todos sus escritos (Jn. 19:36; cp. Ap. 5:1–6; 7:17; 17:14) y que aparece en otros escritos del NT (p. ej., 1 P. 1:19).

[m] PECADO DEL MUNDO. En este contexto *mundo* tiene la connotación de humanidad en general y no de cada persona de manera específica. El uso del singular *pecado* conectado a «del mundo» indica que el sacrificio de Jesús por el pecado tiene la potencialidad de alcanzar a todos los seres humanos sin distinción (cp. 1 Jn. 2:2). Sin embargo, Juan deja en claro que su efecto real para salvación solo puede aplicarse a quienes reciben a Cristo (cp. Jn. 1:11, 12).

[n] DIO JUAN TESTIMONIO. Juan está reflexionando en los acontecimientos pasados que ocurrieron en el bautismo de Jesús.

[o] Y YO NO LE CONOCÍA. Aunque Juan era primo de Jesús, no conocía a Jesús como el Mesías o como el «varón» que venía después de él (v. 30).

[p] DESCENDER EL ESPÍRITU. Dios le había comunicado con anterioridad a Juan que esta señal sería la indicación específica del Mesías prometido, así que tan pronto Juan fue testigo de este acto, él pudo identificar al Mesías como Jesús (cp. Mt. 3:16; Mr. 1:10; Lc. 3:22).

[q] EL HIJO DE DIOS. Aunque los creyentes pueden ser llamados «hijos de Dios» en un sentido limitado (p. ej., Mt. 5:9; Ro. 8:14), Juan utiliza toda la intensidad de esta frase como un título especial que apunta a la unidad e intimidad únicas que Jesús como «Hijo» sostiene con el Padre. El término incorpora la noción de la deidad de Jesús como Mesías (Jn. 1:49; 5:16–30; cp. 2 S. 7:14; Sal. 2:7; Heb. 1:1–9).

26. Los discípulos de Juan se encuentran con Jesús

Jn. 1:35-51

[a]El siguiente día otra vez estaba Juan, y dos de sus discípulos. Y mirando a Jesús que andaba por allí, dijo: He aquí el Cordero de Dios.

Le oyeron hablar los dos discípulos, y [b]siguieron a Jesús. Y volviéndose Jesús, y viendo que le seguían, les dijo: ¿Qué buscáis? Ellos le dijeron: Rabí (que traducido es, Maestro), ¿dónde moras?

Les dijo: Venid y ved. Fueron, y vieron donde moraba, y se quedaron con él aquel día; porque era como [c]la hora décima.

Andrés, hermano de Simón Pedro, era uno de los dos que habían oído a Juan, y habían seguido a Jesús. Este halló primero a su hermano Simón, y le dijo: Hemos hallado al [d]Mesías (que traducido es, el Cristo). Y le trajo a Jesús.

....

[a] EL SIGUIENTE DÍA. Este pasaje incluye el testimonio acerca de Jesús que Juan el Bautista le dio a un tercer grupo compuesto por algunos de sus discípulos en el tercer día (vea Jn. 1:19-28; 29-34 para los grupos primero y segundo). De manera coherente con la humildad de Juan, él enfoca la atención de sus propios discípulos en Jesús.

[b] SIGUIERON A JESÚS. Aunque el verbo «seguir» significa por lo general «seguir como un discípulo», en el estilo literario del apóstol (Jn. 1:43; 8:12; 12:26; 21:19, 20, 22), esta palabra también pudo haber tenido un sentido neutral (11:31). El acto de seguir aquí no necesariamente indica que se hubieran convertido en discípulos permanentes en esta ocasión. La implicación puede ser que fueron tras él para examinarlo más de cerca motivados por el testimonio de Juan. Este suceso familiarizó a los discípulos de Juan con Jesús (p. ej., Andrés). Con el tiempo dedicaron su vida a él como discípulos y apóstoles verdaderos al ser llamados por Jesús a un servicio permanente tras estos acontecimientos (Mt. 4:18-22; 9:9; Mr. 1:16-20). En este punto de la narración, la presencia de Juan el Bautista es cada vez menor y la atención se enfoca en el ministerio de Cristo.

[c] LA HORA DÉCIMA. Los judíos dividían el período iluminado del día desde el amanecer hasta el atardecer en doce horas que se contaban a partir del amanecer alrededor de las seis de la mañana. Esto ubicaría la hora más o menos a las cuatro de la tarde. La razón más probable por la que Juan menciona el tiempo exacto es para enfatizar que él mismo era el otro discípulo de Juan el Bautista que estaba con Andrés (Juan 1:40). Como testigo ocular de estos sucesos que ocurrieron en el transcurso de tres días seguidos, el primer encuentro de Juan con Jesús cambió tanto su vida que él recordaba la hora exacta en que conoció por primera vez al Señor. Si Juan estaba calculando el tiempo siguiendo el método romano, comenzando a la medianoche, el momento sería alrededor de las diez de la mañana.

[d] MESÍAS. El término *Mesías* es una transliteración de un adjetivo verbal hebreo o arameo que significa «el ungido». Se deriva de un verbo que significa «ungir» a alguien como una acción que forma parte de la consagración de una persona a un cargo o función en particular. Aunque el término se aplicó en un principio al rey de Israel («el ungido de Jehová», cp. 1 S. 16:6), al sumo sacerdote («el sacerdote ungido», Lv. 4:3) y en un pasaje a los patriarcas («mis ungidos», Sal. 105:15), el mismo se utilizó al final para señalar por encima de todo a «aquel» cuya venida estaba profetizada o «el Mesías» en su función única como profeta, sacerdote y rey. El término *Cristo*, una palabra griega (adjetivo verbal) que proviene de un verbo que significa «ungir», se utiliza en la traducción del término hebreo, así que los términos *Mesías* o *Cristo* son títulos y no nombres personales de Jesús.

Y ^emirándole Jesús, dijo: Tú eres Simón, hijo de Jonás; tú ^fserás llamado Cefas (que quiere decir, Pedro).

^gEl siguiente día quiso Jesús ir a Galilea, y halló a Felipe, y le dijo: Sígueme. Y Felipe era de ^hBetsaida, la ciudad de Andrés y Pedro. Felipe halló a Natanael, y le dijo: Hemos hallado a ⁱaquél de quien escribió Moisés en la ley, así como los profetas: a Jesús, el hijo de José, de Nazaret.

Natanael le dijo: ^j¿De Nazaret puede salir algo de bueno? Le dijo Felipe: Ven y ve.

Cuando Jesús vio a Natanael que se le acercaba, dijo de él: He aquí un verdadero israelita, en quien ^kno hay engaño.

....

^eMIRÁNDOLE JESÚS. Jesús conoce a profundidad los corazones y no solo se limita a mirarlos en su interior, sino que también transforma a las personas en lo que él quiere que lleguen a ser.

^fSERÁS LLAMADO CEFAS. Hasta este momento, Pedro había sido conocido como «Simón, hijo de Jonás» (el nombre arameo «Jonás» significa «Juan»; cp. 21:15–17; Mt. 16:17). El término *cefas* significa «roca» en arameo y se traduce «Pedro» en griego. La asignación del nombre Cefas o Pedro a Simón por parte de Jesús ocurrió al comienzo de su ministerio (cp. Mt. 16:18; Mr. 3:16). Con esta declaración, Jesús no solo predice cómo sería llamado Pedro, sino que también establece la manera en que habría de transformar su carácter y usarlo en relación con la fundación de la iglesia (cp. Jn. 21:18, 19; Mt. 16:16–18; Hch. 2:14—4:32).

^gEL SIGUIENTE DÍA. Esta sección introduce el cuarto día desde el comienzo del testimonio de Juan el Bautista (cp. Jn. 1:19, 29, 35).

^hBETSAIDA, LA CIUDAD DE ANDRÉS Y PEDRO. Mientras que Marcos 1:21, 29 ubica la casa de Pedro en Capernaum, Juan relata que él era de Betsaida. La aparente discrepancia se resuelve con el hecho de que lo más probable es que Pedro y Andrés crecieron en Betsaida y después se trasladaron a Capernaum, de la misma manera en que Jesús fue constantemente identificado con Nazaret como su pueblo de infancia, aunque vivió después en otro lugar (Mt. 2:23; 4:13; Mr. 1:9; Lc. 1:26).

ⁱAQUÉL DE QUIEN ESCRIBIÓ MOISÉS EN LA LEY, ASÍ COMO LOS PROFETAS. Esta frase expresa en esencia el mensaje de todo el Evangelio de Juan: Jesús es el cumplimiento de las Escrituras del AT (cp. Jn. 1:21; 5:39; Dt. 18:15–19; Lc. 24:44, 47; Hch. 10:43; 18:28; 26:22, 23; Ro. 1:2; 1 Co. 15:3; 1 P. 1:10, 11; Ap. 19:10).

^j¿DE NAZARET PUEDE SALIR ALGO DE BUENO? Natanael era de Caná (21:2), otra aldea en Galilea. Aunque los galileos eran menospreciados por los habitantes de Judea, los galileos mismos detestaban a las personas de Nazaret. A la luz de Jn. 7:52, el desdén de Natanael pudo haberse centrado en el hecho de que Nazaret era una aldea insignificante y sin relevancia profética aparente (cp., no obstante, Mt. 2:23). Más adelante, algunos se referirían con desprecio a los cristianos como «la secta de los nazarenos» (Hch. 24:5).

^kNO HAY ENGAÑO. El punto de Jesús fue que la franqueza de Natanael lo revelaba como un hombre sincero y honesto. El término alude a la honestidad de corazón en la búsqueda espiritual. Esta referencia también puede ser una alusión a Génesis 27:35, donde Jacob, en contraste a Natanael con su sinceridad, fue conocido por su engaño. En la mente de Jesús, un israelita honesto y sincero se había vuelto una excepción en lugar de la norma (cp. Jn. 2:23–25).

Le dijo Natanael: ¿De dónde me conoces? Respondió Jesús y le dijo: Antes que Felipe te llamara, cuando estabas debajo de la higuera, [1]te vi.

Respondió Natanael y le dijo: Rabí, tú eres [m]el Hijo de Dios; tú eres el Rey de Israel.

Respondió Jesús y le dijo: ¿Porque te dije: Te vi debajo de la higuera, crees? Cosas mayores que estas verás. Y le dijo: [n]De cierto, de cierto os digo: De aquí adelante veréis [o]el cielo abierto, y a los ángeles de Dios que suben y descienden sobre el [p]Hijo del Hombre.

---

[1] Te vi. Una breve vislumbre del conocimiento sobrenatural de Jesús, quien no se limitó a hacer una descripción exacta de Natanael, sino también reveló información que solo Natanael pudo haber conocido. Quizás Natanael había tenido alguna experiencia extraordinaria o transformadora de comunión con Dios en aquel lugar y pudo reconocer la alusión de Jesús a ella. En cualquier caso, Jesús poseía conocimiento de este acontecimiento que no estaba a disposición de los humanos.

[m] El Hijo de Dios [...] el Rey de Israel. La demostración de un conocimiento sobrenatural por parte de Jesús y el testimonio de Felipe eliminaron por completo las dudas de Natanael, razón por la cual Juan añadió el testimonio de Natanael a esta sección. El uso de «el» antes de «Hijo de Dios» indica con mucha probabilidad que la expresión debe ser entendida como llevando su importancia plena (cp. Jn. 1:34; 11:27). Para Natanael, aquí estaba Uno que no podía describirse meramente en términos humanos.

[n] De cierto, de cierto os digo. Cp. Jn. 5:19, 24, 25. Una frase que se emplea con frecuencia para recalcar la importancia y la veracidad de la declaración que viene a continuación.

[o] El cielo abierto, y a los ángeles de Dios que suben y descienden. A la luz del contexto de Jn. 1:47, este versículo se refiere con mayor probabilidad a Génesis 28:12, donde Jacob soñó acerca de una escalera del cielo. El punto de Jesús para Natanael era que así como Jacob experimentó una revelación sobrenatural o enviada del cielo, Natanael y los demás discípulos también experimentarían comunicación sobrenatural que les confirmaría quién era Jesús. Además, el término «Hijo del Hombre» sustituye la escalera en el sueño de Jacob para indicar que Jesús es el medio de acceso entre Dios y los hombres.

[p] Hijo del Hombre. Esta es la designación favorita de Jesús para aludir a él mismo, ya que la usó en más de ochenta ocasiones. En el NT solo se refiere a Jesús y aparece más que todo en los Evangelios (cp. Hch. 7:56). Aunque el término puede referirse en ciertas ocasiones meramente a un ser humano o como un sustituto del pronombre personal (6:27; cp. 6:20), adquiere de manera especial una importancia escatológica refiriéndose a Daniel 7:13, 14 donde el «Hijo del Hombre» o Mesías viene en gloria para recibir el reino del «Anciano de días» (i. e., el Padre).

27. El primer milagro de Jesús: agua a vino

Jn. 2:1–12

[Jn]Al tercer día se hicieron unas [b]bodas en [c]Caná de Galilea; y estaba allí la madre de Jesús. Y [d]fueron también invitados a las bodas Jesús y sus discípulos. Y faltando el [e]vino, la madre de Jesús le dijo: No tienen vino.

....

[a]AL TERCER DÍA. Esta frase hace referencia al último suceso relatado, es decir, el llamamiento de Felipe y Natanael (Jn. 1:43). Juan relata la primera gran señal llevada a cabo por Jesús para demostrar su deidad, la conversión de agua en vino. Solo Dios puede crear de la nada. Juan identifica ocho milagros en su Evangelio que constituyen «señales» o una confirmación de quién es Jesús. Cada uno de los ocho milagros fueron diferentes; no hubo dos que resultaran iguales.

[b]BODAS. Una celebración judía de bodas podía durar hasta siete días. La responsabilidad financiera le correspondía al novio. El hecho de no tener más vino que ofrecer a sus invitados habría sido una afrenta para el novio e inclusive lo pudo haber expuesto a un litigio por parte de los familiares de la novia.

[c]CANÁ DE GALILEA. Caná era el hogar de Natanael (Jn. 21:2). Se desconoce su ubicación exacta. Es probable que corresponda a Quirbet Cana, un pueblo ubicado a unos catorce kilómetros al norte de Nazaret y que se encuentra en ruinas en la actualidad.

[d]FUERON TAMBIÉN INVITADOS A LAS BODAS JESÚS Y SUS DISCÍPULOS. El hecho de que Jesús, su madre y sus discípulos hayan asistido a la boda sugiere que se trataba de un familiar o un amigo cercano de la familia. Los cinco discípulos que lo acompañaron se nombran en Juan 1: Andrés, Simón Pedro, Felipe, Natanael, y uno cuyo nombre no se menciona (Juan 1:35) y que sin duda era Juan, otro testigo de este milagro.

[e]VINO. El vino que se servía había sido sometido a fermentación. En el mundo antiguo, no obstante, para calmar la sed sin producir embriaguez, el vino se diluía con agua para atenuar su fuerza. Dadas las condiciones y el clima, aun el «vino nuevo» se fermentaba con rapidez y era embriagante si no se diluía (Hch. 2:13). Debido a la ausencia de procedimientos de purificación del agua, beber vino mezclado con agua resultaba también más saludable que beber solo agua. Aunque la Biblia condena la embriaguez, no prohíbe el consumo de vino (Sal. 104:15; Pr. 20:1; Ef. 5:18).

Jesús le dijo: ¿[f]Qué tienes conmigo, [g]mujer? [h]Aún no ha venido mi hora. Su madre dijo a los que servían: Haced todo lo que os dijere.

Y estaban allí seis tinajas de piedra para agua, conforme al rito de la [i]purificación de los judíos, en cada una de las cuales cabían dos o tres cántaros. Jesús les dijo: Llenad estas tinajas de agua. Y las llenaron hasta arriba. Entonces les dijo: Sacad ahora, y llevadlo al maestresala. Y se lo llevaron. Cuando el maestresala probó el agua hecha vino, sin saber él de dónde era, aunque lo sabían los sirvientes que habían sacado el agua, llamó al esposo, y le dijo: Todo hombre sirve primero el buen vino, y cuando ya han bebido mucho, entonces el inferior; mas tú has reservado el buen vino hasta ahora.

Este principio de [j]señales hizo Jesús en Caná de Galilea, y manifestó su gloria; y sus discípulos creyeron en él. [k]Después de esto descendieron a Capernaum, él, su madre, sus hermanos y sus discípulos; y estuvieron allí no muchos días.

....

[f]QUÉ TIENES CONMIGO. El tono de Jesús no fue irrespetuoso, pero sí brusco. La frase pregunta qué hay en común entre dos partes. El motivo del comentario de Jesús era que estaba totalmente concentrado en el propósito de su misión en la tierra, supeditando a su cumplimiento todas las actividades. María debía reconocerlo no tanto como el hijo a quien había criado, sino como el Mesías prometido y el Hijo de Dios. Cp. Mr. 3:31–35.

[g]MUJER. El término no es necesariamente descortés, pero produce un distanciamiento entre Jesús y su madre, así como de su petición. Quizá su equivalente sea «señora».

[h]AÚN NO HA VENIDO MI HORA. La frase hace continua referencia a la muerte y la exaltación de Jesús (Jn. 7:30; 8:20; 12:23, 27; 13:1; 17:1). Él cumplía la agenda divina decretada por Dios antes de la fundación del mundo. Puesto que los profetas habían descrito la era mesiánica como un tiempo en el cual el vino fluiría en abundancia (Jer. 31:12; Os. 14:7; Am. 9:13, 14), Jesús probablemente se refería a la necesidad de la cruz antes de la venida de las bendiciones del milenio.

[i]PURIFICACIÓN DE LOS JUDÍOS. Las tinajas eran hechas de piedra porque este material era más durable que el barro y menos susceptible a la suciedad. Por esto, la piedra se prefería para la limpieza ceremonial (cp. Mr. 7:3, 4).

[j]SEÑALES. Mediante esta palabra, Juan resalta que los milagros no eran simples demostraciones de poder, sino que poseían una importancia más allá del acto en sí mismo, certificando la afirmación mesiánica de Cristo.

[k]DESPUÉS DE ESTO. Frecuentemente Juan usa esta frase (o una similar como «después de estas cosas») para conectar dos narraciones en su evangelio (p. ej., Jn. 3:22; 5:1, 14; 6:1; 7:1; 11:7, 11; 19:28, 38). Aquí Juan coloca este versículo como transición para explicar el desplazamiento de Jesús de Caná de Galilea a Capernaum y su llegada a Jerusalén para la celebración de la Pascua. Capernaum estaba ubicada en el extremo noroeste de Galilea, a unos veinticinco kilómetros al noreste de Caná.

28. Jesús lleva a cabo la primera purificación del templo

Jn. 2:13–25

[Na]Estaba cerca [b]la pascua de los judíos; y [c]subió Jesús a Jerusalén, y halló en el templo [d]a los que vendían bueyes, ovejas y palomas, y a los cambistas allí sentados.

---

[a] ESTABA. Juan usó esta sección donde Jesús limpió el templo con indignación justa para reforzar su tema principal de que él era el Mesías prometido e Hijo de Dios. En esta sección, enfatizó tres atributos de Jesús que confirman su deidad: (1) su pasión por la reverencia (Jn. 2:13–17); (2) su poder de resurrección (vv. 18–22); y (3) su percepción de la realidad (vv. 23–25). La primera manera en que Juan demostró la deidad de Cristo en la narración de la limpieza del templo fue mostrando su celo por la reverencia. Solo Dios ejerce el derecho de regir la adoración que se le rinde.

[b] LA PASCUA DE LOS JUDÍOS. Esta es la primera Pascua de las tres que menciona Juan (Jn. 2:13; 6:4; 11:55). Los judíos escogían el cordero en el décimo día del mes y celebraban la Pascua el decimocuarto día del mes lunar de Nisán (al final de marzo o principios de abril). Sacrificaban el cordero entre las tres y las seis de la tarde en la noche de la fiesta. La Pascua conmemora la liberación de los judíos de la esclavitud en Egipto, después de que el ángel de la muerte «pasó por encima» de las casas de los judíos cuyos «dinteles» habían sido untados con sangre (Éx. 12:23–27).

[c] SUBIÓ JESÚS A JERUSALÉN. El viaje de Jesús a Jerusalén para la Pascua era una costumbre anual de cada judío devoto mayor de doce años (Éx. 23:14–17). Los judíos que peregrinaban se agolpaban en Jerusalén para la más grande fiesta judía.

[d] A LOS QUE VENDÍAN […] LOS CAMBISTAS. Durante la celebración de la Pascua venían a Jerusalén adoradores procedentes de todo Israel y el Imperio Romano. Debido a que muchos recorrían largas distancias, era inconveniente traer consigo los animales para el sacrificio. Mercaderes oportunistas que veían en esta temporada la ocasión de ofrecer un servicio y probablemente obtener cuantiosas ganancias se instalaban en los patios exteriores del templo para venderles animales a los viajeros. Se requerían cambistas, porque el impuesto anual del templo pagado por todos los hombres judíos (Éx. 30:13, 14; Mt. 17:24–27) debía entregarse en monedas de Israel o Tiro (por la alta pureza de su plata). Los que venían de tierras extranjeras necesitaban cambiar su dinero a la moneda apropiada para pagar el impuesto. Los cambistas cobraban una alta cuota por hacer el cambio. Debido al gran número de viajeros y a la naturaleza temporal de la celebración, tanto los vendedores de animales como los cambistas explotaban la situación para obtener ganancias monetarias («cueva de ladrones», Mt. 21:13). La religión se había vuelto vulgar y materialista.

ᵉY haciendo un azote de cuerdas, ᶠechó fuera del templo a todos, y las ovejas y los bueyes; y esparció las monedas de los cambistas, y volcó las mesas; y dijo a los que vendían palomas: Quitad de aquí esto, y ᵍno hagáis de la casa ʰde mi Padre ⁱcasa de mercado. Entonces se acordaron sus discípulos que está escrito: ʲEl celo de tu casa me consume.

Y ᵏlos judíos respondieron y le dijeron: ¿Qué ˡseñal nos muestras, ya que haces esto?

....

ᵉY HACIENDO. Juan registra la purificación del templo al comienzo del ministerio de Jesús, mientras que los Evangelios sinópticos narran una purificación del templo al final del ministerio de Jesús, durante la semana de su pasión (Mt. 21:12–17; Mr. 11:15–18; Lc. 19:45, 46). Las circunstancias históricas y el contexto literario de las dos purificaciones del templo difieren tanto que resulta infructuoso intentar equipararlas. Además, sería apropiado considerar dos purificaciones diferentes en el contexto del ministerio de Jesús, dado que la nación judía en su conjunto nunca reconoció su autoridad como Mesías (Mt. 23:37–39). Antes bien, al rechazar tanto su mensaje como su persona, es muy posible (así como necesario) que Jesús haya repetido la purificación del templo.

ᶠECHÓ FUERA DEL TEMPLO A TODOS. Cuando la santidad de Dios y la adoración a él estaban en juego, Jesús actuó con rapidez y furor. «Todos» indica que echó fuera no solo a los hombres, sino a los animales. Sin embargo, aunque su acción física resultó enérgica, no fue cruel. La moderación de sus actos se refleja en el hecho de que no surgió un tumulto bullicioso, el cual hubiera producido la pronta reacción de las tropas romanas. Aunque la referencia fundamental apunta a las acciones del Mesías en el reino del milenio, la purificación del templo fue un primer cumplimiento de Malaquías 3:1–3 (y de Zac. 14:20, 21) que habla de la purificación de la adoración religiosa del pueblo efectuada por el Mesías.

ᵍNO HAGÁIS. La fuerza del imperativo del griego podría traducirse más bien «dejad de hacer», que indica la orden de Jesús de abandonar sus prácticas vigentes. La santidad de Dios exige la santidad en la adoración.

ʰDE MI PADRE. Con esta frase Juan alude con sutileza a la deidad de Jesús como Hijo y su identidad como Mesías (cp. Jn. 5:17, 18).

ⁱCASA DE MERCADO. Es posible que Jesús hiciera aquí un juego de palabras. La palabra «mercado» ilustra una tienda llena de mercancía.

ʲEL CELO DE TU CASA. Es citado del Salmo 69:9 para indicar que Jesús no toleraría la irreverencia hacia Dios. Cuando David escribió este salmo, era perseguido debido a su celo por la casa de Dios y la defensa del honor que a él le correspondía. Los discípulos temían que las acciones de Jesús provocaran una persecución similar. Pablo cita la segunda parte del Salmo 69:9 («Y los denuestos de los que te vituperaban cayeron sobre mí») en Romanos 15:3, y así indica con claridad la relevancia mesiánica que tenía el salmo para la iglesia primitiva.

ᵏLOS JUDÍOS. Lo más probable es que se tratara de las autoridades del templo o los miembros del Sanedrín (cp. Jn. 1:19).

ˡSEÑAL. Los judíos demandaron que Jesús les mostrara algún tipo de señal milagrosa que justificara su autoridad frente a las acciones previas que procuraban regir las actividades del templo. Su exigencia revela que no habían comprendido el significado de la represión de Jesús, la cual se centraba en la necesidad que tenían de mostrar una actitud correcta y santidad en la adoración. Lo que Jesús hizo era en sí mismo una «señal» de su persona y su autoridad. Por otra parte, le pedían a Jesús una burda demostración de milagros por demanda, lo cual evidenciaba aun más su incredulidad.

Respondió Jesús y les dijo: Destruid este templo, y ^men tres días ⁿlo levantaré.

Dijeron luego los judíos: ^oEn cuarenta y seis años fue edificado este templo, ¿y tú en tres días lo levantarás?

Mas él hablaba del templo de su cuerpo. Por tanto, cuando resucitó de entre los muertos, sus discípulos se acordaron que había dicho esto; y creyeron la Escritura y la palabra que Jesús había dicho.

Estando en Jerusalén en la fiesta de la pascua, ^pmuchos creyeron en su nombre, viendo las señales que hacía. Pero Jesús mismo no se fiaba de ellos, porque ^qconocía a todos, y no tenía necesidad de que nadie le diese testimonio del hombre, pues él sabía lo que había en el hombre.

----

m EN TRES DÍAS. En su juicio, las autoridades acusaron a Jesús (Mr. 14:29, 58) de haber hecho una declaración de amenaza contra el templo, con lo cual revelaban su incomprensión de lo que Jesús respondió en esa ocasión. De nuevo, el Evangelio de Juan complementa a los otros Evangelios en este punto al indicar que Jesús se refirió de manera enigmática a su resurrección. Lo más probable es que, al igual que sucedía con el uso de las parábolas, la declaración enigmática de Jesús estaba diseñada para revelar la verdad a sus discípulos, pero ocultar su significado de los incrédulos que lo cuestionaban (Mt. 13:10, 11). Sin embargo, solo después de su resurrección los discípulos entendieron el significado verdadero de esta declaración (cp. Mt. 12:40). A través de la muerte y resurrección de Cristo la adoración en el templo en Jerusalén fue abolida (cp. Jn. 4:21) y en su lugar vino a instaurarse en el corazón de quienes se convirtieron en un templo espiritual, es decir, la iglesia (Ef. 2:19–22).

n LO LEVANTARÉ. La segunda manera en la que Juan demuestra la deidad de Cristo en el relato de la purificación del templo es al mostrar su poder sobre la muerte mediante la resurrección. Solo Dios tiene dicha potestad.

o EN CUARENTA Y SEIS AÑOS FUE EDIFICADO ESTE TEMPLO. No se refería al templo de Salomón, pues este fue destruido durante la invasión babilónica en 586 A.C. Cuando los cautivos regresaron de Babilonia, Zorobabel y Josué comenzaron a reconstruir el templo (Esd. 1–4). Los judíos, animados por los profetas Hageo y Zacarías (Esd. 5:1—6:18), culminaron la obra en 516 A.C. Entre los años 20 y 19 A.C., Herodes el Grande inició su reconstrucción y expansión. Los obreros terminaron la mayor parte del proyecto en diez años, pero otras partes estaban aún en construcción en la época en la cual Jesús hizo la purificación del templo. Es interesante notar que todavía se hacían retoques finales al templo cuando este fue destruido junto con Jerusalén a manos de los romanos en 70 A.D. El famoso «Muro de las Lamentaciones» está construido sobre una parte de los cimientos del templo de Herodes.

p MUCHOS CREYERON EN SU NOMBRE [...] PERO JESÚS MISMO NO SE FIABA DE ELLOS. Juan construyó estas dos frases con el uso del mismo verbo griego que significa «creer». Este versículo revela de manera sutil la naturaleza verdadera de la confianza desde un punto de vista bíblico. Debido a lo que sabían de Jesús a partir de sus señales milagrosas, muchos llegaron a creer en él. Sin embargo, Jesús acostumbraba no «confiar» ni «fiarse» por completo de ellos, porque conocía sus corazones. Juan 2:24 indica que Jesús buscaba la conversión genuina en vez del entusiasmo por lo espectacular. El último versículo también suscita cierta duda sobre la autenticidad de la conversión de algunos (cp. Jn. 8:31, 32). Por lo tanto, este contraste enfático entre Jn. 2:23, 24 en términos del tipo de confianza revela que creer «en su nombre» significaba mucho más que una simple conformidad intelectual. Requería un compromiso de todo corazón de la vida de uno como discípulo de Jesús (cp. Mt. 10:37; 16:24–26).

q CONOCÍA A TODOS. Una tercera manera en la que Juan demostró la deidad de Cristo en el relato de la purificación del templo fue mostrando su percepción de la realidad. Solo Dios conoce en verdad el corazón de cada uno de los hombres.

29. Jesús se reúne con Nicodemo

Jn. 3:1–21

[Na]Había un hombre de los [b]fariseos que se llamaba [c]Nicodemo, [d]un principal entre los judíos. Este [e]vino a Jesús de noche, y le dijo: Rabí, sabemos que has venido

....

[a] HABÍA UN HOMBRE. La historia de Jesús y Nicodemo refuerza los temas de Juan: Jesús como el Mesías y el Hijo de Dios (aspecto apologético), así como el hecho de que él vino a ofrecerles salvación a los hombres (aspecto evangelístico). Juan 2:23, 24 sirve en realidad como la introducción a la historia de Nicodemo, ya que el capítulo 3 constituye una evidencia tangible de la capacidad de Jesús para conocer el corazón de los hombres, lo cual demuestra a su vez su deidad. Jesús también le presenta el plan de salvación divino a Nicodemo, y muestra que él es el mensajero principal de Dios, cuya obra de redención da lugar a la salvación prometida a su pueblo (Jn. 3:14). Juan 3 puede dividirse en dos secciones: (1) el diálogo de Jesús con Nicodemo (Jn. 3:1–10) y (2) el discurso de Jesús sobre el plan de salvación de Dios (Jn. 3:11–21).

[b] FARISEOS. Es probable que la palabra *fariseo* se derive de un vocablo hebreo que significa «separar» y por esa razón posiblemente quiere decir «apartados». No eran separatistas en el sentido que se aislaran de la sociedad, sino en sentido puritano, es decir, mantenían un gran celo por la pureza ritual y ceremonial de acuerdo con la ley mosaica, así como sus propias tradiciones que añadían a la legislación del AT. Aunque su origen se desconoce, parece que surgieron como una ramificación del grupo conocido como *hasidim* o «los piadosos» durante la era de los Macabeos. Procedían por lo general de la clase media judía y casi todos eran laicos (hombres de negocios) antes que sacerdotes o levitas. Representaban el núcleo ortodoxo del judaísmo y ejercían una gran influencia sobre las personas comunes en Israel. Según Josefo, existían unos seis mil fariseos en el tiempo de Herodes el Grande. Jesús los condenó por su concentración excesiva en los aspectos exteriores de la religión (reglas y regulaciones) antes que en la transformación espiritual interna.

[c] NICODEMO. Aunque Nicodemo era un fariseo, su nombre era de origen griego y significa «victorioso sobre el pueblo». Era un fariseo destacado y miembro del Sanedrín («un principal entre los judíos»). No se conocen detalles sobre su trasfondo familiar. En algún momento de su vida llegó a creer en Jesús (Jn. 7:50–52) y arriesgó su propia vida y reputación al colaborar para que el cuerpo de Jesús recibiera una sepultura decente (Jn. 19:38–42).

[d] UN PRINCIPAL ENTRE LOS JUDÍOS. Esta es una referencia al Sanedrín (cp. Mt. 26:59), la principal entidad gubernamental de los judíos en Israel durante el período grecorromano. Era la «corte suprema» de los judíos o el concilio superior de la época y es probable que hubiera surgido durante el período persa. En tiempos del NT, el Sanedrín estaba conformado por el sumo sacerdote (presidente), los principales de los sacerdotes, los ancianos (cabezas de familia) y los escribas, para un total de setenta y un miembros. El método de nombramiento era tanto hereditario como político. Ejercía la jurisdicción tanto civil como penal de acuerdo con la ley judía. Sin embargo, los casos de pena capital requerían la sanción del procurador romano (Jn. 18:30–32). Después del año 70 A.D. y la destrucción de Jerusalén, el Sanedrín fue abolido y reemplazado por el *bet din* (tribunal del juicio), conformado por escribas cuyas decisiones solo poseían autoridad moral y religiosa.

[e] VINO A JESÚS DE NOCHE[B]. Mientras algunos piensan que la visita nocturna de Nicodemo representaba en cierta manera figurada la oscuridad espiritual de su corazón (cp. Jn. 1:5; 9:4; 11:10; 13:30) o que decidió venir a esa hora porque tendría más tiempo disponible con Jesús para conversar sin apuros, quizá la razón más lógica radica en el hecho de que, como principal entre los judíos, Nicodemo tenía temor de las consecuencias que le traería una asociación pública con Jesús. Prefirió la noche para tener un encuentro clandestino con Jesús antes que arriesgar el beneplácito de sus colegas fariseos, entre los cuales Jesús generalmente no fue muy popular.

de Dios como maestro; porque nadie puede hacer estas señales que tú haces, si no está Dios con él.

Respondió Jesús y le dijo: De cierto, de cierto te digo, que el que no [f]naciere de nuevo, [g]no puede ver el reino de Dios.

Nicodemo le dijo: [h]¿Cómo puede un hombre nacer siendo viejo? ¿Puede acaso entrar por segunda vez en el vientre de su madre, y nacer?

Respondió Jesús: De cierto, de cierto te digo, que el que no [i]naciere de agua y del Espíritu, no puede entrar en el reino de Dios. Lo que es nacido de la carne, carne es; y lo que es nacido del Espíritu, espíritu es. No te maravilles de que te dije: Os es necesario nacer de nuevo. [j]El viento sopla de donde quiere, y oyes su sonido; mas ni sabes de dónde viene, ni a dónde va; así es todo aquel que es nacido del Espíritu.

Respondió Nicodemo y le dijo: ¿Cómo puede hacerse esto?

....

[f]NACIERE DE NUEVO. La frase literal significa «nacido de lo alto». Jesús respondió una pregunta que Nicodemo ni siquiera hizo. Él leyó su corazón y fue directo al meollo del problema, a saber, su necesidad de transformación espiritual o regeneración, producida por el Espíritu Santo. El nuevo nacimiento es un acto de Dios por el cual la vida eterna es impartida al creyente (2 Co. 5:17; Tit. 3:5; 1 P. 1:3; 1 Jn. 2:29; 3:9; 4:7; 5:1, 4, 18). Juan 1:12, 13 indica que «nacer de nuevo» también corresponde a la idea de «ser hechos hijos de Dios» mediante la confianza en el nombre del Verbo encarnado.

[g]NO PUEDE VER EL REINO DE DIOS. En contexto, esta es ante todo una referencia a la participación en el reino milenario, algo que los fariseos y otros judíos anticipaban con fervor. Puesto que los fariseos creían en lo sobrenatural, esperaban de manera natural y con mucho anhelo la venida de la resurrección profetizada de los santos y la institución del reino mesiánico (Is. 11:1–16; Dn. 12:2). Su problema era que pensaban que el simple hecho de poseer cierto linaje físico y guardar una serie de mandamientos religiosos externos los calificaba para tener entrada al reino, en lugar de la transformación espiritual necesaria que Jesús tanto les recalcó (cp. Jn. 8:33–39; Gá 6:15).

[h]¿CÓMO PUEDE UN HOMBRE NACER...? Como maestro, Nicodemo entendía el método rabínico de usar un lenguaje figurado para enseñar una verdad espiritual. Él meramente estaba retomando el simbolismo de Jesús.

[i]NACIERE DE AGUA Y DEL ESPÍRITU. Jesús no se refería aquí al agua literal, sino a la necesidad de limpieza (p. ej., Ez. 36:24–27). El AT algunas veces usa el agua como metáfora de renovación o limpieza espiritual (Nm. 19:17–19; Sal. 51:9, 10; Is. 32:15; 44:3–5; 55:1–3; Jer. 2:13; Jl. 2:28, 29). De este modo, Jesús hizo referencia al lavamiento o la purificación del alma que es obra del Espíritu Santo a través de la Palabra de Dios en el momento de la salvación (cp. Ef. 5:26; Tit. 3:5), un requisito para pertenecer a su reino.

[j]EL VIENTO SOPLA DE DONDE QUIERE. Jesús quiso dar a entender que así como el viento no puede ser contenido o controlado por los seres humanos aunque ellos puedan ser testigos de sus efectos, lo mismo sucede con el Espíritu Santo. Él no puede ser manipulado o entendido, pero la prueba de su obra es evidente. Allí donde obra el Espíritu, existen evidencias innegables e inequívocas.

Respondió Jesús y le dijo: ¿Eres tú [k]maestro de Israel, y no sabes esto? [l]De cierto, de cierto te digo, que lo que sabemos hablamos, y lo que hemos visto, testificamos; y [m]no recibís nuestro testimonio. Si os he dicho cosas terrenales, y [n]no creéis, ¿cómo creeréis si os dijere las celestiales? Nadie subió al cielo, sino el que descendió del cielo; el Hijo del Hombre, que está en el cielo. Y como Moisés levantó la serpiente en el desierto, [o]así es necesario que el Hijo del Hombre sea levantado, para que todo aquel que en él cree, no se pierda, mas tenga [p]vida eterna. [q]Porque de tal manera

---

[k] MAESTRO. En el original griego, el uso del artículo definido en «el maestro» indica que Nicodemo era un maestro de renombre en la nación de Israel, una autoridad religiosa por excelencia. Disfrutaba de una posición privilegiada entre los rabinos o maestros de su tiempo. La respuesta de Jesús subrayó la ruina espiritual de la nación en ese momento, ya que ni siquiera uno de los maestros judíos más sobresalientes podía reconocer esta enseñanza sencilla sobre la limpieza y la transformación espiritual, que se basaba claramente en el AT. El efecto final consistió en mostrar que los aspectos externos de la religión pueden tener un efecto mortífero en la percepción espiritual de las personas.

[l] DE CIERTO, DE CIERTO TE DIGO. El enfoque de estos versículos (Jn. 3:11-21) se aparta de Nicodemo para centrarse en el discurso de Jesús acerca del significado verdadero de la salvación. La palabra clave en la sección es *creer*, usada siete veces. El nuevo nacimiento debe ser apropiado por un acto de fe. En tanto que Jn. 3:1-10 está centrado en la iniciativa divina en la salvación, los vv. 11-21 recalcan la importancia de la reacción humana a la obra de Dios en la regeneración. En Jn. 3:11-21, la sección puede dividirse en tres partes: (1) el problema de la incredulidad (vv. 11, 12); (2) la respuesta a la incredulidad (vv. 13-17); y (3) los resultados de la incredulidad (vv. 18-21).

[m] NO RECIBÍS NUESTRO TESTIMONIO. El plural se refiere al «sabemos» de Jn. 3:2, donde Nicodemo hablaba en representación de su nación Israel. Jesús respondió en Jn. 3:11 como si se dirigiera a Israel para indicar que la incredulidad de Nicodemo era típica de la nación como un todo.

[n] NO CREÉIS. Jesús se enfocó en la noción de que la incredulidad es causa de la ignorancia. La razón verdadera por la que Nicodemo no pudo entender las palabras de Jesús no tenía que ver con su capacidad mental, sino con su indisposición para creer el testimonio de Jesús.

[o] ASÍ ES NECESARIO QUE EL HIJO DEL HOMBRE SEA LEVANTADO. Cp. Jn. 8:28; 12:32, 34; 18:31, 32. Esta es una predicción velada de la muerte de Jesús en la cruz. Jesús se refirió a la historia de Números 21:5-9, donde los israelitas que fijaron su mirada en la serpiente levantada por Moisés fueron sanados. El punto de esta ilustración o analogía radica en el hecho de ser «levantado». Así como Moisés levantó la serpiente sobre el asta para que todos los que la vieran pudieran preservar su vida física, quienes fijan su mirada en Cristo, quien fue «levantado» en la cruz, vivirán tanto espiritual como eternamente.

[p] VIDA ETERNA. Esta es la primera de diez referencias a la «vida eterna» en el Evangelio de Juan, un concepto que aparece casi cincuenta veces en el NT. La vida eterna no se refiere solo a una cantidad eterna de tiempo, sino a una cualidad divina de vida. El significado literal es «vida del mundo venidero» y se refiere por ende a la resurrección y la existencia celestial en gloria y santidad perfectas. Para los creyentes en el Señor Jesús esta vida es experimentada antes de su llegada al cielo. Esta «vida eterna» es en esencia nada menos que la participación en la vida eterna de la Palabra viva, Jesucristo. Es la vida de Dios en cada creyente que solo se manifestará a plenitud después de la resurrección (Ro. 8:19-23; Fil. 3:20, 21).

[q] PORQUE DE TAL MANERA AMÓ DIOS AL MUNDO. La misión del Hijo está encerrada en el amor supremo de Dios hacia el «mundo» malvado y pecaminoso de los seres humanos (cp. Jn. 1:9; 6:32, 51; 12:47) que se encuentra en rebelión contra él. La expresión «de tal manera» resalta la intensidad o grandeza de su amor. El Padre entregó a su Hijo único y amado para que muriera en beneficio y representación de hombres pecadores (cp. 2 Co. 5:21).

amó Dios al mundo, que ha dado a su Hijo unigénito, para que todo aquel que en él cree, no se pierda, mas tenga vida eterna. Porque no envió Dios a su Hijo al mundo para condenar al mundo, sino para que el mundo sea salvo por él.

El que en él cree, no es condenado; pero el que no cree, ya ha sido condenado, porque no ha ʳcreído en el nombre del unigénito Hijo de Dios. Y esta es la condenación: que la luz vino al mundo, y los hombres amaron más las tinieblas que la luz, porque sus obras eran malas. Porque todo aquel que hace lo malo, aborrece la luz y no viene a la luz, para que sus obras no sean reprendidas. Mas el que practica la verdad viene a la luz, para que sea manifiesto que sus obras son hechas en Dios.

ʳ CREÍDO EN EL NOMBRE. La frase literal («creer al entrar en el nombre») significa mucho más que un mero asentimiento intelectual a las afirmaciones del evangelio. Incluye confianza y compromiso con Cristo como Señor y Salvador que traen como resultado recibir una nueva naturaleza (v. 7) que a su vez produce cambio verdadero en el corazón y obediencia al Señor (cp. Juan 2:23–25).

30. El ministerio de Jesús sobrepasa al de Juan

Jn. 3:22–36

[Na]Después de esto, vino Jesús con sus discípulos [b]a la tierra de Judea, y estuvo allí con ellos, y [c]bautizaba. Juan bautizaba también en [d]Enón, junto a Salim, porque había allí muchas aguas; y venían, y eran bautizados. Porque [e]Juan no había sido aún encarcelado.

Entonces [f]hubo discusión entre los discípulos de Juan y los judíos acerca de la purificación. [g]Y vinieron a Juan y le dijeron: Rabí, mira que el que estaba

....

[a] DESPUÉS DE ESTO. Esta sección constituye el último testimonio de Juan el Bautista acerca de Cristo en este Evangelio. Con la mengua de su ministerio, el ministerio de Jesús pasó a ocupar el lugar de preeminencia. A pesar del hecho de que Juan el Bautista gozó de fama en gran parte de Israel y recibió la aceptación generalizada de las personas comunes en el territorio, así como de los desterrados sociales, su testimonio acerca de Jesús fue rechazado, en especial por los líderes de Israel (cp. Mt. 3:5–10; Lc. 7:29).

[b] A LA TIERRA DE JUDEA. Mientras la plática con Nicodemo tuvo lugar en Jerusalén (Jn. 2:23), que era parte de Judea, esta frase significa que Jesús salió a las áreas rurales de aquella región.

[c] BAUTIZABA. En Jn. 4:2 dice de manera específica que Jesús no bautizaba personalmente, sino que sus discípulos estaban encargados de realizar esta labor.

[d] ENÓN, JUNTO A SALIM. La ubicación exacta de esta referencia es discutible. La frase puede hacer referencia a la Salim en las cercanías de Siquem o a la Salim que se encuentra unos diez kilómetros al sur de Bet-seán. Ambas poblaciones se encuentran en la región de Samaria. Enón es la transliteración de un vocablo hebreo que significa «fuentes» y los dos lugares mencionados contaban con abundancia de agua («había allí muchas aguas»).

[e] JUAN NO HABÍA SIDO AÚN ENCARCELADO. Esto presenta otra indicación de que el apóstol Juan complementó los Evangelios sinópticos al suministrar información adicional que ayuda a entender mejor los movimientos de Juan el Bautista y Jesús. En Mateo y Marcos, la tentación de Cristo viene seguida por el encarcelamiento de Juan. Con esta frase, Juan el apóstol llena el espacio existente entre el bautismo y la tentación de Jesús y el encarcelamiento de Juan el Bautista.

[f] HUBO DISCUSIÓN. Es probable que la discusión tuviera que ver con la relación de los ministerios bautismales de Juan y Jesús frente a las prácticas de purificación de los judíos a que se hace alusión en Jn. 2:6. No obstante, el verdadero motivo subyacente se centraba en una preocupación de los discípulos de Juan en el sentido de que Jesús fuera su competencia.

[g] Y VINIERON A JUAN. Esta sección puede dividirse en tres partes que resaltan la importancia de lo que ocurría en relación con el ministerio de Jesús y el de Juan: (1) Juan el Bautista constituyó el fin de la era antigua (Jn. 3:25–29); (2) la transición al ministerio de Jesús (v. 30); y (3) el ministerio de Jesús como el principio de la nueva era (vv. 31–36). En lugar de sentir celos, Juan exhibió una fidelidad humilde ante la superioridad de la persona y el ministerio de Jesús.

contigo al otro lado del Jordán, de quien tú diste testimonio, bautiza, y [h]todos vienen a él.

Respondió Juan y dijo: No puede el hombre recibir nada, [i]si no le fuere dado del cielo. Vosotros mismos me sois testigos de que dije: Yo no soy el Cristo, sino que soy enviado delante de él. El que tiene la esposa, es el [j]esposo; mas el amigo del esposo, que está a su lado y le oye, se goza grandemente de la voz del esposo; así pues, este mi gozo está cumplido. [k]Es necesario que él crezca, pero que yo mengüe. El que de arriba viene, es sobre todos; el que es de la tierra, es terrenal, y cosas terrenales habla; el que viene del cielo, es sobre todos. Y lo que vio y oyó, esto testifica; y nadie recibe su testimonio. El que recibe su testimonio, éste atestigua que Dios es veraz. Porque el que Dios envió, las palabras de Dios habla; pues Dios no da [l]el Espíritu por medida. El Padre ama al Hijo, y todas las cosas ha entregado en su mano. [m]El que cree en el Hijo tiene vida eterna; pero el que rehúsa creer en el Hijo no verá la vida, sino que la ira de Dios está sobre él.

---

[h] Todos vienen a él. El conflicto potencial entre Juan y Jesús aumentó por el hecho de que ambos ejercían un ministerio activo con relativa proximidad. Puesto que el bautismo se menciona en Jn. 3:22, es posible que Jesús haya estado cerca de Jericó en los afluentes del Jordán, mientras que Juan bautizaba en Enón a poca distancia hacia el norte. Los seguidores de Juan estaban especialmente molestos por el hecho de que tantos se agolpaban para acudir a Jesús mientras que antes habían venido a Juan.

[i] Si no le fuere dado del cielo. Este versículo recalca la autoridad soberana de Dios en la concesión de oportunidades ministeriales (cp. 1 Co. 4:7; 15:10).

[j] Esposo [...] amigo del esposo. Juan usó una ilustración para aclarar su función a sus discípulos. El «amigo del esposo» era esencialmente el padrino de bodas, ayudaba a organizar los detalles de la ceremonia y disfrutaba mucho observando que la celebración se realizara sin inconvenientes. Lo más probable es que Juan también aludiera a pasajes del AT en los que se presenta al Israel fiel como la novia del Señor (Is. 62:4, 5; Jer. 2:2; Os. 2:16–20).

[k] Es necesario que él crezca. En estos versículos Juan el Bautista presentó cinco razones para reconocer la superioridad de Cristo sobre él: (1) Cristo era de origen celestial (Jn. 3:31); (2) Cristo conocía lo verdadero por experiencia propia y de primera mano (v. 32); (3) el testimonio de Cristo siempre estuvo de acuerdo con Dios (v. 33); (4) Cristo experimentó el Espíritu Santo de una forma ilimitada (v. 34); y (5) Cristo era supremo porque el Padre en su soberanía le había concedido tal preponderancia (v. 35).

[l] El Espíritu por medida. Dios le dio el Espíritu al Hijo sin límite alguno (Jn. 1:32, 33; Is. 11:2; 42:1; 61:1).

[m] El que cree [...] el que rehúsa creer. Esto constituye una culminación apropiada para el tercer capítulo del Evangelio de Juan. Juan el Bautista presentó dos alternativas divergentes: la fe sincera y la desobediencia obstinada. Mientras Juan pasaba a segundo plano, ofreció una invitación a depositar la fe en el Hijo y expresó con claridad la consecuencia definitiva de negarse a creer en Jesús, es decir, «la ira de Dios».

31. Jesús se reúne con la mujer samaritana cerca del pozo

Mt. 4:12; Mr. 1:14a; Lc. 3:19-20; Jn. 4:1-26

^{LC}Entonces Herodes el tetrarca, siendo reprendido por Juan a causa de Herodías, mujer de Felipe su hermano, y de todas las maldades que Herodes había hecho, sobre todas ellas, añadió además esta: ªencerró a Juan en la cárcel.

^{JN}Cuando, pues, el Señor entendió que los fariseos habían oído decir: Jesús hace y bautiza más discípulos que Juan (aunque Jesús no bautizaba, sino sus discípulos), [y] ^{MT}[c]uando Jesús oyó que Juan estaba preso, ᵇsalió de Judea, y se fue otra vez a Galilea. ^{JN}Y ᶜle era necesario pasar por ᵈSamaria.

....

ª ENCERRÓ A JUAN EN LA CÁRCEL. Fue puesto en prisión por reprender a Herodes Antipas debido a su matrimonio incestuoso con su sobrina, Herodías (cp. Mr. 6:17-29).

ᵇ SALIÓ DE JUDEA. Juan el Bautista y Jesús eran vigilados de manera minuciosa por las autoridades a causa de su mensaje distintivo sobre el arrepentimiento y el reino. Lo más probable es que Jesús quisiera evitar cualquier conflicto posible con los discípulos de Juan, quienes estaban preocupados por la gran popularidad de Jesús. El análisis minucioso del ministerio de Jesús, junto con el conflicto potencial con los discípulos de Juan, solo se incrementó después de que Juan fue encarcelado. De esta manera, Jesús decidió salir de Judea y viajar hacia el norte.

ᶜ LE ERA NECESARIO PASAR POR. Había varios caminos que conducían de Judea a Galilea: uno localizado cerca de la costa del mar, otro que atravesaba la región de Perea, y un tercero que pasaba por el centro de Samaria. Aunque la expresión «le era necesario» podría referirse al hecho de que Jesús quería ahorrar tiempo y pasos innecesarios, considerando el énfasis del Evangelio en la conciencia que demostraba el Señor para cumplir el plan de su Padre (Jn. 2:4; 7:30; 8:20; 12:23; 13:1; 14:31), el apóstol podría haber estado subrayando aquí una necesidad espiritual y divina, es decir, Jesús tenía una cita con el destino divino al encontrarse con la mujer samaritana, a quien le revelaría que era el Mesías.

ᵈ SAMARIA. Cuando la nación de Israel se dividió políticamente tras el reinado de Salomón, el rey Omri denominó «Samaria» a la capital del reino de Israel al norte (1 R. 16:24). El uso de este nombre se extendió luego a toda la región circundante e incluso a todo el reino del norte, que fue tomado cautivo por Asiria en 722 A.C. (2 R. 17:1-6). Aunque la mayoría de la población conformada por las diez tribus del norte fue llevada a Asiria (a la región que corresponde en la actualidad al norte de Irak), en la región del norte de Samaria quedó un remanente considerable de judíos y muchos gentiles fueron llevados hasta allí. Estos grupos se entremezclaron mediante uniones matrimoniales y formaron una raza mixta. Con el tiempo surgió un conflicto entre los judíos que regresaban de la cautividad y los samaritanos. Los samaritanos abandonaron la adoración a Jehová en Jerusalén y establecieron su propio sistema de adoración en el Monte Gerizim en Samaria. Los samaritanos veían únicamente el Pentateuco como su autoridad. Como consecuencia de estos hechos, los judíos repudiaban a los samaritanos y los consideraban herejes. La historia de estos dos grupos se caracterizaba por tensiones étnicas y culturales, lo que llevó a ambos grupos a evitar al máximo cualquier contacto entre sí (Esd. 4:1-24; Neh. 4:1-6; Lc. 10:25-37).

[e]Vino, pues, a una ciudad de Samaria llamada [f]Sicar, junto a la heredad que Jacob dio a su hijo José. Y estaba allí [g]el pozo de Jacob. Entonces Jesús, [h]cansado del camino, se sentó así junto al pozo. Era como [i]la hora sexta.

[j]Vino una mujer de Samaria a sacar agua; y Jesús le dijo: [k]Dame de beber. Pues sus discípulos habían ido a la ciudad [l]a comprar de comer.

La mujer samaritana le dijo: ¿Cómo tú, siendo judío, me pides a mí de beber, que soy mujer samaritana? Porque judíos y samaritanos no se tratan entre sí.

....

[e]VINO, PUES, A UNA CIUDAD DE SAMARIA. La historia de la mujer samaritana refuerza el tema principal de Juan acerca de Jesús como Mesías e Hijo de Dios. El enfoque de estos versículos no es tanto la conversión de la mujer, sino la identidad de Jesús como Mesías. Aunque su conversión se entiende con claridad, el apóstol se centra en la declaración profética de Jesús en las Escrituras. También es importante el hecho de que este capítulo demuestra el amor y la comprensión que Jesús demuestra hacia las personas. Su amor por la humanidad no tenía límites, pues con amor y compasión se acercó a una mujer desechada por la sociedad. A diferencia de las limitaciones del amor humano, Cristo muestra el carácter del amor divino que no discrimina y alcanza a todo el mundo.

[f]SICAR. Es probable que este pueblo corresponda al actual Askar, ubicado en la ladera del Monte Ebal, al otro lado del Monte Gerizim. Según una tradición muy antigua, el pozo de Jacob se encuentra a menos de un kilómetro al sur de Askar.

[g]EL POZO DE JACOB. Estos versículos apuntan a la porción de tierra que Jacob le legó a José en Génesis 48:22, y que había comprado a los «hijos de Hamor» (cp. Gn. 33:19). Cuando los judíos regresaron de Egipto, enterraron los huesos de José en esa tierra, en Siquem. La ubicación exacta del «pozo de Jacob» se ha establecido según una estricta tradición por parte de judíos, samaritanos, musulmanes y cristianos. El término aquí utilizado para «pozo» denota una corriente que fluye, mientras que Juan usó otro término en Jn. 4:11, 12 para «pozo», que significa «cisterna» o «pozo subterráneo», a fin de señalar que el pozo había sido excavado y era alimentado por una corriente de agua subterránea. Esta fuente sigue activa en la actualidad.

[h]CANSADO DEL CAMINO. Puesto que el Verbo se había hecho carne (Jn. 1:14) también padecía las limitaciones físicas de su humanidad (Heb. 2:10–14).

[i]LA HORA SEXTA. Si Juan empleó el cálculo judío del tiempo, que estima el amanecer alrededor de las seis de la mañana, se trataba del mediodía. Si Juan empleó la hora romana, que comenzaba a contar a partir de las doce del mediodía, la hora aproximada sería las seis de la tarde.

[j]VINO UNA MUJER DE SAMARIA A SACAR AGUA. Era usual que las mujeres vinieran en grupos para sacar agua en la mañana o en la tarde a fin de evitar el calor del sol. Si la mujer vino sola a las doce del mediodía, esto podría indicar que su vergüenza pública la llevó a aislarse de las otras mujeres.

[k]DAME DE BEBER. El hecho de que un hombre judío hablara con una mujer en público, y que además le pidiera algo siendo ella samaritana, constituía una completa violación de la costumbre social rigurosa y la enemistad que prevalecía entre los dos grupos. Además, un rabí y líder religioso no sostenía conversaciones con mujeres de mala reputación.

[l]A COMPRAR DE COMER. Este versículo revela que Jesús y sus discípulos, al estar dispuestos a comprarles comida a los samaritanos, no siguieron algunas de las leyes impuestas por los judíos más estrictos, que prohibían tomar alimentos de manos de samaritanos marginados.

Respondió Jesús y le dijo: Si conocieras el don de Dios, y quién es el que te dice: Dame de beber; tú le pedirías, y él te daría [m]agua viva.

La mujer le dijo: Señor, [n]no tienes con qué sacarla, y el pozo es hondo. ¿De dónde, pues, tienes el agua viva? ¿Acaso eres tú mayor que nuestro padre Jacob, que nos dio este pozo, del cual bebieron él, sus hijos y sus ganados?

Respondió Jesús y le dijo: Cualquiera que bebiere de esta agua, volverá a tener sed; mas el que bebiere del agua que yo le daré, no tendrá sed jamás; sino que el agua que yo le daré será en él una fuente de agua que salte para vida eterna.

La mujer le dijo: Señor, dame esa agua, para que no tenga yo sed, ni venga aquí a sacarla.

Jesús le dijo: Ve, [o]llama a tu marido, y ven acá.

Respondió la mujer y dijo: No tengo marido. Jesús le dijo: Bien has dicho: No tengo marido; porque cinco maridos has tenido, y el que ahora tienes [p]no es tu marido; esto has dicho con verdad.

Le dijo la mujer: Señor, me parece que [q]tú eres profeta. Nuestros padres adoraron [r]en este monte, y vosotros decís que en Jerusalén es el lugar donde se debe adorar.

....

[m] AGUA VIVA. El AT nos brinda el trasfondo de este término, que tiene un significado metafórico importante. En Jeremías 2:13, Yahweh condena a los judíos desobedientes por haberlo rechazado a él, «fuente de agua viva». Los profetas del AT esperaban un tiempo en el cual «saldrán de Jerusalén aguas vivas» (Zac. 14:8; Ez. 47:9). La metáfora del AT hablaba del conocimiento de Dios y su gracia, que proveen limpieza, vida espiritual y la obra regeneradora del Espíritu Santo (cp. Is. 1:16–18; 12:3; 44:3; Ez. 36:25–27). Juan aplica estos temas a Jesucristo como el agua viva que simboliza la vida eterna comunicada por el Espíritu Santo concedido por él (cp. Jn. 4:14, 6:35; 7:37–39). Jesús aprovechó la sed física de la mujer en medio de una región árida para explicarle su necesidad de transformación espiritual.

[n] NO TIENES CON QUÉ SACARLA. La mujer, al igual que Nicodemo (en Jn. 3:4) no entendía que Jesús le hablaba acerca de su necesidad espiritual. Más bien, pensaba que dicha agua la exoneraría de ir al pozo de Jacob con tanta frecuencia.

[o] LLAMA A TU MARIDO. En vista de que la mujer no comprendió la naturaleza del agua viva que Jesús le ofrecía, él le dio un giro repentino a la conversación para enfocarse en su verdadera necesidad espiritual de experimentar la conversión y ser limpia de pecado. El conocimiento íntimo de su vida moralmente depravada no solo reveló su capacidad sobrenatural, sino que le permitió concentrarse en la condición espiritual de la mujer.

[p] NO ES TU MARIDO. Ella vivía conyugalmente con un hombre que según lo dicho por Jesús no era su esposo. Al hacer tal afirmación explícita, nuestro Señor rechazó la idea de que cuando dos personas viven juntas conforman un matrimonio. Desde la óptica bíblica, el matrimonio siempre se limita a un pacto reconocido de manera pública, formal y oficial.

[q] TÚ ERES PROFETA. El conocimiento de Jesús concerniente a la vida de la mujer demuestra que tenía inspiración divina.

[r] EN ESTE MONTE. Tanto judíos como samaritanos entendían que Dios les había ordenado a sus antepasados señalar un lugar especial para adorarlo (Dt. 12:5). Los judíos, que reconocían el *canon* hebreo en su totalidad, escogieron Jerusalén (2 S. 7:5–13; 2 Cr. 6:6). Los samaritanos, que solo reconocían el Pentateuco, adujeron que el primer lugar en el cual Abraham construyó un altar a Dios fue Siquem (Gn. 12:6, 7), que podía vislumbrarse desde el Monte Gerizim. Fue allí que los israelitas proclamaron las bendiciones prometidas por Dios antes de entrar a la Tierra Prometida (Dt. 11:29, 30). Por esta razón, escogieron el Monte Gerizim como lugar para su templo.

Jesús le dijo: Mujer, créeme, que la hora viene cuando ˢni en este monte ni en Jerusalén adoraréis al Padre. Vosotros adoráis lo que ᵗno sabéis; nosotros adoramos lo que sabemos; porque la salvación viene de los judíos. Mas la ᵘhora viene, y ahora es, cuando los ᵛverdaderos adoradores adorarán al Padre en espíritu y en verdad; porque también el Padre tales adoradores busca que le adoren. ʷDios es Espíritu; y los que le adoran, ˣen espíritu y en verdad ʸes necesario que adoren.

Le dijo la mujer: Sé que ha de venir el ᶻMesías, llamado el Cristo; cuando él venga nos declarará todas las cosas.

Jesús le dijo: ᵃᵃYo soy, el que habla contigo.

....

ˢ Nɪ ᴇɴ ᴇsᴛᴇ ᴍᴏɴᴛᴇ ɴɪ ᴇɴ Jᴇʀᴜsᴀʟᴇ́ɴ. No había razón para debatir acerca de ubicaciones, pues ambos lugares pronto serían obsoletos y ninguno de los dos tendría lugar alguno en la vida de quienes adoren a Dios de manera auténtica. Inclusive Jerusalén sería destruida junto con su templo (70 ᴀ.ᴅ.).

ᵗ Nᴏ sᴀʙᴇ́ɪs. Los samaritanos no conocían a Dios. No tenían la revelación plena de él, por lo tanto no podían adorarlo en verdad. Los judíos tenían la revelación plena de Dios en el AT y conocían al Dios a quien adoraban, porque la verdad acerca de la salvación vino a ellos primero (cp. Lc. 19:9) y por medio de ellos al mundo (cp. Ro. 3:2; 9:4, 5).

ᵘ Hᴏʀᴀ. Esto se refiere a la muerte, resurrección y ascensión de Jesús a Dios tras haber completado la redención.

ᵛ Vᴇʀᴅᴀᴅᴇʀᴏs ᴀᴅᴏʀᴀᴅᴏʀᴇs. El punto de Jesús es que a la luz de su venida como Mesías y Salvador, los adoradores serían identificados, no por un lugar o santuario en particular, sino por su adoración al Padre a través del Hijo. Gracias a la venida de Cristo desapareció cualquier otra distinción entre adoradores falsos y verdaderos en base a un lugar determinado. Los verdaderos adoradores son todos aquellos que adoran a Dios desde cualquier lugar, a través del Hijo y desde el corazón (cp. Fil. 3:3).

ʷ Dɪᴏs ᴇs Esᴘɪ́ʀɪᴛᴜ. Este versículo representa la declaración clásica de la naturaleza de Dios como Espíritu. La frase significa que Dios es invisible (Col. 1:15; 1 Ti. 1:17; Heb. 11:27), lo cual se opone a la naturaleza física o material del hombre (1:18; 3:6). El orden de las palabras en la frase resalta al «Espíritu» y la afirmación es esencialmente enfática. El hombre nunca podría comprender al Dios invisible a menos que él mismo se revelara, como lo hizo a través de las Escrituras y su encarnación.

ˣ Eɴ ᴇsᴘɪ́ʀɪᴛᴜ ʏ ᴇɴ ᴠᴇʀᴅᴀᴅ. La palabra *espíritu* no se refiere al Espíritu Santo, sino al espíritu humano. El punto de Jesús aquí es que una persona debe adorar no simplemente por conformidad externa a los rituales y lugares religiosos (externamente), sino internamente («en espíritu») con la actitud del corazón apropiada. La referencia a *verdad* señala la adoración a Dios de acuerdo con las Escrituras reveladas y centrada en el «Verbo hecho carne», quien en última instancia revela al Padre (Jn. 14:6).

ʸ Es ɴᴇᴄᴇsᴀʀɪᴏ ǫᴜᴇ ᴀᴅᴏʀᴇɴ. Jesús no está hablando de un elemento deseable en la adoración, sino de aquello que es absolutamente necesario.

ᶻ Mᴇsɪ́ᴀs. Los samaritanos también esperaban la venida del Mesías.

ᵃᵃ Yᴏ sᴏʏ, ᴇʟ ǫᴜᴇ ʜᴀʙʟᴀ ᴄᴏɴᴛɪɢᴏ. Jesús declaró con franqueza que él era el Mesías, aunque no acostumbraba hacerlo ante su propio pueblo, los judíos, cuya concepción burda del Mesías era más de índole política y militar (cp. Jn. 10:24; Mr. 9:41). La palabra «el» no figura en el original griego, porque Jesús lit. dijo: «Yo soy quien habla contigo». El uso de «Yo soy» es parecido a Jn. 8:58. Esta declaración es el punto central de la historia con respecto a la mujer samaritana.

32. Jesús evangeliza la ciudad de Sicar

Jn. 4:27–44

[Na]En esto vinieron sus discípulos, y se maravillaron de que hablaba con una mujer; sin embargo, ninguno dijo: ¿Qué preguntas? o, ¿Qué hablas con ella?

Entonces la mujer dejó su cántaro, y fue a la ciudad, y dijo [b]a los hombres: Venid, ved a un hombre que me ha dicho todo cuanto he hecho. ¿No será éste el Cristo? Entonces salieron de la ciudad, y vinieron a él.

Entre tanto, los discípulos le rogaban, diciendo: Rabí, come.

El les dijo: [c]Yo tengo una comida que comer, que vosotros no sabéis.

Entonces los discípulos decían unos a otros: ¿Le habrá traído alguien de comer?

Jesús les dijo: [d]Mi comida es que haga la voluntad del que me envió, y que acabe su obra. ¿No decís vosotros: Aún faltan [e]cuatro meses para que llegue la siega? He

....

[a] EN ESTO. Si los discípulos hubieran llegado antes, habrían interrumpido y arruinado la conversación, y si hubieran llegado más tarde, ella ya se habría ido y no habrían escuchado la aseveración de Jesús como Mesías. Este detalle revela sutilmente el control divino que tenía Jesús sobre la situación.

[b] A LOS HOMBRES. Jesús había producido una impresión tal en la mujer que estuvo dispuesta a comunicar las nuevas a los vecinos del pueblo, a quienes solía eludir por su reputación. A su vez, su testimonio y su sinceridad acerca de su propia vida los impresionó tanto que fueron por sí mismos a ver a Jesús.

[c] YO TENGO UNA COMIDA. Al igual que la mujer samaritana solo entendió de manera literal las palabras de Jesús acerca del agua, sus propios discípulos pensaron solo en una comida material. Juan empleaba con frecuencia tales malentendidos para avanzar en el argumento de su Evangelio (p. ej., Jn. 2:20; 3:3).

[d] MI COMIDA ES QUE HAGA LA VOLUNTAD DEL QUE ME ENVIÓ. Lo más probable es que Jesús evocara las palabras de Moisés en Deuteronomio 8:3: «No solo de pan vivirá el hombre, mas de todo lo que sale de la boca de Jehová» (cp. Mt. 4:4; Lc. 4:4). Al hablar con la mujer samaritana, Jesús cumplía con la voluntad del Padre, lo cual le daba mayor sustento y satisfacción que los que cualquier alimento material le pudiera ofrecer (cp. Jn. 5:23, 24; 8:29; 17:4). La obediencia a Dios y la dependencia de su voluntad resumían la totalidad de la vida de Jesús (Ef. 5:17). La voluntad de Dios que él tenía que terminar se explica en Jn. 6:38–40.

[e] CUATRO MESES PARA QUE LLEGUE LA SIEGA. Es probable que esto haya sucedido en diciembre o enero, es decir, cuatro meses antes de la cosecha esperada para la primavera (a mediados de abril). Se sembraba en noviembre y para diciembre o enero el grano germinaría con un color verde vivo. Jesús utilizó la realidad de los cultivos a la espera de ser segados como una ilustración para enseñar acerca del apremio de alcanzar a los perdidos, ejemplificados por «los campos». Jesús señala a la mujer samaritana y al pueblo de Sicar («Alzad vuestros ojos»), quienes aparecían en la escena como los «campos» blancos que urgentemente necesitaban ser «segados», es decir, evangelizados.

aquí os digo: Alzad vuestros ojos y mirad los campos, porque ya están ᶠblancos para la siega. Y ᵍel que siega recibe salario, y recoge fruto para vida eterna, para que el que siembra goce juntamente con el que siega. Porque en esto es verdadero el dicho: Uno es el que siembra, y otro es el que siega. Yo os he enviado a segar lo que vosotros no labrasteis; otros labraron, y vosotros habéis entrado en sus labores.

Y ʰmuchos de los samaritanos de aquella ciudad creyeron en él por la palabra de la mujer, que daba testimonio diciendo: Me dijo todo lo que he hecho. Entonces vinieron los samaritanos a él y le rogaron que se quedase con ellos; y se quedó allí dos días. Y creyeron muchos más por la palabra de él[.]

[Y] decían a la mujer: Ya no creemos solamente por tu dicho, porque nosotros mismos hemos oído, y sabemos que verdaderamente éste es ⁱel Salvador del mundo, el Cristo. Dos días después, salió de allí y ʲfue a Galilea. Porque Jesús mismo dio testimonio de que ᵏel profeta no tiene honra en su propia tierra.

....

ᶠBLANCOS PARA LA SIEGA. La cubierta blanca que se alzaba por encima del grano debía verse como cabezas blancas sobre los tallos, lo cual indicaba que estaban listos para la siega. Jesús conocía el corazón de todos (Jn. 2:24), así que podía dictaminar que estaban listos para la salvación.

ᵍEL QUE SIEGA. El llamado del Señor a sus discípulos para evangelizar contiene promesas de recompensa («salario»), fruto que proporciona gozo eterno, así como la participación mutua del privilegio compartido.

ʰMUCHOS DE LOS SAMARITANOS [...] CREYERON. Este pasaje entero refuerza el reconocimiento de Jesús como Mesías al ofrecer pruebas de su declaración. Juan presentó cinco pruebas genuinas, pero sutiles, de que Jesús era en verdad el Mesías y el Hijo de Dios, las cuales reforzaron su tema central de Juan 20:31: (1) prueba a partir del control inmediato que ejercía sobre todo (Jn. 4:27); (2) prueba a partir de su impacto en la mujer (vv. 28–30); (3) prueba a partir de su intimidad con el Padre (vv. 31–34); (4) prueba a partir de su profundo conocimiento del alma del hombre (vv. 35–38); y (5) prueba a partir de la impresión que provocó en los samaritanos (vv. 39–42).

ⁱEL SALVADOR DEL MUNDO. Esta frase también se encuentra en 1 Juan 4:14. Este versículo designa el clímax de la historia de la mujer de Samaria. Los mismos samaritanos entraron a formar parte del grupo de testigos de Jesús como Mesías e Hijo de Dios en el Evangelio de Juan. Este episodio describe el primer ejemplo de evangelismo que trasciende las culturas (Hch. 1:8).

ʲFUE A GALILEA. Tras haber pasado dos días en Samaria, Jesús viajó a Galilea para reanudar el viaje que había comenzado en Jn. 4:3.

ᵏEL PROFETA NO TIENE HONRA EN SU PROPIA TIERRA. Este proverbio (cp. Mt. 13:57; Mr. 6:4) muestra el contraste entre la respuesta de fe de los samaritanos y la incredulidad que caracterizaba al propio pueblo de Jesús en Galilea (y Judea), cuya fe se expresaba con reservas y dependía en exceso de que Jesús hiciera milagros. Mientras que estuvo en Samaria, Jesús había gozado de su primer éxito absoluto y libre de oposición. El corazón de su propio pueblo estaba cerrado a él y se mostraba receloso y duro.

33. Jesús sana al hijo de un noble

Mr. 1:14b–15; Lc. 4:14–15; Jn. 4:43–54

^{LC}Y Jesús volvió en el poder del Espíritu a ^{a}Galilea, ^{MR}predicando ^{b}el evangelio del reino de Dios, diciendo: ^{c}El tiempo se ha cumplido, y ^{d}el reino de Dios ^{e}se ha acercado; ^{f}arrepentíos, y creed en el evangelio. ^{LC}[Y] se difundió su fama por toda la tierra de alrededor.

^{JN_g}Cuando vino a Galilea, ^{h}los galileos le recibieron, habiendo visto todas las cosas que había hecho en Jerusalén, en la fiesta; porque también ellos habían ido a la fiesta. ^{LC}Y enseñaba en las sinagogas de ellos, y era glorificado por todos.

....

^{a} GALILEA. Galilea era la región más al norte de Palestina y la más densamente poblada.

^{b} EL EVANGELIO [...] DE DIOS. Las buenas nuevas de salvación tanto sobre Dios como de él (cp. Ro. 1:1; Ro. 15:16; 1 Ts. 2:2, 8, 9; 1 Ti. 1:11; 1 P. 4:17).

^{c} EL TIEMPO SE HA CUMPLIDO. No es un tiempo en el sentido cronológico, sino un tiempo para la acción decisiva por parte de Dios. Con la llegada del Rey, un nuevo período en la relación de Dios con los hombres ha llegado. Cp. Gá. 4:4.

^{d} EL REINO DE DIOS. El gobierno soberano de Dios sobre la esfera de la salvación; en el corazón de su gente al presente (Lc. 17:21) y en el futuro, en un reino terrenal literal (Ap. 20:4–6).

^{e} SE HA ACERCADO. Porque el Rey estaba presente.

^{f} ARREPENTÍOS, Y CREED. El arrepentimiento y la fe son las respuestas requeridas por parte del hombre a la oferta llena de gracia de la salvación de Dios (cp. Hch. 20:21; Ro. 1:16).

^{g} CUANDO. El relato de la sanidad del hijo de un noble es la segunda «señal» de las ocho principales que Juan emplea para resaltar la verdadera identidad de Jesús a fin de promover la fe en sus lectores. En este episodio, Jesús reprende la incredulidad del noble porque requería una señal milagrosa para creer en él (Jn. 4:48). Aunque algunos afirman que se trata de la misma historia de la sanidad del siervo del centurión (Mt. 8:5–13; Lc. 7:2–10), hay suficientes discrepancias para demostrar lo contrario a partir de la narración sinóptica: (1) no hay evidencia de que el hijo del noble fuera gentil; (2) fue el hijo del noble y no su siervo el que recibió sanidad; y (3) Jesús se mostró mucho más reacio ante la fe del noble que con la del centurión (Mt. 8:10). Es posible dividir esta sección en tres partes: (1) Jesús contempla la incredulidad (Jn. 4:43–45); (2) Jesús confronta la incredulidad (Jn. 4:46–49); y (3) Jesús conquista la incredulidad (Jn. 4:50–54).

^{h} LOS GALILEOS LE RECIBIERON. Es posible que el apóstol haya querido expresar una ironía, en especial si se tiene en cuenta el contexto inmediato de Jn. 4: 4, 48. Dicho recibimiento fue motivado probablemente por el deseo de satisfacer la curiosidad de personas cuyo apetito se centraba más en ver milagros que en una verdadera fe en Jesús como Mesías, tal como había sucedido en «la fiesta» (cp. Jn. 2:23–25).

[JN]Vino, pues, Jesús otra vez a [i]Caná de Galilea, donde había convertido el agua en vino. Y había en [j]Capernaum un [k]oficial del rey, cuyo hijo estaba enfermo. Este, cuando oyó que Jesús había llegado de Judea a Galilea, vino a él y [l]le rogó que descendiese y sanase a su hijo, que estaba a punto de morir. Entonces Jesús le dijo: [m]Si no viereis señales y prodigios, no creeréis.

El oficial del rey le dijo: Señor, desciende antes que mi hijo muera.

Jesús le dijo: Ve, [n]tu hijo vive. Y el hombre creyó la palabra que Jesús le dijo, y se fue. Cuando ya él descendía, sus siervos salieron a recibirle, y le dieron nuevas, diciendo: Tu hijo vive.

Entonces él les preguntó a qué hora había comenzado a estar mejor. Y le dijeron: Ayer [o]a las siete le dejó la fiebre. El padre entonces entendió que [p]aquella era la hora en que Jesús le había dicho: Tu hijo vive; y creyó él con toda su casa.

Esta segunda señal hizo Jesús, cuando fue de Judea a Galilea.

....

[i]CANÁ DE GALILEA. La ironía profunda de la afirmación en Jn. 4:45 se incrementa con el hecho de que Jesús acababa de realizar un milagro en las bodas de Caná. En vez de responder con fe, la gente quería más. La base de su bienvenida era burda en extremo.

[j]CAPERNAUM. Capernaum estaba ubicada a unos veinticinco kilómetros al noreste de Caná.

[k]OFICIAL DEL REY. Lo más probable es que se tratara de alguien con una vinculación oficial al servicio del rey Herodes Antipas, tetrarca de Galilea desde el 4 A.C. al 39 A.D.

[l]LE ROGÓ. El lenguaje aquí utilizado indica que rogó repetidas veces a Jesús para que sanara a su hijo. Su búsqueda de Jesús surgió de la desesperación, pero evidenciaba poco aprecio por quien él era. A la luz de Jn. 4:46, parece que la motivación del noble se centraba más en la reputación de Jesús como hacedor de milagros que como Mesías.

[m]SI NO VIEREIS SEÑALES Y PRODIGIOS. En griego, el pronombre utilizado en conexión a «viereis» es plural. Jesús dirigió sus palabras a los galileos como un todo y no solo al noble. La respuesta de los galileos era esencialmente incorrecta, porque pasaba por alto a la persona de Cristo y se centraba en la necesidad de continuas demostraciones de señales milagrosas. Tal actitud representa el más profundo estado de incredulidad.

[n]TU HIJO VIVE. Jesús satisfizo las demandas de la incredulidad de los galileos al sanar el hijo del noble. Con esto reveló no solo su simpatía, sino su maravillosa gracia, a pesar de tratarse de una petición de milagros desprovista de fe.

[o]A LAS SIETE. Cerca de la una de la tarde, si se calcula desde el amanecer (seis de la mañana). O si se usa la medida romana del tiempo, alrededor de las siete de la noche comenzando desde el mediodía.

[p]AQUELLA ERA LA HORA. La hora en la cual el hijo del noble mejoró se correspondía exactamente con el tiempo en el que el noble había hablado con Jesús. Esto sirvió para fortalecer la fe del noble, y como resultado, «toda su casa» creyó.

34. Rechazan a Jesús en Nazaret

Lc. 4:16–30

[LCa]Vino a Nazaret, donde se había criado; y en el día de reposo entró en la sinagoga, [b]conforme a su costumbre, y se levantó a leer. Y se le dio el libro del profeta Isaías; y habiendo abierto el libro, halló el lugar donde estaba escrito:

El Espíritu del Señor está sobre mí,
Por cuanto [c]me ha ungido para dar buenas nuevas a los pobres;
Me ha enviado a sanar a los quebrantados de corazón;
A pregonar libertad a los cautivos,
Y vista a los ciegos;
A poner en libertad a los oprimidos;

A predicar [d]el año agradable del Señor.

Y enrollando el libro, lo dio al ministro, y [e]se sentó; y los ojos de todos en la sinagoga estaban fijos en él. Y comenzó a decirles: Hoy [f]se ha cumplido esta Escritura delante de vosotros. Y todos daban buen testimonio de él, y estaban maravillados de las palabras de gracia que salían de su boca, y decían: ¿No es éste el hijo de José?

....

[a]VINO A NAZARET. Lucas reconoció en el 4:23 que Cristo ya había ministrado en Capernaum, pero se propuso situar este episodio al comienzo de su relato del ministerio público de Cristo. Este es un ejemplo de la manera lógica y no cronológica en la que Lucas ordena las cosas.

[b]CONFORME A SU COSTUMBRE. Nazaret era su hogar, así que él habría sido bien conocido por todos los que asistían con regularidad a esta sinagoga.

[c]ME HA UNGIDO. Es decir, el Espíritu mismo fue la unción.

[d]EL AÑO AGRADABLE DEL SEÑOR. O «el año del favor del Señor». El pasaje que Cristo leyó fue Isaías 61:1, 2. Él se detuvo a la mitad del v. 2, porque el resto del versículo profetiza el juicio en el día de la venganza de Dios. Puesto que esa parte del versículo corresponde a la Segunda Venida, no lo leyó.

[e]SE SENTÓ. Se acostumbraba que un maestro por respeto se parara durante la lectura de las Escrituras y que se sentara con humildad para enseñar.

[f]SE HA CUMPLIDO ESTA ESCRITURA. Esta fue una afirmación sin ambigüedad alguna de que él mismo era el Mesías que cumplió la profecía. Ellos entendieron bien lo que quiso decir, pero no podían aceptar declaraciones tan encumbradas por parte de alguien a quien conocían tan bien como el hijo del carpintero (cp. Mt. 13:55).

Él les dijo: Sin duda me diréis este refrán: Médico, cúrate a ti mismo; de tantas cosas que hemos oído que se han hecho en [g]Capernaum, haz también aquí en tu tierra. Y añadió: De cierto os digo, que ningún profeta es acepto en su propia tierra. Y en verdad os digo que muchas viudas había en Israel en los días de Elías, cuando el cielo fue cerrado por tres años y seis meses, y hubo una gran hambre en toda la tierra; pero a ninguna de ellas fue enviado Elías, sino a una mujer viuda en [h]Sarepta de Sidón. Y muchos leprosos había en Israel en tiempo del profeta Eliseo; pero ninguno de ellos fue limpiado, sino Naamán el sirio.

Al oír estas cosas, todos en la sinagoga [i]se llenaron de ira; y levantándose, le echaron fuera de la ciudad, y le llevaron hasta la cumbre del monte sobre el cual estaba edificada la ciudad de ellos, para despeñarle. Mas él [j]pasó por en medio de ellos, y se fue.

....

[g]CAPERNAUM. Es obvio que Cristo ya había adquirido cierta reputación por sus obras milagrosas en Capernaum. Las Escrituras ofrecen pocos detalles acerca de ese primer año de ministerio público. La mayor parte de lo que conocemos sobre esos meses se encuentra en el Evangelio de Juan, y sugiere que Cristo ministró primordialmente en Judea. Sin embargo, Jn. 2:12 menciona una visita breve a Capernaum sin más detalles. Jn. 4:46–54 describe cómo mientras Cristo estuvo en Caná, sanó al hijo de un noble que estaba enfermo de muerte en Capernaum. También sabemos que Cristo ya había llamado y reunido a algunos de sus discípulos, quienes eran hombres de la costa norte del Mar de Galilea (Jn. 1:35–42; cp. Mt. 4:18). Es posible que haya visitado ese lugar más de una vez durante ese primer año de ministerio. En cualquier caso, había pasado allí un tiempo suficiente para hacer milagros y que su fama se propagara a lo largo y ancho de Galilea (cp. Lc. 4:14).

[h]SAREPTA [...] NAAMÁN. Tanto la viuda de Sarepta (1 R. 17:8–24) como Naamán el sirio (2 R. 5) eran gentiles. Ambos vivieron en tiempos de incredulidad generalizada en Israel. El punto de Jesús era que Dios pasó por alto a todas las viudas y todos los leprosos en Israel, pero les mostró gracia a dos gentiles. El interés de Dios en los gentiles y marginados es uno de los hilos temáticos que corre por todo el Evangelio de Lucas.

[i]SE LLENARON DE IRA. Esta es la primera mención que Lucas hace de oposición hostil al ministerio de Cristo. Lo que parece haber encendido la furia de los nazarenos fue la sugerencia de Cristo de que la gracia divina les había sido negada, pero extendida a los gentiles.

[j]PASÓ POR EN MEDIO DE ELLOS. Esto implica que se trató de un escape milagroso, el primero de varios incidentes similares en los que Jesús escapó de una muerte prematura a manos de una turba (cp. Jn. 7:30; 8:59; 10:39).

35. El primer llamamiento de Jesús a los cuatro

Mt. 4:13–22; Mr. 1:16–20; Lc. 4:31a

^{MT}Y ^adejando a Nazaret, ^{LC}[d]escendió Jesús ^{MT}y habitó en ^bCapernaum, ciudad marítima, ^{LC}ciudad de Galilea^{MT}, en la región de Zabulón y de Neftalí, para que se cumpliese lo dicho por el profeta Isaías, cuando dijo:

Tierra de Zabulón y tierra de Neftalí,
Camino del mar, al otro lado del Jordán,
^cGalilea de los gentiles;
El pueblo asentado en tinieblas vio gran luz;
Y a los asentados en región de sombra de muerte,
Luz les resplandeció.

^dDesde entonces comenzó Jesús a predicar, y a decir: ^eArrepentíos, porque el reino de los cielos se ha acercado.

....

^a DEJANDO A NAZARET. Cierto tiempo transcurrió entre Mt. 4:12 y 13. La estancia de Jesús en Nazaret terminó de forma abrupta cuando fue violentamente rechazado por las personas del lugar, quienes trataron de asesinarlo (vea Lc. 4:16–30).

^b CAPERNAUM. Él se estableció en este importante poblado en la ruta comercial al extremo norte del Mar de Galilea. Capernaum fue el hogar de Pedro y Andrés, Santiago y Juan, y Mateo (cp. Mt. 9:9). Una comparación de los Evangelios revela que Cristo había ministrado extensivamente en Capernaum.

^c GALILEA DE LOS GENTILES. Este nombre se usaba incluso en la época de Isaías, porque Galilea quedaba en la ruta por la cual todos los gentiles pasaban para entrar o salir de Israel. En la época de Jesús, la región de Galilea había llegado a ser un importante centro de ocupación romana. La profecía citada por Mateo corresponde a Isaías 9:1, 2. Vea Isaías 42:6, 7.

^d DESDE ENTONCES COMENZÓ JESÚS A PREDICAR. Esto marca el inicio de su ministerio público. Note que el mensaje de Jesús era un eco exacto de lo que predicaba Juan el Bautista.

^e ARREPENTÍOS, PORQUE EL REINO DE LOS CIELOS SE HA ACERCADO. La palabra de apertura de este primer sermón establece el tono que tendría el ministerio terrenal entero de Jesús (cp. Lc. 5:32). El arrepentimiento fue un tema constante en todo su ministerio público. Y en su instrucción final a los apóstoles, les mandó también predicar el arrepentimiento (Lc. 24:47).

Andando Jesús junto al ⁱmar de Galilea, vio a ᵍdos hermanos, Simón, llamado Pedro, y Andrés su hermano, que echaban ʰla red en el mar; porque eran pescadores. ᴹᴿY les dijo Jesús: ⁱVenid en pos de mí, y haré que seáis ʲpescadores de hombres. Y dejando luego sus redes, ᵏle siguieron.

Pasando de allí un poco más adelante, ᴹᵀvio a otros dos hermanos, ˡJacobo hijo de Zebedeo, y Juan su hermano, en la barca con Zebedeo su padre, que remendaban sus redes[.] ᴹᴿY luego los llamó; y dejando a su padre Zebedeo en la barca con ᵐlos jornaleros, le siguieron.

ⁱMar de Galilea. También conocido como el Mar de Cineret (Nm. 34:11), el lago de Genesaret (Lc. 5:1) y el Mar de Tiberias (Jn. 6:1). Siendo un gran lago de agua dulce con una longitud aproximada de unos veinte kilómetros por once kilómetros de ancho, y cerca de doscientos diez metros bajo el nivel del mar (haciendo de este la masa de agua dulce más baja del mundo), el Mar de Galilea fue hogar de una creciente industria pesquera.

ᵍDos hermanos, Simón [...] y Andrés. Jesús había encontrado a Simón Pedro y a Andrés antes, cerca de Betábara, en la región del Jordán, donde Andrés (y quizá también Pedro) se había vuelto discípulo de Juan el Bautista (Jn. 1:35–42). Ellos habían dejado a Juan para seguir a Jesús por un tiempo antes de regresar a pescar en Capernaum. (Posiblemente regresaron a pescar luego del arresto de Juan (cp. Mr. 1:14).) Quizás ambos retornaron a Capernaum a principios del ministerio de Jesús allí. En cualquier caso, ellos ya se habían encontrado con Jesús y habían pasado tiempo con él (cp. Mt. 4:18). Aquí, Jesús les hizo el llamado a seguirlo en un discipulado a largo plazo.

ʰLa red. Una soga que formaba un círculo de casi tres metros de diámetro con una malla de red atada. Podía ser lanzada al agua a mano y luego arrastrada por medio de la soga atada a ella.

ⁱVenid en pos de mí. Expresión usada frecuentemente en los Evangelios para referirse al discipulado (Mt. 4:19; 8:22; 9:9; 10:38; 16:24; 19:21; Mr. 2:14; 8:34; 10:21; Lc. 9:23, 59, 61; 18:22; Jn. 1:43; 10:27; 12:26).

ʲPescadores de hombres. La evangelización fue el propósito primordial para el cual fueron llamados los apóstoles y sigue siendo la misión principal de su pueblo (cp. Mt. 28:19, 20; Hch. 1:8).

ᵏLe siguieron. Es decir, se hicieron sus discípulos permanentes.

ˡJacobo hijo de Zebedeo, y Juan su hermano. La segunda pareja de hermanos pescadores llamados por Jesús. Su madre y la madre de Jesús pudieron haber sido hermanas (Mr. 15:40; cp. Mt. 27:55, 56 con Juan 19:25). Si es así, eran primos de Jesús. Jacobo hijo de Zebedeo es fácil de distinguir del otro Jacobo nombrado en el NT, porque jamás es mencionado en las Escrituras sin su hermano Juan. Su martirio a manos de Herodes Agripa I marcó el inicio de la severa persecución que sufrió la iglesia primitiva (Hch. 12:2).

ᵐLos jornaleros. Esto indica que el negocio de pesca de Zebedeo era próspero y que este era un hombre de importancia (cp. Jn. 18:15).

36. Jesús sana en la sinagoga de Capernaum

Mr. 1:21–28; Lc. 4:31b–37

^{MR}Y entraron en ^aCapernaum; ^{LC}y les enseñaba en los días de reposo.

^{MR}[Y] los días de reposo, entrando en la ^bsinagoga, ^censeñaba. Y se admiraban de su doctrina; porque les enseñaba como quien tiene ^dautoridad, y no como los escribas.

Pero había en la sinagoga de ellos ^eun hombre ^{LC}que tenía un espíritu de demonio ^finmundo, el cual exclamó a gran voz, ^{MR}diciendo: ¡Ah! ^g¿qué tienes con nosotros, Jesús nazareno? ¿Has venido para destruirnos? Sé quién eres, ^hel Santo de Dios.

....

^a CAPERNAUM. Como una próspera villa pesquera en la costa noroeste del Mar de Galilea, Capernaum era una ciudad más importante que Nazaret, poseía una guarnición romana y estaba localizada en un camino principal. Jesús hizo de esta ciudad su base (cp. Mr. 2:1) después de ser rechazado en Nazaret (Mt. 4:13; Lc. 4:16–31).

^b SINAGOGA. El lugar donde los judíos se reunían para adorar (*sinagoga* es la transliteración del término griego «reunir juntos»). Las sinagogas se originaron durante la cautividad en Babilonia, después de la destrucción del templo en el 586 A.C. a manos de Nabuconodosor. Las sinagogas sirvieron como lugares de adoración e instrucción. A menudo Jesús enseñó en las sinagogas (cp. Mr. 1:39; 3:1; 6:2), así como Pablo (cp. Hch. 13:5; 14:1; 17:1).

^c ENSEÑABA. Marcos menciona frecuentemente el ministerio de enseñanza de Jesús (cp. Mr. 2:13; 4:1, 2; 6:2, 6, 34; 10:1; 11:17; 12:35; 14:49).

^d AUTORIDAD. La enseñanza autoritativa de Jesús como la Palabra hablada de Dios contrastaba fuertemente con la de los escribas (expertos en las Escrituras del AT), quienes basaban su autoridad en la de los otros rabinos. La enseñanza directa, personal y enérgica de Jesús era tan nueva para ellos que todos los que lo escuchaban quedaban «admirados» (cp. Tit. 2:15).

^e UN HOMBRE [...] A GRAN VOZ. Satanás y sus huestes demoníacas se opusieron a la obra de Jesús a lo largo de su ministerio que culminó en la cruz. Jesús siempre triunfó sobre sus esfuerzos fútiles (cp. Col. 2:15), demostrando convincentemente su victoria definitiva en su resurrección.

^f INMUNDO. Es decir, moralmente impuro. El término *espíritu inmundo* se usa en el NT de manera intercambiable con *demonio*.

^g ¿QUÉ TIENES CON NOSOTROS...? O posiblemente: «¿Por qué interfieres con nosotros?». El demonio estaba muy consciente de que él y Jesús pertenecían a dos reinos radicalmente opuestos, sin nada en común entre sí. Que el demonio usara el pronombre plural «nosotros» indica que hablaba por todos los demonios.

^h EL SANTO DE DIOS. Cp. Salmo 16:10; Daniel 9:24; Lucas 4:34; Hechos 2:27; 3:14; 4:27; Apocalipsis 3:7. Increíblemente, el demonio afirmó la ausencia total de pecado y deidad de Jesús, verdades que muchos negaron en Israel y continúan negando aún. En los relatos de los Evangelios, los demonios siempre reconocieron a Cristo inmediatamente (cp. Mt. 8:29; Mr. 1:24; 3:11; 5:7; Lc. 4:41; 8:28).

Pero Jesús le reprendió, diciendo: ¡¹Cállate, y sal de él! Y el espíritu inmundo, sacudiéndole con violencia ᴸᶜen medio de ellosᴹᴿ, y clamando a gran voz, ᴸᶜsalió de él, y no le hizo daño alguno. ᴹᴿY todos se asombraron, de tal manera que discutían entre sí, diciendo: ¿Qué es esto? ¿Qué nueva doctrina es esta? ᴸᶜ¿Qué palabra es esta, ᴹᴿque ʲcon autoridad ᴸᶜy poder ᴹᴿmanda aun a los espíritus inmundos, y le obedecen ᴸᶜy salen?

ᴹᴿY muy pronto se difundió su fama ᴸᶜpor todos los lugares de los contornos ᴹᴿalrededor de Galilea.

---

¹Cállate. Jesús no deseaba ningún testimonio de la verdad de la boca de un demonio para alimentar acusaciones de que él estaba asociado con Satanás (cp. Mr. 3:22; Hch. 16:16–18).

ʲCon autoridad. Jesús tenía autoridad absoluta tanto en sus acciones como en sus palabras (Mt. 28:18).

37. Jesús sana a la suegra de Pedro

Mt. 8:14–17; Mr. 1:29–34; Lc. 4:38–41

[LC]Entonces Jesús se levantó y salió de la sinagoga[.] [MR]Al salir de la sinagoga, vinieron a casa de Simón y Andrés, con Jacobo y Juan.

[MT]Vino Jesús a casa de Pedro, y vio a [a]la suegra de éste postrada en cama, con [LC]una gran [b]fiebre[MR]; y en seguida le hablaron de ella. [LC][Y] le rogaron por ella[;] [MR]entonces él se acercó, [e] [LC]inclinándose hacia ella, reprendió a la fiebre[.]

[MT][T]ocó su mano [MR]y la tomó de la mano y la levantó; e inmediatamente le dejó la fiebre[.] [LC][Y] levantándose ella al instante, les servía.

[MTc][C]uando llegó la noche, [LC][a]l ponerse el sol, le trajeron todos los que tenían enfermedades, y a los [d]endemoniados; [MR]y [e]toda la ciudad se agolpó a la puerta.

....

[a] La suegra. Pablo también afirma que Pedro estaba casado (1 Co. 9:5). Que la suegra viviera con Pedro y su esposa puede indicar que fuera viuda.

[b] Fiebre. Que estuviera tan enferma como para no poder levantarse de la cama, junto con la descripción de Lucas de que ella tenía «una gran fiebre» (Lc. 4:38), sugiere que su enfermedad era grave, incluso de vida o muerte. De los escritores de los Evangelios, únicamente Lucas, el médico, señala que era una «gran» fiebre y apunta al medio que Jesús usó para sanarla.

[c] Cuando llegó la nocHeb. Esto marca el final del *día de reposo* y el alivio de las restricciones asociadas con él. La ley rabínica prohibía, específicamente, llevar cualquier carga (como camillas) en el día de reposo. Tan pronto como tuvieron libertad de viajar, las multitudes vinieron.

[d] Endemoniados. Esto quiere decir «demonizado», o bajo el control interno de un demonio. Todos los casos de demonización con los que trató Cristo involucraban la posesión de demonios que controlaban por completo el cuerpo de sus víctimas, llegando al punto de hablar a través de ellas (Mr. 5:5–9), causarles trastorno (Jn. 10:20), violencia (Lc. 8:29) o enmudecimiento (Mr. 9:17–22).

[e] Toda la ciudad se agolpó. El reporte de la curación de Jesús del hombre poseído por los demonios en la sinagoga y la suegra de Pedro creó una sensación en Capernaum y despertó las esperanzas de otros sufrientes.

[Y] con la palabra echó fuera a los demonios, ^{LC}y él, poniendo las manos sobre ^{MT}todos los enfermos ^{MR}de diversas enfermedades, ^{LC}los sanaba[,] ^{MT}para que se cumpliese ^flo dicho por el profeta Isaías, cuando dijo: El mismo tomó nuestras enfermedades, y llevó nuestras dolencias.

^{LC}También salían demonios de muchos, dando voces y diciendo: ^gTú eres el Hijo de Dios. Pero él los reprendía y no les dejaba hablar, porque sabían que él era el Cristo.

....

^fLO DICHO POR EL PROFETA ISAÍAS. En Is. 53:4–5, el profeta predijo que el Mesías llevaría las consecuencias de los pecados de los hombres, específicamente los dolores y tristezas de la vida, aunque de manera increíble, los judíos que lo vieron morir pensaron que estaba siendo castigado por Dios por sus propios pecados. Mateo encontró un cumplimiento analógico de estas palabras en el ministerio de sanidad de Jesús (en Mt. 8:16–17), porque la enfermedad resulta del pecado por el cual el Siervo pagó con su vida (cp. 1 P. 2:24). En la eternidad, toda enfermedad será eliminada, así que al final esto se incluye en los beneficios de la expiación. Tanto la cura física como la victoria última sobre la muerte están garantizadas por la obra de expiación de Cristo, pero esto no ocurrirá por completo hasta el final (1 Co. 15:26).

^gTÚ ERES EL HIJO DE DIOS. La teología de los demonios es absolutamente ortodoxa (Stg. 2:19); pero a pesar de que conocen la verdad, la rechazan a ella y a Dios, quien es su fuente.

38. Jesús ministra a través de Galilea

Mt. 4:23-24; Mr. 1:35-39; Lc. 4:42-44

[LC]Cuando ya era [MR]de mañana, siendo aún muy oscuro, salió y se fue a un lugar desierto, y allí oraba.

Y le buscó [a]Simón, y los que con él estaban[.] [LC][L]a gente le buscaba, y [MRb]hallándole [LC][y] llegando a donde estaba, le detenían para que no se fuera de ellos. [MR][L]e dijeron: Todos te buscan. El les dijo: [LC]Es necesario que también a otras ciudades anuncie el evangelio del [c]reino de Dios[.] [MR]Vamos a los lugares vecinos, para que predique también allí; [LC]porque para esto he sido enviado.

[MT]Y recorrió Jesús [d]toda Galilea, [e]enseñando en las sinagogas de ellos, y predicando el evangelio del reino, [MR]y echa[ndo] fuera los demonios, [MT]y sanando toda enfermedad y toda dolencia en el pueblo. Y se difundió su fama por toda [f]Siria; y le trajeron todos los que tenían dolencias, los afligidos por diversas enfermedades y tormentos, los endemoniados, lunáticos y paralíticos; y los sanó.

....

[a] SIMÓN, Y LOS QUE CON ÉL ESTABAN. La primera instancia en los Evangelios del liderazgo asumido por Pedro. No se especifica quiénes estaban con Pedro, pero muy probablemente Andrés, Jacobo y Juan se encontraban con él.

[b] HALLÁNDOLE. Luego de encontrar a Jesús después de una búsqueda diligente, Pedro y los demás le imploraron con vehemencia que regresara a Capernaum y que aprovechara la excitación generada por la noche anterior de curaciones.

[c] REINO DE DIOS. Esta expresión tan preponderante en el resto del Evangelio de Lucas se introduce aquí por primera vez (en Lc. 4:43). Cp. Mt. 3:2.

[d] TODA GALILEA. Esta afirmación concisa resume una campaña de predicaciones que debió durar por semanas, incluso meses (cp. Mt. 4:23, 24).

[e] ENSEÑANDO [...] PREDICANDO [...] SANANDO. Los tres aspectos principales del ministerio público de Cristo.

[f] SIRIA. El área inmediatamente al noreste de Galilea.

39. El segundo llamamiento de Jesús a los cuatro

Lc. 5:1–11

[LC]Aconteció que estando Jesús junto al [a]lago de Genesaret, el gentío se agolpaba sobre él para oír la palabra de Dios. Y vio dos barcas que estaban cerca de la orilla del lago; y los pescadores, habiendo descendido de ellas, [b]lavaban sus redes. Y entrando en una de aquellas barcas, la cual era de Simón, le rogó que la apartase de tierra un poco; y sentándose, enseñaba desde la barca a la multitud.

Cuando terminó de hablar, dijo a Simón: Boga mar adentro, y [c]echad vuestras redes para pescar.

Respondiendo Simón, le dijo: Maestro, toda la noche hemos estado trabajando, y nada hemos pescado; mas en tu palabra echaré la red. Y habiéndolo hecho, encerraron gran cantidad de peces, y su red se rompía. Entonces hicieron señas a los compañeros que estaban en la otra barca, para que viniesen a ayudarles; y vinieron, y llenaron ambas barcas, de tal manera que se hundían. Viendo esto Simón Pedro, cayó de rodillas ante Jesús, diciendo: [d]Apártate de mí, Señor, porque soy hombre pecador.

Porque por la pesca que habían hecho, el temor se había apoderado de él, y de todos los que estaban con él, y asimismo de Jacobo y Juan, hijos de Zebedeo, que eran compañeros de Simón. Pero Jesús dijo a Simón: No temas; desde ahora serás pescador de hombres. Y cuando trajeron a tierra las barcas, dejándolo todo, le siguieron.

....

[a] LAGO DE GENESARET. Es decir, el Mar de Galilea, que en algunas ocasiones también es llamado Mar de Tiberias (Jn. 6:1; 21:1). En realidad se trata de un lago inmenso de agua dulce a más de doscientos diez metros bajo el nivel del mar, y sirve como la fuente principal de agua y comercio para la región de Galilea.

[b] LAVABAN SUS REDES. Tras haber pescado toda la noche sin algo que mostrar por su ardua labor, secaban y reparaban sus redes para otra noche de trabajo.

[c] ECHAD VUESTRAS REDES. Lo normal era que los peces que permanecían cerca de la orilla se desplazaran durante las horas del día hacia la parte más honda del lago, razón por la cual Pedro pescaba de nocHeb. Sin duda alguna, Pedro pensó que la orden de Jesús no tenía sentido, pero obedeció de todas maneras y fue recompensado por su obediencia.

[d] APÁRTATE DE MÍ. La pesca extraordinaria fue un milagro indiscutible que asombró a todos los pescadores en Capernaum. Pedro se dio cuenta de inmediato de que estaba en presencia del Santo de Dios durante el ejercicio de su poder divino, y sintió vergüenza profunda por su propio pecado. Cp. Éx. 20:19; 33:20; Jue. 13:22; Job. 42:5, 6. Is. 6:5.

40. Jesús sana a un hombre leproso

Mt. 8:2-4; Mr. 1:40-45; Lc. 5:12-16

[LC]Sucedió que estando él en una de las ciudades, se presentó un hombre [a]lleno de lepra, el cual, viendo a Jesús, se postró con el rostro en tierra [MT]ante él, [MR]rogándole; e hincada la rodilla, le dijo: [MT]Señor, [b]si quieres, puedes limpiarme.

Jesús[MR], teniendo [c]misericordia de él, [MT]extendió la mano y [d]le tocó, [MR]y le dijo: Quiero, sé limpio.

Y así que él hubo hablado, [e]al instante la lepra se fue de aquél, y quedó limpio. Entonces le encargó rigurosamente, y le despidió luego, [LC][y] él le mandó que [f]no lo dijese a nadie [MR]y le dijo: Mira, [g]no digas a nadie nada, sino [h]ve, muéstrate al

....

[a]LLENO DE LEPRA. El énfasis de Lucas sugiere que este era un caso extremadamente serio de lepra. Los leprosos eran considerados ceremonialmente inmundos y la sociedad los despreciaba (Lv. 13:11). Mientras que el término del AT para lepra incluía otras enfermedades de la piel (cp. Lv. 13:2), este hombre realmente pudo haber tenido lepra verdadera (Enfermedad de Hansen), porque de otra manera su cura no habría creado tal sensación.

[b]SI QUIERES. Él no tenía duda alguna acerca del poder de Cristo, solo de su voluntad (cp. Mr. 1:40-45).

[c]MISERICORDIA. Solo Marcos menciona la reacción emocional de Jesús con respecto a la condición desesperada del leproso. La palabra griega aparece solo en los Evangelios sinópticos y (exceptuando las parábolas) se usa solamente en relación con Jesús.

[d]LE TOCÓ. A diferencia de los rabinos, quienes evitaban a los leprosos para no ser ceremonialmente impuros, Jesús expresó su compasión por medio de un gesto físico.

[e]AL INSTANTE. Una de las características de las sanidades de Jesús fue la restauración inmediata y total de la persona. Cp. Mt. 8:13; Mr. 5:29; Lc. 17:14; Jn. 5:9.

[f]NO LO DIJESE A NADIE. La publicidad sobre semejantes milagros podía impedir la misión de Cristo y desviar la atención pública de su mensaje. Marcos registra que esto fue lo que precisamente sucedió. El hombre quedó tan maravillado por el milagro que desobedeció, y como resultado de esto, Jesús tuvo que llevar a cabo su ministerio fuera de la ciudad, en las regiones desérticas (Mr. 1:45).

[g]NO DIGAS A NADIE NADA. La publicidad resultante impediría la capacidad de Jesús para ministrar (como sucedió efectivamente) y desviaría la atención de su mensaje. Cp. Mr. 3:12; 5:43; 7:36.

[h]VE, MUÉSTRATE AL SACERDOTE. El «sacerdote» era el encargado del templo. Jesús le ordena al leproso sanado que siga las regulaciones del AT referentes a la limpieza de los leprosos (Lv. 14:1-32). Hasta que la ofrenda requerida sea hecha, el hombre permanecía ceremonialmente impuro.

sacerdote, y ⁱofrece por tu purificación lo que Moisés mandó, ʲpara testimonio a ellos. Pero ido él, ᵏcomenzó a publicarlo mucho y a divulgar el hecho[.]

ᴸᶜSu fama se extendía más y más, ᴹᴿde manera que ya Jesús ˡno podía entrar abiertamente en la ciudad, sino que se quedaba fuera en los ᵐlugares desiertos; y venían a él de todas partes. ᴸᶜ[Y] se reunía mucha gente para oírle, y para que les sanase de sus enfermedades. Mas él se apartaba a lugares desiertos, y oraba.

ⁱOFRECE [...] LO QUE MOISÉS MANDÓ. Un sacrificio de dos aves, una de las cuales se mataba y la otra se dejaba en libertad (Lv. 14:4–7).

ʲPARA TESTIMONIO A ELLOS. Esto es, los sacerdotes. La aceptación del sacerdote de la ofrenda del hombre sería una afirmación pública de su curación y limpieza.

ᵏCOMENZÓ A PUBLICARLO. Solo Marcos relata la desobediencia del leproso sanado, aunque Lucas pareciera sugerirlo (Lc. 5:15).

ˡNO PODÍA ENTRAR ABIERTAMENTE EN LA CIUDAD. El resultado de la desobediencia del leproso fue que Jesús ya no podía entrar a la ciudad sin ser acosado por quienes deseaban ser curados de alguna enfermedad. De esta manera, el ministerio de enseñanza de Jesús fue detenido en esa área.

ᵐLUGARES DESIERTOS. Jesús se mantuvo en lugares relativamente inhabitados para permitir que la excitación surgida por su curación del leproso desapareciera por sí misma. Lucas también dice que usó este tiempo en el desierto para orar (Lc. 5:16).

41. Jesús sana y perdona a un paralítico

Mt. 9:1–8; Mr. 2:1–12; Lc. 5:17–26

[MT]Entonces [MR]después de algunos días[MT], entrando Jesús en la barca, pasó al otro lado y vino a [a]su ciudad. [MR]Entró Jesús otra vez en Capernaum[.]

[LC]Aconteció un día, que él estaba enseñando, y estaban sentados los fariseos y [b]doctores de la ley, los cuales habían venido de todas las aldeas de Galilea, y de Judea y Jerusalén[.] [MR][Y] se oyó que [c]estaba en casa. E inmediatamente se juntaron muchos, de manera que ya no cabían ni aun a la puerta; y les predicaba [d]la palabra. [LC][Y] el poder del Señor estaba con él para sanar.

[MT]Y sucedió que [MR]cuatro[,] [LC]que traían en un lecho a un hombre que estaba [e]paralítico, procuraban llevarle adentro y ponerle delante de él. Pero no hallando cómo hacerlo a causa de la multitud, subieron encima de la casa, [MR]y [f]descubrieron

....

[a] SU CIUDAD. Capernaum (cp. Mt. 4:13). Jesús había partido de allí para alejarse por un tiempo de la muchedumbre (Mt. 8:18).

[b] DOCTORES DE LA LEY. Es decir, escribas. Estos líderes judíos vinieron desde tan lejos como Jerusalén. La reputación de Jesús se había propagado y tanto escribas como fariseos ya se dedicaban a observarlo con actitud crítica.

[c] ESTABA EN CASA. Muy probablemente esta era la casa de Pedro, donde Jesús había establecido provisionalmente su residencia (cp. Mt. 4:13).

[d] LA PALABRA. Las buenas nuevas del evangelio de que la salvación es solo por gracia, mediante la fe solamente, para el perdón de los pecados.

[e] PARALÍTICO. Puesto que se hallaba tendido en cama, su parálisis era severa. Es probable que este hombre fuera cuadripléjico.

[f] DESCUBRIERON EL TECHO. La mayoría de las casas en Israel tenían tejados planos usados para relajarse en la frescura del día y dormir durante las noches cálidas. Usualmente había una escalera externa que conducía hasta el techo. Frecuentemente, como en este caso, el techo estaba hecho de tablas de arcilla seca que eran colocadas sobre vigas de soporte que iban de pared a pared. Luego, el constructor esparcía una capa uniforme de arcilla fresca y húmeda sobre estas tablas. La arcilla endurecida servía como sello contra la lluvia. Los amigos del paralítico lo llevaron hasta la parte de arriba de una casa como esa y quitaron la capa protectora de arcilla, removiendo varias tablas hasta que abrieron suficiente espacio para poder bajarlo hasta llegar a donde estaba Jesús.

el techo de donde estaba, y haciendo una abertura [LC]g por el tejado[,] le bajaron con el lecho, poniéndole en medio, delante de Jesús.

[Y] [h]al ver Jesús la fe de ellos, dijo al paralítico: Ten ánimo, hijo; [i]tus pecados te son perdonados. [MT]Entonces [MR]algunos de los escribas [LC]y los fariseos [MR]cavilaban en sus corazones: ¿Por qué habla éste así? [j]Blasfemias dice. ¿Quién puede perdonar pecados, sino sólo Dios?

[LC]Jesús entonces, [MTk]conociendo [...] los pensamientos de ellos [y conociendo] [MRl]en su espíritu que cavilaban de esta manera dentro de sí mismos, [LC]respondiendo les dijo: [MT]¿Por qué pensáis mal[,] [LC]cavil[ando] [MR]así [MT]en vuestros corazones? Porque, ¿[m]qué es más fácil, decir [MR]al paralítico: [MT]Los pecados te son perdonados,

---

[g] POR EL TEJADO. Parece que esta era una casa con tejas, que al quitarse dieron acceso por entre las vigas para bajar al enfermo. Las medidas extremas que tomaron para colocar a este hombre a los pies de Jesús indican que las multitudes que lo seguían eran bastante numerosas. Con la aglomeración humana alrededor de Jesús, habría resultado imposible para estos hombres cargar a un paralítico y acercarse lo suficiente a Jesús, así hubieran esperado hasta que él saliera de la casa.

[h] AL VER JESÚS LA FE DE ELLOS. El esfuerzo agresivo y persistente de los amigos del paralítico fue una evidencia visible de la fe de ellos en Cristo para sanar.

[i] TUS PECADOS TE SON PERDONADOS. Muchos judíos en ese entonces creían que toda enfermedad y aflicción era un resultado directo de los pecados de uno. Este paralítico pudo también haber creído eso; de esta manera, él le habría dado la bienvenida al perdón de sus pecados antes de la sanidad. El verbo griego para «son perdonados» se refiere a enviar o alejar (cp. Sal. 103:12; Jer. 31:34; Mi. 7:19). De esta manera, Jesús quitó el pecado del hombre y lo liberó de la culpabilidad del mismo (cp. Mt. 9:2). Cristo ignoró la parálisis y se dirigió primero a la necesidad más grande del hombre. Al hacerlo, afirmó una prerrogativa que es solo de Dios (cp. Lc. 7:49). Su sanidad subsiguiente de la parálisis del hombre fue prueba de que también tenía autoridad para perdonar pecados.

[j] BLASFEMIAS. Este podía ser un juicio justo contra cualquiera menos contra Dios encarnado. El único contra el cual se ha pecado tiene el derecho de perdonar. Las palabras de Jesús al hombre eran, por consiguiente, un inequívoco reclamo de su autoridad divina. Los escribas estaban en lo correcto al decir que solo Dios puede perdonar los pecados (cp. Is. 43:25), pero estaban equivocados al decir que Jesús blasfemaba. Ellos se negaron a reconocer que el poder de Jesús provenía de Dios, mucho menos aceptaron que él mismo fuera Dios.

[k] CONOCIENDO [...] LOS PENSAMIENTOS DE ELLOS. Cp. Mt. 12:25; Mr. 13:32; Lc. 2:52; Jn. 2:24. Aunque el Señor Jesús se humilló a sí mismo (Fil. 2:4–8) y puso a un lado el uso independiente de sus prerrogativas divinas en la encarnación (Jn. 5:30), él todavía era totalmente Dios y, por consiguiente, omnisciente.

[l] EN SU ESPÍRITU. Esto también puede traducirse «por su espíritu». No se trata del Espíritu Santo, sino de la omnisciente mente del Salvador.

[m] QUÉ ES MÁS FÁCIL. Ciertamente es más fácil afirmar que se tiene el poder para pronunciar el perdón de los pecados que demostrar que se tiene el poder para sanar. Cristo demostró, en efecto, su poder para perdonar al sanar de forma instantánea al hombre de su parálisis. Si él pudo hacer lo aparentemente más difícil, podía hacer también lo que parecía más sencillo. Sin embargo, el perdón de los pecados era en realidad la parte más difícil, porque esto le demandó finalmente sacrificar su vida.

o decir: Levántate[MR], toma tu lecho [MT]y anda? Pues [n]para que sepáis que el [o]Hijo del Hombre tiene potestad en la tierra para perdonar pecados (dice entonces al paralítico): [LC]Levántate, toma tu lecho, y vete a tu casa. Al instante, levantándose en presencia de ellos, [MR]y tomando su lecho [LC]en que estaba acostado, se fue [MR]delante de todos [LC]a su casa, glorificando a Dios.

[MT]Y la gente, al verlo, [LC]sobrecogid[a] de asombro, [MT]se maravilló y glorificó a Dios, que había dado tal potestad a los hombres. [Y fueron] llenos de temor, [MR]diciendo: Nunca hemos visto tal cosa. [LC]Hoy hemos visto [P]maravillas.

[n] PARA QUE SEPÁIS. El poder de Jesús para sanar la enfermedad física del paralítico demostró la veracidad de su afirmación y poder para perdonar los pecados. Su capacidad de sanar a alguien y a todo el mundo cuando quería, total e inmediatamente, fue una prueba indisputable de su deidad. Como Dios, tenía toda autoridad para perdonar pecados. Este fue un momento decisivo y debería haber terminado de una vez por todas con la oposición de los fariseos. En lugar de esto, ellos comenzaron a tratar de desacreditarlo al acusarlo de violar las reglas del día de reposo.

[o] HIJO DEL HOMBRE. Jesús usó este término para referirse a sí mismo y enfatizar su humillación (cp. Mt. 8:20; Mr. 14:62). Aparece catorce veces en el Evangelio de Mateo (Mr. 2:10, 28; 8:31, 38; 9:9, 12, 31; 10:33, 45; 13:26; 14:21, 41, 62).

[P] MARAVILLAS. La respuesta es curiosamente sin compromiso alguno. Aunque su reacción está llena de maravilla y asombro, carece por completo de fe verdadera.

42. Jesús llama a Mateo para que lo siga

Mt. 9:9-13; Mr. 2:13-17; Lc. 5:27-32

MRDespués volvió a salir al mar; y toda la gente venía a él, y les enseñaba. LCDespués de estas cosas salió, y MT[p]asando Jesús de allí, vio a LCun publicano llamado aLeví, MRhijo de Alfeo, bsentado al banco de los tributos públicos, y le dijo MT[a] Mateo[:] LCSígueme. Y cdejándolo todo, dse levantó y le siguió.

Y Leví le hizo gran banquete en su casa[.] MRAconteció que estando Jesús MTsentado ea la mesa MRen casa de él, MThe aquí LChabía fmucha compañía de

....

aLeví hijo de Alfeo. Uno de los doce, mejor conocido como Mateo. Leví era el nombre de Mateo antes de su conversión.

bSentado al banco de los tributos públicos. Tomando en cuenta que en Marcos 2:14 y Lucas 5:27 se menciona su antiguo nombre, Leví, Mateo mismo utiliza el nombre por el cual fue conocido después de transformarse en discípulo (cp. Mr. 3:18; Lc. 6:15). Al usar el nombre de Mateo, demostró humildad. Él no ocultó su pasado o elaboró alguna excusa para justificarlo. Los recolectores de impuestos (o publicanos) estaban entre las personas más despreciables de esta sociedad. Eran judíos que habían comprado franquicias de impuestos del gobierno romano. El dinero que ellos recolectaban era frecuentemente dividido en dos partes, una como ganancia personal (cp. Lc. 19:8) y la otra como impuesto para Roma, lo cual no solo los hacía ladrones, sino también traidores a la nación judía (cp. Mt. 5:46; Mr. 2:15).

cDejándolo todo. Esto implica una acción irreversible.

dSe levantó y le siguió. La sencilla acción de Mateo significó su conversión. Debido a que su respuesta fue inmediata, es probable que Mateo estuviera ya convencido de su pecado y reconociera su necesidad de perdón.

eA la mesa. Esto puede ser traducido como «reclinado a la mesa», una postura común para comer cuando había invitados presentes. De acuerdo con Lucas 5:29, este fue un banquete que Mateo ofreció en honor a Jesús.

fMucha compañía de publicanos. La respuesta inmediata de Leví fue presentarle a sus antiguos camaradas a Cristo.

[g]publicanos[,] [MR]y [h]pecadores[MT], que habían venido, [MRi]estaban también a la mesa juntamente con Jesús y sus discípulos; porque había muchos que le habían seguido. Y [j]los escribas y los fariseos, viéndole comer con los publicanos y con los pecadores, [LC]murmuraban contra [MR]los discípulos [LC]diciendo: [MT]¿Por qué [k]come vuestro Maestro con los publicanos y pecadores? [MR]Al oír esto Jesús, [LC][r]espondiendo [MR]les dijo: [l]Los sanos no tienen necesidad de médico, sino los enfermos. [MTm]Id, pues, y aprended lo que significa: Misericordia quiero, y no sacrificio. Porque [n]no he venido a llamar a justos, sino a pecadores, al arrepentimiento.

[g] PUBLICANOS. Había dos categorías de recolectores de impuestos: (1) los *gabbai*, quienes recolectaban impuestos generales sobre la tierra y las propiedades, y sobre ingresos referidos como impuestos de contribución o registro; (2) los *mokhes* quienes recolectaban una amplia variedad de impuestos similares a nuestros impuestos a las importaciones, licencias de negocios y peajes. Había también dos categorías de *mokhes*: los grandes *mokhes* que empleaban a otros para recolectar los impuestos para ellos; y los pequeños *mokhes*, quienes realizaban todo el trabajo por sí mismos. Mateo era un pequeño *mokhes*. Es probable que ambos grupos de recolectores de impuestos asistieran al banquete de Mateo. Todos ellos eran considerados tanto proscritos religiosos como sociales.

[h] PECADORES. Un término que los judíos usaban para describir a las personas que no guardaban respeto alguno por la ley mosaica o las tradiciones rabínicas, y por lo tanto, eran las personas más viles y despreciables.

[i] ESTABAN TAMBIÉN A LA MESA. Lit. «estaban reclinados con». La disposición de Jesús de asociarse con los recolectores de impuestos y los pecadores al compartir con ellos en el festín ofendió profundamente a los escribas y fariseos.

[j] LOS ESCRIBAS Y LOS FARISEOS. Lit. «los escribas de los fariseos». Esta frase indica que no todos los escribas eran fariseos. Los fariseos eran una secta legalista judía conocida por su estricta devoción a la ley (cp. Mt. 3:7).

[k] COME. Estar en compañía de los despreciados de la sociedad o tan siquiera hablarles ya era bastante malo. Comer y beber con ellos implicaba un nivel de amistad que los fariseos aborrecían (cp. Lc. 7:34; 15:2; 19:7).

[l] LOS SANOS […] LOS ENFERMOS. Los fariseos pensaban que ellos estaban sanos, es decir, religiosamente puros y completos. Los proscritos sabían que ellos no lo eran. La salvación no puede venir a los que tienen pretensiones de superioridad moral (esto es, los que creen que están sanos y por lo tanto no buscan sanidad).

[m] ID, PUES, Y APRENDED LO QUE SIGNIFICA. Esta frase era comúnmente usada como represión a aquellos que no sabían algo que se suponía debían saber. El versículo que Jesús cita es Oseas 6:6 (cp. 1 S. 15:22; Mi. 6:6–8), el cual enfatiza la absoluta prioridad de los principios morales de la ley sobre los requisitos ceremoniales. Los fariseos tendían a prestarle atención a lo de afuera, al ritual y los aspectos ceremoniales de la ley de Dios, en detrimento de sus preceptos morales, eternos e internos. Actuando de esta forma, se hicieron duros, críticos, y con pretensiones de superioridad moral menospreciaron a otros. Jesús repite esta misma crítica en Mt. 12:7.

[n] NO HE VENIDO A LLAMAR A JUSTOS. Las palabras «al arrepentimiento» no aparecen en los mejores manuscritos (más antiguos). Sin embargo, aparecen en Lucas 5:32, un pasaje paralelo. La persona arrepentida, aquella que reconoce que es pecadora y se vuelve de su pecado, es el objeto del llamado de Jesús. La persona que es pecaminosa, pero piensa que es justa, se rehúsa a reconocer su necesidad de arrepentirse de su pecado. Cp. Mt. 9:12, 13; Jn. 9:39–41.

43. Jesús les responde a los discípulos de Juan

Mt. 9:14–17; Mr. 2:18–22; Lc. 5:33–39

MRY ^alos discípulos de Juan y ^blos de los fariseos ^cayunaban; y vinieron ^{MT} a él [...], diciendo: ¿Por qué nosotros[,] ^{MR}los discípulos de Juan[,] ^{LC}y asimismo los de los fariseos, ^{MTd}ayunamos muchas veces ^{LC}y hace[mos] oraciones, ^{MR}y tus discípulos ^{LC}comen y beben [y] ^{MT}no ayunan?

MRJesús les dijo: ¿Acaso pueden ^elos que están de bodas ^{MT}tener luto entre tanto que el esposo está con ellos? ^{MR}Entre tanto que tienen consigo al esposo, no pueden ayunar. Pero vendrán días cuando el esposo ^fles será quitado, y ^gentonces en aquellos días ayunarán.

....

^a Los discípulos de Juan. Aquellos seguidores de Juan el Bautista que no transfirieron su lealtad a Jesús (cp. Jn. 3:30; Hch. 19:1–7). En este momento Juan estaba encarcelado (Mt. 4:12). La pregunta indica que estaban observando la tradición farisaica (cp. Mt. 9:14).

^b Los de los fariseos. Evidentemente, algunos fariseos continuaban presentes cuando los discípulos de Juan llegaron. Ambos grupos juntos pudieron haber hecho esta pregunta. La asociación de los discípulos de Juan con los fariseos indica que ambos grupos estaban molestos por el problema que surgió debido a la asociación de Jesús con los recolectores de impuestos y pecadores.

^c Ayunaban. El ayuno dos veces por semana era la mayor expresión del judaísmo ortodoxo en tiempos de Jesús (cp. Lc. 18:9–14). Sin embargo, el AT prescribía únicamente un solo ayuno, en el Día de la Expiación (Lv. 16:29, 31).

^d Ayunamos muchas veces. Jesús sí ayunó por lo menos en una ocasión (Mt. 4:2), pero lo hizo en privado y de conformidad con su propia enseñanza (cp. Mt. 6:16–18). La ley también prescribía un ayuno en el Día de la Expiación (Lv. 16:29–31; 23:27), pero se suponía que todos los demás ayunos eran voluntarios y por razones específicas como la penitencia y la oración ferviente. El hecho de que estos fariseos plantearan esta pregunta muestra que consideraban el ayuno como un ejercicio público para hacer evidente a todos la espiritualidad individual. No obstante, el AT también reprendía el ayuno hipócrita (Is. 58:3–6). Cp. Mt. 6:17; 9:15.

^e Los que están de bodas. En la ilustración de Jesús, «los que están de bodas» eran los encargados que el novio escogía para llevar a cabo las festividades. Ese por cierto no era un tiempo para ayunar, lo cual estaba usualmente asociado con la lamentación o los tiempos de gran necesidad espiritual. El punto de Jesús era que el ritual practicado por los discípulos de Juan y los fariseos no tenía relación con la realidad. No había razón alguna para que los seguidores de Jesús se lamentaran y ayunaran mientras disfrutaban de la realidad única de que él estaba con ellos.

^f Les será quitado. Esto se refiere a una extracción súbita o a ser tomado violentamente, una obvia referencia a la captura y crucifixión de Jesús.

^g Entonces [...] ayunarán. Usando la analogía de la fiesta de bodas, Jesús responde que mientras Cristo esté presente con ellos habrá demasiado gozo como para ayunar, lo cual está asociado con períodos de dolor e intensa oración. Un tiempo apropiado para llorar vendría en la crucifixión de Jesús.

[LC]Les dijo también una [h]parábola: [MR]Nadie pone [i]remiendo [LC]de un vestido nuevo [MT]en vestido viejo; porque tal remiendo [LC]rompe, [MT]tira del vestido, y se hace peor la rotura. [LC][Y] el remiendo sacado de él no armoniza con el viejo.

[MR]Y nadie echa [j]vino nuevo en odres viejos; de otra manera, el vino nuevo rompe los odres, y el vino se derrama, y los odres se pierden[.] [MT][E]chan el vino nuevo en [k]odres nuevos[.] [LC]Mas el vino nuevo en odres nuevos se ha de echar; y lo uno y lo otro se conservan. Y ninguno que beba del añejo, quiere luego el nuevo; porque dice: [l]El añejo es mejor.

....

[h] PARÁBOLA. Jesús ofreció dos parábolas para ilustrar que su nuevo e interno evangelio de arrepentimiento y perdón de pecados no podría ser relacionado a, o contenido en, las tradiciones antiguas y externas de pretensiones de superioridad moral y rituales.

[i] REMIENDO DE UN VESTIDO NUEVO. Que la tela nueva no funciona bien con tela vieja es análogo a tratar de remendar las antiguas formas mosaicas ceremoniales con la verdad del nuevo pacto.

[j] VINO NUEVO EN ODRES VIEJOS. Las pieles de los animales eran utilizadas en la fermentación del vino por su elasticidad. Una vez que el vino fermentaba, la presión subía estirando el odre. Una piel previamente estirada carecería de elasticidad y podría romperse, estropeando tanto el vino como el odre. Jesús usa esto como una ilustración para enseñar que las formas de los antiguos rituales, como la practica del ayuno celebrada por los fariseos y los discípulos de Juan, no eran apropiadas para el vino nuevo de los tiempos del nuevo pacto (cp. Col. 2:17). En ambas analogías (vv. 16, 17) el Señor estaba diciendo que lo que los fariseos hacían en el ayuno o en cualquier otro ritual no tenía nada que ver con el evangelio.

[k] ODRES NUEVOS. Odres recién hechos y sin uso proveerían la necesaria fuerza y elasticidad para resistir conforme el vino se fermentaba.

[l] EL AÑEJO ES MEJOR. Quienes gustaban de las ceremonias del antiguo pacto y las tradiciones de los fariseos detestaban tener que abandonarlas a cambio del vino nuevo de la enseñanza de Jesús. Lucas es el único que añade el adagio.

44. Jesús sana a un cojo en el día de reposo

Jn. 5:1–18

[IN]Después de estas cosas había una [a]fiesta de los judíos, y subió Jesús a Jerusalén. [b]Y [c]hay en Jerusalén, cerca de la [d]puerta de las ovejas, un estanque, llamado en hebreo [e]Betesda, el cual tiene cinco pórticos. En éstos [f]yacía una multitud de

....

[a] FIESTA DE LOS JUDÍOS. A lo largo de su Evangelio, Juan resaltó varias veces en su narración diversas fiestas judías. En Juan 2:13 la Pascua, en 6:4 la Pascua, en 7:2 los tabernáculos, en 10:22 el *hanukáh* o fiesta de la dedicación y en 11:55 otra vez la Pascua. Sin embargo, esta es la única referencia donde no identifica la fiesta en particular que se celebraba en el momento.

[b] Y HAY. Aunque la oposición a Jesús crepitaba bajo la superficie (p. ej., Jn. 2:13–20), el relato de la sanidad obrada por él en el estanque de Betesda marca el comienzo de la hostilidad abierta. El pasaje se puede dividir en tres partes: (1) se realiza un milagro (Jn. 5:1–9); (2) el Maestro es perseguido (vv. 10–16); y (3) se planifica un homicidio (vv. 16–18).

[c] HAY [...] UN ESTANQUE. Algunos han sugerido que Juan escribió su Evangelio antes de la destrucción de Jerusalén en 70 A.D., porque su uso del tiempo presente aquí implica que el estanque todavía existía. Sin embargo, Juan acostumbra a usar lo que se conoce como un «presente histórico» al referirse a acontecimientos del pasado, así que el argumento no tiene mucho peso.

[d] PUERTA DE LAS OVEJAS. Lo más probable es que esta sea una referencia a la puerta que se identifica en Nehemías 3:1, 32; 12:39. Era una apertura pequeña en la muralla norte de la ciudad, justo al oeste de la esquina noreste.

[e] BETESDA. «Betesda» es la transliteración griega de un nombre hebreo (o arameo) que significa «casa del rebosamiento».

[f] YACÍA. En aquel tiempo se acostumbraba que las personas enfermas se reunieran alrededor de este estanque. Es posible que corrientes intermitentes alimentaran el estanque y ocasionaran el movimiento del agua. Algunos testigos antiguos indican que el agua del estanque era rojiza a causa de los minerales, por lo cual se consideraba que tenía algún valor medicinal.

enfermos, ciegos, cojos y paralíticos, que [g]esperaban el movimiento del agua. Porque un ángel descendía de tiempo en tiempo al estanque, y agitaba el agua; y el que primero descendía al estanque después del movimiento del agua, quedaba sano de cualquier enfermedad que tuviese. Y había allí un hombre que hacía [h]treinta y ocho años que estaba enfermo. Cuando Jesús lo vio acostado, y [i]supo que llevaba ya mucho tiempo así, le dijo: ¿Quieres ser sano?

Señor, le respondió el enfermo, no tengo quien me meta en el estanque cuando se agita el agua; y entre tanto que yo voy, otro desciende antes que yo.

Jesús le dijo: [j]Levántate, toma tu [k]lecho, y anda. Y al instante aquel hombre fue sanado, y [l]tomó su lecho, y anduvo. Y era [m]día de reposo aquel día.

Entonces los judíos dijeron a aquel que había sido sanado: Es día de reposo; [n]no te es lícito llevar tu lecho. El les respondió: El que me sanó, él mismo me dijo: Toma tu lecho y anda.

....

[g] ESPERABAN EL MOVIMIENTO DEL AGUA. La declaración en la segunda mitad del v. 3, «esperaban el movimiento del agua», así como todo el v. 4 (con respecto al ángel), no son porciones originales del Evangelio. Los mejores y más antiguos manuscritos griegos, así como las primeras versiones, excluyen esas frases. La presencia de palabras o expresiones ajenas a los escritos de Juan también milita en contra de su inclusión.

[h] TREINTA Y OCHO AÑOS. Juan incluyó esta cifra para subrayar la gravedad de la enfermedad debilitante que afligía a este individuo. Puesto que su enfermedad había sido observada por muchos en el transcurso de casi cuatro décadas, tan pronto Jesús lo sanó todos supieron que se trataba de un milagro auténtico y fehaciente.

[i] SUPO. La palabra implica conocimiento sobrenatural sobre la situación del hombre (Jn. 1:47, 48; 4:17). Jesús eligió al hombre entre muchos otros enfermos. La iniciativa soberana fue suya y no se presenta una razón en particular para su elección.

[j] LEVÁNTATE, TOMA [...] ANDA. Así como pronunció la existencia del mundo en su obra de creación (Gn. 1:3), las palabras habladas de Jesús tenían el poder para curar (cp. Jn. 1:3; 8:58; Gn. 1:1; Col. 1:16; Heb. 1:2).

[k] LECHO. El tapete de paja no era pesado. Podía ser fácilmente enrollado, levantado y cargado por un individuo capaz de hacerlo (cp. Mr. 2:3).

[l] TOMÓ SU LECHO, Y ANDUVO. Esta frase enfatiza que la sanidad del hombre fue completa.

[m] DÍA DE REPOSO. El AT había prohibido trabajar en el día de reposo, pero no estipulaba qué clase de «trabajo» era indicado específicamente (Éx. 20:8–11). Las Escrituras implican que el «trabajo» alude al empleo cotidiano, pero la opinión de los rabinos se constituyó con el paso del tiempo en una tradición oral que iba más allá del AT y estipulaba un total de treinta y nueve actividades prohibidas (*Mishná* 7:2; 10:5), entre las cuales se incluía llevar cualquier cosa de un sitio a otro. En consecuencia, el hombre había transgredido la tradición oral, pero no la ley del AT.

[n] NO TE ES LÍCITO. La frase revela que el judaísmo en el tiempo de Jesús se había llegado a caracterizar primordialmente por la piedad hipócrita. Tal hipocresía fue una causa principal del enojo del Señor Jesús (cp. Mt. 22, 23), quien usó este incidente para plantear una confrontación con el legalismo exagerado de los judíos y hacer evidente la necesidad de arrepentimiento en toda la nación.

Entonces le preguntaron: ¿Quién es el que te dijo: Toma tu lecho y anda? Y el que había sido sanado no sabía quién fuese, porque Jesús se había apartado de la gente que estaba en aquel lugar. Después le halló Jesús en el templo, y le dijo: Mira, has sido sanado; [o]no peques más, para que no te venga alguna cosa peor.

El hombre se fue, y dio aviso a los judíos, que Jesús era el que le había sanado. Y por esta causa los judíos [p]perseguían a Jesús, y procuraban matarle, porque hacía estas cosas [q]en el día de reposo.

Y [r]Jesús les respondió: [s]Mi Padre hasta ahora trabaja, y yo trabajo.

Por esto los judíos aun más procuraban matarle, porque no sólo quebrantaba el día de reposo, sino que también decía que Dios era su propio Padre, haciéndose [t]igual a Dios.

---

[o] No peques más, para que no te venga alguna cosa peor. El motivo primordial de estos comentarios de Jesús es indicar que el pecado tiene sus consecuencias inevitables (cp. Gá 6:7, 8). Aunque las Escrituras explican claramente que no toda enfermedad es una consecuencia del pecado (cp. 9:1–3; Lc. 13:1–5), en ocasiones la enfermedad puede vincularse de forma directa a la torpeza moral de una persona (cp. 1 Co. 11:29, 30; Stg. 5:15). Jesús pudo haber escogido a este hombre en particular con el fin de recalcar este punto.

[p] Perseguían. El tiempo verbal significa que los líderes judíos persiguieron a Jesús en repetidas ocasiones, es decir, la actividad hostil continuaba. Este no fue un incidente aislado de su aborrecimiento a Jesús ocasionado por sus sanidades en el día de reposo (cp. Mr. 3:1–6).

[q] En el día de reposo. Jesús no transgredió la ley de Dios, porque en ella no existe prohibición alguna en contra de hacer el bien durante ese día (Mr. 2:27). No obstante, Jesús desestimaba la ley oral que los fariseos habían desarrollado, esto es, «la tradición de los hombres» (cp. también Mt. 15:1–9). Lo más probable es que Jesús ejerciera su ministerio de sanidad de forma deliberada en el día de reposo para confrontarlos con su hipocresía religiosa, que los cegaba frente a la adoración verdadera a Dios.

[r] Jesús les respondió. Esta sección contiene uno de los discursos cristológicos más sobresalientes en la Biblia. En Juan 5:17–47, Jesús hace aquí cinco afirmaciones de su igualdad absoluta con Dios: (1) él es igual a Dios en su persona (vv. 17, 18); (2) él es igual a Dios en sus obras (vv. 19, 20); (3) él es igual a Dios en su poder y soberanía (v. 21); (4) él es igual a Dios en su juicio (v. 22); y (5) él es igual a Dios en su honra (v. 23).

[s] Mi Padre hasta ahora trabaja. El punto de Jesús es que Dios obraba continuamente y debido a que él mismo obraba continuamente, también debía ser Dios. Además, Dios no necesita un día de reposo, porque nunca se cansa (Is. 40:28). Para que la defensa de Jesús fuera válida, los mismos atributos que se aplican a Dios también deben aplicarse a él: ¡Jesús es Señor del día de reposo! (Mt. 12:8). Resulta interesante que hasta los rabinos admitieran que la obra de Dios no había cesado después del día de reposo, porque él sustenta al universo.

[t] Igual a Dios. Este versículo confirma que los judíos entendieron al instante las implicaciones de sus comentarios de que él era Dios.

45. Jesús defiende su igualdad con el Padre

Jn. 5:19–47

[19]Respondió entonces Jesús, y les dijo: [a]De cierto, de cierto os digo: No puede el Hijo hacer nada por sí mismo, sino lo que ve hacer al Padre; porque todo lo que el Padre hace, también lo hace el Hijo igualmente. Porque el Padre ama al Hijo, y le muestra todas las cosas que él hace; y [b]mayores obras que estas le mostrará, de modo que vosotros os maravilléis. Porque como el Padre levanta a los muertos, y les da vida, así también el Hijo a los que quiere da vida. Porque el Padre a nadie juzga, sino que todo el juicio dio al Hijo, para que todos [c]honren al Hijo como [d]honran al Padre. El que no honra al Hijo, no honra al Padre que le envió.

De cierto, de cierto os digo: El que oye mi palabra, y cree al que me envió, tiene vida eterna; y no vendrá a condenación, mas [e]ha pasado de muerte a vida. De

....

[a] DE CIERTO, DE CIERTO. Esta es una forma enfática de afirmar: «Lo que les digo es la verdad». En respuesta a la hostilidad judía frente a lo que implicaban sus declaraciones de igualdad con Dios, Jesús incrementó su valentía, fuerza y énfasis. En esencia, estableció un vínculo directo entre sus actividades de sanidad en el día de reposo y el Padre. El Hijo nunca emprendió acciones independientes contrarias a la voluntad del Padre, porque el Hijo solo hace aquellas cosas que están en acuerdo perfecto con el Padre. Jesús implicó de este modo su igualdad con el Padre, debido a que solo él podía hacer lo que el Padre hace.

[b] MAYORES OBRAS. Esto se refiere a la obra poderosa de levantar a los muertos. Dios tiene ese poder (cp. 1 R. 17:17–24; 2 R. 4:32–37; 5:7), así como también el Señor Jesús (Jn. 5:21–29; 11:25–44; 14:19; 20:1–18).

[c] HONREN AL HIJO. Este versículo presenta la razón por la que Dios delegó todo juicio al Hijo, i. e., para que todos los hombres honren al Hijo tal como honran al Padre. Jesús no es un mero heraldo enviado de la corte celestial. Él es el Rey mismo, poseyendo igualdad plena y completa con el Padre (cp. Fil. 2:9–11).

[d] HONRAN AL PADRE. Jesús volteó la acusación de blasfemia que los judíos trajeron en su contra, y en lugar de hacerles caso afirmó que la única manera posible de honrar al Padre consiste en recibir al Hijo. Por lo tanto, los judíos fueron quienes en realidad blasfemaron al Padre con el rechazo de su Hijo.

[e] HA PASADO DE MUERTE A VIDA. Esto desarrolla la verdad de Jn. 5:21, que Jesús da vida a quien él desea. Las personas que reciben esa vida son identificadas aquí como las que oyen la Palabra y creen en el Padre y el Hijo. Son aquellas que tienen vida eterna y nunca serán condenadas (Ro. 8:1; Col. 1:13).

cierto, de cierto os digo: [f]Viene la hora, y ahora es, cuando [g]los muertos oirán la voz del Hijo de Dios; y los que la oyeren vivirán. Porque como el Padre tiene vida en sí mismo, así también [h]ha dado al Hijo el tener vida en sí mismo; y también le dio autoridad de hacer juicio, por cuanto es el Hijo del Hombre. No os maravilléis de esto; porque vendrá hora cuando todos los que están en los sepulcros oirán su voz; y [i]los que hicieron lo bueno, saldrán a resurrección de vida; mas los que hicieron lo malo, a resurrección de condenación. No puedo yo hacer nada por mí mismo; según oigo, así juzgo; y mi juicio es justo, porque no busco mi voluntad, sino [j]la voluntad del que me envió, la del Padre.

[k]Si yo doy testimonio acerca de mí mismo, mi testimonio no es verdadero. Otro es el que da testimonio acerca de mí, y sé que el testimonio que da de mí es verdadero. Vosotros enviasteis mensajeros a Juan, y él dio testimonio de la verdad. Pero yo no recibo testimonio de hombre alguno; mas digo esto, para que vosotros seáis salvos. El era antorcha que ardía y alumbraba; y vosotros quisisteis regocijaros por un tiempo en su luz. Mas yo tengo mayor testimonio que el de Juan; porque las

----

[f] VIENE LA HORA, Y AHORA ES. Cp. Jn. 4:23. Esta frase revela una tensión de que ya pasó/todavía no ha pasado con respecto a la resurrección. Quienes son nacidos de nuevo ya han resucitado en sentido «espiritual» («ahora es», cp. Ef. 2:1; Col. 2:13), sin embargo, todavía los aguarda una resurrección física futura («viene la hora», cp. 1 Co. 15:35–54; Fil. 3:20, 21).

[g] LOS MUERTOS OIRÁN. El tema de estos versículos es la resurrección. Jesús dijo que todos los hombres, salvos y no salvos por igual, serán resucitados de manera literal y física de los muertos. No obstante, solo los salvos experimentarán una resurrección espiritual («nacido de nuevo»), al igual que una resurrección física para vida eterna. Los no salvos serán levantados de entre los muertos para juicio y castigo eterno mediante la separación de Dios (esto también se conoce como la segunda muerte, cp. Ap. 20:6, 14; 21:8). Estos versículos también constituyen prueba de la deidad de Jesucristo, puesto que el Hijo tiene poder para resucitar (Jn. 5:25, 26), y el Padre le ha concedido el estatus de juez sobre toda la humanidad (v. 27). A la luz de otras porciones bíblicas, es claro que Jesús habla en términos generales sobre la resurrección, pero no acerca de una resurrección generalizada (cp. Dn. 12:2; 1 Co. 15:23; 1 Ts. 4:16).

[h] HA DADO AL HIJO. El Hijo ha tenido desde toda la eternidad el derecho a otorgar vida (Jn. 1:4). La distinción involucra la deidad de Jesús versus su encarnación. Al convertirse en hombre, de manera voluntaria Jesús decidió dejar a un lado el ejercicio independiente de sus prerrogativas y atributos divinos (Fil. 2:6–11). Jesús afirmó aquí que incluso en su humanidad, el Padre le concedió poder para dar vida, es decir, el poder de la resurrección.

[i] LOS QUE HICIERON LO BUENO [...] LO MALO. Jesús no estaba enseñando la justificación por obras (cp. Jn. 6:29). En este contexto, «lo bueno» consiste en creer en el Hijo para recibir una nueva naturaleza que a su vez produce buenas obras (Jn. 3:21; Stg. 2:14–20), mientras que «lo malo» es rechazar al Hijo (los no salvos) y aborrecer la luz, lo cual da como resultado obras malas (Jn. 3:18, 19). En esencia, las obras no son más que evidencias de la naturaleza de una persona, bien que esta sea salva o no (cp. Ro. 2:5–10), pero las obras humanas nunca determinan la salvación personal.

[j] LA VOLUNTAD [...] DEL PADRE. A manera de resumen de todo lo que ha dicho acerca de su igualdad con Dios, Jesús afirmó que el juicio ejercido por él se debía a que todo lo que hacía dependía de la palabra y la voluntad del Padre.

[k] SI YO DOY TESTIMONIO. El trasfondo de estos versículos es Deuteronomio 17:6; 19:15, donde se requiere de testigos para establecer la veracidad de un asunto (cp. Jn. 1:7). Jesús mismo hizo hincapié en el tema familiar de los testigos que testifican a favor de la identidad del Hijo: (1) Juan el Bautista (Jn. 5:32–35); (2) las obras de Jesús (vv. 35, 36); (3) el Padre (vv. 37, 38); y (4) las Escrituras del AT (vv. 39–47).

obras que el Padre me dio para que cumpliese, [l]las mismas obras que yo hago, dan testimonio de mí, que el Padre me ha enviado. También [m]el Padre que me envió ha dado testimonio de mí. Nunca habéis oído su voz, ni habéis visto su aspecto, ni tenéis su palabra morando en vosotros; porque a quien él envió, vosotros no creéis. [n]Escudriñad las Escrituras; porque a vosotros os parece que en ellas tenéis la vida eterna; y ellas son las que [o]dan testimonio de mí; y [p]no queréis venir a mí para que tengáis vida.

[q]Gloria de los hombres no recibo. Mas yo os conozco, que no tenéis amor de Dios en vosotros. Yo he venido en nombre de mi Padre, y no me recibís; si otro viniere en su propio nombre, [r]a ése recibiréis. ¿Cómo podéis vosotros creer, pues recibís gloria los unos de los otros, y no buscáis la gloria que viene del Dios único? No penséis que yo voy a acusaros delante del Padre; hay quien os acusa, [s]Moisés, en quien tenéis vuestra esperanza. Porque si creyeseis a Moisés, me creeríais a mí, porque de mí escribió él. Pero si no creéis a sus escritos, ¿cómo creeréis a mis palabras?

---

[l] LAS MISMAS OBRAS QUE YO HAGO. Cp. Jn. 10:25. Los milagros de Jesús fueron testimonios de que él era Dios y Mesías. Tales milagros son las señales principales que fueron registradas por Juan en su Evangelio de tal manera que se cumpliera su propósito en Jn. 20:30, 31.

[m] EL PADRE [...] HA DADO TESTIMONIO. Cp. Mateo 3:17; Marcos 1:11; Lucas 3:22.

[n] ESCUDRIÑAD. Aunque el verbo «escudriñar» también podría ser entendido como un mandato (esto es: ¡Escudriñen las Escrituras!), la mayoría prefiere esta traducción como un indicativo. El verbo implica el escrutinio diligente en la investigación profunda de las Escrituras para hallar «vida eterna». No obstante, Jesús les muestra que a pesar de todos sus esfuerzos minuciosos, habían fracasado de manera miserable en entender el camino verdadero a la vida eterna a través del Hijo de Dios (cp. Mt. 19:16-25; 14:6; 2 Ti. 3:15).

[o] DAN TESTIMONIO DE MÍ. Cristo es el tema principal de las Escrituras.

[p] NO QUERÉIS. Aunque buscaban la vida eterna, no estuvieron dispuestos a confiar en su única fuente (Jn. 1:11; 3:19; 5:24).

[q] GLORIA DE LOS HOMBRES. Si Jesús accediera a convertirse en la clase de Mesías que los judíos querían, con el suministro constante de milagros y alimento, así como de poder político y militar, habría recibido gloria y honor por parte de ellos. Pero él solo procuraba agradar a Dios.

[r] A ÉSE RECIBIRÉIS. El historiador judío Josefo registra que una serie de impostores con pretensiones mesiánicas surgieron en los años previos al 70 A.D. Este versículo contrasta el rechazo judío de su Mesías verdadero, porque no amaban ni conocían a Dios, con su inclinación a aceptar a cualquier charlatán.

[s] MOISÉS [...] DE MÍ ESCRIBIÓ ÉL. Jesús no menciona un pasaje específico en los cinco libros de Moisés, aunque hay muchos (p. ej., Dt. 18:15; cp. 1:21; 4:19; 6:14; 7:40, 52).

46. Los discípulos recogen espigas en el día de reposo

Mt. 12:1-8; Mr. 2:23-28; Lc. 6:1-5

ᴹᴿAconteció ᴹᵀ[e]n aquel tiempo[,] ᴸᶜen ªun día de reposo, ᴹᵀ[que] iba Jesús por ᵇlos sembrados en un día de reposo; y sus discípulos tuvieron hambre[.]

ᴹᴿ[S]us discípulos, andando, comenzaron a ᶜarrancar espigas ᴹᵀy a comerᴸᶜ, restregándolas con las manos. ᴹᵀViéndolo ᴸᶜalgunos de ᴹᵀlos fariseos, le dijeron: He aquí ᴸᶜ¿[p]or qué hac[en] ᴹᵀtus discípulos ᴸᶜlo que ᵈno es lícito hacer en los días de reposo?

ᴹᴿPero ᵉél les dijo: ᶠ¿Nunca ᴸᶜesto habéis leído, ᴹᴿlo que hizo ᵍDavid cuando tuvo necesidad, y sintió hambre, ᴹᵀél y los que con él estaban[;] ᴹᴿcómo entró en la casa

....

ª UN DÍA DE REPOSO. De la palabra «*sabbat*», la cual es la transliteración de la palabra hebrea que se refiere a un cesamiento de la actividad o descanso. En honor al día en el que Dios descansó de su creación del mundo (Gn. 2:3), el Señor declaró el séptimo día de la semana como día especial de descanso y recuerdo para su pueblo, lo cual quedó incluido dentro de los Diez Mandamientos (Éx. 20:8). Pero cientos de años de enseñanza rabínica habían añadido numerosas, insufribles y arbitrarias restricciones al requerimiento original de Dios, una de las cuales consistía en prohibir cualquier viaje superior a aproximadamente novecientos metros de distancia desde la propia casa (cp. Nm. 35:5; Jos. 3:4).

ᵇ LOS SEMBRADOS. En el Israel del primer siglo los caminos eran primordialmente las arterias viales más importantes, por lo que una vez que los viajeros se apartaban de estas caminaban a lo largo de senderos anchos que orillaban y cruzaban pastizales y sembradíos.

ᶜ ARRANCAR ESPIGAS. A los viajeros que no llevaban consigo suficiente alimento les estaba permitido por la ley mosaica recoger espigas para satisfacer su hambre (Dt. 23:24, 25; cp. Mt. 12:2).

ᵈ NO ES LÍCITO HACER EN LOS DÍAS DE REPOSO. A decir verdad, la ley del AT no prohibía la recogida del grano para tener qué comer en el día de reposo. Recoger espigas de grano del campo del prójimo para satisfacer el hambre inmediata estaba explícitamente permitido (Dt. 23:25). Lo que estaba prohibido era realizar trabajos que condujeran al enriquecimiento (Éx. 34:21), pero obviamente aquí esa no era la situación. De esta forma, un granjero no podía cosechar para obtener ganancias en el día de reposo, pero un individuo podía recoger el grano suficiente para comer. Además, la tradición rabínica había interpretado al restregado de los granos en las manos (cp. Lc. 6:1) como una forma de trillado y la había prohibido. De hecho, la acusación de los fariseos era en sí misma pecaminosa, dado que estaban equiparando su tradición con la Palabra de Dios (cp. Mt. 15:2-9).

ᵉ ÉL LES DIJO. La respuesta de Jesús señala que las leyes acerca del día de reposo no restringían las obras de necesidad, servicio a Dios, o actos de misericordia. Él reafirmó que el día de reposo fue hecho para el beneficio del hombre y la gloria de Dios. Nunca tuvo como propósito ser un yugo de esclavitud para el pueblo de Dios.

ᶠ ¿NUNCA ESTO HABÉIS LEÍDO...? El sarcasmo de Jesús señaló la falta principal de los fariseos, quienes decían ser expertos y guardianes de las Escrituras, sin embargo, eran ignorantes de lo que realmente enseñaban (cp. Ro. 2:17-24). La reprensión de Cristo sugiere que ellos eran culpables de su ignorancia acerca de una verdad tan básica (cp. Mt. 12:5; 19:4; 21:16, 42; 22:31).

ᵍ DAVID. David y sus compañeros estaban huyendo de Saúl para salvar sus vidas cuando llegaron a Nob, donde se encontraba el tabernáculo en ese momento. Debido a que estaban hambrientos, pidieron comida (cp. 1 S. 21:1-6).

de Dios, [h]siendo Abiatar sumo sacerdote, y comió los [i]panes de la proposición, [LC]y dio también a los [MR]que con él estaban, [MT]que no les era lícito comer ni a él ni a los que con él estaban, [LC]sino sólo a los sacerdotes[?]

[MT]¿O no habéis leído en la ley, cómo en el día de reposo los sacerdotes en el templo [j]profanan el día de reposo, y son sin culpa? Pues os digo que uno [k]mayor que el templo está aquí. Y si supieseis qué significa: [l]Misericordia quiero, y no sacrificio, no condenaríais a los inocentes[.] [MR]También les dijo: [m]El día de reposo fue hecho por causa del hombre, y no el hombre por causa del día de reposo. Por tanto, el Hijo del Hombre es [n]Señor aun del día de reposo.

....

[h] SIENDO ABIATAR SUMO SACERDOTE. La frase «siendo» puede significar «durante la vida». Según 1 Samuel 21:1, Ahimelec fue el sacerdote que le dio los panes a David. Abiatar fue hijo de Ahimelec, quien más adelante llegó a ser sumo sacerdote durante el reinado de David. Puesto que Ahimelec murió poco tiempo después de este incidente (cp. 1 S. 22:19, 20), es probable que Marcos simplemente añadiera esta información para identificar la compañía bien conocida de David que luego llegaría a ser sumo sacerdote junto con Sadoc (2 S. 15:35).

[i] PANES DE LA PROPOSICIÓN. Doce hogazas de pan sin levadura (en representación de las doce tribus de Israel) se colocaban sobre la mesa del santuario y al final de la semana se reemplazaban con otras nuevas recién hechas. Los sacerdotes eran quienes de manera usual comían los panes consagrados de la proposición (Lv. 24:5–9). Aun cuando no era normalmente lícito para David y sus compañeros ingerir los panes de la proposición, Dios tampoco deseaba que murieran de hambre, por lo que en ninguna parte de las Escrituras se les condena por esta acción (1 S. 21:4–6).

[j] PROFANAN EL DÍA DE REPOSO, Y SON SIN CULPA. Esto es, los sacerdotes debían hacer su trabajo en el día de reposo, probando que algunos aspectos de las restricciones del día de reposo no son absolutos morales inviolables, sino preceptos que pertenecen a los rasgos ceremoniales de la ley.

[k] MAYOR QUE EL TEMPLO. Esta fue una expresión sincera de su deidad. El Señor Jesús era Dios encarnado, Dios habitando en carne humana, muy superior a un edificio que Dios meramente visitaba.

[l] MISERICORDIA [...] Y NO SACRIFICIO. Citado de Oseas 6:6.

[m] EL DÍA DE REPOSO FUE HECHO POR CAUSA DEL HOMBRE. Dios instituyó el día de reposo para beneficiar al ser humano, dándole un día para descansar de su trabajo y serle de bendición. Los fariseos lo transformaron en una carga e hicieron al hombre esclavo de su miríada de regulaciones humanas.

[n] SEÑOR AUN DEL DÍA DE REPOSO. De nuevo, esta era una declaración innegable de deidad, y como tal incitó el enojo de los fariseos. Basado en su autoridad divina, Jesús de hecho podía rechazar las regulaciones de los fariseos concernientes al día de reposo y restaurar la intención original de Dios para la observación de ese día, que estaba supuesto a ser una bendición y no una carga.

47. Jesús sana la mano de un hombre en el día de reposo

Mt. 12:9–14; Mr. 3:1–6; Lc. 6:6–11

[LC]Aconteció[,] [MT][p]asando de allí, [LC]en otro día de reposo, [MT][él] vino a la [a]sinagoga de ellos [LC]y enseñaba[.] [MTb]Y he aquí [MR]había allí un hombre que tenía [c]seca una mano. Y le acechaban [d]para ver si en el día de reposo le sanaría, a fin de poder [e]acusarle. [MT][Y] preguntaron a Jesús, para poder acusarle: [f]¿Es lícito sanar en el día de reposo?

....

[a]SINAGOGA. Los lugares locales judíos de reunión y adoración.

[b]Y HE AQUÍ. Este es el último de los cinco episodios conflictivos (en esta sección del Evangelio de Marcos) que comenzaron en Marcos 2:1 (2:1–11; 13–17; 18–22; 23–28), y como tal, le da un sentido de clímax al antagonismo creciente entre Jesús y los líderes judíos. En este encuentro, Jesús les dio a los fariseos una ilustración viviente de la observación bíblica del día de reposo y su autoridad soberana sobre los hombres y el *día de reposo*.

[c]SECA. Esto describe la condición de parálisis o deformidad resultante de un accidente, enfermedad o defecto congénito.

[d]PARA VER SI EN EL DÍA DE REPOSO LE SANARÍA. Los escribas y fariseos vieron al hombre con la mano seca, y al tener a Cristo en medio de ellos, supieron de inmediato que sería una ocasión para la sanidad del hombre. En marcado contraste con todos los otros supuestos curanderos, Cristo no era selectivo, sino que sanaba a todos los que acudían a él (Mt. 8:16; Lc. 4:40; 6:19).

[e]ACUSARLE. Los fariseos no estaban dispuestos a aprender de Jesús, únicamente buscaban una oportunidad para acusarlo de haber violado el día de reposo, una acusación que podían traer ante el Sanedrín.

[f]¿ES LÍCITO SANAR EN EL DÍA DE REPOSO? La tradición judía prohibía la práctica de la medicina en el día de reposo, excepto en situaciones de vida o muerte. Sin embargo, ninguna ley en sí del AT prohibía la administración de medicina, la curación o cualquier otro tipo de misericordia en el día de reposo. Hacer el bien siempre es legal.

[LC]Mas él [g]conocía los pensamientos de ellos; y dijo al hombre que tenía la mano seca: Levántate, [MRh]ponte en medio[,] [LC][y] él, levantándose, se puso en pie. Entonces Jesús les dijo: Os preguntaré una cosa: [MRi]¿Es lícito en los días de reposo [j]hacer [k]bien, o hacer [l]mal; salvar la vida, o quitarla? [m]Pero ellos callaban.

[MTn]El les dijo: ¿Qué hombre habrá de vosotros, que tenga una oveja, y si ésta cayere en un hoyo en día de reposo, no le eche mano, y la levante? Pues ¿cuánto más vale un hombre que una oveja? Por consiguiente, es lícito hacer el bien en los días de reposo. [MR]Entonces, [o]mirándolos [LC]a todos [MR]alrededor con [p]enojo, entristecido por [q]la dureza de sus corazones, dijo al hombre: Extiende tu mano. Y él la extendió, y le fue restaurada sana como la otra.

---

[g] CONOCÍA. Cp. Mt. 9:4; Lc. 5:22.

[h] PONTE EN MEDIO. Jesús hizo este milagro a propósito a la vista de todos, como si quisiera demostrar su desprecio por las regulaciones de fabricación humana de los fariseos.

[i] ¿ES LÍCITO...? Una referencia a la ley mosaica. Jesús estaba forzando a los fariseos a examinar su propia tradición referente al día de reposo para ver si era coherente con la ley de Dios del AT.

[j] HACER BIEN, O HACER MAL; SALVAR LA VIDA O QUITARLA. Jesús usó una técnica común del Medio Oriente: enmarcó el tema en términos claramente definidos. La implicación obvia es que fallar en hacer el bien o salvar una vida está mal y en desacuerdo con la intención original de Dios para el día de reposo (cp. Mt. 12:20; Mr. 2:27).

[k] BIEN. Las leyes del día de reposo prohibían el trabajo lucrativo, las diversiones frívolas y todo lo ajeno a la adoración. Ser activo no era ilícito en sí mismo. Las buenas obras eran especialmente apropiadas en el día de reposo, en particular las obras de caridad, misericordia y adoración. Las obras necesarias para la preservación de la vida también eran permitidas. Corromper el día de reposo prohibiendo tales obras era una perversión del designio de Dios. Cp. Mt. 12:2, 3.

[l] MAL. Negarse a hacer el bien es equivalente a hacer el mal (Stg. 4:17).

[m] PERO ELLOS CALLABAN. Los fariseos se rehusaron a contestar a la pregunta de Jesús y al hacer esto implicaron que sus prácticas e ideas acerca del *día de reposo* eran falsas.

[n] EL LES DIJO. Jesús enfrentó a los fariseos con una pregunta que elevaba el tema en discusión de un problema legal a un problema moral.

[o] MIRÁNDOLOS A TODOS ALREDEDOR. Esto es, para darles la oportunidad de responder a su pregunta, lo cual nadie hizo como es evidente.

[p] ENOJO. Un disgusto definido hacia el pecado humano revela una naturaleza moral saludable. La reacción de Jesús fue consecuente con su naturaleza divina y probó que él era el justo Hijo de Dios. Este tipo de indignación santa hacia actitudes y prácticas pecaminosas fue más obvia cuando Jesús limpió el templo (cp. Mt. 21:12, 13; Mr. 11:15-18; Lc. 19:45-48).

[q] LA DUREZA DE SUS CORAZONES. Esta frase se refiere a la incapacidad de entender como consecuencia de una actitud de rebeldía (Sal. 95:8; Heb. 3:8, 15). El corazón de cada uno de los fariseos se estaba volviendo más y más obstinado e insensible a la verdad (cp. Mr. 16:14; Ro. 9:18).

^MT^Y salidos ^r^los fariseos, ^LCs^se llenaron de furor[.] ^MR^[Ellos] tomaron consejo con los ^t^herodianos contra él^LC^ y hablaban entre sí qué podrían hacer contra Jesús ^MR^para destruirle.

---

^r^LOS FARISEOS [...] TOMARON CONSEJO. Se negaron absolutamente a ser persuadidos por nada que dijera o hiciera Jesús (cp. Jn. 3:19), y en lugar de esto estaban determinados a matarlo. La frase griega para «tomaron consejo» (lit. «aconsejaron juntos») incluye la noción de llevar a cabo una decisión ya tomada. Los fariseos simplemente estaban discutiendo cómo implementar la suya.

^s^SE LLENARON DE FUROR. Una respuesta curiosa ante un milagro tan glorioso. Esa clase de odio irracional fue su respuesta después de haber sido humillados en público, algo que aborrecían más que cualquier cosa (cp. Mt. 23:6, 7). Fueron incapaces de contestar al razonamiento de Jesús. Y además, al sanar al hombre únicamente con un mandato, no había hecho «trabajo» alguno por el que pudieran acusarlo. Estaban desesperados por encontrar una razón para acusarlo y no pudieron hallarla. Su respuesta fue la cólera ciega.

^t^HERODIANOS. Este partido político secular, que tomó su nombre de Herodes Antipas y apoyaba fuertemente a Roma, se oponía a los fariseos en casi cualquier tema, pero estaban dispuestos a unir fuerzas con ellos porque ambos grupos deseaban desesperadamente destruir a Jesús. Cp. Mateo 22:16.

48. Jesús se retira al Mar de Galilea

Mt. 4:25; 12:15–21; Mr. 3:7–12

[MT]Sabiendo esto Jesús, se apartó de allí [MR]al mar con sus discípulos[.] [MT]Y le siguió [a]mucha gente de Galilea [y] de Judea, [MR]de Jerusalén, de [b]Idumea, [MT]de [c]Decápolis, [MR][y] [d]del otro lado del Jordán, y de los alrededores [e]de Tiro y de Sidón, oyendo cuán grandes cosas hacía, grandes multitudes vinieron a él. [Y] [f]sanaba a todos, [MT]y les encargaba rigurosamente que no le descubriesen; para que se cumpliese lo dicho por el profeta Isaías, cuando dijo:

[g]He aquí mi siervo, a quien he escogido;
Mi Amado, en quien se agrada mi alma;
Pondré mi Espíritu sobre él,
Y a los gentiles anunciará juicio.

....

[a]Mucha gente. A pesar de sus conflictos con los fariseos, Jesús siguió siendo muy popular entre las personas comunes.

[b]Idumea. Área al sureste de Judea, mencionada en el NT solo aquí y habitada por muchos edomitas (originalmente descendientes de Esaú, cp. Gn. 36:43). Para este tiempo la población era en su mayoría judía y considerada como parte de Judea.

[c]Decápolis. Una confederación de diez ciudades helenizadas ubicadas al sur de Galilea y mayormente al este del Jordán. La liga de ciudades fue formada poco tiempo después de la invasión de Pompeya a Israel (c. 64 a.c.) para preservar la cultura griega en la región semítica. Estas ciudades fueron naturalmente fortalezas gentiles.

[d]Del otro lado del Jordán. La región este del río Jordán, también llamada Perea, gobernada por Herodes Antipas. Su población comprendía una gran cantidad de judíos.

[e]De Tiro y de Sidón. Dos ciudades fenicias en la costa mediterránea, al norte de Galilea. Ambas ciudades se usaban para referirse a Fenicia en general (cp. Jer. 47:4; Jl. 3:4; Mt. 11:21; Hch. 12:20).

[f]Sanaba a todos. En toda la historia del AT no hubo nunca una época o persona que exhibiera semejante poder de sanidad. La sanidad física en el AT era poco común. Cristo escogió demostrar su deidad sanando, resucitando a los muertos y liberando a las personas de los demonios. Esto no solo mostró el poder del Mesías sobre los ámbitos físico y espiritual, sino también demostró la compasión de Dios por aquellos afectados por el pecado. Cp. Juan 11:35.

[g]He aquí mi siervo. Mt. 12:18–21 es una cita de Isaías 42:1–4, para demostrar que (al contrario de las expectativas rabínicas típicas del primer siglo) el Mesías no llegaría con planes políticos, campañas militares y gran fanfarria, sino con apacibilidad y mansedumbre, proclamando justicia incluso «a los gentiles».

[h]No contenderá, ni voceará,
Ni nadie oirá en las calles su voz.
La [i]caña cascada no quebrará,
Y el pábilo que humea no apagará,
Hasta que saque a victoria el juicio.
Y en su nombre esperarán los gentiles.

[MR]Y dijo a sus discípulos que le tuviesen siempre lista la barca, a causa del gentío, para que no le oprimiesen. Porque había sanado a muchos; de manera que por tocarle, cuantos tenían [j]plagas caían sobre él. Y los [k]espíritus inmundos, [l]al verle, se postraban delante de él, y daban voces, diciendo: [m]Tú eres el Hijo de Dios. Mas él les [n]reprendía mucho para que no le descubriesen.

....

[h]No contenderá, ni voceará. El Mesías no trataría de iniciar una revolución o de llegar de manera forzada al poder.

[i]Caña cascada [...] pábilo que humea. La caña era usada por los pastores para hacer un pequeño instrumento musical. Una vez quebrada o gastada, resultaba inútil. Una mecha ardiendo sin llama era igualmente inútil para dar luz. Ambos representan a personas que son juzgadas por el mundo como inútiles. La obra de Cristo fue para restaurar y reanimar a este tipo de personas, no para «quebrarlas» o «apagarlas». Esto habla de su tierna compasión hacia el más humilde de los perdidos. Él vino no para reunir a los fuertes para una revolución, sino para mostrar misericordia a los débiles. Cp. 1 Corintios 1:26-29.

[j]Plagas. Lit. «un látigo, un azote», traducido algunas veces como «plagas» y otras como «azotes». Describe metafóricamente varias enfermedades y dolencias físicas dolorosas y agonizantes.

[k]Espíritus inmundos. Esto se refiere a demonios (cp. Mr. 1:23; Lc. 4:41).

[l]Al verle. El tiempo del verbo griego significa que hubo muchas veces en que los demonios miraron a Jesús y contemplaron la verdad de su carácter e identidad.

[m]Tú eres el Hijo de Dios. Cp. Mr. 1:24. Los demonios afirmaron sin duda alguna la naturaleza única de Jesús, lo cual fue visto por los escritores de los Evangelios como prueba indudable de su deidad.

[n]Reprendía [...] no le descubriesen. Jesús siempre reprendió a los demonios por dar testimonio acerca de él, pues quería que sus enseñanzas y acciones proclamaran quién era y no las palabras impuras de los demonios (cp. Mr. 1:25; cp. Hch. 16:16-18). En el relato de Mateo, la advertencia de Jesús también fue dirigida a las multitudes, para que no hicieran públicas sus obras milagrosas. Probablemente Cristo estaba preocupado por el celo potencial de aquellos que tratarían de presionarlo a encajar en el molde del héroe conquistador que los expertos rabínicos habían interpretado a partir de la profecía mesiánica.

49. Jesús designa a los doce

Mr. 3:13-19a; Lc. 6:12-19

LCEn aquellos días él MRsubió al monte LCa orar, y ªpasó la noche orando a Dios. Y cuando era de día, bllamó a sus discípulos, MRca los que él quiso; y vinieron a él.

LC[Y] escogió a doce de ellos, a los cuales también llamó apóstoles[.] MRY destableció a doce, para que estuviesen con él, y para enviarlos a predicar, y que etuviesen autoridad para sanar enfermedades y para echar fuera demonios: a Simón, a quien LCtambién MRpuso por sobrenombre fPedroLC, [y] a Andrés su hermano[;] MRa Jacobo hijo de Zebedeo, y a Juan hermano de Jacobo, a quienes apellidó Boanerges,

....

ª PASÓ LA NOCHE ORANDO. Lucas muestra con frecuencia a Jesús en oración, y de manera especial antes de acontecimientos importantes en su ministerio. Cp. Lc. 3:21; 5:16; 9:18, 28, 29; 11:1; 22:32, 40-46.

b LLAMÓ A SUS DISCÍPULOS. Cp. Mt. 10:1-4. Cristo tuvo muchos discípulos. En cierto punto envió a setenta en parejas para proclamar el evangelio (Lc. 10:1), pero en esta ocasión eligió a doce y los comisionó de forma específica como apóstoles, i. e., «los enviados», con una autoridad especial para transmitir su mensaje a nombre de él (cp. Hch. 1:21, 22).

c A LOS QUE ÉL QUISO. El verbo griego «llamó» enfatiza que Jesús actuó según su propio interés soberano cuando escogió a sus doce discípulos (cp. Jn. 15:16).

d ESTABLECIÓ A DOCE. Cristo, por un acto explícito de su voluntad, formó a un grupo único de doce hombres que estarían entre sus seguidores (cp. Mt. 10:1). Este nuevo grupo constituyó la base de su Iglesia (cp. Ef. 2:20).

e TUVIESEN AUTORIDAD. Algunas veces esta palabra se traduce como «autoridad». Junto con la tarea principal de predicar, Jesús les dio a los doce el derecho a expulsar demonios (cp. Lc. 9:1).

f PEDRO. A partir de este momento (excepto en Mr. 14:37), Marcos usa este nombre para referirse a Simón, aunque esta no fue la primera vez en la que se le designó de esa manera (cp. Jn. 1:42) ni marca el completo reemplazo del nombre Simón (cp. Hch. 15:14). El nombre significa «roca», y describe el carácter y las actividades de Pedro, a saber, su posición como una piedra de fundación en el edificio de la iglesia (cp. Mt. 16:18; Ef. 2:20).

esto es, [g]Hijos del trueno; Felipe y Bartolomé, [LC]Mateo, Tomás, Jacobo hijo de Alfeo, Simón llamado [h]Zelote, [i]Judas hermano de Jacobo, y Judas [j]Iscariote, que le entregó.

Y descendió con ellos, y se detuvo en [k]un lugar llano, en compañía de sus discípulos y de una gran multitud de gente de toda Judea, de Jerusalén y de la costa de Tiro y de Sidón, que había venido para oírle, y para ser sanados de sus enfermedades; y los que habían sido atormentados de [l]espíritus inmundos eran sanados. Y toda la gente procuraba tocarle, porque [m]poder salía de él y sanaba a todos.

<hr />

[g] HIJOS DEL TRUENO. Marcos define el término arameo «Boanerges» para sus lectores gentiles. Este nombre para los dos hermanos probablemente hacía referencia a su personalidad intensa y franca (cp. Mr. 9:38; Lc. 9:54).

[h] ZELOTE. En el Evangelio de Marcos, el escritor se refiere a Simón como «Simón el cananista». Esto no indica que este Simón fuera natural de Caná. Más bien, la palabra se deriva del arameo que significa «ser celoso» y era empleada para aquellos que eran celosos de la ley. Lucas usa la palabra transliterada del término griego que significaba «el Zelote».

[i] JUDAS HERMANO DE JACOBO. En el relato de Marcos es presentado como «Tadeo». Él tiene el único nombre que no es el mismo en todos los listados de los doce del NT (cp. Mt. 10:2–4; Lc. 6:14–16; Hch. 1:13). Mateo lo llama Lebeo, con Tadeo como sobrenombre (Mt. 10:3); en Lucas y Hechos se le llama «Judas hermano de Jacobo»; y Juan 14:22 se refiere a él como «Judas (no el Iscariote)».

[j] ISCARIOTE. Este término hebreo significa «hombre de Queriot», como en Queriot-hezrón, al sur de Hebrón (Jos. 15:25).

[k] UN LUGAR LLANO. Algunos intérpretes ven este versículo (Lc. 6:17) como un paralelo de Mateo 5:1, donde Mateo escribe que Jesús estaba en un «monte». Si se adopta tal punto de vista, estos pasajes fácilmente armonizan siempre y cuando Lucas se esté refiriendo a una meseta o una planicie en la región montañosa. De hecho, existe un lugar así en el lugar cerca de Capernaum donde la tradición dice que el Sermón del Monte (que comienza en Lucas 6:20) fue presentado.

[l] ESPÍRITUS INMUNDOS. Otro nombre para los demonios que se emplea diez veces en los Evangelios.

[m] PODER SALÍA DE ÉL. Cp. Marcos 5:30; Lc. 8:45, 46.

50. El sermón del monte: *justicia verdadera y bendición divina*

Mt. 5:1–16; Lc. 6:19–26

^{MT}Viendo la multitud, subió al monte; y ^asentándose, vinieron a él sus discípulos. ^{LC}Y ^balzando los ojos hacia sus discípulos ^{MT}[y] ^cabriendo su boca les enseñaba, diciendo:

^dBienaventurados los ^epobres en espíritu, porque ^fde ellos es el reino de los cielos.

....

^a SENTÁNDOSE. Esta era la postura normal que adoptaban los rabinos mientras enseñaban (cp. Mt. 13:1, 2; 26:55; Mr. 4:1; 9:35; Lc. 5:3; Jn. 6:3; 8:2).

^b ALZANDO LOS OJOS. Lucas usa estas palabras para introducir su relato del sermón de Cristo. Es impresionante la similitud con el Sermón del Monte (Mt. 5:1—7:29). Claro que es posible que Jesús haya predicado el mismo sermón en más de una ocasión. (Es evidente que él frecuentemente utilizó el mismo material más de una vez, p. ej., Lc. 12:58, 59; cp. Mateo 5:25, 26). No obstante, es más probable que estos sean relatos con variantes del mismo suceso. La versión de Lucas es un poco abreviada porque él omitió secciones del sermón que se aplican de forma única a los judíos (en particular la exposición de la ley por parte de Cristo). Aparte de esto, ambos sermones siguen con exactitud el mismo flujo de ideas y comienzan con las Bienaventuranzas para terminar con la parábola acerca de construir sobre la roca firme. Las diferencias en ciertas palabras entre los dos relatos se deben sin duda al hecho de que la pronunciación original del sermón se hizo en arameo. Lucas y Mateo traducen al griego con variaciones sutiles. Por supuesto, ambas traducciones son inspiradas por igual y tienen la misma autoridad.

^c ABRIENDO SU BOCA LES ENSEÑABA. El Sermón del Monte (Mt. 5:1—7:29) introduce una serie de cinco importantes discursos registrados en Mateo. Este sermón es una exposición maestra de la ley y un potente asalto al legalismo farisaico, cerrando con un llamado a la fe y la salvación verdaderas (Mt. 7:13–29). Cristo expuso el pleno significado de la ley demostrando que ella demanda lo que era humanamente imposible (cp. Mt. 5:48). Este es el uso apropiado de la ley con respecto a la salvación: cierra cualquier posible ruta de méritos humanos y deja a los pecadores dependiendo absolutamente de nada más que la gracia divina para la salvación (cp. Ro. 3:19, 20; Gá 3:23, 24). Cristo llegó hasta lo más profundo de la ley demostrando que sus demandas verdaderas iban más allá del significado superficial de las palabras (Mt. 5:28, 39, 44) y fijó un estándar más elevado que el que habían llegado a entender los más diligentes estudiantes de la ley (Mt. 5:20).

^d BIENAVENTURADOS. La palabra significa literalmente «feliz, afortunado, dichoso». Se refiere aquí a algo más que una emoción superficial. Jesús estaba describiendo el bienestar divinamente concedido que solo pertenece a los fieles. Las Bienaventuranzas demuestran que el camino a las bendiciones celestiales es contrario al camino mundano normalmente seguido en búsqueda de la felicidad. La idea del mundo es que la felicidad se encuentra en las riquezas, la alegría, la abundancia, el tiempo libre y cosas semejantes. La verdad es totalmente opuesta. Las Bienaventuranzas ofrecen la descripción de Jesús del carácter de la verdadera fe.

^e POBRES EN ESPÍRITU. Lo opuesto a la autosuficiencia. Se refiere a la profunda humildad de reconocer la absoluta bancarrota espiritual de uno mismo apartado de Dios. Esto describe a aquellos que están agudamente conscientes de su estado de perdición y carencia de esperanza fuera de la gracia divina (cp. Mt. 9:12; Lc. 18:13).

^f DE ELLOS ES EL REINO DE LOS CIELOS. Note que la verdad de la salvación por la gracia es claramente presupuesta en este primer versículo del Sermón del Monte. Jesús estaba enseñando que el reino es un regalo de gracia para aquellos que perciben su propia pobreza de espíritu.

LCBienaventurados gvosotros los pobres, porque vuestro es el reino de Dios.

MTBienaventurados hlos que lloran, porque ellos recibirán consolación.

LCBienaventurados los que ahora lloráis, porque reiréis.

MTBienaventurados ilos mansos, porque ellos recibirán la tierra por heredad.

LCBienaventurados los que ahora tenéis jhambre MTy sed de justicia, LCporque seréis saciados.

MTBienaventurados los misericordiosos, porque ellos kalcanzarán misericordia.

Bienaventurados los de limpio corazón, porque ellos lverán a Dios.

Bienaventurados los mpacificadores, porque ellos serán llamados hijos de Dios.

Bienaventurados nlos que padecen persecución por causa de la justicia, porque de ellos es el reino de los cielos.

LCBienaventurados seréis cuando los hombres os aborrezcan MTy os persigan, LCy cuando os aparten de sí, y os vituperen, y desechen vuestro nombre como malo, MTy digan toda clase de mal contra vosotros, mintiendo, LCopor causa del Hijo del Hombre.

....

g VOSOTROS LOS POBRES. El relato de Lucas de las Bienaventuranzas es abreviado (cp. Mt. 5:3–12). Él enlista únicamente cuatro y las equilibra con cuatro ayes paralelos. Aquí Lucas empleó un pronombre personal («vosotros»), mientras que en Mateo 5:3 se emplea un artículo definido («los»). Lucas recalca el sentido tierno y personal de las palabras de Cristo. Una comparación de ambos pasajes revela que Cristo hablaba sobre algo más significativo que la simple pobreza o riqueza material. La pobreza de que se habla aquí se refiere ante todo al sentido del empobrecimiento espiritual de cada persona.

h LOS QUE LLORAN. Esto se refiere a llorar por el pecado, a la tristeza piadosa que produce el arrepentimiento que lleva a la salvación sin lamento (2 Co. 7:10). La «consolación» es la consolación del perdón y la salvación (cp. Is. 40:1, 2).

i LOS MANSOS. La mansedumbre es lo opuesto a estar fuera de control. No es debilidad, sino un autocontrol supremo dado por el Espíritu (cp. Gá 5:23). El hecho de que los mansos «recibirán la tierra por heredad» es tomado del Salmo 37:11.

j HAMBRE Y SED DE JUSTICIA. Esto es lo opuesto a las pretensiones de superioridad moral de los fariseos. Se refiere a aquellos que buscan la justicia de Dios en lugar de intentar establecer una justicia propia (Ro. 10:3; Fil. 3:9). Lo que ellos buscan los llenará, es decir, satisfará su hambre y sed de una relación correcta con Dios.

k ALCANZARÁN MISERICORDIA. Lo opuesto también es verdad. Cp. Santiago 2:13.

l VERÁN A DIOS. No solamente con la percepción de la fe, sino en la gloria celestial. Cp. Hebreos 12:14; Apocalipsis 22:3, 4.

m PACIFICADORES. Vea Mt. 5:44, 45 para más acerca de esta cualidad.

n LOS QUE PADECEN PERSECUCIÓN. Cp. Santiago 5:10, 11; 1 Pedro 4:12–14.

o POR CAUSA DEL HIJO DEL HOMBRE. La persecución en sí no es algo que deba procurarse, pero cuando se dicen falsedades sobre un cristiano y por causa de Cristo (Mt. 5:11), esa clase de persecución viene acompañada de la bendición de Dios.

Gozaos en aquel día, [MT]y alegraos, [LC]porque he aquí vuestro galardón es grande en los cielos; porque así hacían sus padres[,] [MT]persiguieron a los profetas que fueron antes de vosotros.

[LC]Mas ¡ay de vosotros, ricos! porque ya tenéis vuestro consuelo.

¡Ay de vosotros, los que ahora estáis saciados! porque tendréis hambre. ¡Ay de vosotros, los que ahora reís! porque lamentaréis y lloraréis.

¡Ay de vosotros, cuando todos los hombres hablen bien de vosotros! porque así hacían sus padres con los falsos profetas.

[MT]Vosotros sois la sal de la tierra; pero [P]si la sal se desvaneciere, ¿con qué será salada? No sirve más para nada, sino para ser echada fuera y hollada por los hombres.

Vosotros sois la luz del mundo; una ciudad asentada sobre un monte no se puede esconder. Ni se enciende una luz y se pone debajo de un almud, sino sobre el candelero, y alumbra a todos los que están en casa. [q]Así alumbre vuestra luz delante de los hombres, para que vean vuestras buenas obras, y glorifiquen a vuestro Padre que está en los cielos.

....

[P] Si la sal se desvaneciere, ¿con qué será salada? La sal es tanto un preservativo como un sazonador. No hay duda de que el uso primordial que tiene en mente Jesús es el de preservante. La sal pura no puede perder su sabor o efectividad, pero la sal que es común en el área del Mar Muerto está contaminada con yeso y otros minerales y puede tener un sabor pobre o ser ineficaz para preservar. La sal mineral de este tipo era útil tan solo para mantener las calzadas libres de vegetación.

[q] Así alumbre vuestra luz. Una vida piadosa brinda testimonio convincente del poder salvador de Dios. Esta lo glorifica. Cp. 1 Pedro 2:12.

51. El sermón del monte: *justicia verdadera y moralidad externa*

Mt. 5:17–48; Lc. 6:27–30, 32–36

^{MT}No penséis que he venido ^apara abrogar la ley o los profetas; no he venido para abrogar, sino para ^bcumplir. Porque de cierto os digo que ^chasta que pasen el cielo y la tierra, ni ^duna jota ni una tilde pasará de la ley, hasta que todo se haya cumplido. De manera que cualquiera que quebrante uno de estos mandamientos muy pequeños, y así enseñe a los hombres, ^emuy pequeño será llamado en el reino de los cielos; mas cualquiera que los haga y los enseñe, éste será llamado grande en

....

^a PARA ABROGAR. No debemos pensar que la enseñanza de Jesús en este pasaje buscaba alterar, abrogar o reemplazar la moral contenida en la ley del AT. Él no estaba dando una nueva ley ni tampoco modificando la antigua, más bien explicaba el verdadero significado del contenido moral de la ley de Moisés y el resto del AT. «La ley y los profetas» se refiere a las Escrituras del AT por completo, no a las interpretaciones rabínicas de ellas.

^b CUMPLIR. Esto habla de cumplimiento en el mismo sentido en el que la profecía es cumplida. Cristo estaba indicando que él es el cumplimiento de la ley en todos sus aspectos. Él cumplió la ley moral al guardarla perfectamente. Cumplió la ley ceremonial al ser la encarnación de todo aquello a lo que los tipos y símbolos de la ley apuntaban. Cumplió también la ley judicial personificando la justicia perfecta de Dios (cp. Mt. 12:18, 20).

^c HASTA QUE PASEN EL CIELO Y LA TIERRA [...] HASTA QUE TODO SE HAYA CUMPLIDO. Aquí Cristo enfatizó tanto la inspiración como la permanente autoridad de las Escrituras. Él estaba afirmando específicamente la absoluta inerrancia y completa autoridad del AT como la Palabra de Dios, hasta la más pequeña jota y tilde. Nuevamente esto nos sugiere que el NT no debe ser visto como un reemplazo o anulación del AT, sino como cumplimiento y explicación de este. Por ejemplo, todos los requisitos ceremoniales de la ley mosaica fueron cumplidos en Cristo y ya no hay necesidad de que sean cumplidos por los cristianos (Col. 2:16, 17). Sin embargo, ni una jota ni una tilde son borradas; las verdades tras esas Escrituras, y de hecho los misterios tras ellas, son ahora revelados en la brillante luz del evangelio. Lo que Jesús está tratando de expresar aquí es que nada ha pasado, sino que más bien todo aspecto de la ley ha sido cumplido en él.

^d UNA JOTA [...] UNA TILDE. Una «jota» se refiere a la letra más pequeña del alfabeto hebreo, la *yohd*, la cual es un trazo delgado de la pluma, como un acento ortográfico o un apóstrofe. La «tilde» es una diminuta extensión en una letra hebrea, semejante a los trazos decorativos en los tipos de letra modernos.

^e MUY PEQUEÑO SERÁ LLAMADO [...] SERÁ LLAMADO GRANDE. La consecuencia de practicar o enseñar la desobediencia de cualquier parte de la Palabra de Dios es ser llamado muy pequeño en el reino de los cielos (cp. Stg. 2:10). La determinación de rango en el reino de los cielos es la prerrogativa de Dios en su totalidad (cp. Mt. 20:23), y Jesús declara que él tendrá en el menor grado de estima a aquellos que tienen en el menor grado de estima su Palabra. No hay impunidad para los creyentes que desobedecen, desacreditan o menosprecian la ley de Dios (cp. 2 Co. 5:10). Jesús no se refiere a la pérdida de la salvación, lo cual es claro a partir del hecho de que aunque los ofensores serán llamados muy pequeños, aún estarán en el reino de los cielos. El resultado positivo es que toda persona que guarda y enseña la Palabra de Dios será llamada grande en el reino de los cielos. Una vez más aquí Jesús menciona los dos aspectos de hacer y enseñar. Los ciudadanos del reino deben cumplir toda parte de la ley de Dios tanto en su vida como en su enseñanza.

el reino de los cielos. Porque os digo que ᶠsi vuestra justicia no fuere mayor que la de los escribas y fariseos, ᵍno entraréis en el reino de los cielos.

ʰOísteis que fue dicho a los antiguos: No matarás; y cualquiera que matare será culpable de juicio. Pero yo os digo que cualquiera que se enoje contra su hermano, será culpable de juicio; y cualquiera que diga: ⁱNecio, a su hermano, será culpable ante el concilio; y cualquiera que le diga: Fatuo, quedará expuesto al ʲinfierno de fuego. Por tanto, si traes tu ofrenda al altar, y allí te acuerdas de que tu hermano tiene algo contra ti, deja allí tu ofrenda delante del altar, y anda, reconcíliate primero con tu hermano, y entonces ven y presenta tu ofrenda. Ponte ᵏde acuerdo con tu ˡadversario pronto, entre tanto que estás con él en el camino, no sea que el adversario te entregue al juez, y el juez al alguacil, y seas echado en la ᵐcárcel. De cierto te digo que no saldrás de allí, hasta que pagues el último cuadrante.

Oísteis que fue dicho: ⁿNo cometerás adulterio. Pero yo os digo que cualquiera que mira a una mujer para codiciarla, ya adulteró con ella en su corazón. Por tanto,

---

ᶠ SI VUESTRA JUSTICIA NO FUERE MAYOR QUE LA DE LOS ESCRIBAS Y FARISEOS. Por un lado, Jesús estaba llamando a sus discípulos a una santidad más profunda y radical que la de los fariseos. El fariseísmo tendía a suavizar las demandas de la ley al hacer énfasis solamente en la obediencia externa. En los versículos siguientes, Jesús expone el significado moral completo de la ley, y demuestra que la justicia que la ley exige envuelve una conformidad interna al espíritu de la ley, más que una simple conformidad externa con la letra.

ᵍ NO ENTRARÉIS EN EL REINO DE LOS CIELOS. Por otro lado, esto establece una barrera imposible de cruzar para la salvación por obras. Las Escrituras enseñan repetidamente que los pecadores son capaces solo de una justicia defectuosa e imperfecta (por ej., Is. 64:6). Por lo tanto, la única justicia mediante la cual los pecadores pueden ser justificados es la justicia perfecta de Dios que es imputada a aquellos que creen (Gn. 15:6; Ro. 4:5).

ʰ OÍSTEIS QUE FUE DICHO [...] PERO YO OS DIGO. Cp. Mt. 5:27, 31, 33, 38, 43. Las citas son de Éxodo 20:13; Deuteronomio 5:17. Jesús no estaba alterando los términos de la ley en ninguno de estos pasajes. Por el contrario, estaba corrigiendo lo que ellos habían «oído», la comprensión rabínica de la ley.

ⁱ NECIO. Literalmente «cabeza hueca». Jesús sugiere aquí que el abuso verbal se origina a partir de los mismos motivos pecaminosos (ira y odio) que conducen en última instancia al asesinato. La actitud interna es lo que en realidad prohíbe la ley, y por lo tanto un insulto abusivo lleva el mismo tipo de culpabilidad moral que un acto de asesinato.

ʲ INFIERNO. Una referencia al valle de Hinom, al suroeste de Jerusalén. Acaz y Manasés permitieron los sacrificios humanos ahí durante sus reinados (2 Cr. 28:3; 33:6), por lo que este fue llamado «Valle de la Matanza» (Jer. 19:6). En tiempos de Jesús era un basurero donde el fuego ardía continuamente, siendo así un símbolo apropiado del fuego eterno.

ᵏ DE ACUERDO [...] PRONTO. Jesús llama a buscar de manera ávida, enérgica y rápida la reconciliación, incluso si es necesario el autosacrificio. Es preferible ser la parte dañada que permitir que una disputa entre hermanos deshonre a Cristo (1 Co. 6:7).

ˡ ADVERSARIO. Esto habla del adversario de uno en un caso legal.

ᵐ CÁRCEL. La prisión del deudor, donde la persona podía trabajar para pagar lo que hubiera defraudado.

ⁿ NO COMETERÁS ADULTERIO. Citado de Éxodo 20:14; Deuteronomio 5:18.

si tu ojo derecho te es ocasión de caer, °sácalo, y échalo de ti; pues mejor te es que se pierda uno de tus miembros, y no que todo tu cuerpo sea echado al infierno. Y si tu mano derecha te es ocasión de caer, córtala, y échala de ti; pues mejor te es que se pierda uno de tus miembros, y no que todo tu cuerpo sea echado al infierno.

ᵖTambién fue dicho: Cualquiera que repudie a su mujer, dele carta de divorcio. Pero yo os digo que el que repudia a su mujer, ᵠa no ser por causa de fornicación, ʳhace que ella adultere; y el que se casa con la repudiada, comete adulterio.

Además habéis oído que fue dicho a los antiguos: ˢNo perjurarás, sino cumplirás al Señor tus juramentos. Pero yo os digo: ᵗNo juréis en ninguna manera; ni por el cielo, porque es el trono de Dios; ni por la tierra, porque es el estrado de sus pies; ni por Jerusalén, porque es la ciudad del gran Rey. Ni por tu cabeza jurarás, porque no puedes hacer blanco o negro un solo cabello. Pero sea vuestro hablar: Sí, sí; no, no; porque lo que es más de esto, de mal procede.

°SÁCALO, Y ÉCHALO DE TI. Jesús no estaba abogando aquí por la automutilación (ya que esto no curaría la lujuria, la cual es realmente un problema del corazón). Él estaba usando esta hipérbole gráfica para demostrar la seriedad del pecado de la lujuria y el deseo perverso. El punto es que sería «mejor» (Mt. 5:30) perder uno de los miembros del cuerpo que sufrir las consecuencias eternas de la culpabilidad de un pecado como este. El pecado debe ser enfrentado drásticamente, porque sus efectos son letales.

ᵖTAMBIÉN FUE DICHO. Cp. Dt. 24:1-4 Los rabinos se habían tomado libertades en relación con lo que las Escrituras decían en verdad. Ellos se referían a Deuteronomio 24:1-4 como si hubiera sido dado meramente para regular el papeleo cuando alguien solicitaba el divorcio (cp. Mt. 19:7-9). De esta manera, habían concluido erróneamente que el hombre podía divorciarse de su mujer por cualquier cosa que le molestara, siempre y cuando le diera una «carta de divorcio». Sin embargo, Moisés proveyó esto como una concesión para proteger a la mujer que era divorciada, y no para justificar o legalizar el divorcio bajo cualquier circunstancia.

ᵠA NO SER POR CAUSA DE FORNICACIÓN. El divorcio estaba permitido en los casos de adulterio. Lucas 16:18 debe ser entendido a la luz de este versículo.

ʳHACE QUE ELLA ADULTERE. La suposición es que las personas divorciadas se volverán a casar. Si el divorcio no fue por inmoralidad sexual, cualquier nuevo casamiento es en realidad adulterio, porque Dios no reconoce el divorcio. Cp. 1 Co. 7:15.

ˢNO PERJURARÁS. Esto expresa la enseñanza de Levítico 19:12; Números 30:2; Deuteronomio 23:21, 23.

ᵗNO JURÉIS EN NINGUNA MANERA. Cp. Santiago 5:12. Esto no debe entenderse como una condenación universal de los juramentos en todas las circunstancias. Dios mismo confirmó una promesa con un juramento (Heb. 6:13-18; cp. Hch. 2:30). Cristo mismo habló bajo juramento (Mt. 26:63, 64). Y la ley prescribe juramentos en ciertas circunstancias (p. ej., Nm. 5:19, 21; 30:2, 3). Lo que Cristo está prohibiendo aquí es el uso frívolo, profano y descuidado de los juramentos en el hablar de cada día. En aquella cultura, juramentos de este tipo eran frecuentemente empleados para propósitos engañosos. A fin de hacer creer a la persona timada que lo que se estaba diciendo era cierto, los judíos podían llegar a jurar por «el cielo», «la tierra», «Jerusalén» o su propia «cabeza», pero no por Dios, para evitar el juicio divino a causa de sus mentiras. No obstante, todo lo que nombraban era parte de la creación de Dios, así que implicaban al Señor haciéndose igualmente culpables ante él, como si el juramento hubiera sido hecho en su nombre. Jesús sugiere que todo nuestro hablar debe ser como si estuviéramos bajo juramento para decir la verdad.

Oísteis que fue dicho: ^UOjo por ojo, y diente por diente. Pero yo os digo: ^YNo resistáis al que es malo; antes, a cualquiera que te hiera en la mejilla derecha, ^{LC}preséntale también la otra; ^{MT}y al que quiera ponerte a pleito y quitarte la túnica, déjale también la capa; ^{LC}y al que te quite la capa, ni aun la túnica le niegues. ^{MT}[Y] a cualquiera que te ^Wobligue a llevar carga por una milla, ve con él dos. ^{LC}A cualquiera que te pida, dale; ^{MT}y al que quiera tomar de ti prestado, no se lo rehúses^{LC}; y al que tome lo que es tuyo, no pidas que te lo devuelva.

^{MT}Oísteis que fue dicho: ^XAmarás a tu prójimo, y aborrecerás a tu enemigo. Pero yo^{LC}[,] a vosotros los que oís, os digo: ^YAmad a vuestros enemigos^{MT}, bendecid a los que os maldicen, haced bien a los que os aborrecen, y orad por los que os ultrajan y os persiguen; para que seáis hijos de vuestro Padre que está en los cielos, que hace salir su sol sobre malos y buenos, y que hace llover sobre justos e injustos. Porque si amáis a los que os aman, ¿qué recompensa tendréis? ^{LC}¿[Q]ué mérito tenéis? ^{MT}¿No hacen también lo mismo los ^Zpublicanos? ^{LC}Porque también los pecadores hacen lo mismo. ^{MT}Y si saludáis a vuestros hermanos solamente, ¿qué hacéis de más? ¿No hacen también así los gentiles? ^{LC}Y si hacéis bien a los que os hacen bien, ¿qué mérito tenéis? Porque también los pecadores hacen lo mismo.

....

^UOJO POR OJO. La ley establecía este estándar como un principio para limitar el castigo merecido a lo que fuera justo (Éx. 21:24; Lv. 24:20; Dt. 19:21). Su intención era asegurar que el castigo en casos civiles fuera el adecuado según el crimen. Nunca se tuvo en mente justificar actos de venganza personal. Nuevamente, Jesús no hace ninguna alteración al verdadero significado de la ley. Él estaba simplemente explicando y afirmando el verdadero significado de la misma.

^YNO RESISTÁIS AL QUE ES MALO. Como en Mt. 5:38, esto solo se refiere a asuntos de venganza personal, no a delitos criminales o actos de agresión militar. Jesús aplica este principio de no venganza para lidiar con aquellos que atentan contra la dignidad de uno (Mt. 5:39), los pleitos para recobrar nuestras pertenencias (v. 40), quienes tratan de limitar nuestra libertad personal (v. 41) y la violación de los derechos de propiedad (v. 42). Él estaba llamando a una completa renuncia a todos nuestros derechos personales.

^WOBLIGUE. La palabra habla de coerción o fuerza. La ilustración del NT de esto es cuando los soldados romanos «obligaron» a Simón de Cirene a cargar la cruz de Jesús (Mt. 27:32).

^XAMARÁS A TU PRÓJIMO, Y ABORRECERÁS A TU ENEMIGO. La primera parte de esto se encuentra en la ley de Moisés (Lv. 19:18). La segunda parte proviene de la forma en la que los escribas y fariseos explicaban y aplicaban ese mandato del AT. La aplicación de Jesús era exactamente la opuesta, resultando en un estándar mucho más elevado: Amar a nuestro prójimo debía extenderse también a aquel prójimo que fuera nuestro enemigo (Mt. 5:44). De nuevo, esta no era una innovación, puesto que inclusive el AT enseñaba que el pueblo de Dios debía hacer bien a sus enemigos (Pr. 25:21).

^YAMAD A VUESTROS ENEMIGOS [...] PARA QUE SEÁIS HIJOS DE VUESTRO PADRE. Esto claramente enseña que el amor de Dios se extiende aun a sus enemigos. Este amor universal de Dios es manifestado en bendiciones que Dios otorga a todos indiscriminadamente. Los teólogos se refieren a esto como la gracia común, la cual debe distinguirse del amor eterno que Dios ejerce hacia el elegido (Jer. 31:3), pero es un bienestar sincero de todas formas (cp. Sal. 145:9).

^ZPUBLICANOS. Israelitas desleales contratados por los romanos para cobrar los impuestos de los demás judíos para beneficio propio. Llegaron a ser símbolo de la peor clase de personas. Cp. Mt. 9:10, 11; 11:19; 18:17; 21:31; Marcos 2:14–16; Lucas 5:30; 7:25, 29, 34; 18:11–13. Mateo había sido uno de ellos (cp. Mt. 9:9; Mr. 2:15).

Y si prestáis a aquellos de quienes esperáis recibir, ¿qué mérito tenéis? Porque también los pecadores prestan a los pecadores, para recibir otro tanto. Amad, pues, a vuestros enemigos, y haced bien, y prestad, no esperando de ello nada; y será vuestro galardón grande, y seréis [aa]hijos del Altísimo; porque él es benigno para con los ingratos y malos. Sed, pues, misericordiosos, como también vuestro Padre es misericordioso.

[MT][bb]Sed, pues, vosotros perfectos, como vuestro Padre que está en los cielos es perfecto.

....

[aa] HIJOS DEL ALTÍSIMO. Esto es, los hijos de Dios deberían portar la estampa indeleble de su carácter moral. Puesto que él es amoroso, generoso y lleno de gracia aun para con aquellos que son sus enemigos, nosotros deberíamos ser como él. Cp. Ef. 5:1, 2.

[bb] SED, PUES, VOSOTROS PERFECTOS. Cristo fija un estándar inalcanzable. Esto resume lo que la ley en sí misma demanda (Stg. 2:10). Aunque este estándar es imposible de alcanzar, Dios no podría rebajarlo sin comprometer su propia perfección. Él, que es perfecto, no podría fijar un estándar imperfecto de justicia. La maravillosa verdad del evangelio es que Cristo ha alcanzado esta perfección en nuestro beneficio (2 Co. 5:21).

52. El sermón del monte: *justicia verdadera y religión práctica*

Mt. 6:1–18

[MTa]Guardaos de hacer vuestra justicia delante de los hombres, para ser vistos de ellos; de otra manera no tendréis recompensa de vuestro Padre que está en los cielos. Cuando, pues, des limosna, no hagas tocar trompeta delante de ti, como hacen los [b]hipócritas en las sinagogas y en las calles, para ser alabados por los hombres; de cierto os digo que ya [c]tienen su recompensa. Mas cuando tú des limosna, no sepa tu izquierda lo que hace tu derecha, para que sea tu limosna en secreto; y tu Padre que [d]ve en lo secreto te recompensará en público.

Y cuando ores, no seas como los hipócritas; porque ellos aman el orar en pie en las sinagogas y en las esquinas de las calles, para ser vistos de los hombres; de cierto os digo que ya tienen su recompensa. Mas tú, cuando ores, entra en tu aposento, y cerrada la puerta, ora a tu Padre que está en secreto; y tu Padre que ve en lo secreto te recompensará en público. Y orando, no uséis [e]vanas repeticiones, como los gentiles, que piensan que por su palabrería serán oídos.

No os hagáis, pues, semejantes a ellos; porque vuestro Padre sabe de qué cosas tenéis necesidad, antes que vosotros le pidáis. Vosotros, pues, [f]oraréis así: Padre

....

[a] GUARDAOS. En esta sección, Cristo amplía el pensamiento de Mt. 5:20, mostrando cómo la justicia de los fariseos era deficiente al exhibir la hipocresía de ellos en lo referente a las «limosnas» (Mt. 6:1–4); la «oración» (vv. 5–15); y el «ayuno» (vv. 16–18). Todos estos actos debían ser supuestamente una adoración ofrecida a Dios, nunca despliegues de superioridad moral para ganar la admiración de otros.

[b] HIPÓCRITAS. Esta palabra tiene su origen en el teatro griego, describiendo al personaje que usaba una máscara. El término, como es usado en el NT, normalmente describe a una persona no regenerada que se engaña a sí misma.

[c] TIENEN SU RECOMPENSA. Su recompensa fue haber sido vistos por los hombres, nada más. Dios no recompensa la hipocresía, pero sí la castiga (cp. Mt. 23:13–23).

[d] VE EN LO SECRETO. Cp. Pr. 15:3; Jeremías 17:10; Hebreos 4:13. Dios es omnisciente.

[e] VANAS REPETICIONES. Las oraciones no deben ser meramente recitadas, ni nuestras palabras repetidas de manera irreflexiva, como si fueran fórmulas automáticas. Sin embargo, esta no es una prohibición contra la importunidad.

[f] ORARÉIS ASÍ. Cp. Lucas 11:2–4, donde Cristo da una instrucción similar en una ocasión diferente. La oración es un modelo, no una simple liturgia. Es notable por su brevedad, simplicidad y lo exhaustiva que es. De las seis peticiones, tres están dirigidas a Dios (Mt. 6:9, 10) y tres están relacionadas con las necesidades humanas (vv. 11–13).

nuestro que estás en los cielos, santificado sea tu nombre. Venga tu reino. ᵍHágase tu voluntad, como en el cielo, así también en la tierra. El pan nuestro de cada día, dánoslo hoy. Y ʰperdónanos nuestras deudas, como también nosotros perdonamos a nuestros deudores. Y ⁱno nos metas en tentación, mas líbranos del mal; porque tuyo es el reino, y el poder, y la gloria, por todos los siglos. Amén.

Porque si perdonáis a los hombres sus ofensas, os perdonará también a vosotros vuestro Padre celestial; mas si no perdonáis a los hombres sus ofensas, ʲtampoco vuestro Padre os perdonará vuestras ofensas.

ᵏCuando ayunéis, no seáis austeros, como los hipócritas; porque ellos demudan sus rostros para mostrar a los hombres que ayunan; de cierto os digo que ya tienen su recompensa. Pero tú, cuando ayunes, unge tu cabeza y lava tu rostro, para no mostrar a los hombres que ayunas, sino a tu Padre que está en secreto; y tu Padre que ve en lo secreto te recompensará en público.

....

ᵍ Hágase tu voluntad. Toda oración, en primer lugar, se somete a los propósitos, planes y gloria de Dios. Cp. Mt. 26:39.

ʰ Perdónanos nuestras deudas. El pasaje paralelo (Lc. 11:4) usa una palabra que significa «pecados», por lo que en contexto se tiene en mente las deudas espirituales. Los pecadores están en deuda con Dios por haber violado sus leyes (cp. Mt. 18:23–27). Esta petición es el núcleo central de la oración; es lo que Jesús enfatiza en las palabras que siguen inmediatamente a la oración (Mt. 6:14, 15; cp. Mr. 11:25).

ⁱ No nos metas en tentación. Cp. Lucas 22:40. Dios no tienta a los hombres (Stg. 1:13), pero sí los somete a pruebas que pueden exponerlos a los ataques de Satanás, como sucedió con Job y Pedro (Lc. 22:31, 32). Esta petición refleja el deseo del creyente de evitar por completo los peligros del pecado. Dios conoce nuestras necesidades antes de que se las contemos (v. 8) y promete que ninguno será tentado más allá de lo que pueda soportar. También promete una vía de escape, frecuentemente por medio de soportar (1 Co. 10:13). No obstante, aun así, la actitud apropiada del creyente es la que se expresa en esta petición.

ʲ Tampoco vuestro Padre os perdonará vuestras ofensas. Esto no quiere decir que Dios revocará la justificación de aquellos que ya han recibido el perdón gratuito que él extiende a todos los creyentes. El perdón en ese sentido, una completa y permanente liberación de la culpabilidad y el castigo definitivos por el pecado, pertenece a todos los que están en Cristo (cp. Jn. 5:24; Ro. 8:1; Ef. 1:7). Sin embargo, las Escrituras también enseñan que Dios castiga a sus hijos que desobedecen (Heb. 12:5–7). Los creyentes deben confesar sus pecados para obtener una limpieza diaria (1 Jn. 1:9). Este tipo de perdón es un simple lavado de las contaminaciones mundanas del pecado, no una repetición de la limpieza general de la corrupción del pecado que viene con la justificación. Es como un lavado de los pies en lugar de un baño (cp. Jn. 13:10). El perdón en este último sentido es lo que Dios amenaza retener a los cristianos que se rehúsan a perdonar a otros (cp. Mt. 18:23–35).

ᵏ Cuando ayunéis. Esto indica que se asume que el ayuno es una parte normal de la vida espiritual de uno (cp. 1 Co. 7:5). El ayuno está asociado con la tristeza (Mt. 9:14, 15), la oración (17:21), la caridad (Is. 58:3–6) y la búsqueda de la voluntad del Señor (Hch. 13:2–3; 14:23).

53. El sermón del monte: *justicia verdadera y cosas mundanas*

Mt. 6:19–34

[MT]No os hagáis [a]tesoros en la tierra, donde la polilla y el orín corrompen, y donde ladrones minan y hurtan; sino haceos tesoros en el cielo, donde ni la polilla ni el orín corrompen, y donde ladrones no minan ni hurtan. Porque donde esté vuestro tesoro, allí estará también vuestro corazón.

[b]La lámpara del cuerpo es el ojo; así que, si tu ojo es bueno, todo tu cuerpo estará lleno de luz; pero si tu ojo es maligno, todo tu cuerpo estará en tinieblas. Así que, si la luz que en ti hay es tinieblas, ¿cuántas no serán las mismas tinieblas?

Ninguno puede servir a dos señores; porque o aborrecerá al uno y amará al otro, o estimará al uno y menospreciará al otro. No podéis servir a Dios y a las [c]riquezas.

Por tanto os digo: No os afanéis por vuestra vida, qué habéis de comer o qué habéis de beber; ni por vuestro cuerpo, qué habéis de vestir. ¿No es la vida más que el alimento, y el cuerpo más que el vestido? Mirad las aves del cielo, que no siembran, ni siegan, ni recogen en graneros; y [d]vuestro Padre celestial las alimenta. ¿No valéis vosotros mucho más que ellas? ¿Y quién de vosotros podrá, por mucho que se afane, [e]añadir a su estatura un codo?

---

[a] TESOROS. No debemos acumular riquezas terrenales. Él recomienda el uso de los recursos financieros para propósitos que sean celestiales y eternos. Cp. Lucas 16:1–9.

[b] LA LÁMPARA DEL CUERPO. Este es un argumento de lo menor a lo mayor. La analogía es simple. Si tu ojo es malo, ninguna luz puede entrar y te encuentras en oscuridad a causa de esa enfermedad. Mucho peor cuando el problema no se relaciona meramente con la percepción física externa, sino con una corrupción interna de la naturaleza completa de uno, de tal manera que la oscuridad de hecho emana desde adentro y afecta todo el ser. Él estaba acusándolos por su religión terrenal superficial que dejó sus corazones oscuros. Cp. Lucas 11:34.

[c] RIQUEZAS. Tesoros terrenales, materiales, especialmente dinero. Cp. Lucas 16:13.

[d] VUESTRO PADRE CELESTIAL LAS ALIMENTA. Obviamente esto de ninguna manera promueve una pecaminosa ociosidad (Pr. 19:15). Las aves tampoco son ociosas, pero es Dios quien les provee el alimento para comer.

[e] AÑADIR A SU ESTATURA UN CODO. La frase griega puede referirse también a añadir tiempo a la vida de uno.

Y por el vestido, ¿por qué os afanáis? Considerad los lirios del campo, cómo crecen: no trabajan ni hilan; pero os digo, que ni aun [f]Salomón con toda su gloria se vistió así como uno de ellos. Y si la hierba del campo que hoy es, y mañana se echa en el horno, Dios la viste así, ¿no hará mucho más a vosotros, [g]hombres de poca fe?

No os afanéis, pues, diciendo: ¿Qué comeremos, o qué beberemos, o qué vestiremos? Porque los [h]gentiles buscan todas estas cosas; pero vuestro Padre celestial sabe que tenéis necesidad de todas estas cosas. Mas buscad primeramente el [i]reino de Dios y su justicia, y todas estas cosas os serán añadidas. Así que, no os afanéis por el día de mañana, porque el día de mañana traerá su afán. Basta a cada día su propio mal.

[f]SALOMÓN CON TODA SU GLORIA. La gloria y la pomposidad del reinado de Salomón fueron mundialmente famosas. Cp. 2 Crónicas 9.

[g]HOMBRES DE POCA FE. Cp. Mt. 8:26; 14:31; 16:8; 17:20. Esta fue la represión recurrente del Señor hacia los discípulos débiles.

[h]GENTILES. Es decir, aquellos que estaban fuera del pueblo de la promesa y de la bendición de Dios. Cp. Efesios 4:17–19.

[i]REINO DE DIOS. Esto es lo mismo que el reino de los cielos. Se refiere a la esfera de la salvación. Él estaba instándolos a buscar la salvación, y con ella vendría el cuidado completo y la provisión de Dios. Cp. Mt. 3:2; Ro. 8:32; Fil. 4:19; 1 P. 5:7.

54. El sermón del monte: *justicia verdadera y relaciones humanas*

Mt. 7:1–12; Lc. 6:31, 37–42

LCaNo juzguéis, y no seréis juzgados; no condenéis, y no seréis condenados; perdonad, y seréis perdonados. MTPorque con el juicio con que juzgáis, seréis juzgados[.] LCDad, y se os dará; medida buena, apretada, remecida y rebosando darán ben vuestro regazo; porque con la misma medida con que medís, os volverán a medir.

Y les decía una parábola: ¿Acaso puede un ciego guiar a otro ciego? ¿No caerán ambos en el hoyo? El discípulo no es superior a su maestro; mas todo el que fuere perfeccionado, será como su maestro. ¿Por qué miras la cpaja que está en el ojo de tu hermano, y no echas de ver la viga que está en tu propio ojo? ¿O cómo puedes decir a tu hermano: Hermano, déjame sacar la paja que está en tu ojo, no mirando tú la viga que está en el ojo tuyo? Hipócrita, saca primero la viga de tu propio ojo, y entonces verás bien para sacar la paja que está en el ojo de tu hermano.

MTdNo deis lo santo a los perros, ni echéis vuestras perlas delante de los cerdos, no sea que las pisoteen, y se vuelvan y os despedacen.

....

aNo JUZGUÉIS. Como lo revela el contexto, esto no prohíbe todos los tipos de juicios (Mt. 7:16). Existe un tipo de juicio justo que se supone debemos ejercer con un discernimiento cuidadoso (Jn. 7:24). Los juicios censuradores, hipócritas, que pretenden ser moralmente superiores, o cualquier otro tipo de juicio injusto, están prohibidos, pero para cumplir los mandamientos que siguen es necesario discernir a los perros y los cerdos (Mt. 7:6) de los propios hermanos de uno (Mt. 7:3–5).

bEN VUESTRO REGAZO. Es decir, puesta en la túnica larga que se utilizaba para llevar casa el excedente de grano. Cp. el Salmo 79:12; Isaías 65:6; Jeremías 32:18.

cPAJA [...] VIGA. El carácter humorístico de la imagen fue sin duda intencional. Cristo utilizó con frecuencia la hipérbole para pintar cuadros cómicos (cp. Mt. 23:24; Lc. 18:25).

dNO DEIS LO SANTO A LOS PERROS. Este es el principio que explica por qué Jesús mismo no hizo milagros para los incrédulos (Mt. 13:58). Esto se hace para demostrar respeto por lo que es santo, y no simplemente por menosprecio hacia los perros y cerdos. Nada aquí contradice el principio de Mt. 5:44. Ese versículo gobierna el trato personal con los enemigos de uno; este principio gobierna cómo uno maneja el evangelio ante aquellos que odian la verdad.

Pedid, y se os dará; buscad, y hallaréis; llamad, y se os abrirá. Porque todo aquel que pide, recibe; y el que busca, halla; y al que llama, se le abrirá. ¿Qué hombre hay de vosotros, que si su hijo le pide pan, le dará una piedra? ¿O si le pide un pescado, le dará una serpiente? Pues si [e]vosotros, siendo malos, sabéis dar buenas dádivas a vuestros hijos, ¿[f]cuánto más vuestro Padre que está en los cielos dará buenas cosas a los que le pidan? Así que, todas las cosas que queráis que los hombres hagan con vosotros, [LC]así [g]también haced vosotros con ellos[MT]; porque esto es la ley y los profetas.

---

[e]VOSOTROS, SIENDO MALOS. Jesús presupone la doctrina de la depravación humana (cp. Ro. 1:18—3:20).

[f]CUÁNTO MÁS. Si los padres terrenales dan a sus hijos lo que ellos necesitan (Mt. 7:9, 10), ¿cómo no dará Dios a sus hijos lo que le pidan (vv. 7, 8)? Cp. Santiago 1:17.

[g]TAMBIÉN HACED VOSOTROS CON ELLOS. Antes de Cristo existían versiones de la «regla de oro» en los escritos rabínicos e incluso en el hinduismo y el budismo. Todas ellas presentan la regla como una orden negativa, como en la versión del rabí Hillel: «Lo que sea odioso para ti mismo, no lo hagas a los demás». Jesús la convirtió en una orden positiva, enriqueciendo su significado y subrayando que este mandamiento resume apropiadamente la esencia entera de los principios éticos contenidos en la ley y los profetas.

55. El sermón del monte: *justicia verdadera y salvación*

Mt. 7:13-29; Lc. 6:43-49

[MTa]Entrad por la [b]puerta estrecha; porque ancha es la puerta, y espacioso el camino que lleva a la perdición, y muchos son los que entran por ella; porque estrecha es la puerta, y [c]angosto el camino que lleva a la vida, y pocos son los que la hallan.

Guardaos de los [d]falsos profetas, que vienen a vosotros con [e]vestidos de ovejas, pero por dentro son lobos rapaces. [f]Por sus frutos los conoceréis. ¿Acaso se recogen uvas de los espinos, o higos de los abrojos? Así, todo buen árbol da buenos frutos, pero el árbol malo da frutos malos. No puede el buen árbol dar malos frutos, ni el árbol malo dar frutos buenos. [LC]Porque cada árbol se conoce por su fruto; pues no se cosechan higos de los espinos, ni de las zarzas se vendimian uvas. [MT]Todo árbol que no da buen fruto, es cortado y echado en el fuego. [LC]El hombre bueno, del buen tesoro de su corazón saca lo bueno; y el hombre malo, del mal tesoro de su corazón saca lo malo; porque de la abundancia del corazón habla la boca.

....

[a] ENTRAD. Esta sección final del Sermón del Monte es una aplicación del evangelio. Aquí encontramos dos puertas, dos caminos, dos destinos y dos grupos de personas (Mt. 7:13, 14); dos tipos de árboles y dos tipos de fruto (Mt. 7:17-20); dos grupos en el juicio (Mt. 7:21-23); y dos tipos de constructores construyendo en dos tipos de cimiento (Mt. 7:24-28). Cristo traza de la manera más clara posible la línea entre el camino que conduce a la destrucción y el que conduce a la vida.

[b] PUERTA. Se asume que tanto la puerta estrecha como la ancha proveen la entrada al reino de Dios. Dos caminos se le ofrecen a la gente. La puerta estrecha es por fe, únicamente a través de Cristo, restringida y precisa. Esta representa la verdadera salvación en el camino de Dios que conduce a la vida eterna. La puerta ancha incluye a todas las religiones por obras y autojustificación, sin un camino único (cp. Hch. 4:12), pero conduce al infierno, no al cielo.

[c] ANGOSTO EL CAMINO. Cristo continuamente enfatiza la dificultad de seguirlo (Mt. 10:38; 16:24, 25; Jn. 15:18, 19; 16:1-3; cp. Hch. 14:22). La salvación es por la gracia únicamente, pero no es sencilla. Son necesarios el conocimiento de la verdad, el arrepentimiento, la sumisión a Cristo como Señor, y el deseo de obedecer su voluntad y su Palabra. Cp. Mt. 19:16-28.

[d] FALSOS PROFETAS. Estos no engañan disfrazándose de ovejas, sino haciéndose pasar por pastores verdaderos. Promueven la puerta ancha y el camino espacioso.

[e] VESTIDOS DE OVEJAS. Esto podría referirse al atavío de lana que era el vestido característico de un pastor.

[f] POR SUS FRUTOS LOS CONOCERÉIS. La doctrina falsa no puede refrenar la carne, por lo que los falsos profetas manifiestan impiedad. Cp. 2 Pedro 2:12-22.

¿Por qué [g]me llamáis, Señor, Señor, y no hacéis lo que yo digo? [MTh]No todo el que me dice: Señor, Señor, entrará en el reino de los cielos, sino el que hace la voluntad de mi Padre que está en los cielos. Muchos me dirán en aquel día: Señor, Señor, [i]¿no profetizamos en tu nombre, y en tu nombre echamos fuera demonios, y en tu nombre hicimos muchos milagros? Y entonces les declararé: Nunca os conocí; apartaos de mí, hacedores de [j]maldad.

Cualquiera, pues, [LC]que viene a mí, y oye mis palabras y las hace, os indicaré a quién es semejante. Semejante es [MT]a un hombre prudente, [LC]que al edificar una casa, cavó y ahondó y puso el fundamento sobre la roca[.] [MT][Y] descendió lluvia, y vinieron ríos, y soplaron vientos, y dieron con ímpetu contra aquella casa; [LC]el río dio con ímpetu contra aquella casa, pero no la pudo mover, [MT]y no cayó, porque estaba fundada sobre la roca.

Pero cualquiera que me oye estas palabras y no las hace, le compararé a un hombre insensato, que edificó su [k]casa sobre la arena[LC], sin fundamento[;] [MT]y descendió lluvia, y vinieron ríos, [LC]el río dio con ímpetu, [MT]y soplaron vientos, y dieron con ímpetu contra aquella casa; [LC]y luego cayó, y fue grande la ruina de aquella casa.

[MT]Y cuando terminó Jesús estas palabras, la gente se admiraba de su doctrina; porque les enseñaba como quien tiene autoridad, y [l]no como los escribas.

---

[g] ME LLAMÁIS, SEÑOR, SEÑOR. No es suficiente servir de labios bajo el señorío de Cristo. La fe genuina produce obediencia. Un árbol se conoce por sus frutos.

[h] NO TODO EL QUE ME DICE [...] SINO EL QUE HACE. La esterilidad de este tipo de fe demuestra su verdadero carácter. La fe que dice pero no hace es realmente incredulidad. Jesús no estaba sugiriendo que las obras son meritorias para la salvación, sino que la verdadera fe no dejará de producir el fruto de las buenas obras. Este es precisamente el punto de Santiago 1:22–25; 2:26.

[i] ¿NO PROFETIZAMOS [...] ECHAMOS FUERA DEMONIOS [...] HICIMOS MUCHOS MILAGROS? Note que lejos de estar totalmente desprovistas de obras de cualquier tipo, estas personas están reclamando haber hecho ciertas señales y maravillas extraordinarias. De hecho, su confianza entera descansaba en estas obras, lo que es otra prueba de que las mismas, aunque pudieron haber parecido espectaculares, pudieran no haber sido auténticas. Nadie que esté privado de una fe genuina podría nunca producir verdaderas buenas obras. El árbol malo no puede producir buen fruto.

[j] MALDAD. Todo pecado es infracción de la ley (1 Jn. 3:4), es decir, rebelión contra la ley de Dios (cp. Mt. 13:41).

[k] CASA. La casa representa una vida religiosa; la lluvia representa el juicio divino. Solamente la que fue construida en la obediencia a la Palabra de Dios permanece en pie, lo cual llama al arrepentimiento, el rechazo de la salvación por obras, y a confiar en la gracia de Dios para salvar a través de su provisión misericordiosa.

[l] NO COMO LOS ESCRIBAS. Los escribas citaban a otros para establecer la autoridad de sus enseñanzas. Jesús era su propia autoridad (Mt. 28:18). Este asunto de la autoridad fue un tema importante entre Jesús y los líderes religiosos judíos, quienes sentían su autoridad desafiada. Cp. Marcos 1:22; 11:28–33; Lucas 4:32; 20:2–8; Juan 12:49, 50.

56. Jesús sana al criado de un centurión

Mt. 8:1, 5–13; Lc. 7:1–10

LCDespués que hubo terminado todas sus palabras al pueblo que le oía, [y] MT[c]uando descendió Jesús del monte, le seguía mucha gente [y] LCentró en Capernaum.

Y el ªsiervo de un ᵇcenturión, a quien éste quería mucho, estaba enfermo y a punto de morir. Cuando el centurión oyó hablar de Jesús, MT[e]ntrando Jesús en Capernaum, LCle envió unos ᶜancianos de los judíos, rogándole que viniese y sanase a su siervo[,] MTdiciendo: Señor, mi criado está postrado en casa, paralítico, gravemente atormentado.

LCY ellos vinieron a Jesús y le rogaron con solicitud, diciéndole: Es digno de que le concedas esto; porque ama a nuestra nación, y nos edificó una sinagoga. MTY Jesús le dijo: Yo iré y le sanaré. LCY Jesús fue con ellos.

Pero cuando ya no estaban lejos de la casa, el centurión envió a él unos amigos, diciéndole: Señor, no te molestes, pues ᵈno soy digno de que entres bajo mi techo; por lo que ni aun me tuve por digno de venir a ti; pero MTsolamente LCdí la palabra, y mi siervo será sano. Porque también yo soy hombre puesto bajo autoridad, y tengo soldados bajo mis órdenes; y digo a éste: Vé, y va; y al otro: Ven, y viene; y a mi siervo: Haz esto, y lo hace.

....

ª SIERVO. La preocupación amable del centurión por un esclavo de rango bajo era contraria a la reputación adquirida por los oficiales del ejército romano en Israel. No obstante, este es uno de los tres centuriones presentados en el NT que dieron evidencia de una fe auténtica (cp. Mt. 27:54; Hch. 10).

ᵇ CENTURIÓN. Un oficial militar romano que estaba al frente de cien hombres. Lucas indica que el centurión apeló a Jesús por medio de intermediarios (Lc. 7:3–6) debido a su propio sentimiento de indignidad (cp. Lc. 7:7). Mateo no hace mención de los intermediarios.

ᶜ ANCIANOS DE LOS JUDÍOS. Mateo 8:5–13 no menciona que el centurión apeló a Jesús por medio de estos intermediarios. El hecho de que estos ancianos judíos estuvieran dispuestos a presentar su causa ante Jesús es una medida del respeto que este hombre tenía en la comunidad. Él amaba a la nación judía y de alguna forma era personalmente responsable por la construcción de la sinagoga local. Obviamente, está siendo atraído a Cristo por Dios mismo (cp. Jn. 6:44, 65). Como todos los hombres bajo convicción, él sintió profundamente su propia indignidad, y por esa razón se apoyó en intermediarios en lugar de hablar en persona con Jesús.

ᵈ NO SOY DIGNO DE QUE ENTRES BAJO MI TECHO. La tradición judía sostenía que la persona que entrara a casa de un gentil era ceremonialmente impura (cp. Jn. 18:28). El centurión, indudablemente familiarizado con esta ley, se sintió indigno de hacer que Jesús sufriera semejante inconveniente por su causa. Tenía también suficiente fe para saber que Jesús podía sanar con solo decir una palabra.

Al oír esto, Jesús se maravilló de él, y volviéndose, dijo a la gente que le seguía: ^{MT}De cierto ^{LC}[o]s digo que ^eni aun en Israel he hallado tanta fe.

^{MT}Y os digo que vendrán ^fmuchos del oriente y del occidente, y se sentarán con Abraham e Isaac y Jacob en el reino de los cielos; mas los ^ghijos del reino ^hserán echados a las tinieblas de afuera; allí será ⁱel lloro y el crujir de dientes.

Entonces Jesús dijo al centurión: Ve, y ^jcomo creíste, te sea hecho. Y su criado fue sanado en aquella misma hora. ^{LC}Y al regresar a casa los que habían sido enviados, hallaron sano al siervo que había estado enfermo.

---

^eNi aun en Israel he hallado tanta fe. Este centurión entendió la absoluta autoridad de Jesús. Incluso algunos de los discípulos de Jesús no veían las cosas tan claramente (cp. Mt. 8:26).

^fMuchos del oriente y del occidente. Los gentiles en el reino con Abraham disfrutarán de la salvación y la bendición de Dios (cp. Is. 49:8–12; 59:19; Mal. 1:11; Lc. 13:28, 29).

^gHijos del reino. La nación hebrea, herederos físicos de Abraham.

^hSerán echados. Esto era lo exactamente opuesto al entendimiento rabínico, el cual sugería que en el reino se ofrecería una gran fiesta en compañía de Abraham y el Mesías, disponible solamente para los judíos.

ⁱEl lloro y el crujir. Cp. Mt. 22:13; 24:51; 25:30; Lucas 13:28. Esta expresión describe la eterna agonía de quienes estén en el infierno.

^jComo creíste. Algunas veces, la fe estaba envuelta en las curaciones del Señor (en este caso no por la fe de quien era curado, como en Mt. 9:2; 15:28); mientras que en otras, no era un factor (Mt. 8:14–16; Lc. 22:51).

57. Jesús levanta al hijo muerto de una viuda

Lc. 7:11–17

^{LC}Aconteció después, que él iba a la ciudad que se llama ^aNaín, e iban con él muchos de sus discípulos, y una gran multitud. Cuando llegó cerca de la puerta de la ciudad, he aquí que llevaban a enterrar a un difunto, hijo único de su madre, la cual era viuda; y había con ella mucha gente de la ciudad.

Y cuando el Señor la vio, se compadeció de ella, y le dijo: No llores. Y acercándose, ^btocó el féretro; y los que lo llevaban se detuvieron. Y dijo: Joven, a ti te digo, levántate.

Entonces se incorporó el que había muerto, y comenzó a hablar. Y lo dio a su madre. Y todos tuvieron miedo, y glorificaban a Dios, diciendo: Un gran profeta se ha levantado entre nosotros; y: Dios ha visitado a su pueblo. Y se extendió la fama de él por toda Judea, y por toda la región de alrededor.

---

^a Naín. Una aldea pequeña al sureste de Nazaret.

^b Tocó el féretro. Este acto de forma habitual se consideraba ceremonialmente contaminante. Jesús ilustró de manera gráfica cuán resistente era él a esas impurezas. Al tocar el féretro, su contaminación no lo manchó, más bien su poder hizo desvanecer al instante la presencia de toda muerte y contaminación (cp. Lc. 7:39; 8:44). Esta fue la primera de tres ocasiones en las que Jesús levantó a personas de entre los muertos (cp. Lc. 8:49–56; Jn. 11). Lucas 7:22 implica que Cristo también resucitó a otros de los que no se hace mención específica.

58. Jesús le responde a Juan el Bautista

Mt. 11:2–19; Lc. 7:18–35

^{LCa}Los discípulos de Juan le dieron las nuevas de todas estas cosas. ^{MT}Y al oír Juan, en la cárcel, los hechos de Cristo, llamó [...] a dos de sus discípulos, ^{LC}y los envió a Jesús, para preguntarle: ^b¿Eres tú el que había de venir, o esperaremos a otro?

Cuando, pues, los hombres vinieron a él, dijeron: Juan el Bautista nos ha enviado a ti, para preguntarte: ¿Eres tú el que había de venir, o esperaremos a otro? En esa misma hora sanó a muchos de enfermedades y plagas, y de espíritus malos, y a muchos ciegos les dio la vista.

^{MT}Respondiendo Jesús, les dijo: ^cId, y haced saber a Juan las cosas que oís y veis. Los ciegos ven, los cojos andan, los leprosos son limpiados, los sordos oyen, los muertos son resucitados, y a los pobres es anunciado el evangelio; y bienaventurado es ^del que no halle tropiezo en mí.

---

^a LOS DISCÍPULOS DE JUAN. Es evidente que Juan el Bautista se mantuvo informado acerca del ministerio de Cristo, incluso después de su encarcelamiento, por medio de discípulos que actuaban como sus mensajeros. Cp. Hechos 19:1–7.

^b ¿ERES TÚ EL QUE HABÍA DE VENIR...? Juan el Bautista había presentado a Cristo como aquel que traería un juicio intenso y «quemará la paja en fuego que nunca se apagará» (Mt. 3:12). Juan estaba comprensiblemente confundido por el desarrollo de los sucesos: había sido apresado y Cristo se ocupaba de llevar adelante un ministerio de sanidad, no de juicio, en Galilea, lejos de Jerusalén, la ciudad del Rey, y sin recibir allí una recepción por completo cálida (cp. Mt. 8:34). Juan se preguntaba si había malinterpretado los planes de Jesús. Juan no era el tipo de hombre que titubeaba. No debemos pensar que su fe estaba fallando o había perdido la confianza en Cristo. Sin embargo, con tantos sucesos inesperados, él quería una confirmación de Cristo mismo. Eso es precisamente lo que Jesús le dio.

^c ID, Y HACED SABER A JUAN. Lucas 7:22–23 incluye citas de Isaías 35:5, 6; 61:1. Se trataba de promesas mesiánicas. (La promesa de Isaías 61:1 forma parte del mismo pasaje que Jesús leyó en la sinagoga de Nazaret, Lc. 4:19.) Los discípulos de Juan debían reportar que Jesús estaba haciendo precisamente lo que las Escrituras predijeron acerca del Mesías, aunque el plan del cumplimiento profético no se estuviera desarrollando tal como Juan el Bautista lo había contemplado. Jesús envió de vuelta a los discípulos de Juan como testigos oculares de muchos milagros. Evidentemente, él realizó estos milagros en presencia de ellos para que pudieran reportarle a Juan que habían visto en persona pruebas de que Jesús era en efecto el Mesías (cp. Is. 29:18, 19; 35:5–10). Note, sin embargo, que no le ofreció mayor explicación, sabiendo perfectamente cuán fuerte era la fe de Juan (cp. 1 Co. 10:13).

^d EL QUE NO HALLE TROPIEZO. Esto no tuvo la intención de ser una represión para Juan el Bautista, sino un aliento para él.

^{LC}Cuando se fueron los mensajeros de Juan, ^{MT}comenzó Jesús a decir de Juan a la gente: ¿Qué salisteis a ver al desierto? ¿Una caña sacudida por el viento? ¿O qué salisteis a ver? ¿A un hombre cubierto de vestiduras delicadas? He aquí, los que llevan vestiduras delicadas, en las casas de los reyes están[;] ^{LC}los que tienen vestidura preciosa y viven en deleites, en los palacios de los reyes están. ^{MT}Pero ¿qué salisteis a ver? ¿A un profeta? Sí, os digo, y más que profeta. Porque éste es de quien está escrito:

^eHe aquí, yo envío mi mensajero delante de tu faz,
El cual preparará tu camino delante de ti.

De cierto os digo: Entre los que nacen de mujer no se ha levantado ^{LC}mayor profeta ^{MT}que Juan el Bautista; pero ^fel más pequeño en el reino de los cielos, mayor es que él. Desde los días de Juan el Bautista hasta ahora, ^gel reino de los cielos sufre violencia, y los violentos lo arrebatan. Porque todos los profetas y la ley profetizaron hasta Juan. Y si queréis recibirlo, ^hél es aquel Elías que había de venir. El que tiene oídos para oír, oiga.

^{LC}Y todo el pueblo y los publicanos, cuando lo oyeron, ⁱjustificaron a Dios, bautizándose con el bautismo de Juan. Mas los fariseos y los intérpretes de la ley

....

^eHE AQUÍ, YO ENVÍO... Citado de Malaquías 3:1.

^fEL MÁS PEQUEÑO [...] MAYOR ES QUE ÉL. Juan fue más grande que los profetas del AT porque vio con sus ojos y participó personalmente en el cumplimiento de lo que ellos únicamente profetizaron (cp. 1 P. 1:10, 11). Sin embargo, todos los creyentes después de la cruz son todavía mayores, porque participan en el completo entendimiento y la experiencia de algo que Juan meramente previó de forma velada: la verdadera obra de expiación de Cristo.

^gEL REINO DE LOS CIELOS SUFRE VIOLENCIA. Desde el momento en que comenzó su ministerio de predicación, Juan el Bautista provocó una fuerte reacción. Habiendo sido apresado ya, él finalmente fue víctima del salvajismo de Herodes. Sin embargo, el reino nunca puede ser dominado o enfrentado por la violencia humana. En una ocasión diferente, Jesús dijo de manera semejante en referencia al reino que «todos se esfuerzan por entrar en él» (Lc. 16:16). Así que el sentido de este versículo puede presentarse de esta manera: «El reino avanza implacablemente, y solo los implacables encuentran su camino a él». De esta manera Cristo vuelve a magnificar la dificultad de entrar en el reino (cp. Mt. 7:13, 14).

^hÉL ES AQUEL ELÍAS. Es decir, él es el cumplimiento de Malaquías 4:5, 6 (vea Mt. 17:12, 13). Los judíos estaban conscientes de que Elías no había muerto (cp. 2 R. 2:11). Esto no sugiere que Juan fuera Elías que había regresado. De hecho, Juan mismo negó que lo fuera (Jn. 1:21); pero él sí vino en el espíritu y el poder de Elías (Lc. 1:17). Si ellos le hubieran creído, Juan habría sido el cumplimiento de las profecías de Elías. Cp. Marcos 9:13; Apocalipsis 11:5, 6.

ⁱJUSTIFICARON A DIOS. Esto es, testificaron de la justicia de Dios. Las personas comunes y los publicanos despreciados que oyeron la predicación de Juan el Bautista reconocieron que lo requerido por él a través del arrepentimiento era de Dios y justo.

ⁱdesecharon los designios de Dios respecto de sí mismos, no siendo bautizados por Juan. Y dijo el Señor: ᴹᵀMas ¿a qué ᴸᶜ, pues, compararé los hombres de esta generación, y a qué son semejantes? ᵏSemejantes son a los muchachos sentados en la plaza, que dan voces ᴹᵀa sus compañeros, diciendo: Os tocamos flauta, y no bailasteis; os endechamos, y no lamentasteis.

ᴸᶜPorque vino Juan el Bautista, que ni comía pan ni bebía vino, y decís: Demonio tiene. Vino el Hijo del Hombre, ⁱque come y bebe, y decís: Este es un hombre comilón y bebedor de vino, amigo de publicanos y de pecadores. Mas ᵐla sabiduría es justificada por todos sus hijos.

ʲDESECHARON LOS DESIGNIOS DE DIOS. El llamado de Juan al arrepentimiento fue una expresión de la voluntad de Dios. Al rechazar el arrepentimiento, no solo rechazaron a Juan el Bautista, sino a Dios mismo.

ᵏSEMEJANTES SON A LOS MUCHACHOS. Cristo empleó una expresión fuerte y burlesca para reprender a los fariseos. Sugirió que su conducta era infantil, porque estaban determinados a no ser complacidos, así fueran invitados a «bailar», una referencia al estilo ministerial gozoso de Cristo que también incluía «comer y beber» con los pecadores, o así fueran urgidos a «llorar», una referencia al llamado al arrepentimiento de Juan el Bautista y el estilo más austero que tuvo para ministrar.

ⁱQUE COME Y BEBE. Esto es, vivir una vida ordinaria. Este pasaje explica por qué el estilo de ministerio de Juan difirió de una manera tan dramática de la estrategia de Jesús, aunque su mensaje era el mismo (cp. Mt. 4:17). La diferencia en los métodos invalidaba del todo las excusas de los fariseos. El mismo estilo de frugalidad y abstinencia rígida que quisieron ver en Jesús fue el que caracterizó a Juan el Bautista, pero lo cierto es que también lo habían rechazado a él. El problema real yacía en la corrupción del propio corazón de cada uno de ellos, pero no querían reconocerlo así.

ᵐLA SABIDURÍA ES JUSTIFICADA POR TODOS SUS HIJOS. Es decir, la sabiduría verdadera es vindicada por sus consecuencias, por aquello que produce. Cp. Stg. 2:14–17.

59. Lamento sobre Corazín y Betsaida

Mt. 11:20-30

[MT]Entonces comenzó a reconvenir a las ciudades en las cuales había hecho muchos de sus milagros, porque no se habían arrepentido, diciendo:

[a]¡Ay de ti, Corazín! ¡Ay de ti, Betsaida! Porque si en [b]Tiro y en Sidón se hubieran hecho los milagros que han sido hechos en vosotras, tiempo ha que se hubieran arrepentido en cilicio y en ceniza. Por tanto os digo que en el día del juicio, será [c]más tolerable el castigo para Tiro y para Sidón, que para vosotras. Y tú, [d]Capernaum, que eres levantada hasta el cielo, hasta el Hades serás abatida; porque si en Sodoma se hubieran hecho los milagros que han sido hechos en ti, habría permanecido hasta el día de hoy. Por tanto os digo que en el día del juicio, será más tolerable el castigo para la tierra de Sodoma, que para ti.

En aquel tiempo, respondiendo Jesús, dijo: Te alabo, Padre, Señor del cielo y de la tierra, porque escondiste estas cosas de [e]los sabios y de los entendidos, y las revelaste a los niños. Sí, Padre, porque [f]así te agradó. Todas las cosas me fueron

....

[a]¡Ay DE TI, CORAZÍN [...] BETSAIDA! Ambas fueron ciudades muy cercanas a Capernaum, cerca de la orilla norte del Mar de Galilea.

[b]TIRO [...] SIDÓN. Ciudades fenicias a orillas del Mediterráneo. La profecía sobre la destrucción de Tiro y Sidón en Ezequiel 26—28 se cumplió detalladamente.

[c]MÁS TOLERABLE. Esto indica que habrá grados de castigo en el infierno para los impíos (cp. Mt. 10:15; Mr. 6:11; Lc. 12:47, 48; Heb. 10:29).

[d]CAPERNAUM [...] LEVANTADA [...] SERÁS ABATIDA. Capernaum, escogida por Jesús para ser su base principal, enfrentaba una condenación todavía más grande. Curiosamente, no hay registro de que las personas de aquella ciudad alguna vez se burlaran o mofaran de Jesús, lo expulsaran de la ciudad o amenazaran su vida. Sin embargo, el pecado de la ciudad, indiferencia hacia Cristo, fue peor que la maldad grotesca de Sodoma (cp. Mt. 10:15).

[e]LOS SABIOS [...] LOS ENTENDIDOS [...] LOS NIÑOS. En estas palabras encontramos sarcasmo al identificar irónicamente a los líderes judíos con los sabios y entendidos, y a los seguidores de Cristo con los niños (cp. Mt. 18:3-10). Sin embargo, Dios ha revelado a aquellos seguidores la verdad del Mesías y su evangelio. Cp. Mt. 13:10-17.

[f]ASÍ TE AGRADÓ. Cp. Lucas 10:21, 22. Esta es una poderosa afirmación de la soberanía de Dios sobre todos los asuntos del ser humano. En el versículo siguiente, Cristo afirma que la tarea de ejecutar la divina voluntad ha sido asignada a él, una afirmación que habría sido totalmente blasfema si Jesús hubiera sido alguien menos que el soberano Dios mismo.

entregadas por mi Padre; y nadie conoce al Hijo, sino el Padre, ni al Padre conoce alguno, sino el Hijo, y aquel a quien el Hijo lo quiera revelar. gVenid a mí todos los que estáis trabajados y cargados, y yo os haré descansar. Llevad mi yugo sobre vosotros, y aprended de mí, que soy manso y humilde de corazón; y hhallaréis descanso para vuestras almas; porque mi yugo es fácil, y ligera mi carga.

g**VENID A MÍ TODOS LOS QUE ESTÁIS TRABAJADOS Y CARGADOS.** En este pasaje hay un eco de la primera bienaventuranza (Mt. 5:3). Note que esta es una invitación abierta a todos aquellos que escuchan, pero expresada de tal manera que los únicos que responderán a la invitación son los que estén cargados por su propia bancarrota espiritual y el peso de tratar de salvarse a sí mismos al guardar la ley. La obstinación de la rebelión pecadora de la humanidad es tal que sin un despertar espiritual dado soberanamente, todos los pecadores rechazan reconocer la profundidad de su pobreza espiritual. Esta es la razón por la que, como Jesús dice en Mt. 11:27, nuestra salvación es la obra soberana de Dios. Sin embargo, la verdad de la elección divina en el v. 27 no es incompatible con la libre oferta a todos en los vv. 28–30.

h**HALLARÉIS DESCANSO.** Es decir, del interminable esfuerzo infructuoso para salvarse a uno mismo por medio de las obras de la ley (cp. Heb. 4:1–3, 6, 9–11). Esto habla de un respiro permanente en la gracia de Dios que es independiente de las obras (Mt. 11:30).

60. Una mujer arrepentida unge los pies de Jesús

Lc. 7:36—8:3

[LCa]Uno de los fariseos rogó a Jesús que comiese con él. Y habiendo entrado en casa del fariseo, se sentó a la mesa. Entonces una mujer de la ciudad, que era pecadora, al saber que Jesús estaba a la mesa en casa del fariseo, trajo [b]un frasco de alabastro con perfume; y [c]estando detrás de él a sus pies, llorando, comenzó a regar con lágrimas sus pies, y los enjugaba con sus cabellos; y besaba sus pies, y los ungía con el perfume. Cuando vio esto el fariseo que le había convidado, dijo para sí: Este, si fuera profeta, conocería quién y [d]qué clase de mujer es la que le toca, que es pecadora.

Entonces [e]respondiendo Jesús, le dijo: Simón, una cosa tengo que decirte. Y él le dijo: Di, Maestro.

Un acreedor tenía dos deudores: el uno le debía quinientos [f]denarios, y el otro cincuenta; y no teniendo ellos con qué pagar, perdonó a ambos. Di, pues, ¿cuál de ellos le amará más?

....

[a]UNO DE LOS FARISEOS. Su nombre era Simón (Lc. 7:40). No parece haber sido simpatizante de Jesús. Sin lugar a dudas su motivo era tenderle una trampa a Jesús o encontrar alguna razón para acusarlo (cp. Lc. 6:7).

[b]UN FRASCO DE ALABASTRO. Esto es parecido en muchas maneras a los sucesos descritos en Mateo 26:6–13; Marcos 14:3–9 y Juan 12:2–8, pero es evidente que se trata de otro incidente. Aquel acontecimiento tuvo lugar en Betania, cerca de Jerusalén y durante la semana de la pasión. En la unción en Betania fue María, la hermana de Marta y Lázaro, quien ungió a Jesús. Este incidente tuvo lugar en Galilea e involucra a «una mujer [...] que era pecadora», es decir, una prostituta. No existe razón alguna para identificar a esta mujer con María Magdalena, como algunos lo han hecho.

[c]ESTANDO DETRÁS DE ÉL A SUS PIES. Él estaba reclinado al lado de una mesa cercana al piso, como era la costumbre. Habría sido un escándalo que una mujer de tan mala reputación entrara a la casa de un fariseo. Las comidas a las que se invitaban a los dignatarios con frecuencia estaban abiertas a los espectadores, pero nadie hubiera esperado que una prostituta asistiera. Ella tuvo mucha valentía para acudir a Jesús, lo cual revela con cuánta desesperación buscaba el perdón. El hecho de que estuvo «llorando» constituye una expresión de su arrepentimiento profundo.

[d]QUÉ CLASE DE MUJER. Los fariseos no mostraban más que desprecio hacia los pecadores. Simón estaba convencido de que si Jesús supiera del carácter de la mujer, le ordenaría que se fuera de inmediato, ya que habría considerado el ser tocado por ella como una fuente de contaminación ritual.

[e]RESPONDIENDO JESÚS. Jesús conocía los pensamientos de Simón (cp. Mt. 9:4; Lc. 5:22), y así le demostró que él era sin duda un profeta.

[f]DENARIOS. Cada denario era equivalente al valor de un día de trabajo (cp. Mateo 22:19), de modo que se trataba de una suma considerable, porque correspondía más o menos a la remuneración por dos años de trabajo.

Respondiendo Simón, dijo: Pienso que aquel a quien perdonó más.

Y él le dijo: Rectamente has juzgado. Y vuelto a la mujer, dijo a Simón: ¿Ves esta mujer? Entré en tu casa, y [g]no me diste agua para mis pies; mas ésta ha regado mis pies con lágrimas, y los ha enjugado con sus cabellos. No me diste beso; mas ésta, desde que entré, no ha cesado de besar mis pies. No ungiste mi cabeza con aceite; mas ésta ha ungido con perfume mis pies. Por lo cual te digo que sus muchos pecados le son perdonados, [h]porque amó mucho; mas aquel a quien se le perdona poco, poco ama.

Y a ella le dijo: Tus pecados te son perdonados.

Y los que estaban juntamente sentados a la mesa, comenzaron a decir entre sí: ¿Quién es éste, que también [i]perdona pecados?

Pero él dijo a la mujer: [j]Tu fe te ha salvado, ve en paz.

Aconteció después, que Jesús iba por todas las ciudades y aldeas, predicando y anunciando el evangelio del reino de Dios, y los doce con él, y [k]algunas mujeres que habían sido sanadas de espíritus malos y de enfermedades: [l]María, que se llamaba Magdalena, de la que habían salido siete demonios, [m]Juana, mujer de Chuza intendente de Herodes, y [n]Susana, y otras muchas que le servían [o]de sus bienes.

....

[g]NO ME DISTE AGUA PARA MIS PIES. Este fue un descuido garrafal. Lavar los pies de un invitado era una formalidad esencial (Jn. 13:4, 5). No ofrecerle agua a un invitado para el lavado de sus pies equivalía a un insulto, como lo sería en la cultura occidental moderna que alguien no se ofreciera a recibir el abrigo de un invitado.

[h]PORQUE AMÓ MUCHO. Esto no sugiere que ella fuera perdonada a causa de su gran amor. La parábola ilustraba un perdón que era incondicional y cuyo resultado fue el amor. Por lo tanto, considerar el amor de la mujer como la razón de que fuera perdonada sería una distorsión de la lección que Jesús enseña aquí. Este «porque» era en el sentido de «por lo cual», y fue su fe, no el acto de ungir los pies de Jesús, el instrumento por el cual se aferró a su perdón.

[i]PERDONA PECADOS. Cp. Mt. 9:13; Mr. 2:7; Lc. 5:20, 21.

[j]TU FE TE HA SALVADO. No todos los que fueron sanados por Jesús fueron salvos, sino solo aquellos que demostraron tener una fe verdadera (cp. Mt. 9:22; Mr. 5:34; Lc. 17:19; 18:42).

[k]ALGUNAS MUJERES. Los rabinos por lo general no tenían mujeres como discípulos.

[l]MARÍA, QUE SE LLAMABA MAGDALENA. Es probable que su nombre se derive del pueblo de Magdala en la región de Galilea. Algunos creen que es la mujer descrita en Lucas 7:37–50, pero no parece muy probable que Lucas la presentara por primera vez aquí con nombre propio si fuera la persona principal en la escena que acababa de describir. Además, aunque está claro que había sufrido por causa de los «demonios», no hay razón alguna para creer que hubiera sido una prostituta.

[m]JUANA. Esta mujer también se menciona en Lucas 24:10, pero en ningún otro lugar de las Escrituras. Es posible que hubiera proporcionado algunos detalles de la narración de Lucas acerca de Herodes (cp. Lc. 23:8, 12).

[n]SUSANA. Aparte de esta referencia, ella no se menciona en el resto de las Escrituras. Probablemente es alguien a quien Lucas conociera personalmente.

[o]DE SUS BIENES. Los judíos tenían la costumbre de que los discípulos sostuvieran a los rabinos de esta manera. Cp. Lc. 10:7; 1 Corintios 9:4–11; Gálatas 6:6; 1 Timoteo 5:17, 18.

61. Los fariseos hacen declaraciones blasfemas

Mt. 12:22-37; Mr. 3:19b-30

[MR]Y [a]vinieron a casa. [MR]Y se agolpó de nuevo la gente, de modo que ellos ni aun podían comer pan. Cuando lo oyeron [b]los suyos, vinieron para [c]prenderle; porque decían: Está [d]fuera de sí.

[MT]Entonces fue traído a él un endemoniado, ciego y mudo; y le sanó, de tal manera que el ciego y mudo veía y hablaba. Y toda la gente estaba atónita, y decía: ¿Será éste aquel Hijo de David? Mas los fariseos, [MR][y] los [e]escribas que habían venido de Jerusalén[,] [MT]al oírlo, decían: [MR][Tiene] a [f]Beelzebú, y [e]ste no echa fuera los demonios sino por Beelzebú, príncipe de los demonios.

[MT]Sabiendo Jesús los pensamientos de ellos, [MR][y] habiéndolos llamado, les decía en [g]parábolas: ¿Cómo puede Satanás echar fuera a Satanás? [MT]Todo reino dividido contra sí mismo, es asolado, y toda ciudad o casa dividida contra sí misma, no permanecerá. Y si Satanás echa fuera a Satanás, [MR]se levanta contra sí mismo,

---

[a] VINIERON A CASA. Una traducción más clara es «fueron a casa», lo cual se referiría al regreso de Jesús a Capernaum (cp. Mr. 2:1). La división del versículo en el texto también es engañosa aquí; la frase al final de Marcos 1:19 debería estar incluida en el v. 20, dando inicio en realidad al nuevo párrafo.

[b] LOS SUYOS. En griego, esta expresión era utilizada en varios sentidos para describir a los amigos de alguien o los asociados más cercanos. En sentido estricto, significa familia, lo cual probablemente corresponda a este caso.

[c] PRENDERLE. Marcos usa el mismo término que utiliza en otra parte para referirse al arresto de una persona (Mr. 6:17; 12:12; 14:1, 44, 46, 51). Los familiares de Jesús evidentemente se enteraron de lo relatado en Mr. 3:20 y fueron a Capernaum para apartarlo de sus muchas actividades y ponerlo bajo su cuidado y control, supuestamente por su propio bien.

[d] FUERA DE SÍ. La familia de Jesús solo pudo explicar su poco convencional estilo de vida y su deseo de complacer a otros por encima de sí mismo diciendo que era irracional o se había vuelto loco.

[e] ESCRIBAS. Estudiosos judíos, llamados también abogados (la mayoría fariseos), que eran expertos en la ley y su aplicación (cp. Mt. 2:4).

[f] BEELZEBÚ. Esto es, Satanás. Cp. Mt. 10:25. Después de todas las demostraciones de la deidad de Jesús, los fariseos declararon que él provenía de Satanás, lo exactamente opuesto a la verdad, y ellos lo sabían (cp. Mt. 9:34; Mr. 3:22; Lc. 11:15).

[g] PARÁBOLAS. Jesús respondió a los escribas haciendo una analogía entre hechos bien conocidos y las verdades que exponía (cp. Mt. 13:3).

y se divide, no puede permanecer, sino que [h]ha llegado su fin. [MT]¿[C]ómo, pues, permanecerá su reino? Y si yo echo fuera los demonios por Beelzebú, ¿por quién los echan vuestros hijos? Por tanto, ellos serán vuestros jueces. Pero si yo por el Espíritu de Dios echo fuera los demonios, ciertamente [i]ha llegado a vosotros el reino de Dios. [MR]Ninguno puede [j]entrar en la casa de un hombre fuerte y saquear sus bienes, si antes no le ata, y entonces podrá saquear su casa. [MT]El que no es conmigo, contra mí es; y el que conmigo no recoge, desparrama.

Por tanto[,] [MRk][d]e cierto[,] [MT][t]odo pecado [MR][será perdonado] a los hijos de los hombres, y las blasfemias cualesquiera que sean; pero [l]cualquiera que blasfeme contra el Espíritu Santo, [m]no tiene jamás perdón, sino que es reo de juicio eterno. [MT]A cualquiera que dijere alguna palabra contra el Hijo del Hombre, [n]le será perdonado; pero al que hable contra el Espíritu Santo, no le será perdonado, ni en este siglo ni en el venidero[;] [MR]porque ellos habían dicho: Tiene espíritu inmundo.

....

[h] HA LLEGADO SU FIN. Una expresión usada solo por Marcos que se refiere a la condenación definitiva de Satanás como cabeza del sistema mundial demoníaco. Cp. Apocalipsis 20:1–10.

[i] HA LLEGADO [...] EL REINO DE DIOS. Esta era la completa verdad. El Rey estaba en medio de ellos, mostrando su poder soberano. Él demostró esto manifestando su habilidad para atar a Satanás y sus demonios (Mt. 12:29).

[j] ENTRAR EN LA CASA DE UN HOMBRE FUERTE Y SAQUEAR SUS BIENES. Se debe ser más fuerte que Satanás para entrar en sus dominios («la casa de un hombre fuerte»), atarlo (contener su acción) y liberar («saquear») a las personas («sus bienes») de su control. Solamente Jesús tiene esa clase de poder sobre el diablo. Cp. Romanos 16:20; Hebreos 2:14, 15.

[k] DE CIERTO. Esta es la primera vez que Marcos usa esta expresión, la cual es común a lo largo de su Evangelio. Fue empleada como fórmula para introducir palabras verdaderas y con autoridad de Jesús (cp. Mr. 6:11; 8:12; 9:1, 41; 10:15, 29; 11:23; 12:43; 13:30; 14:9, 18, 25, 30).

[l] CUALQUIERA QUE BLASFEME CONTRA EL ESPÍRITU. El pecado que Jesús estaba confrontando era el deliberado rechazo de los fariseos de lo que ellos sabían provenía de Dios (cp. Jn. 11:48; Hch. 4:16). Ellos no podían negar lo que el Espíritu Santo había hecho a través de él, así que le atribuyeron a Satanás una obra que sabían era de Dios (Mt. 12:24; Mr. 3:22).

[m] NO TIENE JAMÁS PERDÓN. Cualquiera que deliberada e irrespetuosamente calumnia a la persona y el ministerio del Espíritu Santo al apuntar al señorío y la redención de Jesucristo, niega por completo y renuncia a cualquier posibilidad, presente o futura, de obtener el perdón de sus pecados, porque rechazó totalmente la única base de la salvación de Dios.

[n] LE SERÁ PERDONADO. Alguien que jamás haya sido expuesto a la presencia y el divino poder de Cristo puede rechazarlo por su ignorancia y ser perdonado, asumiendo que la incredulidad da lugar al arrepentimiento genuino. Incluso un fariseo como Saulo de Tarso pudo ser perdonado por hablar «en contra del Hijo del Hombre» o perseguir a sus seguidores, porque su incredulidad provenía de la ignorancia (1 Ti. 1:13). Sin embargo, todos aquellos que saben que sus afirmaciones son verdaderas y lo rechazan de todas formas pecan «contra el Espíritu Santo», porque es el Espíritu Santo quien testifica de Cristo y nos da a conocer su verdad (Jn. 15:26; 16:14, 15). El perdón no era posible para estos fariseos que presenciaron sus milagros, conocían la verdad de sus afirmaciones, y aun así blasfemaron contra el Espíritu Santo, porque ellos habían rechazado ya la revelación más completa posible. Cp. Hebreos 6:4–6; 10:29.

[Jesús dijo:] ᴹᵀO haced el árbol bueno, y su fruto bueno, o haced el árbol malo, y su fruto malo; porque por el fruto se conoce el árbol. ¡Generación de víboras! ¿Cómo podéis hablar lo bueno, siendo malos? Porque de la abundancia del corazón habla la boca. El hombre bueno, del buen tesoro del corazón saca buenas cosas; y el hombre malo, del mal tesoro saca malas cosas. Mas yo os digo que de °toda palabra ociosa que hablen los hombres, de ella darán cuenta en el día del juicio. Porque por tus palabras serás justificado, y por tus palabras serás condenado.

°TODA PALABRA OCIOSA. El pecado aparentemente más insignificante, incluso un desliz de la lengua, tiene el potencial completo de todo el mal del infierno (cp. Stg. 3:6). Ninguna infracción contra la santidad de Dios es, por consiguiente, una cosa trivial, y cada persona finalmente dará cuenta de cada pequeña indiscreción. No hay mejor indicación de un mal árbol que el fruto de las palabras malas (Mt. 12:33, 35). Las serpientes venenosas eran conocidas por su boca venenosa que revelaba un malvado corazón (cp. Lc. 6:45). Toda persona es juzgada por sus palabras, porque estas revelan el estado de su corazón.

62. Jesús se niega a mostrar una señal

Mt. 12:38-45

^{MT}Entonces respondieron algunos de los escribas y de los fariseos, diciendo: Maestro, ^adeseamos ver de ti señal.

El respondió y les dijo: La ^bgeneración mala y adúltera demanda señal; pero señal no le será dada, sino la señal del profeta Jonás. Porque como estuvo Jonás en el vientre del gran pez ^ctres días y tres noches, así estará el Hijo del Hombre en el corazón de la tierra tres días y tres noches. Los ^dhombres de Nínive se levantarán en el juicio con esta generación, y la condenarán; porque ellos se arrepintieron a la predicación de Jonás, y he aquí más que Jonás en este lugar. La ^ereina del Sur se levantará en el juicio con esta generación, y la condenará; porque ella vino de los fines de la tierra para oír la sabiduría de Salomón, y he aquí más que Salomón en este lugar.

....

^aDESEAMOS VER DE TI SEÑAL. Ellos estaban esperando una señal de proporciones astronómicas (Lc. 11:16). En lugar de eso, les dio una «señal» de las Escrituras. Cp. Mt. 16:1; 21:21.

^bGENERACIÓN MALA Y ADÚLTERA. Se refiere al adulterio espiritual, la infidelidad a Dios (cp. Jer. 5:7, 8).

^cTRES DÍAS Y TRES NOCHES. Citado de Jonás 1:17. Este tipo de expresión era una forma común de subrayar la importancia profética de un período específico de tiempo. Una expresión como «cuarenta días y cuarenta noches» podía en algunos casos referirse simplemente a un período de tiempo mayor a un mes. «Tres días y tres noches» era una forma enfática de decir «tres días» y en cálculos judíos sería una manera apropiada de expresar un período de tiempo que incluyera partes de tres días. De este modo, si Cristo fue crucificado un viernes y su resurrección ocurrió el primer día de la semana, en cálculos judíos esto calificaría como tres días y tres noches. Todo tipo de esquemas elaborados han sido inventados para sugerir que Cristo pudo haber muerto un día miércoles o jueves, a fin de darle una interpretación extremadamente literal a estas palabras. No obstante, el significado original no habría requerido ese tipo de interpretación literal tan rígida. Cp. Lucas 13:32.

^dHOMBRES DE NÍNIVE [...] ARREPINTIERON. Vea Jonás 3:5-10. El avivamiento de Nínive bajo la predicación de Jonás fue uno de los avivamientos espirituales más extraordinarios que el mundo haya visto nunca. Algunos han sugerido que el arrepentimiento de las personas de Nínive se quedó corto de fe salvadora, porque la ciudad volvió en una generación a su antiguo paganismo (cp. Nah. 3:7, 8). Sin embargo, a partir de las palabras de Jesús aquí, es claro que el avivamiento bajo Jonás representó una auténtica conversión salvadora. Solo la eternidad revelará cuántas almas de aquella generación ingresaron al reino como resultado del avivamiento.

^eREINA DEL SUR. Vea 1 Reyes 10:1-13. La reina de Sabá vino para ver la gloria de Salomón (cp. Mt. 6:29) y en el proceso encontró la gloria del Dios de Salomón (1 R. 10:9).

Cuando el espíritu inmundo sale del hombre, anda por lugares secos, buscando reposo, y no lo halla. Entonces dice: Volveré a mi casa de donde salí; y cuando llega, la halla desocupada, barrida y adornada. Entonces va, y toma consigo otros siete espíritus peores que él, y entrados, moran allí; y ᶠel postrer estado de aquel hombre viene a ser peor que el primero. Así también acontecerá a esta mala generación.

ᶠEL POSTRER ESTADO DE AQUEL HOMBRE VIENE A SER PEOR QUE EL PRIMERO. El problema es que el espíritu malvado encontró la casa «vacía». Esta es la descripción de alguien que busca una reforma moral sin ser habitado por el Espíritu Santo. La reforma sin regeneración nunca es eficaz y casi siempre se revierte en un regreso al comportamiento anterior.

63. Jesús describe a su familia espiritual

Mt. 12:46–50; Mr. 3:31–35; Lc. 8:19–21

[MT]Mientras él aún hablaba a la gente, he aquí [a]su madre y sus [b]hermanos [MR][vinieron] [LC]a él; pero no podían llegar hasta él por causa de la multitud. [MR][Y] quedándose afuera, enviaron a llamarle[;] [MT]le querían hablar. [MR]Y la gente [...] estaba sentada alrededor de él.

[MT]Y le dijo uno: He aquí tu madre y tus hermanos están afuera, [LC]y quieren verte [MT]y te quieren hablar.

Respondiendo él al que le decía esto, dijo: ¿Quién es mi madre, y [c]quiénes son mis hermanos?

[MR]Y mirando a los que estaban sentados alrededor de él, [MT][y] extendiendo su mano hacia sus discípulos, dijo: He aquí mi madre y mis hermanos, [LC]los que oyen la palabra de Dios, y la hacen. [MT]Porque todo aquel que [d]hace la voluntad de mi Padre que está en los cielos, ése [e]es [MR]mi hermano, y mi hermana, y mi madre.

....

[a] SU MADRE Y SUS HERMANOS. La familia terrenal de Jesús (cp. Mt. 12:46). La narrativa que se detuvo en Mr. 3:21 es resumida aquí (en Mr. 3:31).

[b] HERMANOS. Estos son de hecho medio hermanos de Jesús. Mateo los conecta explícitamente con María, indicando que ellos no eran primos o hijos de José de un matrimonio previo, como imaginaron algunos de los padres de la iglesia. Ellos se mencionan en todos los Evangelios (Mt. 12:46; Mr. 3:31; Lc. 8:19–21; Jn. 7:3–5). Mateo y Marcos dan los nombres de cuatro de los hermanos de Jesús, y mencionan que también tuvo hermanas (Mt. 13:55; Mr. 6:3).

[c] ¿...QUIÉNES SON MIS HERMANOS? Jesús no estaba repudiando a su familia terrenal (cp. Jn. 19:26, 27). En cambio, enfatizaba la supremacía y la eternidad de las relaciones espirituales (cp. Mt. 10:37). Después de todo, incluso su propia familia lo necesitaba como Salvador (cp. Jn. 7:5).

[d] HACE LA VOLUNTAD DE MI PADRE. No se trata de la salvación por obras. Hacer la voluntad de Dios es evidencia de la salvación por gracia. Cp. Mt. 7:21–27.

[e] ES MI HERMANO, Y MI HERMANA. Jesús hace aquí una decisiva y amplia declaración sobre el verdadero discipulado cristiano. Este abarca una relación espiritual que trasciende la familia biológica y está disponible para todos aquellos que son capacitados por el Espíritu Santo para venir a Cristo en arrepentimiento y fe y habilitados a fin de vivir una vida de obediencia a la Palabra de Dios.

64. La parábola de las tierras

Mt. 13:1-9; Mr. 4:1-9; Lc. 8:4-8

[MT]Aquel día salió Jesús de la casa y [a]se sentó junto al mar[,] [MR][y] otra vez comenzó Jesús a enseñar[.] [MT]Y se le juntó mucha gente[LC], y los que de cada ciudad venían a él, [MT]y entrando él en la barca, [MR]se sentó en ella en el mar; y toda la gente [MT]estaba en la playa [MR]junto al mar.

Y les enseñaba por [b]parábolas muchas cosas, y les decía en su doctrina: Oíd: [MT]He aquí, el [c]sembrador salió [d]a sembrar [LC]su semilla[.] [MR][A]conteció que [LC]mientras sembraba, una parte cayó junto al [e]camino, y fue hollada, [MR]y vinieron las aves del cielo y la comieron. Otra parte cayó en [f]pedregales, donde no tenía

....

[a] SE SENTÓ. La típica postura rabínica de enseñanza, y por razones más prácticas, Jesús probablemente se pudo haber sentado a causa del movimiento del barco sobre el agua. El uso de Jesús de parábolas en esta ocasión marcó un momento decisivo e importante en su ministerio.

[b] PARÁBOLAS. Las parábolas fueron un método común de enseñanza en el judaísmo. El término griego para «parábola» aparece cuarenta y cinco veces en la Septuaginta. Una parábola es una analogía larga, frecuentemente presentada en forma de historia. Antes de este punto en su ministerio, Jesús había usado muchas analogías gráficas (cp. Mt. 5:13-16), pero su significado fue bastante claro en el contexto de su enseñanza. Las parábolas demandaron más explicación y Jesús las usó para oscurecer la verdad de los incrédulos, mientras que las hizo más claras para sus discípulos. Por el resto de su ministerio galileo, no les habló a las multitudes más que en parábolas (Mt. 13:34). Al velar la verdad de los incrédulos de esta manera, Jesús llevó a cabo tanto un acto de juicio como un acto de misericordia. Fue «juicio» porque los mantuvo en las tinieblas que amaban (cp. Jn. 3:19), pero fue «misericordia» porque ya habían rechazado la luz, de modo que cualquier exposición a más verdad únicamente incrementaría su condenación.

[c] SEMBRADOR. Esta parábola presenta la enseñanza del evangelio a lo largo del mundo y las diferentes respuestas de las personas hacia él. Algunos lo rechazarán; algunos lo aceptarán por un período breve de tiempo y luego se apartarán; pero algunos creerán y llevarán a otros a creer también.

[d] A SEMBRAR SU SEMILLA. La semilla se sembraba a mano sobre el suelo arado. Al lanzar semillas hacia los bordes de un campo, era normal que una parte cayera o fuera llevada por el viento hacia los senderos allanados donde no podía penetrar al suelo y crecer (cp. Mt. 13:4, 19). Esto podría referirse a los líderes judíos que eran duros y obstinados.

[e] CAMINO. Ya se trate de un sendero al borde de un campo o un camino que atraviesa un campo, ambas son superficies duras debido al constante tráfico de la gente que iba a pie y a el calor del sol.

[f] PEDREGALES. Tierra muy poco profunda sobre una capa de lecho de rocas. Desde arriba parece ser terreno fértil, pero no tiene profundidad suficiente para sostener un sistema de raíces o alcanzar el agua. Esto era causado por placas de roca sólida, normalmente piedra caliza, que estaban debajo de la superficie de la tierra buena. Son demasiado profundas como para que el arado las alcance y están lo suficientemente cerca de la superficie como para permitir que una planta obtenga agua y desarrolle un sistema de raíces adecuado en la pequeña cantidad de tierra que las cubre. Este tipo de tierra podría referirse a la multitud inconstante que siguió a Jesús únicamente por sus milagros.

mucha tierra; y brotó pronto, porque no tenía profundidad de tierra. Pero salido el sol, se quemó; y porque no tenía raíz, [LC][y] porque no tenía humedad[,] [MR]se secó. Otra parte cayó entre [g]espinos; y los espinos crecieron [LC]juntamente con ella [MR]y la ahogaron, y no dio fruto. Pero otra parte cayó en buena tierra, y dio fruto, pues brotó y [h]creció, y produjo a treinta, a sesenta, y a ciento por uno. [LC]Hablando estas cosas, decía a gran voz: [i]El que tiene oídos para oír, oiga.

---

[g]ESPINOS. Arbustos duros con espinas, que todavía estaban en el suelo después de que el proceso de arado se había llevado a cabo. Usaban el espacio, la luz y el agua disponibles que las plantas buenas necesitan. Esto podría referirse a los materialistas, para quienes la riqueza terrenal era más importante que las riquezas espirituales.

[h]CRECIÓ [...] A CIENTO POR UNO. Una tasa de crecimiento del grano cosechado que hubiera sido sembrado era de ocho a uno, considerándose una tasa de diez a uno como excepcional. Los rendimientos a los cuales se refiere Jesús corresponden a una cosecha increíble.

[i]EL QUE TIENE OÍDOS PARA OÍR, OIGA. En la superficie este es un llamado a los oyentes para que estén atentos y disciernan el significado de su analogía. Sin embargo, se necesita más que el simple entendimiento humano para interpretar la parábola. Solo aquellos que han sido redimidos sabrán el verdadero significado explicado a ellos por el Maestro divino. Los tres sinópticos incluyen esta admonición en la parábola del sembrador (cp. Mt. 13:9; Mr. 4:9; Lc. 8:8). Jesús decía esto con frecuencia para recalcar algunas declaraciones de cierta importancia presentadas en un lenguaje misterioso (cp. Mt. 11:15; 13:43; Mr. 4:23; Lc. 14:35).

65. Explicación de la parábola de las tierras

Mt. 13:10-23; Mr. 4:10-25; Lc. 8:9-18

[MR]Cuando estuvo solo, los que estaban cerca de él con los doce[,] [LC]sus discípulos[,] [MT]acercándose[,] [MR]le preguntaron sobre la parábola[LC], diciendo: ¿Qué significa esta parábola? [y] [MT]¿Por qué les hablas por parábolas?

El respondiendo, les dijo: Porque [LC][a] vosotros os [a]es dado conocer [b]los misterios del reino de Dios; pero a los otros [MT]no les es dado. [MR][M]as [c]a los que están fuera, por parábolas todas las cosas[.] [MT]Por eso les hablo por parábolas: [d]porque viendo no ven, y oyendo no oyen, ni entienden. De manera que se cumple en ellos [e]la profecía de Isaías, que dijo:

De oído oiréis, y no entenderéis;
Y viendo veréis, y no percibiréis.
Porque el corazón de este pueblo se ha engrosado,
Y con los oídos oyen pesadamente,
Y han cerrado sus ojos;
Para que no vean con los ojos,

....

[a] Es DADO CONOCER. Jesús afirma aquí claramente que la habilidad de comprender la verdad espiritual es un don de gracia de Dios, soberanamente dado a los elegidos. Los reprobados, por el contrario, son pasados por alto. Ellos cosechan las consecuencias naturales de su propia incredulidad y rebelión: la ceguera espiritual.

[b] LOS MISTERIOS DEL REINO. Los «misterios» son todas aquellas verdades que han sido escondidas a lo largo de los tiempos y reveladas en el NT. Cp. 1 Corintios 2:7; 4:1; Efesios 3:4, 5. Muchas doctrinas específicas del NT son identificadas como «misterios» (p. ej., Ro. 11:25; 1 Co. 15:51; Ef. 5:32; 6:19; Col. 1:26, 27; 2 Ts. 2:7; 1 Ti. 3:9, 16). Dentro del contexto, el sujeto del misterio es el reino de los cielos (cp. Mt. 3:2), el cual Jesús comunica en forma de parábolas. De esta forma, el misterio es revelado a aquellos que creen, sin embargo permanece oculto para los que rechazan a Cristo y su evangelio (cp. Mt. 13:11).

[c] A LOS QUE ESTÁN FUERA. Aquellos que no son seguidores de Cristo.

[d] PORQUE VIENDO NO VEN. Mateo 13:13 parece sugerir que su propia incredulidad es la causa de su ceguera espiritual. No obstante, Lucas 8:10 enfatiza la iniciativa de Dios de oscurecer la verdad de estos incrédulos. Ambas cosas son verdad, por supuesto. Sin embargo, no debemos pensar que Dios los enceguecio porque de alguna forma se deleita en la destrucción de ellos (cp. Ez. 33:11). Esta ceguera judicial puede ser vista como un acto de misericordia, no sea que su condenación aumente.

[e] LA PROFECÍA DE ISAÍAS. Citado de Isaías 6:9, 10.

Y oigan con los oídos,
[f]Y con el corazón entiendan,
Y se conviertan,
Y yo los sane.
[Y] les sean perdonados los pecados.

Pero bienaventurados vuestros ojos, porque ven; y vuestros oídos, porque oyen. Porque de cierto os digo, que [g]muchos profetas y justos desearon ver lo que veis, y no lo vieron; y oír lo que oís, y no lo oyeron.

[MR]Y les dijo: ¿No sabéis esta parábola? ¿Cómo, pues, entenderéis [h]todas las parábolas? [MT]Oíd, pues, vosotros la parábola del sembrador[.] [LC]Esta es, pues, la parábola: La semilla es la palabra de Dios. [MR]El sembrador es el que siembra la palabra. Y éstos son [MT][los] que fue[ron] sembrado[s] [MR]junto al camino: en quienes se siembra la palabra[.] [MT]Cuando alguno oye [j]la palabra del reino y no la entiende, [MR]en seguida viene [LCk]el diablo [MT]y arrebata [MR]la palabra que se sembró en sus corazones[LC], para que no crean y se salven.

[MR]Estos son asimismo [MT][los] que fue[ron] sembrado[s] [MR]en [l]pedregales: los que cuando han oído la palabra, al momento [m]la reciben con gozo; pero [n]no tienen raíz en sí, [LCo]creen por algún tiempo, y en el tiempo de la prueba se apartan, [MR][y] son de

....

[f]Y CON EL CORAZÓN ENTIENDAN. La implicación es que los incrédulos no desean volverse del pecado.

[g]MUCHOS [...] DESEARON VER. Cp. Juan 8:56; 1 Pedro 1:9–12.

[h]TODAS LAS PARÁBOLAS. Comprender la parábola del sembrador era clave en la habilidad de los discípulos para discernir el significado de las otras parábolas de Jesús sobre el reino (Mt. 13:21–34).

[i]EL SEMBRADOR. Jesús comienza aquí su explicación de la parábola del sembrador, quien es de hecho Jesús mismo y cualquiera que proclame el evangelio de salvación.

[j]LA PALABRA DEL REINO. El mensaje de cómo entrar al reino de Dios, la esfera de la salvación, es decir, el evangelio (cp. «la palabra de la reconciliación» en 2 Co. 5:19).

[k]EL DIABLO. El maligno, Satanás. Cp. 1 Juan 5:19. El evangelio nunca penetra estas almas, de modo que desaparece de la superficie de su entendimiento, lo cual es visto como el enemigo arrebatándolo.

[l]PEDREGALES. Algunas personas hacen un compromiso emocional y superficial de salvación en Cristo, pero no es real. Ellas mantienen su interés hasta que hay un sacrificio que pagar, y entonces abandonan a Cristo. Cp. 1 Juan 2:19.

[m]LA RECIBEN CON GOZO. Una respuesta entusiasta y emocional, aunque superficial, al evangelio, que no toma en cuenta el costo que involucra.

[n]NO TIENEN RAÍZ. Debido a que el corazón de la persona es duro como el suelo pedregoso, el evangelio nunca se arraiga en el alma del individuo y nunca transforma su vida. Solo hay un cambio temporal y superficial.

[o]CREEN POR ALGÚN TIEMPO. Esto es, con una fe nominal, no salvadora. Cp. Mateo 13:20.

corta duración, porque cuando viene ᵖla tribulación o la persecución por causa de la palabra, luego ᑫtropiezan.

Estos son ʳ[los] que fue[ron] sembrado[s] entre espinos: los que oyen, pero yéndose, ˢlos afanes de este siglo, y ᵗel engaño de las riquezas[,] ᴸᶜy los placeres de la vida, ᴹᴿy las codicias de otras cosas, entran y ahogan la palabra, y se hace infructuosa. ᴸᶜ[Y ellos] no llevan fruto.

ᴹᴿY éstos son ᴹᵀ[los] que fue[ron] sembrado[s] ᴹᴿen ᵘbuena tierra[,] ᴸᶜlos que con corazón bueno y recto ᴹᵀᵛentiende[n] la palabra, ᴹᴿy la reciben, ᴸᶜ[y] retienen la palabra oída, y dan fruto con perseverancia[:] ᴹᴿa treinta, a sesenta, y a ciento por uno.

También les dijo: ᴸᶜNadie que enciende una ʷluz la cubre con ᴹᴿ[un] almud, ᴸᶜni la pone ˣdebajo de la cama, sino que la pone en ʸun candelero para que los que

....

ᵖLA TRIBULACIÓN O LA PERSECUCIÓN. No las dificultades rutinarias y los problemas de la vida, sino específicamente los sufrimientos, pruebas y persecuciones que resultan de la asociación de uno con la Palabra de Dios.

ᑫTROPIEZAN. La palabra griega también significa «caer» o «causar ofensa» y de ella deriva el término en castellano *escandalizar*. Todos estos significados son apropiados, puesto que el creyente superficial se ofende, tropieza y cae cuando su fe es puesta a prueba (cp. Jn. 8:31; 1 Jn. 2:19).

ʳLOS QUE FUERON SEMBRADOS ENTRE ESPINOS. Estas personas hacen compromisos superficiales sin arrepentimiento verdadero. No pueden romper con el amor al dinero y el mundo (Stg. 4:4; 1 Jn. 2:15-17; cp. Mt. 19:16-22).

ˢLOS AFANES DE ESTE SIGLO. Lit. «las distracciones de la época». Una preocupación con los asuntos temporales de esta época actual enceguece a la persona a cualquier consideración seria del evangelio (cp. Stg. 4:4; 1 Jn. 2:15, 16).

ᵗEL ENGAÑO DE LAS RIQUEZAS. El dinero y las posesiones materiales no solo son incapaces de satisfacer los deseos del corazón y de traer la felicidad duradera que prometen de manera engañosa, sino también enceguecen a aquellos que los buscan a los asuntos eternos y espirituales (1 Ti. 6:9, 10).

ᵘBUENA TIERRA. Así como hay tres tipos de tierra sin fruto, y de esta manera sin salvación, también hay tres tipos de buena tierra con fruto. No todos los creyentes son igualmente fructíferos, pero todos son fructíferos (cp. Mt. 7:16; Jn. 15:8).

ᵛENTIENDEN [...] RECIBEN [...] RETIENEN [...] DAN FRUTO. En contraste con los incrédulos, los creyentes oyen la Palabra de Dios porque él les permite que la oigan. La entienden y la reciben; es decir, creen genuinamente porque Dios abre su mente y corazón y transforma su vida. «Retienen» se refiere a la obediencia continua (cp. Jn. 14:21-24). El resultado es que producen fruto espiritual. El «fruto» son las buenas obras (Mt. 7:16-20; Stg. 2:14-26).

ʷLUZ. Esto se refiere a un tazón de arcilla muy pequeño, hecho con un pico para sostener una mecha, y que contiene unos cuantos mililitros de aceite que servía de combustible.

ˣDEBAJO DE LA CAMA. El hecho de que Cristo enseñara misterios en parábolas no era para sugerir que su mensaje tuviera como objetivo a discípulos élite ni que debiera guardarse en secreto. Una lámpara no se enciende para luego ser escondida, sino que debe colocarse en un candelero para que su luz tenga un alcance máximo. Sin embargo, solo aquellos que tengan ojos para verla la podrán ver.

ʸUN CANDELERO. En las casas comunes, este era simplemente un anaquel saliente de la pared. En las casas pudientes podían tener bases ornamentadas y separadas (cp. Ap. 1:12).

entran vean la luz. [MR]Porque [z]no hay nada [aa]oculto que no haya de ser manifestado; ni escondido, que [LC]no haya de ser conocido, y de salir a luz. [MR]Si alguno tiene oídos para oír, oiga.

Les dijo también: [LCbb]Mirad, pues, cómo oís; [MR]porque [cc]con la medida con que medís, os será medido, y aun [dd]se os añadirá a vosotros los que oís. Porque al que tiene, se le dará[,] [MT]y tendrá más; [MR]y al que no tiene, aun lo que tiene se le quitará.

---

[z]NO HAY NADA OCULTO [...] MANIFESTADO. El propósito de mantener oculto algo es poder revelarlo luego algún día. Las enseñanzas de Jesús nunca estuvieron destinadas únicamente a un grupo reducido de seguidores. Sería la responsabilidad de sus discípulos comunicar el evangelio del reino al mundo entero (cp. Mt. 28:19, 20).

[aa]OCULTO. Toda la verdad se hará manifiesta en el juicio. Cp. 12:2, 3; 1 Co. 4:5; 1 Timoteo 5:24, 25. El propósito último de Dios no es ocultar la verdad, sino darla a conocer.

[bb]MIRAD, PUES, CÓMO OÍS. La respuesta de una persona a la luz que hay en su vida es crucial, porque ante el trono del juicio no habrá oportunidad para acogerse a la verdad que antes fue menospreciada (Ap. 20:11-15). A aquellos que desprecian la luz del evangelio ahora les será quitada en la eternidad. Cp. Mateo 25:29; Lc. 19:26.

[cc]CON LA MEDIDA CON QUE MEDÍS. Los resultados que los discípulos vieron dependerían del esfuerzo que invirtieran, de forma que segarían tanto como hubieran sembrado.

[dd]SE OS AÑADIRÁ. Aquel que haya aprendido una verdad espiritual y la aplique con diligencia recibirá más verdades que aplicar fielmente.

66. Cuatro parábolas del reino

Mt. 13:24-35; Mr. 4:26-34

MRDecía además: Así es el reino de Dios, como cuando un hombre ªecha semilla en la tierra; y duerme y se levanta, de noche y de día, y la semilla brota y crece sin que él sepa cómo. Porque de suyo lleva fruto la tierra, primero hierba, luego espiga, después grano lleno en la espiga; y cuando el fruto está maduro, en seguida bse mete la hoz, porque la siega ha llegado.

MTLes refirió otra parábola, diciendo: El reino de los cielos es semejante a un hombre que sembró buena semilla en su campo; pero mientras dormían los hombres, vino su enemigo y sembró ccizaña entre el trigo, y se fue. Y cuando salió la hierba y dio fruto, entonces apareció también la cizaña. Vinieron entonces los siervos del padre de familia y le dijeron: Señor, ¿no sembraste buena semilla en tu campo? ¿De dónde, pues, tiene cizaña? El les dijo: Un enemigo ha hecho esto. Y los siervos le dijeron: ¿Quieres, pues, que vayamos y la arranquemos? El les dijo: No, no sea que al arrancar la cizaña, arranquéis también con ella el trigo. Dejad crecer juntamente lo uno y lo otro hasta la siega; y al tiempo de la siega yo diré a los segadores: Recoged primero la cizaña, y atadla en manojos para quemarla; pero recoged el trigo en mi granero.

dOtra parábola les refirió, diciendo: MR¿A qué haremos semejante el reino de Dios, o con qué parábola lo compararemos? MTEl reino de los cielos es semejante al

....

ª ECHA SEMILLA. Esta parábola solo la registra Marcos y complementa la parábola del sembrador, explicando con mayor profundidad los resultados del crecimiento espiritual logrado en la buena tierra.

b SE METE LA HOZ, PORQUE LA SIEGA HA LLEGADO. Cuando el grano está maduro, el sembrador debe recolectar la cosecha. Existen dos interpretaciones posibles para esta parábola inexplicada. Puede estarse refiriendo al espectro entero del reino, desde el tiempo en el que Jesús sembró el mensaje del evangelio hasta la cosecha final en el futuro. Sus discípulos continuarían el trabajo de presentar el evangelio, lo que a la larga habría rendido una cosecha. La mejor interpretación ilustra al evangelio trabajando en las vidas. Después que el evangelio es presentado, la Palabra de Dios obra en el corazón del individuo, algunas veces lentamente, hasta el momento en el que Dios siega la cosecha en aquella persona y la salva.

c CIZAÑA. Probablemente un tipo de hierba que puede ser distinguida con dificultad del trigo hasta que la cabeza madura. En un contexto agrícola, sembrar cizaña en el campo de trigo de alguien más era una forma utilizada por los enemigos para destruir el sustento de esa persona de manera catastrófica. Esto ilustra los esfuerzos de Satanás por engañar a la iglesia mezclando a sus hijos con los de Dios, haciendo en algunos casos que sea imposible para los creyentes discernir a los falsos de los verdaderos. La parábola se explica en Mt. 13:36-43.

d OTRA PARÁBOLA. Esta parábola de la semilla de mostaza ilustra el reino de Dios comenzando con una pequeña influencia y luego llegando a tener alcance mundial.

^egrano de mostaza, que un hombre tomó y sembró en su campo; el cual a la verdad es ^fla más pequeña de todas las semillas ^{MR}que hay ^gen la tierra; pero después de sembrado, crece, y se hace la mayor de todas las ^hhortalizas, y echa grandes ramas ^{MT}y se hace ⁱárbol, de tal manera que vienen las aves del cielo y hacen nidos en sus ramas ^{MR}bajo su sombra.

^{MT}Otra parábola les dijo: ^jEl reino de los cielos es semejante a la levadura que tomó una mujer, y escondió en tres medidas de harina, hasta que todo fue leudado.

^{MR}Con muchas parábolas como estas les hablaba ^{MT}a la gente^{MR}, conforme a lo que podían oír. ^kY sin parábolas no les hablaba; ^{MT}para que se cumpliese ^llo dicho por el profeta, cuando dijo:

Abriré en parábolas mi boca;
Declararé cosas escondidas desde la fundación del mundo.

^{MR}[A] sus discípulos en particular les declaraba todo.

----

^e GRANO DE MOSTAZA Una referencia a la planta de mostaza negra común. Las hojas se usaban como vegetales y las semillas como condimento. También tenía beneficios medicinales.

^f LA MÁS PEQUEÑA DE TODAS. La semilla de mostaza no es la más pequeña de todas las semillas que existen, pero lo era en comparación con todas las demás semillas que sembraban los judíos en Israel.

^g EN LA TIERRA. Mejor traducida «en el suelo».

^h HORTALIZAS. Se refiere a vegetales del huerto cultivados específicamente para comer.

ⁱ ÁRBOL, DE TAL MANERA QUE VIENEN LAS AVES DEL CIELO Y HACEN NIDOS EN SUS RAMAS. Las plantas de mostaza palestinas son grandes arbustos que alcanzan algunas veces los cuatro y medio metros de altura, ciertamente lo bastante altos para las que las aves aniden en ellos. Esta es, indudablemente, una referencia a varios pasajes del AT, incluyendo Ezequiel 17:23; 31:6 y Daniel 4:21, pasajes que profetizan la inclusión de los gentiles en el reino. El árbol representa la esfera de la salvación, el cual crecería tanto que proveería refugio, protección y beneficio a las personas (cp. Mt. 13:32). Inclusive los incrédulos han sido bendecidos por asociarse con el evangelio y el poder de Dios en la salvación. Los cristianos han sido una bendición para el mundo. Cp. 1 Co. 7:14.

^j EL REINO DE LOS CIELOS ES SEMEJANTE A LA LEVADURA. Aquí el reino es representado como levadura, multiplicando y penetrando calladamente todo con lo que entra en contacto. La lección es la misma que en la de la parábola de la semilla de mostaza. Algunos intérpretes sugieren que, dado que la levadura es casi siempre un símbolo de la maldad en las Escrituras (cp. Mr. 8:15), podría tener aquí la misma connotación. Ellos hacen de la levadura una influencia malvada dentro del reino. Sin embargo, esto torcería las palabras originales de Jesús y también violaría su contexto, en el cual Jesús repetidamente describe este reino como de penetrante influencia.

^k Y SIN PARÁBOLAS NO LES HABLABA. Aquel día en particular, Jesús le habló a la gran multitud solo mediante parábolas. Este método de enseñanza dejaba a los incrédulos con enigmas, evitándoles tener que decidir si creían en él o no. Ellos podían permanecer sin tomar la decisión de seguirlo puesto que no habían entendido lo que les enseñaba. Además, durante el resto de su ministerio galileo, toda la enseñanza pública de Jesús consistió únicamente de parábolas.

^l LO DICHO POR EL PROFETA. El «profeta» en este caso fue el salmista. Cp. Salmo 78:2.

67. Jesús explica la parábola de la cizaña

Mt. 13:36-43

MTEntonces, despedida la gente, entró Jesús en la casa; y acercándose a él sus discípulos, le dijeron: Explícanos la parábola de la cizaña del campo.

Respondiendo él, les dijo: ªEl que siembra la buena semilla es el Hijo del Hombre. El campo es el mundo; la buena semilla son los hijos del reino, y la cizaña son los hijos del malo. El enemigo que la sembró es el diablo; la siega es el fin del siglo; y los segadores son los ángeles. De manera que como se arranca la cizaña, y se quema en el fuego, así será en el fin de este siglo. Enviará el Hijo del Hombre a sus ángeles, y recogerán de su reino a todos los que sirven de tropiezo, y a los que hacen iniquidad, y los echarán en el horno de fuego; allí será el lloro y el crujir de dientes. Entonces los justos ᵇresplandecerán como el sol en el reino de su Padre. El que tiene oídos para oír, oiga.

ª EL QUE SIEMBRA. El verdadero sembrador de la semilla de la salvación es el Señor mismo. Solo él puede dar en el corazón el poder para transformar. Él es el que salva a los pecadores, incluso a través de la predicación y el testimonio de los creyentes (Ro. 10:14).

ᵇ RESPLANDECERÁN COMO EL SOL. Cp. Daniel 12:3. Los creyentes ya brillan porque poseen el Espíritu de Cristo y el glorioso mensaje del evangelio (Mt. 5:16; 2 Co. 4:3-7). Nosotros brillaremos aun más en la gloria del reino de Cristo y los cielos eternos (Ro. 8:16-23; Fil. 3:20, 21; Ap. 19:7-9).

68. Parábolas adicionales del reino

Mt. 13:44-52

MTAdemás, ^ael reino de los cielos es semejante a un tesoro escondido en un campo, el cual un hombre halla, y lo esconde de nuevo; y gozoso por ello va y vende todo lo que tiene, y compra aquel campo.

También el reino de los cielos es semejante a un mercader que busca buenas perlas, que habiendo hallado una perla preciosa, fue y vendió todo lo que tenía, y la compró.

Asimismo el reino de los cielos es semejante a una ^bred, que echada en el mar, recoge de toda clase de peces; y una vez llena, la sacan a la orilla; y sentados, recogen lo bueno en cestas, y lo malo echan fuera. Así será al fin del siglo: saldrán los ^cángeles, y apartarán a los malos de entre los justos, y los echarán en el horno de fuego; allí será el lloro y el crujir de dientes.

Jesús les dijo: ¿Habéis entendido todas estas cosas? Ellos respondieron: Sí, Señor. El les dijo: Por eso todo escriba docto en el reino de los cielos es semejante a un padre de familia, ^dque saca de su tesoro cosas nuevas y cosas viejas.

---

^a EL REINO DE LOS CIELOS ES SEMEJANTE. Estas dos parábolas tienen el mismo significado. Ambas presentan la salvación como algo escondido de la mayoría de las personas, pero tan valiosa que a las personas a quienes les ha sido revelada están deseosas de renunciar a todo lo que tienen para poseerla.

^b RED. Cierto tipo de pesca era realizado con una larga y pesada red arrastrada a lo largo del fondo del lago. Cuando se recogía, contenía un acopio que debía ser separado. De manera similar, el reino visible, la esfera de los que se dicen ser creyentes, está llena tanto de lo bueno como de lo malo, los cuales serán separados en el juicio final.

^c ÁNGELES. Sirven a Dios en el juicio (cp. Mt. 13:41; 2 Ts. 1:7-10).

^d QUE SACA DE SU TESORO COSAS NUEVAS Y COSAS VIEJAS. Los discípulos no debían despreciar las cosas viejas en honor de las nuevas. Por el contrario, las nuevas lecciones que habían obtenido de las parábolas de Jesús debían ser entendidas a la luz de las antiguas verdades y viceversa.

69. Jesús calma la tormenta

Mt. 8:18, 23–27; 13:53; Mr. 4:35–41; Lc. 8:22–25

^{MTa}Aconteció que cuando terminó Jesús estas parábolas, se fue de allí.

^{MR}Aquel día, cuando llegó la noche, ^{MT}[v]iéndose Jesús rodeado de mucha gente, mandó pasar ^bal otro lado. Y entrando él en la barca, sus discípulos le siguieron. ^{LC}[Y] les dijo: Pasemos al otro lado del lago. Y partieron. ^{MR}Y despidiendo a la multitud, le tomaron como estaba, en la barca; y había también con él otras barcas. ^{LC}Pero mientras navegaban, él se durmió.

^{MT}Y he aquí que ^cse levantó en el mar ^duna tempestad tan grande que las olas cubrían la barca^{MR}, y echaba las olas en la barca, de tal manera que ya se anegaba ^{LC}y [ellos] peligraban. ^{MR}Y ^eél estaba en la popa, durmiendo sobre un cabezal; ^{MT}[y] vinieron sus discípulos y le despertaron, diciendo: ^{LC}¿Maestro, Maestro, ^{MR}no tienes cuidado que perecemos? ^{MT}¡Señor, sálvanos[!]

^{MR}Y levantándose, reprendió al viento, y dijo al mar: ^fCalla, enmudece. Y cesó el viento, y se hizo grande ^gbonanza. Y les dijo: ¿Por qué estáis así amedrentados?

....

^a ACONTECIÓ. Este relato demuestra el ilimitado poder de Jesús sobre el mundo natural.

^b AL OTRO LADO. Jesús y sus discípulos estaban en la ribera occidental del Mar de Galilea. Con el fin de evitar a la multitud para tener un breve descanso, Jesús deseaba ir a la ribera oriental, donde no había grandes ciudades y por lo tanto habría menos personas.

^c SE LEVANTÓ EN EL MAR UNA TEMPESTAD. El Mar de Galilea está aproximadamente a doscientos diez metros por debajo del nivel del mar. Al norte, el Monte Hermón se alza a poco más de dos mil ochocientos metros, y desde mayo hasta octubre con frecuencia fuertes vientos soplan a través de los estrechos desfiladeros circundantes hacia este valle, causando tormentas extremadamente súbitas y violentas.

^d UNA TEMPESTAD TAN GRANDE. El viento es un fenómeno común en aquel lago, a unos doscientos diez metros por debajo del nivel del mar y rodeado de colinas. La palabra griega puede significar también «torbellino». En este caso, fue una tormenta tan severa que tomó las propiedades de un huracán. Los discípulos, que acostumbraban estar en el lago a merced del viento, pensaron que esta tormenta los ahogaría.

^e ÉL ESTABA […] DURMIENDO. Justo antes de que los discípulos vieran una de las demostraciones más asombrosas de su deidad, les fue dada una imagen conmovedora de su humanidad. Jesús estaba tan cansado que ni siquiera el violento movimiento del barco logró despertarlo, aun cuando los discípulos temieron que perecerían. Él estaba tan agotado de un día entero de sanidad y predicación, que incluso esa tormenta no lo pudo despertar.

^f CALLA, ENMUDECE. Lit. «Sé callado, sé refrenado». Las tormentas de manera habitual disminuyen gradualmente, pero cuando el Creador dio la orden, los elementos naturales de esta tormenta cesaron de inmediato.

^g BONANZA. Cp. Salmo 65:7; 89:9.

¿Cómo no tenéis fe? Entonces [h]temieron con gran temor, [LC][y] se maravillaban, y se decían unos a otros: ¿[i]Quién es éste, que aun a [j]los vientos y a las aguas manda, y le obedecen?

---

[h] TEMIERON CON GRAN TEMOR. Aquí no se trata de un temor a ser dañados por la tormenta, sino de reverencia ante el poder sobrenatural que Jesús acababa de manifestar. ¡La única cosa más aterradora que tener una tormenta afuera del bote era tener a Dios dentro de él!

[i] QUIÉN ES ESTE. Esta declaración delató el asombro de los discípulos ante la verdadera identidad de Jesús.

[j] LOS VIENTOS [...] LAS AGUAS [...] LE OBEDECEN. Esta fue una prueba convincente de su deidad (cp. Sal. 29:3, 4; 89:9; 93:4; 107:25-29).

70. Jesús lanza a los demonios a los cerdos

Mt. 8:28–34; Mr. 5:1–20; Lc. 8:26–39

LCY arribaron MRaal otro lado del mar, a bla región de los gadarenosLC, que está en la ribera opuesta a Galilea. MRY cuando salió él de la barca LCa tierra, MRen seguida vin[ieron] a su encuentro MTcdos endemoniados que salían dde los sepulcros, feroces en gran manera, tanto que nadie podía pasar por aquel camino.

[Uno de ellos era] LCun hombre de la ciudad, endemoniado desde hacía mucho tiempo; y no vestía ropa, ni moraba en casa, sino en los sepulcros. MR[Y] enadie podía atarle, ni aun con cadenas. Porque muchas veces había sido atado con fgrillos y cadenas, mas las cadenas habían sido hechas pedazos por él, y desmenuzados los grillos; y nadie le podía dominar. Y siempre, de día y de noche, andaba gdando voces en los montes y en los sepulcros, e hiriéndose con piedras. Cuando vio, pues, a Jesús de lejos, corrió, y se arrodilló ante él. Y LClanzó un gran grito, y postrándose

....

a AL OTRO LADO DEL MAR. La orilla oriental del Mar de Galilea (cp. Lc. 8:26).

b LA REGIÓN DE LOS GADARENOS. Lecturas alternas son «gergesenos» (cp. Mt. 8:28) o «gerasenos» (cp. Mr. 5:1). Esto se refiere a una pequeña población que se encontraba a mitad de camino de la costa oriental, quizás donde la actual ciudad de Khersa (Kursi) está hoy localizada, Algunas tumbas antiguas se hallan allí, y la ribera desciende de forma abrupta hacia el agua, correspondiéndose exactamente con la descripción del terreno que ofrece este relato. «La región de» se refiere al área que incluía a Gergesa y estaba bajo la jurisdicción de la ciudad de Gadara, la cual se encontraba a unos nueve kilómetros al sureste del Mar de Galilea. De ahí por qué Lucas se refirió a la región como de los gadarenos (Lc. 8:26, 37).

c DOS ENDEMONIADOS. Marcos 5:2 y Lucas 8:27 mencionan solo uno de los dos hombres. Evidentemente uno de ellos era más dominante que el otro. Solo uno habló.

d DE LOS SEPULCROS. Los «sepulcros», lugar habitual de morada para los dementes de la época, eran cámaras de entierro excavadas en las laderas de las rocas a las afueras del pueblo.

e NADIE PODÍA ATARLE. En el texto griego se usan formas negativas múltiples para enfatizar la tremenda fuerza del hombre.

f GRILLOS Y CADENAS. Los «grillos» (probablemente de metal o quizás, en parte, de cordón o soga) se usaban para atar los pies y las «cadenas» de metal para sujetar el resto del cuerpo.

g DANDO VOCES [...] E HIRIÉNDOSE CON PIEDRAS. «Dando voces» describe un continuo grito no terrenal proferido con intensa emoción. Las «piedras» probablemente eran rocas hechas de pedernal con bordes afilados y dentados.

a sus pies exclamó a gran voz: ^{MTh}¿Qué tienes con nosotros, ^{MR}Jesús, ⁱHijo del Dios Altísimo? ^{MTj}¿Has venido acá para atormentarnos antes de tiempo? ^{MR}Te conjuro por Dios que no me atormentes.

^{LC}(Porque mandaba al ^kespíritu inmundo que saliese del hombre, pues hacía mucho tiempo que se había apoderado de él; y le ataban con cadenas y grillos, pero rompiendo las cadenas, era impelido por el demonio a los desiertos.)

^{MR}Y ^{LC}le preguntó Jesús, diciendo: ^l¿Cómo te llamas? ^{MR}Y respondió diciendo: ^mLegión me llamo; porque somos muchos. ^{LC}Porque muchos demonios habían entrado en él. Y ⁿle rogaban ^{MR}mucho que ^ono los enviase fuera de aquella región [ni] ^{LC}los mandase ir al abismo.

^{MR}Estaba allí cerca del monte[,] ^{MT}lejos de ellos[,] ^pun gran hato de cerdos paciendo. ^{MR}Y le rogaron todos los demonios, diciendo: ^{MT}Si nos echas fuera, permítenos ir a aquel hato de cerdos[,] ^{MR}para que entremos en ellos. Y luego ^qJesús

....

^h¿QUÉ TIENES CON NOSOTROS...? Una expresión común de protesta (cp. Mr. 1:24).

ⁱHIJO DEL DIOS ALTÍSIMO. Los demonios sabían que Jesús era la deidad, el Dios-Hombre. «Dios Altísimo» es un título antiguo usado tanto por los judíos como por los gentiles para identificar al único, viviente y verdadero Dios de Israel, distinguiéndolo de todos los falsos dioses (cp. Gn. 14:18–20; Nm. 24:16; Dt. 32:8; Sal. 18:13; 21:7; Is. 14:14; Dn. 3:26; Lc. 1:32; Heb. 7:1).

^j¿...PARA ATORMENTARNOS ANTES DE TIEMPO? Evidentemente, aun los demonios no solo reconocieron la deidad de Jesús, sino también sabían que existe un tiempo divinamente fijado para su juicio y que él sería su juez. Su escatología era correcta en su información, pero una cosa es saber la verdad y otra muy distinta amarla (cp. Stg. 2:19). Marcos añade «Te conjuro», lo cual muestra que el demonio trató de que Jesús suavizara la severidad de su destino inevitable.

^kESPÍRITU INMUNDO. Esto se refiere al demonio que estaba controlando al hombre. Espíritus como estos eran en sí mismos sucios y causaban mucho daño a quienes poseían (cp. Mr. 1:32–34; Lc. 4:33, 36; 7:21, 8:2).

^l¿CÓMO TE LLAMAS? Lo más probable es que Jesús preguntó esto en vista de que el demonio pidió no ser atormentado. Sin embargo, él no necesitaba saber el nombre del demonio para expulsarlo. Más bien, Jesús hizo esta pregunta para que se supiera la realidad y complejidad de este caso.

^mLEGIÓN. Un término en latín que en ese entonces era común para los judíos y griegos, el cual definía una unidad militar romana de seis mil soldados de infantería. Semejante nombre indica que el hombre era controlado por un número extremadamente grande de espíritus malvados militantes, una verdad reiterada por la expresión «porque somos muchos».

ⁿLE ROGABAN. Los demonios entendieron que Jesús tenía todo el poder sobre ellos y se dirigieron a él con un deseo intenso de que su petición fuera concedida. Lucas 8:31 relata que los demonios suplicaron no ser arrojados al abismo; es decir, al inframundo, la prisión de los demonios atados que desobedecieron (cp. 2 P. 2:4; Jud. 6). Ellos sabían que Jesús tenía el poder y la autoridad para enviarlos allí si lo deseaba.

^oNO LOS ENVIASE FUERA DE AQUELLA REGIÓN. Los demonios querían permanecer en la misma área donde habían ejercido sus poderes malignos.

^pUN GRAN HATO DE CERDOS. Un hato de semejante tamaño de animales impuros sugiere que la región era dominada por gentiles. También sugiere que el número de demonios era grande.

les dio permiso [y] [MT]les dijo: Id. [MR]Y saliendo aquellos espíritus inmundos [LC]del hombre[MR], entraron [MT]a aquel hato de [r]cerdos[MR], los cuales eran como dos mil; [MT]y he aquí, todo el hato de cerdos se precipitó en el mar por un despeñadero, y perecieron en las aguas. [LC]Y los que apacentaban los cerdos, cuando vieron lo que había acontecido, huyeron[MT], y viniendo a la ciudad, contaron todas las cosas [LC]en la ciudad y por los campos[MT][, incluyendo] lo que había pasado con los endemoniados. Y toda la ciudad salió [MR]a ver qué era aquello que había sucedido.

Vienen [MT]al encuentro de Jesús; [LC]y hallaron al hombre[,] [MR]al que había sido atormentado del demonio, y que había tenido la legión, [LC][s]sentado a los pies de Jesús, vestido, y [t]en su cabal juicio; y tuvieron miedo.

[MR]Y [u]les contaron los que lo habían visto, [LC]cómo había sido salvado el endemoniado[MR], y lo de los cerdos. Y [LC]toda la multitud de la región alrededor de los gadarenos [MT][v]le rog[ó] que se fuera de sus contornos[LC], pues tenían gran temor. Y Jesús, entrando en la barca, se volvió.

Y el hombre de quien habían salido los demonios le rogaba que le dejase estar con él[.] [MR]Mas Jesús no se lo permitió, sino [LC]le despidió, diciendo: [MR]Vete a tu casa, a los tuyos, y [w]cuéntales cuán grandes cosas el Señor ha hecho contigo, y cómo ha tenido misericordia de ti. Y se fue, y comenzó a publicar en [x]Decápolis [LC]por toda la ciudad cuán grandes cosas [MR]había hecho Jesús con él; y todos se maravillaban.

---

[q] Jesús les dio permiso. Jesús permitió, de acuerdo con su propósito soberano, que los demonios entraran en los cerdos y los destruyeran. El texto no ofrece mayor explicación (cp. Dt. 29:29; Ro. 9:20). Al hacer esto, Jesús le dio al hombre una lección gráfica, visible y poderosa del inmenso mal del cual había sido librado.

[r] Cerdos. Los cerdos eran animales impuros para los judíos, por lo que lo más probable es que las personas que cuidaban de este hato fueran gentiles.

[s] Sentado. La condición sosegada del hombre contrastaba fuertemente con su anterior estado inquieto y agitado.

[t] En su juicio cabal. No estaba más bajo el control frenético y aterrador de los demonios.

[u] Les contaron los que lo habían visto [...] lo de los cerdos. «Les» puede referirse tanto a los doce discípulos como a los hombres que cuidaban de los cerdos. Ellos deseaban que las personas supieran lo que le había sucedido al hombre endemoniado y los cerdos, y la relación entre ambos sucesos.

[v] Le rogó que se fuera. Los habitantes de la región se asustaron y resintieron contra Jesús por lo que había sucedido. Probablemente se vieron contrariados por la interrupción de su rutina normal y la pérdida de su propiedad, por lo que desearon que Jesús y sus poderes abandonaran el área para que no ocurrieran más pérdidas financieras como esa. Sin embargo, más importante fue la realidad de que estas eran personas impías asustadas por la demostración del poder espiritual de Cristo.

[w] Cuéntales [...] el Señor ha hecho. Jesús se estaba refiriendo a sí mismo como Dios, quien controlaba tanto el mundo natural como el espiritual (cp. Lc. 8:39).

[x] Decápolis. Una liga de diez ciudades de influencia griega (helenizadas) al este del río Jordán (cp. Mt. 4:25).

71. Jesús sana a una mujer y levanta a una niña

Mt. 9:18–26; Mr. 5:21–43; Lc. 8:40–56

MRPasando otra vez Jesús en una barca a ªla otra orilla, se reunió alrededor de él una gran multitud [y] LCle recibió la multitud con gozo; porque todos le esperabanMR; y él estaba junto al mar.

MTbMientras él les decía [ciertas] cosas, MRvino uno de clos principales de la sinagoga, llamado dJairo; y luego que le vio, LCpostrándose a los pies de Jesús, MRle rogaba mucho LCque entrase en su casaMR, diciendo: Mi hija está agonizando; ven y pon las manos sobre ella para que sea salva, y vivirá. LC[P]orque tenía una hija única, como de doce años, que se estaba muriendo. MTY se levantó Jesús, y le siguió con sus discípulos. LCY mientras iba, MRle seguía una gran multitud, y le eapretaban.

Pero una mujer que desde fhacía doce años padecía de flujo de sangre, y ghabía sufrido mucho de muchos médicos, LCy por ninguno había podido ser curada, MRy gastado todo lo que tenía, LCtodo cuanto tenía, MRy nada había aprovechado, antes

....

ªLA OTRA ORILLA. Jesús y los discípulos regresaron a la orilla noroeste del Mar de Galilea.

bMIENTRAS ÉL LES DECÍA. Aunque la frase «mientras él les decía estas cosas» (en Mt. 9:18) podría parecer que sugiere una secuencia cronológica entre Mt. 9:14–17 y 9:18–26, es más probable que Mateo no planeara dicha secuencia. Esta sección del Evangelio de Mateo no está ordenada cronológicamente. De esta manera, es mejor seguir la secuencia que se encuentra en Marcos y Lucas.

cLOS PRINCIPALES DE LA SINAGOGA. Estaban por encima de los ancianos de las sinagogas locales. Aquellos grupos de ancianos constituidos por líderes laicos estaban a cargo del arreglo de los servicios y la supervisión de otros asuntos de las sinagogas.

dJAIRO. Este hombre era un líder de la sinagoga. Jesús ya había expulsado un demonio de un hombre en la sinagoga de Jairo (Lc. 4:33–37).

eAPRETABAN. Lit. «ahogaban», i. e., casi lo aplastaron.

fHACÍA DOCE AÑOS PADECÍA DE FLUJO DE SANGRE. Denota una hemorragia crónica interna, quizás debido a un tumor u otra enfermedad. La aflicción de esta mujer no fue solo grave físicamente, también la mantenía impura de manera permanente por razones ceremoniales (cp. Lv. 15:25–27). Esto significa que debió haber sido rehuida por todos, incluyendo su propia familia, y excluida de la sinagoga y el templo.

gHABÍA SUFRIDO MUCHO DE MUCHOS MÉDICOS. En tiempos del NT era una práctica común en los casos médicos difíciles que la gente consultara a muchos y diferentes médicos y recibiera una gran variedad de tratamientos. Las supuestas curas con frecuencia eran conflictivas entre sí, abusivas y muchas veces hacían empeorar la situación antes que mejorarla. (Lucas, el médico, en Lucas 8:43, sugiere que la mujer no fue ayudada porque su enfermedad era incurable.)

le iba peor[;] cuando oyó hablar de Jesús, [h]vino por detrás entre la multitud, y tocó [LCi]el borde de su manto; [MT]porque decía dentro de sí: [j]Si tocare solamente su manto, seré salva. [LC][Y] al instante [k]se detuvo el flujo de su sangre[;] [MR]y sintió en el cuerpo que estaba sana de aquel azote. Luego Jesús, conociendo en sí mismo [l]el poder que había salido de él, volviéndose a la multitud, dijo: [m]¿Quién ha tocado mis vestidos? [LC]Y negando todos, dijo Pedro y los [MR]discípulos [LC]que con él estaban: Maestro, la multitud te aprieta y oprime, y dices: ¿Quién es el que me ha tocado? Pero Jesús dijo: Alguien me ha tocado; porque yo he conocido que ha salido poder de mí.

[MR]Pero él miraba alrededor para ver quién había hecho esto. [LC]Entonces, cuando la mujer vio que no había quedado oculta, vino [MR]temiendo y temblando, sabiendo lo que en ella había sido hecho, [LC]y postrándose a sus pies, le declaró delante de todo el pueblo [MR]toda la verdad[,] [LC]por qué causa le había tocado, y cómo al instante había sido sanada. [MR]Y él le dijo: [MT]Ten ánimo, hija; [n]tu fe te ha salvado. [MR][V]e en paz, y queda sana de tu azote. [MT]Y la mujer fue salva desde aquella hora.

[MR]Mientras él aún hablaba, vinieron de casa del principal de la sinagoga, diciendo: Tu hija ha muerto; ¿para qué molestas más al Maestro? Pero Jesús, luego que oyó lo que se decía, dijo al principal de la sinagoga: No temas, [o]cree

....

[h] VINO POR DETRÁS ENTRE LA MULTITUD, Y TOCÓ. A causa de su aflicción, ella normalmente contaminaría a cualquier persona que tocara. El efecto en esta ocasión fue todo lo contrario. Cp. Lc. 7:14, 39.

[i] EL BORDE DE SU MANTO. Cp. Mt. 14:36. Probablemente una de las borlas cosidas a las esquinas de un manto para recordarle a quien lo vestía que debía obedecer los mandamientos de Dios (Nm. 15:38–40; Dt. 22:12).

[j] SI TOCARE SOLAMENTE SU MANTO. La fe de la mujer en los poderes de curación de Jesús era tan grande que creyó que incluso el contacto indirecto con él, por medio de su manto (cp. Mt. 9:20), sería suficiente para producir una cura.

[k] SE DETUVO EL FLUJO DE SU SANGRE. Marcos se refiere a esto como la «fuente de su sangre» (Mr. 5:29), la analogía es la del origen de un manantial. El poder sanador de Jesús curó su problema en su fuente.

[l] EL PODER QUE HABÍA SALIDO DE ÉL. El «poder» de Jesús, su habilidad inherente para ministrar y obrar sobrenaturalmente, procedía de él bajo el control consciente de su soberana voluntad.

[m] ¿QUIÉN HA TOCADO MIS VESTIDOS? Jesús hizo esta pregunta no por ignorancia, sino para hacer salir a la mujer de entre la multitud y permitirle alabar a Dios por lo que había sucedido.

[n] TU FE TE HA SALVADO. La declaración pública de Jesús acerca de la fe de la mujer y sus resultados. La forma del verbo griego traducida «te ha hecho salva», que también puede traducirse «te ha hecho completa», indica que su curación fue total. Esta es la misma palabra griega frecuentemente traducida como «salvar» y es la palabra habitual que se usa en el NT para referirse a salvar del pecado, lo que sugiere fuertemente que la fe de la mujer también la llevó a su salvación espiritual.

[o] CREE SOLAMENTE. Aunque no todas las sanidades de Jesús requirieron fe (cp. Lc. 22:51), en ocasiones él la requirió. El verbo es un mandato para una acción presente y continua, que urgía a Jairo a mantener la fe que había demostrado inicialmente al venir a Jesús. Cristo sabía que no había otra respuesta apropiada a la situación desesperada de Jairo, y él estaba confiado del resultado de la fe (cp. Lc. 8:50).

solamente[LC], y será salva. [MR]Y no permitió que le siguiese nadie sino [P]Pedro, Jacobo, y Juan hermano de Jacobo[LC], y al padre y a la madre de la niña. [MR]Y vino a casa del principal de la sinagoga, y vio el alboroto y [MT]a los que [q]tocaban flautas, y la gente que hacía alboroto, [MR]los que [r]lloraban y lamentaban mucho [LC]y hacían lamentación por ella[.] [MR]Y entrando, les dijo: ¿Por qué alborotáis y lloráis? [LC]No lloréis[.] [MT]Apartaos, porque la niña [s]no está muerta, sino duerme. [LC]Y [t]se burlaban de él, sabiendo que estaba muerta. [MT]Pero cuando la gente había sido [u]echada fuera, [MR]tomó al padre y a la madre de la niña, y a los que estaban con él, y entró donde estaba la niña. Y tomando la mano de la niña, le dijo: [v]Talita cumi; que traducido es: Niña, a ti te digo, levántate.

. . . .

[P]PEDRO, JACOBO, Y JUAN. En el Evangelio de Marcos esta es la primera vez que él les da un estatus especial a estos tres discípulos. Las Escrituras nunca explican por qué a estos tres hombres algunas veces se les permitió presenciar cosas de las que a los demás discípulos se les excluyó (cp. Mr. 9:2; 14:33), pero el trío constituyó un círculo interno dentro de los doce. Incluso la gramática griega implica este grupo interno al colocar sus tres nombres bajo un artículo definido.

[q]TOCABAN FLAUTAS, Y LA GENTE QUE HACÍA ALBOROTO. Situaciones típicas para el momento de luto en aquella cultura (cp. 2 Cr. 35:25). La muchedumbre en un funeral usualmente incluía a dolientes profesionales, mujeres que cobraban por gemir con lamentos mientras se recitaba el nombre del difunto y el de cualquier otro ser querido que también hubiera fallecido recientemente. El resultado era un alboroto ruidoso y caótico.

[r]LLORABAN Y LAMENTABAN MUCHO. En aquella cultura, un signo seguro de que una muerte había ocurrido. Debido a que el entierro seguía poco después a la muerte, este era el único momento disponible para que las personas demostraran su dolor públicamente. Los lamentos eran en especial fuertes y provenían mayormente de dolientes pagados.

[s]NO ESTÁ MUERTA, SINO DUERME. Con esta expresión figurada, Jesús quiso decir que la niña no estaba muerta en el sentido normal, ya que su condición era temporal y sería revertida (cp. Mt. 9:24; Jn. 11:11–14; Hch. 7:60; 13:36; 1 Co. 11:30; 15:6, 18, 20, 51; 1 Ts. 4:13, 14). Jesús no estaba diciendo que la muerte de la niña había sido un error de diagnóstico. Esta era una profecía de que ella volvería a vivir. Él hizo un comentario similar sobre la muerte de Lázaro (Jn. 11:11) y luego tuvo que explicarles a los discípulos que estaba hablando metafóricamente (Jn. 11:14). Dormir es una designación para la muerte en el NT (cp. 1 Co. 11:30; 15:51; 1 Ts. 5:10).

[t]SE BURLABAN. Esto podría ser traducido más literalmente como «se rieron de él hasta ridiculizarlo» o «se rieron en su cara». Ellos entendieron las palabras de Jesús de forma literal y pensaron que eran absurdas, por lo que «se burlaban» probablemente se refiera a repetidos estallidos de risa dirigidos a humillar al Señor. ¡Qué rápido se volvió su acto pagado de duelo en burla! Esta reacción, aunque superficial e irreverente, indica que las personas estaban convencidas de la naturaleza irreversible de la muerte de la niña y subraya la realidad del milagro que Jesús estaba a punto de realizar.

[u]ECHADA FUERA. Esta fue una enfática y poderosa expulsión que muestra la autoridad de Cristo y se llevó a cabo a causa de la incredulidad de los dolientes, la cual los había descalificado para ser testigos de la resurrección de la niña.

[v]TALITA CUMI. Marcos es el único escritor de los Evangelios que registra las palabras originales de Jesús en arameo. «Talita» es la forma femenina de «cordero» o «joven». «Cumi» es un imperativo que significa «levántate». Como en otras situaciones similares, se dirige a la persona que había de ser resucitada y no tan solo a su cuerpo muerto (cp. Lc. 7:14; Jn. 11:43).

Y luego ᴸᶜsu espíritu volvió, [y] ᴹᴿse levantó y andaba, pues tenía doce años. ᴸᶜ[Y] él mandó que se le diese de comer. Y sus padres ᴹᴿse espantaron grandemente. ᴸᶜ[P]ero Jesús les mandó ᴹᴿmucho ᴸᶜʷque a nadie dijesen lo que había sucedido. ᴹᵀY se difundió la fama de esto por toda aquella tierra.

ʷQUE A NADIE DIJESEN. El conocimiento del milagro no habría podido ser detenido por completo, pero Cristo no deseaba que se supiera de él hasta que hubiera dejado el área, porque sabía que un suceso como este podría causar que sus muchos adversarios judíos en Galilea lo buscaran y lo mataran prematuramente. Él también deseaba ser conocido por traer el evangelio y no simplemente como un hacedor de milagros. Jesús sin duda estaba preocupado porque la niña y sus padres no fueran hechos el centro de la curiosidad indebida y el sensacionalismo.

72. Milagros adicionales en Galilea

Mt. 9:27–34

ᴹᵀPasando Jesús de allí, le siguieron dos ciegos, dando voces y diciendo: ¡Ten misericordia de nosotros, ªHijo de David!

Y llegado a la casa, vinieron a él los ciegos; y Jesús les dijo: ¿Creéis que puedo hacer esto? Ellos dijeron: Sí, Señor.

Entonces les tocó los ojos, diciendo: Conforme a vuestra fe os sea hecho. Y los ojos de ellos fueron abiertos. Y Jesús les encargó rigurosamente, diciendo: Mirad que nadie lo sepa. Pero salidos ellos, divulgaron la fama de él por toda aquella tierra.

Mientras salían ellos, he aquí, le trajeron un mudo, endemoniado. Y echado fuera el demonio, el mudo habló; y la gente se maravillaba, y decía: Nunca se ha visto cosa semejante en Israel. Pero los fariseos decían: Por ᵇel príncipe de los demonios echa fuera los demonios.

....

ª Hijo de David. Cp. Mt. 1:1; 12:23; 21:9–15. Un título mesiánico. Vea Mt. 20:29–34 para un relato sorprendentemente similar, pero diferente.

ᵇ El príncipe de los demonios. Los fariseos habían visto suficiente del poder de Jesús como para saber que era el poder de Dios, pero en su terca incredulidad dijeron que se trataba del poder de Satanás. Cp. Mt. 12:24; 25:41; Marcos 3:22; Lucas 11:15.

73. Visita final a una Nazaret incrédula

Mt. 13:54–58; Mr. 6:1–6a

[MR]Salió Jesús de allí y vino a [a]su tierra, y le seguían [b]sus discípulos. Y llegado el [c]día de reposo, comenzó a enseñar en la sinagoga; y muchos, oyéndole, se [d]admiraban, y decían: [MT]¿De dónde tiene éste esta sabiduría y estos milagros? [MR]¿Y qué sabiduría es esta que le es dada, y estos milagros que por sus manos son hechos? [MT]¿No es éste el hijo del [e]carpintero? ¿No se llama [f]su madre María, y [g]sus hermanos, Jacobo, José, Simón y Judas? [MR]¿No están también aquí con nosotros [h]sus hermanas? [MT]¿De dónde, pues, tiene éste todas estas cosas?

....

[a] Su TIERRA. Es decir, Nazaret, el hogar de Jesús.

[b] Sus DISCÍPULOS. Esta no fue una visita familiar y privada para Jesús, sino un tiempo para el ministerio.

[c] DÍA DE REPOSO. Cp. Mr. 2:23. Esto implica que ninguna enseñanza pública había sido hecha hasta el día de reposo.

[d] ADMIRABAN. La misma palabra utilizada en Mr. 1:22; sin embargo, la reacción inicial del pueblo aquí dio origen a una actitud de escepticismo y crítica hacia Jesús.

[e] CARPINTERO. El pueblo de Nazaret continuaba viendo a Jesús como un hombre que seguía la profesión de su padre (cp. Mt. 13:55), un artesano que trabajaba con madera y otros materiales duros (p. ej., piedras, ladrillos). La posición terrenal común de Jesús y su familia hizo tropezar a las personas del pueblo, pues se rehusaban a verlo como mayor a ellas mismas e imposible de aceptar como Mesías e Hijo de Dios.

[f] SU MADRE MARÍA. En el registro de Marcos, Jesús es llamado «hijo de María». Se le llama de esta manera solo ahí. La práctica regular judía era identificar a un hijo por el nombre de su padre (José). Quizá no ocurrió así en este caso porque probablemente José estuviera ya muerto, o porque tal vez la audiencia de Jesús estaba haciéndose eco de los rumores de su nacimiento ilegítimo (cp. Jn. 8:41; 9:29). Un hombre era llamado por el nombre de la madre si su padre era desconocido, siendo deliberadamente insultado con este título como una referencia a ilegitimidad.

[g] SUS HERMANOS, JACOBO, JOSÉ, SIMÓN Y JUDAS. Cp. Mateo 12:46. Estos eran, en realidad, medio hermanos de Jesús. «Jacobo» fue luego líder de la iglesia en Jerusalén (cp. Hch. 12:17; 15:13; 21:18; 1 Co. 15:7; Gá 1:19; 2:9, 12) y escritor de la epístola de Santiago. «Judas» (el nombre hebreo «Judá») fue el escritor de la epístola de Judas. Nada más se sabe de los otros dos. El hecho de que José no aparece en ninguno de estos registros sugiere que ya había muerto.

[h] SUS HERMANAS. Sus medio hermanas, cuyos nombres no aparecen en ninguna parte del NT. Nada se sabe de ellas, ni siquiera si llegaron a ser creyentes como otros miembros de la familia.

Y [i]se escandalizaban de él. [MR]Mas Jesús les decía: [j]No hay profeta sin honra sino en su propia tierra, y entre sus parientes, y en [k]su casa. Y [l]no pudo hacer allí ningún milagro, [MT]a causa de la incredulidad de ellos[MR], salvo que sanó a unos pocos enfermos, poniendo sobre ellos las manos. Y [m]estaba asombrado de la incredulidad de ellos.

....

[i] SE ESCANDALIZABAN DE ÉL. El verbo griego que se traduce *escandalizar* significa esencialmente «tropezar» o «caer en una trampa», así como caer en pecado. Los residentes de Nazaret se sintieron profundamente ofendidos porque Jesús se presentó a sí mismo como algún gran maestro teniendo en cuenta su procedencia común, su limitada educación formal y su falta de una posición religiosa oficialmente reconocida.

[j] NO HAY PROFETA [...] EN SU PROPIA TIERRA. Este es un antiguo proverbio paralelo al dicho moderno: «La familiaridad engendra menosprecio». Ellos conocían demasiado bien a Jesús como un niño y joven de su propio pueblo, y concluyeron que no era nada especial. Jesús se llamó a sí mismo profeta de acuerdo con una de sus funciones (cp. Mt. 21:11, 46; Mr. 6:15; 8:28; Lc. 7:16; 24:19; Jn. 6:14; 7:40; 9:17).

[k] SU CASA. Su propia familia (cp. Jn. 7:5; Hch. 1:14).

[l] NO PUDO HACER ALLÍ NINGÚN MILAGRO. Cp. Mateo 13:58. Esto no es para sugerir que su poder hubiera de alguna manera disminuido por la incredulidad de ellos. Más bien pudiera indicar que la gente no estaba yendo a él por sanidad o milagros de la manera en que lo hicieron en Capernaum y Jerusalén. O más importante aún, podría significar que Jesús limitó su ministerio como una demostración de su misericordia, para que la exposición a una luz más grande no resultara en una peor dureza que solo los hubiera conducido a una mayor condenación, así como también a un juicio por su incredulidad. Él tenía el poder de hacer más milagros, pero no el deseo, porque ellos lo rechazaron. Los milagros se destinaban a aquellos que estaban listos para creer.

[m] ESTABA ASOMBRADO DE LA INCREDULIDAD DE ELLOS. «Asombrado» quiere decir que Jesús estaba completamente pasmado y estupefacto por la reacción de Nazaret hacia él, su enseñanza y sus milagros. No estaba sorprendido por el hecho de que existieran personas incrédulas, sino de que lo rechazaran cuando se atrevían a afirmar que conocían todo de él. La fe era la respuesta que debía esperar de aquel pueblo de Galilea, la región en la cual había hecho tantos milagros y enseñado tanto.

74. Jesús comisiona a los doce: la escena

Mt. 9:35—10:4; Mr. 6:6b-9; Lc. 9:1-2

ᴹᵀRecorría Jesús todas las ciudades y ᴹᴿᵃlas aldeas de alrededor, ᴹᵀenseñando en las sinagogas de ellos, y predicando el evangelio del reino, y sanando ᵇtoda enfermedad y toda dolencia en el pueblo. Y al ver las multitudes, ᶜtuvo compasión de ellas; porque ᵈestaban desamparadas y dispersas como ovejas que no tienen pastor. Entonces dijo a sus discípulos: A la verdad ᵉla mies es mucha, mas los obreros pocos. ᶠRogad, pues, al Señor de la mies, que envíe obreros a su mies.

ᴸᶜHabiendo reunido a sus ᵍdoce ʰdiscípulos, ᴹᴿcomenzó a ⁱenviarlos de ʲdos en

....

ᵃ LAS ALDEAS DE ALREDEDOR. El resultado de la visita de Jesús a Nazaret fue que la dejó y realizó una campaña de enseñanza por otros sitios de Galilea, concluyendo cerca de donde había comenzado (cp. Mt. 9:35).

ᵇ TODA ENFERMEDAD Y TODA DOLENCIA. Jesús desterró la enfermedad en un despliegue de sanidad sin precedente alguno, dando una impresionante evidencia de su deidad y haciendo que el rechazo de los judíos se hiciera aun más odioso. Cp. Mt. 12:15.

ᶜ TUVO COMPASIÓN. Aquí la humanidad de Cristo permite la expresión de su actitud hacia los pecadores en términos de la pasión humana. Él «tuvo» compasión. Considerando que Dios, que es inmutable, no está sujeto a los altibajos de los cambios emocionales (Nm. 23:19), Cristo, que fue completamente humano con todas las facultades de la humanidad, derramó en algunas ocasiones lágrimas literales por la condición de los pecadores (Lc. 19:41; cp. Lc. 13:34). Dios mismo expresó una compasión similar por medio de los profetas (Éx. 33:19; Sal. 86:15; Jer. 9:1; 13:17; 14:17).

ᵈ ESTABAN DESAMPARADAS Y DISPERSAS. Las necesidades espirituales del pueblo eran aun más urgentes que la necesidad de sanidad física. Atender esa necesidad demandaría la colaboración de más obreros.

ᵉ LA MIES. Cp. Lucas 10:1, 2. El Señor hablaba de la cosecha espiritual de almas que necesitaban salvación.

ᶠ ROGAD, PUES. Jesús afirmó el hecho de que la oración de los creyentes participa en el cumplimiento de los planes de Dios.

ᵍ DOCE. Cp. Mateo 10:2-4; Mr. 3:16-19. Los doce apóstoles eran, para ese entonces, un grupo reconocido y divinamente comisionado.

ʰ DISCÍPULOS [...] APÓSTOLES. «Discípulo» significa «estudiante», uno que está siendo enseñado por otro. «Apóstoles» se refiere a representantes calificados que son enviados en una misión. Los dos términos enfatizan diferentes aspectos de su llamado.

ⁱ ENVIARLOS. La forma de este verbo griego indica que Jesús comisionó individualmente a cada par a fin de que salieran como sus representantes.

ʲ DOS EN DOS. Esta fue una práctica prudente (cp. Ec. 4:9-12) utilizada por los judíos que recolectaban limosnas, por Juan el Bautista (Lc. 7:19), por Jesús en otras ocasiones (11:1; 14:13; Lc. 10:1), y por la iglesia terrenal (Hch. 13:2, 3; 15:39-41; 19:22). Tal práctica les proporcionó a los discípulos ayuda mutua y aliento, y cumplió con los requisitos legales para un testimonio auténtico (Dt. 19:15).

dos; y [LCk]les dio poder y autoridad sobre todos los demonios, [MT]para que los echasen fuera, y para sanar toda enfermedad y toda dolencia. [LC]Y los envió a predicar el reino de Dios, y a sanar a los enfermos. [MR]Y les mandó que no llevasen nada para el camino, sino solamente [l]bordón; [m]ni alforja, ni pan, ni dinero en el cinto, sino [n]que calzasen sandalias, y [o]no vistiesen dos túnicas.

[MTp]Los nombres de los doce apóstoles son estos: primero Simón, llamado [q]Pedro, y Andrés su hermano; Jacobo hijo de Zebedeo, y Juan su hermano; Felipe, Bartolomé, Tomás, Mateo el publicano, [r]Jacobo hijo de Alfeo, [s]Lebeo, por sobrenombre Tadeo, [t]Simón el cananista, y Judas Iscariote, el que también le entregó.

....

[k] LES DIO PODER Y AUTORIDAD. Cp. 2 Corintios 12:12. Jesús delegó su poder a los apóstoles para mostrar claramente que él y su reino son soberanos sobre los mundos espiritual y físico, los efectos del pecado y los esfuerzos de Satanás. Esta era una demostración inédita de poder, nunca vista antes en toda la historia redentora, para anunciar la llegada del Mesías y autenticarlo a él y sus apóstoles que predicaban su evangelio. Este poder fue una muestra del poder que Cristo exhibirá en su reino terrenal, cuando Satanás sea atado (Ap. 20) y la maldición en la vida física limitada (Is. 65:20–25).

[l] BORDÓN. Un bastón para caminar, compañero universal de los viajeros en aquellos días, que proporcionaba también protección potencial frente a delincuentes y animales salvajes.

[m] NI ALFORJA. No debían llevar el acostumbrado bolso de viaje de cuero o el saco con comida.

[n] QUE CALZASEN SANDALIAS. Calzado ordinario hecho de suelas de cuero o madera con correas alrededor del tobillo y el empeine. Las «sandalias» eran una protección necesaria para el pie debido al terreno cálido y áspero de Palestina.

[o] NO VISTIESEN DOS TÚNICAS. Las «túnicas» eran vestidos comunes. Los hombres de relativa riqueza vestirían dos, pero Jesús deseaba que los discípulos se identificaran con las personas comunes y viajaran con lo estrictamente necesario.

[p] LOS NOMBRES DE LOS DOCE APÓSTOLES. Los doce son siempre nombrados en un orden similar (cp. Mr. 3:16–19; Lc. 6:13–16; Hch. 1:13). Pedro siempre se nombra en primer lugar. La lista contiene tres grupos de cuatro. Los tres subgrupos son nombrados siempre en el mismo orden, y el primer nombre en cada subgrupo es siempre el mismo, aunque haya alguna variación en el orden dentro los subgrupos. Sin embargo, Judas Iscariote es siempre nombrado en último lugar.

[q] PEDRO [...] ANDRÉS [...] JACOBO [...] Y JUAN. El primer subgrupo de cuatro es el más familiar para nosotros. Estas dos parejas de hermanos, todos pescadores, representan un círculo interno de discípulos frecuentemente visto cerca de Jesús.

[r] JACOBO HIJO DE ALFEO. Hay cuatro hombres en el NT llamados Jacobo: (1) el apóstol Jacobo, hermano de Juan (cp. Mt. 4:21); (2) el discípulo aquí mencionado, llamado también «Jacobo el menor» (Mr. 15:40); (3) Jacobo, el padre de Judas (no Iscariote, Lc. 6:16); y (4) Jacobo, el medio hermano de Jesús (Gá. 1:19; Mr. 6:3), quien escribió la epístola de Santiago. Este jugó un papel de liderazgo en los principios de la iglesia de Jerusalén (Hch. 12:17; 15:13; Gá 1:19).

[s] LEBEO, POR SOBRENOMBRE TADEO. En otras partes es llamado Judas, hijo de Jacobo (Lc. 6:16; Hch. 1:13).

[t] SIMÓN EL CANANISTA. Los mejores manuscritos registran «cananita», un término para los partidarios de los zelotes, un grupo decidido a acabar con la dominación romana en Palestina. Hechos 1:13 se refiere a él como «Simón el Zelote». Simón fue quizás un miembro del grupo de los zelotes antes de conocer a Cristo. Cp. Marcos 3:18.

75. Jesús comisiona a los doce: el envío

Mt. 10:5–11:1; Mr. 6:10–13; Lc. 9:3–6

^MTa A estos doce envió Jesús, y les dio instrucciones, diciendo:

^bPor camino de gentiles no vayáis, y en ciudad de samaritanos no entréis, sino id antes a ^clas ovejas perdidas de la casa de Israel. Y yendo, predicad, diciendo: El reino de los cielos se ha acercado. Sanad enfermos, limpiad leprosos, resucitad muertos, echad fuera demonios; ^dde gracia recibisteis, dad de gracia. ^LCeNo toméis nada para el camino[.] ^MTNo os proveáis de oro, ni plata, ni cobre en vuestros cintos; ni de alforja para el camino, ^fni de dos túnicas, ni de calzado, ni de bordón^LC, ni pan, ni dinero; ^MTporque el obrero es digno de su alimento.

---

^a A ESTOS DOCE ENVIÓ JESÚS. Este es el segundo de los cinco mayores discursos registrados en el libro de Mateo.

^b POR CAMINO DE GENTILES NO VAYÁIS. Cristo no les prohibía a sus discípulos predicarles a los gentiles o los samaritanos si los encontraban en su camino, pero ellos debían llevar el mensaje primero al pueblo del pacto en las regiones cercanas (cp. Ro. 1:16).

^c LAS OVEJAS PERDIDAS DE LA CASA DE ISRAEL. Cp. Mateo 15:24; Jeremías 50:6. Jesús delimitó aun más la prioridad cuando dijo que el evangelio era solo para aquellos que estaban espiritualmente enfermos (Mt. 9:13) y necesitaban un médico (Lc. 5:31, 32).

^d DE GRACIA RECIBISTEIS, DAD DE GRACIA. Jesús les estaba dando gran poder para sanar a los enfermos y levantar a los muertos. Si ellos hubieran dado estos regalos a cambio de dinero, habrían hecho una gran fortuna. Pero esto habría oscurecido el mensaje de la gracia que Cristo les había mandado a llevar. Por esto, les prohibió exigir dinero a cambio de su ministerio. Sin embargo, les estaba permitido aceptar ayuda económica para cubrir sus necesidades básicas, porque el obrero es digno de su alimento.

^e NO TOMÉIS NADA. Ciertas diferencias leves entre los relatos de Mateo, Marcos y Lucas han inquietado a algunos intérpretes. Mateo 10:9, 10 y Lucas 9:3 dicen que los discípulos no debían llevar bordón o vara para el camino, pero en Marcos 6:8 se prohíbe todo esto a excepción de «solamente bordón». Marcos 6:9 también les da la instrucción de que «calzasen sandalias», mientras que en Mateo 10:10 el calzado se incluye entre las cosas que no debían llevar. No obstante, lo que se prohíbe en Mateo 10:10 y Lucas 9:3 es llevar artículos adicionales como bordones y sandalias de repuesto. Los discípulos debían asegurarse de no llevar equipaje en su viaje para viajar solo con la ropa en sus espaldas.

^f NI DE DOS TÚNICAS. Las restricciones en cuanto a lo que podían llevar con ellos fue únicamente para esta misión. Vea Lucas 22:36, donde en una posterior misión Cristo dio instrucciones completamente diferentes. La intención aquí era enseñar a sus discípulos a confiar en que el Señor supliría sus necesidades por medio de la generosidad de las personas a las cuales ministraran y enseñarles a aquellos que recibirían las bendiciones del ministerio de estos a ayudar económicamente a los servidores de Cristo. Cp. 1 Timoteo 5:18.

Mas en cualquier ciudad o aldea donde entréis, informaos quién en ella sea digno, y [MR][cuando] entréis en una casa, [g]posad en ella hasta que salgáis de aquel lugar. [MT]Y al entrar en la casa, saludadla. Y si la casa fuere digna, vuestra [h]paz vendrá sobre ella; mas si no fuere digna, vuestra paz se volverá a vosotros. Y si alguno no os recibiere, ni [i]oyere vuestras palabras, salid de aquella casa o ciudad, y [j]sacudid el polvo de vuestros pies. De cierto os digo que en el día del juicio, será más tolerable el castigo para la tierra de [k]Sodoma y de Gomorra, que para aquella ciudad.

He aquí, yo os envío como a ovejas en medio de [l]lobos; sed, pues, prudentes como serpientes, y sencillos como palomas. Y guardaos de los hombres, porque [m]os entregarán a los concilios, y en sus sinagogas os azotarán; y aun ante gobernadores y reyes seréis llevados por causa de mí, para testimonio a ellos y a los gentiles. Mas cuando os entreguen, no os preocupéis por cómo o qué hablaréis; porque en aquella hora os será dado lo que habéis de hablar. Porque no sois vosotros los que habláis, sino el Espíritu de vuestro Padre que habla en vosotros.

[n]El hermano entregará a la muerte al hermano, y el padre al hijo; y los hijos se levantarán contra los padres, y los harán morir. Y seréis aborrecidos de todos por

---

[g] POSAD EN ELLA. Los discípulos fueron muy cuidadosos al elegir los sitios donde se quedaban (cp. Mt. 10:11), pero una vez allí, el asunto principal era el ministerio. Una buena experiencia con su primer anfitrión y su alojamiento serían de testimonio a otros mientras estuvieran ministrando (cp. 1 Ti. 6:6).

[h] PAZ. Este es el equivalente a la palabra hebrea *shalom* y se refiere a la prosperidad, bienestar o bendición.

[i] OYERE VUESTRAS PALABRAS. La prioridad era anunciar que el Rey había venido y su reino estaba cerca. El mensaje era lo principal. Las señales y maravillas eran para autenticarlo.

[j] SACUDID EL POLVO DE VUESTROS PIES. Era común que los judíos sacudieran el polvo de sus pies como una expresión de desdén cuando regresaban de las regiones gentiles. Pablo y Bernabé también lo hicieron cuando los expulsaron de Antioquía (Hechos 13:51). Esto era una protesta visible, la cual significaba que consideraban que el lugar no era mejor que una tierra pagana. Un acto simbólico que significaba la completa renuncia a un futuro compañerismo con aquellos que los habían rechazado (cp. Mt. 10:14). Cuando los discípulos hacían este gesto, les demostraban a las personas que habían rechazado a Jesús y su evangelio que ellos también eran rechazados por los discípulos y el Señor.

[k] SODOMA Y GOMORRA. Esas ciudades y sus alrededores fueron juzgadas sin advertencia y con la máxima severidad. Las personas que rechazan la gracia y el evangelio de Cristo se enfrentarán a un castigo peor que aquellos paganos de esas dos ciudades del AT que murieron por el juicio divino (cp. Gn. 19:24; Mt. 10:15).

[l] LOBOS. Expresión usada para describir a los falsos profetas, quienes perseguían a los verdaderos creyentes y buscaban la destrucción de la iglesia (cp. Mt. 7:15; Lc. 10:3; Hch. 20:29).

[m] OS ENTREGARÁN. Aquí se habla, en términos técnicos, de llevar a un prisionero ante las autoridades para que sea castigado. La persecución de los creyentes ha sido frecuentemente la política oficial de los gobiernos. Persecuciones como estas brindan la oportunidad de testificar la verdad del evangelio. Cp. Juan 16:1–4; 2 Timoteo 4:16.

[n] EL HERMANO ENTREGARÁ A LA MUERTE AL HERMANO... Estos versículos tienen claramente un significado escatológico que va más allá de la misión inmediata de los discípulos. Las persecuciones descritas parecen corresponder al período de la tribulación que precede a la Segunda Venida de Cristo aludida en Mateo 10:23.

causa de mi nombre; mas el que persevere hasta el fin, éste será salvo. Cuando os persigan en esta ciudad, huid a la otra; porque de cierto os digo, que no acabaréis de recorrer todas las ciudades de Israel, antes que venga el Hijo del Hombre.

El discípulo [o]no es más que su maestro, ni el siervo más que su señor. Bástale al discípulo ser como su maestro, y al siervo como su señor. Si al padre de familia llamaron [p]Beelzebú, ¿cuánto más a los de su casa? Así que, no los temáis; porque nada hay encubierto, que no haya de ser manifestado; ni oculto, que no haya de saberse.

Lo que os digo en tinieblas, decidlo en la luz; y lo que oís al oído, proclamadlo desde las azoteas. Y no temáis a los que matan el cuerpo, mas el alma no pueden matar; [q]temed más bien a aquel que puede destruir el alma y el cuerpo en el infierno. ¿No se venden dos pajarillos por un cuarto? Con todo, ni uno de ellos cae a tierra [r]sin vuestro Padre. Pues aun vuestros cabellos están todos contados. Así que, no temáis; más valéis vosotros que muchos pajarillos.

A cualquiera, pues, que [s]me confiese delante de los hombres, yo también le confesaré delante de mi Padre que está en los cielos. Y a cualquiera que me niegue delante de los hombres, yo también le negaré delante de mi Padre que está en los cielos. No penséis que he venido para traer paz a la tierra; [t]no he venido para traer paz, sino espada. Porque he venido para [u]poner en disensión al hombre contra su

---

[o] NO ES MÁS. Si el Maestro (Cristo) sufre, entonces también sus discípulos. Si ellos atacan al Maestro (Cristo) con blasfemias, entonces atacarán también a sus siervos. Esta fue la promesa de la persecución. Cp. Juan 15:20.

[p] BEELZEBÚ. La deidad palestina asociada con la idolatría satánica. El nombre terminó siendo aplicado a Satanás, el príncipe de los demonios (cp. 2 R. 1:2; Lc. 11:15).

[q] TEMED MÁS BIEN A AQUEL. Dios es el que destruye en el infierno. Cp. Lucas 12:5. Los perseguidores solo pueden dañar el cuerpo.

[r] SIN VUESTRO PADRE. No solo «sin su conocimiento». Jesús estaba enseñando que Dios controla providencialmente el tiempo y las circunstancias de sucesos tan insignificantes como la muerte de un gorrión. Incluso el número de cabellos de nuestra cabeza es controlado por su soberana voluntad. En otras palabras, la divina providencia gobierna incluso los más pequeños detalles y los asuntos más mundanos. Esta es una poderosa afirmación de la soberanía de Dios.

[s] ME CONFIESE. La persona que reconozca a Cristo como Señor en la vida o la muerte, si es necesario, será aquella a quien el Señor reconozca delante de Dios como su seguidor. Cp. 2 Timoteo 2:10–13.

[t] NO [...] PARA TRAER PAZ, SINO ESPADA. Aunque el fin último del evangelio es la paz con Dios (Jn. 14:27; Ro. 8:6), el resultado inmediato del mismo es frecuentemente el conflicto. La conversión a Cristo puede resultar en tensiones en las relaciones familiares, persecución e incluso el martirio. Seguir a Cristo supone la intención de soportar semejantes penalidades. Aunque es llamado «Príncipe de paz» (Is. 9:6), Cristo no engañaría a nadie haciéndole pensar que él les ofrece a los creyentes una vida libre de todo problema.

[u] PONER EN DISENSIÓN AL HOMBRE CONTRA... Citado de Miqueas 7:6.

padre, a la hija contra su madre, y a la nuera contra su suegra; y los enemigos del hombre serán los de su casa. El que ama a padre o madre más que a mí, no es digno de mí; el que ama a hijo o hija más que a mí, no es digno de mí; y el que no ^vtoma su cruz y sigue en pos de mí, no es digno de mí. El que halla su vida, la perderá; y el que pierde su vida por causa de mí, la hallará.

^wEl que a vosotros recibe, a mí me recibe; y el que me recibe a mí, recibe al que me envió. ^xEl que recibe a un profeta por cuanto es profeta, recompensa de profeta recibirá; y el que recibe a un justo por cuanto es justo, recompensa de justo recibirá. Y cualquiera que dé a uno de estos ^ypequeñitos un vaso de agua fría solamente, por cuanto es discípulo, de cierto os digo que no perderá su recompensa.

Cuando Jesús terminó de dar instrucciones a sus doce discípulos, se fue de allí a enseñar y a predicar en ^zlas ciudades de ellos. ^{MR}Y saliendo, ^{LC}pasaban por todas las aldeas, ^{aa}anunciando el evangelio ^{MR}que los hombres se arrepintiesen. Y echaban fuera muchos demonios, y ^{bb}ungían con aceite a muchos enfermos, y los sanaban ^{LC}por todas partes.

---

^vTOMA SU CRUZ. Esta es la primera vez que Jesús les menciona la palabra *cruz* a sus discípulos. Para ellos esta palabra habría envuelto la imagen de una muerte violenta y degradante (cp. Mt. 27:31). Él estaba demandando un compromiso total de parte de ellos, incluso hasta la muerte física, y haciendo de este llamado a la sumisión total una parte del mensaje a proclamar a otros. El mismo llamado a mostrar una devoción a Cristo de vida o muerte se repite en Mateo 16:24; Marcos 8:34; Lucas 9:23; 14:27. Para aquellos que vienen a Cristo con una fe de autorrenuncia habrá una vida eterna y verdadera.

^wEL QUE A VOSOTROS RECIBE, A MÍ ME RECIBE. Cristo vive en su gente. Ellos también actúan en su nombre como sus embajadores (2 Co. 5:20). Por consiguiente, como ellos son tratados, así es tratado él (cp. Mt. 18:5; 25:45; Lc. 9:48).

^xEL QUE RECIBE A UN PROFETA [...] EL QUE RECIBE A UN JUSTO. Esto amplía el principio de Mateo 10:40. El recibir a un emisario de Cristo es equivalente a recibirlo a él (cp. Mt. 25:40).

^yPEQUEÑITOS. Los creyentes. Cp. Mt. 18:3–10; 25:40.

^zLAS CIUDADES DE ELLOS. Es decir, en Galilea. Entretanto, los discípulos ministraban en los poblados judíos y alrededor de Galilea (Mateo 10:5, 6).

^{aa}ANUNCIANDO EL EVANGELIO [...] ECHABAN FUERA MUCHOS DEMONIOS. Ellos eran mensajeros del evangelio y tuvieron un repetido éxito expulsando espíritus inmundos de las personas. Esto demostró el poder de Cristo sobre el mundo sobrenatural y confirmó su afirmación de ser Dios.

^{bb}UNGÍAN CON ACEITE [...] ENFERMOS. En los tiempos de Jesús el aceite de oliva era usado con frecuencia medicinalmente (cp. Lc. 10:34). No obstante, aquí representa el poder y la presencia del Espíritu Santo y se usó simbólicamente en relación con la sanidad espiritual (cp. Is. 11:2; Zac. 4:1–6; Mt. 25:2–4; Ap. 1:4, 12). Conocido como un buen agente de curación, el aceite era un medio apropiado y tangible con el cual las personas podían identificarse a medida que los discípulos ministraban a los enfermos.

76. Matan a Juan el Bautista

Mt. 14:1–12; Mr. 6:14–29; Lc. 9:7–9

MRaOyó[,] MT[e]n aquel tiempo[,] MRel rey bHerodes MTel ctetrarca LCde todas las cosas que hacía MTJesús, MRporque su nombre se había hecho notorio[.] LC[Y] estaba perplejo, MRy dijo: LCA Juan yo le hice decapitar; ¿quién, pues, es éste, de quien oigo tales cosas?

[D]ecían algunos: dJuan ha resucitado de los muertos; MR[o]tros decían: eEs Elías. Y otros decían: fEs un profeta, o alguno de los LCprofetas MRantiguos LC[que] ha resucitado. MRAl oír esto Herodes, dijo a sus criados: Este es gJuan el Bautista LC[a quien] le hice decapitar; MThha resucitado de los muertos, y por eso actúan en él estos poderes. LCY iprocuraba verle.

....

a OYÓ. El contexto indica que Herodes escuchó algunas noticias emocionantes centradas en Jesús y los resultados de la reciente predicación y los milagros de los discípulos en Galilea.

b HERODES. Este era Herodes Antipas, regente de Galilea.

c TETRARCA. Uno de los cuatro gobernantes de una región dividida. Después de la muerte de Herodes el Grande, Israel fue dividida entre sus hijos. En alguna ocasión, Mateo se refiere a Herodes como «rey» (Mateo 14:9), porque este era el título con el cual era conocido entre los galileos.

d JUAN HA RESUCITADO DE LOS MUERTOS. Por supuesto, esto no era cierto, pero Herodes mismo parece haber caído presa del terror a causa de su sentido de culpa (cp. Mr. 6:16).

e ES ELÍAS. Esta identificación de Jesús, que probablemente fue discutida ampliamente entre los judíos, se basaba en la expectativa judía de que el profeta Elías regresaría antes de la venida del Mesías (cp. Mal. 4:5; Mt. 11:14; Lc. 1:17).

f ES UN PROFETA, O ALGUNO DE LOS PROFETAS. Algunos vieron a Jesús como el cumplimiento de Deuteronomio 18:15, la profecía mesiánica que habla de aquel que, al igual que Moisés, guiaría a su pueblo. Otros identificaron a Jesús como un gran profeta, o uno que resumía la suspendida línea de profetas del AT. Estas y otras opiniones, aunque equivocadas, demuestran que las personas pensaban que Jesús era alguien especial o, de alguna manera, sobrenatural.

g JUAN EL BAUTISTA. El precursor de Cristo (cp. Mt. 3:1, 4, 6; Mr. 1:4–7).

h HA RESUCITADO DE LOS MUERTOS. Por medio de esta confesión exaltada y llena de culpa, Herodes mostró que no había olvidado el mal que había hecho al decapitar a Juan el Bautista y que en su conciencia temía que Juan regresara de la muerte (cp. Mt. 14:1, 2; Lc. 9:7–9).

i PROCURABA VERLE. Lucas es el único que presenta este detalle (Lucas 9:9; cp. 1:3; 8:3).

^{MR}Porque el mismo Herodes había enviado y prendido a ^jJuan, y le había encadenado ^{MT}y metido ^{MR}en la cárcel por causa de ^kHerodías, mujer de ^lFelipe su hermano; pues la había tomado por mujer. Porque ^mJuan decía a Herodes: No te es lícito tener la mujer de tu hermano. Pero Herodías le acechaba, y deseaba matarle, y no podía; porque ^{MT}[aunque] quería matarle, ^{MR}Herodes temía a Juan, sabiendo que era varón justo y santo, y le guardaba a salvo; y oyéndole, ⁿse quedaba muy perplejo, pero le escuchaba de buena gana. ^{MT}[Él también] temía al pueblo; porque tenían a Juan por profeta.

^{MR}Pero venido un día oportuno, en que Herodes, en la fiesta de su cumpleaños, daba una cena a sus ^opríncipes y ^ptribunos y a los ^qprincipales de Galilea, entrando ^rla hija de Herodías, ^sdanzó ^{MT}en medio, ^{MR}y agradó a Herodes y a los que estaban

---

^j JUAN [...] ENCADENADO [...] EN LA CÁRCEL. Herodes le había puesto grillos mientras estuvo encarcelado, probablemente en la Fortaleza de Maqueronte, al este del Mar Muerto. La intención de Herodes era proteger a Juan de los complots de Herodías.

^k HERODÍAS, MUJER DE FELIPE SU HERMANO. Herodías fue la hija de Aristóbulo, otro de los hijos de Herodes el Grande, así que cuando se casó con Felipe estaba desposando al hermano de su padre. Lo que precipitó el arresto de Juan el Bautista fue que Herodes Antipas (otro de los tíos de Herodías) la convenció de abandonar a su esposo (su hermano) para casarse con ella (Mr. 6:17). De esta forma cometieron incesto y violaron la orden de Levítico 18:16. Juan se horrorizó ante el hecho de que un rey de Israel cometiera semejante pecado de manera tan descarada, por lo que le reprochó a Herodes severamente (v. 4). Por esto, fue apresado y luego asesinado (Mr. 6:14–29).

^l FELIPE. Herodes Felipe II, otro medio hermano de Herodes Antipas (el Herodes de este pasaje). Por consiguiente, Felipe era también tío de Herodías.

^m JUAN DECÍA [...] NO TE ES LÍCITO. La conjugación del verbo griego y la manera en que Marcos registra las palabras de Juan implican que este había confrontado repetidamente en privado a Herodes Antipas sobre la ilegalidad de su matrimonio con Herodías según la ley mosaica (cp. Mt. 3:7–10).

ⁿ SE QUEDABA MUY PERPLEJO. Esto indica que la interacción de Herodes con Juan lo dejó con un gran conflicto interno, una lucha moral entre su lujuria por Herodías y la presión de su conciencia culpable.

^o PRÍNCIPES. Este término podría también traducirse como «señores» o «los grandes». Estos eran hombres con altos cargos civiles bajo el gobierno de Herodes.

^p TRIBUNOS. Oficiales militares de alto rango al mando de mil hombres.

^q PRINCIPALES DE GALILEA. Los principales líderes de la comunidad en la región.

^r LA HIJA DE HERODÍAS. Salomé, hija de Herodías y Felipe. Según Josefo, el historiador judío, ella también se casó con otro hijo (hermano de su padre y tío de su madre) de Herodes el Grande, aumentando así la lista de incestos en su familia.

^s DANZÓ. Se refiere a un baile solista con movimientos corporales muy sugestivos, el equivalente al baile que hacen las jóvenes desnudas en los clubes nocturnos hoy en día. Era algo inusual y casi sin precedente que Salomé bailara de esa forma frente a los invitados de Herodes (cp. Est. 1:11, 12).

con él a la mesa; y el rey dijo a la muchacha: Pídeme lo que quieras, y yo te lo daré. ^{MT}[É]ste le prometió con juramento darle todo lo que pidiese ^{MR}[y] le juró: Todo lo que me pidas te daré, ^thasta la mitad de mi reino.

Saliendo ella, dijo a su madre: ¿Qué pediré? Y ella le dijo: La cabeza de Juan el Bautista. Entonces ella entró prontamente al rey, y pidió diciendo: Quiero que ahora mismo me des en un plato la cabeza de Juan el Bautista.

Y el rey se entristeció mucho; pero ^ua causa del juramento, y de los que estaban con él a la mesa, no quiso desecharla. Y en seguida el rey ^{MT}mandó que se la diesen, y ^{MR}enviando a ^vuno de la guardia, mandó que fuese traída la cabeza de Juan. El guarda fue, le decapitó en la cárcel, y trajo su cabeza en un plato y la dio a la muchacha, y la muchacha la dio a su madre.

Cuando oyeron esto sus discípulos, vinieron y tomaron su cuerpo, y lo pusieron en un sepulcro^{MT}; y fueron y dieron las nuevas a Jesús.

---

^tHASTA LA MITAD DE MI REINO. Esta era una exageración hecha con la intención de reforzar su afirmación anterior de generosidad. Como monarca romano, Herodes en realidad no tenía «reino» que dar.

^uA CAUSA DEL JURAMENTO. La promesa hecha con cierto juramento se consideraba sagrada e inviolable (cp. Mt. 5:34), en especial cuando era hecha por un monarca regente. Herodes era ampliamente conocido por su duplicidad, por lo que no debemos pensar que estuviera en realidad preocupado más allá de las apariencias. Él no deseaba ser avergonzado delante de sus invitados.

^vUNO DE LA GUARDIA. Originalmente referido a un «espía» o «explorador», pero pasó a describir a un miembro del personal de un tribunal romano. Servían como mensajeros y guardaespaldas, y también como verdugos. Herodes había adoptado la costumbre de rodearse de este tipo de personas.

77. Jesús alimenta a los cinco mil

Mt. 14:13–22; Mr. 6:30–46; Lc. 9:10–17; Jn. 6:1–15

[LC]Vueltos los apóstoles, [MR]se juntaron con Jesús, y [LC]le contaron todo lo que habían hecho[MR], y lo que habían enseñado.

[JNa]Después de esto, Jesús [MR]les dijo: Venid [b]vosotros aparte [c]a un lugar desierto, y descansad un poco. Porque eran muchos los que iban y venían, de manera que ni aun tenían tiempo para comer. [LC]Y tomándolos, se retiró aparte[.] [MRd]Y se fueron [JN]al otro lado del [e]mar de Galilea, el de Tiberias[,] [MR]solos en una barca [LC]a un lugar desierto de la ciudad llamada [f]Betsaida.

....

[a]DESPUÉS DE ESTO. Es probable que haya transcurrido un largo intervalo de tiempo entre los capítulos 5 y 6 del Evangelio de Juan. Si la fiesta mencionada en Juan 5:1 es la de los tabernáculos, se puede pensar que por lo menos transcurrieron seis meses (de octubre a abril). No obstante, si se trata de la Pascua, entonces se puede deducir que transcurrió un año.

[b]VOSOTROS. La invitación de Jesús para un retiro en el desierto estaba destinada exclusivamente a los doce. Él sabía que sus discípulos necesitaban descanso y privacidad luego de su agotador viaje ministerial y la presión continua de las personas.

[c]A UN LUGAR DESIERTO. Querían descansar un poco y alejarse de las multitudes.

[d]Y SE FUERON [...] SOLOS EN UNA BARCA. Los discípulos acataron la sugerencia de Jesús, dejando Capernaum en el mismo bote que en Marcos 5:2.

[e]MAR DE GALILEA. La estructura de Juan 6 es muy similar a la de Juan 5, pues ambos designan una fiesta judía y apuntan al discurso de la deidad de Jesús. Mientras el capítulo 5 se desarrolla al sur en Judea y Jerusalén, el capítulo 6 tiene como ubicación el norte en Galilea. El resultado en ambos capítulos es el mismo: Jesús es rechazado no solo en la región del norte, sino también en el sur.

[f]BETSAIDA. Betsaida Julio está en la costa norte de Galilea, donde el río Jordán entra al lago.

[MR]Pero [g]muchos los vieron ir, y [JN]le seguía gran multitud, porque [h]veían las señales que hacía en los enfermos. [MR][Y muchos] le reconocieron; y muchos [i]fueron allá a pie desde las ciudades, y [j]llegaron antes que ellos[.]

Y salió Jesús [y] subió Jesús a un monte, y se sentó allí con sus discípulos. [JN]Y estaba cerca la pascua, la fiesta de los judíos. Cuando alzó Jesús los ojos, y [MR]vio una gran multitud [JN]que había venido a él[,] [MT]tuvo compasión de ellos[MR], porque eran como [k]ovejas que no tenían pastor[.] [É]l les recibió, y comenzó a enseñarles muchas cosas [LC]del reino de Dios, y sanaba a los que necesitaban ser curados.

[MR]Cuando ya era muy avanzada la hora [MT][y] anochecía, [LC]los [MR]doce discípulos se acercaron a él, diciendo: [MT]El lugar es desierto, y la hora ya pasada; despide a la multitud, para que vayan [MR]a los campos y aldeas de alrededor, y compren pan, [LC]y se alojen y encuentren alimentos[,] [MR]pues no tienen qué comer.

[MT]Jesús [MR][r]espondiendo les dijo: No tienen necesidad de irse; [l]dadles vosotros de comer. [MT]Y dijo a Felipe: ¿De dónde compraremos pan para que coman éstos? [JN]Pero esto decía para probarle; porque él sabía lo que había de hacer.

Felipe le respondió: [MR]¿Que vayamos y compremos pan por doscientos denarios, y les demos de comer? [JNm]Doscientos denarios de pan no bastarían para que cada uno de ellos tomase un poco. [MR]El les dijo: ¿Cuántos [n]panes tenéis? Id y vedlo.

---

[g] MUCHOS [...] A PIE. Estas personas viajaron grandes distancias por tierra para llegar al lugar apartado donde Jesús había ido por barco.

[h] VEÍAN LAS SEÑALES. Las multitudes seguían a Jesús por la curiosidad que suscitaban sus milagros y no por fe. No obstante, a pesar de las motivaciones erróneas de la multitud, Jesús fue movido por la compasión, les dio alimento y sanó a los enfermos.

[i] FUERON ALLÁ A PIE. La dirección (hacia la orilla noreste del lago) y la velocidad del bote, junto con la ausencia inmediata de otras embarcaciones, hizo que las personas los siguieran por tierra.

[j] LLEGARON ANTES QUE ELLOS. Este dato solo aparece en el relato de Marcos, y no significa necesariamente que todas las personas llegaron antes que el bote, porque la distancia por tierra era de unos doce kilómetros, el doble de la distancia por agua. Más bien, los más jóvenes y ávidos de la multitud fueron capaces de dejar atrás el cansancio y al barco (que probablemente no encontró viento o halló uno contrario), llegando a la orilla antes que la embarcación.

[k] OVEJAS QUE NO TENÍAN PASTOR. Una imagen del AT (cp. Nm. 27:17; 1 R. 22:17; 2 Cr. 18:16; Ez. 34:5) utilizada para describir a las personas como indefensas, hambrientas, necesitadas de protección y guía espiritual, expuestas a los peligros del pecado y la destrucción espiritual.

[l] DADLES VOSOTROS DE COMER. Jesús sabía que ellos no tenían suficiente comida para alimentar a la multitud. Él quería que los discípulos simplemente lo manifestaran, de forma que el registro fuera lo bastante claro en cuanto a que un milagro había ocurrido por su poder.

[m] DOSCIENTOS DENARIOS. Si se tiene en cuenta que un denario (cp. Mt. 22:19) equivalía a un día de salario de un obrero promedio (cp. Mt. 20:2), «doscientos denarios» corresponderían al salario de unos ocho meses. Pero la multitud era tan numerosa que aun esta cifra hubiera sido insuficiente para alimentarla.

[n] PANES. Lit. «tortas de pan» o «rollos».

[IN]Uno de sus discípulos, Andrés, hermano de Simón Pedro, le dijo: Aquí está un muchacho, que tiene cinco panes de cebada y dos pececillos; mas ¿qué es esto para tantos? [LC]Y dijeron ellos: No tenemos más que cinco panes y dos pescados, a no ser que vayamos nosotros a comprar alimentos para toda esta multitud. Y eran como cinco mil hombres. Entonces dijo[:] [MT]Traédmelos acá.

[IN]Entonces Jesús dijo [LC]a sus discípulos: [IN]Haced recostar la gente [LC]en grupos, de cincuenta en cincuenta. Así lo hicieron, haciéndolos sentar a todos [MR]por grupos sobre la [o]hierba verde. Y se recostaron por grupos, [p]de ciento en ciento, y de cincuenta en cincuenta. [IN]Y había mucha hierba en aquel lugar[.]

[LC]Y tomando los cinco panes y los dos pescados, [MR]y [q]levantando los ojos al cielo, [IN]y habiendo dado gracias, [MR]partió los panes, y dio a sus discípulos[MT], y los discípulos a [IN]los que estaban recostados; [MR]y repartió los dos peces entre todos. Y [r]comieron todos, [IN]cuanto querían[,] [MR]y se saciaron.

[IN]Y cuando se hubieron saciado, dijo a sus discípulos: Recoged los pedazos que sobraron, para que no se pierda nada. Recogieron, pues, y llenaron [s]doce cestas [MT]llenas [IN]de pedazos, que de los cinco panes de cebada sobraron a los que habían comido. [MT]Y los que comieron fueron como [t]cinco mil hombres, sin contar las

....

[o]HIERBA VERDE. Este detalle indica que estaban en la estación lluviosa de primavera, antes de que el caluroso verano secara e hiciera color café a la hierba.

[p]DE CIENTO EN CIENTO, Y DE CINCUENTA EN CINCUENTA. Un arreglo simétrico para la multitud, posiblemente en cincuenta semicírculos de cien personas cada uno, con cada semicírculo uno detrás del otro en líneas. Este ordenamiento era familiar para los judíos en sus festividades y hacía que la distribución de alimentos fuera más sencilla.

[q]LEVANTANDO LOS OJOS AL CIELO. Una postura típica de oración para Jesús (cp. Mr. 7:34; Lc. 24:35; Jn. 11:41; 17:1). El cielo ha sido considerado universalmente como el lugar de morada de Dios (Mt. 6:9).

[r]COMIERON TODOS [...] Y SE SACIARON. El hambre de cada persona en la multitud fue satisfecha por completo.

[s]DOCE CESTAS LLENAS. Las «cestas», aparentemente las mismas usadas para traer el alimento, eran recipientes pequeños de mimbre como los utilizados por los judíos para llevar comida.

[t]CINCO MIL HOMBRES. La palabra griega para «hombres» es estrictamente masculina, por lo que el número estimado no incluía a las mujeres ni a los niños (cp. Mt. 14:21). Las mujeres y los niños tradicionalmente eran sentados aparte de los hombres durante las comidas. Cuando todos volvieron a estar juntos, pudieron haber sido al menos unas veinte mil personas.

mujeres y los niños. [14]Aquellos hombres entonces, viendo [u]la señal que Jesús había hecho, dijeron: Este verdaderamente es [v]el profeta que había de venir al mundo.

Pero entendiendo Jesús que iban a venir para [w]apoderarse de él y hacerle rey, [MR][e]n seguida hizo a sus discípulos entrar en la barca e [x]ir delante de él a [y]Betsaida, en la otra ribera, entre tanto que él despedía a la multitud.

---

[u] LA SEÑAL. Aparte de la resurrección, la historia de la alimentación de los cinco es el único milagro registrado en todos los cuatro Evangelios. En el Evangelio de Juan este relato es la cuarta señal que el escritor emplea para demostrar que Jesús es el Mesías y el Hijo de Dios. Ya que lo más probable es que Juan haya escrito para complementar la información ausente en los Evangelios sinópticos, su relato hizo hincapié en la importancia estratégica de este milagro en dos aspectos: (1) demostró el poder creativo de Cristo con mayor claridad que cualquier otro milagro, y (2) se valió del milagro para demostrar la deidad de Jesucristo, así como también para preparar el escenario de su discurso sobre «el pan de vida» (Juan 6:22-40). Es fascinante notar que ambos milagros creativos de Jesús, que son la transformación del agua en vino (Juan 2:1-10) y la multiplicación del pan (Juan 6:1-14), se relacionan con los elementos centrales de la Santa Cena (Juan 6:53).

[v] EL PROFETA. La multitud se refirió al «profeta» de Deuteronomio 18:15. Es lamentable que estos comentarios, realizados después que Jesús los sanara y alimentara, evidencien el anhelo del pueblo por un Mesías que supliera sus necesidades físicas y no espirituales. Al parecer, no se observa indicio alguno de arrepentimiento, reconocimiento de su necesidad espiritual o preparación para el reino (Mt. 4:17). Ellos querían un Mesías terrenal y político que supliera todas sus necesidades y los liberara de la opresión romana. Su reacción tipifica la de muchos que quieren un «Cristo» que jamás les haga exigencias (cp. Mt. 10:34-39; 16:24-26), pero que responda a todas sus demandas egoístas.

[w] APODERARSE DE ÉL Y HACERLE REY. Juan complementa la información de Mateo y Marcos al añadir el motivo que llevó a Jesús a despedir a sus discípulos y apartarse de la multitud para ir solo a una montaña, y es su conocimiento sobrenatural de la intención que tenían de hacerlo rey porque los había alimentado y sanado. La multitud, impelida por el entusiasmo del tumulto, se alistaba a ejecutar por equivocadas intenciones políticas algo que habría comprometido la voluntad de Dios.

[x] IR DELANTE DE ÉL. La implicación es que Jesús se reuniría con sus discípulos después.

[y] BETSAIDA. Un pueblo diferente con el mismo nombre, Betsaida de Galilea, en el lado oeste del Mar de Galilea y al sur de Capernaum (cp. Mt. 11:21).

78. Jesús camina sobre las aguas

Mt. 14:23–36; Mr. 6:47–56; Jn. 6:15–21

MTDespedida la multitud, subió al ªmonte a orar aparte; y cuando llegó la noche, estaba allí solo. JNAl anochecer, descendieron sus discípulos al mar, y entrando en una barca, iban cruzando el mar ᵇhacia Capernaum. Estaba ya oscuro, y Jesús no había venido a ellos. Y ᶜse levantaba el mar con ᵈun gran viento que soplaba.

MR[L]a barca MTestaba ᵉen medio del mar, azotada por las olas; porque el viento era contrario[;] MRy él [estaba] solo en tierra. Y viéndoles remar con gran fatiga, porque el viento les era contrario, MTa ᶠla cuarta vigilia de la noche, JN[c]uando habían remado como veinticinco o treinta estadios, MTJesús vino a ellos ᵍandando sobre el marMR, y ʰquería adelantárseles. Viéndole ellos andar sobre el mar, JNy [que]

....

ªMONTE. Todo el lado este del Mar de Galilea es montañoso, con cuestas empinadas que llevan a una meseta. Una de estas cuestas sería un buen lugar para orar, lejos de la multitud (cp. Jn. 6:15).

ᵇHACIA CAPERNAUM. En Mateo 14:22 y Marcos 6:45 vemos que tan pronto como Jesús alimentó a las multitudes, despidió de inmediato a sus discípulos para viajar en dirección oeste hacia Capernaum.

ᶜSE LEVANTABA EL MAR. El episodio en el cual Jesús camina sobre el agua constituye la quinta señal que Juan relata en su Evangelio con el propósito de demostrar que Jesús es el Mesías y el Hijo de Dios (Juan 20:30, 31). El milagro prueba la deidad de Jesús al demostrar su soberanía frente a las leyes de la naturaleza.

ᵈUN GRAN VIENTO QUE SOPLABA. El Mar de Galilea está ubicado a unos doscientos diez metros bajo el nivel del mar. Una corriente de aire frío procedente de las montañas del norte y las laderas al sureste soplaba hacia el lago y desplazaba el aire cálido y húmedo, que encrespaba el agua con violencia.

ᵉEN MEDIO DEL MAR. Normalmente, la navegación del extremo norte del lago se hacía a unos dos o tres kilómetros de la orilla. Sin embargo, en este caso el viento había alejado al bote varios kilómetros al sur, cerca del centro del lago.

ᶠLA CUARTA VIGILIA. De tres de la madrugada a seis de la mañana.

ᵍANDANDO SOBRE EL MAR. El tiempo verbal sugiere un progreso firme, sin impedimento alguno por parte de las olas. Los sinópticos revelan que en medio del temor y la oscuridad, los discípulos pensaron que Jesús era un fantasma. El Hijo de Dios, que hizo el mundo, estaba en control de sus fuerzas, y en este caso anuló la ley de la gravedad. No se trató de un acto frívolo de parte de Jesús, sino constituyó una lección dramática y objetiva para sus discípulos sobre la verdadera identidad de Jesús como Señor soberano de la creación (cp. Juan 1:3).

ʰQUERÍA ADELANTÁRSELES. Una traducción más exacta sería «deseaba llegar junto a ellos», indicando la verdadera intención de Jesús. Él deseaba probar la fe de los discípulos, por lo que deliberadamente cambió de curso y vino a ellos paralelamente para ver si podrían reconocerlo y a sus poderes sobrenaturales, y si lo invitarían a subir a bordo.

se acercaba a la barca[,] ^{MR}pensaron que era ⁱun fantasma, y gritaron ^{MT}de miedo ^{JN}; y tuvieron miedo ^{MR}porque todos le veían, y se turbaron.

^{MT}Pero en seguida Jesús les habló, diciendo: ¡^jTened ánimo; ^kyo soy, no temáis! Entonces le respondió Pedro, y dijo: Señor, si eres tú, manda que yo vaya a ti sobre las aguas. Y él dijo: Ven. Y descendiendo Pedro de la barca, andaba sobre las aguas para ir a Jesús. Pero al ver el fuerte viento, tuvo miedo; y comenzando a hundirse, dio voces, diciendo: ¡Señor, sálvame! Al momento Jesús, extendiendo la mano, asió de él, y le dijo: ¡Hombre de poca fe! ¿Por qué dudaste?

^{MR}Y subió a ellos en la barca, [y] ^{JN}con gusto le recibieron[.] ^{MT}Y cuando ellos subieron en la barca, se calmó el viento[, y ^lla barca] ^{JN}llegó en seguida a la tierra adonde iban. ^{MR}[Y] ellos se asombraron en gran manera, y se maravillaban. Porque ^maún no habían entendido lo de los panes, por cuanto ⁿestaban endurecidos sus corazones. ^{MT}Entonces los que estaban en la barca vinieron y le adoraron, diciendo: Verdaderamente ^oeres Hijo de Dios.

^{MR}Terminada la travesía, vinieron a tierra de ^pGenesaret, y arribaron a la orilla. Y saliendo ellos de la barca, en seguida ^{MT}los hombres de aquel lugar ^{MR}le conocieron [y] ^{MT}enviaron noticia por toda aquella tierra alrededor [y] ^{MR}comenzaron a traer de todas partes ^{MT}todos [los] ^{MR}enfermos en lechos, a donde oían que estaba. Y

ⁱUN FANTASMA. Una aparición o una criatura imaginaria. Debido a la imposibilidad de un hecho semejante, su fatiga y temor por las condiciones tormentosas, los doce, aunque cada uno de ellos lo había visto, no creyeron al principio que la figura en cuestión era realmente Jesús.

^jTENED ÁNIMO. Esta orden, siempre unida en los Evangelios a una situación de temor y aprehensión (cp. Mt. 9:2, 22; 14:27; Mr. 10:49; Lc. 8:48; Jn. 16:33; Hch. 23:11), urgió a los discípulos a tener una actitud de valentía.

^kYo soy. Esta declaración identificaba claramente a aquella figura como el Señor Jesús, no un fantasma. Un eco también de la revelación voluntaria de Dios en el AT (cp. Éx. 3:14).

^lLA BARCA LLEGÓ EN SEGUIDA A LA TIERRA. Esta frase señala que otro milagro ocurrió además de que Jesús caminara sobre el agua, es decir, la barca llegó de manera milagrosa e instantánea a su destino exacto tan pronto como Jesús entró en ella.

^mAÚN NO HABÍAN ENTENDIDO LO DE LOS PANES. Una explicación del aplastante asombro de los discípulos ante lo que había acabado de suceder. Debido a que ellos no habían podido entender la importancia real del milagro de esa tarde, tampoco pudieron captar el carácter sobrenatural de Jesús desplegado aquel día en el lago.

ⁿESTABAN ENDURECIDOS SUS CORAZONES. Cp. Mr. 8:17. La mente de cada uno de los discípulos era impenetrable, por lo que no podían percibir lo que Jesús estaba diciéndoles (cp. Mr. 4:11, 12). Esta frase insinúa o alude rebelión, no solo a simple ignorancia (cp. Mr. 3:5).

^oERES HIJO DE DIOS. Cp. Mateo 27:43, 54.

^pGENESARET. Una ciudad en la costa noroeste del Mar de Galilea.

^qdondequiera que entraba, en aldeas, ciudades o campos, ponían ^ren las calles a los que estaban enfermos, y le rogaban que les dejase tocar siquiera ^sel borde de su manto; ^{MT}y todos los que lo tocaron, quedaron sanos.

. . . .

^q DONDEQUIERA QUE ENTRABA. Esta declaración nos da un resumen del ministerio de sanidad de Cristo durante los días y semanas que siguieron a su caminar sobre el agua.

^r EN LAS CALLES. Antiguamente existían espacios abiertos, usualmente dentro de las paredes de la ciudad o cerca de su centro, donde las personas se congregaban para diversos propósitos sociales y comerciales. Aquí el término puede indicar el significado original de cualquier sitio donde las personas se reunían. Las personas traían a los enfermos a estos lugares porque era más probable que Jesús pasara por ellos.

^s EL BORDE DE SU MANTO. Cp. Mt 9:20; Mr. 5:28.

79. Jesús es el pan de vida

Jn. 6:22-40

[a]El día siguiente, la gente que estaba al otro lado del mar vio que no había habido allí más que una sola barca, y que Jesús no había entrado en ella con sus discípulos, sino que éstos se habían ido solos. Pero otras barcas habían arribado de Tiberias junto al lugar donde habían comido el pan después de haber dado gracias el Señor. [b]Cuando vio, pues, la gente que Jesús no estaba allí, ni sus discípulos, entraron en las barcas y fueron a Capernaum, buscando a Jesús. Y hallándole al otro lado del mar, le dijeron: Rabí, ¿cuándo llegaste acá?

Respondió Jesús y les dijo: De cierto, de cierto os digo que me buscáis, no porque habéis visto las señales, sino [c]porque comisteis el pan y os saciasteis. Trabajad, no por [d]la comida que perece, sino por [e]la comida que a vida eterna permanece, la cual el Hijo del Hombre os dará; porque a éste señaló Dios el Padre.

....

[a] EL SIGUIENTE DÍA. Esto ocurrió el día después de que Jesús caminara sobre el agua. Esta sección presenta la famosa predicación de Jesús sobre el pan de vida. El tema clave está en Juan 6:35, i. e., «Yo soy el pan de vida», que es la primera de las siete declaraciones enfáticas «Yo soy» de Jesús comprendidas en este Evangelio (Jn. 8:12; 10:7, 9; 10:11, 14; 11:25; 14:6; 15:1, 5). Esta analogía de Jesús como «el pan» de vida afirma el tema de Juan acerca de Jesús como Mesías e Hijo de Dios (Jn. 20:30, 31). Aunque Juan registra los milagros de Jesús para establecer su deidad, se apresura a presentar el discurso de Jesús sobre las realidades espirituales de su persona a fin de definir con precisión su identidad, es decir, no solamente es un hacedor de maravillas, sino el Hijo de Dios que vino a salvar a la humanidad de sus pecados (Jn. 3:16).

[b] CUANDO VIO, PUES, LA GENTE QUE JESÚS NO ESTABA ALLÍ. Estos versículos indican que las multitudes que fueron testigo de las sanidades y la alimentación milagrosa aún estaban en el lugar original de estos milagros (al este del lago), y debido a una curiosidad exaltada, anhelaban encontrarse de nuevo con Jesús. Otras barcas cargadas con personas de Tiberias (en la orilla noroeste del lago) también escucharon acerca de los milagros y lo buscaban.

[c] PORQUE COMISTEIS. Esta frase subraya el punto de Jesús acerca del motivo por el cual la multitud lo seguía, que consistía en un deseo superficial de comida en vez de una comprensión del verdadero significado espiritual de su persona y su misión (Mr. 6:52; Jn. 8:14-21).

[d] LA COMIDA QUE PERECE. Jesús reprendió a la multitud por sus ideas acerca del reino mesiánico, enfocadas solo en lo material (cp. Jn. 4:15). Aunque el reinado del Mesías se haría real algún día en el mundo físico, el pueblo no logró ver su preponderante carácter espiritual y la bendición de la «vida eterna» concedida de inmediato a quienes creen en el testimonio de Dios a través del Hijo.

[e] LA COMIDA QUE A VIDA ETERNA PERMANECE. El discurso siguiente indica que esta era una referencia a Jesús mismo.

Entonces le dijeron: ¿Qué debemos hacer para poner en práctica [f]las obras de Dios? Respondió Jesús y les dijo: Esta es [g]la obra de Dios, que creáis en el que él ha enviado. Le dijeron entonces: ¿[h]Qué señal, pues, haces tú, para que veamos, y te creamos? ¿Qué obra haces? [i]Nuestros padres comieron el maná en el desierto, como está escrito: Pan del cielo les dio a comer. Y Jesús les dijo: De cierto, de cierto os digo: No os dio Moisés el pan del cielo, mas mi Padre os da el [j]verdadero pan del cielo. Porque el [k]pan de Dios es aquel que descendió del cielo y da vida al mundo. Le dijeron: [l]Señor, danos siempre este pan.

Jesús les dijo: [m]Yo soy el pan de vida; el que a mí viene, nunca tendrá hambre; y el que en mí cree, no tendrá sed jamás. Mas os he dicho, que aunque me habéis visto, no creéis. [n]Todo lo que el Padre me da, vendrá a mí; y al que a mí viene, no

....

[f]LAS OBRAS DE DIOS. Ellos pensaron que Jesús sugería que Dios demandaba que hicieran algunas obras para ganar la vida eterna, para las cuales ellos se sentían calificados.

[g]LA OBRA DE DIOS, QUE CREÁIS. La multitud no comprendió la restricción de Jesús en Juan 6:27, la cual motivó a Jesús a recordarles que es un error enfocarse de manera exclusiva en las bendiciones materiales. La única obra que Dios anhelaba era la fe o la confianza en Jesús como Mesías e Hijo de Dios (cp. Mal. 3:1). La «obra» que Dios demanda es creer en su Hijo (cp. Jn. 5:24).

[h]¿QUÉ SEÑAL, PUES, HACES TÚ...? La pregunta ponía en evidencia la torpeza y la ceguera espiritual de la multitud, así como su curiosidad egoísta y superficial. La alimentación de los veinte mil (Juan 6:10) era una señal suficiente para demostrar la deidad de Cristo (cp. Lc. 16:31).

[i]NUESTROS PADRES COMIERON EL MANÁ. Parece que la lógica de la multitud concebía la alimentación milagrosa operada por Jesús como un milagro insignificante comparado con el que realizó Moisés. Para condicionar su fe en él exigían que alimentara a la nación de Israel en la misma proporción que Dios lo hizo al enviar el maná para alimentar a todo el pueblo durante su peregrinación de cuarenta años en el desierto (Éx. 16:11-36). A fin de creerle, pedían que Jesús hiciera lo mismo que Moisés. La cita fue tomada del Salmo 78:24.

[j]VERDADERO PAN DEL CIELO. El maná que Dios proveyó era temporal y perecedero, y también una sombra insignificante del verdadero pan que Dios les ofrecería, que es Jesucristo, el único que da vida espiritual y eterna a la humanidad (al «mundo»).

[k]PAN DE DIOS. Esta expresión es sinónima de «pan del cielo» (v. 32).

[l]SEÑOR, DANOS SIEMPRE ESTE PAN. Esta declaración volvía a poner en evidencia la ceguera de la multitud, que pensaba en algún tipo de pan material y no lograba entender el significado espiritual que señalaba a Jesús como ese «pan» (cp. Jn. 4:15).

[m]YO SOY EL PAN DE VIDA. La torpeza de Juan 6:34 impulsó a Jesús a aclarar de manera explícita que se refería a él mismo.

[n]TODO LO QUE EL PADRE ME DA, VENDRÁ A MÍ. Este versículo resalta la voluntad soberana de Dios al escoger a quienes vienen a él para recibir salvación (cp. Jn. 6:44, 65; 17:6, 12, 24). El Padre predestinó a los que serían salvos (cp. Ro. 8:29, 30; Ef. 1:3-6; 1 P. 1:2). La soberanía absoluta de Dios es la base de la confianza de Jesús para el éxito de su misión (cp. Fil. 1:6). La seguridad de la salvación reside en la soberanía de Dios, porque Dios es la garantía de que «todo» lo que ha escogido vendrá a él para salvación. Al decir «me da», Jesús afirma que cada persona es escogida por Dios y traída a él (Jn. 6:44), lo cual debe considerarse como una dádiva de amor del Padre para el Hijo. El Hijo recibe cada «dádiva de amor» (v. 37), la guarda (v. 39), y la resucitará en la gloria eterna (vv. 39, 40). Ninguno que haya sido escogido se perderá (cp. Ro. 8:31-39). Dicho propósito salvador es la voluntad de Dios, que el Hijo cumplirá hasta su perfección (Jn. 6:38, cp. 4:34; 10:28, 29; 17:6, 12, 24).

le echo fuera. Porque he descendido del cielo, no para hacer mi voluntad, sino la voluntad del que me envió. Y esta es la voluntad del Padre, el que me envió: Que de todo lo que me diere, no pierda yo nada, sino que lo resucite en el día postrero. Y esta es la voluntad del que me ha enviado: Que °todo aquél que ve al Hijo, y cree en él, tenga vida eterna; y yo le resucitaré en el día postrero.

° TODO AQUÉL QUE VE AL HIJO, Y CREE EN ÉL. Este versículo resalta la responsabilidad humana en la salvación. Aunque Dios es soberano, él obra mediante la fe, de manera que cada uno debe creer en Jesús como Mesías e Hijo de Dios, que es el único camino para la salvación (cp. Juan 14:6). No obstante, incluso la fe es un regalo de Dios (Ro. 12:3; Ef. 2:8, 9). Cualquier esfuerzo humano para comprender la concordancia entre la soberanía de Dios y la responsabilidad del hombre resulta vano, pero es un asunto por completo resuelto en la mente infinita de Dios.

80. Reacción a la declaración de Jesús acerca de ser el pan de vida

Jn. 6:41–71

[Na]Murmuraban [b]entonces de él los [c]judíos, [d]porque había dicho: Yo soy el pan que descendió del cielo. Y decían: ¿No es éste Jesús, el hijo de José, [e]cuyo padre y madre nosotros conocemos? ¿Cómo, pues, dice éste: Del cielo he descendido? Jesús respondió y les dijo: No murmuréis entre vosotros. Ninguno puede venir a mí, si el Padre que me envió no [f]le trajere; y yo le resucitaré en el día postrero.

....

[a] MURMURABAN. La reacción de las multitudes de la sinagoga frente a las declaraciones de Jesús fue igual a la de los judíos en el desierto, quienes murmuraron contra Dios antes y después que les diera el maná (Éx. 16:2, 8, 9; Nm. 11:4–6).

[b] ENTONCES [...] LOS JUDÍOS. Esta sección designa la reacción inicial de la multitud a la predicación de Jesús acerca del pan de vida, la cual podría dividirse en tres secciones: (1) la multitud reacciona con murmuración (Juan 6:41, 42); (2) Jesús los reprende por su reacción (vv. 43–46); y (3) Jesús reitera su mensaje a la multitud (vv. 47–51).

[c] JUDÍOS. En este Evangelio el término «judíos» a menudo se asocia con la animosidad hacia Cristo. Se emplea como ironía para indicar la incongruencia de la creciente hostilidad de los judíos hacia su Mesías. Puesto que endurecieron sus corazones, Dios también procedió a endurecerlos como una sentencia judicial (cp. Is. 6:10; 53:1; Mt. 13:10–15; Jn. 12:37–40). En el período de la tribulación, Israel se volverá a Jesús como su verdadero Mesías y será salvo (Ro. 11:25–27; Ap. 1:7; 7:1–8; cp. Zac. 12:10–14).

[d] PORQUE HABÍA DICHO: YO SOY EL PAN [...] DEL CIELO. La indignación de los judíos se centraba en dos cosas: (1) que Jesús afirmó ser el pan y (2) que vino del cielo. Tanto los judíos en Jerusalén (Juan 5:18) como los galileos reaccionaron de forma negativa cuando Jesús se puso al mismo nivel de Dios.

[e] CUYO PADRE Y MADRE NOSOTROS CONOCEMOS. En el plano humano sabían que Jesús era galileo. Estas palabras evocan las que Jesús pronunció en Juan 4:44: «El profeta no tiene honra en su propia tierra». La hostilidad de las personas brotaba de una raíz de incredulidad. La muerte de Jesús era inevitable, pues las animosidades surgían dondequiera que iba.

[f] LE TRAJERE. Cp. Juan 6:65. Al combinar Juan 6:37a y 44 se observa que la actividad divina de atraer a los pecadores a la salvación no puede limitarse a lo que los teólogos han denominado la «gracia precedente», es decir, que de alguna forma la capacidad de venir a Cristo está a disposición de toda la humanidad, lo cual le permite a cada cual aceptar o rechazar el evangelio solo según su propia voluntad. Las Escrituras advierten que la naturaleza humana no posee «libre albedrío», porque está bajo la esclavitud del pecado (la depravación total) y es incapaz de creer si Dios no nos faculta para hacerlo (Ro. 3:1–19; Ef. 2:1–3; 2 Co. 4:4; 2 Ti. 1:9). Aunque «todo el que quiera» puede venir al Padre, solo a quienes Dios les concede el deseo lograrán venir a él. La acción de Dios de atraer es selectiva y eficaz (pues produce el efecto esperado) sobre aquellos a quienes ha escogido en su soberanía para alcanzar la salvación, i. e., quienes creerán porque él así lo ha determinado desde la eternidad (Ef. 1:9–11).

ᵍEscrito está en los profetas: Y serán todos enseñados por Dios. Así que, todo aquel que oyó al Padre, y aprendió de él, viene a mí. No que alguno haya visto al Padre, sino aquel que vino de Dios; éste ha visto al Padre. De cierto, de cierto os digo: El que cree en mí, tiene vida eterna. Yo soy el pan de vida. Vuestros padres comieron ʰel maná en el desierto, y murieron. Este es el pan que desciende del cielo, para que el que de él come, no muera. ⁱYo soy el pan vivo que descendió del cielo; si alguno comiere de este pan, vivirá para siempre; y el pan que yo daré es ʲmi carne, la cual yo daré por la vida del mundo.

Entonces los judíos ᵏcontendían entre sí, diciendo: ¿Cómo puede éste darnos a comer su carne? Jesús les dijo: De cierto, de cierto os digo: Si no coméis la carne del Hijo del Hombre, y bebéis su sangre, no tenéis vida en vosotros. El que ˡcome mi carne y bebe mi sangre, tiene vida eterna; y yo le resucitaré en el día postrero. Porque mi carne es verdadera comida, y mi sangre es verdadera bebida. El que come mi carne y bebe mi sangre, en mí permanece, y yo en él. Como me envió el Padre viviente, y yo vivo por el Padre, asimismo el que me come, él también vivirá por mí. Este es el pan que descendió del cielo; no como vuestros padres comieron el maná,

....

ᵍ ESCRITO ESTÁ. Jesús hizo una paráfrasis de Isaías 54:13 para sustentar la idea de que si los hombres creen y se arrepienten es porque han sido «enseñados» y en consecuencia traídos por Dios. El hecho de ser «traídos» y «enseñados» son solo dos aspectos diferentes de la dirección soberana de Dios en la vida de los hombres. Quienes son enseñados por Dios para comprender la verdad son también traídos por el Padre para recibir al Hijo.

ʰ EL MANÁ. Jesús muestra la diferencia entre el pan terrenal y el celestial. El maná fue dado en el desierto y vino del cielo para suplir las necesidades físicas de los israelitas. No obstante, era incapaz de impartir vida eterna o de suplir sus necesidades espirituales, como sí podría hacerlo el «pan de vida» que vino del cielo en la persona de Jesús el Mesías. La prueba de esta diferencia estriba en el hecho irrefutable de que todos los antepasados que comieron maná en el desierto murieron.

ⁱ YO SOY EL PAN VIVO. Este pasaje (Jn. 6:51–59) podría dividirse en tres secciones: (1) la declaración de Jesús (v. 51); (2) la confusión de la multitud (v. 52); y (3) las promesas de Jesús (vv. 53–59).

ʲ MI CARNE, LA CUAL YO DARÉ POR LA VIDA DEL MUNDO. Jesús se refiere aquí de manera profética a su inminente sacrificio en la cruz (cp. 2 Co. 5:21; 1 P. 2:24). Por su propia voluntad Jesús rindió su vida por la humanidad pecaminosa y malvada (Jn. 10:18; 1 Jn. 2:2).

ᵏ CONTENDÍAN. De nuevo, la confusión de los judíos revela que no lograban comprender la verdad espiritual encubierta en la ilustración expuesta por Jesús. Cada vez que Jesús presentaba una ilustración física o hacía una afirmación encubierta, los judíos eran incapaces de ver su significado espiritual (p. ej., Jn. 3:4, 4:15). La ley mosaica prohibía beber sangre o comer carne que aún la tuviera (Lv. 17:10–14; Dt. 12:16; Hch. 15:29). Los judíos reaccionaron con ira y desconcierto al no lograr trascender la simple esfera material.

ˡ COME [...] BEBE. Aquí Jesús emplea una analogía que tiene un significado más espiritual que literal: al igual que comer y beber son necesarios para la vida física, la fe en su muerte en sacrificio es necesaria para la vida eterna. Comer su carne y beber su sangre simbolizan de manera metafórica la necesidad de aceptar la obra de Jesús en la cruz. No obstante, un Mesías crucificado resultaba inconcebible para los judíos (cp. Hch. 17:1–3). Una vez más los judíos, en su ceguera deliberada que era su propia condena judicial, no podían vislumbrar el verdadero significado espiritual ni la verdad detrás de las declaraciones de Jesús. Por otro lado, esta alusión de Jesús a comer y beber no se refiere a la Santa Cena por dos razones importantes: (1) aún no había sido instituida, y (2) si Jesús se hubiera referido a la Santa Cena, habría enseñado entonces que quienes participaran de ella recibirían la vida eterna.

y murieron; el que come de este pan, vivirá eternamente. Estas cosas dijo en la sinagoga, enseñando en Capernaum.

[m]Al oírlas, muchos de sus discípulos dijeron: Dura es esta palabra; ¿quién la puede oír? Sabiendo Jesús en sí mismo que [n]sus discípulos murmuraban de esto, les dijo: ¿Esto os ofende? ¿Pues qué, si viereis al Hijo del Hombre subir adonde estaba primero? El espíritu es el que da vida; la carne para nada aprovecha; las palabras que yo os he hablado son espíritu y son vida. Pero hay algunos de vosotros que no creen. Porque [o]Jesús sabía desde el principio quiénes eran los que no creían, y quién le había de entregar. Y dijo: Por eso os [p]he dicho que ninguno puede venir a mí, si no le fuere dado del Padre. Desde entonces muchos de [q]sus discípulos volvieron atrás, y ya no andaban con él. Dijo entonces Jesús a los doce: ¿Queréis acaso iros también vosotros? Le respondió Simón Pedro: Señor, ¿a quién iremos? Tú tienes palabras de vida eterna. Y nosotros [r]hemos creído y conocemos que tú eres el Cristo, el Hijo del

....

[m] AL OÍRLAS. Esos versículos (Jn. 6:60–71) desenmascaran la reacción de los discípulos de Jesús a su sermón sobre el «pan de vida». Al igual que la reacción de la multitud en Jerusalén (capítulo 5) y en Galilea (capítulo 6), ellos respondieron con incredulidad y lo rechazaron. Juan cita dos grupos y sus reacciones correspondientes: (1) la incredulidad de los discípulos falsos (Jn. 6:60–66), y (2) la fe de los discípulos verdaderos (vv. 67–71). Tras haber predicado su sermón, solo un puñado de discípulos se quedó con él (v. 67).

[n] SUS DISCÍPULOS MURMURABAN. Muchos discípulos de Jesús reaccionaron de la misma forma que los judíos en Juan 6:41 y que la primera generación de israelitas con respecto al maná, es decir, murmuraron (Éx. 16:2).

[o] JESÚS SABÍA. Como se vio en las palabras de Jesús en Juan 2:23–25, él conocía el corazón de los hombres, incluyendo a los discípulos que lo seguían. De manera sobrenatural sabía que muchos no creían en él como Mesías e Hijo de Dios, por lo cual no se fiaba de ellos. Estos discípulos falsos tan solo eran atraídos por los prodigios (p. ej., milagros y comida) y no lograban entender el verdadero significado de las enseñanzas de Jesús.

[p] HE DICHO. Aunque los pecadores son llamados a creer y tendrán que rendir cuentas por su incredulidad, la fe auténtica nunca es un asunto exclusivo de la decisión humana. Una vez más, frente a la incredulidad, Jesús reitera la soberanía de Dios implicada en la elección para la salvación.

[q] SUS DISCÍPULOS [...] YA NO ANDABAN CON ÉL. El lenguaje empleado revela que se habían ido de manera decisiva y terminante (cp. 1 P. 2:6–8; 1 Jn. 2:19).

[r] HEMOS CREÍDO. Las palabras de Pedro resultaban en cierta medida presuntuosas, porque sugerían que los verdaderos discípulos poseían algún tipo de percepción superior que les permitía creer.

Dios viviente. Jesús les respondió: [s]¿No os he escogido yo a vosotros los doce, y uno de vosotros es [t]diablo? Hablaba de Judas [u]Iscariote, hijo de Simón; porque éste era el que le iba a entregar, y era uno de los doce.

....

[s]¿No os he escogido yo a vosotros los doce...? Como respuesta a las palabras de Pedro sobre la fe que habían alcanzado los discípulos, Jesús les recuerda que fue él quien los escogió en su soberanía (cp. Jn. 6:37, 44, 65). Jesús no estaría dispuesto a admitir ninguna pretensión humana concerniente a la selección soberana de Dios.

[t]Diablo. La palabra *diablo* significa «calumniador» o «falso acusador». Tal vez la idea se expresa mejor como «uno de vosotros es el diablo». Dicho significado se ve expresado con claridad en Marcos 8:33; Lucas 22:3 y Juan 13:2, 27. El más grande adversario de Dios actúa de esa manera, ocultándose tras la débil naturaleza humana para instigar en ella su propia malicia (cp. Mt. 16:23). Jesús, mediante su conocimiento sobrenatural, identificó con precisión el origen de esta. También se evidencia aquí el carácter de Judas, no como un hombre de buenas intenciones pero descarriado que procuraba forzar a Jesús para que manifestara su poder y estableciera su reino (como algunos sugieren), sino como un instrumento de Satanás que actuaba con absoluta maldad (cp. Jn. 13:21–30).

[u]Iscariote. Lo más probable es que esta palabra provenga del vocablo hebreo que significa «hombre de Queriot», que era el nombre de un pueblo en Judea. Al igual que en los otros tres Evangelios, tan pronto se nombró a Judas, este quedó identificado como el traidor.

81. Jesús confronta las tradiciones de los hombres

Mt. 15:1-20; Mr. 7:1-23; Jn. 7:1

[JNa]Después de estas cosas, [b]andaba Jesús en Galilea; pues no quería andar en Judea, porque los judíos procuraban matarle.

[MR]Se juntaron a Jesús [c]los fariseos, y algunos de los escribas, que habían venido de Jerusalén; los cuales, viendo a algunos de los discípulos de Jesús comer pan con [d]manos inmundas, esto es, no lavadas, los condenaban. Porque los fariseos y todos los judíos, aferrándose a [e]la tradición de los ancianos, si muchas veces no [f]se lavan las manos, no comen. Y volviendo de la plaza, si no se lavan, no comen. Y otras muchas cosas hay que tomaron para guardar, como los lavamientos de los vasos de

....

[a]DESPUÉS DE ESTAS COSAS. En el Evangelio de Juan esta frase indica un período de seis meses entre los sucesos de Juan 6:1-71 (que ocurrieron alrededor de la Pascua en abril) y los sucesos de Juan 7:2ss (que tuvieron lugar durante la fiesta de los tabernáculos en octubre). A pesar de que Juan no registró este intervalo de tiempo, los Evangelios sinópticos lo cubren bastante. Juan no escribió acerca de esos meses porque su propósito no era presentar una cronología exhaustiva de la vida de Cristo, sino retratarle como el Mesías y el Hijo de Dios, así como mostrar la manera en la que reaccionaron y respondieron a él los hombres.

[b]ANDABA JESÚS EN GALILEA. Juan 6 indica que Jesús pasó dos días con la multitud de veinte mil personas (Jn. 6:22), pero dedicó siete meses a la enseñanza de los doce discípulos que creyeron en él. Esta frase recalca con sutileza la gran importancia del discipulado, porque Jesús consagró gran parte de su tiempo y energías a la preparación y el adiestramiento de sus futuros líderes espirituales.

[c]LOS FARISEOS [...] QUE HABÍAN VENIDO DE JERUSALÉN. Esta delegación del liderazgo representativo del judaísmo vino de Jerusalén, probablemente a petición de los fariseos de Galilea.

[d]MANOS INMUNDAS. Los discípulos de Jesús estaban siendo acusados de comer con manos que no habían sido lavadas ceremonialmente y, por lo tanto, no se habían apartado de la deshonra asociada con haber tocado algo profano.

[e]LA TRADICIÓN DE LOS ANCIANOS. Este era un cuerpo de leyes extrabíblicas que había existido solo en forma oral y únicamente desde la cautividad de Babilonia. Luego fueron llevadas al papel en la Mishná, a finales del siglo II A.C. La ley de Moisés no contenía ninguna prescripción con respecto a lavarse las manos antes de comer, excepto para los sacerdotes que debían lavarse antes de ingerir las ofrendas sagradas (Lv. 22:6, 7). Tales tradiciones habían en realidad suplantado a las Escrituras como la más alta autoridad religiosa en el judaísmo.

[f]SE LAVAN. Este lavado no tenía nada que ver con limpiar unas manos sucias, sino con el lavado ceremonial. La ceremonia incluía a alguien que vertía el agua de una tinaja sobre las manos de otra persona, cuyos dedos debían estar mirando hacia arriba. A medida que el agua alcanzaba las muñecas, las personas podían proceder al siguiente paso, en el cual debían repetir el procedimiento inicial pero con los dedos mirando hacia abajo. Luego cada mano debía ser frotada con el puño de la otra mano.

beber, y de los jarros, y de los utensilios de metal, y de los ^glechos. Le preguntaron, pues, los fariseos y los escribas: ^h¿Por qué tus discípulos no andan conforme a la tradición de los ancianos[?] ^{MT}Porque no se lavan las manos cuando comen pan.

Respondiendo él, les dijo: ¿Por qué también vosotros ⁱquebrantáis el mandamiento de Dios ^{MR}para guardar vuestra tradición[?] ^{MT}Porque Dios [a través de] ^{MRj}Moisés ^{MT}mandó diciendo: Honra a tu padre y a tu madre; y: El que maldiga al padre o a la madre, muera irremisiblemente.

Pero vosotros decís: Cualquiera que diga a su padre o a su madre: ^{MR}Es ^kCorbán (que quiere decir, mi ofrenda a Dios) ^{MT}todo aquello con que pudiera ayudarte, ya no ha de ^{MR}hacer más por su padre o por su madre[.] ^{MT}Así habéis ^linvalidado el mandamiento de Dios ^{MR}con vuestra tradición que habéis transmitido. Y muchas cosas hacéis semejantes a estas. ^{MTm}Hipócritas, bien ⁿprofetizó de vosotros Isaías, ^{MR}como está escrito:

....

[g] LECHOS. Esta palabra no aparece en los mejores manuscritos.

[h] ¿POR QUÉ TUS DISCÍPULOS NO...? Los escribas y fariseos fueron hasta el Maestro de los discípulos en busca de una explicación de la conducta alegadamente deshonrosa de estos. En realidad estaban acusando a Jesús de enseñar a sus discípulos a desobedecer las tradiciones de los ancianos.

[i] QUEBRANTÁIS. La naturaleza del pecado es identificada en Mateo 15:4–6 como la práctica de deshonrar a los padres de manera muy ingeniosa. Los mandamientos de Dios eran claros (citados de Éx. 20:12; 21:17; Dt. 5:16), pero para engañar a sus padres, algunas personas se declaraban económicamente incapaces de sostenerlos porque habían dedicado a Dios el dinero que debería haber sido para ayudarlos a ellos, escudándose en el hecho de que Dios es superior a los padres. Los rabinos habían aprobado esta excepción al mandamiento de Moisés, con lo que nulificaban en la práctica la ley de Dios.

[j] MOISÉS MANDÓ. Tomado de Éxodo 20:12 (el quinto mandamiento) y Éxodo 21:17. Ambos se refieren al deber de honrar a los padres, lo cual incluye tratarlos con respeto, amor, reverencia, dignidad y brindarles asistencia económica. La segunda cita indica cuán seriamente considera Dios esta obligación.

[k] CORBÁN. Un término hebreo que significa «dado a Dios». Se refiere a toda ofrenda o sacrificio dedicada específicamente a Dios. Como resultado de esta dedicación, el dinero o los bienes ofrecidos podían ser usados solo para propósitos sagrados.

[l] INVALIDANDO LA PALABRA DE DIOS CON VUESTRA TRADICIÓN. «Invalidando» significa «privar de autoridad» o «cancelar». La «tradición» en cuestión le permitía a cualquier persona llamar a todas sus posesiones «Corbán». Si un hijo se enojaba contra sus padres, podía declarar su dinero y propiedades como «Corbán». Puesto que las Escrituras enseñan que todo voto hecho a Dios no puede ser violado (Nm. 30:2), sus bienes no podían ser usados para ninguna otra cosa que no fuera el servicio a Dios y no como recursos de asistencia económica para sus padres. Sin embargo, Jesús condenó esta práctica demostrando que los fariseos y los escribas eran culpables de cancelar la Palabra de Dios (y con ello su mandamiento de honrar a los padres) por medio de sus tradiciones.

[m] HIPÓCRITAS. Mentiras espirituales (cp. Mt. 6:2). Ellos seguían las tradiciones humanas porque estas demandaban solo una conformidad mecánica e irreflexiva, y no la pureza de corazón.

[n] PROFETIZÓ DE VOSOTROS ISAÍAS. Isaías 29:13 es citado casi textualmente de la traducción griega del AT (LXX). La profecía de Isaías concordaba perfectamente con las acciones de los fariseos y los escribas (cp. Is. 29:13).

Este pueblo de labios me honra,
Mas su corazón está lejos de mí.
Pues en vano me honran,
Enseñando como doctrinas mandamientos de hombres.

Porque dejando el ᵒmandamiento de Dios, os aferráis a la tradición de los hombres: los lavamientos de los jarros y de los vasos de beber; y hacéis otras muchas cosas semejantes.

ᴹᵀY llamando a sí a ᴹᴿtoda la multitud, les dijo: Oídme todos, y entended: Nada hay fuera del hombre que entre ᴹᵀen la bocaᴹᴿ, que le pueda contaminar; pero ᴾlo que sale de ᴹᵀla boca, ᴹᴿeso es lo que contamina al hombre. ᑫSi alguno tiene oídos para oír, oiga.

ᴹᵀEntonces acercándose sus discípulos, le dijeron: ¿Sabes que los fariseos se ofendieron cuando oyeron esta palabra? Pero respondiendo él, dijo: Toda planta que no plantó mi Padre celestial, será desarraigada. ʳDejadlos; son ciegos guías de ciegos; y si el ciego guiare al ciego, ambos caerán en el hoyo.

ᴹᴿCuando se alejó de la multitud y entró en casa, le preguntaron sus discípulos sobre la parábola. ᴹᵀRespondiendo Pedro, le dijo: Explícanos ˢesta parábola. Jesús dijo: ¿También vosotros sois aún sin entendimiento? ¿No entendéis que todo lo que entra en la boca [del] ᴹᴿhombre, ᵗno le puede contaminar, porque no entra en su corazón, sino ᴹᵀva al vientre, y es echado en la letrinaᴹᴿ, ᵘhaciendo limpios todos los alimentos[?]

⋯⋯⋯

ᵒMANDAMIENTO DE DIOS […] TRADICIÓN DE LOS HOMBRES. Jesús los acusó primero de haber abandonado todos los mandamientos contenidos en la Palabra de Dios. Luego, los acusó de haber sustituido la ley de Dios con normas hechas por los seres humanos.

ᴾLO QUE SALE DE LA BOCA, ESO ES LO QUE CONTAMINA AL HOMBRE. Las personas podían contaminarse ceremonialmente a sí mismas (bajo el viejo pacto) al comer cosas impuras, pero podían contaminarse moralmente diciendo algo pecaminoso (cp. Stg. 3:6). Aquí Jesús distingue claramente entre los requisitos ceremoniales de la ley y sus principios morales inviolables. La deshonra ceremonial puede tratarse mediante medidas ceremoniales, pero la deshonra moral corrompe el alma de la persona.

ᑫSI ALGUNO TIENE OÍDOS PARA OÍR, OIGA. Marcos 7:16 no aparece en los mejores manuscritos.

ʳDEJADLOS. Este juicio severo es una forma de la ira de Dios. El mismo significa ser abandonados por Dios. En Romanos 1:18–32 se dice que «Dios los entregó». Cp. Oseas 4:17.

ˢESTA PARÁBOLA. Es decir, Mateo 15:11. La «parábola» no es difícil de entender, pero era dura de aceptar incluso para los discípulos. Años después, a Pedro le costaba todavía entender que todos los alimentos son limpios (Hch. 10:14).

ᵗNO LE PUEDE CONTAMINAR. Puesto que la comida es puramente material, nadie que coma será contaminado en su corazón o su ser interior, porque estos son espirituales. La contaminación física, sin importar su corrupción, no puede causar contaminación espiritual o moral.

ᵘHACIENDO LIMPIOS TODOS LOS ALIMENTOS. Al omitir la tradición del lavado de las manos, Jesús estaba en realidad eliminando las restricciones referentes a las leyes alimenticias. Este comentario de Marcos tiene la ventaja de la mirada en retrospectiva al recordar los hechos, y fue sin lugar a dudas influenciado por la experiencia de Pedro en Jope (Hch. 10:15).

Pero decía, ^{MT}lo que sale de la boca ^{MR}del hombre[,] del corazón sale; ^{MT}y esto contamina al hombre. ^{MR}Porque de dentro, del corazón de los hombres, salen los malos pensamientos, los adulterios, las ^vfornicaciones, los homicidios, los hurtos, las avaricias, las maldades, el engaño, ^{MT}los falsos testimonios, ^{MR}la ^wlascivia, la envidia, la ^xmaledicencia, la soberbia, la insensatez. ^yTodas estas maldades de dentro salen, y contaminan al hombre[;] ^{MT}pero el comer con las manos sin lavar no contamina al hombre.

<hr/>

^vFORNICACIONES. Lit. actividad sexual ilícita.

^wLASCIVIA. Lit. comportamiento desvergonzado y libertino.

^xMALEDICENCIA. Una palabra hebrea para referirse a envidias y celos (Dt. 28:54; Pr. 23:6; Mt. 20:15).

^yTODAS ESTAS MALDADES DE DENTRO SALEN. El corazón contaminado de un hombre se manifiesta tanto en lo que dice como en lo que hace (cp. Mr. 12:34–37).

82. Jesús ministra a una mujer sirofenicia

Mt. 15:21-28; Mr. 7:24-30

[MT]Saliendo Jesús de allí, se fue a la región de Tiro y de Sidón. [MR][Y] entrando en una casa, [a]no quiso que nadie lo supiese; pero no pudo esconderse. Porque [MT]he aquí una mujer cananea[MR], cuya hija tenía un [b]espíritu inmundo, luego que oyó de él, vino [MT]de aquella región [MR]y se postró a sus pies [y] [MT]clamaba, diciéndole: ¡Señor, Hijo de David, ten misericordia de mí! Mi hija es gravemente atormentada por un demonio.

[MR]La mujer era [c]griega, y [d]sirofenicia de nación; y le rogaba que echase fuera de su hija al demonio. [MT]Pero Jesús no le respondió palabra. Entonces acercándose sus discípulos, le rogaron, diciendo: Despídela, pues da voces tras nosotros. El respondiendo, dijo: No soy enviado sino a las ovejas perdidas de la casa de Israel.

Entonces ella vino y se postró ante él, diciendo: ¡Señor, socórreme! [MR]Pero Jesús le dijo: Deja [e]primero que se sacien los hijos, porque no está bien tomar [f]el pan de

....

[a] NO QUISO QUE NADIE LO SUPIESE. Jesús no deseaba un ministerio público en el área. Probablemente quería un tiempo para descansar de la presión de los líderes judíos y una oportunidad de preparar a los discípulos para su cercana crucifixión y el ministerio que recibirían.

[b] ESPÍRITU INMUNDO. Un demonio (cp. Mt. 15:22; Mr. 1:23).

[c] GRIEGA. Una persona no judía tanto en lengua como en religión (cp. Ro. 1:14).

[d] SIROFENICIA. La región de Fenicia en aquel momento formaba parte de la provincia de Siria. Mateo 15:22 añade que esta mujer era descendiente de los cananeos.

[e] PRIMERO. La ilustración de Jesús era en esencia una prueba para la fe de la mujer. La «primera» responsabilidad de Jesús era predicar el evangelio a los hijos de Israel (cp. Ro. 1:16; 15:8). Sin embargo, además implicaba que vendría un tiempo cuando los gentiles también recibirían las bendiciones de Dios.

[f] EL PAN DE LOS HIJOS Y ECHARLO A LOS PERRILLOS. El «pan de los hijos» se refiere a las bendiciones de Dios ofrecidas a los israelitas. La ilustración indica que los «perrillos» (gentiles) tienen un lugar en la provisión de Dios, pero no el prominente (cp. Mt. 15:26).

los hijos y echarlo a los ᵍperrillos. Respondió ella y le dijo: ʰSí, Señor; pero aun los perrillos, debajo de la mesa, comen de ⁱlas migajas de los hijos ᴹᵀque caen de la mesa de sus amos.

Entonces respondiendo Jesús, dijo: Oh mujer, grande es tu fe; hágase contigo como quieres. ᴹᴿPor esta palabra, ve; el demonio ha salido de tu hija. ᴹᵀY su hija fue sanada desde aquella hora.

ᴹᴿY cuando llegó ella a su casa, halló que el demonio había salido, y a la hija acostada en la cama.

ᵍ PERRILLOS. La forma diminutiva indica que se trataba de perros mascotas. Jesús se estaba refiriendo a los gentiles, pero sin usar el término despectivo que los judíos empleaban regularmente para ellos y que era el mismo que utilizaban para describir a los perros callejeros sarnosos.

ʰ SÍ, SEÑOR. Un indicativo de la fe humilde de la mujer y su actitud de adoración. Ella se sabía a sí misma pecadora y no merecedora de las bendiciones de Dios. Su respuesta estuvo caracterizada por una absoluta ausencia de orgullo y confianza en sí misma, la cual Jesús recompensó concediendo su petición (Mr. 7:29, 30).

ⁱ LAS MIGAJAS DE LOS HIJOS. Las ovejas perdidas de la casa de Israel debían ser alimentadas antes que los «perrillos» (Mt.10:5). Cristo empleó aquí una palabra que se refiere a la mascota familiar. Sus palabras para con esta mujer no deben entenderse como ásperas o insensibles. De hecho, en Mt. 15:27, él estaba extrayendo tiernamente de ella una expresión de su fe.

83. Jesús sana en Decápolis

Mt. 15:29–31; Mr. 7:31–37

[MR]Volviendo a salir de la región de Tiro, vino por Sidón [MT]y vino [a]junto al mar de Galilea [MR]pasando por la región de Decápolis. Y subiendo al monte, se sentó allí. [MT]Y se le acercó mucha gente que traía consigo a cojos, ciegos, mudos, mancos, y otros muchos enfermos; y los pusieron a los pies de Jesús, y los sanó[.]

[MR][L]e trajeron un sordo y tartamudo, y le rogaron que le pusiera la mano encima. Y tomándole aparte de la gente, [b]metió los dedos en las orejas de él, y [c]escupiendo, tocó su lengua; y levantando los ojos al cielo, gimió, y le dijo: [d]Efata, es decir: Sé abierto. Al momento fueron abiertos sus oídos, y se desató la ligadura de su lengua, y hablaba bien. Y les mandó [e]que no lo dijesen a nadie; pero cuanto más les mandaba, tanto más y más lo divulgaban.

[MT][D]e manera que la multitud se maravillaba, viendo a los mudos hablar, a los mancos sanados, a los cojos andar, y a los ciegos ver; y glorificaban al Dios de Israel. [MR]Y en gran manera se maravillaban, diciendo: bien lo ha hecho todo; hace a los sordos oír, y a los mudos hablar.

....

[a] VOLVIENDO A SALIR DE LA REGIÓN DE TIRO, VINO POR SIDÓN [...] MAR DE GALILEA. Jesús viajó treinta y dos kilómetros al norte desde Tiro y pasando por Sidón, que se hallaba en territorio gentil. De ahí fue al este, cruzó el Jordán y viajó al sur, a lo largo de la orilla oriental del Mar de Galilea hasta Decápolis (Mr. 7:31), una región fundamentalmente gentil. Debió haber tomado este camino para evitar el territorio gobernado por Herodes Antipas (cp. Mt. 14:1, 2). El suceso que sigue debió haber ocurrido en Decápolis.

[b] METIÓ LOS DEDOS EN LAS OREJAS DE ÉL. Debido a que el hombre no podía oír, Jesús utilizó su propio lenguaje de señas para decirle que estaba a punto de sanar su sordera.

[c] ESCUPIENDO, TOCÓ SU LENGUA. Otra forma del lenguaje de señas por medio de la cual Jesús le ofreció al hombre esperanza de que su habla sería restaurada.

[d] EFATA. Una palabra aramea que Marcos inmediatamente traduce.

[e] QUE NO LO DIJESEN A NADIE. Aunque Jesús ministró a los gentiles cuando se presentaba la oportunidad, su intención no era desarrollar un ministerio público entre ellos.

84. Jesús alimenta a cuatro mil en Decápolis

Mt. 15:32-38; Mr. 8:1-9

^{MR}En aquellos días, como había ^{a}una gran multitud, y no tenían qué comer, Jesús llamó a sus discípulos, y les dijo: ^{b}Tengo compasión de la gente, porque ya ^{c}hace tres días que están conmigo, y no tienen qué comer; y ^{MT}no quiero ^{MR}enviar[los] en ayunas a sus casas, ^{MT}no sea que desmayen en el camino^{MR}, pues algunos de ellos han venido de lejos.

^{MT}Entonces sus discípulos le dijeron: ^{d}¿De dónde tenemos nosotros tantos panes ^{e}en el desierto, para saciar a una multitud tan grande? Jesús ^{MR}les preguntó: ¿Cuántos panes tenéis? ^{MT}Y ellos dijeron: ^{f}Siete, y unos pocos pececillos. Y mandó a la multitud que se recostase en tierra.

Y tomando los siete ^{g}panes y los peces, dio gracias, los partió y dio a sus discípulos ^{MR}para que los pusiesen delante ^{MT}, y los discípulos [dieron] a la multitud.

....

^{a} UNA GRAN MULTITUD. Probablemente por la noticia extendida de la curación de Jesús del hombre sordomudo (Mr. 7:36).

^{b} TENGO COMPASIÓN. Solo aquí y en el pasaje paralelo (Mt. 15:32; Mr. 8:2) Jesús emplea esta palabra para sí mismo. Cuando alimentó a los cinco mil, él expresó «compasión» por la condición de perdición espiritual de las personas (Mr. 6:34). Aquí, Jesús expresa «compasión» por las necesidades físicas de las personas (cp. Mt. 6:8, 32). Jesús pudo simpatizar con su necesidad de alimento por haberla experimentado él mismo (Mt. 4:2).

^{c} HACE TRES DÍAS QUE ESTÁN CONMIGO. Esto refleja la avidez de la multitud por oír la enseñanza de Jesús y experimentar su poder sanador (cp. Mt. 15:30). La permanencia de las personas con Jesús por este período de tiempo antes de los milagros sanadores distingue a este suceso de la anterior alimentación de los cinco mil, en la cual las personas se congregaron, comieron y se dispersaron en un mismo día (Mt. 14:14, 15, 22, 23).

^{d} ¿DE DÓNDE TENEMOS NOSOTROS TANTOS PANES...? No debe causar asombro que nuestro Señor los haya llamado hombres de poca fe (Mt. 8:26; 14:31; 16:8; 17:20) cuando hicieron una pregunta como esa a la luz de la reciente alimentación de las cinco mil personas (Mt. 14:13-21). Algunos encuentran increíble la pregunta de los discípulos tomando en cuenta que habían presenciado la anterior alimentación de los cinco mil. Sin embargo, no es así, considerando su torpeza espiritual y su falta de entendimiento (cp. Mr. 8:14-21; 6:52).

^{e} EN EL DESIERTO. La región de Decápolis no estaba tan densamente poblada como la de Galilea.

^{f} SIETE, Y UNOS POCOS PECECILLOS. Otra vez el Señor los hace reconocer cuán poca comida tenían en comparación con el tamaño de la multitud. Esto haría claro que la alimentación era una evidencia milagrosa de su deidad.

^{g} PANES. Tortas de pan planas que podían ser cortadas en varias piezas fácilmente.

Y comieron todos, y se saciaron; y recogieron lo que sobró de los pedazos, [h]siete canastas llenas. Y eran [i]los que habían comido, [j]cuatro mil hombres, sin contar las mujeres y los niños.

---

[h]SIETE CANASTAS. No las mismas canastas mencionadas en la alimentación de los cinco mil (Mr. 6:43). Aquellas eran canastas pequeñas, comúnmente usadas por los judíos para llevar una o dos comidas mientras viajaban. La palabra utilizada aquí se refiere a canastas grandes (tan grandes como para contener a un hombre, Hch. 9:25) usadas por los gentiles. No se menciona lo que se hizo con la comida restante. Probablemente se repartió entre las personas para que tuvieran qué comer durante el viaje de regreso a sus casas, puesto que los discípulos no se quedaron con ella (cp. Mr. 6:14).

[i]LOS QUE HABÍAN COMIDO. Mientras que los cuatro Evangelios registran la alimentación de los cinco mil, solo Mateo (15:32–38) y Marcos relatan la alimentación de los cuatro mil.

[j]CUATRO MIL. El número de hombres presentes, sin incluir mujeres y niños (Mt. 15:38). Esto podría indicar al menos unas dieciséis mil personas. Notablemente, Cristo terminó su ministerio en Galilea con la alimentación de cinco mil personas (Mt. 14:13–21). Aquí, termina su ministerio en la región de los gentiles alimentando a cuatro mil. Más tarde concluiría su ministerio en Jerusalén con una cena en el aposento alto junto a sus discípulos.

85. La levadura de los fariseos

Mt. 15:39—16:12; Mr. 8:10-21

[MT]Entonces, despedida la gente, [MR][y] luego entrando en la barca con sus discípulos, vino a la región de [a]Dalmanuta [cerca] [MT]de Magdala. Vinieron los fariseos y los saduceos [MR]y comenzaron a discutir con él [MT]para tentarle, y le pidieron que les mostrase [b]señal del cielo.

[MR]Y gimiendo en su espíritu, [MT]él respondiendo, les dijo: Cuando anochece, decís: [c]Buen tiempo; porque el cielo tiene arreboles. Y por la mañana: Hoy habrá tempestad; porque tiene arreboles el cielo nublado. ¡Hipócritas! que sabéis distinguir el aspecto del cielo, ¡mas las señales de los tiempos no podéis! La generación mala y adúltera demanda señal; [MR][d]e cierto os digo que [MT]señal no le será dada [MR]a esta generación, [MT]sino la señal del profeta Jonás. [MR]Y dejándolos, volvió a entrar en la barca, y se fue a [d]la otra ribera.

....

[a]DALMANUTA. Este lugar no se menciona en ninguna literatura secular, y solo se nombra aquí en el NT. El lugar es desconocido, pero estuvo claramente ubicado en la región cercana a Magdala (cp. Mt. 15:39, más exactamente Magadán). Recientes investigaciones arqueológicas en el área, hechas cuando el nivel de agua en Galilea se mantiene regularmente bajo, revelaron varios anclajes hasta ahora desconocidos. Un pequeño puerto fue encontrado entre Magdala y Capernaum, el cual podría ser Dalmanuta.

[b]SEÑAL DEL CIELO. Los escépticos fariseos demandaban más milagros como prueba de las declaraciones mesiánicas de Jesús. No contentos con los innumerables milagros que había hecho sobre la tierra, le exigían cierta clase de milagros astronómicos. Habiendo recibido ya prueba suficiente, Jesús se rehúsa a seguirles el juego. Esta vez, Jesús los reprende por estar tan preocupados por las señales celestiales que no podían siquiera interpretar las señales de los tiempos alrededor de ellos. Entonces hace referencia a la misma señal que les había dado antes, la señal del profeta Jonás (Mr. 8:4; cp. 12:39). La señal suprema que confirmaba su declaración de ser el Hijo de Dios y Mesías sería su resurrección (Mt. 12:39, 40).

[c]BUEN TIEMPO. Su habilidad para discernir los asuntos espirituales era igual de primitiva o más que su método para predecir los cambios climáticos. Ellos tenían al largamente prometido y esperado Mesías entre ellos y se rehusaron a reconocerlo.

[d]LA OTRA RIBERA. A la orilla noreste, donde se localizaba Betsaida.

[MT]Llegando sus discípulos al otro lado, se habían olvidado de traer pan[MR], y no tenían sino un pan consigo en la barca. [MT]Y Jesús les dijo: Mirad, guardaos de [e]la levadura de los fariseos y de los saduceos[MR], y de la levadura de Herodes. [MT]Ellos pensaban dentro de sí, diciendo: Esto dice porque no trajimos pan. Y entendiéndolo Jesús, les dijo: [f]¿Por qué pensáis dentro de vosotros, hombres de poca fe, que no tenéis pan? ¿No [MR]entendéis ni comprendéis? ¿Aún tenéis [g]endurecido vuestro corazón? ¿Teniendo ojos no veis, y teniendo oídos no oís? [h]¿Y no recordáis? Cuando partí los cinco panes entre cinco mil, ¿cuántas cestas llenas de los pedazos recogisteis? Y ellos dijeron: Doce.

Y cuando los siete panes entre cuatro mil, ¿cuántas canastas llenas de los pedazos recogisteis? Y ellos dijeron: Siete.

[MTi]¿Cómo es que no entendéis que no fue por el pan que os dije que os guardaseis de la levadura de los fariseos y de los saduceos? Entonces entendieron que no les había dicho que se guardasen de la levadura del pan, sino de [j]la doctrina de los fariseos y de los saduceos.

....

[e] LA LEVADURA DE LOS FARISEOS Y DE LOS SADUCEOS. La «levadura» en el AT era una ilustración acerca de la influencia (cp. Mt. 13:33) y muy frecuentemente simbolizaba la influencia perniciosa del pecado. La «levadura» de los fariseos incluía tanto sus falsas enseñanzas (Mt. 16:12) como su comportamiento hipócrita (Lc. 12:1); la «levadura» de Herodes Antipas era su conducta inmoral y corrupta (cp. Mr. 6:17–29). Los fariseos y los herodianos eran aliados en contra de Jesús (Mr. 3:6). Cuando Jesús advirtió de esta peligrosa influencia, los discípulos pensaron que se refería al pan. Nuevamente, les recuerda el hecho de que el Señor provee pan abundantemente, así que no tenían necesidad del pan que los fariseos ofrecían. Cuán rápido olvidaron sus milagros.

[f] ¿POR QUÉ PENSÁIS […] QUE NO TENÉIS PAN? La pregunta de Jesús evidenció la falta de entendimiento de los discípulos en cuanto a lo que les estaba enseñando. Él estaba preocupado por asuntos espirituales y no por los materiales.

[g] ENDURECIDO VUESTRO CORAZÓN. Es decir, ellos eran rebeldes, insensibles espiritualmente e incapaces de comprender las verdades espirituales.

[h] ¿Y NO RECORDÁIS? Las siguientes cinco preguntas de Jesús son un reproche a los discípulos por su dureza de corazón y les recuerda también su habilidad para proveerles de todo cuanto necesiten.

[i] ¿CÓMO ES QUE NO ENTENDÉIS...? Un llamado final basado en las preguntas que acababa de hacerles. El relato paralelo de Mateo revela que los discípulos finalmente comprendieron a qué se refería Jesús.

[j] LA DOCTRINA DE LOS FARISEOS Y DE LOS SADUCEOS. Aquí la levadura de los fariseos es su «doctrina». En Lucas 12:1 es su «hipocresía». Las dos cosas están unidas íntimamente. La influencia más siniestra de los líderes judíos era la doctrina pragmática que dio lugar a la hipocresía. Estaban más preocupados por las apariencias externas y el ceremonial que por las cosas del corazón. Jesús les reprochó por su hipocresía una y otra vez. Cp. Mt. 23:25.

86. Jesús sana a un hombre ciego

Mr. 8:22-26

[MRa]Vino luego a Betsaida; y le trajeron un ciego, y le rogaron que le tocase. Entonces, tomando la mano del ciego, le sacó fuera de la aldea; y [b]escupiendo en sus ojos, le puso las manos encima, y le preguntó si veía algo. El, mirando, dijo: Veo los hombres como árboles, pero los veo que andan. Luego le puso otra vez las manos sobre los ojos, y le hizo que mirase; y fue restablecido, y vio de lejos y claramente a todos. Y lo envió a su casa, diciendo: [c]No entres en la aldea, ni lo digas a nadie en la aldea.

---

[a] VINO LUEGO... El segundo de los dos milagros registrados solamente en Marcos (cp. 7:31-37). Es también la primera de dos curaciones de hombres ciegos registradas en Marcos (cp. 10:46-52).

[b] ESCUPIENDO EN SUS OJOS. Esta acción y el toque de Jesús de sus ojos con sus manos al parecer tenían por objeto asegurarle al hombre ciego (quien naturalmente dependía de sus otros sentidos, como el tacto) que Jesús sanaría sus ojos (cp. Mr. 7:33; Jn. 9:6).

[c] NO ENTRES EN LA ALDEA. Jesús llevó al hombre ciego fuera de la ciudad antes de sanarlo, probablemente para evitar la publicidad y la escena de la turba que resultaría. Según parece, a diferencia de otros en el pasado (cp. Mr. 1:45; 7:36), él sí obedeció la orden de Jesús.

87. Pedro identifica a Jesús como el Mesías

Mt. 16:13–20; Mr. 8:27–30; Lc. 9:18–21

^{MR}Salieron Jesús y sus discípulos ^{MT}a la región de ^{MR}las aldeas de ^aCesarea de Filipo. ^{LC}Aconteció que mientras Jesús oraba aparte, estaban con él los discípulos[.] ^{MR}Y en el camino preguntó a sus discípulos, diciéndoles: ^{MT}¿Quién dicen los hombres que es el Hijo del Hombre?

^{LC}Ellos respondieron: ^{MT}Unos, ^bJuan el Bautista; ^{MR}otros, ^cElías; ^{MT}y otros, Jeremías, o ^{LC}que algún profeta de los antiguos ha resucitado.

^{MT}El les dijo: ^dY vosotros, ¿quién decís que soy yo? Respondiendo Simón Pedro, dijo: ^eTú eres ^fel Cristo, el Hijo ^gdel Dios viviente. Entonces le respondió Jesús: Bienaventurado eres, Simón, hijo de Jonás, porque ^hno te lo reveló carne ni sangre, sino mi Padre que está en los cielos. Y yo también te digo, que tú eres Pedro, y ⁱsobre esta roca edificaré mi ^jiglesia; y ^klas puertas del Hades no prevalecerán contra

....

^aCESAREA DE FILIPO. Una ciudad a unos cuarenta kilómetros al norte de Betsaida, cerca del Monte Hermón. No debe confundirse con la Cesarea construida por Herodes el Grande y localizada en la costa mediterránea, a unos noventa y seis kilómetros al noroeste de Jerusalén.

^bJUAN EL BAUTISTA [...] ELÍAS [...] ALGÚN PROFETA DE LOS ANTIGUOS. Al parecer esa clase de rumores era bastante común. Cp. Mateo 11:14; Marcos 9:13; Lucas 1:17; Apocalipsis 11:5, 6.

^cELÍAS. Cp. Malaquías 4:5; Mateo 11:14; Marcos 6:15; Lucas 1:17.

^dY VOSOTROS, ¿QUIÉN DECÍS QUE SOY YO? Después que los discípulos refirieron las opiniones erróneas dominantes sobre Jesús, el Señor les pidió que dieran su propia evaluación de quién era él. La respuesta que cada persona dé a esta pregunta determinará su destino eterno.

^eTÚ ERES EL CRISTO. Pedro respondió sin temor alguno en nombre de los doce (cp. Mt. 14:28; 15:15; 17:4; 19:27; 26:33; Jn. 6:68; 13:36), afirmando clara e inequívocamente que ellos creían que Jesús era el Mesías.

^fEL CRISTO. Esto es, el Mesías prometido en el AT (Dn. 9:25, 26). Cp. Mateo 16:16.

^gDEL DIOS VIVIENTE. Un nombre del AT para Jehová (p. ej., Dt. 5:26; Jos. 3:10; 1 S. 17:26, 36; 2 R. 19:4, 16; Sal. 42:2; 84:2; Dn. 6:26; Os. 1:10) como contraste con los ídolos mudos e inertes.

^hNO TE LO REVELÓ CARNE NI SANGRE. Dios el Padre había abierto los ojos de Pedro al significado completo de las declaraciones mesiánicas del AT y le reveló quién era Jesús en realidad. En otras palabras, Pedro no estaba solamente expresando una opinión académica sobre la identidad de Jesús; esta era una confesión de la fe personal de Pedro, hecha posible por un corazón divinamente regenerado.

ella. Y a ti te daré ⁱlas llaves del reino de los cielos; y todo lo que atares en la tierra será atado en los cielos; y todo lo que desatares en la tierra será desatado en los cielos.

Entonces[LC], encargándoselo rigurosamente, [MT]mandó a sus discípulos ᵐque a nadie dijesen que él era Jesús el Cristo.

ⁱSOBRE ESTA ROCA. La palabra para «Pedro», *Petros*, significa roca pequeña (Jn. 1:42). Jesús usó aquí un juego de palabras con *petra*, que significa piedra de fundación (Cp. 7:24, 25). Puesto que el NT expresa claramente que Cristo es tanto la piedra de fundación (Hch. 4:11, 12; 1 Co. 3:11) como la cabeza (Ef. 5:23) de la iglesia, es un error pensar que alguno de los apóstoles pudiera cumplir una función fundacional en la iglesia (Ef. 2:20), ya que el rol de primacía es reservado únicamente para Cristo y no se le asigna a Pedro. Las palabras de Jesús aquí son mejor interpretadas como un simple juego de palabras en el que una verdad fundacional viene de la boca de uno que es llamado roca pequeña. Pedro mismo explica la figura del lenguaje en su primera epístola: la iglesia está formada por «piedras vivas» (1 P. 2:5) quienes, al igual que Pedro, confiesan que Jesús es el Cristo, el Hijo del Dios viviente. Cristo mismo es la «piedra del ángulo» (1 P. 2:6, 7).

ʲIGLESIA. El Evangelio de Mateo es el único donde se menciona este término (cp. Mt. 18:17). Cristo la llama «mi iglesia», enfatizando que él es su único arquitecto, constructor, dueño y Señor. La palabra griega para «iglesia» significa «llamados fuera». Mientras que Dios estuvo reuniendo desde el principio de la historia redentora a los que habrían de ser redimidos por gracia, la única iglesia que prometió construir comenzó en Pentecostés con la venida del Espíritu Santo, con el cual el Señor bautizó a los creyentes pertenecientes a su cuerpo, es decir, su iglesia (cp. Hch. 2:1–4; 1 Co. 12:12, 13).

ᵏLAS PUERTAS DEL HADES. El Hades es el lugar de castigo para los espíritus de los incrédulos ya muertos. Se llega a él a través de la muerte. Por lo tanto, esta es una frase judía para referirse a la muerte. Incluso la muerte, la última arma de Satanás (cp. Heb. 2:14, 15), no tiene poder para detener a la iglesia. La sangre de los mártires ha avivado, de hecho, el crecimiento de la iglesia en tamaño y poder espiritual.

ⁱLAS LLAVES DEL REINO DE LOS CIELOS. Esto representa autoridad. Aquí Cristo le da a Pedro (y por extensión, a todos los creyentes) autoridad para declarar lo que será sujetado y desatado en los cielos. Esto reafirma la promesa de Juan 20:23, donde Cristo les da a sus discípulos autoridad para perdonar o retener los pecados de las personas. Todo esto debe ser entendido en el contexto de Mateo 18:15–17, donde Cristo da instrucciones específicas para tratar con el pecado dentro de la iglesia. En resumen significa que todo cuerpo debidamente constituido de creyentes, actuando de acuerdo con la Palabra de Dios, tiene la autoridad para declarar si alguien es perdonado o no. La autoridad de la iglesia no está en determinar estas cosas, sino en declarar el juicio divino basado en los principios de la Palabra de Dios. Cuando ellos, los creyentes, hacen este tipo de juicios basándose en la Palabra de Dios, pueden estar seguros de que Dios está de acuerdo también. En otras palabras, cualquier cosa que ellos «sujeten» o «desaten» en la tierra será también «sujeta» y «desatada» en los cielos. Cuando la iglesia le dice a la persona impenitente que está atada en sus pecados, la iglesia afirma lo que Dios dice sobre esa persona. Cuando la iglesia reconoce que una persona arrepentida ha sido desatada de sus pecados, Dios está de acuerdo.

ᵐQUE A NADIE DIJESEN. La misión mesiánica de Jesús no puede ser entendida separadamente de la cruz, la cual los discípulos aún no entendían (cp. Mr. 8:31–33; 9:30–32). Para ellos, haber proclamado a Jesús como el Mesías habría solo aumentado el error de que este sería un líder político y militar. La reacción inmediata sería que los judíos, deseosos de librarse del yugo romano, tratarían de hacer rey a Jesús por la fuerza (Jn. 6:15; cp. 12:12–19).

88. Jesús predice su sufrimiento y gloria futuros

Mt. 16:21–28; Mr. 8:27—9:1; Lc. 9:22–27

[MTa]Desde entonces comenzó Jesús a [MR][enseñar] [MT]a sus discípulos que [MR]le [b]era necesario al Hijo del Hombre [MT]ir a Jerusalén y padecer mucho[MR], y ser desechado por los ancianos, [por] los [c]principales sacerdotes y [por] los [d]escribas; y ser muerto, y [e]resucitar [f]al tercer día. [g]Esto les decía claramente.

[MT]Entonces [h]Pedro, tomándolo aparte, comenzó a reconvenirle, diciendo: Señor, ten compasión de ti; en ninguna manera esto te acontezca. [MR]Pero él, volviéndose y mirando a los discípulos, reprendió a Pedro, diciendo: [MTi]¡Quítate de delante de mí,

---

[a] DESDE ENTONCES. Esta sección marca el comienzo de un momento decisivo en el ministerio de Jesús. Los discípulos habían confesado su fe en él como Mesías. De aquí en adelante, Jesús comenzó a prepararlos para su muerte.

[b] ERA NECESARIO [...] PADECER MUCHO. La muerte y los sufrimientos de Jesús eran inevitables, porque fueron divinamente ordenados (Hch. 2:22, 23; 4:13–15), sin embargo, humanamente hablando, fueron causados por el rechazo de los líderes judíos hacia él. Cp. Salmo 118:22; Isaías 53:3; cp. 12:10; Mateo 21:42.

[c] PRINCIPALES SACERDOTES. Miembros del Sanedrín y representantes de las veinticuatro órdenes sacerdotales (cp. Lc. 1:8).

[d] ESCRIBAS. Expertos en las leyes del AT (cp. Mt. 2:4).

[e] RESUCITAR. Jesús mencionó siempre su resurrección en relación con su muerte (cp. Mt. 16:21; 17:23; 20:19; Mr. 9:31; 10:34; Lc. 9:22; 18:33), haciendo el tema más incomprensible para que los discípulos lo pudieran entender.

[f] AL TERCER DÍA. Manteniendo la similitud con la señal de Jonás (Mt. 12:40).

[g] ESTO LES DECÍA CLARAMENTE. Es decir, sin parábolas ni alusiones (cp. Jn. 16:29).

[h] PEDRO [...] COMENZÓ A RECONVENIRLE. Los discípulos aún no podían entender a un Mesías muerto (cp. Mr. 8:30). Pedro, como de costumbre, expresó los pensamientos del resto de los doce (cp. Mr. 8:33). Su irreflexiva acción no solo expresó presunción y falta de entendimiento, sino también un profundo amor por Jesús.

[i] ¡QUÍTATE DE DELANTE DE MÍ, SATANÁS! La aspereza de estas palabras contrasta grandemente con las de alabanza de Mateo 16:17–19. Jesús sugiere que Pedro estaba siendo portavoz de Satanás. La muerte de Jesús era parte del plan soberano de Dios (Hch. 2:23; 4:27, 28). «Jehová quiso quebrantarlo» (Is. 53:10). Cristo vino con el expreso propósito de morir en expiación por el pecado (Jn. 12:27). Todos aquellos que quisieran frustrar su misión estarían trabajando para Satanás.

Satanás!; me eres tropiezo, porque no pones la mira en las cosas de Dios, sino en las de los hombres.

Entonces Jesús ᴹᴿllamando a la gente[,] ᴸᶜdecía a todos ᴹᴿy a sus discípulos[:] ᴹᵀSi alguno quiere venir en pos de mí, ʲniéguese a sí mismo, y ᵏtome su ˡcruz ᴸᶜcada día, ᴹᵀy sígame. Porque todo el que quiera salvar su vida, la perderá; y todo ᵐel que pierda su vida por causa de mí ᴹᴿy del evangelio, ᴹᵀla hallará. ᴹᴿPorque ¿qué aprovechará al hombre si ganare todo el mundo, y perdiere su ⁿalma ᴸᶜy se destruye o se pierde a sí mismo? ᴹᵀ¿O qué ᵒrecompensa dará el hombre por su alma? ᴹᴿPorque ᵖel que se avergonzare de mí y de mis palabras en esta generación adúltera y pecadora, el Hijo del Hombre se avergonzará también de él, �q cuando venga ᴸᶜen su gloria, y ᴹᵀen la gloria de su Padre con sus ángeles, y entonces ʳpagará a cada uno conforme a sus obras.

ʲ NIÉGUESE A SÍ MISMO. Nadie que se oponga a negarse a sí mismo puede legítimamente decir que es un discípulo de Jesucristo.

ᵏ TOME SU CRUZ. Esto revela el alcance de la autonegación, al punto de llegar a la muerte si es necesario. La magnitud de la desesperación por parte del pecador penitente que es consciente de que no puede salvarse a sí mismo alcanza el lugar donde ya nada puede ser retenido (cp. Mt. 19:21, 22).

ˡ CRUZ. La abnegación fue un hilo común en la enseñanza de Cristo a sus discípulos (cp. Mt. 10:38; 16:24; Mr. 8:34; Lc. 14:26, 27; Jn. 12:24–26). La clase de abnegación que buscaba no era un ascetismo recluido, sino una disposición firme a obedecer sus mandamientos, servirse unos a otros y sufrir, quizá hasta el punto de morir, por su causa.

ᵐ EL QUE PIERDA SU VIDA [...] LA HALLARÁ. Esta paradoja revela una importante verdad espiritual: aquellos que persiguen una vida fácil, llena de comodidades, y buscan la aceptación del mundo, no encontrarán la vida eterna. Por otra parte, aquellos que rinden su vida a Cristo y el evangelio la encontrarán. Cp. Juan 12:25. Exceptuando el mandamiento «sígueme», la frase «el que pierda su vida por causa de mí» se repite más veces en los Evangelios que cualquier otro dicho de Cristo. Cp. Mt. 10:39; 16:25; Mr. 8:35; Lc. 17:33; Jn. 12:25.

ⁿ ALMA. La persona real, que vivirá por siempre en el cielo o en el infierno. Tener todo lo que ofrece el mundo, pero no a Cristo, es estar eternamente en bancarrota. Todos los bienes del mundo no pueden compensar la pérdida eterna del alma.

ᵒ RECOMPENSA. En el juicio final cuando tenga que enfrentar el infierno desastroso de remordimiento y sufrimiento por su alma perdida, ¿qué podrá dar a cambio para rescatarla? Nada.

ᵖ EL QUE SE AVERGONZARE DE MÍ Y DE MIS PALABRAS. Todos aquellos que rechazan las demandas del discipulado prueban que están avergonzados de Jesucristo y la verdad que él enseñó, por lo tanto, no están redimidos verdaderamente.

q CUANDO VENGA. Primera referencia de Marcos sobre la Segunda Venida de Jesús, un suceso que será descrito en detalle más adelante en el Sermón del Monte de los Olivos (13:1–37).

ʳ PAGARÁ. Vendrá un tiempo de recompensa en el futuro para los creyentes (1 Co. 4:5; 2 Co. 5:8–10; Ap. 22:12). Aquí, sin embargo, el Señor se ocupa de la recompensa que dará a los impíos, el juicio final y eterno (Ro. 2:5–11; 2 Ts. 1:6–10).

MRTambién les dijo: LCPero MTb[d]e cierto os digo que hay ᵗalgunos de los que están aquí, que ᵘno gustarán la muerte, hasta que hayan visto al Hijo del Hombre viniendo en su reino [y] MRel reino de Dios venido con poder.

ˢDE CIERTO OS DIGO. Una afirmación solemne que aparece solo en los Evangelios y de labios de Jesús. Sirve de introducción para temas de suma importancia.

ᵗALGUNOS DE LOS QUE ESTÁN. En tres de los Evangelios sinópticos esta promesa es hecha inmediatamente antes de la transfiguración (Mt. 16:28; Mr. 9:1-8; Lc. 9:27-36). Además, la palabra para «reino» puede ser traducida como «esplendor real». Por consiguiente, es más natural interpretar esta promesa como una referencia a la transfiguración, dado que «algunos» de los discípulos (Pedro, Jacobo y Juan) la presenciarían solo seis días después.

ᵘNO GUSTARÁN LA MUERTE, HASTA QUE HAYAN VISTO [...] EL REINO. El suceso que Jesús tenía en mente ha sido interpretado de diversas formas, como su resurrección y ascensión, como la venida del Espíritu Santo en Pentecostés, como la expansión de la cristiandad o la destrucción de Jerusalén en el año 70 A.D. La más exacta interpretación, sin embargo, sería relacionar la promesa de Cristo con la transfiguración en el contexto, la cual es una prefiguración de su Segunda Venida. Los tres Evangelios sinópticos enuncian esta promesa inmediatamente antes de la transfiguración, apoyando esta interpretación así como el hecho de que «reino» puede referirse a esplendor real.

89. Jesús se transfigura gloriosamente

Mt. 17:1–13; Mr. 9:2–13; Lc. 9:28–36

LCAconteció [que] MTa[s]eis días bdespués LCde estas palabras, MTJesús tomó ca Pedro, a Jacobo y a Juan su hermano, MRy los llevó aparte solos da un monte alto LCa orar.

Y eentre tanto que oraba, MTse ftransfiguró delante de ellos[.] LC[L]a apariencia de su rostro se hizo otra, MTy resplandeció su rostro como el sol, y sus vestidos MRse volvieron ghresplandecientes, muy blancos, como la nieve, MTblancos como la luz[,]

....

a SEIS DÍAS DESPUÉS. Mateo y Marcos colocan la transfiguración «seis días después» de la promesa de Jesús (Mt. 17:1; Mr. 9:2); Lucas, incluyendo el día en el que la promesa fue hecha y el día mismo de la transfiguración, describe el intervalo de «como ocho días» (Lc. 9:28).

b DESPUÉS DE ESTAS PALABRAS. Esta expresión conecta la promesa de ver el reino de Dios a los acontecimientos que siguen.

c A PEDRO, A JACOBO Y A JUAN. Con frecuencia se presenta a Jesús reunido solo con estos tres discípulos (Mt. 26:37; Mr. 5:37; 13:3). Como parte del círculo íntimo de los discípulos de Jesús, se les permitió algunas veces atestiguar sucesos que los otros discípulos no pudieron presenciar, tales como la resucitación de la hija de Jairo (Lc. 8:51), la transfiguración (Mt. 17:1) y la agonía de Cristo en el huerto (Mr. 14:33).

d A UN MONTE ALTO. Es improbable que sea el sitio tradicional identificado con el Monte Tabor. Jesús y los discípulos habían estado en «la región de Cesarea de Filipo» (Mt. 16:13), y Tabor no está cerca de allí. Además, hay evidencias de que Tabor había sido un lugar dedicado a los cultos paganos (Os. 5:1), y en el tiempo de Jesús una guarnición del ejército ocupaba una fortaleza construida sobre su cima. La ubicación exacta de la transfiguración no se identifica en las Escrituras, pero se cree que el Monte Hermón (2.133 metros más alto que Tabor y más cerca a Cesarea de Filipo) sea el lugar en cuestión.

e ENTRE TANTO QUE ORABA. Como ocurrió en su bautismo, mientras Jesús oraba, la voz de su Padre se oyó desde el cielo.

f TRANSFIGURÓ. De la palabra griega para «cambiar de forma» o «ser transformado». De alguna manera inexplicable, Jesús les mostró parte de su divina gloria a los tres discípulos (cp. 2 P. 1:16). Él experimentó un dramático cambio en su apariencia, de modo que los discípulos pudieran contemplarlo en su gloria.

g RESPLANDECIENTES, MUY BLANCOS. La divina gloria emanada de Jesús hizo que incluso sus vestidos irradiaran una luz blanca brillante. La luz es frecuentemente asociada con la presencia visible de Dios (cp. Sal. 104:2; Dn. 7:9; 1 Ti. 6:16; Ap. 1:14; 21:23).

h RESPLANDECIENTES. Lit. «que emitían luz». Esta palabra solo se emplea aquí en el NT e indica que se trataba de una luz brillante y refulgente, similar a un rayo.

ᴹᴿtanto que ningún lavador en la tierra los puede hacer tan blancos. ᴹᵀY he aquí les aparecieron ⁱMoisés y Elías, ᴹᴿque hablaban con Jesús[,] ᴸᶜquienes aparecieron rodeados de gloria, y hablaban de ʲsu partida, que iba Jesús a cumplir en Jerusalén.

Y Pedro y los que estaban con él estaban rendidos de sueño; mas permaneciendo despiertos, vieron la gloria de Jesús, y a los dos varones que estaban con él. Y sucedió que apartándose ellos de él, Pedro dijo a Jesús: Maestro, bueno es para nosotros que estemos aquí; ᴹᵀsi quieres, ᵏhagamos aquí tres enramadas: una para ti, otra para Moisés, y otra para Elíasᴸᶜ; no sabiendo lo que decía ᴹᴿ[p]orque no sabía lo que hablaba, pues estaban espantados.

ᴹᵀMientras él aún hablaba, ˡuna nube de luz ᴹᴿvino [y] ᴹᵀlos cubrió; ᴸᶜy tuvieron temor al entrar en la nube. ᴹᵀ[Y] he aquí ᵐuna voz desde la nube, que decía: ⁿEste es mi Hijo amado, en quien tengo complacencia; ᵒa él oíd. Al oír esto los discípulos, ᵖse postraron sobre sus rostros, y tuvieron gran temor.

ᴸᶜY cuando cesó la voz, ᴹᵀJesús se acercó y los tocó, y dijo: Levantaos, y no temáis. Y alzando ellos los ojos, ᴹᴿcuando miraron, no vieron más a nadie consigo, sino a Jesús solo. ᴹᵀCuando descendieron del monte, Jesús les mandó,

....

ⁱMOISÉS Y ELÍAS. Representan la ley y los profetas, respectivamente. Ambos habían predicho la muerte de Cristo, y eso es de lo que Lucas dice que los tres estaban hablando (Lc. 9:31).

ʲSU PARTIDA. Pedro emplea el mismo término para hablar de su propia muerte (2 P. 1:15). Solo Lucas menciona el tema de la conversación y el hecho de que Pedro, Jacobo y Juan se habían quedado dormidos.

ᵏHAGAMOS [...] TRES ENRAMADAS. Esta es una referencia indudable a las tiendas que se usaban para celebrar la fiesta de los tabernáculos, cuando los israelitas habitaban en tiendas por siete días (Lv. 23:34–42). Pedro estaba expresando su deseo de que las tres figuras ilustres permanecieran allí por más tiempo. También es posible que la sugerencia de Pedro reflejara su creencia de que el reino del milenio estaba a punto de comenzar (cp. Zac. 14:16).

ˡUNA NUBE [...] LOS CUBRIÓ. La nube de la gloria, la Shekiná, la cual simbolizaba a través del AT la presencia de Dios (cp. Éx. 13:21; 33:18–23; 40:34–35; Nm. 9:15; 14:14; Dt. 9:33; Ap. 1:7). En Mateo 17:5 dice «una nube de luz», es decir, que los envolvió en la gloria de Dios de manera similar a la columna de nube que guio a los israelitas en el AT (Éx. 14:19, 20). El fulgor de esta nube y el adormecimiento de los discípulos sugiere que este suceso pudo haber ocurrido de noche.

ᵐUNA VOZ DESDE LA NUBE. La voz del Padre desde la nube interrumpió las balbucientes palabras de Pedro (Mt. 17:5; Lc. 9:34).

ⁿESTE ES MI HIJO AMADO. El Padre repite la afirmación de su amor por el Hijo dada en el bautismo de Jesús (Mr. 1:11). El apóstol Pedro también registra estas palabras en su segunda epístola (2 P. 1:17).

ᵒA ÉL OÍD. Pedro erró al colocar a Moisés y Elías en el mismo nivel que Cristo. Cristo era aquel acerca del cual habían profetizado Moisés y Elías (y la ley y los profetas). Él era a quien los discípulos debían escuchar y obedecer (cp. Heb. 1:1, 2). La voz del Padre interrumpió mientras Pedro «aún hablaba». Las palabras fueron las mismas escuchadas durante el bautismo de Jesús (Mt. 3:17).

ᵖSE POSTRARON SOBRE SUS ROSTROS. Una respuesta común ante el hecho de que el Santo Dios del universo está presente. Cp. Isaías 6:5; Ezequiel 1:28; Apocalipsis 1:17.

diciendo: No digáis a nadie la visión, qhasta que el Hijo del Hombre resucite de los muertos. MRY guardaron la palabra entre sí, LCy por aquellos días no dijeron nada a nadie de lo que habían visto MR[, mientras] rdiscut[ían] qué sería aquello de resucitar de los muertos.

MTEntonces sus discípulos le preguntaron, diciendo: s¿Por qué, pues, dicen los escribas que es necesario que Elías venga primero? Respondiendo Jesús, les dijo: A la verdad, tElías viene primero, y restaurará todas las cosas. Mas os digo que uElías ya vino, y no le conocieron, sino que vhicieron con él todo lo que quisieronMR, wcomo está escrito de él. MT[A]sí también, [¿]MRcómo está escrito del Hijo del Hombre, que MTtambién MRxpadezca mucho MTde ellos y sea tenido en nada?

Entonces los discípulos comprendieron que les había hablado de Juan el Bautista.

....

qHASTA QUE EL HIJO DEL HOMBRE RESUCITE DE LOS MUERTOS. Se refiere al tiempo cuando la verdadera naturaleza del propósito mesiánico de Jesús sea evidente a todos y todos sepan que él vino para vencer al pecado y la muerte, no a los romanos.

rDISCUTÍAN QUÉ SERÍA AQUELLO DE RESUCITAR DE LOS MUERTOS. Como la mayoría del pueblo judío (los saduceos constituían una notable excepción), los discípulos creían en una futura resurrección (cp. Jn. 11:24). Lo que los confundió fue la implicación de Jesús de que su propia resurrección era inminente, así como su muerte. La confusión de los discípulos es evidencia de que aún no comprendían la misión mesiánica de Jesús.

s¿POR QUÉ [...] ELÍAS VENGA PRIMERO? La enseñanza de los escribas en este caso no se basaba en la tradición rabínica, sino en el AT (Mal. 3:1; 4:5–6). La predicción de Malaquías era bien conocida entre los judíos en los tiempos de Jesús, y los discípulos sin duda alguna trataban de encontrar el modo de interpretar la aparición que acababan de atestiguar de Elías. Los escribas y fariseos argüían que Jesús no podía ser el Mesías basados en el hecho de que Elías no había aún aparecido. Confundidos, los tres discípulos le pidieron a Jesús su propia interpretación.

tELÍAS VIENE PRIMERO. Jesús confirma la correcta interpretación de los escribas de Malaquías 3:1; 4:5, lo cual debió haber confundido aun más a los discípulos.

uELÍAS YA VINO. Jesús respondió directamente la pregunta de los discípulos: las profecías acerca de la venida de Elías se habían cumplido en Juan el Bautista. Aunque ciertamente no era una reencarnación del profeta (cp. Jn. 1:21), Juan vino en «el espíritu y el poder de Elías» y pudo haberles dado cumplimiento a las profecías si los líderes judíos le hubieran creído (cp. Mt 11:14; Lc. 1:17). Debido a que ellos rechazaron tanto a Juan el Bautista como a Jesús, otro vendría en el espíritu y el poder de Elías antes de la Segunda Venida de Cristo (cp. Ap. 11:5–6). A pesar de que Juan vino en el espíritu y el poder de Elías, los líderes judíos lo mataron. El Mesías estaba a punto de sufrir de manera similar.

vHICIERON CON ÉL. Los líderes judíos rechazaron a Juan el Bautista (Mt. 21:25; Lc. 7:33) y Herodes lo mató (6:17–29).

wCOMO ESTÁ ESCRITO DE ÉL. Ninguna profecía del AT predijo que el precursor del Mesías moriría. Sin embargo, esta afirmación es mejor entendida como siendo cumplida de la manera típica. El destino deseado para Elías (1 R. 19:1, 2) fue el que recibió Juan el Bautista. Cp. Mateo 11:11–14.

xPADEZCA MUCHO [...] Y SEA TENIDO EN NADA. Jesús resalta que las profecías sobre Elías de ninguna manera evitarían o alterarían los sufrimientos y la muerte del Mesías, los cuales fueron también predichos en el AT (p. ej., Sal. 22; 69:20, 21; Is. 53; cp. Ro. 1:2).

90. Jesús sana a un muchacho endemoniado

Mt. 17:14-21; Mr. 9:14-29; Lc. 9:37-43a

LCAl día siguiente, cuando descendieron del monte, MRllegó a donde estaban ªlos discípulos, [y] vio una gran multitud alrededor de ellos, y escribas que disputaban con ellos. Y en seguida toda la gente, viéndole, se asombró, y corriendo a él, le saludaron. El les preguntó: ¿Qué disputáis con ellos?

Y LChe aquí, un hombre de la multitud clamó diciendo: Maestro, te ruego MTten misericordia de mi hijo, MRque ᵇtiene un espíritu mudo, LCpues es el único que tengo[.] MT[Él] es lunático, y padece muchísimo[.] LC[Y] sucede que ᶜun espíritu le toma, y de repente da voces, y le MRsacude LCcon violencia, y le hace echar espuma, MRy cruje los dientes, y se va secandoLC, y estropeándole, a duras penas se aparta de él. MTY lo he traído a tus discípulos [para] MRque lo echasen fuera, MTpero ᵈno le han podido sanar. Respondiendo Jesús, dijo: ᵉ¡Oh generación incrédula y perversa! ¿Hasta cuándo he de estar con vosotros? ¿Hasta cuándo os he de soportar? Traédmelo[,] LCa tu hijo[,] MTacá.

MRY se lo trajeron; y cuando el espíritu vio a Jesús, LCmientras se acercaba el muchacho, el demonio le derribó y MRsacudió con violencia al muchacho, quien cayendo en tierra se revolcaba, echando espumarajos. Jesús preguntó al padre:

....

ª LOS DISCÍPULOS. Los nueve que habían quedado atrás.

ᵇ TIENE UN ESPÍRITU MUDO. El muchacho tenía una mudez inducida demoníacamente, un detalle mencionado solo en el relato de Marcos.

ᶜ UN ESPÍRITU LE TOMA. No era un simple caso de epilepsia, se trataba de posesión demoníaca. No existe razón para pensar que Lucas como médico tratara de acomodarse al entendimiento de sus lectores. Además, Jesús sanó al joven mediante la reprensión directa del demonio (cp. Mr. 9:25; Lc. 9:42).

ᵈ NO LE HAN PODIDO SANAR. El fracaso de los discípulos es sorprendente si tenemos en cuenta el poder que les había dado Jesús (Mr. 3:15; 6:13).

ᵉ ¡OH GENERACIÓN INCRÉDULA Y PERVERSA! Cp. Salmo 95:10. La palabra «generación» indica que Jesús no estaba solamente exasperado con el padre o los nueve discípulos, sino también con los incrédulos escribas, quienes disfrutaban sin lugar a dudas el fracaso de los discípulos, y con el pueblo de Israel en general.

¿Cuánto tiempo hace que le sucede esto? Y él dijo: Desde niño. Y muchas veces le echa en el fuego y en el agua, ᶠpara matarle; pero si puedes hacer algo, ten misericordia de nosotros, y ayúdanos. Jesús le dijo: Si puedes creer, al que cree ᵍtodo le es posible. E inmediatamente el padre del muchacho clamó y dijo: ʰCreo; ayuda mi incredulidad.

Y cuando Jesús vio que ⁱla multitud se agolpaba, reprendió al espíritu inmundo, diciéndole: Espíritu mudo y sordo, ʲyo te mando, sal de él, y no entres más en él. Entonces el espíritu, clamando y sacudiéndole con violencia, salió; y él quedó como muerto, de modo que muchos decían: Está muerto. Pero Jesús, tomándole de la mano, le enderezó; y se levantó; ᴸᶜy se lo devolvió a su padre.

ᴹᴿCuando él entró en casa, sus discípulosᴹᵀ, aparte, dijeron: ᵏ¿Por qué nosotros no pudimos echarlo fuera? Jesús les dijo: Por vuestra poca fe; porque de cierto os digo, que si tuviereis ˡfe como un grano de mostaza, diréis a este monte: Pásate de

ᶠPARA MATARLE. Este demonio era uno especialmente violento y peligroso. Los fuegos al aire libre y las masas de agua sin protección o barreras eran muy comunes en el Israel del primer siglo, proveyendo así de muchas buenas oportunidades para que el demonio matara al joven. La declaración del padre evidencia lo patético de la situación. El muchacho mismo quizá ya estaba desfigurado por las cicatrices de las quemaduras, y posiblemente condenado al ostracismo por causa de ellas. Su situación también traía pena para su familia, que constantemente habría tenido que vigilar al muchacho para protegerlo de cualquier daño.

ᵍTODO LE ES POSIBLE. El asunto no era la falta de poder, sino la falta de fe del padre. Aunque Jesús sanaba frecuentemente sin tomar en cuenta la fe del sanado, aquí escoge enfatizar el poder de la fe (cp. Mt. 17:20; Lc. 17:6). Jesús sanó a multitudes, pero muchos, sino la mayoría, no creían en él. Cp. Lucas 17:15–19.

ʰCREO; AYUDA MI INCREDULIDAD. Admitiendo la imperfección de su fe y con todas sus dudas, el desesperado padre le suplicó a Jesús que lo ayudara a tener la gran fe que el Señor demandaba de él.

ⁱLA MULTITUD SE AGOLPABA. Notando cómo crecía la multitud, Jesús procedió a actuar sin dilación, quizá para ahorrarles al joven y su angustiado padre cualquier vergüenza adicional. Por otra parte, el Señor no realizaba milagros para satisfacer a los sensacionalistas (cp. Mr. 8:11; Lc. 23:8, 9).

ʲYO TE MANDO. La autoridad absoluta de Jesús sobre los demonios es bien atestiguada en el NT (p. ej., Mr. 1:32–34; 5:1–13; Lc. 4:33–35). Sus curaciones demostraron la divinidad de Jesús al dominar sobre el mundo natural. Su autoridad sobre los demonios demostró su deidad al dominar sobre el mundo sobrenatural.

ᵏ¿POR QUÉ NOSOTROS NO PUDIMOS ECHARLO FUERA? Cuando Cristo envió a sus discípulos (Mt. 10:6–8), explícitamente los mandó a hacer esta clase de milagros. Menos de un año después, habían fallado en donde una vez habían tenido éxito. La explicación que da Cristo para este fallo era una fe deficiente (Mt. 17:20). La deficiencia no consistía en una falta de confianza; ellos estaban sorprendidos de no haber podido expulsar este demonio. El problema probablemente yacía en no hacer a Dios, más allá de sus propios dones, el objeto de su confianza.

ˡFE COMO UN GRANO DE MOSTAZA. La verdadera fe, según la definición de Cristo, siempre envuelve sumisión a la voluntad de Dios. Lo que estaba enseñándoles aquí no tiene nada que ver con la psicología de la mente positiva. Les estaba diciendo que la fuente y el objeto de una fe genuina, incluso aquella tan pequeña como un grano de mostaza, es Dios. «Porque nada hay imposible para Dios» (Lc. 1:37).

aquí allá, y se pasará; y [m]nada os será imposible. Pero [n][e]ste género con nada puede salir, [o]sino con oración y [p]ayuno.

---

[m]NADA OS SERÁ IMPOSIBLE. Aquí, Cristo expresa la idea añadida luego explícitamente en 1 Juan 5:14. Lo que debemos desear es vivir «conforme a su voluntad».

[n]ESTE GÉNERO. Algunos demonios son más poderosos, obstinados y resistentes a ser expulsados que otros (cp. Mt. 12:45).

[o]SINO CON ORACIÓN. Quizás el exceso de confianza producido por sus anteriores éxitos (cp. Mr. 6:13) hizo que los discípulos quedaran encantados con el don que habían recibido y fueran negligentes en la utilización del poder divino.

[p]AYUNO. Los manuscritos más antiguos de Marcos omiten esta palabra. Los manuscritos más antiguos de Mateo omiten Mt. 17:21 por entero.

91. Jesús predice su resurrección por segunda vez

Mt. 17:22–23; Mr. 9:30–32; Lc. 9:43b–45

[MR]Habiendo salido de allí, [a]caminaron por Galilea; y [b]no quería que nadie lo supiese. [MT]Estando ellos en Galilea, [LC]maravillándose todos de todas las cosas que hacía, [MR]enseñaba a sus discípulos, y les decía: [LCc]Haced que os penetren bien en los oídos estas palabras; porque acontecerá que el Hijo del Hombre [d]será entregado en manos de hombres[,] [MT]y le matarán; [MR]pero después de muerto, resucitará al tercer día. [MT]Y ellos se entristecieron en gran manera[, aunque] [LC]no entendían estas palabras, pues [e]les estaban veladas para que no las entendiesen; y temían preguntarle sobre esas palabras.

....

[a]CAMINARON POR GALILEA. Dejando la región circundante de Cesarea de Filipo, Jesús y los discípulos comenzaron el viaje a Jerusalén que llevaría a la crucifixión de Jesús varios meses después. Su destino inmediato era Capernaum (cp. Mr. 9:33).

[b]NO QUERÍA QUE NADIE LO SUPIESE. Jesús seguía buscando privacidad a fin de poder preparar a sus discípulos para su muerte (cp. Marcos 7:24).

[c]HACED QUE [...] ESTAS PALABRAS. Jesús continúa su enseñanza sobre su pronta muerte y resurrección, un tema que los discípulos aún no entendían.

[d]SERÁ ENTREGADO. Por Judas Iscariote. Cp. Mt. 26:47, 50.

[e]LES ESTABAN VELADAS. Esto es, de conformidad con el designio soberano de Dios. Cp. Lucas 24:45.

92. Jesús paga los impuestos del templo

Mt. 17:24-27; Mr. 9:33a

[MT]Cuando llegaron [MR]a Capernaum[,] vinieron a Pedro los que cobraban [a]las dos dracmas, y le dijeron: ¿Vuestro Maestro no paga las dos dracmas? [MT]El dijo: Sí. Y al entrar él en casa, Jesús le habló primero, diciendo: ¿Qué te parece, Simón? Los reyes de la tierra, ¿de quiénes cobran los tributos o los impuestos? ¿De sus hijos, o de los extraños? Pedro le respondió: De los extraños. Jesús le dijo: Luego los hijos están exentos. Sin embargo, para no ofenderles, ve al mar, y echa el anzuelo, y el primer pez que saques, tómalo, y al abrirle la boca, hallarás un estatero; tómalo, y dáselo por mí y por ti.

----

[a]LAS DOS DRACMAS. Un impuesto equivalente a como dos días de salario, el cual se recolectaba anualmente entre los hombres mayores de veinte años para el mantenimiento del templo (Éx. 30:13, 14; 2 Cr. 24:9). Los hijos de los reyes estaban exentos del pago de impuestos y, técnicamente, al ser Hijo de Dios, Jesús debía estarlo también. Sin embargo, para evitar ofender a alguien, Jesús accedió a pagar el impuesto por él y por Pedro. Cp. Romanos 13:1-7; Tito 3:1; 1 Pedro 2:13-17.

93. Jesús confronta la rivalidad de los discípulos

Mt. 18:1–5; Mr. 9:33b–37; Lc. 9:46–48

^{MT}En aquel tiempo los discípulos vinieron a Jesús, ^{MR}cuando estuvo ^aen casa, ^{MT}diciendo: ¿Quién es el mayor en el reino de los cielos?

Y [...] Jesús ^{MR}les preguntó: ¿Qué disputabais entre vosotros en el camino? Mas ^bellos callaron; porque en el camino habían disputado entre sí, ^cquién había de ser el mayor. Entonces él ^dse sentó y llamó a los doce, y les dijo: ^eSi alguno quiere ser el primero, será ^fel postrero de todos, y el servidor de todos.

Y^{LC}, percibiendo los pensamientos de sus corazones, ^{MR}tomó a ^gun niño, y lo puso ^{LC}junto a sí ^{MR}en medio de ellos; y tomándole en sus brazos, les dijo: ^{MT}De cierto os digo, que si no os volvéis y ^hos hacéis como niños, no entraréis en el reino de los cielos. Así que, cualquiera que se humille como este niño, ése es el mayor en

....

^a EN CASA. El uso de la expresión sugiere que esta era la casa que Jesús regularmente habitaba cuando estaba en Capernaum. Si pertenecía a Pedro (cp. Mr. 1:29) o a alguien más, no lo sabemos.

^b ELLOS CALLARON. Delatados y avergonzados, los discípulos se quedaron sin palabra.

^c QUIÉN HABÍA DE SER EL MAYOR. Una disputa posiblemente provocada por el privilegio dado a Pedro, Jacobo y Juan de presenciar la transfiguración. La riña de los discípulos evidencia su incapacidad para aplicar a sí mismos las enseñanzas explícitas de humildad dadas por Jesús (p. ej., Mt. 5:3) y el ejemplo de su propio sufrimiento y muerte (Mr. 8:30–33; 9:31–32). Por eso le pidieron a Jesús que se pronunciara al respecto, lo cual hizo, pero no de la manera que ellos esperaban.

^d SE SENTÓ. Los rabinos generalmente se sentaban para enseñar (cp. Mt. 15:29; Lc. 4:20; 5:3; Jn. 8:2).

^e SI ALGUNO QUIERE SER EL PRIMERO. Lo que los discípulos deseaban sin lugar a dudas (cp. Mr. 10:35–37).

^f EL POSTRERO DE TODOS, Y EL SERVIDOR DE TODOS. El concepto que tenían los discípulos acerca del liderazgo y la grandeza, derivado de su cultura, debía cambiar completamente. Quienes buscan dominar sobre otros no serán los más grandes en el reino de Dios, sino aquellos que humildemente sirvan a otros (cp. Mt. 19:30—20:16; 23:11, 12; Mr. 10:31, 43–45; Lc. 13:30; 14:8–11; 18:14; 22:24–27).

^g UN NIÑO. La palabra griega indica un infante o niño pequeño. Si se encontraban en casa de Pedro, pudo tratarse de uno de sus hijos. El niño se transformó, en la enseñanza maestra de Jesús, en un ejemplo del creyente que ha llegado a ser tan humilde y confiado como un niño.

^h OS HACÉIS COMO NIÑOS. Esta es la manera en la que Jesús describe la conversión. Como en las Bienaventuranzas, presenta la fe como la dependencia absoluta, sencilla y confiada de aquellos que no poseen recursos propios de qué valerse. Como los niños, ellos no tienen ningún logro o realización en los cuales estar confiados.

el reino de los cielos. Y ¹cualquiera que reciba en mi nombre a un niño como este, a mí me recibe^MR; y el que a mí me recibe, no me recibe a mí sino al que me envió. ^LC[P]orque ʲel que es más pequeño entre todos vosotros, ése es el más grande.

....

¹CUALQUIERA QUE RECIBA EN MI NOMBRE A UN NIÑO COMO ÉSTE. No se refiere a niños en el sentido estricto, sino a los creyentes verdaderos, aquellos que se han humillado a sí mismos haciéndose como niños pequeños.

ʲEL QUE ES MÁS PEQUEÑO [...] ÉSE ES EL MÁS GRANDE. La forma de alcanzar preeminencia en el reino de Cristo es por medio del sacrificio y la abnegación.

94. Jesús advierte contra las piedras de tropiezo

Mt. 18:6–14; Mr. 9:38–50; Lc. 9:49–50

MRaJuan le respondió diciendo: Maestro, hemos visto a uno que en tu nombre echaba fuera demonios, pero él no nos sigue; y se lo prohibimos, bporque no [...] seguía LCcon nosotros.

MRPero Jesús dijo: cNo se lo prohibáis; porque ninguno hay que haga milagro en mi nombre, que luego pueda decir mal de mí. Porque del que no es contra nosotros, por nosotros es. Y cualquiera que os diere un vaso de agua en mi nombre, eporque sois de Cristo, de cierto os digo que no perderá fsu recompensa. MTY gcualquiera que haga tropezar a alguno de estos pequeños que creen en mí, mejor le fuera que se le colgase al cuello una hpiedra de molino de asno, y que se le hundiese en lo

....

a JUAN LE RESPONDIÓ. El único momento registrado en los Evangelios sinópticos en que Juan haya hablado solo. Tomando en cuenta lo dicho por Jesús (Mr. 9:35–37), la conciencia de Juan lo estaba molestando con respecto a un incidente ocurrido momentos antes. Es claro que el exorcista no identificado no era un fraude, ya que echaba fuera demonios. Aparentemente se trataba de un verdadero creyente en Cristo. Juan y los otros se habían opuesto a él porque no era un aliado reconocido y oficial de Jesús, como lo eran ellos.

b PORQUE NO [...] SEGUÍA CON NOSOTROS. Es irónico que Juan, quien llegó a ser conocido como «el apóstol del amor», presentara esta clase de objeción. Él entendió después que las únicas evidencias legítimas del ministerio de otra persona vienen como resultado de pasar la prueba de la doctrina (1 Jn. 4:1–3; 2 Jn. 7–11) y la prueba del fruto (1 Jn. 2:4–6, 29; 3:4–12; 4:5, 20; cp. Mt. 7:16). Es posible que este hombre haya pasado ambas pruebas, pero Juan se sintió inclinado a rechazarlo a causa de su afiliación a un grupo diferente. En esto consiste el error del sectarismo.

c NO SE LO PROHIBÁIS. Jesús les ordenó que no detuvieran al exorcista, puntualizando el hecho lógico de que si alguien actuaba sinceramente en su nombre, no estaba entonces en contra suyo. No existe un punto neutral con respecto a Cristo; todo aquel que «no [está] contra [él], por [él está]». Y siguiendo el mismo pensamiento: «El que no es conmigo [Jesús], contra mí es; y el que conmigo no recoge, desparrama» (Mt. 12:30).

d EL QUE NO ES CONTRA NOSOTROS, POR NOSOTROS ES. Contraste este principio con Lucas 11:23. No existe terreno medio ni neutralidad. Cristo establece aquí una prueba de la conducta externa que se debe utilizar al medir a los demás, mientras que en Lucas 11:23 establece una prueba de la vida interior que debe aplicarse a uno mismo.

e PORQUE SOIS DE CRISTO. Jesús considera que los actos de caridad hechos a sus seguidores son acciones hechas a él mismo (cp. Mt. 25:37–40).

f SU RECOMPENSA. Es decir, su lugar y servicio únicos en el reino celestial.

g CUALQUIERA QUE HAGA TROPEZAR. Incitar, entrampar o llevar a un creyente a pecar es un asunto muy serio.

h PIEDRA DE MOLINO. Una piedra usada para moler el grano. Era tan grande que se necesitaba un asno para darle la vuelta. Los gentiles usaban esta forma de ejecución, por lo que era particularmente repulsiva para los judíos. Incluso una muerte tan horrible es preferible a causar que un cristiano caiga en el pecado.

profundo del mar. ¡[i]Ay del mundo por los tropiezos! porque es necesario que vengan tropiezos, pero ¡ay de aquel hombre por quien viene el tropiezo!

Por tanto, si tu mano o tu pie te es ocasión de caer, [j]córtalo y échalo de ti; mejor te es entrar en la [k]vida cojo o manco, que teniendo dos manos o dos pies[,] [MR]ir al [l]infierno, al [MT]eterno [MR]fuego que [m]no puede ser apagado, donde el gusano de ellos no muere, y el fuego nunca se apaga.

[MT]Y si tu ojo te es ocasión de caer, sácalo y échalo de ti; mejor te es [MR]entrar en el reino de Dios [MT]con un solo ojo en la vida, que teniendo dos ojos ser echado en el infierno de fuego.

[MR]Porque [n]todos serán salados con fuego, y todo sacrificio será salado con sal. [o]Buena es la sal; mas si la sal se hace insípida, ¿con qué la sazonaréis? [p]Tened sal en vosotros mismos; y [q]tened paz los unos con los otros.

. . . .

[i] AY DEL MUNDO. Aquellos del mundo que hagan tropezar, pecar o causen mal alguno a los cristianos serán juzgados por eso. Pero los hermanos creyentes no deben conducir a otros a caer en pecado, directa o indirectamente. Sería mejor estar muerto. Cp. Romanos 14:13, 19, 21; 15:2; 1 Corintios 8:13.

[j] CÓRTALO. Cp. Mt. 5:29. Las palabras de Jesús deben ser tomadas figurativamente y no como una apología a la automutilación, puesto que el pecado es un asunto del corazón y no del cuerpo. El Señor enfatiza la seriedad del pecado y la necesidad de hacer lo que sea necesario para enfrentarlo.

[k] VIDA. El contraste entre «vida» e «infierno» indica que Jesús se estaba refiriendo a la vida eterna.

[l] INFIERNO. La palabra griega se refiere al valle de Hinom, cerca de Jerusalén, un vertedero de basura donde ardía constantemente el fuego, siendo así una ilustración simbólica del tormento eterno (cp. Mt. 5:22).

[m] NO PUEDE SER APAGADO. Cp. Mateo 25:46. La eternidad del castigo del infierno es la inequívoca enseñanza de las Escrituras (cp. Dn. 12:2; Mt. 25:41; 2 Ts. 1:9; Ap. 14:10, 11; 20:10).

[n] TODOS SERÁN SALADOS CON FUEGO. El significado de este difícil versículo parece ser que los creyentes son purificados mediante el sufrimiento y la persecución. El nexo entre la sal y el fuego parece venir de los sacrificios del AT, que eran acompañados de sal (Lv. 2:13).

[o] BUENA ES LA SAL. La sal era un elemento esencial en la Palestina del primer siglo. En un clima cálido, sin refrigeración, la sal era el medio práctico de preservar la comida.

[p] TENED SAL EN VOSOTROS MISMOS. La Palabra de Dios (Col. 3:16) y el Espíritu Santo (Gá. 5:22, 23) producen un carácter piadoso que capacita a la persona para actuar como un conservante dentro de la sociedad. Cp. Mateo 5:13.

[q] TENED PAZ LOS UNOS CON LOS OTROS. Cp. Mateo 5:9; Romanos 12:18; 2 Corintios 13:11; 1 Tesalonicenses 5:13; Santiago 3:18.

[MT]Mirad que [r]no menospreciéis a uno de estos pequeños; porque os digo que [s]sus ángeles en los cielos ven siempre el rostro de mi Padre que está en los cielos. Porque el Hijo del Hombre ha venido para salvar lo que se había perdido.

¿Qué os parece? Si un hombre tiene cien ovejas, y se descarría una de ellas, ¿no deja las noventa y nueve y va por los montes a buscar la que se había descarriado? Y si acontece que la encuentra, de cierto os digo que se regocija más por aquélla, que por las noventa y nueve que no se descarriaron. Así, no es la voluntad de vuestro Padre que está en los cielos, que se [t]pierda uno de estos pequeños.

....

[r]No menospreciéis. Es decir, despreciar o empequeñecer a otro creyente tratándolo rudamente o con indiferencia.

[s]Sus ángeles. Esto no sugiere que cada creyente tiene un ángel guardián personal. A decir verdad, el pronombre utilizado aquí es colectivo y se refiere al hecho de que los ángeles sirven de manera general a los creyentes. De estos ángeles se dice que están «siempre» mirando el rostro de Dios para oír sus órdenes de ayudar a los creyentes cuando lo necesiten. Es extremadamente grave tratar a un hermano creyente con desprecio, puesto que Dios y los santos ángeles se preocupan mucho por el bienestar de ese hermano.

[t]Pierda. La palabra puede referirse aquí (tomando en cuenta el contexto) a la devastación espiritual más que a la destrucción eterna absoluta. Esto no quiere decir que los hijos de Dios puedan nunca perecer en el sentido definitivo (Cp. Jn. 10:28).

95. Jesús enseña sobre el perdón

Mt. 18:15-35

^{MT}Por tanto, ^asi tu hermano peca contra ti, ve y repréndele estando tú y él solos; si te oyere, has ganado a tu hermano. Mas ^bsi no te oyere, toma aún contigo a uno o dos, para que en boca de dos o tres testigos conste toda palabra. Si no los oyere a ellos, ^cdilo a la iglesia; y si no oyere a la iglesia, tenle por gentil y publicano.

De cierto os digo que todo lo que atéis en la tierra, será atado en el cielo; y todo lo que desatéis en la tierra, será desatado en el cielo.

Otra vez os digo, que ^dsi dos de vosotros se pusieren de acuerdo en la tierra acerca de cualquiera cosa que pidieren, les será hecho por mi Padre que está en los cielos. Porque donde están ^edos o tres congregados en mi nombre, allí estoy yo en medio de ellos.

Entonces se le acercó Pedro y le dijo: Señor, ¿cuántas veces perdonaré a mi hermano que peque contra mí? ^f¿Hasta siete?

....

^aSI TU HERMANO PECA. La ordenanza acerca de la disciplina de la iglesia en Mateo 18:15-17 debe leerse a la luz de la parábola de la oveja perdida en Mateo 18:12-14. La meta de este proceso es la restauración. Es exitosa si «has ganado a tu hermano». El paso número uno es: «repréndele» en privado.

^bSI NO TE OYERE. Es decir, si persiste en su error, hay que pasar al segundo paso: «toma aún contigo a uno o dos», para cumplir el principio de Deuteronomio 19:15.

^cDILO A LA IGLESIA. Si todavía se resiste a arrepentirse, el tercer paso requiere que el asunto sea notificado a toda la asamblea (v. 17), para que juntos puedan buscar amorosamente la reconciliación del hermano pecador. No obstante, si este paso llegara a fallar, el cuarto requiere que el ofensor sea expulsado y considerado por la iglesia como «gentil y publicano» (cp. 5:46). La idea no es castigar solamente al ofensor o espantarlo por completo, sino apartarlo de la comunión de la iglesia como una nociva influencia para ella y, de aquí en adelante, considerarlo más como un candidato a ser evangelizado que como un hermano. En último caso, el pecado por el cual este es apartado constituye su impenitencia empedernida.

^dSI DOS DE VOSOTROS SE PUSIEREN DE ACUERDO EN LA TIERRA. Esta promesa se aplica al tema discutido por los discípulos en Mateo 18:15-17. Los «dos de vosotros» se refiere a poner atención a los dos o tres testigos envueltos en el paso dos del proceso de disciplina.

^eDOS O TRES. La tradición judía requería de al menos diez hombres (una *minyan*) para constituir una sinagoga o incluso sostener un culto público de oración. Aquí, Cristo promete estar presente en medio de un grupo incluso más pequeño, «dos o tres» reunidos en su nombre para el propósito de la disciplina (cp. Mt.18:15).

^f¿HASTA SIETE? Pedro pensó que estaba siendo magnánimo. Los rabinos, citando varios versículos de Amós (1:3, 6, 9, 11, 13), pensaban que dado que Dios había perdonado tres veces a los enemigos de Israel, resultaba presuntuoso e innecesario perdonar a alguien más de tres veces.

Jesús le dijo: No te digo hasta siete, sino aun hasta ^gsetenta veces siete. Por lo cual el reino de los cielos es semejante a un rey que quiso hacer cuentas con sus ^hsiervos. Y comenzando a hacer cuentas, le fue presentado uno que le debía ⁱdiez mil talentos. A éste, como no pudo pagar, ordenó su señor ^jvenderle, y a su mujer e hijos, y todo lo que tenía, para que se le pagase la deuda. Entonces aquel siervo, postrado, le suplicaba, diciendo: Señor, ten paciencia conmigo, y yo te lo pagaré todo. El señor de aquel siervo, movido a misericordia, le soltó y ^kle perdonó la deuda.

Pero saliendo aquel siervo, halló a uno de sus consiervos, que le debía ^lcien denarios; y asiendo de él, le ahogaba, diciendo: Págame lo que me debes. Entonces su consiervo, postrándose a sus pies, le rogaba diciendo: ^mTen paciencia conmigo, y yo te lo pagaré todo. Mas él no quiso, sino fue y le echó en la cárcel, hasta que pagase la deuda. Viendo ⁿsus consiervos lo que pasaba, se entristecieron mucho, y fueron y refirieron a su señor todo lo que había pasado. Entonces, llamándole su señor, le dijo: Siervo malvado, toda aquella deuda te perdoné, porque me rogaste. ¿No debías tú también tener misericordia de tu consiervo, como yo tuve

---

^g SETENTA VECES SIETE. Innumerables veces. Cp. Lucas 17:4.

^h SIERVOS. Dado la gran cantidad de dinero envuelta, es probable que estos «siervos» fueran gobernadores provinciales que debían entregarle al rey el dinero producto de los impuestos.

ⁱ DIEZ MIL TALENTOS. Esto representa una cantidad incomprensible de dinero. El talento era la denominación monetaria más grande, y «diez mil» en el hablar común significaba un número infinito.

^j VENDERLE. Una forma para el rey de recobrar el dinero perdido era vendiendo a los miembros de la familia del deudor como esclavos.

^k LE PERDONÓ. Ilustra el perdón generoso y compasivo de Dios para un pecador suplicante que le debe un monto impagable. Cp. Colosenses 2:14.

^l CIEN DENARIOS. Aproximadamente el salario de tres meses. Esta no era una cantidad despreciable para la mayoría de las personas, pero sí insignificante en comparación con la cantidad que le había sido perdonada al siervo.

^m TEN PACIENCIA [...] YO TE LO PAGARÉ TODO. El hombre perdonado escuchaba la misma súplica que él había hecho antes frente a su señor, pero no tuvo compasión.

ⁿ SUS CONSIERVOS [...] SE ENTRISTECIERON. La falta de perdón es ofensiva para los demás creyentes. Pero sobre todo, ofende a Dios, quien castiga a sus hijos inmisericordes severamente. Cp. Mateo 6:15.

misericordia de ti? Entonces °su señor, enojado, le entregó a ᵖlos verdugos, hasta que pagase ᑫtodo lo que le debía.

Así también mi Padre celestial hará con vosotros si no perdonáis de todo corazón cada uno a su hermano sus ofensas.

° Su señor, enojado. Debido a que es santo y justo, Dios siempre se enoja ante el pecado, incluido el de sus hijos (Cp. Heb. 12:5–11).

ᵖ Los verdugos. No para una ejecución. Esto ilustra una disciplina severa y no la condenación final.

ᑫ Todo lo que le debía. La deuda original era impagable y el hombre continuaba sin recursos para pagarla. Parece improbable que el esclavo fuera cargado otra vez con la misma deuda que se le había perdonado. Más bien, lo que le debía ahora a su señor sería la carga impuesta por este en castigo hasta que aprendiera a perdonar a otros.

96. Los medios hermanos de Jesús lo ridiculizan

Jn. 7:2–10

[N]Estaba cerca [a]la fiesta de los judíos, la de los tabernáculos; y le dijeron [b]sus hermanos: Sal de aquí, y vete a Judea, para que también tus discípulos vean las obras que haces. Porque ninguno que procura [c]darse a conocer hace algo en secreto. Si estas cosas haces, manifiéstate al mundo. Porque [d]ni aun sus hermanos creían en él.

....

[a] LA FIESTA [...] DE LOS TABERNÁCULOS. Esta fiesta se asociaba en el AT con la recolección de cosechas como la uva y la oliva (Éx. 23:16; Lv. 23:33–36, 39–43; Dt. 16:13–15). La fiesta duraba siete días que se contaban entre el quince y el veintiuno del mes de Tisri (septiembre-octubre). Según Josefo, el historiador judío, esta fiesta era la más popular entre las tres celebraciones principales de los judíos (Pascua, Pentecostés y tabernáculos). En conmemoración de la travesía de los israelitas por el desierto, las personas construían albergues provisionales con ramas y hojas para vivir en ellos durante la semana de festividades (de ahí la referencia a «tabernáculos» en Lv. 23:42). La fiesta se caracterizaba por diversos ritos como el acopio de agua potable y el uso de lámparas encendidas.

[b] SUS HERMANOS. En Mateo 13:55 aparece la siguiente lista de los hermanos de Jesús: «Jacobo, José, Simón y Judas». Jacobo es el mismo Santiago que escribió la epístola del NT y se convirtió en el líder de la iglesia de Jerusalén. Judas escribió la epístola que también lleva su nombre. En vista de la concepción virginal de Jesús, ellos solo fueron sus hermanos por el lado de María, ya que José no fue el padre humano de Jesús (cp. Mt. 1:16, 18, 23; Lc. 1:35).

[c] DARSE A CONOCER [...] MANIFIÉSTATE AL MUNDO. Los hermanos de Jesús querían hacer un espectáculo público con sus milagros. Aunque el texto no enuncia con claridad su motivación, es posible que hicieran esa insinuación por dos razones: (1) querían ver por sí mismos los milagros para determinar su autenticidad, y (2) pudieron haber tenido la misma clase de motivación política crasa que el resto del pueblo, es decir, que él se convirtiera en su Mesías social y político. La aceptación de Jesús en Jerusalén sería para su familia la prueba definitiva que los motivaría a creer en él como Mesías.

[d] NI AUN SUS HERMANOS CREÍAN EN ÉL. Al igual que las multitudes en Jerusalén y Galilea, ni siquiera sus propios hermanos creyeron en él desde un principio. Ellos no se convirtieron en seguidores suyos hasta después de la resurrección (Hch. 1:14; 1 Co. 15:7).

Entonces Jesús les dijo: ᵉMi tiempo aún no ha llegado, mas ᶠvuestro tiempo siempre está presto. ᵍNo puede el mundo aborreceros a vosotros; mas a mí me aborrece, porque ʰyo testifico de él, que sus obras son malas. Subid vosotros a la fiesta; yo no subo todavía a esa fiesta, porque ⁱmi tiempo aún no se ha cumplido.

Y habiéndoles dicho esto, se quedó en Galilea. Pero después que sus hermanos habían subido, entonces él también subió a la fiesta, no abiertamente, sino como ʲen secreto.

ᵉMI TIEMPO AÚN NO HA LLEGADO. Esto nos recuerda la respuesta dada a la madre de Jesús en la boda de Caná (cp. Jn. 2:4). También revela la primera razón por la que Jesús no fue a la fiesta de la forma en que sus hermanos querían: no era el tiempo perfecto de Dios. La alocución revela una dependencia y un compromiso completos por parte de Jesús con respecto al plan soberano del Padre para su vida (cp. Jn. 8:20; Hch. 1:7; 17:26). Además, Jesús nunca fue impulsado a actuar por la incredulidad de las personas, ni siquiera la de sus propios medios hermanos.

ᶠVUESTRO TIEMPO SIEMPRE ESTÁ PRESTO. Debido a que los hermanos de Jesús no creyeron en él, eran del mundo y en consecuencia desconocían por completo a Dios y sus propósitos. A causa de la incredulidad, no escucharon su Palabra, no reconocieron el plan y el tiempo de Dios, ni pudieron percibir al Verbo encarnado con sus propios ojos. Como resultado, cualquier oportunidad era propicia para ellos, preferiblemente ese mismo momento.

ᵍNO PUEDE EL MUNDO ABORRECEROS. El mundo no podía aborrecer a los hermanos de Jesús, porque ellos pertenecían al mundo y el mundo ama lo suyo (cp. Jn. 15:18, 19). El sistema maligno del mundo y todos los que rechazan al Verbo e Hijo de Dios yace sometido al control del mismo autor del mal (1 Jn. 5:19).

ʰYO TESTIFICO DE ÉL, QUE SUS OBRAS SON MALAS. Un creyente verdadero que ha nacido de nuevo y vive para la gloria de Dios debería experimentar el odio y el antagonismo del mundo (cp. Jn. 15:18–25; 16:1–3; 2 Ti. 3:12).

ⁱMI TIEMPO AÚN NO SE HA CUMPLIDO. Esto revela la segunda razón por la que Jesús no quiso ir a la fiesta en Jerusalén. Los judíos no podían matarlo sin que se cumplieran el tiempo y el plan perfectos de Dios (cp. Gá 4:4). El compromiso invariable de Jesús con el programa de Dios no permitiría la más mínima desviación de lo decretado por Dios de antemano.

ʲEN SECRETO. Esto indica que el Padre le permitió a Jesús ir a Jerusalén. En contraste a lo que sus hermanos le pedían, Jesús decidió no llamar la atención cuando entró en la ciudad. Aunque viajó con algunos de sus discípulos (cp. Mt. 8:19–22; Lc. 9:51–62), entró en Jerusalén sin que las multitudes supieran dónde se hallaba (Jn. 7:11).

97. Jesús viaja a Jerusalén

Mt. 8:19–22; Lc. 9:51–62

LCCuando se cumplió el tiempo en que él había de ser recibido arriba, ªafirmó su rostro para ir a Jerusalén. Y ᵇenvió mensajeros delante de él, los cuales fueron y entraron en una aldea de los ᶜsamaritanos para hacerle preparativos.

Mas no le recibieron, ᵈporque su aspecto era como de ir a Jerusalén. Viendo esto sus discípulos ᵉJacobo y Juan, dijeron: Señor, ¿quieres que mandemos que

---

ª AFIRMÓ SU ROSTRO PARA IR A JERUSALÉN. Aunque los acontecimientos específicos que se registran aquí probablemente describen el viaje de Jesús a la fiesta de los tabernáculos (Jn. 7:11–36), Lucas usa esta frase para dar comienzo a una sección principal de su Evangelio, una que culmina con la jornada final de Cristo a la cruz. Este fue un punto crucial y dramático en el ministerio de Cristo. Después de esto, Galilea dejó de ser su centro de operaciones, y aunque Lucas 17:11–37 describe una visita breve a Galilea, la consideró parte de su viaje determinado hacia Jerusalén. Sabemos por una comparación de los Evangelios que durante este período del ministerio de Cristo él hizo visitas cortas a Jerusalén para celebrar las fiestas (cp. Lc. 13:22; 17:11). No obstante, esas visitas breves solo fueron interludios en este período ministerial que culminaría en un viaje final a Jerusalén con el propósito de morir allí.

ᵇ ENVIÓ MENSAJEROS. Estos mensajeros fueron enviados para asegurar su alojamiento en la aldea de los samaritanos. El Señor no envió mensajeros que lo precedieran cuando arribó a Jerusalén (cp. Jn. 7:10).

ᶜ SAMARITANOS. Estas personas eran descendientes de matrimonios mixtos entre israelitas y el remanente de Judea del tiempo del cautiverio y las personas que se mudaron a la tierra después de las conquistas de Asiria y Babilonia. Los judíos los consideraban impuros y los aborrecían tanto que la mayoría de los viajeros judíos que iban de Galilea a Judea optaba por tomar la ruta más larga al este del Jordán con tal de evitar el paso por Samaria. Tal vez Jesús eligió la ruta samaritana para evitar llamar la atención mientras viajaba a Jerusalén (cp. Jn. 7:10).

ᵈ PORQUE SU ASPECTO ERA COMO DE IR A JERUSALÉN. Viajar a Jerusalén para rendirle culto a Dios era un rechazo implícito de los rituales en el Monte Gerizim y un desprecio total por la adoración de los samaritanos. Este punto era motivo de fuertes controversias entre judíos y samaritanos (cp. Jn. 4:20–22).

ᵉ JACOBO Y JUAN. Jesús les puso a estos hermanos el sobrenombre de «Boanerges», que significa «hijos del trueno» (Mr. 3:17), un título apropiado según parece. Esta fue la segunda falta pecaminosa a la caridad por parte de Juan en un intervalo muy breve de tiempo (Lc. 9:49). Es interesante advertir que varios años después, el apóstol Juan recorrió una vez más la región de Samaria al lado de Pedro, en esta ocasión para predicar el evangelio en las poblaciones samaritanas (Hch. 8:25).

descienda fuego del cielo, como hizo Elías, y los consuma? Entonces volviéndose él, ^flos reprendió, diciendo: Vosotros no sabéis de qué espíritu sois; porque el ^gHijo del Hombre no ha venido para perder las almas de los hombres, sino para salvarlas. Y se fueron a otra aldea.

Yendo ellos, ^{MT}vino ^hun escriba y le dijo: ^{LC}Señor, te seguiré adondequiera que vayas. Y le dijo Jesús: Las zorras tienen guaridas, y las aves de los cielos nidos; mas el Hijo del Hombre no tiene dónde recostar la cabeza.

Y dijo a otro ^{MT}de sus discípulos[:] ^{LC}Sígueme. Él le dijo: Señor, ⁱdéjame que primero vaya y entierre a mi padre. Jesús le dijo: ^jDeja que los muertos entierren a sus muertos; y tú ve, y anuncia el reino de Dios.

Entonces también dijo otro: Te seguiré, Señor; pero déjame que me despida primero de los que están en mi casa. Y Jesús le dijo: Ninguno que poniendo su mano en el arado ^kmira hacia atrás, es apto para el reino de Dios.

....

^fLOS REPRENDIÓ. La respuesta de Cristo a los samaritanos ejemplifica la actitud que la iglesia debería tener en relación con todas las formas de persecución religiosa. El culto de los samaritanos era pagano en esencia y erróneo sin lugar a dudas (cp. Jn. 4:22), y su situación espiritual era todavía más precaria en vista de su intolerancia. Sin embargo, el Señor no quiso hacer uso de la fuerza para cambiar su manera de vivir y tampoco habló mal de ellos. Él había venido a salvar y no a destruir, de modo que su respuesta fue la gracia en lugar de la furia destructiva. Por otro lado, las palabras de desaprobación de Cristo no deben tomarse como una condena de las acciones de Elías en 1 Reyes 18:38–40 o 2 Reyes 1:10–12. Elías fue comisionado para realizar un ministerio especial como profeta en una teocracia, y un aspecto de la tarea ordenada por Dios le permitió confrontar a un monarca malvado (Acab) que había intentado usurpar la autoridad divina. Elías recibió autorización específica para medir y administrar la ira de Dios contra el pecado. Él actuó con una autoridad comparable a la de las autoridades civiles en la actualidad (cp. Ro. 13:4), no en una función que tenga paralelo alguno con la ejercida por los ministros del evangelio.

^gHIJO DEL HOMBRE. Cp. Marcos 2:10; Juan 1:51. Este era el nombre que Jesús usaba para sí mismo más que ningún otro. Se emplea ochenta y tres veces en los Evangelios, siempre por Jesús mismo. Era un título mesiánico (Dn. 7:13, 14), con una obvia referencia a la humanidad y humildad de Cristo. Además, hace referencia también a su eterna gloria, como muestra Daniel 7:13, 14 (cp. Mt. 24:27; Hch. 7:56).

^hUN ESCRIBA. Como escriba, este hombre estaba rompiendo con sus colegas escribas al declarar públicamente su deseo de seguir a Jesús. Sin embargo, Jesús sabía evidentemente que no había tenido en cuenta el costo en términos de sufrimiento y dificultades.

ⁱDÉJAME QUE PRIMERO VAYA Y ENTIERRE A MI PADRE. Esto no significa que el padre estuviera ya muerto. La frase: «Debo enterrar a mi padre» era una expresión común para decir: «Déjame esperar hasta que reciba mi herencia».

^jDEJA QUE LOS MUERTOS ENTIERREN A SUS MUERTOS. Deja que el mundo (espiritualmente muerto) cuide de las cosas mundanas.

^kMIRA HACIA ATRÁS. Si el que ara mira hacia atrás, dejará surcos torcidos.

98. Jesús enseña en la fiesta de los tabernáculos

Jn. 7:11-36

[JN]Y [a]le buscaban los judíos en la fiesta, y decían: ¿Dónde está aquél? Y había [b]gran murmullo acerca de él entre la multitud, pues unos decían: Es bueno; pero otros decían: No, sino que engaña al pueblo. Pero ninguno hablaba abiertamente de él, por miedo a los judíos.

Mas a [c]la mitad de la fiesta [d]subió Jesús al templo, y enseñaba. Y [e]se maravillaban los judíos, diciendo: ¿Cómo sabe éste letras, sin haber estudiado?

....

[a] LE BUSCABAN LOS JUDÍOS. El contraste entre la frase «los judíos» en este versículo y «la multitud» en el versículo siguiente indica que el término «judíos» designa a las autoridades judías que ejercían oposición contra él en Judea y cuyo centro de operaciones estaba en Jerusalén. Es evidente que iniciaron la búsqueda de Jesús con motivos hostiles.

[b] GRAN MURMULLO [...] ENTRE LA MULTITUD. Las multitudes, compuestas en su gran parte por habitantes de Judea, Galilea y muchos otros de la diáspora (judíos dispersados en otras partes del mundo), expresaron opiniones diversas acerca de Cristo, las cuales iban desde la aceptación superficial («Es bueno») hasta el rechazo cínico («engaña al pueblo»). El Talmud judío revela que esa última percepción de engaño se convirtió en la opinión predominante de muchos judíos (Talmud babilónico, *Sanedrín* 43a).

[c] LA MITAD DE LA FIESTA. Jesús pudo haber esperado hasta la mitad de la fiesta para impedir una «entrada triunfal» prematura que algunos habrían tratado de imponerle motivados por presiones políticas.

[d] SUBIÓ JESÚS AL TEMPLO, Y ENSEÑABA. La hostilidad cada vez mayor hacia Jesús no impidió su ministerio de enseñanza. En cambio, él expuso incansablemente sus afirmaciones en cuanto a su identidad y misión. En medio de la fiesta de los tabernáculos, cuando los judíos de todo Israel habían viajado a Jerusalén, Jesús una vez más comenzó a enseñar. Él enseñaba conforme a la costumbre de los maestros o rabinos de su tiempo. Ciertos rabinos de renombre se instalaban en los alrededores del templo para exponer temas del AT a las multitudes que se sentaban a escucharlos. En esta sección, Jesús establece la justificación de su ministerio y enseña con autoridad como Hijo de Dios. En el pasaje se describen cinco razones de por qué las declaraciones de Jesús en cuanto a sí mismo eran ciertas: (1) su conocimiento sobrenatural tenía su origen en el Padre mismo (Jn. 7:15-16); (2) su enseñanza y conocimiento podían ser confirmados con pruebas (v. 17); (3) sus acciones demostraban su altruismo (v. 18); (4) su impacto en el mundo era asombroso (vv. 19-20); y (5) sus obras demostraban su identidad como Hijo de Dios (vv. 21-24).

[e] SE MARAVILLABAN. El conocimiento que Jesús tenía de las Escrituras era sobrenatural. Las personas se admiraban de que una persona que nunca había estudiado en alguno de los grandes centros rabínicos o a los pies de algún rabino famoso de la época poseyera un conocimiento tan extenso y profundo de las Escrituras. Tanto en contenido como en estilo, la enseñanza de Jesús era diferente cualitativamente a la de cualquier otro maestro.

Jesús les respondió y dijo: Mi doctrina no es mía, sino de ꜛaquel que me envió. ꜝEl que quiera hacer la voluntad de Dios, conocerá si la doctrina es de Dios, o si yo hablo por mi propia cuenta. El que habla por su propia cuenta, su propia gloria busca; pero ʰel que busca la gloria del que le envió, éste es verdadero, y no hay en él injusticia. ¿No os dio Moisés la ley, y ninguno de vosotros cumple la ley? ¿Por qué procuráis ⁱmatarme?

Respondió la multitud y dijo: Demonio tienes; ¿quién procura matarte?

Jesús respondió y les dijo: ʲUna obra hice, y todos os maravilláis. Por cierto, Moisés os dio la circuncisión (no porque sea de Moisés, ᵏsino de los padres); y ˡen el día de reposo circuncidáis al hombre. Si recibe el hombre la circuncisión en el día de reposo, para que la ley de Moisés no sea quebrantada, ¿os enojáis conmigo

---

ꜛAQUEL QUE ME ENVIÓ. La diferencia cualitativa en la enseñanza de Jesús radicaba en su fuente, ya que el Padre se la daba sin mediación (Jn. 8:26, 40, 46, 47; 12:49, 50). El conocimiento de Jesús se originaba en Dios el Padre mismo, a diferencia de los rabinos que lo recibían de fuentes humanas (Gá. 1:12). Mientras que los rabinos se limitaban a apoyarse en la autoridad de otros (en la tradición humana), la autoridad de Jesús se centraba en él mismo (cp. Mt. 7:28, 29; Hch. 4:13).

ꜝEL QUE QUIERA HACER LA VOLUNTAD DE DIOS, CONOCERÁ. Aquellos que de forma genuina buscan hacer la voluntad de Dios serán guiados por él en la afirmación de su verdad. La verdad de Dios es su propia fuente de autenticación mediante el ministerio de enseñanza del Espíritu Santo (cp. Jn. 16:13; 1 Jn. 2:20, 27).

ʰEL QUE BUSCA LA GLORIA DEL QUE LE ENVIÓ. A diferencia de otros «salvadores» y «héroes mesiánicos» que actuaban conforme a sus propios intereses egoístas, con lo cual evidenciaban su falsedad, Jesucristo como Hijo de Dios vino de manera única y exclusiva para glorificar al Padre y hacer la voluntad del Padre (2 Co. 2:17; Fil. 2:5-11; Heb. 10:7).

ⁱMATARME. Si Jesús fuera otro farsante religioso, el mundo nunca habría reaccionado con tal odio. Puesto que el sistema del mundo ama lo suyo, su aborrecimiento hacia Jesús demuestra que él vino de Dios (Jn. 15:18, 19).

ʲUNA OBRA. El contexto hace evidente (Jn. 7:22, 23) que Jesús se refería a la sanidad del paralítico que provocó el comienzo de la persecución en su contra por parte de las autoridades judías, porque tuvo lugar en el día de reposo (vea Jn. 5:1-16).

ᵏSINO DE LOS PADRES. El período patriarcal durante el tiempo de Abraham, en el cual Dios instituyó la señal de la circuncisión (Gn. 17:10-12), la cual se incluyó más adelante como parte del pacto mosaico en el Sinaí (Éx. 4:26; 12:44, 45). Esta observación mostró que este rito era anterior a la ley mosaica (Gá. 3:17). Además de esto, la circuncisión estuvo en vigencia mucho antes que las leyes sobre el día de reposo.

ˡEN EL DÍA DE REPOSO. De acuerdo a la ley mosaica, los bebés varones debían ser circuncidados al octavo día (Lv. 12:1-3). Si un niño nacía el día de reposo, entonces el octavo día (incluyendo el de su nacimiento) sería al siguiente día de reposo, cuando los judíos debían circuncidarlo. El punto de Jesús era que aquellos judíos que objetaban sus sanidades en el día de reposo quebrantaban sus propias leyes con respecto a ese día con la circuncisión del niño. La hipocresía de ellos resultaba evidente.

porque en el día de reposo ᵐsané completamente a un hombre? No juzguéis según las apariencias, sino juzgad ⁿcon justo juicio.

Decían entonces unos de Jerusalén: °¿No es éste a quien buscan para matarle? Pues mirad, ᵖhabla públicamente, y no le dicen nada. ۹¿Habrán reconocido en verdad los gobernantes que éste es el Cristo? Pero éste, sabemos de dónde es; mas cuando venga el Cristo, ʳnadie sabrá de dónde sea.

Jesús entonces, enseñando en el templo, ˢalzó la voz y dijo: ᵗA mí me conocéis, y sabéis de dónde soy; y no he venido de mí mismo, pero el que me envió es

....

ᵐ SANÉ COMPLETAMENTE A UN HOMBRE. Jesús utilizó un argumento lógico para establecer un balance entre lo más importante y lo menos importante. Si la purificación ceremonial de una pequeña parte del cuerpo se permitía en el día de reposo mediante el acto de la circuncisión (lo menos importante), cuánto más debería permitirse en el día de reposo la sanidad sobrenatural de todo el cuerpo de un hombre (lo más importante).

ⁿ CON JUSTO JUICIO. Aunque Jesús prohibió los duros juicios promovidos por la falsa justificación propia del legalismo (Mt. 7:1), demandó el ejercicio disciplinado del discernimiento moral y teológico.

° ¿NO ES ESTE...? En esta sección (Jn. 7:25–36), Juan reiteró una vez más las afirmaciones de Jesús sobre su identidad como el Mesías y el Hijo de Dios. Se enfocó en su origen y ciudadanía divinos. Aunque algunos creyeron en Jesús en este tiempo (Jn. 7:31), los líderes religiosos se encolerizaron todavía más contra él y planificaron con villanía rastrera prenderlo (v. 32). Jesús confrontó a las personas con tres dilemas registrados en estos versículos: (1) el problema de la confusión intensa (Jn. 7:25–29); (2) el problema de la convicción dividida (vv. 30–32); y (3) el problema de la conversión postergada (vv. 33–36). Estos tres problemas dejarían a Jerusalén en una condición espiritual de desesperación total.

ᵖ HABLA PÚBLICAMENTE. Lo que sorprendió a las masas fue que a pesar de la amenaza de muerte por parte de las autoridades religiosas (Jn. 7:20, 32), Jesús no dejaba de proclamar con denuedo su identidad.

۹ ¿HABRÁN RECONOCIDO EN VERDAD LOS GOBERNANTES...? La pregunta indica que las multitudes y los gobernantes tenían mucha confusión e incertidumbre acerca de quién era Jesús y qué debían hacer con él. En realidad no tenían convicciones firmes sobre la identidad de Jesús, pero la pregunta revela sus dudas e incredulidad. También se sentían perplejos ante la incompetencia de los líderes religiosos para arrestarlo y silenciarlo si es que en verdad se trataba de un embaucador. Esta confusión intensa hizo que la multitud se preguntara si las autoridades religiosas habían llegado en privado a la conclusión de que él sí era el Cristo. Entre todos los grupos reinó una confusión masiva con respecto a Jesús.

ʳ NADIE SABRÁ DE DÓNDE SEA. La única información acerca del lugar de nacimiento del Mesías fue revelada en las Escrituras (Mi. 5:2; Mt. 2:5, 6). Aparte de esto, se había desarrollado una tradición en algunos círculos judíos en el sentido de que el Mesías haría una aparición súbita en medio del pueblo, con base en una interpretación errónea de Isaías 53:8 y Malaquías 3:1. En vista de esa tradición, el significado más probable de esta frase es que la identidad del Mesías sería del todo incógnita hasta su aparición repentina en Israel para llevar a cabo la redención de la nación. A diferencia de ello, Jesús había vivido en Nazaret y era conocido, así fuera solo de manera superficial, por las personas.

ˢ ALZÓ LA VOZ. De este modo, Jesús se aseguraba de diseminar su enseñanza entre el público presente (cp. Jn. 1:15; 12:44).

ᵗ A MÍ ME CONOCÉIS, Y SABÉIS DE DÓNDE SOY. Estas palabras contrastan con Juan 8:19, donde Jesús les dijo a sus enemigos que ellos ni lo conocían a él ni a su Padre, lo cual indica ironía y sarcasmo profundos por parte de Jesús en esta frase. Él quiso darles a entender que contrario a lo que ellos pensaban, en realidad no tenían un entendimiento verdadero de quién era. Lo conocían en un sentido terrenal, mas no espiritual, porque tampoco conocían a Dios.

verdadero, [u]a quien vosotros no conocéis. Pero yo le conozco, porque de él procedo, y él me envió.

Entonces procuraban prenderle; pero ninguno le echó mano, porque [v]aún no había llegado su hora. Y [w]muchos de la multitud creyeron en él, y decían: El Cristo, cuando venga, ¿hará más señales que las que éste hace?

Los fariseos oyeron a la gente que murmuraba de él estas cosas; y [x]los principales sacerdotes y los fariseos enviaron [y]alguaciles para que le prendiesen. Entonces Jesús dijo: Todavía un poco de tiempo estaré con vosotros, e iré al que me envió. Me buscaréis, y no me hallaréis; y [z]a donde yo estaré, vosotros no podréis venir.

Entonces los judíos dijeron entre sí: ¿Adónde se irá éste, que no le hallemos? ¿Se irá a los dispersos entre los griegos, y [aa]enseñará a los griegos? [bb]¿Qué significa esto que dijo: Me buscaréis, y no me hallaréis; y a donde yo estaré, vosotros no podréis venir?

....

[u] A QUIEN VOSOTROS NO CONOCÉIS. Aunque creían tener una percepción correcta de las cosas de Dios, su rechazo de Jesús reveló su ruina espiritual (Ro. 2:17–19).

[v] AÚN NO HABÍA LLEGADO SU HORA. Esto revela la razón por la que no pudieron prenderlo: la agenda y el plan soberanos de Dios para Jesús no permitirían algo así.

[w] MUCHOS [...] CREYERON. Existían convicciones divididas entre las personas con respecto a Jesús. Mientras algunas querían prenderlo, un remanente pequeño de creyentes genuinos existió siempre en medio de las multitudes. Aquí la pregunta anticipa una respuesta negativa, es decir, el Mesías no podía dar señales y milagros más grandes que los hechos por Jesús.

[x] LOS PRINCIPALES SACERDOTES Y LOS FARISEOS. Los fariseos y principales sacerdotes no habían tenido una relación armoniosa en el pasado. La mayoría de los principales sacerdotes eran saduceos que consideraban a los fariseos como sus opositores políticos y religiosos. En repetidas ocasiones Juan vincula a estos dos grupos en su Evangelio (cp. Jn. 11:47, 57; 18:3) con el fin de mostrar que su disposición a cooperar estaba motivada por el aborrecimiento que ambas facciones sentían hacia Jesús. Los alarmaba por igual la fe de muchos como los mencionados en Juan 7:31, y para evitar cualquier veneración de Jesús como Mesías, trataron de arrestarlo sin éxito (Jn. 7:30).

[y] ALGUACILES. Guardias del templo que funcionaban como una especie de fuerza policial conformada por levitas que estaban a cargo de mantener el orden en los alrededores del templo. El Sanedrín también los usaba en lugares alejados del templo en casos de disputas religiosas que no afectaban la ley romana.

[z] A DONDE YO ESTARÉ, VOSOTROS NO PODRÉIS VENIR. Jesús se refirió aquí a su regreso a su origen celestial con su Padre después de su crucifixión y resurrección (vea Jn. 17:15).

[aa] ENSEÑARÁ A LOS GRIEGOS. Esta frase puede ser una referencia a los prosélitos judíos, (i. e., gentiles). Juan la pudo haber citado con algo de ironía, porque el evangelio llegó más tarde a los gentiles a causa de la ceguera de los judíos y el rechazo de su Mesías. Cp. Romanos 11:7–11.

[bb] ¿QUÉ SIGNIFICA ESTO...? Juan resalta de nuevo la ignorancia de los judíos con respecto a las palabras de Jesús. La intención de esta pregunta era burlarse de él.

99. Los líderes judíos tratan de arrestar a Jesús

Jn. 7:37–52

[JNa]En el último y gran día de la fiesta, [b]Jesús se puso en pie y alzó la voz, diciendo: [c]Si alguno [d]tiene sed, venga a mí y beba. El que cree en mí, como dice la Escritura, de su interior correrán ríos de [e]agua viva. [f]Esto dijo del Espíritu que habían de recibir los que creyesen en él; pues aún no había venido el Espíritu Santo, porque Jesús no había sido aún glorificado.

Entonces algunos de la multitud, oyendo estas palabras, decían: Verdaderamente éste es el profeta. Otros decían: Este es el Cristo.

....

[a]EN EL ÚLTIMO Y GRAN DÍA. Esto sugiere que el suceso tuvo lugar en un día diferente al de la controversia de Juan 7:11–36.

[b]JESÚS SE PUSO EN PIE Y ALZÓ LA VOZ. Esta sección (Jn. 7:37–52) cataloga las diferentes reacciones de las personas a las afirmaciones de Jesús. Estas respuestas se han convertido en patrones universales de la manera en que se ha reaccionado a él en todo el transcurso de la historia. La sección puede dividirse entre la afirmación de Cristo (Jn. 7:37–39) y las reacciones a Cristo (vv. 40–52). A su vez, las reacciones pueden subdividirse en cinco secciones: (1) la reacción de los convencidos (vv. 40–41a); (2) la reacción de los contrarios (vv. 41b–42); (3) la reacción de los hostiles (vv. 43, 44); (4) el rechazo de los confundidos (vv. 45, 46); y (5) la reacción de las autoridades religiosas (vv. 47–52).

[c]SI ALGUNO TIENE SED. Desde unos cuantos siglos antes de Cristo se había desarrollado la tradición de que en los siete días de la fiesta de los tabernáculos el sumo sacerdote llevaba de regreso al templo en una procesión festiva un recipiente de oro que se llenaba con agua del estanque de Siloé. Tan pronto llegaba la procesión a la Puerta del Agua en el lado sur del atrio interior del templo, se oían tres toques de trompeta para marcar el gozo de la ocasión y el pueblo recitaba Isaías 12:3: «Sacaréis con gozo aguas de las fuentes de la salvación». En el templo, mientras la multitud de espectadores observaba, los sacerdotes marchaban alrededor del altar con el recipiente de agua mientras el coro del templo entonaba el Hallel (Sal. 113—118). El agua era derramada como sacrificio a Dios. Se utilizaba agua porque era un símbolo de la bendición divina de la lluvia en abundancia para las cosechas. Jesús utilizó este acontecimiento como una lección gráfica y una oportunidad para hacer una invitación muy pública en el último día de la fiesta a que el pueblo lo aceptara como su fuente de agua viva. Sus palabras evocan Isaías 55:1.

[d]TIENE SED [...] VENGA [...] BEBA. Estas tres palabras resumen la invitación del evangelio. Si uno reconoce su necesidad, siente el deseo de acercarse a la fuente de provisión y estará dispuesto a recibir lo que necesita. El alma sedienta y necesitada siente el impulso incontenible de acercarse al Salvador y beberá sin reservas, es decir, recibirá la salvación que él ofrece.

[e]AGUA VIVA. El rito del derramamiento del agua también presagia los ríos de agua viva durante el milenio que se describen en Ezequiel 47:1–9 y Zacarías 13:1. La importancia de la invitación de Jesús se centra en el hecho de que él era el cumplimiento de todas las fiestas de los tabernáculos previstas, es decir, era aquel que proveería el agua viva que da vida eterna a los hombres (cp. Jn. 4:10, 11).

[f]ESTO DIJO DEL ESPÍRITU. El Espíritu Santo es la fuente de vida eterna y espiritual.

Pero algunos decían: [g]¿De Galilea ha de venir el Cristo? ¿No dice la Escritura que del linaje de David, y de la aldea de Belén, de donde era David, ha de venir el Cristo? Hubo entonces [h]disensión entre la gente a causa de él. Y algunos de ellos querían prenderle; pero ninguno le echó mano.

Los alguaciles vinieron a los principales sacerdotes y a los fariseos; y éstos les dijeron: ¿Por qué no le habéis traído?

[i]Los alguaciles respondieron: ¡Jamás hombre alguno ha hablado como este hombre!

Entonces los fariseos les respondieron: [j]¿También vosotros habéis sido engañados? ¿Acaso ha creído en él alguno de los gobernantes, o de los fariseos? Mas [k]esta gente que no sabe la ley, [l]maldita es.

Les dijo [m]Nicodemo, el que vino a él de noche, el cual era uno de ellos: [n]¿Juzga acaso nuestra ley a un hombre si primero no le oye, y sabe lo que ha hecho?

Respondieron y le dijeron: ¿Eres tú también galileo? Escudriña y ve que [o]de Galilea nunca se ha levantado profeta.

....

[g]¿DE GALILEA...? Esto demuestra la gran ignorancia de las personas, porque Jesús nació en Belén de Judá, no en Galilea (Mi. 5:2 cp. Mt. 2:6; Lc. 2:4). Ni siquiera se tomaron la molestia de investigar su verdadero lugar de nacimiento, lo cual hacía evidente su falta de interés en algo tan importante como las credenciales mesiánicas.

[h]DISENSIÓN. Vea Mateo 10:34–36; Lucas 12:51–53.

[i]LOS ALGUACILES. Estos oficiales del templo fallaron en su intento de arrestar a Jesús al verse confrontados con su persona y su enseñanza poderosa. Como habían recibido cierto adiestramiento religioso, las palabras de Jesús tocaron las fibras más íntimas de su corazón.

[j]¿TAMBIÉN VOSOTROS HABÉIS SIDO ENGAÑADOS? Los fariseos se mofaron de los alguaciles, no por razones profesionales (en su desempeño como policías), sino religiosas (en su comportamiento como levitas). En esencia, los acusaron de haberse dejado seducir por un engañador (según ellos, Jesús), a diferencia de los fariseos mismos que en su arrogancia y justificación propia consideraban que en virtud de su sabiduría y conocimiento nadie podía engañarlos.

[k]ESTA GENTE. Los fariseos se referían con desprecio a las personas, catalogándolas de «muchedumbre», mientras que los rabinos en particular veían a las personas comunes (o el pueblo de la tierra) como una manada de ignorantes impíos en comparación a ellos mismos. Esta ignorancia no solo se debía a que desconocían las Escrituras, sino a que las personas y corrientes no tenían por costumbre seguir las tradiciones orales de los fariseos.

[l]MALDITA. Consideraban condenados a todos los que no pertenecieran a su grupo elitista o no siguieran sus creencias acerca de la ley.

[m]NICODEMO. Nicodemo (vea Jn. 3:10) no rechazaba por completo las afirmaciones de Cristo, de modo que aunque no lo defendió directamente, hizo énfasis en los procedimientos a favor de Jesús.

[n]¿JUZGA ACASO NUESTRA LEY...? Ningún texto explícito del AT puede citarse para sustentar el punto de Nicodemo. Lo más probable es que hubiera hecho referencia a ciertas tradiciones rabínicas contenidas en su ley oral.

[o]DE GALILEA NUNCA SE HA LEVANTADO PROFETA. La ignorancia real era de los fariseos arrogantes que no escudriñaron con cuidado todos los hechos relacionados con al nacimiento de Jesús. Acusaban a las personas de ignorancia, pero ellos eran todavía más ignorantes. Además, los profetas Jonás y Nahum sí salieron de Galilea.

100. Jesús perdona a una mujer adúltera

Jn. 7:53–8:11

[Na]Cada uno se fue a su casa; y Jesús se fue al monte de los Olivos. Y por la mañana volvió al templo, y todo el pueblo vino a él; y sentado él, les enseñaba. Entonces los escribas y los fariseos le trajeron una mujer sorprendida en adulterio; y poniéndola en medio, le dijeron: Maestro, esta mujer ha sido sorprendida en el acto mismo de adulterio. Y en la ley nos mandó Moisés apedrear a tales mujeres. Tú, pues, ¿qué dices?

Mas esto decían [b]tentándole, para poder acusarle. Pero Jesús, inclinado hacia el suelo, escribía en tierra con el dedo. Y como insistieran en preguntarle, se enderezó y les dijo: [c]El que de vosotros esté sin pecado sea el primero en arrojar la piedra contra ella.

[d]E inclinándose de nuevo hacia el suelo, siguió escribiendo en tierra. Pero ellos, al oír esto, acusados por su conciencia, salían uno a uno, comenzando desde los más viejos hasta los postreros; y quedó solo Jesús, y la mujer que estaba en medio.

....

[a]CADA UNO SE FUE A SU CASA. Esta sección (Jn. 7:53—8:11), que trata el incidente con la mujer adúltera, no formó parte del contenido original de Juan. Se ha incorporado en diversos lugares de varios manuscritos del Evangelio (p. ej., luego de los vv. 36, 44, 52; 21:25), en tanto que un manuscrito la ubica después de Lucas 21:38. La evidencia de manuscritos externos que representan una gran variedad de tradiciones textuales se inclina en contra de su inclusión, ya que los mejores y más antiguos manuscritos la excluyen. Muchas versiones antiguas también la excluyen y ningún padre de la iglesia griega hizo comentarios sobre este pasaje hasta el siglo XII. Además, el vocabulario y el estilo de esta sección son diferentes del resto del Evangelio, y su inclusión aquí interrumpe la secuencia del v. 52 con 8:12ss. Muchos, sin embargo, creen que cuenta con todas las características de un suceso histórico y veraz que pudo haber circulado como parte de la tradición oral en ciertos sectores de la iglesia occidental, de manera que resulta pertinente incluir algunos comentarios sobre el texto. A pesar de todas estas consideraciones sobre la alta probabilidad del carácter poco confiable de esta sección, es posible equivocarse sobre el asunto y por esa razón conviene considerar el significado del pasaje y dejarlo dentro del texto.

[b]TENTÁNDOLE, PARA PODER ACUSARLE. Si Jesús hubiera ignorado la ley de Moisés (Lv. 20:10; Dt. 22:22), habría perdido su credibilidad. Si se hubiera ceñido a la ley mosaica, su reputación de hombre compasivo y perdonador habría sido cuestionada.

[c]EL QUE DE VOSOTROS ESTÉ SIN PECADO. Esto es una referencia directa a Deuteronomio 13:9; 17:7, que establece el inicio de una ejecución por parte de los testigos del crimen. Solo quienes no eran culpables del mismo pecado podían participar.

[d]E INCLINÁNDOSE DE NUEVO HACIA EL SUELO, SIGUIÓ ESCRIBIENDO EN TIERRA. Parece que se trata de una estrategia dilatoria que les da tiempo para pensar.

Enderezándose Jesús, y no viendo a nadie sino a la mujer, le dijo: Mujer, ¿dónde están los que te acusaban? ¿Ninguno te condenó?

Ella dijo: Ninguno, Señor.

Entonces Jesús le dijo: Ni yo te condeno; ᵉvete, y no peques más.

ᵉ VETE, Y NO PEQUES MÁS. En realidad dice: «Deja tu vida de pecado» (cp. Mt. 9:1–8; Mr. 2:13–17; Jn. 3:17; 12:47).

101. Jesús es la luz del mundo

Jn. 8:12–30

[Na]Otra vez Jesús les habló, diciendo: [b]Yo soy la luz del mundo; [c]el que me sigue, no andará en tinieblas, sino que tendrá la luz de la vida.

Entonces los fariseos le dijeron: [d]Tú das testimonio acerca de ti mismo; tu testimonio no es verdadero. [e]Respondió Jesús y les dijo: Aunque yo doy testimonio acerca de mí mismo, mi testimonio es verdadero, porque sé de dónde he venido y a dónde voy; pero vosotros no sabéis de dónde vengo, ni a dónde voy. Vosotros juzgáis según la carne; yo no juzgo a nadie. Y si yo juzgo, mi juicio es verdadero;

....

[a]OTRA VEZ JESÚS LES HABLÓ, DICIENDO. Si se toma aparte de la historia de la mujer adúltera en 7:53—8:11, este versículo encajaría bien con 7:52. La expresión «otra vez» indica que Jesús habló de nuevo al pueblo en la misma fiesta de los tabernáculos (vea Jn. 7:2, 10). Mientras que Jesús primero se valió del rito del lavamiento con agua (7:37-39) como una metáfora para ilustrar la verdad acerca de sí mismo como Mesías que le daba cumplimiento a cada aspecto de la fiesta, luego prosiguió con la ceremonia de las antorchas, otro rito de la tradicional fiesta. Durante la fiesta de los tabernáculos se encendían cuatro grandes lámparas en el patio de las mujeres en el templo, y bajo la luz que producían durante toda la noche el pueblo celebraba con danzas, cánticos y alabanzas, mientras sostenían antorchas en sus manos. Los músicos levitas también participaban. Jesús aprovechó esta oportunidad en la que se encendían las antorchas para describirle otra analogía espiritual al pueblo: «Yo soy la luz del mundo».

[b]YO SOY LA LUZ DEL MUNDO. Esta es la segunda declaración «Yo soy» (vea Jn. 6:35). Juan ya empleó la metáfora de la luz para hablar de Jesús (Jn. 1:4, cp. 1 Jn 1:5). La analogía de Jesús aquí se inspira en las alusiones del AT (Éx. 13:21, 22; 14:19-25; Sal. 27:1; 119:105; Pr. 6:23; Ez. 1:4, 13, 26-28; Hab. 3:3, 4). La frase resalta la identidad de Jesús como Mesías e Hijo de Dios (Sal. 27:1; Mal. 4:2). El AT señala que en el tiempo de la venida del Mesías, el Señor sería una luz para su pueblo (Is. 60:19-22; cp. Ap. 21:23, 24) y para toda la tierra (Is. 42:6, 49:6). Zacarías 14:5b-8 señala a Dios como la luz del mundo que ofrece aguas vivas a su pueblo. Es probable que la lectura de este último pasaje formara parte de la liturgia en la fiesta de los tabernáculos.

[c]EL QUE ME SIGUE. La palabra «sigue» comunica la idea de alguien que se entrega por completo a la persona que sigue. Para Jesús no existen seguidores a medias (cp. Mt. 8:18-22; 10:38, 39). Aquí también hay una referencia encubierta a los judíos que siguieron la columna de nube y de fuego como su guía durante el éxodo (Éx. 13:21).

[d]TÚ DAS TESTIMONIO ACERCA DE TI MISMO. Los judíos citaron las mismas palabras de Jesús en Jn. 5:31 en un tono de burla. No obstante, estas palabras de Jesús están de acuerdo con la ley del AT, que exigía la participación de varios testigos y no de uno solo para establecer la verdad en cualquier asunto (Dt. 17:6). Jesús no estaba solo en su testimonio que lo señalaba como Mesías, pues muchos ya habían testificado acerca de esta verdad (cp. Jn. 1:7).

[e]RESPONDIÓ JESÚS Y LES DIJO. Estos tres versículos (Jn. 8:14-18) ofrecen tres razones por las cuales el testimonio de Jesús era verdadero: (1) Jesús conocía su origen y su destino, mientras que los judíos ignoraban aun las verdades espirituales fundamentales, por lo cual sus juicios eran limitados y superficiales (vv. 14, 15); (2) la intimidad en la unión del Hijo con el Padre era garantía del testimonio verdadero del Hijo (v. 16); y (3) el testimonio unánime del Padre y el Hijo con respecto a la identidad de este último (vv. 17, 18).

porque no soy yo solo, sino yo y el que me envió, el Padre. Y ᶠen vuestra ley está escrito que el testimonio de dos hombres es verdadero. Yo soy el que doy testimonio de mí mismo, y el Padre que me envió da testimonio de mí.

Ellos le dijeron: ᵍ¿Dónde está tu Padre? Respondió Jesús: Ni a mí me conocéis, ni a mi Padre; si a mí me conocieseis, también a mi Padre conoceríais.

Estas palabras habló Jesús en el lugar de las ofrendas, enseñando en el templo; y nadie le prendió, porque aún no había llegado su hora.

Otra vez les dijo Jesús: ʰYo me voy, y me buscaréis, pero ⁱen vuestro pecado moriréis; a donde yo voy, vosotros no podéis venir.

Decían entonces los judíos: ¿Acaso ʲse matará a sí mismo, que dice: A donde yo voy, vosotros no podéis venir?

Y les dijo: ᵏVosotros sois de abajo, yo soy de arriba; vosotros sois de este mundo, yo no soy de este mundo. Por eso os dije que moriréis en vuestros pecados; porque ˡsi no creéis que ᵐyo soy, en vuestros pecados moriréis.

....

ᶠ EN VUESTRA LEY ESTÁ ESCRITO. Vea Deuteronomio 17:6; 19:15.

ᵍ ¿DÓNDE ESTÁ TU PADRE? Los judíos, como solían hacerlo (p. ej., Jn. 3:4; 4:11; 6:52), pensaron de nuevo en términos humanos al preguntarle a Jesús acerca de su padre.

ʰ YO ME VOY. Jesús repite su mensaje de Juan 7:33–34, pero con un matiz más ominoso en cuanto a las consecuencias de rechazarlo. Al decir que se iba se refería a su muerte, resurrección y ascensión inminentes.

ⁱ EN VUESTRO PECADO MORIRÉIS. Jesús reveló las consecuencias de rechazarlo como Mesías e Hijo de Dios, es decir, la muerte espiritual (v. 24; cp. Heb. 10:26–31). Estos versículos (Jn. 8:21–30) muestran cuatro características de una persona que morirá en sus pecados y experimentará así la muerte espiritual: (1) apelar a la propia justicia (vv. 20–22); (2) estar apegado a las cosas terrenales (vv. 23, 24); (3) ser incrédulo (v. 24); y (4) obstinarse en la ignorancia (vv. 25–29). Los judíos que rechazaron a Jesús cumplían con todas las características anteriores.

ʲ SE MATARÁ A SÍ MISMO. Quizá los judíos dijeron esto en medio de su confusión (vea Jn. 7:34–35), pero es más probable que lo hayan hecho para burlarse de Cristo. La tradición judía condenaba el suicidio como un pecado infame cuyo resultado era la expulsión definitiva al peor lugar del Hades (Josefo, *Guerras de los judíos* 3.375). Dios lo entregó para ser asesinado (Hch. 2:23). Además, siendo Dios, él entregó su propia vida (Jn. 10:18).

ᵏ VOSOTROS SOIS DE ABAJO. Aquí la diferencia radica entre el reino de Dios y el mundo caído y pecaminoso (i. e. «de abajo»). En este contexto el mundo se refiere al sistema espiritual invisible dominado por Satanás, así como a todo lo que ofrece y se opone a Dios, su Palabra y su pueblo (vea Jn. 1:9; 1 Jn. 5:19). Jesús declaró que sus opositores estaban unidos a Satanás y su reino. Ellos fueron cegados espiritualmente debido a esta dominación (vea 2 Co. 4:4; Ef. 2:1–3).

ˡ SI NO CREÉIS. Jesús subrayó que el pecado imperdonable, eterno y mortal es no creer en él como Mesías y como Hijo de Dios. A la verdad, si hay arrepentimiento de este pecado, todos los demás pueden ser perdonados. Vea Jn. 16:8, 9.

ᵐ YO SOY. La frase de Jesús se construyó bajo la influencia particular del hebreo empleado en el AT. En este caso, se trata de un uso único que significa «Yo soy», y cuya importancia teológica es enorme. La referencia podría tomarse de la declaración del nombre del Señor como «YO SOY» en Éxodo 3:14, o de Isaías 40—55, que repite varias veces la frase «Yo soy» (en especial Is. 43:10, 13, 25; 46:4; 48:12). Aquí, Jesús se refería a sí mismo como el Dios del AT (Yahweh, el Señor) y declaró de forma explícita su absoluta deidad. Esto desencadenó la pregunta de los judíos en Jn. 8:25.

Entonces le dijeron: [n]¿Tú quién eres?

Entonces Jesús les dijo: Lo que [o]desde el principio os he dicho. Muchas cosas tengo que decir y juzgar de vosotros; pero el que me envió es verdadero; y yo, lo que he oído de él, esto hablo al mundo.

Pero no entendieron que les hablaba del Padre. Les dijo, pues, Jesús: [p]Cuando hayáis levantado al Hijo del Hombre, entonces [q]conoceréis que yo soy, y que nada hago por mí mismo, sino que según me enseñó el Padre, así hablo. Porque el que me envió, conmigo está; no me ha dejado solo el Padre, porque yo hago siempre lo que le agrada. Hablando él estas cosas, muchos creyeron en él.

---

[n]¿Tú quién eres? Los judíos dejaban ver una ignorancia premeditada, pues muchos testigos declararon la identidad de Jesús, y él mismo probó con sus palabras y acciones a lo largo de su ministerio en la tierra que era el Mesías y el Hijo de Dios.

[o]Desde el principio. El principio del ministerio de Jesús entre los judíos.

[p]Cuando hayáis levantado al Hijo del Hombre. La inminente crucifixión de Jesús.

[q]Conoceréis que yo soy. Después de haberse rehusado a aceptarlo por fe y haberlo clavado en una cruz, algún día se despertarían con horror al descubrir que menospreciaron al único a quien debieron rendir adoración (cp. Fil. 2:9–11; Ap. 1:7). Muchos judíos creyeron en Jesús después de su muerte y ascensión, al darse cuenta de que aquel al que habían rechazado era el verdadero Mesías (Hch. 2:36, 37, 41).

102. La relación de Jesús con Abraham

Jn. 8:31-59

[JNa]Dijo entonces Jesús a los judíos [b]que habían creído en él: [c]Si vosotros permaneciereis en mi palabra, seréis verdaderamente mis discípulos; y conoceréis [d]la verdad, y la verdad os hará libres.

Le respondieron: Linaje de Abraham somos, y [e]jamás hemos sido esclavos de nadie. ¿Cómo dices tú: Seréis libres?

....

[a]DIJO ENTONCES JESÚS. Estos versículos (Jn. 8:31-36) le dan un giro al tema de la salvación y el discipulado verdaderos. Juan resalta estas realidades al hacer énfasis en la verdad y la libertad. El pasaje se centra en los que habían dado muestras de fe en Jesús como Mesías e Hijo de Dios. Jesús quería que avanzaran en su fe. La fe salvadora no es inestable, sino firme y constante. Tal madurez se refleja en un compromiso pleno con la verdad en Jesucristo, que resulta en una libertad auténtica. El pasaje delinea tres aspectos: (1) el progreso de la libertad (vv. 31, 32); (2) el fingimiento de la libertad (vv. 33, 34); y (3) la promesa de la libertad (vv. 35, 36).

[b]QUE HABÍAN CREÍDO EN ÉL. El primer paso hacia el verdadero discipulado es creer en Jesucristo como Mesías e Hijo de Dios.

[c]SI VOSOTROS PERMANECIEREIS EN MI PALABRA, SERÉIS VERDADERAMENTE MIS DISCÍPULOS. Aquí se revela el segundo paso para avanzar en el verdadero discipulado. La perseverancia en obedecer las Escrituras (cp. Mt. 28:19, 20), es el fruto o la evidencia de la fe verdadera (vea Ef. 2:10). La palabra *permanecer* significa persistir de continuo en las palabras de Jesús. Un verdadero creyente se aferra a las enseñanzas de Jesús, las obedece y las pone en práctica. El que permanece en sus enseñanzas tiene al Padre y al Hijo (2 Jn. 9, cp. Heb. 3:14, Ap. 2:26). Los verdaderos discípulos son aprendices (que es el significado básico del término) y seguidores fieles.

[d]LA VERDAD. «Verdad» se refiere aquí no solo a los hechos que acompañaron a Jesús como Mesías e Hijo de Dios, sino también a la enseñanza que impartió. Un auténtico seguidor del Señor Jesús conocerá la verdad divina, así como la libertad del pecado y el reconocimiento de la realidad. Esta verdad divina no solo viene como resultado de una aceptación intelectual (1 Co. 2:14), sino de un compromiso con Cristo (cp. Tit. 1:1, 2).

[e]JAMÁS HEMOS SIDO ESCLAVOS DE NADIE. En vista de que los judíos habían estado sometidos a diversos yugos políticos por parte de muchas naciones (Egipto, Asiria, Babilonia, Grecia, Siria y Roma), tal vez se referían a su sentido interior de libertad.

Jesús les respondió: De cierto, de cierto os digo, que ⁱtodo aquel que hace pecado, ᵍesclavo es del pecado. Y el esclavo no queda en la casa para siempre; el hijo sí queda para siempre. Así que, si el Hijo os libertare, seréis verdaderamente libres.

Sé que sois descendientes de Abraham; pero procuráis matarme, porque mi palabra no halla cabida en vosotros. Yo hablo lo que he visto cerca del Padre; y vosotros hacéis lo que habéis oído cerca de vuestro padre.

Respondieron y le dijeron: Nuestro padre es Abraham. Jesús les dijo: ʰSi fueseis hijos de Abraham, ⁱlas obras de Abraham haríais. Pero ahora procuráis matarme a mí, hombre que os he hablado la verdad, la cual he oído de Dios; no hizo esto Abraham. Vosotros hacéis las obras de vuestro padre.

Entonces le dijeron: ʲNosotros no somos nacidos de fornicación; un padre tenemos, que es Dios.

Jesús entonces les dijo: ᵏSi vuestro padre fuese Dios, ciertamente me amaríais; porque yo de Dios he salido, y he venido; pues no he venido de mí mismo, sino que él me envió. ¿Por qué no entendéis mi lenguaje? Porque no podéis escuchar

....

ⁱTODO AQUEL QUE HACE PECADO. No era la esclavitud física la que Jesús tenía en mente, sino la esclavitud del pecado (cp. Ro. 6:17, 18). La idea de «hacer pecado» significa practicarlo como un hábito (1 Jn. 3:4, 8, 9). La mayor atadura no es la esclavitud política o económica, sino estar sometido al yugo espiritual del pecado y la rebelión contra Dios. Esto también explica la razón por la cual Jesús no permitió que lo limitaran a ser un simple Mesías político (6:14, 15).

ᵍESCLAVO ES DEL PECADO. La noción de la esclavitud en Juan 8:34 prosigue con la condición de los esclavos. Aunque los judíos se consideraban hijos de Abraham en libertad, en realidad, eran esclavos del pecado. El verdadero Hijo en este contexto es Cristo mismo, que libera a los esclavos de su pecado. Aquellos a los que Jesucristo libera de la tiranía del pecado y la servidumbre del legalismo son en realidad libres (Ro. 8:2; Gá 5:1).

ʰSI FUESEIS HIJOS DE ABRAHAM. La construcción de esta frase indica que Jesús descartaba el simple linaje físico como condición suficiente para la salvación (vea Fil. 3:4-9). El sentido podría ser: «Si fueran hijos de Abraham, pero no lo son, porque si lo fueran harían lo que él hizo». De la misma manera que los hijos heredan las características genéticas de sus padres, la descendencia verdadera de Abraham haría las obras que él hizo, es decir, imitaría su fe y su obediencia (vea Ro. 4:16; Gá 3:6-9; Heb. 11:8-19; Stg. 2:21-24).

ⁱLAS OBRAS DE ABRAHAM. La fe de Abraham se demostró mediante su obediencia a Dios (Stg. 2:21-24). Lo que Jesús quería señalar era que el comportamiento de los judíos incrédulos era diametralmente opuesto al de Abraham, que llevó una vida de obediencia a todos los mandatos de Dios. La actitud que tuvieron hacia Jesús demostró que su verdadero padre era Satanás (Jn. 8:41, 44).

ʲNOSOTROS NO SOMOS NACIDOS DE FORNICACIÓN. Es posible que los judíos se refirieran a la polémica que existía en torno al nacimiento de Jesús. Ellos sabían la historia del compromiso de María y que José no era su verdadero padre; por lo tanto, insinuaban que el nacimiento de Jesús era ilegítimo (vea Mt. 1:18-25; Lc. 1:26-38).

ᵏSI VUESTRO PADRE FUESE DIOS, CIERTAMENTE ME AMARÍAIS. Esta frase niega que Dios fuera el verdadero Padre de ellos. Aunque el AT llama a Israel «mi hijo, mi primogénito» (Éx. 4:22) y afirma que Dios es el Padre de Israel por creación y separación (Jer. 31:9), la incredulidad de los judíos hacia Jesús puso en evidencia que Dios no era para ellos el Padre espiritual. Jesús resaltó la señal explícita que identifica a un hijo de Dios, que es el amor por su Hijo, Jesús. Ya que Dios es amor, los que aman a su Hijo también demuestran su misma naturaleza (1 Jn. 4:7-11; 5:1).

mi palabra. Vosotros sois de ¹vuestro padre el diablo, y los deseos de vuestro padre queréis hacer. ᵐEl ha sido homicida desde el principio, y no ha permanecido en la verdad, porque no hay verdad en él. Cuando habla mentira, de suyo habla; porque es mentiroso, y padre de mentira. Y a mí, porque digo la verdad, no me creéis. ¿Quién de vosotros ⁿme redarguye de pecado? Pues si digo la verdad, ¿por qué vosotros no me creéis? El que es de Dios, las palabras de Dios oye; por esto no las oís vosotros, porque no sois de Dios.

Respondieron entonces los judíos, y le dijeron: ¿No decimos bien nosotros, que ºtú eres samaritano, y que tienes demonio?

Respondió Jesús: Yo no tengo demonio, antes honro a mi Padre; y vosotros me deshonráis. Pero yo no busco mi gloria; hay quien la busca, y juzga. De cierto, de cierto os digo, que el que guarda mi palabra, ᵖnunca verá muerte.

Entonces los judíos le dijeron: Ahora conocemos que tienes demonio. ᑫAbraham murió, y los profetas; y tú dices: El que guarda mi palabra, nunca sufrirá muerte. ¿Eres tú acaso mayor que nuestro padre Abraham, el cual murió? ¡Y los profetas murieron! ¿Quién te haces a ti mismo?

....

¹Vuestro padre el diablo. La conducta es lo que realmente evidencia la condición de hijo. Un hijo exhibirá las características de su padre (cp. Ef. 5:1, 2). Puesto que los judíos incrédulos siguieron el ejemplo de conducta de Satanás con su enemistad hacia Jesús y su incapacidad para creer en él como Mesías, la paternidad de ellos era precisamente lo contrario a lo que reclamaban (i. e., pertenecían a Satanás).

ᵐEl ha sido homicida desde el principio. Las palabras de Jesús se refieren a la caída, el momento en el cual Satanás tentó a Adán y Eva y logró destruir la vida espiritual que Dios les había dado (Gn. 2:17; 3:17–24; Ro. 5:12; Heb. 2:14). Algunos piensan que también podría referirse a la ocasión en la cual Caín asesinó a Abel (Gn. 4:1–9; 1 Jn. 3:12).

ⁿMe redarguye de pecado. Solo alguien perfectamente santo y que goza de la más íntima comunión con el Padre podría pronunciar tales palabras. Los judíos no podrían presentar evidencia alguna para acusarlo de pecado ante la corte celestial.

ºTú eres samaritano. Al ver que no podían atacar la conducta y la vida personal de Jesús, los judíos intentaron justificar una agresión hacia su persona y lo difamaron. Es probable que al llamar a Jesús «samaritano» aludieran al hecho de que los samaritanos, al igual que Jesús, ponían en duda el derecho exclusivo de los judíos a ser llamados hijos de Abraham.

ᵖNunca verá muerte. El resultado de atender a la enseñanza de Jesús y seguirlo es la vida eterna (Jn. 6:63, 68). La muerte física no puede extinguirla (vea Jn. 5:24; 6:40, 47; 11:25, 26).

ᑫAbraham murió. La afirmación de Jesús de que quienes guardan su palabra nunca verán la muerte incitó a los judíos a dar un argumento que ponía de nuevo en evidencia su razonamiento literal y terrenal (vea Jn. 3:4; 4:15).

Respondió Jesús: Si yo me glorifico a mí mismo, mi gloria nada es; mi Padre es el que me glorifica, el que vosotros decís que es vuestro Dios. Pero vosotros no le conocéis; mas yo le conozco, y si dijere que no le conozco, sería mentiroso como vosotros; pero le conozco, y guardo su palabra. ʳAbraham vuestro padre se gozó de que había de ver mi día; y lo vio, y se gozó.

Entonces le dijeron los judíos: Aún no tienes cincuenta años, ¿y has visto a Abraham?

Jesús les dijo: De cierto, de cierto os digo: Antes que Abraham fuese, ˢyo soy.

ᵗTomaron entonces piedras para arrojárselas; pero Jesús ᵘse escondió y salió del templo; y atravesando por en medio de ellos, se fue.

ʳ ABRAHAM VUESTRO PADRE SE GOZÓ. En Hebreos 11:13 está escrito que Abraham vio el día en que Cristo vendría («mirándolo de lejos»). Abraham percibió en particular la simiente de Isaac como el principio del cumplimiento del pacto de Dios (Gn. 12:1–3; 15:1–21; 17:1–8; cp. 22:8), cuyo punto culminante es Cristo.

ˢ YO SOY. Vea Juan 6:22–58. Aquí Jesús declaró ser el mismo Yahweh (i. e., el Señor del AT). Algunos de los pasajes más conocidos que emplean esta expresión son Éxodo 3:14, Deuteronomio 32:39 e Isaías 41:4, 43:10, en los cuales Dios declara que él mismo es el Dios eterno que se reveló a los judíos en el AT.

ᵗ TOMARON ENTONCES PIEDRAS. Los judíos entendieron la declaración de Jesús y siguieron Lv. 24:16, el cual indica que cualquier hombre que falsamente afirma ser Dios debe ser apedreado.

ᵘ SE ESCONDIÓ [...] ATRAVESANDO POR EN MEDIO DE ELLOS. Jesús repetidamente escapó al arresto y la muerte, porque su hora no había llegado aún (cp. Jn. 7:30, 44; 18:6). Lo más probable es que el versículo indique un escape por medios milagrosos.

103. Jesús comisiona a los setenta

Lc. 10:1-16

[LC]Después de estas cosas, designó el Señor también a [a]otros setenta, a quienes envió [b]de dos en dos delante de él a toda ciudad y lugar adonde él había de ir. Y les decía: La mies a la verdad es mucha, mas los obreros pocos; por tanto, rogad al Señor de la mies que envíe obreros a su mies. Id; he aquí yo os envío [c]como corderos en medio de lobos. No llevéis [d]bolsa, ni alforja, ni calzado; y [e]a nadie saludéis por el camino. En cualquier casa donde entréis, primeramente decid: Paz sea a esta casa. Y si hubiere allí algún hijo de paz, vuestra paz reposará sobre él; y si no, se volverá a vosotros. Y posad en aquella misma casa, comiendo y bebiendo lo que os den; porque el obrero es digno de su salario. [f]No os paséis de casa en casa. En cualquier ciudad donde entréis, y os reciban, comed lo que os pongan delante; y sanad a los enfermos que en ella haya, y decidles: Se ha acercado a vosotros el reino de Dios. Mas en cualquier ciudad donde entréis, y no os reciban, saliendo por sus calles, decid: Aun [g]el polvo de vuestra ciudad, que se ha pegado a nuestros pies, lo sacudimos contra vosotros. Pero esto sabed, que el reino de Dios se ha acercado a

....

[a]OTROS SETENTA. La comisión de los setenta solo aparece registrada en Lucas. Moisés también nombró a setenta ancianos como sus representantes (Nm. 11:16, 24–26). Los doce discípulos habían sido enviados a Galilea (9:1-6), mientras que los setenta fueron enviados a todas las ciudades y lugares a los que Jesús se disponía a ir, como fue el caso de Judea y tal vez Perea (cp. Mt. 19:1).

[b]DE DOS EN DOS. Así como los doce habían sido enviados (Mr. 6:7; cp. Ec. 4:9, 11; Hch. 13:2; 15:27, 39, 40; 19:22; Ap. 11:3).

[c]COMO CORDEROS EN MEDIO DE LOBOS. Es decir, ellos enfrentarían hostilidad (cp. Ez. 2:3–6; Jn. 15:20) y peligro espiritual (cp. Mt. 7:15; Jn. 10:12).

[d]BOLSA, NI ALFORJA, NI CALZADO. Es decir, viajar sin equipaje. Esto no significa que estuvieran descalzos, sino que no debían llevar calzado adicional.

[e]A NADIE SALUDÉIS. El saludo en esa cultura era una ceremonia elaborada que incluía muchas formalidades, en algunos casos hasta una cena y una visita prolongada (cp. 11:43). Una persona enfocada en una misión urgente podía ser excusada de todas esas formalidades sin que se le considerara descortés. Estas instrucciones de Jesús llaman la atención sobre la escasez de tiempo disponible y la gran urgencia de la tarea evangelizadora.

[f]NO OS PASÉIS DE CASA EN CASA. Es decir, para hospedarse. Ellos debían establecer su centro de operaciones en una aldea y no perder tiempo trasladándose de un lado al otro o procurando una estadía más cómoda.

[g]EL POLVO [...] LO SACUDIMOS CONTRA VOSOTROS. Jesús les había dado a los doce discípulos instrucciones similares en Mateo 10:14, 15.

vosotros. Y os digo que en aquel día será más tolerable el castigo para Sodoma, que para aquella ciudad.

[h]¡Ay de ti, Corazín! ¡Ay de ti, Betsaida! que si en Tiro y en Sidón se hubieran hecho los milagros que se han hecho en vosotras, tiempo ha que sentadas en cilicio y ceniza, se habrían arrepentido. Por tanto, en el juicio será más tolerable el castigo para Tiro y Sidón, que para vosotras. Y tú, Capernaum, que hasta los cielos eres levantada, hasta el Hades serás abatida. [i]El que a vosotros oye, a mí me oye; y el que a vosotros desecha, a mí me desecha; y el que me desecha a mí, desecha al que me envió.

---

[h]¡AY DE TI, CORAZÍN! Jesús hizo una advertencia similar en Mateo 11:21, 23.

[i]EL QUE A VOSOTROS OYE, A MÍ ME OYE. Estas palabras elevan el oficio de un ministro fiel de Cristo y amplifican la culpa y la condenación de aquellos que rechazan el mensaje.

104. Los setenta regresan

Lc. 10:17–24

[LCa]Volvieron los setenta con gozo, diciendo: Señor, aun los demonios se nos sujetan en tu nombre.

Y les dijo: [b]Yo veía a Satanás caer del cielo como un rayo. He aquí os doy potestad de hollar [c]serpientes y escorpiones, y sobre toda fuerza del enemigo, y nada os dañará. Pero [d]no os regocijéis de que los espíritus se os sujetan, sino regocijaos [e]de que vuestros nombres están escritos en los cielos.

En aquella misma hora Jesús se regocijó en el Espíritu, y dijo: Yo te alabo, oh Padre, Señor del cielo y de la tierra, porque [f]escondiste estas cosas de los sabios y entendidos, y las has revelado a los niños. Sí, Padre, porque así te agradó. Todas las cosas me fueron entregadas por mi Padre; y nadie conoce quién es el Hijo sino el Padre; ni quién es el Padre, sino el Hijo, y aquel a quien el Hijo lo quiera revelar.

Y volviéndose a los discípulos, les dijo aparte: Bienaventurados los ojos que ven lo que vosotros veis; porque os digo que muchos profetas y reyes desearon ver lo que vosotros veis, y no lo vieron; y oír lo que oís, y no lo oyeron.

....

[a] VOLVIERON [...] CON GOZO. No se menciona cuánto tiempo duró la misión, aunque pudo haber sido varias semanas. Es probable que los setenta no regresaran todos al mismo tiempo, pero este diálogo parece haber ocurrido tras la reagrupación de todos ellos.

[b] YO VEÍA A SATANÁS CAER. En este contexto, parece que Jesús quiso decir: «No se sorprendan de que los demonios se les sujeten, porque yo vi cómo su comandante fue expulsado del cielo, por eso no es extraño que sus lacayos sean arrojados sobre la tierra. Después de todo, yo soy la fuente de la autoridad que los hace sujetarse a ustedes» (Lucas 10:19). También es posible que haya querido prevenirlos en contra del orgullo y recordarles con sutileza cuál fue la razón para la caída de Satanás (cp. 1 Ti. 3:6).

[c] SERPIENTES Y ESCORPIONES. Cp. el Salmo 91:13; Ezequiel 2:6. Estas parecen alusiones simbólicas a los poderes diabólicos (cp. Ro. 16:20).

[d] NO OS REGOCIJÉIS DE QUE LOS ESPÍRITUS SE OS SUJETAN. En lugar de quedar maravillados con las manifestaciones extraordinarias como el poder sobre los demonios y la capacidad de obrar milagros, debían darse cuenta de que la maravilla más grande de todas es la realidad de la salvación, que es el propósito mismo del mensaje del evangelio y el asunto central al que apuntaban todos los milagros.

[e] DE QUE VUESTROS NOMBRES ESTÁN ESCRITOS EN LOS CIELOS. Cp. Filipenses 4:3; Hebreos 12:23; Apocalipsis 21:27. A diferencia de esto, los incrédulos son «escritos en el polvo» (Jer. 17:13).

[f] ESCONDISTE ESTAS COSAS. En otra ocasión, Jesús hizo una declaración similar (Mt. 11:25–26).

105. La historia del buen samaritano

Lc. 10:25-37

^{LC}Y he aquí un ^{a}intérprete de la ley se levantó y dijo, para probarle: Maestro, ^{b}¿haciendo qué cosa heredaré la vida eterna?

Él le dijo: ¿Qué está escrito en la ley? ¿Cómo lees?

Aquél, ^{c}respondiendo, dijo: Amarás al Señor tu Dios con todo tu corazón, y con toda tu alma, y con todas tus fuerzas, y con toda tu mente; y a tu prójimo como a ti mismo.

Y le dijo: Bien has respondido; ^{d}haz esto, y vivirás.

Pero él, ^{e}queriendo justificarse a sí mismo, dijo a Jesús: ^{f}¿Y quién es mi prójimo?

---

^{a}INTÉRPRETE DE LA LEY. Es decir, un escriba que según se suponía era un experto en la ley de Dios. Aparte del uso de esta frase en Mateo 22:35, Lucas es el único de los escritores de los Evangelios que la emplea (Lc. 11:45, 46).

^{b}¿HACIENDO QUÉ COSA HEREDARÉ LA VIDA ETERNA? Varios investigadores plantean esta misma pregunta (Mt. 19:16-22; Lc. 18:18-23; Jn. 3:1-15).

^{c}RESPONDIENDO. El intérprete mencionó los requisitos de la ley (Lv. 19:18; Dt. 6:5) de la manera exacta en que Cristo lo hizo en otra ocasión (cp. Mt. 22:37-40).

^{d}HAZ ESTO, Y VIVIRÁS. Cp. Levítico 18:5; Ezequiel 20:11. «Hazlo y vivirás» es la promesa de la ley, pero como ningún pecador puede mantener una obediencia perfecta, las demandas imposibles de la ley tienen el propósito de hacernos buscar la misericordia divina (Gá. 3:10-13, 22-25). Este hombre debió responder con una confesión de su propia culpa y no con la pretensión de justificarse a sí mismo.

^{e}QUERIENDO JUSTIFICARSE A SÍ MISMO. Esto revela que el hombre se creía justo en su propia opinión.

^{f}¿Y QUIÉN ES MI PRÓJIMO? La opinión prevaleciente entre los escribas y fariseos era que el prójimo era alguien justo. Según ellos, los malvados y pecadores como los publicanos y las prostitutas, los gentiles y en especial los samaritanos, debían ser odiados porque eran enemigos de Dios. Utilizaban la cita del Salmo 139:21, 22 para justificar esa actitud. Como el pasaje indica, aborrecer el mal es un resultado natural de amar la justicia. Lo cierto es que la persona justa en verdad no «aborrece» a los pecadores con una hostilidad perversa, sino más bien siente un odio justo hacia todo lo degradante y corrupto, no una aversión personal y vengativa contra ciertos individuos o clases. El aborrecimiento piadoso se caracteriza por la tristeza compasiva ante la condición del pecador, y Jesús enseñó aquí como también en otro lugar (Mt. 5:44-48; Lc. 6:27-36) que esa actitud debe ser atenuada por el amor genuino. Los fariseos habían elevado la hostilidad inclemente hacia los malos a la altura de una virtud, a tal punto que anulaban el segundo y más grande mandamiento. La respuesta de Jesús a este intérprete de la ley demolió la excusa farisaica para odiar a los enemigos.

Respondiendo Jesús, dijo: Un hombre ^gdescendía de Jerusalén a Jericó, y cayó en manos de ladrones, los cuales le despojaron; e hiriéndole, se fueron, dejándole medio muerto. Aconteció que descendió un sacerdote por aquel camino, y viéndole, pasó de largo. Asimismo un ^hlevita, llegando cerca de aquel lugar, y viéndole, pasó de largo. Pero un ⁱsamaritano, que iba de camino, vino cerca de él, y viéndole, fue movido a misericordia; y acercándose, vendó sus heridas, echándoles ^jaceite y vino; y poniéndole en su cabalgadura, lo llevó al mesón, y cuidó de él. Otro día al partir, sacó ^kdos denarios, y los dio al mesonero, y le dijo: Cuídamele; y todo lo que gastes de más, yo te lo pagaré cuando regrese. ¿Quién, pues, de estos tres te parece que fue ^lel prójimo del que cayó en manos de los ladrones?

Él dijo: El que usó de misericordia con él.

Entonces Jesús le dijo: Ve, y haz tú lo mismo.

---

^g DESCENDÍA DE JERUSALÉN A JERICÓ. Un descenso abrupto, sinuoso y arriesgado de unos mil metros a lo largo de veintisiete kilómetros. Esta sección del camino se reconocía por estar siempre infestada de ladrones y peligros.

^h LEVITA. Los levitas provenían de la tribu de Leví, pero no eran descendientes de Aarón. Ayudaban a los sacerdotes en las labores del templo.

ⁱ SAMARITANO. Era inusual que un samaritano anduviera por este camino. El samaritano no solo se arriesgó a ser atacado por los ladrones, sino también a que otros viajeros lo trataran con hostilidad.

^j ACEITE Y VINO. Es probable que la mayoría de los viajeros los llevaran en pequeñas cantidades como una especie de primeros auxilios. El vino era antiséptico, y el aceite ayudaba a mitigar y sanar las heridas.

^k DOS DENARIOS. Es decir, el salario por dos días de trabajo (cp. Mt. 20:2; 22:19). Quizá fuera más que suficiente para la estadía del hombre hasta que se recuperara del todo.

^l EL PRÓJIMO DEL QUE CAYÓ. Jesús invirtió la pregunta original del intérprete de la ley (Lc 10: 29). Este hombre supuso que les correspondía a otros demostrar que eran su prójimo. La respuesta de Jesús deja en claro que cada uno tiene la responsabilidad de ser un buen prójimo, en especial con aquellos que padecen de alguna necesidad.

106. Jesús visita a María y Marta

Lc. 10:38-42

[LC]Aconteció que yendo de camino, entró en [a]una aldea; y una mujer llamada Marta le recibió en su casa. Esta tenía una hermana que se llamaba María, la cual, sentándose a los pies de Jesús, oía su palabra.

Pero Marta [b]se preocupaba [c]con muchos quehaceres, y acercándose, dijo: Señor, ¿no te da cuidado que mi hermana me deje servir sola? Dile, pues, que me ayude.

Respondiendo Jesús, le dijo: Marta, Marta, afanada y turbada estás con muchas cosas. Pero [d]sólo una cosa es necesaria; y María ha escogido la buena parte, la cual no le será quitada.

---

[a] UNA ALDEA. Betania, a unos cuatro kilómetros al este del templo en Jerusalén, en la cuesta oriental del Monte de los Olivos. Era el hogar de María, Marta y Lázaro (cp. Jn. 11:1).

[b] SE PREOCUPABA. Lit. «se arrastraba de un lado al otro». Esta expresión implica que Marta estaba absorta en un tumulto doméstico.

[c] CON MUCHOS QUEHACERES. Es evidente que Marta estaba preocupada en exceso por asuntos que no tenían por qué complicarle la vida.

[d] SÓLO UNA COSA [...] LA BUENA PARTE. Jesús no se refiere a la cantidad de platos que debían servirse. La única cosa necesaria fue ejemplificada por María y tiene que ver con una actitud de adoración y meditación, escuchando con la mente abierta y un corazón dispuesto las palabras de Jesús.

107. Jesús enseña sobre la oración

Lc. 11:1-13

[LC]Aconteció que estaba Jesús orando en un lugar, y cuando terminó, uno de sus discípulos le dijo: [a]Señor, enséñanos a orar, como también Juan enseñó a sus discípulos.

Y les dijo: Cuando oréis, decid: [b]Padre nuestro que estás en los cielos, santificado sea [c]tu nombre. Venga tu reino. Hágase tu voluntad, como en el cielo, así también en la tierra. El pan nuestro de cada día, dánoslo hoy. Y perdónanos nuestros pecados, porque también nosotros perdonamos a todos los que nos deben. Y no nos metas en tentación, mas líbranos del mal.

Les dijo también: ¿Quién de vosotros que tenga un amigo, va a él a medianoche y le dice: Amigo, préstame tres panes, porque un amigo mío ha venido a mí de viaje, y no tengo qué ponerle delante; y aquél, respondiendo desde adentro, le dice: No me molestes; la puerta ya está cerrada, y [d]mis niños están conmigo en cama; no puedo levantarme, y dártelos? Os digo, que aunque no se levante a dárselos por ser su amigo, sin embargo por su [e]importunidad se levantará y le dará todo lo que necesite.

Y yo os digo: Pedid, y se os dará; buscad, y hallaréis; llamad, y se os abrirá. Porque todo aquel que pide, recibe; y el que busca, halla; y al que llama, se le abrirá. ¿Qué padre de vosotros, si su hijo le pide pan, le dará una piedra? ¿o si pescado, en lugar de pescado, le dará una serpiente? ¿O si le pide un huevo, le dará un escorpión? Pues si vosotros, [f]siendo malos, sabéis dar buenas dádivas a vuestros hijos, ¿cuánto más vuestro Padre celestial dará el Espíritu Santo a los que se lo pidan?

....

[a] Señor, enséñanos a orar. Con frecuencia los rabinos escribían oraciones para que sus discípulos las recitaran. Tras haber visto orar a Jesús muchas veces, ellos sabían que amaba la oración y que para él no era un simple ejercicio de recitación elocuente.

[b] Padre nuestro que estás en los cielos. Cristo dio prácticamente la misma oración modelo como ejemplo en dos ocasiones diferentes, primero en el Sermón del Monte (cp. Mt. 6:9–13), y luego aquí, en respuesta a una pregunta directa. Esto explica las variaciones sutiles entre las dos versiones.

[c] Tu nombre. El nombre de Dios representa todo su carácter y sus atributos. Cp. Salmos 8:1, 9; 9:10; 22:22; 52:9; 115:1.

[d] Mis niños están conmigo en cama. Las casas de una sola habitación, muy frecuentes en Palestina, contaban con un área común para dormir que compartía toda la familia. Si una persona se levantaba y encendía una lámpara para conseguir pan, todos podían despertarse con facilidad.

[e] Importunidad. Esta palabra puede traducirse incluso como «insolencia». Evoca ideas como urgencia, audacia, insistencia, denuedo y tenacidad, como en el acto persistente de pedir por parte de un mendigo desesperado.

[f] Siendo malos. Es decir, por naturaleza. Cp. Mateo 7:11.

108. Los fariseos vuelven a blasfemar

Lc. 11:14-36

[LC]Estaba Jesús echando fuera un demonio, [a]que era mudo; y aconteció que salido el demonio, [b]el mudo habló; y la gente se maravilló. Pero [c]algunos de ellos decían: Por [d]Beelzebú, príncipe de los demonios, echa fuera los demonios. Otros, para tentarle, le pedían [e]señal del cielo.

Mas él, [f]conociendo los pensamientos de ellos, les dijo: Todo [g]reino dividido contra sí mismo, es asolado; y una casa dividida contra sí misma, cae. Y si también Satanás está dividido contra sí mismo, ¿cómo permanecerá su reino? ya que decís que por Beelzebú echo yo fuera los demonios. Pues si yo echo fuera los demonios por Beelzebú, [h]¿vuestros hijos por quién los echan? Por tanto, ellos serán [i]vuestros

....

[a] QUE ERA MUDO. Es decir, el demonio.

[b] EL MUDO HABLÓ. Esto es, el hombre que había sido liberado.

[c] ALGUNOS DE ELLOS DECÍAN. Al igual que en sus encuentros anteriores con varios fariseos en Galilea (cp. Mt. 12:22-45; Mr 3:20-30), Jesús también es objeto de las acusaciones de los fariseos en Judea. El Señor responde sus imputaciones blasfemas de la misma forma que antes.

[d] BEELZEBÚ. Referencia antigua a Baal-zebul («Baal el príncipe»), el dios principal de la ciudad filistea de Ecrón. Los israelitas se referían con desdén al mismo ídolo por medio de la expresión Baal-zebub («señor de las moscas»). Cp. 2 Reyes 1:2.

[e] SEÑAL DEL CIELO. Es decir, una obra milagrosa de proporciones cosmológicas, como el reordenamiento de las constelaciones o algo mucho más grande que la expulsión de un demonio, lo cual acababan de presenciar. Cp. Mateo 12:38.

[f] CONOCIENDO LOS PENSAMIENTOS DE ELLOS. Jesús era Dios con omnisciencia plena tan pronto decidiera utilizarla (Cp. Mr. 13:32; Lc. 2:52; Jn. 2:23-25).

[g] REINO DIVIDIDO CONTRA SÍ MISMO. Este puede haber sido un reproche sutil a la nación judía, que se caracterizó por ser un reino dividido desde el tiempo de Jeroboam y seguía marcada por diversos tipos de luchas y envidias internas, incluso hasta la destrucción de Jerusalén en 70 A.D.

[h] ¿VUESTROS HIJOS POR QUIÉN LOS ECHAN? Había exorcistas judíos que afirmaban tener poder para expulsar a demonios (Hch. 19:13-15). Jesús enseñó aquí que si esos exorcismos pudieran hacerse por medio de algún poder satánico, también debía sospecharse de los exorcistas fariseos. Por cierto, la evidencia en Hechos 19 indica que los hijos de Esceva eran charlatanes que utilizaban fraudes y trampas para producir exorcismos falsos.

[i] VUESTROS JUECES. Es decir, los testigos en su contra. Esto parece indicar que los exorcismos fraudulentos (que contaban con su aprobación) eran un testimonio en contra de los fariseos mismos, quienes no aprobaban los exorcismos auténticos de Cristo.

jueces. Mas si [j]por el dedo de Dios echo yo fuera los demonios, ciertamente el reino de Dios ha llegado a vosotros. Cuando [k]el hombre fuerte armado guarda su palacio, en paz está lo que posee. Pero cuando viene [l]otro más fuerte que él y le vence, le quita todas sus armas en que confiaba, y [m]reparte el botín. [n]El que no es conmigo, contra mí es; y el que conmigo no recoge, desparrama.

Cuando [o]el espíritu inmundo sale del hombre, anda por lugares secos, buscando reposo; y no hallándolo, dice: Volveré a mi casa de donde salí. Y cuando llega, la halla barrida y adornada. Entonces va, y toma otros siete espíritus peores que él; y entrados, moran allí; y el postrer estado de aquel hombre viene a ser peor que el primero.

Mientras él decía estas cosas, una mujer de entre la multitud levantó la voz y le dijo: Bienaventurado el vientre que te trajo, y los senos que mamaste. Y él dijo: [p]Antes bienaventurados los que oyen la palabra de Dios, y la guardan. Y apiñándose las multitudes, comenzó a decir: Esta generación es mala; [q]demanda señal, pero señal no le será dada, sino la señal de Jonás. Porque así como [r]Jonás fue señal a los ninivitas, también lo será el Hijo del Hombre a esta generación. La reina del Sur se levantará en el juicio con los hombres de esta generación, y los condenará; porque ella vino de los fines de la tierra para oír la sabiduría de Salomón, y he aquí más que Salomón en este lugar. Los hombres de Nínive se levantarán en el juicio con esta

....

[j] POR EL DEDO DE DIOS. En Éxodo 8:19 los magos engañadores de Egipto se vieron forzados a confesar que los milagros de Moisés eran obras verdaderas de Dios y no simples trucos como los realizados por ellos. Aquí Jesús hizo una comparación similar entre sus exorcismos y los esfuerzos de los exorcistas judíos.

[k] EL HOMBRE FUERTE. Es decir, Satanás.

[l] OTRO MÁS FUERTE QUE ÉL. Es decir, Cristo.

[m] REPARTE EL BOTÍN. Puede ser una referencia a Isaías 53:12. Tan pronto un demonio es derrotado por el poder de Cristo, el alma desocupada por el poder de las tinieblas queda bajo el control y el señorío de Cristo.

[n] EL QUE NO ES CONMIGO, CONTRA MÍ ES. Cp. Lucas 9:50.

[o] EL ESPÍRITU INMUNDO SALE DEL HOMBRE. Cristo estaba caracterizando la obra de los exorcistas falsos (Cp. Lc. 11:9). Aquello que parece ser un exorcismo verdadero no era en realidad más que un alivio temporal, pero después ese mismo demonio regresa con otros siete (Lc. 11:26).

[p] ANTES. Esto significa: «Sí, pero más bien...». Aunque Cristo no niega la bienaventuranza espiritual de María, tampoco da pie para que la eleven como un objeto de veneración. La relación de María con él como su madre física no le confirió mayor honor que la bienaventuranza común a todos los que oyen y obedecen la Palabra de Dios. Cp. Lucas 1:47.

[q] DEMANDA SEÑAL. Jesús siempre se abstuvo de dar señales por demanda popular. Las evidencias sobrenaturales no fueron el medio que utilizó para hacer su llamado a los incrédulos. Cp. Lucas 16:31.

[r] JONÁS FUE SEÑAL. Es decir, una señal del juicio venidero. El hecho de que Jonás haya salido vivo del pez constituye una ilustración de la resurrección de Cristo. Es claro que Cristo consideraba que el relato acerca de Jonás tenía precisión histórica. Cp. Mateo 12:39, 40.

generación, y la condenarán; porque a la predicación de Jonás se arrepintieron, y he aquí más que Jonás en este lugar.

Nadie pone en oculto la luz encendida, ni debajo del almud, sino en el candelero, para que los que entran vean la luz. ⁵La lámpara del cuerpo es el ojo; cuando tu ojo es bueno, también todo tu cuerpo está lleno de luz; pero ʳcuando tu ojo es maligno, también tu cuerpo está en tinieblas. Mira pues, no suceda que la luz que en ti hay, sea tinieblas. Así que, si todo tu cuerpo está lleno de luz, no teniendo parte alguna de tinieblas, será todo luminoso, como cuando una lámpara te alumbra con su resplandor.

---

⁵LA LÁMPARA DEL CUERPO. Esta es una metáfora diferente a la que aparece en Lucas 11:33, donde la lámpara representa la Palabra de Dios. Aquí el ojo es la «lámpara», es decir. la fuente de luz para el cuerpo. Cp. Mateo 6:22, 23.

ʳCUANDO TU OJO ES MALIGNO. El problema era su percepción y no la falta de luz. No necesitaban una señal, sino más bien un buen corazón para creer en el gran despliegue de poder divino que ya habían visto por sí mismos.

109. Jesús les advierte a los escribas y fariseos

Lc. 11:37–54

[LC]Luego que hubo hablado, le rogó un fariseo que comiese con él; y entrando Jesús en la casa, se sentó a la mesa. El fariseo, cuando lo vio, se extrañó de que [a]no se hubiese lavado antes de comer. Pero el Señor le dijo: Ahora bien, vosotros los fariseos limpiáis lo de fuera del vaso y del plato, pero por dentro estáis [b]llenos de rapacidad y de maldad. [c]Necios, ¿el que hizo lo de fuera, no hizo también lo de adentro? Pero dad [d]limosna de lo que tenéis, y entonces todo os será limpio.

Mas ¡ay de vosotros, fariseos! que [e]diezmáis la menta, y la ruda, y toda hortaliza, y pasáis por alto la justicia y el amor de Dios. Esto os era necesario hacer, sin dejar aquello. ¡Ay de vosotros, fariseos! que amáis las primeras sillas en las sinagogas, y [f]las salutaciones en las plazas. ¡Ay de vosotros, escribas y fariseos, hipócritas! que sois como [g]sepulcros que no se ven, y los hombres que andan encima no lo saben.

....

[a]NO SE HUBIESE LAVADO ANTES. A los fariseos les interesaba la pulcritud ceremonial, no la higiene personal. La palabra griega que se traduce «lavado» se refiere a una ablución o enjuague ceremonial. Nada en la ley ordenaba esos lavamientos, pero los fariseos los practicaban porque creían que el ritual los limpiaba de cualquier contaminación accidental. Cp. Marcos 7:2, 3.

[b]LLENOS DE RAPACIDAD Y DE MALDAD. Es decir, estaban preocupados todo el tiempo con ceremonias externas mientras pasaban por alto el asunto más importante de la moralidad interior. Cp. Mateo 23:25.

[c]NECIOS. Es decir, personas que carecen de entendimiento. Esta era una descripción veraz y no el tipo de trato verbal violento que Cristo prohibió en Mateo 5:22.

[d]LIMOSNA DE LO QUE TENÉIS. Lit. «dar lo que tengan adentro como limosna». Esto establece un contraste entre las virtudes interiores y las ceremonias exteriores. La limosna no debe darse como un espectáculo de piedad, sino como la expresión humilde de un corazón fiel (cp. Mt. 6:1–4), y la limosna verdadera no es tanto un acto externo como una actitud correcta delante de Dios.

[e]DIEZMÁIS. Cp. Mateo 23:23.

[f]LAS SALUTACIONES. Ceremonias teatrales cuyo nivel de complejidad y petulancia dependía del rango de la persona a la que se saludaba.

[g]SEPULCROS QUE NO SE VEN. Fuentes ocultas de contaminación. Se habían vuelto expertos en esconder su propia corrupción interna, la cual no había dejado de ser una fuente permanente de contaminación. Cp. Mateo 23:27.

Respondiendo uno de los ʰintérpretes de la ley, le dijo: Maestro, cuando dices esto, también nos afrentas a nosotros.

Y él dijo: ¡Ay de vosotros también, intérpretes de la ley! porque cargáis a los hombres con cargas que no pueden llevar, pero vosotros ni aun con un dedo las tocáis. ¡Ay de vosotros, que ⁱedificáis los sepulcros de los profetas a quienes mataron vuestros padres! De modo que sois testigos y consentidores de los hechos de vuestros padres; porque a la verdad ellos los mataron, y vosotros edificáis sus sepulcros. Por eso ʲla sabiduría de Dios también dijo: ᵏLes enviaré profetas y apóstoles; y de ellos, a unos matarán y a otros perseguirán, para que se demande de esta generación la sangre de todos los profetas que se ha derramado desde la fundación del mundo, desde la sangre de Abel hasta la sangre de Zacarías, que murió entre el altar y el templo; sí, os digo que será demandada de esta generación.

¡Ay de vosotros, intérpretes de la ley! porque habéis quitado ˡla llave de la ciencia; vosotros mismos no entrasteis, y a los que entraban se lo impedisteis.

Diciéndoles él estas cosas, los escribas y los fariseos comenzaron a estrecharle en gran manera, y a provocarle a que hablase de muchas cosas; acechándole, y ᵐprocurando cazar alguna palabra de su boca para acusarle.

ʰ INTÉRPRETES DE LA LEY. Es decir, escribas especializados en interpretar la ley. Cp. Lucas 10:25.

ⁱ EDIFICÁIS LOS SEPULCROS DE LOS PROFETAS. Ellos pensaban que honraban a esos profetas, pero en realidad tenían más en común con los que habían matado a los mismos (v. 48). Cp. Mateo 23:30.

ʲ LA SABIDURÍA DE DIOS TAMBIÉN DIJO. No existe fuente en el AT para respaldar esta cita. Cristo hace aquí un anuncio profético del juicio venidero de Dios sin citar una fuente escrita con anterioridad, sino más bien como una advertencia directa de parte de Dios.

ᵏ LES ENVIARÉ PROFETAS. Cp. Mateo 23:34–36.

ˡ LA LLAVE DE LA CIENCIA. Ellos le habían puesto un cerrojo a la verdad de las Escrituras y botado la llave mediante la imposición de sus interpretaciones erróneas y sus tradiciones humanas sobre la Palabra de Dios. Cp. Mateo 23:13.

ᵐ PROCURANDO CAZAR. La misma palabra se emplea en la literatura griega para aludir a la cacería de animales.

110. Jesús advierte contra la hipocresía

Lc. 12:1-12

[LC]En esto, juntándose [a]por millares la multitud, tanto que unos a otros se atropellaban, comenzó a decir a sus discípulos, primeramente: Guardaos de la [b]levadura de los fariseos, que es la hipocresía. Porque nada hay encubierto, que no haya de descubrirse; [c]ni oculto, que no haya de saberse. Por tanto, todo lo que habéis dicho en tinieblas, a la luz se oirá; y lo que habéis hablado al oído en los aposentos, se proclamará en las azoteas.

Mas os digo, amigos míos: No temáis a los que matan el cuerpo, y después nada más pueden hacer. Pero os enseñaré a quién debéis temer: [d]Temed a aquel que después de haber quitado la vida, tiene poder de echar en el infierno; sí, os digo, a éste temed.

¿No se venden cinco pajarillos por [e]dos cuartos? Con todo, [f]ni uno de ellos está olvidado delante de Dios. Pues aun los cabellos de vuestra cabeza están todos contados. No temáis, pues; más valéis vosotros que muchos pajarillos.

Os digo que todo aquel que me confesare delante de los hombres, también el Hijo del Hombre le confesará [g]delante de los ángeles de Dios; mas [h]el que me negare delante de los hombres, será negado delante de los ángeles de Dios.

....

[a] POR MILLARES. La palabra griega es la misma de la cual obtenemos el término *miríada*.

[b] LEVADURA. Cp. Mateo 16:12; Marcos 8:15.

[c] NI OCULTO, QUE NO HAYA DE SABERSE. Cp. Marcos 4:22; Lucas 8:17.

[d] TEMED A AQUEL. Cp. Mateo 10:28.

[e] DOS CUARTOS. Del griego *assarin*, una moneda romana que equivalía a la decimosexta parte de un denario. Uno de estos cuartos sería menos que la paga por una hora de trabajo.

[f] NI UNO DE ELLOS ESTÁ OLVIDADO DELANTE DE DIOS. La providencia de Dios gobierna hasta los detalles más diminutos de su creación. Él cuida de todas las cosas que ha creado sin importar cuán insignificantes parezcan. Cp. Mateo 10:29.

[g] DELANTE DE LOS ÁNGELES DE DIOS. Es decir, en el día del juicio. Cp. Mateo 10:32; 25:31-34; Judas 24.

[h] EL QUE ME NEGARE DELANTE DE LOS HOMBRES. Esto describe una negación de Cristo que puede condenar el alma y no el tipo de dubitación temporal del que se hizo culpable Pedro (Lc. 22:56-62). Se trata del pecado que cometen aquellos que por motivo del temor, la vergüenza, el descuido, la tardanza o el amor al mundo rechazan toda evidencia y revelación, sin confesar a Cristo como Salvador y Rey hasta que ya es demasiado tarde.

A todo aquel que dijere alguna palabra contra el Hijo del Hombre, le será perdonado; pero [1]al que blasfemare contra el Espíritu Santo, no le será perdonado.

Cuando os trajeren a las sinagogas, y ante los magistrados y las autoridades, [j]no os preocupéis por cómo o qué habréis de responder, o qué habréis de decir; porque el Espíritu Santo os enseñará en la misma hora lo que debáis decir.

---

[1]AL QUE BLASFEMARE CONTRA EL ESPÍRITU SANTO. Cp. Mateo 12:31, 32. No era un pecado de ignorancia, sino una hostilidad deliberada, voluntariosa e inconmovible hacia Cristo, la cual ejemplificaron los fariseos en Mateo 12, donde le atribuyeron a Satanás la obra de Cristo (cp. Lc. 11:15).

[j]NO OS PREOCUPÉIS. Es decir, no estén ansiosos. Esto no significa que los ministros y maestros abandonen toda preparación en el cumplimiento de sus deberes espirituales cotidianos. El uso de este y otros pasajes similares (Mt. 10:19; Lc. 21:12–15) para justificar el descuido del estudio y la meditación equivale a torcer el significado real de las Escrituras. Este versículo tiene el propósito de consolar a quienes padecen persecución con peligro de muerte, no de excusar la pereza en el ministerio. La misma expresión se emplea en Lucas 11:22 con referencia a la preocupación por las necesidades materiales. En ninguno de estos contextos se puede afirmar que Jesús condene los esfuerzos legítimos y la preparación anticipada de las cosas. Aquí prometió que podemos contar con la ayuda del Espíritu Santo en tiempos de persecución para los cuales no hayamos podido prepararnos. Cp. Marcos 13:11.

111. Jesús enseña sobre la riqueza verdadera

Lc. 12:13-34

LCLe dijo uno de la multitud: Maestro, ^adi a mi hermano que parta conmigo la herencia. Mas él le dijo: Hombre, ^b¿quién me ha puesto sobre vosotros como juez o partidor?

Y les dijo: Mirad, y guardaos de toda avaricia; porque la vida del hombre no consiste en la abundancia de los bienes que posee.

También les refirió una parábola, diciendo: La heredad de un hombre rico había producido mucho. Y él pensaba dentro de sí, diciendo: ¿Qué haré, porque no tengo dónde guardar mis frutos? Y dijo: Esto haré: derribaré mis graneros, y los edificaré mayores, y allí guardaré todos mis frutos y mis bienes; y diré a mi alma: Alma, muchos bienes tienes guardados para muchos años; repósate, come, bebe, regocíjate. Pero Dios le dijo: Necio, esta noche vienen a pedirte tu alma; y lo que has provisto, ¿de quién será?

Así es el que hace para sí tesoro, y no es rico para con Dios.

^cDijo luego a sus discípulos: Por tanto os digo: No os afanéis por vuestra vida, qué comeréis; ni por el cuerpo, qué vestiréis. La vida es más que la comida, y el cuerpo que el vestido. Considerad los cuervos, que ni siembran, ni siegan; que ni tienen despensa, ni granero, y Dios los alimenta. ¿No valéis vosotros mucho más que las aves? ¿Y quién de vosotros podrá con afanarse añadir a su estatura un codo? Pues si no podéis ni aun lo que es menos, ¿por qué os afanáis por lo demás? Considerad los lirios, cómo crecen; no trabajan, ni hilan; mas os digo, que ni aun Salomón con toda su gloria se vistió como uno de ellos. Y si así viste Dios la hierba que hoy está en el campo, y mañana es echada al horno, ¿cuánto más a vosotros, hombres de poca fe?

....

^aDı A MI HERMANO QUE PARTA CONMIGO LA HERENCIA. «El derecho de la primogenitura» era una porción doble de la herencia (Dt. 21:17). Es posible que este hombre quisiera recibir la misma porción que su hermano. En cualquier caso, a Jesús pareció no importarle esa supuesta injusticia y se negó a la petición del hombre de que actuara como árbitro en la disputa familiar.

^b¿Quıén ME HA PUESTO SOBRE VOSOTROS COMO JUEZ O PARTIDOR? Aunque una de las funciones de Cristo es ser juez de toda la tierra (Jn. 5:22), él no vino a mediar en los conflictos terrenales. El arbitraje sobre una discordia por la herencia era un asunto que competía a las autoridades civiles.

^cDıjo LUEGO A SUS DISCÍPULOS. La instrucción en estos versos (Lc. 12:22-31) es similar a la que Jesús dio en el Sermón del Monte (Mt. 6:26-33).

Vosotros, pues, no os preocupéis por lo que habéis de comer, ni por lo que habéis de beber, ni estéis en ansiosa inquietud. Porque todas estas cosas buscan las gentes del mundo; pero vuestro Padre sabe que tenéis necesidad de estas cosas. Mas buscad el reino de Dios, y todas estas cosas os serán añadidas.

No temáis, manada pequeña, porque a vuestro Padre [d]le ha placido daros el reino. [e]Vended lo que poseéis, y dad limosna; haceos [f]bolsas que no se envejezcan, tesoro en los cielos que no se agote, donde ladrón no llega, ni polilla destruye. Porque donde está vuestro tesoro, [g]allí estará también vuestro corazón.

[d]LE HA PLACIDO. Cp. Lucas 2:14. Cristo hizo hincapié en que el cuidado tierno del Padre sobre su pequeño rebaño era un antídoto seguro contra la ansiedad.

[e]VENDED LO QUE POSEÉIS, Y DAD LIMOSNA. Los que acumulan posesiones materiales con la noción falsa de que su seguridad depende de los recursos materiales (Lc. 12:16–20), más bien necesitan reunir tesoros en el cielo. Cp. Mateo 6:20. Los creyentes de la iglesia primitiva vendían una parte de sus bienes para satisfacer las necesidades básicas de los hermanos más pobres (Hch. 2:44, 45; 4:32–37), pero este mandato no debe torcerse en el sentido de que constituya una prohibición absoluta de todas las posesiones terrenales. En realidad, las palabras de Pedro a Ananías en Hechos 5:4 dejan en claro que la venta de las posesiones individuales era algo opcional.

[f]BOLSAS QUE NO SE ENVEJEZCAN. Estas bolsas que no se desgastan e impiden la pérdida de dinero se definen como «tesoro en los cielos que no se agote». El lugar más seguro para poner el dinero es en una bolsa de esas características, es decir, en el cielo, donde se mantendrá seguro de los ladrones así como también del desgaste y la corrupción.

[g]ALLÍ ESTARÁ TAMBIÉN VUESTRO CORAZÓN. Aquello en lo que uno invierte su dinero revela también las prioridades de su corazón. Cp. Mateo 6:21; Lucas 16:1–13.

112. Advertencia a fin de estar preparados para el regreso del Señor

Lc. 12:35-48

[LC]Estén [a]ceñidos vuestros lomos, y vuestras lámparas encendidas; y vosotros sed semejantes a hombres que aguardan a que [b]su señor regrese de las bodas, para que cuando llegue y llame, le abran en seguida. Bienaventurados aquellos siervos a los cuales su señor, cuando venga, halle [c]velando; de cierto os digo que [d]se ceñirá, y hará que se sienten a la mesa, y vendrá a servirles. Y aunque venga a [e]la segunda vigilia, y aunque venga a [f]la tercera vigilia, si los hallare así, bienaventurados son aquellos siervos. Pero sabed esto, que si supiese el padre de familia a qué hora el ladrón había de venir, velaría ciertamente, y no dejaría minar su casa. Vosotros, pues, también, estad preparados, porque [g]a la hora que no penséis, el Hijo del Hombre vendrá.

Entonces Pedro le dijo: Señor, ¿dices esta parábola a nosotros, o también a todos?

Y dijo el Señor: ¿Quién es el mayordomo fiel y prudente al cual su señor pondrá sobre su casa, para que a tiempo les dé su ración? [h]Bienaventurado aquel siervo al cual, cuando su señor venga, le halle haciendo así. En verdad os digo que le pondrá

....

[a] CEÑIDOS. Se refiere a estar preparados. Las túnicas largas y sueltas se colocaban por dentro del cinto para caminar y trabajar con libertad de movimientos. Cp. Éxodo 12:11; 1 Pedro 1:13.

[b] SU SEÑOR REGRESE. Los siervos eran responsables de recibirlo con antorchas encendidas.

[c] VELANDO. Aquí la clave es el apresto en todo tiempo para el regreso de Cristo. Cp. Mateo 25:1-13.

[d] SE CEÑIRÁ. Es decir, tomará el papel de siervo y les servirá. Esta afirmación extraordinaria presenta a Cristo en un ministerio de servicio a los creyentes en su Segunda Venida.

[e] LA SEGUNDA VIGILIA. Las nueve de la tarde hasta la medianoche.

[f] LA TERCERA. Desde la medianoche hasta las tres de la madrugada.

[g] A LA HORA QUE NO PENSÉIS. Cp. Mateo 24:36, 42-44; Lucas 21:34; 1 Tesalonicenses 5:2-4; 2 Pedro 3:10; Apocalipsis 3:3; 16:15.

[h] BIENAVENTURADO AQUEL SIERVO. El mayordomo fiel representa al creyente genuino, que administra las riquezas espirituales que Dios ha puesto bajo su cuidado para beneficio de otros, y el manejo cuidadoso del patrimonio de su amo. La expresión fiel del deber relacionado con esa mayordomía espiritual traerá como resultado honra y recompensa.

sobre todos sus bienes. Mas si aquel siervo dijere en su corazón: Mi señor tarda en venir; y comenzare ꟾa golpear a los criados y a las criadas, y a comer y beber y embriagarse, vendrá el señor de aquel siervo en día que éste no espera, y a la hora que no sabe, y ꟾle castigará duramente, y le pondrá con los infieles. Aquel siervo que conociendo la voluntad de su señor, no se preparó, ni hizo conforme a su voluntad, recibirá ᵏmuchos azotes. Mas el que sin conocerla hizo cosas dignas de azotes, será azotado poco; porque a todo aquel a quien se haya dado mucho, mucho se le demandará; y al que mucho se le haya confiado, más se le pedirá.

ꟾ **A golpear a los criados.** La infidelidad de este siervo malo y su cruel conducta ilustran la maldad del corazón de un incrédulo.

ʲ **Le castigará duramente.** Es decir, lo destruirá por completo. Esto alude a la severidad del juicio final sobre los incrédulos.

ᵏ **Muchos azotes [...] azotado poco.** El grado del castigo es proporcional a la medida en la que la conducta infiel tuvo lugar por voluntad propia. Note que la ignorancia no es excusa, pero se enseña con claridad que en el infierno habrá diferentes grados de castigo en Mateo 10:15; 11:22, 24 y Hebreos 10:29.

113. La división venidera y el llamado a estar preparados

Lc. 12:49–59

[LCa]Fuego vine a echar en la tierra; ¿y qué quiero, si ya se ha encendido? De [b]un bautismo tengo que ser bautizado; y ¡cómo me angustio [c]hasta que se cumpla! ¿Pensáis que he venido para dar paz en la tierra? Os digo: [d]No, sino disensión. Porque de aquí en adelante, cinco en una familia estarán divididos, tres contra dos, y dos contra tres. Estará dividido el padre contra el hijo, y el hijo contra el padre; la madre contra la hija, y la hija contra la madre; la suegra contra su nuera, y la nuera contra su suegra.

Decía también a la multitud: [e]Cuando veis la nube que sale del poniente, luego decís: Agua viene; y así sucede. Y cuando sopla el viento del sur, decís: Hará calor; y lo hace. ¡Hipócritas! Sabéis distinguir el aspecto del cielo y de la tierra; ¿y cómo no distinguís este tiempo?

¿Y por qué no juzgáis por vosotros mismos lo que es justo? Cuando vayas al magistrado con tu adversario, [f]procura en el camino arreglarte con él, no sea que te arrastre al juez, y el juez te entregue al alguacil, y el alguacil te meta en la cárcel. Te digo que no saldrás de allí, hasta que hayas pagado aun la última [g]blanca.

....

[a] FUEGO. Esto es, juicio. Cp. Mateo 3:11. En cuanto a la relación entre fuego y juicio, vea Isaías 66:15; Joel 2:30; Amós 1:7, 10–14; 2:2, 5; Malaquías 3:2, 5; 1 Corintios 3:13; 2 Tesalonicenses 1:7, 8.

[b] UN BAUTISMO. Un bautismo de sufrimiento. Cristo se refería a su muerte. El bautismo cristiano simboliza la identificación con él en su muerte, sepultura y resurrección.

[c] HASTA QUE SE CUMPLA. Aunque su sufrimiento lo angustiaba, era la obra que había venido a realizar, y por eso afirmó su rostro con valor para cumplir su misión (cp. Lc. 9:51; Jn. 12:23–27).

[d] No, SINO. Cp. Mateo 10:34.

[e] CUANDO VEIS LA NUBE. Cp. Mateo 16:2, 3

[f] PROCURA EN EL CAMINO ARREGLARTE. Cp. Mateo 5:25.

[g] BLANCA. Cp. Marcos 12:42; Lucas 21:2.

114. Arrepentíos o perecerán

Lc. 13:1-9

ᴸᶜEn este mismo tiempo estaban allí algunos que le contaban acerca de ᵃlos galileos cuya sangre Pilato había mezclado con los sacrificios de ellos. Respondiendo Jesús, les dijo: ¿Pensáis que estos galileos, porque padecieron tales cosas, eran ᵇmás pecadores que todos los galileos? Os digo: No; antes ᶜsi no os arrepentís, ᵈtodos pereceréis igualmente. O aquellos dieciocho sobre los cuales cayó la torre en ᵉSiloé, y los mató, ¿pensáis que eran más culpables que todos los hombres que habitan en Jerusalén? Os digo: No; antes si no os arrepentís, todos pereceréis igualmente.

ᵃ Los galileos cuya sangre Pilato había mezclado con los sacrificios de ellos. Este incidente es compatible con lo que se conocía acerca del carácter de Pilato. Resulta evidente que Roma condenó a algunos adoradores de Galilea, quizá porque eran zelotes sediciosos (cp. Mt. 10:4), los cuales fueron buscados y asesinados en el templo por autoridades romanas mientras se encontraban en el proceso de ofrecer un sacrificio. Una matanza en esas condiciones habría sido considerada como una blasfemia insoportable. Sucesos como este inflamaban el odio de los judíos hacia Roma y condujeron al final a la rebelión y la destrucción subsiguiente de Jerusalén en 70 A.D.

ᵇ Más pecadores. Muchos tenían la creencia de que los desastres y la muerte repentina siempre eran evidencias del desagrado divino por ciertos pecados en particular (cp. Job. 4:7). Por lo tanto, se suponía que quienes sufrían de formas poco comunes eran culpables de alguna inmoralidad más severa que el resto (cp. Jn. 9:2).

ᶜ Si no os arrepentís. Jesús no negó la conexión entre las catástrofes y la maldad humana, porque todas las aflicciones vienen como resultado de la maldición ocasionada por la caída del ser humano (Gn. 3:17-19). Además, algunas calamidades específicas pueden ser el resultado directo de ciertas iniquidades (Pr. 24:16). Sin embargo, Cristo cuestionó la noción popular de que algunos poseyeran cierta superioridad moral sobre aquellos que sufrían catástrofes de ese tipo. Él llamó a todos al arrepentimiento, porque todos estaban en peligro de sufrir una destrucción repentina. A nadie se le ha garantizado tiempo suficiente como preparación antes de la muerte, así que ahora mismo es el momento oportuno para arrepentirse (cp. 2 Co. 6:2).

ᵈ Todos pereceréis igualmente. Estas palabras constituyen una advertencia profética acerca del juicio inminente de Israel que culminó en la destrucción catastrófica de Jerusalén en el año 70 A.D. Miles de personas en Jerusalén murieron a manos de los romanos. Cp. Mateo 23:36.

ᵉ Siloé. Un área en el extremo sur de la ciudad baja de Jerusalén, donde había un estanque bien conocido (cp. Jn. 9:7, 11). Es evidente que se desplomó una de las torres que servían para la protección del acueducto, quizá mientras estaba en construcción, y dieciocho personas murieron. De nuevo, la pregunta en la mente de las personas tenía que ver con la conexión entre calamidad e iniquidad («más culpables»). La respuesta de Jesús fue que esa calamidad no es la manera en que Dios aparta a un grupo especial de personas malvadas para someterlas a muerte, sino que sirve como advertencia para todos los pecadores. El juicio catastrófico vendrá tarde o temprano sobre todos los que no se arrepienten.

Dijo también esta parábola: Tenía un hombre una ᶠhiguera plantada en su viña, y vino a buscar fruto en ella, y no lo halló. Y dijo al viñador: He aquí, hace tres años que vengo a buscar fruto en esta higuera, y no lo hallo; córtala; ¿para qué inutiliza también la tierra? Él entonces, respondiendo, le dijo: Señor, ᵍdéjala todavía este año, hasta que yo cave alrededor de ella, y la abone. Y si diere fruto, bien; y si no, la cortarás después.

ᶠHIGUERA. Se emplea con frecuencia como representación simbólica de Israel (cp. Mt. 21:19; Mr. 11:14). Sin embargo, en este caso la lección de la parábola acerca de dar fruto se aplica por igual a la nación entera y a cada alma individual.

ᵍDÉJALA TODAVÍA ESTE AÑO. Ilustración de la intercesión de Cristo por un lado y la paciencia y gracia extremas del Padre por el otro.

115. Jesús sana a una mujer en el día de reposo

Lc. 13:10-22

[LC]Enseñaba Jesús en una [a]sinagoga en [b]el día de reposo; y había allí una mujer que desde hacía dieciocho años tenía [c]espíritu de enfermedad, y andaba encorvada, y en ninguna manera se podía enderezar. Cuando Jesús la vio, [d]la llamó y le dijo: Mujer, eres libre de tu enfermedad. Y puso las manos sobre ella; y ella se enderezó luego, y glorificaba a Dios.

Pero el [e]principal de la sinagoga, enojado de que Jesús hubiese sanado en el día de reposo, dijo a la gente: Seis días hay en que se debe trabajar; en éstos, pues, venid y sed sanados, y no en día de reposo.

Entonces el Señor le respondió y dijo: Hipócrita, cada uno de vosotros ¿no [f]desata en el día de reposo su buey o su asno del pesebre y lo lleva a beber? Y a [g]esta hija de Abraham, [h]que Satanás había atado dieciocho años, ¿no se le debía desatar de esta ligadura en el día de reposo? Al decir él estas cosas, se avergonzaban todos sus

....

[a] SINAGOGA. Cp. Marcos 1:21.

[b] EL DÍA DE REPOSO. Las tradiciones de los fariseos sobre el día de reposo fueron el asunto que provocó la mayor cantidad de controversia en el ministerio de Jesús. Cp. Mateo 12:2-10; Marcos 2:23-3:4; Lucas 6:5-11; 14:1-5.

[c] ESPÍRITU DE ENFERMEDAD. Esto indica que la aflicción física que la dejó incapaz de mantenerse erguida la ocasionaba un espíritu maligno. Sin embargo, Cristo no tuvo que confrontar y expulsar a un demonio, sino tan solo declarar a la mujer libre (v. 12). Por esta razón, su caso parece un poco diferente a otros casos de posesión demoníaca que Jesús encontró a su paso (cp. Lc. 11:14).

[d] LA LLAMÓ. La persona no solicitó esta sanidad, sino que él tomó la iniciativa (cp. Lc. 7:12-14). Además, no se requirió una fe especial por parte de la mujer o cualquier otro. En algunas ocasiones Jesús requirió la fe de los presentes, pero no siempre fue así (cp. Mr. 5:34; Lc. 8:48).

[e] PRINCIPAL. Un laico eminente cuyas responsabilidades incluían la dirección de reuniones, el cuidado del edificio y la supervisión de la enseñanza en la sinagoga (cp. Mt. 9:18; Mr. 5:38; Lc. 8:41).

[f] DESATA [...] SU BUEY. En las Escrituras no se prohibía dar agua a un buey o sanar a los enfermos (Cp. Mt. 12:2, 3, 10; Lc. 6:9). En realidad, sus tradiciones sobre el día de reposo le asignaban más valor a los animales que a las personas necesitadas, por lo cual corrompían el propósito mismo del reposo ordenado por Dios (Mr. 2:27).

[g] ESTA HIJA DE ABRAHAM. Ella era una judía.

[h] QUE SATANÁS HABÍA ATADO. Las aflicciones físicas y otros desastres padecidos por Job también fueron infligidos por Satanás con el permiso divino. Al parecer se le había permitido sufrir a esta mujer, no a causa de algún mal que hubiera cometido, sino para que la gloria de Dios pudiera manifestarse en ella (cp. Jn. 9:3).

adversarios; pero todo el pueblo se regocijaba por todas las cosas gloriosas hechas por él.

Y dijo: ¿A qué es semejante el reino de Dios, y con qué lo compararé? Es [i]semejante al grano de mostaza, que un hombre tomó y sembró en su huerto; y creció, y se hizo árbol grande, y las aves del cielo anidaron en sus ramas.

Y volvió a decir: ¿A qué compararé el reino de Dios? Es semejante a la levadura, que una mujer tomó y escondió en tres medidas de harina, hasta que todo hubo fermentado.

Pasaba Jesús [j]por ciudades y aldeas, enseñando, y [k]encaminándose a Jerusalén.

---

[i] SEMEJANTE AL GRANO DE MOSTAZA. Cp. Mateo 13:32, 33.

[j] POR CIUDADES Y ALDEAS. Los puntos geográficos de referencia que Lucas utilizó son vagos en muchos casos. Es probable que los lectores a quienes tenía en mente no estuvieran familiarizados con la geografía de Palestina, así que no importaba de todas formas. Los textos de Mateo 19:1, Marcos 10:1 y Juan 10:40 dicen todos que Cristo trasladó su ministerio a la región al este del Jordán, conocida como Perea. Este traslado pudo haber tenido lugar en este mismo punto de la narración de Lucas. Por lo tanto, las ciudades y aldeas por las que viajó pudieron haber incluido lugares tanto en Judea como en Perea.

[k] ENCAMINÁNDOSE A JERUSALÉN. Durante su ministerio entre Judea y Perea, Cristo fue a Jerusalén en más de una ocasión, por lo menos una vez para la fiesta de los tabernáculos (Jn. 7:11—8:59), otra vez para la fiesta de la dedicación (Jn. 9:1—10:39), y en otra oportunidad para resucitar a Lázaro (Jn. 11). El enfoque de Lucas estaba en el avance constante de Cristo hacia su destino final en Jerusalén con el propósito expreso de morir allí. Por esta razón describió todos los desplazamientos de Cristo como parte de un viaje prolongado hacia Jerusalén. Cp. Lucas 9:51; 17:11.

116. Jesús sana a un hombre ciego de nacimiento

Jn. 9:1-12

[JN]Al pasar Jesús, [a]vio a un hombre ciego de nacimiento. Y le preguntaron sus discípulos, diciendo: Rabí, [b]¿quién pecó, éste o sus padres, para que haya nacido ciego?

Respondió Jesús: [c]No es que pecó éste, ni sus padres, sino para que las obras de Dios se manifiesten en él. Me es necesario hacer las obras del que me envió, [d]entre tanto que el día dura; [e]la noche viene, cuando nadie puede trabajar. Entre tanto que estoy en el mundo, [f]luz soy del mundo.

....

[a] VIO A UN HOMBRE CIEGO. En este pasaje (Jn. 9:1-12), Jesús realizó el milagro de volver a crear los ojos de un hombre que había nacido con ceguera congénita. Esta sanidad tiene cuatro aspectos importantes: (1) el problema que la precipitó (v. 1); (2) el propósito de que el hombre naciera ciego (vv. 2-5); (3) el poder que lo sanó (vv. 6, 7); y (4) la perplejidad de las personas que vieron la sanidad (vv. 8-12).

[b] ¿QUIÉN PECÓ...? Aunque el pecado puede ser una causa importante del sufrimiento, como lo indican con claridad las Escrituras (vea Nm. 12; Jn. 5:14; 1 Co. 11:30; Stg. 5:15), este no es siempre el caso (vea Job. 2 Co. 12:7; Gá. 4:13). Los discípulos supusieron, como la mayoría de los judíos de su tiempo, que el pecado era la causa principal, si acaso no exclusiva, de todo sufrimiento. No obstante, en este caso particular, Jesús dejó en claro que el pecado personal no era la razón de la ceguera.

[c] NO ES QUE PECÓ ÉSTE, NI SUS PADRES. Jesús no negó la conexión general que existe entre pecado y sufrimiento, pero refutó la idea de que ciertos actos personales de pecado fueran la causa directa. La sabiduría y los propósitos de Dios tienen un papel importante en estos asuntos, como se ve muy bien en Job. 1, 2.

[d] ENTRE TANTO QUE EL DÍA DURA. Jesús quiso decir mientras él siguiera en la tierra con sus discípulos. La frase no significa que de algún modo Cristo dejaría de ser la luz del mundo tan pronto ascendiera, sino que la luz brillaría con mayor fulgor entre los hombres mientras estuviera en la tierra dedicado a hacer la voluntad del Padre (cp. 8:12).

[e] LA NOCHE VIENE. Cp. Jn. 1:4, 5; 1 Jn. 1:5-7. Este período de tinieblas se refiere aquí al tiempo en el que Jesús permaneció separado de sus discípulos durante su crucifixión.

[f] LUZ SOY DEL MUNDO. Cp. Juan 1:5, 9; 3:19; 8:12; 12:35, 46. Jesús no solo era la luz del mundo espiritualmente, sino pudo también proveerle una luz física a este hombre ciego.

Dicho esto, escupió en tierra, e ᵍhizo lodo con la saliva, y untó con el lodo los ojos del ciego, y le dijo: Ve ʰa lavarte en el estanque de Siloé (que traducido es, Enviado). Fue entonces, y se lavó, y regresó viendo.

Entonces los vecinos, y los que antes le habían visto que era ciego, decían: ¿No es éste ⁱel que se sentaba y mendigaba? Unos decían: El es; y otros: A él se parece. El decía: Yo soy.

Y le dijeron: ¿Cómo te fueron abiertos los ojos? Respondió él y dijo: Aquel hombre que se llama Jesús hizo lodo, me untó los ojos, y me dijo: Ve al Siloé, y lávate; y fui, y me lavé, y recibí la vista.

Entonces le dijeron: ¿Dónde está él? El dijo: No sé.

ᵍ HIZO LODO CON LA SALIVA. Como lo había hecho en un principio al crear a Adán del polvo de la tierra (Gn. 2:7), Jesús pudo haber utilizado el lodo para moldear un par de ojos nuevos.

ʰ A LAVARTE EN EL ESTANQUE DE SILOÉ. El término *Siloé* significa «enviado» en hebreo. El estanque de Siloé se encontraba al sureste de Jerusalén. Recibía su agua a través de un canal (el túnel de Ezequías) que transportaba agua desde el manantial de Gihón en el valle del Cedrón. Puede identificarse también con el «estanque de abajo» o «estanque viejo» en Isaías 22:9, 11. El agua que se utilizaba como ofrenda en los rituales de la fiesta de los tabernáculos se sacaba de este estanque (Cp. Juan 7:37–39).

ⁱ EL QUE SE SENTABA Y MENDIGABA. En tiempos antiguos, las deformidades físicas severas como la ceguera congénita sentenciaban a una persona a mendigar como único medio de sustento (vea Hch. 3:1–7). El cambio drástico en el hombre sanado hizo que muchos en su incredulidad se convencieran de que no había nacido ciego.

117. Los fariseos excomulgan al hombre que era ciego

Jn. 9:13–34

[JNa]Llevaron [b]ante los fariseos al que había sido ciego. Y era día de reposo cuando Jesús había hecho el lodo, y le había abierto los ojos. Volvieron, pues, a preguntarle también los fariseos cómo había recibido la vista. El les dijo: Me puso lodo sobre los ojos, y me lavé, y veo.

[c]Entonces algunos de los fariseos decían: Ese hombre [d]no procede de Dios, porque no guarda el día de reposo. Otros decían: ¿Cómo puede un hombre pecador hacer estas señales? Y había [e]disensión entre ellos.

Entonces volvieron a decirle al ciego: ¿Qué dices tú del que te abrió los ojos? Y él dijo: [f]Que es profeta. Pero los judíos no creían que él había sido ciego, y que había recibido la vista, hasta que [g]llamaron a los padres del que había recibido la vista, y les preguntaron, diciendo: ¿Es éste vuestro hijo, el que vosotros decís que nació

....

[a] LLEVARON. Esto se refiere a «los vecinos, y los que antes le habían visto que era ciego» (Jn. 9:8).

[b] ANTE LOS FARISEOS. Lo más probable es que decidieron hacer esto porque el milagro había ocurrido en el día de reposo, y las personas sabían que los fariseos siempre tenían una reacción negativa en contra de los que infringían el día de reposo (cp. Jn. 5:1–15).

[c] ENTONCES ALGUNOS DE LOS FARISEOS... Esta sección en la historia de la sanidad del ciego revela algunas características vitales de la incredulidad voluntariosa: (1) el incrédulo establece parámetros falsos; (2) el incrédulo siempre quiere más evidencia, pero nunca le basta; (3) el incrédulo realiza una investigación sesgada con base en su propia subjetividad; (4) el incrédulo rechaza los hechos; y (5) el incrédulo es egocéntrico. Juan incluyó esta sección en el diálogo de los fariseos con el ciego por dos razones básicas: (1) el diálogo demuestra en detalle el carácter de los que son incrédulos por determinación y voluntad propia, y (2) la historia confirma la primera escisión entre la sinagoga y los nuevos seguidores de Cristo. El hombre ciego fue la primera persona que se sabe fue expulsada de la sinagoga porque eligió seguir a Cristo (cp. Jn. 16:1–3).

[d] NO PROCEDE DE DIOS. Su razonamiento pudo ser que como Jesús había violado su interpretación de la ley sobre el día de reposo, él no podría ser el verdadero profeta prometido de Dios (Dt. 13:1–5).

[e] DISENSIÓN. En una ocasión anterior las multitudes se dividieron debido a su diferencia de opinión en cuanto a Jesús (Jn. 7:40–43), aquí las autoridades también se dividieron por lo mismo.

[f] QUE ES PROFETA. En tanto que el ciego vio con claridad que Jesús era más que un simple hombre, los fariseos obstinados, que vieron con sus propios ojos la situación, tenían una ceguera espiritual total con respecto a la verdad. En la Biblia, la ceguera es una metáfora de las tinieblas espirituales, es decir, la incapacidad de discernir a Dios o su verdad (2 Co. 4:3–6; Col. 1:12–14).

[g] LLAMARON A LOS PADRES. Aunque los vecinos podrían haberse equivocado en cuanto a la identidad del hombre, los padres sabrían si en realidad era su hijo. Las autoridades consideraban que el testimonio del hombre sanado carecía de valor.

ciego? ¿Cómo, pues, ve ahora? Sus padres respondieron y les dijeron: Sabemos que éste es nuestro hijo, y que nació ciego; pero cómo vea ahora, no lo sabemos; o quién le haya abierto los ojos, nosotros tampoco lo sabemos; edad tiene, preguntadle a él; él hablará por sí mismo.

Esto dijeron sus padres, porque tenían miedo de los judíos, por cuanto los judíos ya habían acordado que si alguno confesase que Jesús era el Mesías, fuera expulsado de la sinagoga. Por eso dijeron sus padres: Edad tiene, preguntadle a él. Entonces volvieron a llamar al hombre que había sido ciego, y le dijeron: [h]Da gloria a Dios; nosotros [i]sabemos que ese hombre es pecador.

Entonces él respondió y dijo: Si es pecador, no lo sé; una cosa sé, que habiendo yo sido ciego, ahora veo. Le volvieron a decir: ¿Qué te hizo? ¿Cómo te abrió los ojos?

El les respondió: Ya os lo he dicho, y no habéis querido oír; ¿por qué lo queréis oír otra vez? [j]¿Queréis también vosotros haceros sus discípulos? Y le injuriaron, y dijeron: [k]Tú eres su discípulo; pero nosotros, discípulos de Moisés somos. Nosotros sabemos que Dios ha hablado a Moisés; pero respecto a ése, no sabemos de dónde sea.

[l]Respondió el hombre, y les dijo: Pues esto es lo maravilloso, que vosotros no sepáis de dónde sea, y a mí me abrió los ojos. Y sabemos que Dios no oye a los pecadores; pero si alguno es temeroso de Dios, y hace su voluntad, a ése oye. Desde el principio no se ha oído decir que alguno abriese los ojos a uno que nació ciego. Si éste no viniera de Dios, nada podría hacer.

Respondieron y le dijeron: Tú naciste del todo en pecado, [m]¿y nos enseñas a nosotros? Y le expulsaron.

....

[h] DA GLORIA A DIOS. Esto significa que las autoridades querían que el hombre tuviera el valor de admitir la supuesta verdad de que Jesús era un pecador, porque transgredía sus tradiciones y amenazaba su influencia (cp. Jos. 7:19).

[i] SABEMOS QUE ESE HOMBRE ES PECADOR. Existió suficiente unanimidad entre las autoridades religiosas para concluir que Jesús era un pecador (cp. Jn. 8:46). Debido a esta opinión predeterminada, se rehusaron a aceptar cualquier testimonio a favor de la autenticidad del milagro.

[j] ¿QUERÉIS TAMBIÉN VOSOTROS HACEROS SUS DISCÍPULOS? Con el fin de dejar en evidencia la hipocresía de ellos, el hombre sanado recurrió al sarcasmo al preguntar si también querían ser discípulos de Jesús.

[k] TÚ ERES SU DISCÍPULO; PERO NOSOTROS, DISCÍPULOS DE MOISÉS SOMOS. En este punto, la reunión degeneró en una batalla campal de gritos e insultos. La perspicacia del hombre sanado había expuesto la parcialidad injustificada de sus inquisidores. En lo que competía a las autoridades, el conflicto entre Jesús y Moisés era irreconciliable. Si el hombre sanado defendía a Jesús, esa defensa solo podía significar que era su discípulo.

[l] RESPONDIÓ EL HOMBRE, Y LES DIJO. El hombre sanado demostró tener mayor agudeza espiritual y sentido común que todas las autoridades religiosas que se sentaron a juzgarlo a él y a Jesús. Su sagacidad penetrante dejó a la vista de todos la incredulidad y la irracionalidad de sus jueces. Según su lógica, un milagro tan extraordinario solo podía indicar que Jesús venía de Dios, porque los judíos creían que Dios responde en proporción a la rectitud de quien le ora (vea Job. 27:9; 35:13; Sal. 66:18; 109:7; Pr. 15:29; Is. 1:15; cp. 14:13, 14; 16:23–27; 1 Jn. 3:21, 22). La grandeza del milagro solo podía indicar que Jesús en realidad venía de parte de Dios.

[m] ¿Y NOS ENSEÑAS A NOSOTROS? Los fariseos estaban encolerizados con el hombre y su enojo les impidió ver la agudeza penetrante que esta persona iletrada había demostrado. La frase también reveló su desconocimiento de las Escrituras, porque el AT enseñaba que la era mesiánica venidera sería evidenciada por la restauración de la vista a los ciegos (Is. 29:18; 35:5; 42:7; cp. Mt. 11:4, 5; Lc. 4:18, 19).

118. El hombre que era ciego recibe visión espiritual

Jn. 9:35-41

[Na]Oyó Jesús que le habían expulsado; y hallándole, le dijo: [b]¿Crees tú en el [c]Hijo de Dios?

Respondió él y dijo: ¿Quién es, [d]Señor, para que crea en él? Le dijo Jesús: Pues le has visto, y el que habla contigo, él es. Y él dijo: Creo, Señor; y le adoró.

Dijo Jesús: [e]Para juicio he venido yo a este mundo; para que [f]los que no ven, vean, y [g]los que ven, sean cegados.

Entonces algunos de los fariseos que estaban con él, al oír esto, le dijeron: [h]¿Acaso nosotros somos también ciegos? Jesús les respondió: Si fuerais ciegos, no tendríais pecado; mas ahora, porque decís: Vemos, [i]vuestro pecado permanece.

....

[a]Oyó Jesús. Mientras que Juan 9:1-34 trata la restauración de la vista del hombre ciego por parte de Jesús, esta sección (Jn. 9:35-41) muestra cómo Jesús le otorgó también la «visión» espiritual.

[b]¿Crees tú...? Jesús invitó al hombre a depositar su confianza en aquel que reveló a Dios a la humanidad. Jesús le dio gran importancia al reconocimiento público de quién era y a la confesión de fe en él (Mt.10:32; Lc. 12:8).

[c]Hijo de Dios. Según los mejores manuscritos, esto debe traducirse aquí como «Hijo del Hombre» (cp. Jn. 1:51; 3:13, 14; 5:27; 6:27, 53, 62; 8:28).

[d]Señor. Aquí la palabra «Señor» no debe interpretarse como una indicación de que el hombre entendiera la deidad de Jesús, sino como una manera respetuosa de dirigirse a él. Puesto que el ciego nunca había visto a Jesús, ni se había encontrado con él desde que fue al estanque, al principio no lo reconoció como aquel que lo había sanado.

[e]Para juicio. No se trataba de que su propósito fuera condenar, sino más bien salvar (Lc. 19:10; Jn. 12:47). No obstante, aquellos que rechazan a Jesús serán juzgados (cp. Juan 3:16-21). La última parte de este versículo se tomó de Isaías 6:10; 42:19 (cp. Mr. 4:12).

[f]Los que no ven. Aquellos que saben que están en tinieblas espirituales.

[g]Los que ven. Se refiere en sentido irónico a los que piensan que están en la luz, mas no lo están (cp. Mr. 2:17; Lc. 5:31).

[h]¿Acaso nosotros somos también ciegos? Al parecer, Jesús encontró al hombre en un lugar público, donde los fariseos le pudieron escuchar.

[i]Vuestro pecado permanece. Jesús se refería en particular al pecado de la incredulidad y el rechazo de él como Mesías e Hijo de Dios. Si ellos reconocían su perdición y tinieblas para rogar que les fuera dada la luz espiritual, ya no serían culpables del pecado de incredulidad hacia Cristo. No obstante, al seguir satisfechos y convencidos de que su oscuridad era luz, persistieron en rechazar a Cristo y su pecado quedó sin perdonar. Cp. Mateo 6:22, 23.

119. Jesús es el buen pastor

Jn. 10:1–21

[JNa]De cierto, de cierto os digo: El que no entra por la puerta en el [b]redil de las ovejas, sino que sube por otra parte, ése es ladrón y salteador. Mas el que entra por la puerta, el pastor de las ovejas es. A éste abre [c]el portero, y [d]las ovejas oyen su voz; y [e]a sus ovejas llama por nombre, y las saca. Y cuando ha sacado fuera todas las propias, va delante de ellas; y [f]las ovejas le siguen, porque conocen su voz. Mas al extraño no seguirán, sino huirán de él, porque no conocen la voz de los extraños.

....

[a] DE CIERTO, DE CIERTO OS DIGO. Estas palabras dan inicio a la predicación de Jesús (en Jn. 10:1–39) acerca de sí mismo como el «Buen Pastor». Fluyen directamente de Juan 9, porque todavía se dirige a las mismas personas. El problema de Juan 9 era que Israel fue guiado por falsos pastores que lo desviaron del verdadero conocimiento y el reinado del Mesías (9:39–41). En Juan 10, Jesús se declaró como el «Buen Pastor» nombrado por su Padre como Salvador y Rey, a diferencia de los falsos pastores de Israel que se designaron y se justificaron a sí mismos (Sal. 23:1; Is. 40:11; Jer. 3:15; cp. Is. 56:9–12; Jer. 23:1–4; 25:32–38; Ez. 34:1–31; Zac. 11:16).

[b] REDIL. Jesús utilizó en Juan 10 una conocida metáfora basada en el pastoreo de ovejas del siglo I. Las ovejas se resguardaban en un redil que tenía una puerta por la cual las mismas entraban y salían. El pastor contrataba a un «portero» (v. 3) o «asalariado» (v. 12) como subalterno para cuidar la puerta. El pastor entraba por ella, pero el que procurara robar o herir a las ovejas debía buscar el ingreso por otra parte. Lo más probable es que Jesús empleara las palabras de Ezequiel 34 como trasfondo para su enseñanza, ya que Dios condenó a los falsos pastores de Israel (i. e., la nación). Los Evangelios mismos abundan en lenguaje figurado acerca de las ovejas y los pastores (vea Mt. 9:36; Mr. 6:34; 14:27; Lc. 15:1–7).

[c] EL PORTERO. El portero era un ayudante contratado que reconocía al verdadero pastor del rebaño, le abría la puerta y lo ayudaba en el cuidado del mismo, en especial durante la guardia de la noche.

[d] LAS OVEJAS OYEN SU VOZ. Los pastores del Cercano Oriente permanecían en diferentes lugares fuera del redil y emitían ciertos sonidos especiales que sus ovejas reconocían. Como resultado, las ovejas se reunían alrededor del pastor.

[e] A SUS OVEJAS LLAMA POR NOMBRE. Este pastor hace algo aun más especial al llamar a cada oveja por su nombre. Jesús quería explicar que él vino al rebaño de Israel y llama a aquellos que le pertenecen. Aquí se entiende que ya son de algún modo sus ovejas, incluso antes de que las llame por su nombre (vea Jn. 6:37, 39, 44, 64, 65; 10:25–27; 17:6, 9, 24; 18:9).

[f] LAS OVEJAS LE SIGUEN. A diferencia de los pastores de occidente, que conducen a las ovejas poniéndose al lado o detrás y por regla general valiéndose de perros ovejeros, los pastores del Cercano Oriente van delante de sus rebaños y los dirigen llamándolos con su voz para que los sigan. Esto traza una notable ilustración de la relación entre el creyente y Cristo.

Esta ^galegoría les dijo Jesús; pero ellos no entendieron qué era lo que les decía. Volvió, pues, Jesús a decirles: De cierto, de cierto os digo: ^hYo soy la puerta de las ovejas. Todos los que antes de mí vinieron, ladrones son y salteadores; pero no los oyeron las ovejas. Yo soy la puerta; ⁱel que por mí entrare, será salvo; y entrará, y saldrá, y hallará pastos. El ladrón no viene sino para hurtar y matar y destruir; yo he venido para que tengan vida, y para que la tengan en abundancia.

^jYo soy el buen pastor; el buen pastor ^ksu vida da por las ovejas. Mas el asalariado, y que no es el pastor, de quien no son propias las ovejas, ^lve venir al lobo y deja las ovejas y huye, y el lobo arrebata las ovejas y las dispersa. Así que el asalariado huye, porque es asalariado, y no le importan las ovejas. Yo soy el buen pastor; y conozco mis ovejas, y las mías me conocen, así como el Padre me conoce, y yo conozco al Padre; y pongo mi vida por las ovejas. También tengo otras ovejas que ^mno son de este redil; aquéllas también debo traer, y oirán mi voz; y habrá un rebaño, y un pastor.

---

^g ALEGORÍA. Una mejor traducción para esta palabra es «ilustración» o «figura idiomática» y comunica la idea de que esconde algo enigmático o misterioso. También se encuentra en Juan 16:25, 29, pero no en los sinópticos. Tras haber presentado la ilustración (Jn. 10:1–5), Jesús destacó su verdad espiritual.

^h YO SOY LA PUERTA. Esta es la tercera declaración «Yo soy» hecha por Jesús (vea Jn. 6:35; 8:12). En este caso, él cambia la metáfora en detalles mínimos. Mientras que en Juan 10:1–5 era el pastor, aquí es la puerta. Mientras que en los vv. 1–5 el pastor conducía a las ovejas fuera del redil, aquí él es la puerta de entrada al redil (v. 9) que las guía a buenos pastos. Este pasaje evoca las palabras de Jesús en 14:6 al afirmar que él es el único camino al Padre. Con esto, Jesús afirma que es el único medio de acercarse al Padre y disfrutar la salvación prometida por él. Como algunos pastores del Cercano Oriente solían dormir a la entrada del redil para cuidar el rebaño, Jesús aquí se describe a sí mismo como la puerta.

ⁱ EL QUE POR MÍ ENTRARE. Estos dos versículos constituyen una forma proverbial de recalcar que la fe en Jesús como el Mesías y el Hijo de Dios es el único camino para ser «salvo» del pecado y el infierno y recibir la vida eterna. Solo Jesucristo es la verdadera fuente de conocimiento de Dios y la única base para obtener seguridad espiritual.

^j YO SOY EL BUEN PASTOR. Jesús tomó otra expresión de Juan 10:1–5, es decir, él es el «Buen Pastor», muy diferente al malvado liderazgo actual que está al frente de Israel (Jn. 9:40, 41). Constituye la cuarta de las siete declaraciones «Yo soy» de Jesús (vea Jn. 6:35; 8:12; 10:7, 9). La palabra «buen» sugiere el concepto de alguien «noble» y que difiere del «asalariado», quien solo vela por sus propios intereses.

^k SU VIDA DA POR LAS OVEJAS. Esta es una referencia a la muerte de Jesús en la cruz en la cual tomó el lugar de los pecadores. Cp. Juan 6:51; 10:15; 11:50, 51; 17:19; 18:14.

^l VE VENIR AL LOBO [...] Y HUYE. El asalariado (o mercenario) representa a los líderes religiosos que cumplen con su deber en tiempos de paz, pero nunca se sacrifican por las ovejas en momentos de peligro. Por el contrario, Jesús dio su vida por sus ovejas (vea Jn. 15:13).

^m NO SON DE ESTE REDIL. Se refiere a los gentiles que escucharán su voz y llegarán a formar parte de la Iglesia (cp. Ro. 1:16). Jesús no solo murió por los judíos (cp. Jn. 10:1–3), sino también por los gentiles a quienes uniría en un solo cuerpo, la iglesia (cp. Jn. 11:51, 52; Ef. 2:11–22).

Por eso me ama el Padre, porque yo pongo mi vida, para [n]volverla a tomar. Nadie me la quita, sino que yo de mí mismo la pongo. Tengo poder para ponerla, y tengo poder para volverla a tomar. Este mandamiento recibí de mi Padre.

Volvió a haber [o]disensión entre los judíos por estas palabras. Muchos de ellos decían: Demonio tiene, y está fuera de sí; ¿por qué le oís? Decían otros: Estas palabras no son de endemoniado. ¿Puede acaso el demonio abrir los ojos de los ciegos?

[n]VOLVERLA A TOMAR. Jesús repitió dos veces esta frase en los dos versículos para señalar que su muerte en sacrificio no era el fin. Él resucitó como evidencia de su deidad y de que era el Mesías (Ro. 1:4). Su muerte y resurrección trajeron como resultado su glorificación (Jn. 12:23; 17:5) y el derramamiento del Espíritu Santo (cp. Jn. 7:37–39; Hch. 2:16–39).

[o]DISENSIÓN. Los judíos reaccionaban de nuevo de formas diversas a las palabras de Jesús (vea Jn. 7:12, 13). Mientras algunos lo acusaban de estar poseído por demonios (cp. Mt. 12:22–32; Jn. 7:20; 8:48), otros inferían que sus obras y palabras demostraban la obra de Dios a través de él.

120. Los judíos tratan de apedrear a Jesús

Jn. 10:22-39

[IN]Celebrábase en Jerusalén la [a]fiesta de la dedicación. Era invierno, y Jesús andaba en el templo por el pórtico de Salomón. Y le rodearon los judíos y le dijeron: ¿Hasta cuándo nos turbarás el alma? Si tú eres el Cristo, [b]dínoslo abiertamente.

Jesús les respondió: Os lo he dicho, y no creéis; las obras que yo hago en nombre de mi Padre, ellas dan testimonio de mí; pero vosotros no creéis, porque no sois de mis ovejas, como os he dicho. Mis ovejas oyen mi voz, y yo las conozco, y me siguen, y yo les doy vida eterna; y no perecerán jamás, ni [c]nadie las arrebatará de mi mano. Mi Padre [d]que me las dio, es mayor que todos, y nadie las puede arrebatar de la mano de mi Padre. [e]Yo y el Padre uno somos.

....

[a] FIESTA DE LA DEDICACIÓN. La celebración judía de *hanukáh*, que conmemora la victoria de los israelitas sobre el líder sirio Antioco IV Epífanes, quien persiguió a Israel. En 170 A.C. conquistó Jerusalén y profanó el templo judío al erigir un altar pagano en el lugar del altar de Dios. Bajo el liderazgo de un sacerdote anciano llamado Matatías (de la familia de los asmoneos), los judíos pelearon una guerra de guerrillas contra Siria (conocida como la insurrección macabea, que tuvo lugar en 166-142 A.C.), la cual logró la libertad de la dominación siria y la recuperación del templo hasta el 63 A.C., tiempo en el que Roma (Pompeya) tomó el control de Palestina. Los judíos habían liberado y consagrado de nuevo el templo en 164 A.C., el día 25 de Quislev (alrededor de diciembre). La celebración también se conoce como la «fiesta de las luces» porque se encienden lámparas y velas en las casas judías para conmemorar el acontecimiento. Transcurría el invierno. Con esta frase Juan indica que el clima frío llevó a Jesús a caminar por la parte este del templo, en el área resguardada del Pórtico de Salomón, el cual después de la resurrección se convirtió en el lugar de reunión habitual de los cristianos para proclamar el evangelio (cp. Hechos 3:11; 5:12).

[b] DÍNOSLO ABIERTAMENTE. A la luz del contexto de Juan 10:31-39, los judíos no buscaban en realidad aclarar y entender quién era Jesús, sino más bien hacerlo declarar en público que era el Mesías a fin de justificar sus agresiones contra él.

[c] NADIE LAS ARREBATARÁ [...] NADIE LAS PUEDE ARREBATAR. La seguridad de las ovejas de Jesús se fundamenta en él como el Buen Pastor que tiene poder para protegerlas. Los ladrones, los salteadores (Jn. 10:1, 8) o los lobos (Jn. 10:12) no pueden hacerles daño. En Juan 10:29 ofrece la clara lección de que solo el Padre está al frente de la seguridad de sus ovejas, porque nadie puede arrebatar algo de las manos de Dios, que tiene el control soberano sobre todas las cosas (Col. 3:3). No existe otro pasaje en el AT o el NT que afirme con tanta fuerza la seguridad absoluta y eterna de que goza cada cristiano verdadero. Cp. Ro. 8:31-39.

[d] QUE ME LAS DIO. Esto indica con claridad que Dios había escogido a sus ovejas y que estas, por su parte, creyeron y lo siguieron (cp. Jn. 6:37-40, 44, 65; 10:3, 16).

[e] YO Y EL PADRE UNO SOMOS. Tanto el Padre como el Hijo están comprometidos a proteger y preservar por completo a las ovejas. La frase, que revela su acción y propósito conjuntos para la seguridad del rebaño, supone la unidad en cuanto a naturaleza y esencia (vea Jn. 5:17-23; 17:22).

Entonces los judíos volvieron a ᶠtomar piedras para apedrearle. Jesús les respondió: Muchas buenas obras os he mostrado de mi Padre; ¿por cuál de ellas me apedreáis?

Le respondieron los judíos, diciendo: Por buena obra no te apedreamos, sino por la blasfemia; porque tú, siendo hombre, ᵍte haces Dios. Jesús les respondió: ʰ¿No está escrito en vuestra ley: Yo dije, dioses sois? Si llamó dioses a aquellos a quienes vino la palabra de Dios (y ⁱla Escritura no puede ser quebrantada), ¿al que el Padre santificó y envió al mundo, vosotros decís: Tú blasfemas, porque dije: Hijo de Dios soy? Si no hago las obras de mi Padre, no me creáis. Mas si las hago, aunque no me creáis a mí, ʲcreed a las obras, para que conozcáis y creáis que el Padre está en mí, y yo en el Padre.

Procuraron otra vez prenderle, pero él se escapó de sus manos.

....

ᶠ TOMAR PIEDRAS PARA APEDREARLE. Esta es la tercera vez que Juan registra las intenciones de los judíos de apedrear a Jesús (vea Jn. 5:18; 8:59). La aseveración de Jesús de que él era uno con el Padre ratifica su declaración de deidad y provocaba en los judíos el deseo de asesinarlo (v. 33). Aunque el AT permitía la lapidación en ciertos casos (p. ej., Lv. 24:16), los romanos solo castigaban con la pena de muerte a sus propios ciudadanos (Jn. 18:31). Sin embargo, los judíos, descontrolados por las afirmaciones de Jesús, intentaron lanzar su propio ataque en vez de ceñirse a los procedimientos legales (vea Hch. 7:54–60).

ᵍ TE HACES DIOS. Los judíos no tenían duda alguna de que Jesús declaraba ser Dios (cp. Jn. 5:18).

ʰ ¿NO ESTÁ ESCRITO...? Citado del Salmo 82:6, un pasaje en el cual Dios llama «dioses» a ciertos jueces injustos y anuncia la calamidad que les sobrevendrá. Este es un argumento que va desde el menor hasta el mayor. Si simples hombres podían, en cierto sentido, ser llamados «dioses», ¿por qué alguien objetaría que se denominara al Hijo de Dios con ese título?

ⁱ LA ESCRITURA NO PUEDE SER QUEBRANTADA. Una afirmación de la fidelidad y la autoridad absolutas de las Escrituras (Cp. Mt. 5:17-19).

ʲ CREED A LAS OBRAS. Jesús no esperaba que le creyeran solo por sus declaraciones. Puesto que él hacía las mismas obras del Padre (cp. Jn. 5:19), sus enemigos podrían someterlas a examen en el momento de juzgarlo. No obstante, se deduce que su ignorancia de Dios era tal, que eran incapaces de reconocer las obras del Padre o a aquel a quien el Padre había enviado (vea también Jn. 14:10, 11).

121. Jesús ministra en Judea y Perea

Lc. 13:23–30; Jn. 10:40–42

[JNa]Y se fue de nuevo al otro lado del Jordán, [b]al lugar donde primero había estado bautizando Juan; y se quedó allí. Y muchos venían a él, y decían: Juan, a la verdad, ninguna señal hizo; pero todo lo que Juan dijo de éste, era verdad. Y muchos creyeron en él allí.

[LC]Y alguien le dijo: Señor, [c]¿son pocos los que se salvan? Y él les dijo: [d]Esforzaos a entrar por la puerta angosta; porque os digo que [e]muchos procurarán entrar, y no podrán. Después que el padre de familia se haya levantado y cerrado la puerta, y estando fuera empecéis a llamar a la puerta, diciendo: Señor, Señor, ábrenos, él respondiendo os dirá: [f]No sé de dónde sois. Entonces comenzaréis a decir: Delante

....

[a] Y SE FUE DE NUEVO AL OTRO LADO DEL JORDÁN. Debido a la animosidad creciente (Juan 10:39), Jesús partió de la región de Judea a la región poco poblada del otro lado del Jordán.

[b] AL LUGAR DONDE PRIMERO HABÍA ESTADO BAUTIZANDO JUAN. Cp. Mt. 3:1–6; Mr. 1:2–6; Lc. 3:3–6. Es posible que se tratara de Perea o Batanea, la región general de la tetrarquía de Filipo ubicada en el este y el noreste del Mar de Galilea. Este hecho resulta paradójico, pues la primera región en la cual Juan ejerció su ministerio fue la última que visitó Jesús antes de ir a Jerusalén para ser crucificado. El pueblo recordó el testimonio de Juan acerca de Cristo y consolidó su fe en él.

[c] ¿SON POCOS LOS QUE SE SALVAN? Esta pregunta pudo haber sido motivada por una serie de factores. Las grandes multitudes que antes seguían a Cristo se habían reducido a un puñado de seguidores fieles (cp. Jn. 6:66). Aunque todavía las muchedumbres se acercaban para oírlo (Lc. 14:25), el número de seguidores comprometidos era cada vez menor. Además, los mensajes de Cristo parecían estar diseñados para desalentar a los tibios de corazón (cp. Lc. 14:33), y él mismo había declarado que el camino era tan angosto que pocos podrían hallarlo (Mt. 7:14). Esto contradecía la creencia judía de que todos los judíos, a excepción de los publicanos y otros pecadores notorios, se salvarían. La respuesta de Cristo subrayó de una vez por todas la dificultad de entrar por la puerta angosta. Después de la resurrección, solo ciento veinte discípulos se congregaron en el Aposento Alto en Jerusalén (Hch. 1:15), y apenas unos quinientos en Galilea (1 Co. 15:6; cp. Mt. 28:16; Lc. 2434).

[d] ESFORZAOS. Esto implica una lucha enorme en contra de la oposición. Cristo no indica que el cielo pueda alcanzarse por el *mérito* del esfuerzo. Sin importar con cuánto rigor trabajen, los pecadores nunca podrán salvarse a sí mismos. La salvación solo es por gracia, no por obras (Ef. 2:8, 9). Por otro lado, entrar por la puerta angosta es difícil a causa de su costo en términos del orgullo humano, debido al amor natural del pecador por el pecado y a la oposición del mundo y Satanás a la verdad. Cp. Mateo 11:12; Lucas 16:16.

[e] MUCHOS PROCURARÁN ENTRAR. Es decir, a la hora del juicio, en la que muchos protestarán diciendo que merecen la entrada gratuita al cielo (cp. Mt. 7:21–23).

[f] NO SÉ DE DÓNDE SOIS. Cp. Mateo 7:23; 25:12. Es evidente que no existió relación alguna, aunque se habían engañado a tal punto que creyeron conocer al dueño de la casa. A pesar de sus protestas, el padre de familia les reiteró su negación irrebatible.

de ti hemos comido y bebido, y en nuestras plazas enseñaste. Pero os dirá: Os digo que no sé de dónde sois; apartaos de mí todos vosotros, hacedores de maldad. Allí será [g]el llanto y el crujir de dientes, cuando veáis a Abraham, a Isaac, a Jacob y a todos los profetas en el reino de Dios, y vosotros estéis excluidos. Porque [h]vendrán del oriente y del occidente, del norte y del sur, y se sentarán a la mesa en el reino de Dios. Y he aquí, hay [i]postreros que serán primeros, y primeros que serán postreros.

....

[g] EL LLANTO Y EL CRUJIR DE DIENTES. Cp. Mateo 22:13.

[h] VENDRÁN. Al incluir personas de los cuatro extremos de la tierra, Jesús dejó en claro que hasta los gentiles serían invitados a la mesa del banquete celestial. Esto era contrario al pensamiento prevaleciente de los rabinos, pero compatible a perfección con las Escrituras del AT (Sal. 107:3; Is. 66:18, 19; Mal. 1:11). Cp. Marcos 13:27; Lucas 2:31.

[i] POSTREROS [...] PRIMEROS [...] PRIMEROS [...] POSTREROS. Cp. Mateo 20:16; Lucas 14:11. En este contexto, el dicho parece contrastar a judíos («primeros») y gentiles («postreros»).

122. Jesús está de luto por Jerusalén

Lc. 13:31-35

LCAquel mismo día llegaron unos fariseos, diciéndole: Sal, y ªvete de aquí, porque Herodes te quiere matar.

Y les dijo: Id, y decid a ᵇaquella zorra: He aquí, echo fuera demonios y hago curaciones ᶜhoy y mañana, y al tercer día ᵈtermino mi obra. Sin embargo, es necesario que hoy y mañana y pasado mañana siga mi camino; porque ᵉno es posible que un profeta muera fuera de Jerusalén.

ª Vete de aquí. Herodes Antipas gobernó sobre Galilea y Perea (cp. Mt. 2:22). Es probable que Cristo se aproximara a Perea o que ya se encontrara ejerciendo el ministerio allí. Los fariseos, que tampoco eran amigos de Herodes, tal vez le hicieron esta advertencia a Cristo porque esperaban que la amenaza de violencia de Herodes pudiera silenciarlo o llevarlo de regreso a Judea, donde el Sanedrín tendría jurisdicción sobre él.

ᵇ Aquella zorra. Algunos han sugerido que es difícil reconciliar el uso de esta expresión por parte de Jesús con Éxodo 22:28, Eclesiastés 10:20 y Hechos 23:5. Sin embargo, esos versículos se aplican al habla cotidiana, mientras que los profetas, que hablaban como voceros de Dios y con la autoridad divina, con frecuencia tenían la orden de pronunciar represiones públicas contra los líderes (cp. Is. 1:23; Ez. 22:27; Os. 7:3–7; Sof. 3:3). Puesto que Jesús hablaba con una autoridad divina perfecta, tenía todo el derecho para referirse a Herodes en esos términos. En los escritos de los rabinos se empleaba con frecuencia la figura de una «zorra» para aludir a alguien astuto, pero menospreciable. Los fariseos, que temblaban ante el poder de Herodes, debieron quedar asombrados por el denuedo de Cristo.

ᶜ Hoy y mañana, y al tercer día. Esta expresión solo significaba que Cristo seguía su propio programa y calendario divinos, no que se trataba de un plan literal de tres días. Expresiones como esta eran comunes en el lenguaje semítico y rara vez se usaban en sentido literal para aludir a intervalos precisos de tiempo. Cp. Mateo 12:40.

ᵈ Termino mi obra. Es decir, a través de su muerte para culminar su misión como Salvador. Cp. Juan 17:4, 5; 19:30; Hebreos 2:10. Herodes amenazó con matarlo, pero nadie podía matar a Cristo antes de su hora determinada (Jn. 10:17, 18).

ᵉ No es posible. Por supuesto, no todos los profetas que murieron como mártires lo hicieron en Jerusalén. Juan el Bautista, por ejemplo, fue decapitado por Herodes en su palacio de Macaerus (Maqueronte). Este dicho era quizás un proverbio familiar como el adagio de Mateo 13:57 y Lucas 4:24. Es una frase llena de ironía, porque señala que la mayoría de los profetas del AT fueron martirizados a manos del pueblo judío y no de enemigos foráneos. La inclusión de este dicho por parte de Lucas recalca su tema en esta sección de su Evangelio: el viaje incansable de Jesús hacia Jerusalén con el fin de morir (cp. Lc. 9:51).

[f]¡Jerusalén, Jerusalén, que matas a los profetas, y apedreas a los que te son enviados! ¡Cuántas veces [g]quise juntar a tus hijos, como la gallina a sus polluelos debajo de sus alas, y no quisiste! He aquí, [h]vuestra casa os es dejada desierta; y os digo que no me veréis, hasta que llegue el tiempo en que digáis: [i]Bendito el que viene en nombre del Señor.

---

[f]¡JERUSALÉN, JERUSALÉN...! Estas palabras expresan mucha ternura, como se ve en la imagen de la gallina con sus polluelos. Tal demostración de compasión divina presagia su lloro por la ciudad a medida que se acercaba a ella por última vez (Lucas 19:41). Es claro que se trata de emociones profundas y sinceras (cp. Mt. 9:36).

[g]QUISE [...] Y NO QUISISTE. Lit. «fue mi voluntad, pero tu voluntad fue contraria». Las expresiones reiteradas de tristeza de Cristo por el destino de Jerusalén no disminuyen la realidad de su soberanía absoluta sobre todo lo que acontece. Tampoco debe usarse la verdad de la soberanía divina para devaluar la sinceridad de su compasión. Cp. Mateo 23:37.

[h]VUESTRA CASA OS ES DEJADA DESIERTA. Este relato de Lucas se ubica en un tiempo anterior del ministerio de Cristo con respecto al relato paralelo en Mateo 23:37–39, el cual tuvo lugar en el templo durante los últimos días de Jesús en Jerusalén. No obstante, las palabras empleadas en los dos lamentos son casi idénticas. Aquí Cristo entrega en sentido profético el mismo mensaje que pronuncia más adelante como un juicio final.

[i]BENDITO. Cita del Salmo 118:26.

123. Jesús sana a un hombre hidrópico en el día de reposo

Lc 14:1–24

[LC]Aconteció un [a]día de reposo, que habiendo entrado para comer en casa de un gobernante, que era fariseo, éstos [b]le acechaban. Y he aquí estaba delante de él un hombre [c]hidrópico. Entonces Jesús habló a los [d]intérpretes de la ley y a los fariseos, diciendo: [e]¿Es lícito sanar en el día de reposo? Mas ellos callaron. Y él, tomándole, le sanó, y le despidió.

Y dirigiéndose a ellos, dijo: ¿Quién de vosotros, si [f]su asno o su buey cae en algún pozo, no lo sacará inmediatamente, aunque sea en día de reposo? Y no le podían replicar a estas cosas.

Observando cómo escogían [g]los primeros asientos a la mesa, refirió a los convidados una parábola, diciéndoles: Cuando fueres convidado por alguno a bodas, no te sientes en el primer lugar, no sea que otro más distinguido que tú esté convidado por él, y viniendo el que te convidó a ti y a él, te diga: Da lugar a éste; y entonces comiences con vergüenza a ocupar el último lugar. Mas cuando fueres convidado, ve y siéntate en el último lugar, para que cuando venga el que te convidó,

....

[a] Día de reposo. Cp. 13:10. Lucas muestra sanidades de Cristo en días de reposo con mayor frecuencia que cualquiera de los demás Evangelios. Parece que Cristo favoreció el día de reposo como un día para hacer actos de misericordia.

[b] Le acechaban. Es evidente que los fariseos tenían motivos muy poco honorables para invitarlo a comer.

[c] Hidrópico. Una condición de la piel en la que se retienen fluidos en los tejidos y las cavidades del cuerpo, ocasionada en la mayoría de los casos por dolencias en los riñones o el hígado, como es el caso del cáncer.

[d] Intérpretes de la ley. Escribas especializados en interpretar la ley. Cp. Lucas 10:25.

[e] ¿Es lícito...? Él había defendido en repetidas ocasiones las sanidades en el día de reposo, y sus argumentos siempre dejaron callados a los críticos (cp. Lucas 6:9, 10; 13:14–17). Aquí y en Lucas 6:9, cuestionó de antemano a los escribas en cuanto a la legitimidad de sanar en el día de reposo, y ellos no pudieron darle razones coherentes de por qué creían que la sanidad era una violación de las leyes sobre el día de reposo.

[f] Su asno o su buey. Cp. Mateo 12:11, 12; Lucas 13:15. El sentido común sobre el trato humanitario, sin mencionar la necesidad económica, les enseñaba que era correcto mostrar misericordia a los animales en el día de reposo. ¿Acaso no debían aplicar los mismos principios al mostrarles misericordia a las personas que sufrían?

[g] Los primeros asientos. Es decir, el mejor lugar en la mesa. Cp. Mateo 23:6; Lucas 11:43.

te diga: Amigo, sube más arriba; entonces tendrás gloria delante de los que se sientan contigo a la mesa. Porque [h]cualquiera que se enaltece, será humillado; y el que se humilla, será enaltecido.

Dijo también al que le había convidado: Cuando hagas comida o cena, [i]no llames a tus amigos, ni a tus hermanos, ni a tus parientes, ni a vecinos ricos; no sea que ellos a su vez te vuelvan a convidar, y seas recompensado. Mas cuando hagas banquete, llama a los pobres, los mancos, los cojos y los ciegos; y serás bienaventurado; porque ellos no te pueden recompensar, pero [j]te será recompensado en la resurrección de los justos.

Oyendo esto uno de los que estaban sentados con él a la mesa, le dijo: Bienaventurado [k]el que coma pan en el reino de Dios. Entonces Jesús le dijo: Un hombre hizo [l]una gran cena, y [m]convidó a muchos. Y a la hora de la cena envió a su siervo a decir a [n]los convidados: Venid, que ya todo está preparado. Y todos a una comenzaron a [o]excusarse. El primero dijo: He comprado una hacienda, y necesito ir

....

[h]CUALQUIERA QUE SE ENALTECE, SERÁ HUMILLADO. A Jesús le gustaba emplear este tipo de juegos paradójicos con palabras (cp. Mt. 23:11, 12; Lc. 9:24; 13:30; 17:33; 18:14). Este comentario aclaró por completo la enseñanza de Lucas 14:8–10. La lección presenta un paralelo cercano con Proverbios 25:6, 7.

[i]NO LLAMES A TUS AMIGOS, NI A TUS HERMANOS. No debe tomarse como una prohibición absoluta en contra de invitar a amigos o familiares a una comida. Cristo empleó una hipérbole similar en Lucas 14:26, y esa clase de lenguaje es común en el discurso semítico cada vez que se quiere recalcar un punto. Aquí enseña que invitar a amigos y parientes no puede clasificarse como un acto puro de caridad, y también reprende a los que se inclinan a limitar su hospitalidad a los «vecinos ricos», porque saben que se sentirán obligados a devolverles el favor. Cp. Deuteronomio 14:28, 29.

[j]TE SERÁ RECOMPENSADO EN LA RESURRECCIÓN. Es decir, con tesoros en los cielos (cp. Lucas 18:22).

[k]EL QUE COMA PAN EN EL REINO. Es probable que este hombre creyera en la noción popular de que solo los judíos serían invitados al banquete celestial (cp. Mt. 8:12). Quizá fue un dicho que pronunció a la ligera o con pretensiones de piedad, sin mucha reflexión seria. Cristo contestó con una parábola que ilustra la inclusión de los gentiles.

[l]UNA GRAN CENA. Esta parábola, similar en muchos sentidos a la de Mateo 22:2–14 e incluso con la misma enseñanza, posee, sin embargo, un carácter distinto. Aquella parábola fue contada en otra ocasión y algunos detalles importantes difieren.

[m]CONVIDÓ A MUCHOS. Al parecer nadie rechazó la invitación. Es evidente que el hombre tenía todas las razones para esperar que todos los invitados asistieran.

[n]LOS CONVIDADOS. Los invitados a una boda, la cual podía durar hasta una semana, recibían por anticipado una invitación con una idea general del lugar y la hora. Al terminar de hacerse todos los preparativos, los que habían sido invitados con anticipación eran notificados sobre el comienzo oficial del acontecimiento. Estos primeros invitados representan al pueblo de Israel, que en el AT habían recibido la invitación formal a estar preparados para la llegada del Mesías en cualquier momento.

[o]EXCUSARSE. Todas las excusas dadas suenan bastante hipócritas. Uno no compra una propiedad sin verla primero, y como la compra ya se había realizado, el asunto no era tan urgente como dijo el primero. La tierra seguiría allí después del banquete. De igual modo, nadie compra yuntas de bueyes sin primero probarlas. El hombre que se había casado hacía poco había sido excusado de hacer viajes de negocio o prestar el servicio militar (Dt. 24:5), pero los recién casados no tenían razón legítima para evitar un compromiso social ya adquirido.

a verla; te ruego que me excuses. Otro dijo: He comprado cinco yuntas de bueyes, y voy a probarlos; te ruego que me excuses. Y otro dijo: Acabo de casarme, y por tanto no puedo ir. Vuelto el siervo, hizo saber estas cosas a su señor. Entonces enojado el padre de familia, dijo a su siervo: Vé pronto por las plazas y las calles de la ciudad, y trae acá a ᵖlos pobres, los mancos, los cojos y los ciegos. Y dijo el siervo: Señor, se ha hecho como mandaste, y ᑫaún hay lugar. Dijo el señor al siervo: Vé ʳpor los caminos y por los vallados, y ˢfuérzalos a entrar, para que se llene mi casa. Porque os digo que ᵗninguno de aquellos hombres que fueron convidados, gustará mi cena.

. . . .

ᵖ LOS POBRES, LOS MANCOS, LOS COJOS Y LOS CIEGOS. Es decir, personas a quienes los fariseos se inclinaban a considerar impuras o indignas. Los líderes religiosos condenaron a Jesús por su asociación con prostitutas y publicanos (cp. Mt. 9:10, 11; 11:19; 21:31, 32; Mr. 2:15, 16; Lc. 5:29, 30; 15:1).

ᑫ AÚN HAY LUGAR. Dios está más dispuesto a salvar a los pecadores que los pecadores a ser salvados.

ʳ POR LOS CAMINOS Y POR LOS VALLADOS. Es evidente que esto representa las regiones habitadas por los gentiles.

ˢ FUÉRZALOS A ENTRAR. Es decir, no por la fuerza ni la violencia, sino mediante la persuasión insistente.

ᵗ NINGUNO DE AQUELLOS HOMBRES QUE FUERON CONVIDADOS. Es decir, los que se rehusaron a acudir. Al despreciar la invitación divina, Israel quedó excluida del banquete. El juicio del Señor contra ellos selló la decisión que tomaron por voluntad propia. La mayoría de ellos murieron como resultado del juicio divino a manos de los romanos en el año 70 A.D. Cp. Mateo 22:7; 23:36; 24:2.

124. El costo de seguir a Cristo

Lc. 14:25-35

[LCa]Grandes multitudes iban con él; y volviéndose, les dijo: Si alguno viene a mí, y no [b]aborrece a su padre, y madre, y mujer, e hijos, y hermanos, y hermanas, y aun también su propia vida, no puede ser mi discípulo. Y el que no [c]lleva su cruz y viene en pos de mí, no puede ser mi discípulo. Porque ¿quién de vosotros, queriendo edificar una torre, no se sienta primero y [d]calcula los gastos, a ver si tiene lo que necesita para acabarla? No sea que después que haya puesto el cimiento, y no pueda acabarla, todos los que lo vean comiencen a hacer burla de él, diciendo: Este hombre comenzó a edificar, y no pudo acabar. ¿O qué rey, al marchar a la guerra contra otro rey, no se sienta primero y considera si puede hacer frente con diez mil al que viene contra él con veinte mil? Y si no puede, cuando el otro está todavía lejos, le envía una embajada y le pide condiciones de paz. Así, pues, cualquiera de vosotros que no [e]renuncia a todo lo que posee, no puede ser mi discípulo.

[f]Buena es la sal; mas si la sal se hiciere insípida, ¿con qué se sazonará? Ni para la tierra ni para el muladar es útil; la arrojan fuera. El que tiene oídos para oír, oiga.

....

[a] GRANDES MULTITUDES. El objetivo de Cristo no era atraer a multitudes que lo apreciaran, sino hacer discípulos verdaderos (cp. Lucas 13:23). Él nunca adaptó su mensaje a las preferencias de la mayoría, sino declaró siempre sin rodeos el alto precio del discipulado. Aquí hizo varias demandas enérgicas que desalentarían a los tibios de corazón.

[b] ABORRECE. Una frase similar en Mateo 10:37 es la clave para entender este mandato difícil. El «aborrecimiento» al que se alude aquí significa en realidad «menor amor». Jesús llamó a sus discípulos a cultivar una devoción tan grande hacia él, que su apego a todo lo demás, incluidas la propia vida de cada uno de ellos, se parecería al odio en comparación. Cp. Génesis 29:30, 31; Lucas 16:13 para usos similares de expresiones alusivas a odiar y aborrecer.

[c] LLEVA SU CRUZ. Es decir, por voluntad propia. Idea paralela a la de aborrecer la propia vida. Cp. Mateo 10:38; Marcos 8:34; Lucas 9:23.

[d] CALCULA LOS GASTOS. Las multitudes mostraban una reacción positiva, pero carecían de un compromiso firme. Lejos de facilitarles una respuesta afirmativa al evangelio, fijó el precio del discipulado tan alto como le fue posible, y los animó a realizar un inventario cuidadoso de su propia vida antes de declarar que estaban dispuestos a seguirlo. Cp. Lucas 9:57-62.

[e] RENUNCIA A TODO. Solo aquellos que midieran los costos a conciencia e invirtieran todo lo que poseían en su reino eran dignos de entrar. Esto se refiere a mucho más que el simple abandono de las posesiones materiales. Es una rendición absoluta e incondicional. Sus discípulos no tenían permitido retener privilegio alguno o hacer demandas de cualquier tipo. Debían abstenerse de salvaguardar cualquier pecado predilecto, atesorar una sola posesión terrenal y aferrarse a sus gustos secretos de la vida pasada. Su compromiso con Cristo debía mantenerse sin reservas.

[f] BUENA ES LA SAL. Cp. Mateo 5:13; Marcos 9:50. Cristo empleó esta misma imagen por lo menos en tres ocasiones distintas en su ministerio.

125. La oveja perdida y la moneda perdida

Lc. 15:1-10

[LC]Se acercaban a Jesús todos [a]los publicanos y pecadores para oírle, y los fariseos y los escribas [b]murmuraban, diciendo: [c]Este a los pecadores recibe, y con ellos come.

Entonces él les refirió esta parábola, diciendo: ¿Qué hombre de vosotros, teniendo cien ovejas, si pierde una de ellas, no deja las noventa y nueve en el desierto, y [d]va tras la que se perdió, hasta encontrarla? Y cuando la encuentra, [e]la pone sobre sus hombros [f]gozoso; y al llegar a casa, reúne a sus amigos y vecinos, diciéndoles: Gozaos conmigo, porque he encontrado mi oveja que se había perdido. Os digo que así habrá más [g]gozo en el cielo por un pecador que se arrepiente, que por noventa y nueve [h]justos que no necesitan de arrepentimiento.

....

[a] LOS PUBLICANOS Y PECADORES. Cp. Mateo 5:46; 21:32; Lucas 14:21. A pesar de las dificultades del mensaje de Cristo (Lucas 14:25-35), los excluidos de la sociedad se sentían atraídos a él, mientras que los líderes religiosos estaban cada vez más determinados a matarlo. Cp. 1 Corintios 1:26-29.

[b] MURMURABAN. Es como si se quejaran de Cristo entre la multitud. Estas quejas motivaron tres parábolas que tenían el propósito de ilustrar el gozo de Dios por el arrepentimiento de los pecadores.

[c] ESTE A LOS PECADORES RECIBE. Esta frase es la clave para la trilogía de parábolas que viene a continuación. Cristo no se avergonzaba de ser conocido como «amigo de publicanos y de pecadores» (Lc. 7:34).

[d] VA TRAS LA QUE SE PERDIÓ. Las primeras dos parábolas demuestran que Dios siempre toma la iniciativa para buscar a los pecadores. Los rabinos enseñaban que Dios estaba dispuesto a recibir a los pecadores que buscaran con suficiente insistencia su perdón, pero aquí Dios es quien busca al pecador (cp. Lc 19:10). El pastor en el Medio Oriente era responsable por cada oveja y tenía la obligación ante su señor de asegurar que ninguna se extraviara, muriera o fuera lastimada (cp. Mt. 18:11-14).

[e] LA PONE SOBRE SUS HOMBROS. La imagen de un pastor amoroso. Cp. Juan 10:11; Salmo 24:1.

[f] GOZOSO. El gozo por el regreso de los perdidos es la característica más sobresaliente en estas tres parábolas (Lc. 15:7, 10, 32).

[g] GOZO EN EL CIELO. Una referencia al gozo de Dios mismo. Mientras los fariseos se quejaban y murmuraban en la tierra, Dios se gozaba en gran manera en compañía de los ángeles.

[h] JUSTOS QUE NO NECESITAN DE ARREPENTIMIENTO. Es decir, quienes se consideran justos en su propia opinión (cp. 5:32; 16:15; 18:9).

¿O qué mujer que tiene diez ⁱdracmas, si pierde una dracma, no ʲenciende la lámpara, y ᵏbarre la casa, y busca con diligencia hasta encontrarla? Y cuando la encuentra, reúne a sus amigas y vecinas, diciendo: Gozaos conmigo, porque he encontrado la dracma que había perdido. Así os digo que hay gozo delante de los ángeles de Dios por un pecador que se arrepiente.

ⁱ DRACMAS. Estas monedas de plata que los griegos usaban tenían un valor casi equivalente al denario romano (cp. Mt. 22:19).

ʲ ENCIENDE LA LÁMPARA. La casa típica con una habitación no tenía ventanas.

ᵏ BARRE LA CASA. Esto ilustra que la búsqueda fue minuciosa y exhaustiva.

126. La parábola del hijo pródigo

Lc. 15:11-32

[LC]También dijo: [a]Un hombre tenía dos hijos; y el menor de ellos dijo a su padre: Padre, [b]dame la parte de los bienes que me corresponde; y les repartió los bienes. No muchos días después, [c]juntándolo todo el hijo menor, se fue lejos a una provincia apartada; y allí desperdició sus bienes [d]viviendo perdidamente. Y cuando todo lo hubo malgastado, vino una gran hambre en aquella provincia, y comenzó a faltarle. Y fue y se arrimó a uno de los ciudadanos de aquella tierra, el cual le envió a su hacienda [e]para que apacentase cerdos. Y [f]deseaba llenar su vientre de las algarrobas que comían los cerdos, pero [g]nadie le daba.

....

[a] UN HOMBRE TENÍA DOS HIJOS. La historia del hijo pródigo es una de las parábolas más conocidas y queridas de Cristo. También es una de las parábolas más extensas y con más detalles, y a diferencia de casi todas las demás, contiene más de una lección. El pródigo es ejemplo de un arrepentimiento total y sincero. El hermano mayor ilustra la maldad de los fariseos con su prejuicio e indiferencia hacia los pecadores que se arrepentían, así como su actitud de creerse justos por méritos propios. El padre representa a Dios, siempre dispuesto y gustoso a perdonar, con un anhelo constante por el regreso del pecador al seno de su hogar. El tema central, como en las otras dos parábolas en este capítulo, es el gozo de Dios y las celebraciones que colman el cielo cada vez que un pecador se arrepiente.

[b] DAME LA PARTE DE LOS BIENES QUE ME CORRESPONDE. Una petición escandalosa que equivale a desear la muerte de su padre, porque no tenía derecho a ninguna herencia mientras su padre siguiera con vida. No obstante, el padre en su clemencia y generosidad le concedió esa solicitud insolente y le entregó toda su porción de la herencia, que en ese caso sería la tercera parte de todo su patrimonio, ya que el derecho del primogénito (Dt. 21:17) le asignaba al hermano mayor una porción doble. Este acto ilustra a todos los pecadores (emparentados con Dios el Padre como frutos de su creación universal), los cuales desperdician los privilegios que pueden alcanzar por la fe y la obediencia y menosprecian cualquier relación personal con él para dedicarse a una vida de indulgencia y pecaminosidad.

[c] JUNTÁNDOLO TODO. Es evidente que el hijo pródigo convirtió su herencia en dinero y abandonó a su padre para aventurarse a una vida de iniquidad.

[d] VIVIENDO PERDIDAMENTE. No solo desperdició sus bienes con extravagancia, sino también se abandonó con desenfreno a la inmoralidad. La palabra griega que se traduce «perdidamente» significa «disoluto» y alude a la idea de un estilo de vida vergonzoso y vicioso.

[e] PARA QUE APACENTASE CERDOS. Esta era la peor clase de degradación imaginable para los judíos, quienes consideraban a los cerdos como los animales más impuros.

[f] DESEABA LLENAR SU VIENTRE DE LAS ALGARROBAS. Aunque se utilizaban para alimentar a los cerdos, no eran aptas para el consumo humano. En otras palabras, la única razón por la que no comía con los cerdos es que no podía hacerlo.

[g] NADIE LE DABA. Ni siquiera podía mantenerse con limosnas. Su situación no podía ser más angustiosa. Por esta razón simboliza al pecador alejado de Dios, que no puede salir de su situación por sus propios medios.

Y [h]volviendo en sí, dijo: ¡Cuántos jornaleros en casa de mi padre tienen abundancia de pan, y yo aquí perezco de hambre! Me levantaré e iré a mi padre, [i]y le diré: Padre, [j]he pecado contra el cielo y contra ti. Ya no soy digno de ser llamado tu hijo; hazme como a uno de tus jornaleros.

Y levantándose, vino a su padre. Y cuando aún estaba lejos, [k]lo vio su padre, y fue movido a misericordia, y [l]corrió, y se echó sobre su cuello, y le besó. Y el hijo le dijo: Padre, he pecado contra el cielo y contra ti, y ya no soy digno de ser llamado tu hijo.

[m]Pero [n]el padre dijo a sus siervos: Sacad el mejor vestido, y vestidle; y poned un anillo en su mano, y calzado en sus pies. Y traed [o]el becerro gordo y matadlo, y comamos y hagamos fiesta; porque este mi hijo muerto era, y ha revivido; se había perdido, y es hallado. Y comenzaron a regocijarse.

Y su [p]hijo mayor estaba en el campo; y cuando vino, y llegó cerca de la casa, oyó la música y las danzas; y llamando a uno de los criados, le preguntó qué era aquello.

....

[h] VOLVIENDO EN SÍ. Es decir, recuperó la conciencia. Al darse cuenta de que su pecado lo había dejado en la bancarrota y hambriento, pudo pensar con más claridad. Al llegar a esa condición se convirtió en candidato para la salvación (cp. Mt. 5:3–6).

[i] Y LE DIRÉ. El hijo contempló con detenimiento lo que diría a su padre y calculó el costo de su arrepentimiento.

[j] HE PECADO CONTRA EL CIELO. Esto significa que había pecado contra Dios. No solo se había dado cuenta de la futilidad de su situación, sino también entendió la gravedad de sus transgresiones contra el padre.

[k] LO VIO SU PADRE. Es evidente que el padre había esperado y anticipado el regreso de su hijo.

[l] CORRIÓ. El entusiasmo y el gozo del padre por el regreso de su hijo son algo innegables. Este es un atributo magnífico de Dios que lo distingue de todos los dioses falsos inventados por humanos y demonios. Él no es indiferente ni hostil, sino un Salvador por naturaleza, que anhela ver a los pecadores arrepentirse y se regocija tan pronto lo hacen. Cp. 1 Timoteo 2:4; 4:10. Desde Génesis 3:8 hasta Apocalipsis 22:17, desde la caída hasta la consumación, Dios ha procurado salvar y seguirá salvando a los pecadores, con regocijo y celebración celestial cada vez que uno se arrepiente y es hecho hijo suyo.

[m] PERO. Note que el hijo no alcanzó a terminar el discurso de arrepentimiento que había ensayado, porque el padre lo interrumpió para concederle el perdón total. Esto ilustra cuán deseoso está Dios de perdonar.

[n] EL PADRE DIJO. Sin una sola palabra de amonestación por el pasado, el padre expresó sin restricción el amor que sentía por su hijo y demostró su gozo por haber hallado lo perdido. Cada uno de los regalos del padre representaba algo único acerca de su aceptación del hijo: el mejor vestido se reservaba para el huésped de honor; el anillo era símbolo de autoridad; y el calzado (el cual los esclavos no usaban con frecuencia) significaba su completa restauración como hijo.

[o] EL BECERRO GORDO. Reservado única y exclusivamente para las ocasiones más especiales, como un sacrificio o una gran fiesta de celebración. Todo esto simboliza la abundancia exuberante de las bendiciones de la salvación (cp. Ef. 1:3; 2:4–7).

[p] HIJO MAYOR. Él simboliza a los fariseos y a las personas que ejercen una religiosidad hipócrita, quienes permanecen cerca al lugar donde vive el Padre (el templo), pero ignoran su propio pecado y carecen de amor real por el Padre (ya que no se identifican con él en su gozo). Tampoco les interesa en lo más mínimo que los pecadores se arrepientan.

Él le dijo: Tu hermano ha venido; y tu padre ha hecho matar el becerro gordo, por haberle recibido bueno y sano.

Entonces qse enojó, y no quería entrar. Salió por tanto su padre, y le rogaba que entrase. Mas él, respondiendo, dijo al padre: He aquí, tantos años te sirvo, rno habiéndote desobedecido jamás, y snunca me has dado ni un cabrito para gozarme con mis amigos. Pero cuando vino teste tu hijo, que ha consumido tus bienes con rameras, has hecho matar para él el becerro gordo.

Él entonces le dijo: Hijo, tú siempre estás conmigo, y utodas mis cosas son tuyas. Mas vera necesario hacer fiesta y regocijarnos, porque este tu hermano era muerto, y ha revivido; se había perdido, y es hallado.

....

q SE ENOJÓ. Un paralelo frente a las quejas presentadas por los escribas y fariseos.

r NO HABIÉNDOTE DESOBEDECIDO JAMÁS. Esto es muy poco probable, en vista del menosprecio obvio del hijo hacia su padre con su negativa a participar en el gozo inmenso de este. Tal afirmación revela el problema característico de todos los hipócritas religiosos: no están dispuestos a reconocer su pecado y arrepentirse (cp. Mt. 9:12, 13; 19:16–20). El comentario del hijo mayor evidencia el mismo espíritu que transpiraban las palabras de los fariseos en 18:11.

s NUNCA ME HAS DADO NI UN CABRITO. Todos esos años de servicio al padre parecen haber sido demasiado motivados por un interés en lo que podría obtener a cambio. Esta conducta de justificación propia del hijo contaba con mayor aceptación social que la disipación del hermano menor, pero deshonraba por igual al padre y requería la misma clase de arrepentimiento.

t ESTE TU HIJO. Una expresión de desprecio profundo (cp. «este publicano» en Lucas 18:11). En su orgullo, ni siquiera podía referirse a él como «mi hermano».

u TODAS MIS COSAS SON TUYAS. La herencia ya había sido repartida. Todo lo que el padre tenía estaba en posesión del hijo mayor, pero este codiciaba incluso el amor mostrado por el padre al hijo pródigo. Los fariseos y escribas tenían acceso fácil a todas las riquezas de la verdad de Dios. Pasaban su vida enfrascados en el estudio de las Escrituras y la adoración pública, pero nunca poseyeron en realidad los tesoros que solo pueden ser disfrutados por los pecadores arrepentidos.

v ERA NECESARIO HACER FIESTA Y REGOCIJARNOS. Esto resume la enseñanza de las tres parábolas de Lucas 15.

127. La parábola del mayordomo injusto

Lc. 16:1–13

^{LC}Dijo también a sus discípulos: Había un hombre rico que tenía un ^amayordomo, y éste fue acusado ante él como ^bdisipador de sus bienes. Entonces le llamó, y le dijo: ¿Qué es esto que oigo acerca de ti? Da cuenta de tu mayordomía, porque ^cya no podrás más ser mayordomo.

Entonces el mayordomo dijo para sí: ¿Qué haré? Porque mi amo me quita la mayordomía. ^dCavar, no puedo; mendigar, me da vergüenza. ^eYa sé lo que haré para que cuando se me quite de la mayordomía, ^fme reciban en sus casas.

Y llamando a cada uno de los deudores de su amo, dijo al primero: ¿Cuánto debes a mi amo? Él dijo: Cien barriles de aceite. Y le dijo: Toma tu cuenta, siéntate ^gpronto, y escribe cincuenta. Después dijo a otro: Y tú, ¿cuánto debes? Y él dijo:

....

^aMAYORDOMO. Un mayordomo era un siervo de confianza, por lo general una persona que había nacido dentro del hogar y se designaba como gerente administrativo para la distribución de tareas y suministros propios del hogar. Estaba encargado de dar alimento a todos los demás siervos, así que manejaba los recursos de su señor para el bienestar de los demás. Actuaba como un agente que representaba a su señor y tenía autoridad plena para realizar transacciones y ejecutar negocios en nombre de este.

^bDISIPADOR DE SUS BIENES. Su despilfarro y prodigalidad es el hilo que conecta esta parábola con la anterior. Como el hijo menor en la parábola anterior, este mayordomo era culpable de malgastar los recursos que tenía a su disposición. No obstante, a diferencia del hijo pródigo, tuvo la astucia necesaria para asegurarse de que su disipación no lo dejara sin amigos y garantías para el futuro.

^cYA NO PODRÁS MÁS SER MAYORDOMO. Al anunciar su intención de despedir al hombre, el dueño actuó de forma poco sabia y esto le costó aun más. Es evidente que creyó al hombre culpable de incompetencia antes que de fraude, lo cual explica su reacción en Lucas 16:8.

^dCAVAR, NO PUEDO. Es decir, no se consideraba apto para el trabajo físico.

^eYA SÉ LO QUE HARÉ. Con gran sagacidad, se las arregló para darles grandes descuentos a los deudores de su señor, quienes se dispusieron gustosos a pagar.

^fME RECIBAN EN SUS CASAS. Mediante la reducción de las deudas de estas personas a su señor, contrajeron una deuda de gratitud con él. De este modo, se sentirían obligados a recibirlo en la casa de cada uno de ellos tan pronto saliera expulsado de la casa de su señor.

^gPRONTO. Fue una transacción secreta que no contaba con la aprobación del señor. El prestatario era culpable de complicidad deliberada en el fraude del mayordomo infiel.

Cien medidas de trigo. Él le dijo: Toma tu cuenta, y escribe ochenta. Y [h]alabó el amo al mayordomo malo por haber hecho sagazmente; porque los hijos de este siglo son [i]más sagaces en el trato con sus semejantes que los hijos de luz.

Y yo os digo: Ganad amigos por medio de las riquezas injustas, para que cuando éstas falten, os reciban en las moradas eternas. [j]El que es fiel en lo muy poco, también en lo más es fiel; y el que en lo muy poco es injusto, también en lo más es injusto. Pues si en [k]las riquezas injustas no fuisteis fieles, ¿quién os confiará [l]lo verdadero? Y si en [m]lo ajeno no fuisteis fieles, ¿quién os dará lo que es vuestro?

Ningún siervo puede servir a dos señores; porque o aborrecerá al uno y amará al otro, o estimará al uno y menospreciará al otro. [n]No podéis servir a Dios y a las riquezas.

---

[h] ALABÓ EL AMO AL MAYORDOMO MALO. Derrotado con jugadas sucias, el señor aplaudió la trastada del hombre. Su admiración del genio delincuente del mayordomo malo muestra que él también era un hombre perverso. Los corazones caídos tienen la tendencia natural a admirar la astucia de los villanos (Sal. 49:18). Note que todos los personajes en esta parábola son injustos, corruptos y sin escrúpulos.

[i] MÁS SAGACES. Es decir, muchas veces los incrédulos son más sabios en los caminos del mundo que algunos creyentes (los «hijos de luz», cp. Jn. 12:36; Ef. 5:8) con respecto a las cosas de Dios.

[j] EL QUE ES FIEL. Puede tratarse de un proverbio común. Cp. Mateo 25:21; Lucas 19:17.

[k] LAS RIQUEZAS INJUSTAS. Es decir, el dinero. El mayordomo malo utilizó el dinero de su señor para comprar amigos terrenales. Los creyentes deben utilizar el dinero de su Señor de tal manera que puedan ganar amigos para la eternidad, por medio de invertir en el evangelio del reino que lleva a los pecadores a la salvación, a fin de que al llegar al cielo («las moradas eternas»), se encuentren con aquellos pecadores para que les den la bienvenida. Cristo no elogió la deshonestidad del hombre, porque de manera explícita lo llamó «malo», tan solo lo utilizó como una ilustración para mostrar que hasta los hijos más malvados de este mundo son lo bastante astutos para protegerse en contra del mal venidero. Los creyentes deberían ser más sagaces, porque les compete ganar en cuestiones eternas, no solo en asuntos terrenales. Cp. Mt. 6:19–21; Lc. 12:33.

[l] LO VERDADERO. El uso fiel de la riqueza terrenal se conecta en repetidas ocasiones con la acumulación de un tesoro en el cielo (cp. Mt. 16:19–21; Lucas 12:33; 18:22).

[m] LO AJENO. Lit. «lo que pertenece a otro», una referencia a Dios y la mayordomía del creyente de los recursos divinos, como su dinero, el cual administran los creyentes solo en calidad de mayordomos temporales.

[n] NO PODÉIS SERVIR A DIOS Y A LAS RIQUEZAS. Muchos de los fariseos enseñaban que la devoción al dinero y la devoción a Dios eran perfectamente compatibles. Esto iba mano a mano con la noción popular de que las riquezas terrenales eran un indicio irrefutable de la bendición divina. Por ende, los ricos eran considerados como los predilectos de Dios (cp. Mt. 19:24). Aunque Cristo no condenó la riqueza en sí misma, sí denunció tanto el amor a la riqueza como la devoción al dinero. Sobre el tema del amor al dinero, vea 1 Timoteo 6:9, 10, 17–19.

128. El hombre rico y Lázaro

Lc. 16:14-31

LCY oían también todas estas cosas los fariseos, que eran avaros, y se burlaban de él. Entonces les dijo: Vosotros sois los que ^aos justificáis a vosotros mismos delante de los hombres; mas Dios conoce vuestros corazones; porque lo que los hombres tienen por sublime, delante de Dios es abominación.

La ley y los profetas eran ^bhasta Juan; desde entonces el reino de Dios es anunciado, y ^ctodos se esfuerzan por entrar en él. Pero más fácil es que pasen el cielo y la tierra, ^dque se frustre una tilde de la ley.

Todo el que repudia a su mujer, y se casa con otra, ^eadultera; y el que se casa con la repudiada del marido, adultera.

....

^a OS JUSTIFICÁIS A VOSOTROS MISMOS. La creencia de los fariseos era que su propia bondad los justificaba (cp. Ro. 10:3). Esta es la definición de «justificación en su propia opinión». No obstante, como Jesús lo demostró, su justicia era imperfecta, porque no era más que un recubrimiento externo. Esto podría ser suficiente para justificarlos ante los hombres, pero no delante de Dios, ya que él conocía el corazón de cada uno de ellos. Jesús en reiteradas ocasiones expuso el hábito de los fariseos de buscar la aprobación de las personas (cp. Mt. 6:2, 5, 16; 23:28).

^b HASTA JUAN. El ministerio de Juan el Bautista fue el punto decisivo en la historia de la redención. Antes de él, las grandes verdades de Cristo y su reino permanecieron veladas tras los tipos y las sombras de la ley, y prometidas y anticipadas en los escritos de los profetas (cp. 1 P. 1:10-12). Sin embargo, Juan el Bautista le presentó al mundo al Rey mismo (vea Mt. 11:11). Los fariseos, que se creían expertos en la ley y los profetas, no captaron la importancia y el significado de aquel a quien apuntaban la ley y los profetas.

^c TODOS SE ESFUERZAN POR ENTRAR EN ÉL. Cp. Jeremías 29:13. Mientras que los fariseos se mantenían ocupados en oponerse a Cristo, los pecadores entraban por millares en el reino. El lenguaje de esta expresión habla de una fuerza violenta, que alude quizás al celo y la intensidad con la que los pecadores buscaban de todo corazón la entrada al reino (cp. Is. 55:6, 7; Mt. 11:12; Lc. 13:24).

^d QUE SE FRUSTRE UNA TILDE DE LA LEY. Para que nadie pensara que la declaración de Lucas 16:16 significaba algún tipo de anulación de la ley y los profetas, Jesús añadió esta frase (cp. Mt. 5:18). Los grandes principios morales de la ley, las verdades eternas contenidas en los tipos y símbolos de la ley, así como las promesas registradas por los profetas, son cosas que permanecen vigentes y no serán abrogadas jamás por el mensaje del reino.

^e ADULTERA. Es decir, si el divorcio carecía de razones legítimas. Lucas presenta un registro abreviado de la enseñanza de Jesús sobre el divorcio, y se limita a recalcar el asunto principal. La descripción más completa de Mateo deja en claro que él permitió el divorcio en aquellos casos en los que uno de los cónyuges era culpable de adulterio. Cp. Mateo 5:31, 32; 19:3-9. Esto contrarresta la doctrina de los rabinos que permitía a los hombres divorciarse con mucha facilidad de sus esposas, casi por cualquier causa (Mt. 19:3).

Había un hombre rico, que se vestía de púrpura y de lino fino, y hacía cada día banquete con esplendidez. Había también un mendigo llamado [f]Lázaro, que estaba echado a la puerta de aquél, lleno de llagas, y ansiaba saciarse de [g]las migajas que caían de la mesa del rico; y aun los perros venían y le lamían las llagas. Aconteció que murió el mendigo, y fue llevado por los ángeles al [h]seno de Abraham; y murió también el rico, y fue sepultado. Y [i]en el Hades alzó sus ojos, estando en tormentos, y vio de lejos a Abraham, y a Lázaro en su seno.

Entonces él, dando voces, dijo: Padre Abraham, ten misericordia de mí, y envía a Lázaro para que moje la punta de su dedo en agua, y refresque mi lengua; porque [j]estoy atormentado en esta llama. Pero Abraham le dijo: Hijo, acuérdate que recibiste tus bienes en tu vida, y Lázaro también males; pero ahora éste es consolado aquí, y tú atormentado. Además de todo esto, una gran sima está puesta entre nosotros y vosotros, de manera que los que quisieren pasar de aquí a vosotros, no pueden, ni de allá pasar acá.

....

[f] LÁZARO. Es claro que no se trata del Lázaro de Juan 11 (el cual murió después). Este mendigo es el único personaje en las parábolas de Jesús al que se le asigna un nombre, razón por la cual algunos han especulado que no se trataba de una historia imaginaria, sino de una situación que ocurrió en realidad. De cualquier modo, Cristo la emplea tal como hizo con sus parábolas, a fin de enseñar una lección y en este caso para beneficio de los fariseos. En algunas tradiciones se alude al hombre rico con el nombre *Dives*, palabra latina que se emplea en la Vulgata y que significa «rico».

[g] LAS MIGAJAS [...] LOS PERROS. La mención de migajas que caían de la mesa, llagas y perros que venían a lamerlas hicieron que Lázaro pareciera un hombre odioso ante la vista de los fariseos, porque ellos estaban inclinados a ver estas cosas como una prueba irrefutable de la falta del favor divino. Habrían considerado a una persona así no solo como inmunda, sino también despreciada por Dios.

[h] SENO DE ABRAHAM. Esta misma expresión, que solo se encuentra aquí en las Escrituras, fue empleada en el Talmud como figura lingüística para aludir al cielo. La idea es que Lázaro recibió un lugar de honor supremo al permitírsele reposar su cabeza junto a Abraham en el banquete celestial.

[i] EN EL HADES. La sugerencia de que el hombre rico fuera excluido del cielo habría escandalizado a los fariseos (cp. Mt. 19:24), y en especial les resultaría repugnante la idea de que a un mendigo con llagas que se alimentaba con migajas se le concediera el honor de tener un lugar al lado de Abraham. Hades era el término griego para aludir a la morada de los muertos. En la Septuaginta se empleaba para traducir el término hebreo Sheol, que se refería al reino de los muertos en general sin hacer distinciones entre almas justas o injustas. Sin embargo, en el uso del NT, Hades siempre se refiere al lugar de los malvados antes de su juicio final en el infierno. La imagen empleada por Jesús era un paralelo de la idea común entre los rabinos de que el Seol tenía dos partes, una para el alma de los justos y otra para el alma de los malvados, separadas por un golfo insalvable. Sin embargo, no existe razón para suponer, como dicen algunos, que el «seno de Abraham» corresponda a una prisión provisional para el alma de cada uno de los santos del AT, quienes solo fueron llevados al cielo tan pronto Cristo hizo expiación por sus pecados. La Biblia siempre enseña que el espíritu de los justos muertos va de inmediato a la presencia de Dios (cp. Lucas 23:43; 2 Co. 5:8; Fil. 1:23). En efecto, la presencia de Moisés y Elías en el Monte de la Transfiguración (Lucas 9:30) contradice la noción de que estuvieran confinados a un compartimiento del Seol hasta que Cristo terminara su obra.

[j] ESTOY ATORMENTADO. Cristo representó el Hades como un lugar donde el tormento indescriptible del infierno ya había comenzado. Entre las miserias descritas aquí se encuentra una llama que no se consume ni se apaga (cp. Mt. 25:46); una conciencia que acusa todo el tiempo, acuciada por memorias indelebles de oportunidades perdidas para acceder a la salvación (Lc. 16:25); así como una separación permanente e irreversible de Dios y todo lo bueno (Lc. 16:26).

Entonces le dijo: Te ruego, pues, padre, ᵏque le envíes a la casa de mi padre, porque tengo cinco hermanos, para que les testifique, a fin de que no vengan ellos también a este lugar de tormento. Y Abraham le dijo: ˡA Moisés y a los profetas tienen; óiganlos. Él entonces dijo: No, padre Abraham; pero si alguno fuere a ellos de entre los muertos, se arrepentirán. Mas Abraham le dijo: Si no oyen a Moisés y a los profetas, ᵐtampoco se persuadirán aunque alguno se levantare de los muertos.

....

ᵏQUE LE ENVÍES A LA CASA DE MI PADRE. El hombre rico mantuvo una actitud de superioridad hacia Lázaro, incluso mientras padecía en el infierno, ya que le rogó con reiteración a Abraham que enviara a Lázaro como si fuera un sirviente. Las llamas del infierno no hacen expiación por el pecado ni purgan de su depravación a los pecadores endurecidos (cp. Ap. 22:11).

ˡA MOISÉS Y A LOS PROFETAS TIENEN. Es decir, las Escrituras del AT.

ᵐTAMPOCO SE PERSUADIRÁN. Esta es una demostración poderosa de la suficiencia única de las Escrituras para vencer toda incredulidad. El evangelio mismo es el poder de Dios para salvación (Ro. 1:16). Puesto que la incredulidad es en esencia un problema moral antes que intelectual, ninguna cantidad de evidencias logrará jamás convertir la incredulidad en fe. En cambio, la Palabra revelada de Dios tiene poder inherente para obrar este milagro (cp. Jn. 6:63; Heb. 4:12; Stg. 1:18; 1 P. 1:23).

129. Perdón, fe y fidelidad

Lc. 17:1–10

[LC]Dijo Jesús a sus discípulos: Imposible es que no vengan [a]tropiezos; mas ¡ay de aquel por quien vienen! Mejor le fuera que se le atase al cuello una [b]piedra de molino y se le arrojase al mar, que hacer tropezar a uno de estos [c]pequeñitos. Mirad por vosotros mismos. Si tu hermano pecare contra ti, [d]repréndele; y si se arrepintiere, perdónale. Y si [e]siete veces al día pecare contra ti, y siete veces al día volviere a ti, diciendo: Me arrepiento; perdónale.

Dijeron los apóstoles al Señor: [f]Auméntanos la fe. Entonces el Señor dijo: Si tuvierais [g]fe como un grano de mostaza, podríais decir a este sicómoro: Desarráigate, y plántate en el mar; y os obedecería. ¿Quién de vosotros, teniendo [h]un siervo que ara o apacienta ganado, al volver él del campo, luego le dice: Pasa, siéntate a la mesa? ¿No le dice más bien: Prepárame la cena, cíñete, y sírveme hasta que haya comido y bebido; y después de esto, come y bebe tú? ¿Acaso da gracias al siervo porque hizo lo que se le había mandado? Pienso que no. Así también vosotros, cuando hayáis hecho todo lo que os ha sido ordenado, decid: [i]Siervos inútiles somos, pues lo que debíamos hacer, hicimos.

....

[a] Tropiezos. Lit. «trampas». Cp. Mateo 18:7.

[b] Piedra de molino. Lit. «la piedra de molino de un asno». Cp. Mateo 18:6.

[c] Pequeñitos. Creyentes, los hijos de Dios que están bajo su cuidado. Cp. Mateo 18:5.

[d] Repréndele. Es deber del cristiano tratar de manera directa a un hermano o una hermana que ha caído en pecado. Cp. Mateo 18:15.

[e] Siete veces al día. Es decir, sin importar cuántas veces peque y se arrepienta. Cp. Mateo 18:21, 22. El número siete no se impuso como un límite a la cantidad de veces que uno debe perdonar (cp. Sal. 119:164), sino todo lo opuesto. Cristo quiso dar a entender que el perdón debería concederse de forma ilimitada (cp. Ef. 4:32; Col. 3:13).

[f] Auméntanos la fe. Lit. «danos más fe». Se sentían ineptos ante el ejemplo de excelencia que él les dio a seguir.

[g] Fe como un grano de mostaza. Cp. Mateo 17:20.

[h] Un siervo. El punto de esta parábola era que un siervo no debería esperar recompensas especiales por hacer aquello que es ante todo su deber. Los parámetros exigentes que Cristo estableció (Lc. 17:1–4) pudieron haberles parecido demasiado altos a sus discípulos, pero solo representaban los deberes mínimos para un siervo de Cristo. Quienes obedecen no deben pensar que su obediencia es algo meritorio en sí mismo.

[i] Siervos inútiles. Es decir, no dignos de algún honor especial.

130. Lázaro se enferma y muere

Jn. 11:1-16

[Jn]aEstaba entonces enfermo uno llamado bLázaro, de cBetania, la aldea de dMaría y de Marta su hermana. (María, cuyo hermano Lázaro estaba enfermo, fue la que ungió al Señor con perfume, y le enjugó los pies con sus cabellos.) eEnviaron, pues, las hermanas para decir a Jesús: Señor, he aquí fel que amas está enfermo.

Oyéndolo Jesús, dijo: Esta enfermedad no es para muerte, sino para la gloria de Dios, para que gel Hijo de Dios sea glorificado por ella. Y amaba Jesús a Marta, a

....

a Estaba entonces enfermo. Desde que comienza el capítulo 11, Jesús ya se dispone a enfrentar la cruz. A pesar de todo el rechazo y el aborrecimiento de los líderes judíos, nada pudo ocultar su gloria, que se manifestó aquí en la resurrección de Lázaro. Ese milagro evidenció su gloria en tres aspectos: (1) apuntó a su deidad; (2) fortaleció la fe de los discípulos; y (3) preparó un sendero directo a la cruz (Jn. 12:23). El capítulo puede dividirse de la siguiente manera: (1) la preparación para el milagro (Jn. 11:1-16); (2) la llegada de Jesús (vv. 17-37); (3) el milagro mismo (vv. 38-44); y (4) los resultados del milagro (vv. 45-57).

b Lázaro. La resurrección de Lázaro es la señal más apoteósica y dramática del Evangelio de Juan, así como la cima del ministerio público de Jesús. Ya se habían presentado seis milagros: el agua convertida en vino (Jn. 2:1-11), la sanidad del hijo de un oficial del rey (Jn. 4:46-54), la restauración del paralítico (Jn. 5:1-15), la multiplicación de los panes y peces (Jn. 6:1-14), el caminar sobre el agua (Jn. 6:15-21), y la curación de un ciego de nacimiento [Jn. 9:1-12]). La resurrección de Lázaro es más potente que todas estas señales e incluso más monumental que la resurrección del hijo de la viuda de Naín (Lc. 7:11-16) o de la hija de Jairo (Lc. 8:40-56), porque esos dos casos de resurrección ocurrieron de inmediato tras la muerte de cada persona. Lázaro, en cambio, fue levantado de entre los muertos tras haber estado cuatro días en la tumba, por lo cual el proceso de descomposición ya iba muy avanzado (Jn. 11:39).

c Betania. Es diferente de Betábara o «la otra Betania» que estaba «al otro lado del Jordán», mencionada en 1:28. Se encuentra en el costado oriental del Monte de los Olivos a unos cuatro kilómetros de Jerusalén por el camino que conduce a Jericó.

d María [...] Marta. Esta es la primera mención de la familia en el Evangelio de Juan. El apóstol relató la historia de María, la que ungió a Jesús en 12:1-8, pero esta referencia puede indicar que los lectores originales ya estaban familiarizados con el acontecimiento. Cp. Lucas 10:38-42.

e Enviaron. Como Jesús se encontraba en el área aledaña al río Jordán y Lázaro estaba cerca de Jerusalén, el mensaje a Jesús pudo tardar todo un día en llegar a él. Sin lugar a dudas, Jesús ya conocía por su omnisciencia la condición de Lázaro (cp. Jn. 1:47; 11:6). Es posible que este hubiera muerto antes de que el mensajero se comunicara con él, porque llevaba cuatro días de muerto (Jn. 11:17) en el momento en que Jesús llegó, tras una demora intencional de dos días (v. 6) y un día de viaje.

f El que amas. Esta frase es un indicio conmovedor de la amistad entrañable de Jesús y Lázaro. Cp. Juan 13:1.

g El Hijo de Dios sea glorificado. Esta frase revela el propósito verdadero de la enfermedad de Lázaro, a saber, no su muerte física, sino que el Hijo de Dios fuera glorificado a través de su resurrección.

su hermana y a Lázaro. Cuando oyó, pues, que estaba enfermo, ^hse quedó dos días más en el lugar donde estaba. Luego, después de esto, dijo a los discípulos: Vamos a Judea otra vez.

Le dijeron los discípulos: Rabí, ahora ⁱprocuraban los judíos apedrearte, ¿y otra vez vas allá?

Respondió Jesús: ¿No tiene el día doce horas? ^jEl que anda de día, no tropieza, porque ve la luz de este mundo; pero el que anda de noche, tropieza, porque no hay luz en él. Dicho esto, les dijo después: Nuestro amigo Lázaro ^kduerme; mas voy para despertarle.

Dijeron entonces sus discípulos: Señor, si duerme, sanará. Pero Jesús decía esto de la muerte de Lázaro; y ellos pensaron que hablaba del reposar del sueño. Entonces Jesús les dijo claramente: Lázaro ha muerto; y ^lme alegro por vosotros, de no haber estado allí, para que creáis; mas vamos a él.

^mDijo entonces Tomás, llamado Dídimo, a sus condiscípulos: Vamos también nosotros, para que muramos con él.

---

^h SE QUEDÓ DOS DÍAS MÁS. La decisión de demorar su viaje no fue lo que ocasionó la muerte de Lázaro, porque Jesús ya tenía conocimiento sobrenatural de la gravedad de su condición. Lo más probable es que al recibir Jesús el mensaje, Lázaro ya estuviera muerto. La tardanza se debía a que él amaba esa familia, y ese amor se hizo evidente cuando fortaleció su fe en gran manera tan pronto levantó a Lázaro de entre los muertos. La tardanza también sirvió para asegurar que Lázaro permaneciera muerto el tiempo suficiente a fin de que nadie se atreviera a interpretar el milagro como un fraude o un simple caso de catalepsia.

ⁱ PROCURABAN LOS JUDÍOS APEDREARTE. Los discípulos eran conscientes de que la animosidad contra Jesús era tan grande, que su regreso podría traer como resultado su muerte debido a las intenciones homicidas de los judíos (cp. Jn. 8:59; 10:31).

^j EL QUE ANDA DE DÍA. Mientras el sol brillara, las personas podían trabajar con seguridad a su luz, mas al llegar la noche interrumpían sus actividades. No obstante, este dicho proverbial tenía un significado más profundo. Mientras el Hijo hiciera la voluntad de su Padre (i. e. durante el período diurno de luz que fue el tiempo en que pudo ejercer su ministerio), estaría libre de peligro. Pronto llegaría la fase nocturna en la que, por designio perfecto de Dios, su obra en la tierra llegaría a su fin y «tropezaría» en su muerte. Jesús les explicó que mientras él siguiera en la tierra haciendo la voluntad de Dios, incluso en los últimos instantes de su ministerio podría desplazarse con plena seguridad para cumplir los propósitos divinos.

^k DUERME. Un término eufemístico empleado en el NT para referirse a la muerte, en particular la de los creyentes, cuyo cuerpo será resucitado para vida eterna (cp. 1 Co. 11:30; 15:51; 1 Ts. 4:13).

^l ME ALEGRO POR VOSOTROS. La resurrección de Lázaro tenía el propósito de fortalecer la fe de sus discípulos en Jesús como el Mesías y el Hijo de Dios en medio del fuerte rechazo de los judíos que se le oponían.

^m DIJO [...] TOMÁS. Las palabras de Tomás reflejan una devoción leal y al mismo tiempo pesimismo por el hecho de que quizá todos ellos morirían. Sus temores no eran infundados en vista de la hostilidad amarga contra Jesús, y si el Señor no los hubiera protegido en el huerto (Jn. 18:1–11), ellos también habrían sido arrestados y ejecutados Cp. Jn. 20:24–29.

131. Jesús levanta a Lázaro de entre los muertos

Jn. 11:17-44

[JN]Vino, pues, Jesús, y halló que hacía ya cuatro días que Lázaro estaba [a]en el sepulcro. Betania estaba cerca de Jerusalén, como a quince estadios; y [b]muchos de los judíos habían venido a Marta y a María, para consolarlas por su hermano.

Entonces Marta, cuando oyó que Jesús venía, salió a encontrarle; pero María se quedó en casa. Y Marta dijo a Jesús: Señor, [c]si hubieses estado aquí, mi hermano no habría muerto. Mas también sé ahora que [d]todo lo que pidas a Dios, Dios te lo dará.

Jesús le dijo: Tu hermano resucitará. Marta le dijo: Yo sé que resucitará en la resurrección, en el día postrero.

Le dijo Jesús: [e]Yo soy la resurrección y la vida; el que cree en mí, aunque esté muerto, vivirá. Y todo aquel que vive y cree en mí, no morirá eternamente. ¿Crees esto?

....

[a]EN EL SEPULCRO. Se refiere a una tumba de piedra. En Palestina eran bastante comunes. Se utilizaban cuevas o se abrían huecos en las elevaciones rocosas, tras lo cual se allanaba el suelo y se dejaba una inclinación leve. En esa misma área se cavaban otras fosas para sepultar a más familiares. Siempre se rodaba sobre la abertura una piedra pesada a fin de impedir la entrada de animales salvajes o profanadores de tumbas. El evangelista hizo mención especial del cuarto día con el fin de subrayar la magnitud del milagro, porque los judíos no embalsamaban y en ese momento el cuerpo se encontraría en un estado de descomposición rápida.

[b]MUCHOS DE LOS JUDÍOS HABÍAN VENIDO A MARTA Y A MARÍA. Lo que implican estos versículos es que la familia gozaba de cierta distinción en la comunidad. La mención de los judíos también hace que el lector comprenda el gran riesgo que Jesús corrió al acercarse tanto a Jerusalén, hervidero del odio en su contra por parte de los líderes.

[c]SI HUBIESES ESTADO AQUÍ. No es una queja ni una represión a Jesús, sino un testimonio de su confianza en su poder para sanar.

[d]TODO LO QUE PIDAS A DIOS. Con base en su declaración de Juan 11:39, ella no dijo que creyera que Jesús podía levantar a Lázaro de entre los muertos, sino que estaba al tanto de la relación especial que él tenía con Dios, razón por la cual sus oraciones podían traer algún bien en medio de este suceso lamentable.

[e]YO SOY LA RESURRECCIÓN Y LA VIDA. Esta es la quinta en una serie de siete grandes declaraciones de Jesús que comienzan con la frase «Yo soy» (vea Jn. 6:35; 8:12; 10:7, 9; 10:11, 14). Con esta declaración, Jesús hizo pasar a Marta de una creencia abstracta en la resurrección que tendrá lugar «en el día postrero» (cp. Jn. 5:28, 29) a una confianza personalizada en aquel que es el único que puede levantar a los muertos. Ni la resurrección ni la vida eterna existen sin la intervención del Hijo de Dios. El tiempo («en el día postrero») no es barrera para aquel que posee el poder de la resurrección y la vida (Jn. 1:4), por lo cual, él puede dar vida en cualquier momento y a quien quiera.

[f]Le dijo: Sí, Señor; yo he creído que tú eres el Cristo, el Hijo de Dios, que has venido al mundo. Habiendo dicho esto, fue y llamó a María su hermana, diciéndole en secreto: El Maestro está aquí y te llama. Ella, cuando lo oyó, se levantó de prisa y vino a él.

Jesús todavía no había entrado en la aldea, sino que estaba en el lugar donde Marta le había encontrado. Entonces los judíos que estaban en casa con ella y la consolaban, cuando vieron que María se había levantado de prisa y había salido, la siguieron, diciendo: Va al sepulcro a llorar allí.

María, cuando llegó a donde estaba Jesús, al verle, se postró a sus pies, diciéndole: Señor, si hubieses estado aquí, no habría muerto mi hermano. Jesús entonces, al verla llorando, y a [g]los judíos que la acompañaban, también llorando, [h]se estremeció en espíritu y se conmovió[.]

[Y] dijo: ¿Dónde le pusisteis? Le dijeron: Señor, ven y ve. [i]Jesús lloró. Dijeron entonces los judíos: Mirad cómo le amaba. Y algunos de ellos dijeron: ¿No podía éste, que abrió los ojos al ciego, haber hecho también que Lázaro no muriera?

Jesús, profundamente conmovido otra vez, vino al sepulcro. Era una cueva, y tenía una piedra puesta encima. Dijo Jesús: Quitad la piedra. Marta, la hermana del que había muerto, le dijo: Señor, [j]hiede ya, porque es de cuatro días.

....

[f]LE DIJO. Su confesión expresa la razón misma por la que Juan escribió este Evangelio inspirado (cp. Jn. 20:30, 31). Vea la confesión de Pedro en Mateo 16:16.

[g]LOS JUDÍOS QUE LA ACOMPAÑABAN, TAMBIÉN LLORANDO. De acuerdo con la tradición oral judía, en todo funeral hasta las familias pobres debían contratar por lo menos dos flautistas y una plañidera profesional para que hicieran lamento por el muerto. Puesto que se trataba de una familia acomodada, parece que estaba presente un grupo considerable.

[h]SE ESTREMECIÓ EN ESPÍRITU Y SE CONMOVIÓ. Aquí la frase no alude a una simple sensación profunda o a que Jesús estuviera conmovido por lo que veía. El término griego que aquí se traduce «se estremeció» siempre se aplica a sensaciones de enojo, indignación o exacerbación (vea Jn. 11:38; cp. Mt. 9:30; Mr. 1:43; 14:5). Lo más probable es que Jesús estuviera airado frente a la tristeza emotiva pero superficial de las personas, ya que revelaba de forma implícita su incredulidad en la resurrección y la naturaleza provisional de la muerte. Las personas allí reunidas actuaban como si fueran paganos carentes de esperanza (1 Ts. 4:13). Aunque la tristeza es algo comprensible, el grupo actuó sin esperanza y así expresó una negación tácita de la resurrección y las Escrituras que la prometen. Jesús también pudo haber sentido enojo por el dolor y la tristeza que el pecado imponía a la condición humana en general y a la muerte en particular.

[i]JESÚS LLORÓ. Aquí la palabra griega tiene la connotación de un sollozo en silencio que produce lágrimas emotivas, a diferencia de los lamentos y alaridos, muchos de ellos fingidos, por parte del séquito fúnebre. Sus lágrimas no se debieron a que sintiera tristeza por Lázaro, ya que estaba a punto de resucitarlo, sino a la condición de un mundo caído e inmerso en el pecado, la causa real de tanta desolación y muerte. Sin lugar a dudas, él fue un «varón de dolores, experimentado en quebranto» (Is. 53:3).

[j]HIEDE. Los judíos no tenían por costumbre embalsamar el cadáver, sino que utilizaban especias aromáticas para contrarrestar un poco el hedor de un cuerpo en descomposición. Para esto, lo envolvían en varios lienzos de tela y añadían especias en cada vuelta y pliegue. Tal envoltorio no era apretado como el de las momias egipcias, y la cabeza se envolvía por separado. Esto lo indica el hecho de que Lázaro pudo salir del sepulcro antes de ser liberado por completo del sudario (Jn. 11:44; cp. 20:7).

Jesús le dijo: ¿No te he dicho que si crees, verás la gloria de Dios? Entonces quitaron la piedra de donde había sido puesto el muerto. Y Jesús, alzando los ojos a lo alto, dijo: ᵏPadre, gracias te doy por haberme oído. Yo sabía que siempre me oyes; pero lo dije por causa de la multitud que está alrededor, para que crean que tú me has enviado.

Y habiendo dicho esto, clamó a gran voz: ¡Lázaro, ven fuera! Y ˡel que había muerto salió, atadas las manos y los pies con vendas, y el rostro envuelto en un sudario. Jesús les dijo: Desatadle, y dejadle ir.

ᵏPadre, gracias te doy. La oración de Jesús no era en realidad una petición, sino una acción de gracias al Padre. La razón para el milagro era autenticar sus declaraciones en el sentido de que era el Mesías y el Hijo de Dios.

ˡEl que había muerto salió. Esto fue un anticipo del poder que sería desplegado a plenitud en la resurrección final, cuando todos los muertos oigan la voz del Hijo de Dios y vivan (Jn. 5:25, 28, 29).

132. Los líderes judíos planean matar a Jesús

Jn. 11:45-54

[IN]Entonces muchos de los judíos que habían venido para acompañar a María, y vieron lo que hizo Jesús, creyeron en él. [a]Pero algunos de ellos fueron a los fariseos y les dijeron lo que Jesús había hecho.

Entonces los principales sacerdotes y los fariseos [b]reunieron el concilio, y dijeron: ¿Qué haremos? Porque este hombre hace muchas señales. Si le dejamos así, todos creerán en él; y [c]vendrán los romanos, y destruirán nuestro lugar santo y nuestra nación.

Entonces [d]Caifás, uno de ellos, sumo sacerdote aquel año, les dijo: Vosotros no sabéis nada; ni pensáis que nos conviene [e]que un hombre muera por el pueblo, y no que toda la nación perezca. Esto no lo dijo por sí mismo, sino que como era el

....

[a] PERO ALGUNOS DE ELLOS FUERON A LOS FARISEOS. La enseñanza y las acciones de Jesús dividieron en muchas ocasiones a los judíos (p. ej., Jn. 6:14, 15; 7:10–13; 45–52). Mientras que algunos creyeron, otros, al parecer con intención maliciosa, informaron a los fariseos sobre la acción de Jesús.

[b] REUNIERON EL CONCILIO. Alertado por los fariseos, un comité del Sanedrín compuesto por los principales sacerdotes (aquellos que habían sido sumos sacerdotes en el pasado y varios miembros de sus familias) y fariseos, convocó a una sesión extraordinaria del Sanedrín. Los fariseos no podían por sí mismos emprender una acción judicial contra Jesús. Aunque estaba sujeto al control romano, el Sanedrín era la máxima entidad jurídica en Israel y ejercía todo el poder judicial, legislativo y ejecutivo en aquel momento histórico. En el tiempo de Jesús, el Sanedrín con sus setenta miembros era dominado por los principales sacerdotes, y casi todos los sacerdotes eran saduceos. Los fariseos constituían una minoría influyente. Aunque los fariseos y los saduceos solían tener enfrentamientos frecuentes, su odio mutuo hacia Jesús los unió en las acciones descritas en estos capítulos.

[c] VENDRÁN LOS ROMANOS. Los judíos no estuvieron dispuestos a creer en Jesús como el Hijo de Dios, así Lázaro hubiera sido resucitado. Temían que las expectativas mesiánicas crecieran a tal punto que se creara un movimiento en contra de la opresión y la ocupación del Imperio Romano, lo cual ocasionaría en última instancia la pérdida de todos los derechos y las libertades que los romanos les permitían tener.

[d] CAIFÁS. Caifás se convirtió en sumo sacerdote en 18 A.D. tras ser nombrado por el prefecto romano Valerio Grato en lugar de su suegro Anás, quien había ejercido la misma función entre 7 y 14 A.D., y que aun después de su gestión ejerció gran influencia sobre el cargo (vea Jn. 18:12–14). Caifás permaneció en el puesto hasta 36 A.D., año en el que fue removido por los romanos junto a Poncio Pilato. Desempeñó un papel protagónico en el juicio y la condena de Jesús. En su corte o palacio, los principales sacerdotes (saduceos) y los fariseos se reunieron «y tuvieron consejo para prender con engaño a Jesús, y matarlo» (vea Mt. 26:3, 4).

[e] QUE UN HOMBRE MUERA POR EL PUEBLO. Solo quiso dar a entender que Jesús debería ser ejecutado con el fin de proteger su propia posición y su nación de cualquier represalia romana, pero sin proponérselo, Caifás usó el lenguaje propio de la expiación por sacrificio sustitutivo y profetizó la muerte de Cristo por los pecadores. Cp. 2 Corintios 5:21; 1 Pedro 2:24.

sumo sacerdote aquel año, 'profetizó que Jesús había de morir por la nación; y no solamente por la nación, sino también ^gpara congregar en uno a los hijos de Dios que estaban dispersos.

Así que, ^hdesde aquel día acordaron matarle. Por tanto, Jesús ya no andaba abiertamente entre los judíos, sino que se alejó de allí a la región contigua al desierto, a una ciudad llamada ⁱEfraín; y se quedó allí con sus discípulos.

....

^fPROFETIZÓ. Caifás no reconoció todo lo que implicaban sus palabras. Aunque pronunció blasfemias contra Cristo, Dios parodió su declaración atrevida y la convirtió en una gloriosa verdad bíblica (cp. Sal. 76:10). La responsabilidad por la intención malvada de sus palabras recayó en Caifás, pero la providencia de Dios dirigió la selección de las palabras con el fin de expresar la esencia del glorioso plan de salvación de Dios (Hch. 4:27, 28). En realidad fue usado por Dios como profeta porque era el sumo sacerdote, y en el orden original el sumo sacerdote era el instrumento usado por Dios para revelar su voluntad (2 S. 15:27).

^gPARA CONGREGAR EN UNO A LOS HIJOS DE DIOS. En contexto, esto hacía referencia a los judíos creyentes que estaban dispersos por el mundo y que un día serían congregados en la Tierra Prometida para participar del reino de Dios (Is. 43:5; Ez. 34:12). En un sentido más amplio, esto también anticipaba la misión a los gentiles (vea 12:32). Como resultado del sacrificio, la muerte y la resurrección de Cristo, tanto judíos como gentiles fueron reunidos en un solo cuerpo, la iglesia (Ef. 2:11–18).

^hDESDE AQUEL DÍA. La frase indica que su curso de acción en contra de Jesús quedó determinado. Solo les faltaba llevarlo a cabo. Note que Jesús no fue arrestado para ser juzgado, porque los judíos ya lo habían declarado culpable de blasfemia. El juicio fue una simple formalidad para aplicar una sentencia que ya se había dictado (Mr. 14:1, 2).

ⁱEFRAÍN. Una referencia probable a la ciudad de «Efraín con sus aldeas» en el AT (vea 2 Cr. 13:19). El nombre de esta población en la actualidad es Et-Taiyibé y está ubicada a seis y medio kilómetros al noreste de Betel y a unos diecinueve kilómetros de Jerusalén. Estaba alejada lo suficiente para proveer seguridad temporal de los líderes judíos.

133. Jesús sana a diez leprosos

Lc. 17:11–21

[LCa]Yendo Jesús a Jerusalén, pasaba entre Samaria y Galilea. Y al entrar en una aldea, le salieron al encuentro diez hombres [b]leprosos, los cuales se pararon de lejos y alzaron la voz, diciendo: ¡Jesús, Maestro, [c]ten misericordia de nosotros!

Cuando él los vio, les dijo: Id, [d]mostraos a los sacerdotes. Y aconteció que mientras iban, fueron limpiados. Entonces [e]uno de ellos, viendo que había sido sanado, volvió, glorificando a Dios a gran voz, y se postró rostro en tierra a sus pies, dándole gracias; y [f]éste era samaritano.

....

[a] YENDO JESÚS A JERUSALÉN, PASABA ENTRE SAMARIA Y GALILEA. Lucas no explicó la razón para esta ruta circular, pero una comparación de los Evangelios produce varias pistas. Parece que transcurrió un tiempo entre Lucas 17:10 y 11. La resurrección de Lázaro en Betania, cerca de Jerusalén (Jn. 11) parece corresponder a este marco temporal. En Juan 11:54 se afirma que tras levantar a Lázaro de los muertos, para evitar a las autoridades que lo buscaban para matarlo, Cristo fue «a una ciudad llamada Efraín», al norte de Jerusalén y cerca de la frontera con Samaria. Al parecer, desde allí se desplazó hacia el norte, pasando por Samaria y Galilea una vez más, quizá para reunirse con amigos y parientes de Galilea que en ese momento hacían el peregrinaje hacia Jerusalén para la Pascua. Desde allí habría viajado hacia el sur por la ruta convencional, lo cual le habría hecho pasar por Jericó (Lucas 18:35) hacia Jerusalén.

[b] LEPROSOS. Eran hombres contaminados para fines ceremoniales a quienes se obligaba a vivir en las afueras (Lv. 13:46; Nm. 5:2, 3). Por requisitos legales tenían que permanecer a cierta distancia, así que su comunicación con Cristo fue por medio de gritos. Cp. Levítico 13:2.

[c] TEN MISERICORDIA DE NOSOTROS. Cp. Mateo 9:27; 15:22; 17:15; 20:31; Marcos 10:47, 48; Lucas 16:24; 18:38, 39. Este era un ruego común que exclamaban las personas que deseaban recibir sanidad en su cuerpo.

[d] MOSTRAOS A LOS SACERDOTES. Es decir, para ser declarados limpios (Lv. 13:2, 3; 14:2–32). MIENTRAS IBAN. La sanidad fue súbita y visible de inmediato, pero ocurrió después de que ellos obedecieran su mandato.

[e] UNO DE ELLOS [...] VOLVIÓ. Su reacción nos recuerda la conducta de Naamán (2 R. 5:15). Los otros, ansiosos de ser declarados limpios para que pudieran volver a llevar una vida normal en sociedad, siguieron su camino hasta llegar al sacerdote y se olvidaron de dar gracias.

[f] ÉSTE ERA SAMARITANO. El hecho de que Jesús mandara a los leprosos que se presentaran ante el sacerdote indica que eran judíos. A este samaritano se le había permitido asociarse con ellos mientras estuvieran contaminados por la lepra, pero al ser sanados, optaron por no unirse a él en su actitud de gratitud profunda.

Respondiendo Jesús, dijo: ¿No son diez los que fueron limpiados? Y los nueve, ¿dónde están? ¿No hubo quien volviese y diese gloria a Dios sino [g]este extranjero? Y le dijo: Levántate, vete; tu fe [h]te ha salvado.

Preguntado por los fariseos, [i]cuándo había de venir el reino de Dios, les respondió y dijo: El reino de Dios [j]no vendrá con advertencia, ni dirán: Helo aquí, o helo allí; porque he aquí el reino de Dios está [k]entre vosotros.

....

[g] ESTE EXTRANJERO. Es evidente que Jesús no consideraba a los samaritanos como menos o más que los demás gentiles. Cp. Juan 4:4.

[h] TE HA SALVADO. Lit. «te salvó» (cp. Mateo 9:22; Marcos 5:34).

[i] CUÁNDO HABÍA DE VENIR EL REINO DE DIOS. Es posible que hayan hecho la pregunta con espíritu de burla, porque ya habían llegado a su propia conclusión de que él no era el Mesías.

[j] NO VENDRÁ CON ADVERTENCIA. Los fariseos creían que el triunfo del Mesías sería inmediato. Esperaban que viniera a derrocar a los romanos para establecer el reino milenario. El programa de Cristo era por completo diferente. Él inauguró una era en la que el reino se haría manifiesto en el señorío de Dios en el corazón de los hombres por medio de la fe en el Salvador (Lc. 17:21; cp. Ro. 14:17). Ese reino no estaría limitado a una ubicación geográfica en particular ni sería visible a la vista humana. Vendría de manera silenciosa e invisible, libre de la pompa y el esplendor asociados con la llegada de un rey. Jesús no sugirió que las promesas del AT sobre un reino terrenal quedarían anuladas. Más bien, estableció que esa manifestación visible y terrenal del reino aún está por venir (Ap. 20:1–6).

[k] ENTRE VOSOTROS. Es decir, dentro del corazón de las personas. Aquí el pronombre no se refiere a los fariseos en general.

134. Jesús enseña sobre su Segunda Venida

Lc. 17:22-37

ᴸᶜY dijo a sus discípulos: ᵃTiempo vendrá cuando ᵇdesearéis ver uno de los días del Hijo del Hombre, y no lo veréis. ᶜY os dirán: Helo aquí, o helo allí. No vayáis, ni los sigáis. Porque como el relámpago que al fulgurar resplandece desde un extremo del cielo hasta el otro, así también será el Hijo del Hombre en su día.

Pero primero ᵈes necesario que padezca mucho, y sea desechado por esta generación. Como fue ᵉen los días de Noé, así también será en los días del Hijo del Hombre. Comían, bebían, se casaban y se daban en casamiento, hasta el día en que entró Noé en el arca, y vino el diluvio y los destruyó a todos. Asimismo como sucedió ᶠen los días de Lot; comían, bebían, compraban, vendían, plantaban, edificaban; mas el día en que Lot salió de Sodoma, llovió del cielo fuego y azufre, y los destruyó a todos. Así será el día en que el Hijo del Hombre se manifieste.

En aquel día, el que esté en la ᵍazotea, y sus bienes en casa, no descienda a tomarlos; y el que en el campo, asimismo no vuelva atrás. ʰAcordaos de la mujer

....

ᵃ Tɪᴇᴍᴘᴏ ᴠᴇɴᴅʀᴀ́. Esto introduce un discurso breve que tiene algunas similitudes con el discurso en los Olivos de Mateo 24, 25.

ᵇ Dᴇsᴇᴀʀᴇ́ɪs ᴠᴇʀ ᴜɴᴏ ᴅᴇ ʟᴏs ᴅɪ́ᴀs ᴅᴇʟ Hɪᴊᴏ ᴅᴇʟ Hᴏᴍʙʀᴇ. Es decir, el deseo de contar con su presencia física. Esto indica el anhelo por su regreso para poner todas las cosas en orden (cp. Ap. 6:9-11; 22:20).

ᶜ Y ᴏs ᴅɪʀᴀ́ɴ: Hᴇʟᴏ ᴀǫᴜɪ́, ᴏ ʜᴇʟᴏ ᴀʟʟɪ́. Cp. Mateo 24:26-27.

ᵈ Es ɴᴇᴄᴇsᴀʀɪᴏ ǫᴜᴇ ᴘᴀᴅᴇᴢᴄᴀ. Es decir, porque el plan soberano de Dios es que él muriera como sustitución perfecta por los pecadores. Cp. Mateo 16:21; Marcos 8:31; Lucas 9:22; 18:31-33; 24:25, 26.

ᵉ Eɴ ʟᴏs ᴅɪ́ᴀs ᴅᴇ Nᴏᴇ́. Cp. Mateo 24:37-38.

ᶠ Eɴ ʟᴏs ᴅɪ́ᴀs ᴅᴇ Lᴏᴛ. El juicio de Dios vino de manera repentina y destruyó a las personas en medio de sus actividades cotidianas (Gn. 19:24, 25). Ninguna de las cosas citadas por Jesús con relación a los días de Noé o Lot era pecaminosa en sí misma, pero las personas se encontraban tan absortas en las cosas de esta vida que no estaban preparadas en lo más mínimo para la llegada inminente del juicio.

ᵍ Aᴢᴏᴛᴇᴀ. La casa típica tenía un techo plano con escaleras en el exterior. El peligro sería tan grande que quienes estuvieran en el techo debían huir sin entrar a la casa para recuperar cosa alguna.

ʰ Aᴄᴏʀᴅᴀᴏs ᴅᴇ ʟᴀ ᴍᴜᴊᴇʀ ᴅᴇ Lᴏᴛ. La esposa de Lot fue destruida en el umbral mismo de su liberación. Su apego a Sodoma era tan potente que se retrasó y miró hacia atrás. Fue sobrecogida por el juicio que se ejecutaba en aquel mismo instante, justo antes de llegar al lugar de su seguridad y salvación (Gn. 19:26).

de Lot. Todo el que procure salvar su vida, la perderá; y ᶦtodo el que la pierda, la salvará. Os digo que en aquella noche estarán dos en una cama; ʲel uno será tomado, y el otro será dejado. Dos mujeres estarán moliendo juntas; la una será tomada, y la otra dejada. Dos estarán en el campo; el uno será tomado, y el otro dejado.

Y respondiendo, le dijeron: ¿Dónde, Señor? Él les dijo: Donde estuviere el cuerpo, allí se juntarán también ᵏlas águilas.

ᶦTODO EL QUE LA PIERDA, LA SALVARÁ. Cp. Lucas 14:11.

ʲEL UNO SERÁ TOMADO, Y EL OTRO SERÁ DEJADO. Cp. Mateo 24:40, 41.

ᵏLAS ÁGUILAS. Mejor traducido como «los buitres». Cp. Mateo 24:28.

135. El juez injusto y el publicano justificado

Lc. 18:1–14

^{LC}También les refirió Jesús una parábola sobre la necesidad de ^aorar siempre, y ^bno desmayar, diciendo: Había en una ciudad un juez, que ^cni temía a Dios, ni respetaba a hombre. Había también en aquella ciudad una viuda, la cual venía a él, diciendo: Hazme justicia de mi adversario. Y él no quiso por algún tiempo; pero después de esto dijo dentro de sí: Aunque ni temo a Dios, ni tengo respeto a hombre, sin embargo, porque esta viuda me es molesta, le haré justicia, no sea que viniendo de continuo, ^dme agote la paciencia.

Y dijo el Señor: ^eOíd lo que dijo el juez injusto. ¿Y acaso Dios no hará justicia a sus escogidos, que claman a él día y noche? ¿Se tardará en responderles? Os digo que ^fpronto les hará justicia. Pero cuando venga el Hijo del Hombre, ^g¿hallará fe en la tierra?

....

^aORAR SIEMPRE. Un tema común en las epístolas de Pablo. Cp. Romanos 1:9; 12:12; Efesios 6:18; 1 Tesalonicenses 5:17; 2 Tesalonicenses 1:11.

^bNO DESMAYAR. Es decir, ante las aflicciones y las penalidades de la vida, y ante la evidencia del juicio venidero (descrito en el discurso anterior de Lucas 17:12–37).

^cNI TEMÍA A DIOS, NI RESPETABA A HOMBRE. Este hombre era malo hasta la médula. Cristo lo describió como un «juez injusto», como al mayordomo malo en Lucas 16:8. El juez no se presenta como un símbolo de Dios, sino más bien como un contraste total de la actitud divina. Si un hombre tan injusto estaba dispuesto a responder a ruegos persistentes, ¿cuánto más Dios, que no solo es justo, sino también amoroso y misericordioso, lo hará con buena disposición y prontitud?

^dME AGOTE LA PACIENCIA. Lit. «golpee bajo el ojo». Lo que el juez no estaba dispuesto a hacer por compasión hacia la viuda o reverencia hacia Dios, lo haría por la simple sensación de frustración y derrota ante sus ruegos incesantes.

^eOÍD LO QUE DIJO EL JUEZ INJUSTO. Esto es, escuchen la enseñanza de esta historia, a saber, que Dios, quien siempre hace las cosas bien y está lleno de compasión por los creyentes que sufren, ciertamente responderá a sus amados que claman por su ayuda.

^fPRONTO. Así tarde en contestar, lo hace con una buena razón (cp. 2 P. 3:8, 9), y al actuar, su venganza es rápida.

^g¿HALLARÁ FE...? Esto indica que al regresar, la fe verdadera escaseará y será poco común en comparación, como en los días de Noé (Lc. 17:26), cuando solo ocho almas fueron salvas. El período antes de su regreso estará marcado por la persecución, la apostasía y la incredulidad (Mt. 24:9–13, 24).

A unos que confiaban en sí mismos como justos, y menospreciaban a los otros, dijo también esta [h]parábola: Dos hombres subieron al templo a orar: uno era fariseo, y el otro publicano. El fariseo, puesto en pie, oraba consigo mismo de esta manera: Dios, te doy gracias porque no soy como los otros hombres, ladrones, injustos, adúlteros, ni aun como este publicano; [i]ayuno dos veces a la semana, doy diezmos de todo lo que gano. Mas el publicano, [j]estando lejos, no quería ni aun alzar los ojos al cielo, sino que se golpeaba el pecho, diciendo: [k]Dios, sé propicio a mí, pecador. Os digo que éste descendió a su casa [l]justificado antes que el otro; porque cualquiera que se enaltece, será humillado; y el que se humilla será enaltecido.

....

[h] PARÁBOLA. Esta parábola tiene abundantes verdades acerca de la doctrina de la justificación por fe. Ilustra a la perfección la manera en que un pecador que carece en absoluto de justicia personal es declarado justo delante de Dios en un solo instante, por medio de un acto de fe en arrepentimiento. La parábola va dirigida a los fariseos que confiaban en su propia justicia. Tal confianza en la justicia inherente a uno mismo es una esperanza que condena (cp. Ro. 10:3; Fil. 3:9), porque la justicia humana, incluso la justicia del fariseo más devoto, está a una distancia infinita del parámetro divino de justicia (Mt. 5:48). Las Escrituras enseñan sin excepción alguna que los pecadores son justificados tan pronto la justicia perfecta de Dios es imputada en su favor (cp. Gn. 15:6; Ro. 4:4, 5; 2 Co. 5:21; Fil. 3:4-9), y solo sobre la base de esta verdad pudo salvarse este publicano, al igual que cualquier otro ser humano.

[i] AYUNO DOS VECES A LA SEMANA. Es decir, más de lo requerido por cualquier parámetro bíblico (cp. Lc. 5:33). Con la exaltación de sus propias obras, el fariseo reveló que toda su esperanza se apoyaba en el hecho de no ser tan malo como otra persona. Carecía por completo de un sentido real acerca de su propia indignidad y pecado. Cp. Mateo 19:17-20; Lucas 17:7-10.

[j] ESTANDO LEJOS. La humildad del publicano puede notarse en su postura y su conducta. Era un hombre que había sido llevado a enfrentar cara a cara la realidad de su propio pecado, y su única respuesta fue una humildad sin pretensiones y un arrepentimiento sin condiciones. Se diferencia del fariseo en cada detalle.

[k] DIOS, SÉ PROPICIO. No tenía más esperanza que la misericordia de Dios. La ley tiene el propósito de llevar a este mismo punto a todo pecador (cp. Ro. 3:19, 20; 7:13; Gá 3:22-24).

[l] JUSTIFICADO. Es decir, contado por justo delante de Dios por medio de una justicia perfecta que le fue imputada.

136. Jesús enseña sobre el divorcio

Mt. 19:1-12; Mr. 10:1-12

^{MT}Aconteció que cuando Jesús terminó estas palabras, ^{MR}[l]evantándose de allí, ^{MT}se alejó de Galilea, y fue a ^alas regiones de Judea al otro lado del Jordán. Y le siguieron grandes multitudes, y los sanó allí. ^{MR}[Y] de nuevo les enseñaba como solía.

^{MT}Entonces ^bvinieron a él los fariseos, tentándole y diciéndole: ^c¿Es lícito al hombre repudiar a su mujer por cualquier causa? ^{MR}El, respondiendo, les dijo: ^d¿Qué os mandó Moisés? Ellos dijeron: ^eMoisés ^fpermitió dar carta de divorcio,

....

^a LAS REGIONES DE JUDEA AL OTRO LADO DEL JORDÁN. Perea era la región inmediatamente al este de la rivera del Jordán. No era técnicamente parte de Judea, pero el territorio regido por Herodes el Grande incluía ambas regiones y de manera habitual se le consideraba de esta forma. El ministerio de Cristo en Perea duró solo unos cuantos meses. Partiendo de aquí haría su viaje final a Jerusalén, justo antes de la semana de la Pasión (cp. Mt. 20:17–19).

^b VINIERON A ÉL LOS FARISEOS, TENTÁNDOLE. Los fariseos esperaban desacreditar públicamente el ministerio de Jesús. Esperaban que la resultante pérdida de popularidad haría más sencillo para ellos destruirlo. Para este momento, Perea estaba regida por Herodes Antipas, quien había encarcelado a Juan el Bautista por sus críticas a su divorcio y segundas nupcias (Mr. 6:17, 18). Los fariseos sin duda alguna esperaban un final similar para Jesús.

^c ¿Es LÍCITO...? Había un vehemente debate entre dos escuelas de pensamiento (ambas contemporáneas de Cristo). Los discípulos de Shamai interpretaban la ley de un modo rígido y permitían que un hombre se divorciara de su esposa solo si ella era culpable de adulterio. El enfoque de los discípulos de Hilel era completamente pragmático, permitiendo que un hombre se divorciara de su esposa por cualquier motivo. Los fariseos intentaban tenderle una trampa a Jesús con este tema tan conflictivo para el judaísmo del primer siglo. Ellos esperaban que Jesús tomara partido por alguno de los dos lados, en cuyo caso habría perdido el apoyo de la otra facción.

^d ¿QUÉ OS MANDÓ MOISÉS? Jesús fija las reglas bajo las cuales se regirá la discusión. El tema no se refería a la interpretación rabínica, sino a la enseñanza de las Escrituras.

^e MOISÉS PERMITIÓ DAR CARTA DE DIVORCIO. El énfasis se encuentra, sin duda alguna, en la palabra «permitió». Jesús claramente apoya la interpretación de la escuela de Shamai.

^f PERMITIÓ. En ninguna parte de la ley mosaica, como los fariseos estaban obligados a aceptar, se alentaba el divorcio. El pasaje en cuestión, Deuteronomio 24:1–4, reconocía la realidad del divorcio, buscaba proteger los derechos y la reputación de la esposa, y también regular las segundas nupcias.

y repudiarla. ^{MT}Él, respondiendo, les dijo: ¿No habéis leído que el que los ^ghizo al principio, varón y hembra los hizo, y dijo: ^hPor esto el hombre dejará padre y madre, y se unirá a su mujer, y los dos serán una sola carne? Así que no son ya más dos, sino una sola carne; ⁱpor tanto, lo que Dios juntó, no lo separe el hombre.

Le dijeron: ^j¿Por qué, pues, mandó Moisés dar ^kcarta de divorcio, y repudiarla? El les dijo: Por ^lla dureza de vuestro corazón ^{MR}os escribió este mandamiento [y] ^{MT}os permitió repudiar a vuestras mujeres; mas ^mal principio no fue así.

^{MR}En casa volvieron los discípulos a preguntarle de lo mismo, y les dijo: ^{MT}Y yo os digo que cualquiera que repudia a su mujer, salvo por causa de ⁿfornicación, y se

----

^g HIZO [...] VARÓN Y HEMBRA. Citado de Génesis 1:27; 5:2, en referencia a Adán y Eva. El reto de Jesús a los fariseos reproduce lo dicho en Malaquías 2:15: «¿No [los] hizo él uno...?».

^h POR ESTO. Jesús trató el tema más allá de las consideraciones rabínicas sobre los aspectos técnicos del divorcio. El pasaje que Jesús cita (Gn. 2:24) presenta tres razones para la inviolabilidad del matrimonio: (1) Dios creó solo a dos humanos, no a un grupo de hombres y mujeres que pudieran elegir o cambiar de pareja según su gusto particular; (2) la palabra traducida como «se unirá» significa literalmente «se pegará», lo que refleja lo íntimo del lazo matrimonial; (3) a los ojos de Dios la pareja es «una sola carne», formando una indivisible unión que manifiesta su unidad en un hijo.

ⁱ POR TANTO, LO QUE DIOS JUNTÓ. Jesús añade una cuarta razón para la inviolabilidad del matrimonio: Dios ordena los matrimonios y los mismos no deben ser deshechos por el hombre.

^j ¿POR QUÉ, PUES, MANDÓ MOISÉS DAR CARTA DE DIVORCIO...? Los fariseos malentendían Deuteronomio 24:1-4. No se trataba de una «orden» sobre el divorcio, sino de una limitación sobre los que se volvían a casar en caso de un divorcio. Aunque se reconocía la legitimidad del divorcio cuando un hombre hallare «alguna cosa indecente» (Dt. 24:1) en su esposa (pecado sexual, según la interpretación de Jesús), Moisés no estaba «ordenando» el divorcio.

^k CARTA DE DIVORCIO. En este documento, el esposo debía especificar la razón del divorcio, protegiendo así la reputación de la esposa (si en realidad era inocente de su supuesto mal proceder). Servía también de certificado de divorcio para la esposa, permitiéndole así contraer matrimonio nuevamente (asumiendo que no era culpable de inmoralidad sexual). La interpretación liberal de los fariseos de Deuteronomio 24 había distorsionado el pasaje, enseñando que el divorcio estaba «permitido» bajo cualquier motivo (citando como motivos legítimos sucesos tan triviales como que la esposa arruinara la cena o que el esposo hallara otra mujer más deseable como esposa), siempre y cuando el documento legal de divorcio fuera hecho. De esta forma magnificaron un detalle, mencionado solo como referencia, dentro del énfasis principal del pasaje.

^l LA DUREZA DE VUESTRO CORAZÓN. Esto se refiere a la impenitente y flagrante inmoralidad sexual. El divorcio sería el último recurso para tratar con semejante problema. Los fariseos confundieron la provisión de gracia de Dios al permitir el divorcio (bajo ciertas circunstancias) con su ordenanza de este.

^m AL PRINCIPIO. El divorcio no formaba parte del plan original de Dios para el matrimonio, según el cual un hombre estaría casado de por vida con una sola mujer (Gn. 2:24).

ⁿ FORNICACIÓN. Este es un término que engloba todo tipo de pecado sexual. Tanto aquí como en Mateo 5:32, Jesús incluye esto como «cláusula de excepción», permitiendo claramente a aquel que es la parte inocente en el divorcio volver a casarse sin incurrir en el estigma de uno que «comete adulterio».

casa con otra, adultera ᴹᴿcontra ella; y si la mujer repudia a su marido y ᵒse casa con otro, comete adulterio. ᴹᵀLe dijeron sus discípulos: Si así es la condición del hombre con su mujer, ᵖno conviene casarse. Entonces él les dijo: No todos son capaces de recibir esto, sino aquellos a quienes es dado. Pues hay eunucos que nacieron así del vientre de su madre, y hay eunucos que son hechos eunucos por los hombres, y hay eunucos que a sí mismos se hicieron eunucos por causa del reino de los cielos. El que sea capaz de recibir esto, ᵠque lo reciba.

ᵒSE CASA CON OTRO, COMETE ADULTERIO. Contraer nuevas nupcias después de un divorcio, salvo en las circunstancias bíblicamente aprobadas, prolifera el adulterio. La parte inocente (aquel contra quien se ha cometido un prolongado, descarado e impenitente adulterio) puede casarse de nuevo sin ser culpable de adulterio, como lo puede hacer un creyente cuyo cónyuge incrédulo haya escogido abandonar el matrimonio (Cp. 1 Co. 7:15).

ᵖNO CONVIENE CASARSE. Los discípulos entendieron correctamente la naturaleza permanente del matrimonio, y que Jesús estaba fijando un muy alto estándar, permitiendo el divorcio solo en la más extrema de las circunstancias.

ᵠQUE LO RECIBA. Debido a que no todos pueden hacerle frente a esto, Cristo no está mandando aquí el celibato. Por el contrario, lo hace un asunto de elección personal, excepto para aquellos que están físicamente imposibilitados de contraer matrimonio por razones naturales o la violencia de otros hombres. Incluso algunos pueden encontrar razones pragmáticas para no casarse por el bien del reino (cp. 1 Co. 7:7-9). Sin embargo, de ninguna forma Cristo sugirió que el celibato es superior al matrimonio (cp. Gn. 2:18; 1 Ti. 4:3).

137. Jesús enseña sobre el reino

Mt. 19:13–30; Mr. 10:13–31; Lc. 18:15–30

[MT]Entonces le fueron presentados unos niños, [a]para que pusiese las manos sobre ellos, y orase; y los discípulos [...] reprendieron [MR]a los que los presentaban. Viéndolo Jesús, se indignó, y [LC]llamándolos, dijo: [MT]Dejad a los niños venir a mí, y [b]no se lo impidáis; porque [c]de los tales es el reino de los cielos. [MR]De cierto os digo, que el que no reciba el reino de Dios [d]como un niño, no entrará en él. Y tomándolos en los brazos, poniendo las manos sobre ellos, los bendecía[MT], [y] se fue de allí.

Entonces [MR][a]l salir él para seguir su camino, [LC][u]n hombre principal [MR]vino [...] corriendo, e hincando la rodilla delante de él, le preguntó: [MT,e]Maestro bueno,

....

[a]PARA QUE PUSIESE LAS MANOS SOBRE ELLOS. Es decir, colocara sus manos sobre los niños para orar por ellos. Los padres judíos comúnmente buscaban la bendición de rabinos prominentes para sus hijos.

[b]NO SE LO IMPIDÁIS. Jesús reprendió a los discípulos por su intención de evitar que los niños lo vieran. No era asunto de ellos decidir quién tenía acceso a Jesús y quién no (cp. Mt. 15:23).

[c]DE LOS TALES. Estos niños eran demasiado jóvenes como para poder desarrollar una fe personal. Es muy significativo que Jesús los use como una ilustración de todos aquellos que forman «el reino de los cielos» (cp. 18:1–4). Marcos 10:16 también dice que «los bendecía». Dios muestra siempre una especial misericordia hacia aquellos que, debido a su edad o a una deficiencia mental, son incapaces de ser creyentes o incrédulos voluntariamente (cp. Jon. 4:11). Ellos son llamados «inocentes» en Jeremías 19:4. Esto no quiere decir que estén libres de la corrupción moral y la culpabilidad heredadas del pecado de Adán (cp. Ro. 5:12–19), pero no son culpables en el mismo sentido de aquellos que pecan deliberada y premeditadamente. Las palabras de Jesús sugieren aquí que la misericordia de Dios es extendida en su gracia a los infantes, de forma que aquellos que mueren son regenerados por su soberana voluntad y tienen garantizada la entrada en el reino, no porque merezcan el cielo, sino porque Dios en su gracia escogió redimirlos. Cp. 2 Samuel 12:23.

[d]COMO UN NIÑO. Con humildad, una confiada dependencia, y reconociendo que no se posee nada de virtud o valor personal.

[e]MAESTRO BUENO. Este no es un reconocimiento necesariamente de la deidad de Cristo. El joven solo quiso decir que Jesús era recto y un maestro de Dios, que aparentemente tenía vida eterna y podía saber cómo alcanzarla.

[f]¿qué bien haré para tener la [g]vida eterna? [LC]Jesús le dijo: [h]¿Por qué me llamas bueno? Ninguno hay bueno, sino sólo Dios. [MT]Mas [i]si quieres entrar en la vida, guarda los mandamientos. Le dijo: ¿Cuáles? Y Jesús dijo: [j]No matarás. No adulterarás. No hurtarás. No dirás falso testimonio [MRk]No defraudes. [MT]Honra a tu padre y a tu madre; y, Amarás a tu prójimo como a ti mismo.

El joven[MR][,] respondiendo, le dijo: [MT l]Todo esto lo he guardado desde mi juventud. ¿Qué más me falta? [LC m]Jesús, oyendo esto, [MR]mirándole, le amó, y le dijo: Una cosa

---

[f] ¿QUÉ BIEN HARÉ...? Empapado en el legalismo de sus días, el joven pensaba naturalmente que habría alguna obra que podría garantizarle la vida eterna. Su falta de entendimiento sobre la verdadera naturaleza de la salvación, sin embargo, no significa que haya sido hipócrita.

[g] VIDA ETERNA. Más allá de la existencia física eterna, se trata de una calidad diferente de vida. La vida eterna es solo en Cristo Jesús (cp. Jn. 3:15, 16; 10:28; 17:2, 3; Ro. 6:23; 1 Jn. 5:11, 13, 20). Quienes la poseen han «pasado de muerte a vida» (Jn. 5:24; 1 Jn. 3:14; cp. Ef. 2:1–3); han muerto al pecado y están vivos para Dios (Ro. 6:11); tienen la vida verdadera de Cristo en ellos (2 Co. 4:11; Gá 2:20); y disfrutan de una relación con Jesucristo que jamás tendrá fin (Jn. 17:3).

[h] ¿POR QUÉ ME LLAMAS BUENO? NINGUNO HAY BUENO, SINO SÓLO DIOS. Jesús no estaba rechazando su propia deidad, sino más bien enseñándole al joven que todos son pecadores excepto Dios. El más serio defecto espiritual de este joven era su renuencia a confesar su propia bancarrota espiritual. ¿Por qué me llamas bueno? Jesús reta al joven líder a pensar en las implicaciones de asignarle el título de «bueno». Siendo que Dios es el único intrínsecamente bueno, ¿estaba preparado para reconocer la deidad de Jesús? Por medio de esta pregunta, Jesús no negaba su propia deidad, por el contrario, la estaba afirmando.

[i] SI QUIERES ENTRAR EN LA VIDA, GUARDA LOS MANDAMIENTOS. Esto, por supuesto, es la ley, no el evangelio. Antes de enseñarle el camino a la vida, Jesús quería impresionar al joven con el alto estándar exigido por Dios y la absoluta futilidad de buscar la salvación por medio de los méritos propios. Tal cosa debió haber provocado una respuesta sobre la imposibilidad de guardar toda la ley de manera perfecta, pero en lugar de eso, el joven declaró confiadamente que él calificaba para entrar al cielo bajo aquellos términos.

[j] No... Estos son cinco de los seis mandamientos que forman la segunda parte de los Diez Mandamientos, los cuales tratan sobre las relaciones humanas (cp. Éx. 20:12–16; Dt. 5:16–20). Jesús omitió el décimo mandamiento, el cual trata sobre la codicia, e incluyó Levítico 19:18, la sumatoria de la segunda parte del Decálogo. Cp. Romanos 13:1–10.

[k] NO DEFRAUDES. No aparece en el pasaje textual de los Diez Mandamientos, solamente en el relato de Marcos. Podría ser una paráfrasis del mandamiento sobre no codiciar.

[l] TODO ESTO LO HE GUARDADO. Su respuesta fue sin duda alguna sincera, pero superficial y falsa. Él, al igual que Pablo (Fil. 3:6), pudo haber sido irreprensible en términos de acciones externas, pero no en términos de las actitudes y motivaciones internas (cp. Mt. 5:21–48). La justicia propia de este joven no le permitía admitir su propio pecado.

[m] JESÚS [...] LE AMÓ. Es decir, sintió gran compasión por este sincero buscador de la verdad, que estaba tan desesperadamente perdido. Dios ama a los que no son salvos (cp. Mt. 5:43–48).

^{LC}[a]ún ^{MR}te falta: anda, ⁿvende todo lo que tienes, y dalo a los pobres, y tendrás ^otesoro en el cielo; y ^pven, sígueme, tomando tu cruz. ^{MT}[E]l joven^{LC}, oyendo esto, ^{MR}afligido por esta palabra, ^qse fue triste, porque ^{LC}era muy rico [y] ^{MR}tenía muchas posesiones.

^{LC}Al ver Jesús que se había entristecido mucho, ^{MR}mirando alrededor, dijo a sus discípulos: ^{MT}De cierto os digo, que difícilmente entrará un rico en el reino de los cielos. ^{MR}Los discípulos se asombraron de sus palabras; pero Jesús, respondiendo, volvió a decirles: Hijos, ^r¡cuán difícil les es entrar en el reino de Dios, a los que confían en las riquezas! ^{MT}Otra vez os digo, que es más fácil pasar ^sun camello por el

----

ⁿ VENDE TODO LO QUE TIENES. Una vez más, Jesús no estaba estableciendo términos para la salvación, sino exponiendo el verdadero sentir del joven. Su negativa a obedecer aquí revela dos cosas: (1) él no era completamente justo en lo que concernía a la ley, porque era culpable de amarse a sí mismo y a sus posesiones materiales más que a su prójimo (cp. Lv. 19:18); y (2) carecía de verdadera fe, la cual implica una disposición a poner todo a las órdenes de Cristo (cp. Mt. 16:24). Él se rehusó a obedecer un mandamiento directo de Cristo, eligiendo servir a las riquezas en lugar de a Dios (Mt 6:24). Jesús no estaba haciendo de la filantropía o la pobreza un requisito para la salvación, pero le demandaba a este joven que le diera el primer lugar en su vida. El joven falló la prueba. El objeto era determinar si se sometería al señorío de Cristo sin importar lo que solicitara de él. Así, mientras no reconociera su pecado y su necesidad de arrepentimiento, tampoco se sometería al Salvador soberano. Tal renuencia en ambos aspectos lo mantuvo alejado de la vida eterna que tanto buscaba.

^o TESORO EN EL CIELO. La salvación y todos sus beneficios dados por el Padre que mora en los cielos, tanto en esta vida como en la venidera (cp. Mt. 13:44–46).

^p VEN, SÍGUEME. Esta era la respuesta a la pregunta del joven. Constituía un llamado a la fe. Es probable que el joven jamás hubiera oído o contemplado tal idea, porque su amor propio y el apego a sus posesiones eran un obstáculo tan grande que terminó rechazando el señorío de Jesús en su vida. De esta forma, se alejó, permaneciendo en la incredulidad.

^q SE FUE TRISTE. Fue solamente una desilusión terrenal basada en el hecho de que no recibiría la vida eterna que había buscado porque el precio del sacrificio era demasiado alto. Él amaba sus riquezas.

^r ¡CUÁN DIFÍCIL...! *Difícil*, en este contexto, significa imposible. Las «riquezas» tienden a provocar autosuficiencia y a crear un falso sentido de seguridad, haciendo que quienes las poseen piensen que no necesitan la ayuda divina (vea Lc. 16:13; cp. Lc. 19:2–10; 1 Ti. 6:9, 17, 18).

^s UN CAMELLO [...] OJO DE UNA AGUJA. Es decir, algo imposible. Jesús estaba subrayando la imposibilidad de que cualquier persona pueda salvarse por méritos propios. Los persas se referían a la imposibilidad de algo diciendo que era más sencillo pasar un elefante por el ojo de una aguja. Esta era una adaptación coloquial judía de aquella expresión con el fin de referirse a lo mismo (el animal más grande en Palestina era el camello). Muchas interpretaciones fallidas han intentado suavizar esta frase, diciendo por ejemplo que «aguja» se refería a una puerta estrecha en el muro de la ciudad de Jerusalén a través de la cual los camellos podían entrar solo con mucha dificultad (pero no hay evidencia alguna de que una puerta así haya jamás existido, y si hubiera sido así, cualquier jinete de camello inteligente hubiera buscado otra puerta más grande); o que hubo un error de trascripción en *kamelos* (camellos), siendo la palabra correcta *camilos*, una soga larga o cable, pero aun así sería igual de difícil pasar una soga que un camello por el ojo de una aguja, y es extremadamente improbable que el texto de los tres Evangelios sinópticos hubiera tenido el mismo error. Jesús usa esta ilustración para decir explícitamente que la salvación por medio de los esfuerzos humanos es imposible; esta se obtiene totalmente por la gracia de Dios. Los judíos creían que por medio de limosnas un hombre podía asegurarse la salvación (como aparece en el Talmud), de manera que mientras más rico uno fuera muchas más limosnas podría dar, muchos más sacrificios y ofrendas se podrían ofrecer, para así comprar la redención. Jesús destruyó no solo esta noción, sino también la idea de que era posible ganar suficientes méritos para asegurar la entrada al cielo. La pregunta de los discípulos evidencia que ellos entendieron lo que Jesús quería decir: que incluso los ricos no podían comprar la salvación.

ojo de una aguja, que entrar un rico en el reino de Dios. Sus discípulos, oyendo esto, se asombraron[MR], diciendo entre sí: '¿Quién, pues, podrá ser salvo? [MT]Y mirándolos Jesús, les dijo: [MRu]Para los hombres es imposible, mas para Dios, no; porque todas las cosas son posibles para Dios.

Entonces Pedro comenzó a decirle: He aquí, nosotros [v]lo hemos dejado todo, y te hemos seguido. [MT]¿[Q]ué, pues, tendremos? [MR]Respondió Jesús y dijo: [MT]De cierto os digo que en la [w]regeneración, cuando el Hijo del Hombre se siente en el trono de su gloria, vosotros que me habéis seguido también os sentaréis sobre doce tronos, para [x]juzgar a las doce tribus de Israel. Y cualquiera que haya dejado casas, o hermanos, o hermanas, o padre, o madre, o mujer, o hijos, o tierras, por mi nombre [MR]y [el] evangelio [y] [LC]por el reino de Dios [MT]recibirá [MR]cien veces más ahora [y]en este tiempo; casas, hermanos, hermanas, madres, hijos, y tierras, con persecuciones; y en el siglo venidero la vida eterna. Pero muchos [z]primeros serán postreros, y los postreros, primeros.

....

[t]¿QUIÉN, PUES, PODRÁ SER SALVO? Esta era la pregunta correcta, demostrando que habían entendido el mensaje de Jesús. La salvación solo es posible a través de la divina gracia. La enseñanza de Jesús contradecía la enseñanza rabínica predominante, la cual les daba a los ricos una evidente ventaja con respecto a la salvación. El énfasis de la enseñanza de Jesús acerca de que ni aun los ricos serían salvos por sus propios esfuerzos dejaría a los desconcertados discípulos preguntándose qué probabilidades habría para los pobres. Cp. Romanos 3:9-20; Gálatas 3:10-13; Filipenses 3:4-9.

[u]PARA LOS HOMBRES ES IMPOSIBLE, MAS PARA DIOS, NO. Es imposible para toda persona ser salva a través de sus propios medios, porque la salvación es por gracia absolutamente, obra soberana de Dios. Cp. Romanos 3:21-28; 8:28-30; Gálatas 3:6-9; 26-29.

[v]LO HEMOS DEJADO TODO, Y TE HEMOS SEGUIDO. Pedro pone de manifiesto que ellos ya habían hecho lo que Cristo había demandado del joven rico. ¿Podría esa fe que los hacía abandonar todo capacitarlos para tener un lugar en el reino?, preguntó Pedro. Ellos se habían embarcado en una vida de fe con Cristo. Note que Jesús no reprendió a Pedro por esperar recibir una recompensa (cp. Ap. 22:12).

[w]REGENERACIÓN. Aquí el término no lleva su significado teológico normal de regeneración personal (cp. Tito 3:5). En cambio, Jesús estaba hablando de «los tiempos de la restauración de todas las cosas, de que habló Dios por boca de sus santos profetas que han sido desde tiempo antiguo» (Hch. 3:21). Esta es una referencia al reino terrenal descrito en Apocalipsis 20:1-15, cuando los creyentes se sentarán con Jesús en su trono (Ap. 3:21).

[x]JUZGAR. Gobernar. Cp. 1 Corintios 6:2, 3.

[y]EN ESTE TIEMPO […] EN EL SIGLO VENIDERO. Seguir a Jesús trae recompensas en la época presente y cuando el glorioso reino del Mesías venga.

[z]PRIMEROS SERÁN POSTREROS, Y LOS POSTREROS, PRIMEROS. La afirmación indica que todos somos medidos de la misma forma, una verdad que se explica en la parábola que sigue (cp. Mt. 20:16). Los creyentes compartirán por igual las bendiciones del cielo.

138. La parábola de los salarios iguales

Mt. 20:1–16

[MT]Porque el reino de los cielos es semejante a un hombre, padre de familia, que salió por la mañana a [a]contratar obreros para su viña. Y habiendo convenido con los obreros en [b]un denario al día, los envió a su viña. Saliendo cerca de [c]la hora tercera del día, vio a otros que estaban en la plaza desocupados; y les dijo: Id también vosotros a mi viña, y os daré lo que sea justo. Y ellos fueron.

Salió otra vez cerca de las horas sexta y novena, e hizo lo mismo. Y saliendo cerca de la hora undécima, halló a otros que estaban desocupados; y les dijo: ¿Por qué estáis aquí todo el día desocupados? Le dijeron: Porque nadie nos ha contratado. El les dijo: Id también vosotros a la viña, y recibiréis [d]lo que sea justo.

Cuando llegó la noche, el señor de la viña dijo a su mayordomo: Llama a los obreros y págales el jornal, comenzando desde los postreros hasta los primeros. Y al venir los que habían ido cerca de [e]la hora undécima, recibieron cada uno un denario. Al venir también los primeros, pensaron que habían de recibir más; pero también ellos recibieron cada uno un denario. Y al recibirlo, murmuraban contra el padre de familia, diciendo: Estos postreros han trabajado una sola hora, y los has hecho iguales a nosotros, que hemos soportado la carga y el calor del día. Él, respondiendo, dijo a uno de ellos: Amigo, [f]no te hago agravio; ¿no conviniste

....

[a]CONTRATAR OBREROS. Esto era algo típico durante la cosecha. Los jornaleros permanecían de pie en el mercado desde el alba, esperando ser contratados para el trabajo del día. La jornada de trabajo comenzaba a las seis de la mañana y terminaba a las seis de la tarde.

[b]UN DENARIO AL DÍA. Un pago justo por un día completo de trabajo (cp. Mt. 22:19).

[c]LA HORA TERCERA. Las nueve de la mañana. Ellos permanecían desocupados porque aún nadie los había contratado.

[d]LO QUE SEA JUSTO. Estos hombres estaban tan ansiosos por trabajar que ni siquiera negociaron un sueldo específico.

[e]LA HORA UNDÉCIMA. Es decir, las cinco de la tarde. Desesperados por trabajar, habían esperado casi «todo el día». Tomarían lo que pudieran conseguir.

[f]NO TE HAGO AGRAVIO. Todos los obreros recibieron el pago correspondiente a un día completo de trabajo, para sorpresa de ellos. El dueño de la viña estaba siendo generoso con aquellos a los que les pagó de más. No era un desaire para aquellos a quienes les había pagado un día de salario por un día completo de trabajo. Esto fue lo que había acordado con ellos en un principio, pero era su privilegio extenderles la misma generosidad a todos (cp. Ro. 9:15).

conmigo en un denario? Toma lo que es tuyo, y vete; pero quiero dar a este postrero, como a ti. ¿No me es lícito hacer lo que quiero con lo mío? ¿O tienes tú envidia, porque yo soy bueno? Así, ᵍlos primeros serán postreros, y los postreros, primeros; porque muchos son llamados, mas pocos escogidos.

ᵍ Los primeros serán postreros, y los postreros, primeros. En otras palabras, todos terminan empatados. Sin importar cuánto tiempo trabajaron cada uno de los obreros, todos recibieron el salario de un día completo de trabajo. De igual forma, el ladrón de la cruz disfrutará de todas las bendiciones del cielo junto a aquellos que dedicaron la totalidad de su vida a Cristo. Así es la gracia de Dios (cp. Mateo 19:30).

139. Jesús predice su muerte y resurrección

Mt. 20:17–19; Mr. 10:32–34; Lc. 18:31–34

ᴹᴿIban por el camino ªsubiendo a Jerusalén; y Jesús iba delante, y ellos se ᵇasombraron, y ᶜle seguían con miedo. Entonces volviendo a tomar a los doce ᴹᵀdiscípulos ᴹᴿaparte, les comenzó a decir las cosas que le habían de acontecer: He aquí subimos a Jerusalén, ᴸᶜy se cumplirán ᵈtodas las cosas escritas por los profetas acerca del Hijo del Hombre. Pues ᴹᴿel Hijo del Hombre será entregado a los principales sacerdotes y a los escribas, y ᵉle condenarán a muerte, y ᶠle entregarán a los gentiles; y le escarnecerán, le azotarán, y escupirán en él, y le matarán[. Ellos] ᴸᶜle ᴹᵀcrucifi[carán]ᴸᶜ; mas al tercer día ᵍresucitará. Pero ellos nada comprendieron de estas cosas, y esta palabra les era encubierta, y ʰno entendían lo que se les decía.

⋯⋯⋯

ªSUBIENDO A JERUSALÉN. Desde Perea, vía Jericó (Marcos 10:46). Esta es la primera mención de Jerusalén como lugar de destino de Jesús. Debido a la elevación de Jerusalén (cerca de 777 metros sobre el nivel del mar), los viajeros siempre hablaban de subir a Jerusalén, sin importar desde qué lugar de Israel hubieran partido.

ᵇASOMBRARON. De la absoluta determinación de Jesús de ir a Jerusalén (cp. Lc. 9:51) a pesar de la muerte cruel que le esperaba allí.

ᶜLE SEGUÍAN. La sintaxis griega claramente sugiere que se trataba de un grupo distinto a los doce, probablemente peregrinos rumbo a Jerusalén por la Pascua. Sentían miedo porque se daban cuenta de que algo significativo que ellos no entendían estaba a punto de suceder.

ᵈTODAS LAS COSAS ESCRITAS POR LOS PROFETAS. P. ej., Salmos 22; 69; Isaías 53; Daniel 9:26; Zacarías 13:7.

ᵉLE CONDENARÁN A MUERTE. Esta fue la tercera vez que Jesús les habló a sus doce discípulos sobre su muerte y resurrección (cp. Mt. 16:21; 17:22, 23; Mr. 8:31; 9:31; Lc. 9:22, 44). Además, tres de ellos habían escuchado a Jesús hablar del tema con Moisés y Elías en la transfiguración (Lc. 9:31). (Jesús también hizo alusión a su sufrimiento futuro en Lc. 12:50; 13:32, 33; 17:25). De las tres predicciones explícitas, esta es la más detallada, mencionando de forma específica que lo escarnecerían (Mr. 15:17–20; Lc. 23:11, 35–39), lo azotarían (Mr. 15:15) y lo escupirían (Mr. 14:65; 15:19).

ᶠLE ENTREGARÁN A LOS GENTILES. Esta es la primera mención de que sería entregado a los romanos.

ᵍRESUCITARÁ. Cristo había predicho antes su resurrección en el tercer día (Lc. 9:22), pero los discípulos no captaron la relevancia de estas palabras, y al resucitar como lo había prometido, fueron tomados por sorpresa (Lc. 24:6).

ʰNO ENTENDÍAN. Todo el asunto relacionado con la muerte y la resurrección de Cristo no fue captado por los doce. La razón pudo haber sido que estaban fascinados con otras ideas acerca del Mesías y cómo entraría en funcionamiento su gobierno terrenal (cp. Mt. 16:22; 17:10; Hch. 1:6).

140. Jesús advierte contra la ambición egoísta

Mt. 20:20–28; Mr. 10:35–45

^MTEntonces se le acercó la ^amadre de los hijos de Zebedeo con sus hijos, postrándose ante él y pidiéndole algo. El le dijo: ¿Qué quieres? Ella le dijo: ^bOrdena que ^cen tu reino se sienten estos dos hijos míos, el uno a tu derecha, y el otro a tu izquierda.

^MREntonces ^dJacobo y Juan, hijos de Zebedeo, [también] se le acercaron, diciendo: Maestro, querríamos que nos hagas lo que pidiéremos. El les dijo: ¿Qué queréis que os haga? Ellos le dijeron: Concédenos que ^een tu gloria nos ^fsentemos el uno a tu derecha, y el otro a tu izquierda.

^MTEntonces Jesús respondiendo, ^MRles ^MTdijo: ^gNo sabéis lo que pedís. ¿Podéis beber ^hdel vaso que yo he de beber, y ser bautizados con ^iel bautismo con que yo soy bautizado?

....

^a MADRE DE LOS HIJOS DE ZEBEDEO. Marcos 10:35 dice que Jacobo y Juan provocaron la petición de Mt. 20:21. No hay contradicción alguna. Es posible, incluso, que los tres hicieran la petición juntos, o quizá probablemente que hubieran discutido el asunto con anterioridad y luego presentaran por separado la cuestión privadamente a Jesús.

^b ORDENA [...] ESTOS DOS HIJOS MÍOS. Probablemente valiéndose de las palabras de Jesús en 19:28, Jacobo y Juan habían recurrido a su madre para apoyar su egoísta y orgullosa petición al Señor. Este era un tema recurrente entre los discípulos (cp. Mt. 18:1–4; 23:11; Mr. 9:34; Lc. 9:46; 22:24, 26), incluso en la mesa durante la Última Cena.

^c EN TU REINO. Este incidente revela nuevamente el fracaso de los discípulos en entender la enseñanza de Jesús sobre la humildad (cp. Mt. 20:21; Mr. 9:34). Ignorando la instrucción repetida de Jesús de que se dirigía a Jerusalén para morir, los discípulos mantenían la idea de que el reino se manifestaría de manera física pronto y se dedicaban a determinar quién ocuparía los lugares más importantes en él (cp. Mt. 18:1).

^d JACOBO Y JUAN, HIJOS DE ZEBEDEO. Mateo revela que su madre los acompañaba y habló primero (Mt. 20:20, 21), confirmando luego Jacobo y Juan su petición. Si ella era tía de Jesús, los tres indudablemente pensaban sacar provecho de los lazos familiares.

^e EN TU GLORIA. En la gloriosa majestad de su reino (cp. Mt. 20:21).

^f SENTEMOS [...] TU DERECHA [...] TU IZQUIERDA. Los lugares de mayor prominencia y honor junto al trono.

^g NO SABÉIS LO QUE PEDÍS. La más grande gloria corresponde a aquellos que sufren más por Cristo.

^h DEL VASO QUE YO HE DE BEBER. Soportar el sufrimiento y beber el vaso de la ira de Dios como Jesús lo haría (cp. Mt. 26:39; Mr. 14:36; Lc. 22:42; Jn. 18:11).

^i EL BAUTISMO CON QUE YO SOY BAUTIZADO. Esto se refiere a la inmersión del Señor en el sufrimiento (cp. Lc. 12:50). Sin embargo, las frases referentes al bautismo aquí y en Mt. 20:23 no aparecen en los primeros manuscritos.

Y ellos le dijeron: Podemos. El les dijo: [j]A la verdad, de mi vaso beberéis, y con el bautismo con que yo soy bautizado, seréis bautizados; pero el sentaros a mi derecha y a mi izquierda, [k]no es mío darlo, sino a aquellos [l]para quienes está preparado por mi Padre.

Cuando [m]los diez oyeron esto, se enojaron contra los dos hermanos[,] [MR]contra Jacobo y contra Juan. [MT]Entonces Jesús, llamándolos, [MR]les [MT]dijo: Sabéis que [MR]los que son tenidos por gobernantes de las naciones [n]se enseñorean de ellas, [MT]y los que son grandes ejercen sobre ellas potestad. Mas [o]entre vosotros no será así, sino que [p]el que quiera hacerse grande entre vosotros será vuestro servidor, y el que quiera ser el primero entre vosotros [MR]será siervo de todos.

Porque el Hijo del Hombre [q]no vino para ser servido, sino para servir, y [r]para dar su vida en rescate por muchos.

....

[j]A LA VERDAD. Jacobo y Juan sufrirían como su Maestro (cp. Hch. 12:2; Ap. 1:9), pero ese hecho en sí mismo no les concedería el honor que deseaban. Jacobo fue decapitado (Hch. 12:2) y Juan torturado y exiliado en Patmos (Ap. 1:9) por el nombre de Cristo.

[k]NO ES MÍO DARLO. Los honores en el reino no son dados basándose en ambiciones egoístas, sino por la soberana voluntad divina.

[l]PARA QUIENES ESTÁ PREPARADO. Dios solo ha elegido.

[m]LOS DIEZ [...] SE ENOJARON. SIN DUDAS, SE TRATÓ DE UNA MUESTRA DE CELOS. Esta no fue una indignación justa, porque ellos también habían sido culpables en el pasado de la misma conducta egoísta (Marcos 9:33, 34) y lo serían también en el futuro (Lc. 22:24). El resto de los discípulos resentían el que Jacobo y Juan intentaran ganar ventaja sobre los demás asegurándose el honor que ellos también deseaban. Todos le hubieran solicitado a Jesús una posición exaltada y favorecida de haber tenido la oportunidad.

[n]SE ENSEÑOREAN DE ELLAS [...] EJERCEN SOBRE ELLAS POTESTAD. Estas frases paralelas comunican el sentido de autoridad autocrática y dominante.

[o]ENTRE VOSOTROS NO SERÁ ASÍ. No hay lugar en la iglesia para los líderes dominantes (cp. Mt. 23:8–12; Mr. 9:35; 1 P. 5:3–6; 3 Jn. 9, 10).

[p]EL QUE QUIERA HACERSE GRANDE. En este rico texto, el Señor estaba enseñándoles a sus discípulos que el estilo de grandeza y liderazgo para los creyentes es diferente. Los líderes gentiles dominaban de manera dictatorial, usando un poder y una autoridad carnales. Los creyentes deben actuar de forma opuesta. Ellos guían al ser siervos y entregarse a sí mismos por otros, como lo hizo Jesús.

[q]NO VINO PARA SER SERVIDO. Jesús fue el ejemplo supremo de liderazgo servicial (cp. Jn. 13:13–15). El Rey de reyes, y Señor de señores (Ap. 19:16) renunció a sus privilegios (Fil. 2:5–8) y dio su vida en sacrificio generoso para servir a otros.

[r]PARA DAR SU VIDA EN RESCATE POR MUCHOS. La palabra traducida como por significa «en lugar de», resaltando la naturaleza sustitutiva del sacrificio de Cristo a favor de quienes ponen su fe en él (cp. Ro. 8:1–3; 1 Co. 6:20; Gá 3:13; 4:5; Ef. 1:7; Tito 2:14; 1 P. 1:18, 19). Un «rescate» es el precio pagado para liberar a un esclavo o prisionero. El mismo no fue pagado a Satanás, como algunas teorías erradas de la expiación enseñan. Satanás es presentado en las Escrituras como un enemigo a ser vencido, no como un gobernante a ser aplacado. El rescate es ofrecido a Dios, para satisfacer su justicia e ira santa contra el pecado. El precio pagado fue la propia vida de Cristo, mediante una expiación de sangre (cp. Lv. 17:11; Heb. 9:22). Al pagar este rescate, Cristo «llevó él mismo nuestros pecados en su cuerpo sobre el madero» (1 P. 2:24). Este, entonces, es el significado de la cruz: Cristo se sometió a sí mismo al castigo divino contra el pecado en nuestro lugar (cp. Is. 53:4, 5; 2 Co. 5:21). Sufrir el embate de la ira divina en lugar de los pecadores fue el «vaso» que él dijo tendría que beber, y el bautismo para el cual se estaba preparando.

141. Jesús sana a dos hombres ciegos

Mt. 20:29–34; Mr. 10:46–52; Lc. 18:35–43

MREntonces vinieron a ªJericó[.] LCAconteció que bal salir de Jericó él y sus discípulos[,] MTle seguía una gran multitud. Y cdos ciegos [...] estaban sentados junto al camino[,] LC mendigando[.] [A]l oír a la multitud que pasaba, MRBartimeo el ciego, dhijo de Timeo, LCpreguntó qué era aquello. Y le dijeron que pasaba Jesús nazareno.

[Y] cuando oyeron que Jesús pasaba, clamaron, diciendo: MR¡Jesús, MTeHijo de David, ten misericordia de nosotros! Y la gente les reprendió para que callasen; pero ellos clamaban más, diciendo: ¡Señor, Hijo de David, ten misericordia de nosotros!

MREntonces fJesús, deteniéndose, MTlos MRmandó llamarle [y] LCtraerle a su presencia; y llamaron al ciego, diciéndole: Ten confianza; levántate, te llama. MR[Bartimeo] entonces, arrojando su capa, se levantó y vino a Jesús. Respondiendo Jesús, le dijo [a él y a su compañero]: ¿Qué quieres que te haga? MTEllos le dijeron: Señor, MRg[m]aestro, MThque sean abiertos nuestros ojos[,] LCque reciba[mos] la vista.

....

ª JERICÓ. Ciudad localizada a unos veinticuatro kilómetros al noreste de Jerusalén y a ocho kilómetros del río Jordán. La ruta desde Perea a Jerusalén pasaba por esta ciudad. Este es el único relato de una visita de Jesús a Jericó.

b AL SALIR. Marcos y Mateo señalan que la curación tuvo lugar cuando Jesús iba dejando Jericó, mientras que Lucas dice que fue cuando Jesús iba entrando en ella. Marcos y Mateo pudieron estar refiriéndose a la ciudad antigua amurallada, justo al norte de la ciudad nueva, a la cual pudiera estar haciendo alusión Lucas. Es un hecho que existieron dos Jericó: una, el montículo de la ciudad antigua (cuyas ruinas pueden verse todavía hoy) y la otra, la ciudad habitada de Jericó, cerca de la anterior. Jesús pudo ir saliendo de la vieja Jericó y entrando en la nueva. O también es posible que los acontecimientos hayan sido resumidos para nosotros, de modo que Cristo pudo encontrarse con el hombre ciego de camino a la ciudad, pero la sanidad llevarse a cabo mientras se marchaba. O las palabras de Lucas pudieran sencillamente significar que Jesús estaba en los alrededores de Jericó cuando la curación tuvo lugar. En cualquier caso, no hay contradicción aquí.

c DOS CIEGOS. Marcos 10:46 y Lucas 18:35 mencionan solo a un hombre ciego. Esta diferencia es fácilmente reconciliable: había dos hombres ciegos, pero Bartimeo (Mr. 10:46) fue el vocero de los dos y, por lo tanto, el enfoque único tanto del relato de Lucas como de Marcos (cp. Mt. 8:28 con 5:2; Lc. 8:27). Si eran incapaces de trabajar, las personas ciegas mendigaban para vivir (cp. Jn. 9:8). Estos hombres se habían apostado en un buen lugar en el camino principal a Jerusalén.

d HIJO DE TIMEO. La traducción de «Bartimeo», donde el prefijo arameo «bar» significa «hijo de».

e HIJO DE DAVID. Un título mesiánico como este es utilizado solamente en los Evangelios sinópticos.

f JESÚS [...] MANDÓ LLAMARLE. De esta forma, implícitamente reprendió a quienes intentaban hacer callar al ciego.

ᴹᵀEntonces Jesús, compadecido, les tocó los ojos[.] ᴹᴿY Jesús le dijo: ᴸᶜRecíbela, ⁱtu fe te ha salvado. ᴹᵀ[Y] en seguida recibieron la vista; y le siguieron ᴹᴿen el caminoᴸᶜ, glorificando a Dios; y todo el pueblo, cuando vio aquello, dio alabanza a Dios.

ʰQUE SEAN ABIERTOS NUESTROS OJOS. Esta es la segunda de dos curaciones de hombres ciegos registradas en Marcos (cp. Mr. 8:22–26).

ⁱTU FE TE HA SALVADO. Con seguridad, los ojos físicos y espirituales de Bartimeo fueron abiertos al mismo tiempo. La curación exterior reflejó el bienestar interno de la salvación.

343

142. Zaqueo se encuentra con el Salvador

Lc. 19:1–10

[LC]Habiendo entrado Jesús en Jericó, iba pasando por la ciudad. Y sucedió que un varón llamado Zaqueo, que era [a]jefe de los publicanos, y rico, procuraba ver quién era Jesús; pero no podía a causa de [b]la multitud, pues era pequeño de estatura. Y corriendo delante, subió a un árbol [c]sicómoro para verle; porque había de pasar por allí. Cuando Jesús llegó a aquel lugar, mirando hacia arriba, le vio, y le dijo: Zaqueo, date prisa, desciende, porque hoy [d]es necesario que pose yo en tu casa.

Entonces él descendió aprisa, y le recibió [e]gozoso. Al ver esto, [f]todos murmuraban, diciendo que había entrado a posar con un hombre pecador. Entonces Zaqueo, puesto en pie, dijo al Señor: He aquí, Señor, la mitad de mis

....

[a]JEFE DE LOS PUBLICANOS. Es probable que Zaqueo supervisara un distrito tributario extenso y que otros publicanos trabajaran para él. Jericó era un centro comercial muy próspero, de modo que es indudable que Zaqueo era un hombre acaudalado. Es interesante advertir que apenas un capítulo atrás, Lucas registró la escena con un «hombre principal» que pudo haber sido un joven rico, así como la afirmación de Jesús acerca de «cuán difícilmente entrarán en el reino de Dios los que tienen riquezas» (Lc. 18:24). Aquí Jesús demuestra que para Dios nada es imposible (cp. Lc. 18:27).

[b]LA MULTITUD. Cristo probablemente viajaba con un gran séquito de peregrinos que acudían a la Pascua en Jerusalén. Sin embargo, al parecer «la multitud» se refiere al pueblo de Jericó que se alineó en las calles para verlo pasar. Indudablemente, ellos habías escuchado sobre la reciente resurrección de Lázaro en Betania, a veinticuatro kilómetros de allí (Jn. 11). Eso, combinado con su fama como sanador y maestro, provocó un revuelo en toda la ciudad cuando se enteraron de que venía.

[c]SICÓMORO. Un árbol macizo con ramas bajas y anchas. Una persona de baja estatura podía aferrarse a él mientras colgaba por encima del camino, lo cual suponía una postura indigna para alguien del rango de Zaqueo, pero él estaba desesperado por ver a Cristo.

[d]ES NECESARIO QUE POSE YO EN TU CASA. Las palabras expresaban más un mandato que una petición o anuncio. Este es el único lugar en todos los Evangelios en el que Jesús se invita a sí mismo como huésped de alguien (cp. Is. 65:1).

[e]GOZOSO. Un pecador tan despreciable como un publicano típico (cp. Mt. 5:46) podría haberse sentido apenado ante la visita del Hijo de Dios perfecto y libre de pecado, pero el corazón de Zaqueo estaba preparado para el encuentro con Jesús.

[f]TODOS MURMURABAN. Tanto la élite religiosa como las personas comunes aborrecían a Zaqueo. No entendieron, y en su orgullo ciego se negaron a contemplar la posibilidad de que Cristo visitara a un pecador tan notorio con un propósito noble. Sin embargo, él había venido a buscar y salvar lo que se había perdido. Cp. Lucas 15:2.

bienes doy a los pobres; y si en algo he defraudado a alguno, ^gse lo devuelvo cuadruplicado.

Jesús le dijo: Hoy ha venido la salvación a esta casa; por cuanto él también es ^hhijo de Abraham. Porque el Hijo del Hombre vino ⁱa buscar y a salvar lo que se había perdido.

---

^g SE LO DEVUELVO CUADRIPLICADO. La decisión voluntaria de Zaqueo de hacer restitución era prueba de que su conversión fue genuina. Este era el fruto, no la condición, de su salvación. La ley requería una sanción equivalente a la quinta parte como restitución por el dinero habido con medios fraudulentos (Lv. 6:5; Nm. 5:6, 7), de modo que Zaqueo hizo más de lo exigido. La ley demandaba una restitución cuádruple solo en casos de robo de un animal para matarlo (Éx. 22:1). Si se encontraba con vida al animal, se requería la restitución doble (Éx. 22:4). Zaqueo mismo juzgó con severidad su propio delito y reconoció que era tan culpable como el ladrón más ordinario. Puesto que gran parte de su riqueza había sido obtenida por medios fraudulentos, este compromiso le salió bastante caro. Encima de esto, dio la mitad de sus bienes a los pobres. No obstante, Zaqueo había acabado de encontrar riquezas espirituales inimaginables, por lo cual no le importó la pérdida de su riqueza material (cp. Mt. 13:44–46; Lc. 14:28). Así pues, Zaqueo presenta un contraste total frente al dirigente y joven rico de Lucas 18:18–24.

^h HIJO DE ABRAHAM. Una persona de la raza judía por quien Cristo vino como Salvador personal (cp. Mt. 1:21; 10:6; 15:24; Jn. 4:22).

ⁱ A BUSCAR Y A SALVAR LO QUE SE HABÍA PERDIDO. Este es el tema principal en el Evangelio de Lucas. Vea Lucas 5:31, 32; 15:4–7, 32; cp. 1 Timoteo 2:4; 4:10.

143. Una parábola sobre el retraso del reino

Lc. 19:11-28

[LC]Oyendo ellos estas cosas, prosiguió Jesús y dijo una parábola, por cuanto estaba cerca de Jerusalén, y ellos [a]pensaban que el reino de Dios se manifestaría inmediatamente. Dijo, pues: Un hombre noble se fue a [b]un país lejano, para recibir un reino y volver. Y llamando a diez siervos suyos, les dio diez [c]minas, y les dijo: Negociad entre tanto que vengo. Pero sus conciudadanos le aborrecían, y [d]enviaron tras él una embajada, diciendo: No queremos que éste reine sobre nosotros.

Aconteció que [e]vuelto él, después de recibir el reino, mandó llamar ante él a aquellos siervos a los cuales había dado el dinero, para saber lo que había negociado cada uno. Vino el primero, diciendo: Señor, tu mina ha ganado diez minas. Él le dijo: Está bien, buen siervo; por cuanto [f]en lo poco has sido fiel, tendrás autoridad

....

[a] PENSABAN. Los discípulos mantenían su suposición errónea de que Cristo establecería en ese momento su reino terrenal en Jerusalén (cp. Lc. 17:20).

[b] UN PAÍS LEJANO. Los reyes de provincias romanas como Galilea y Perea acudían a Roma para recibir sus reinos. Toda la dinastía herodiana dependía de Roma a fin de recibir poder para gobernar, y el mismo Herodes el Grande tuvo que ir a Roma para que le fuera entregado su reino. Esta parábola ilustra a Cristo, quien pronto partiría para recibir su reino, y regresará un día para gobernar. Es similar a la parábola de los talentos (Mt. 25:14-30), pero tiene diferencias significativas. Esa parábola fue contada durante el discurso de los Olivos (cp. Mt. 24:1-25:46), mientras que esta fue dada en el camino desde Jericó hasta Jerusalén (cp. Lc. 19:28).

[c] MINAS. Una medida monetaria griega (cp. Lc. 15:8), equivalente a poco más que el salario por tres meses de trabajo. La mina era la decimosexta parte de un talento, lo cual significa que los diez siervos en esta parábola habían recibido una suma mucho menor por la cual responder que la que recibió cualquiera de los tres siervos en la parábola de los talentos (Mt. 25:14-30).

[d] ENVIARON TRAS ÉL UNA EMBAJADA. Esto es justo lo que le había sucedido a Arquelao (cp. Mt. 2:22), hijo de Herodes el Grande, al acudir a Roma para convertirse en tetrarca de Judea. Una delegación o «embajada» de judíos viajó a Roma a fin de protestar ante César Augusto. Él negó su petición e hizo rey a Arquelao de todas formas. Arquelao procedió entonces a construir su palacio en Jericó, no muy lejos del lugar donde Jesús contó esta parábola. El mandato de Arquelao fue tan inepto y despótico que Roma lo reemplazó en poco tiempo con una sucesión de procuradores, de los cuales Poncio Pilato fue el quinto. Con esta parábola Jesús advirtió que los judíos estaban a punto de hacerle lo mismo, en sentido espiritual, a su Mesías verdadero.

[e] VUELTO ÉL. Esto ilustra el regreso de Cristo a la tierra. La manifestación plena de su reino sobre la tierra aguarda la llegada de ese momento. Cp. Lc. 17:20.

[f] EN LO POCO HAS SIDO FIEL. Los que cuentan con menos dones y oportunidades en comparación, son tan responsables de usarlos con fidelidad como aquellos que los reciben en mayor cantidad.

gsobre diez ciudades. Vino otro, diciendo: Señor, tu mina ha producido cinco minas. Y también a éste dijo: Tú también sé sobre cinco ciudades.

Vino otro, diciendo: Señor, aquí está tu mina, la cual he tenido guardada en un pañuelo; porque htuve miedo de ti, por cuanto eres hombre severo, que tomas lo que no pusiste, y siegas lo que no sembraste. Entonces él le dijo: Mal siervo, por tu propia boca te juzgo. iSabías que yo era hombre severo, que tomo lo que no puse, y que siego lo que no sembré; ¿por qué, pues, no pusiste mi dinero en el banco, para que al volver yo, lo hubiera recibido con los intereses?

Y dijo a los que estaban presentes: Quitadle la mina, y dadla al que tiene las diez minas. Ellos le dijeron: Señor, tiene diez minas. Pues yo os digo que a todo el que tiene, se le dará; mas al que no tiene, aun lo que tiene se le quitará. Y también a jaquellos mis enemigos que no querían que yo reinase sobre ellos, traedlos acá, y kdecapitadlos delante de mí. Dicho esto, iba delante lsubiendo a Jerusalén.

---

g SOBRE DIEZ CIUDADES. La recompensa es incomparablemente mayor que las diez minas entregadas. Note también que las recompensas fueron asignadas de acuerdo con la diligencia de los siervos: el que ganó diez minas recibió diez ciudades, el que ganó cinco minas recibió cinco ciudades, y así sucesivamente.

h TUVE MIEDO DE TI. Un temor cobarde y pusilánime que no es producto del amor o la reverencia, sino que está manchado con el desprecio hacia el señor (cp. Mt. 25:24). Si tuviera respeto verdadero hacia el señor, un «miedo» justo lo habría motivado a ser diligente en lugar de perezoso.

i SABÍAS. Cp. Mateo 25:26. Esto no indica que el hombre «supiera» algo que fuera cierto acerca del señor. Sin embargo, aun el conocimiento que afirmaba tener fue suficiente para condenarlo. Lo mismo les sucederá a los malvados en el día del juicio.

j AQUELLOS MIS ENEMIGOS. Judíos que ejercían una oposición activa y metódica en su contra.

k DECAPITADLOS DELANTE DE MÍ. Esto alude a un juicio duro y violento que puede corresponder a la destrucción de Jerusalén (cp. Mt. 24:2).

l SUBIENDO A JERUSALÉN. El camino desde Jericó a Jerusalén era una cuesta bastante inclinada, que se elevaba a unos mil metros a lo largo de unos veintisiete kilómetros. Esto representaba el último tramo del itinerario prolongado que comenzó en Lucas 9:51.

| La semana de la pasión del
Mesías en el año 30 A.D.

144. Jesús llega a Betania

Mt. 21:1a; 26:6–13; Mr. 11:1a; 14:3–9; Lc. 19:29a; Jn. 11:55—12:11

^{JN}Y estaba cerca la ^apascua de los judíos; y muchos subieron de aquella región
a Jerusalén antes de la pascua, para purificarse. Y ^bbuscaban a Jesús, y estando ellos
en el templo, se preguntaban unos a otros: ¿Qué os parece? ¿No vendrá a la fiesta? Y
los principales sacerdotes y los fariseos habían dado orden de que ^csi alguno supiese
dónde estaba, lo manifestase, para que le prendiesen.

^{LC}Y aconteció que ^{JNd}[s]eis días antes de la pascua, vino Jesús ^{MRe}[cerca de]
Jerusalén, junto a ^fBetfagé[,] y ^{JN}[vino] a ^gBetania, ^{MR}frente al ^hmonte de los Olivos,

....

^a PASCUA. Esta es la tercera Pascua que se menciona en Juan (vea Jn. 2:13; 6:4) y la última en el ministerio terrenal de
Jesús, en la cual tuvo lugar su sacrificio y muerte.

^b BUSCABAN A JESÚS. Los judíos que colmaron la ciudad de Jerusalén para la Pascua se preguntaban si Jesús
se manifestaría en esta ocasión y procuraban encontrarlo por todos lo medios. El complot de los principales
sacerdotes y los fariseos (cp. Jn. 17:12) se había dado a conocer a tal punto que todos sentían curiosidad para ver si
Jesús se arriesgaría a dejarse ver en Jerusalén.

^c SI ALGUNO SUPIESE. Los maquinadores se aseguraron de que la ciudad entera estuviera llena de informantes en
potencia.

^d SEIS DÍAS ANTES DE LA PASCUA. Lo más probable es que se tratara del sábado anterior, pues la Pascua tenía lugar
seis días más tarde, desde el jueves en la noche hasta el atardecer del viernes. O puede tratarse del domingo previo
si la Pascua se incluye en los seis días.

^e CERCA DE JERUSALÉN. Una sencilla frase de transición que marca el final de la narración en Marcos 10. También
indica el comienzo de la fase final de los tres años de ministerio de Jesús.

^f BETFAGÉ. Un pequeño pueblo al este de Jerusalén, sobre la ladera sureste del Monte de los Olivos. No se menciona
en ningún otro lugar de las Escrituras, excepto en conexión con la entrada triunfal de Cristo (Mr. 11:1; Lc. 19:29).
Su nombre significa literalmente «casa de higos verdes».

^g BETANIA. El pueblo de María, Marta y Lázaro (Jn. 11:1), en la ladera oriental del Monte de los Olivos, tres
kilómetros al este de Jerusalén. Jesús se quedó allí con frecuencia durante sus visitas a Jerusalén.

^h MONTE DE LOS OLIVOS. Esta montaña se elevaba entre Betania y Jerusalén (cp. Mt. 24:3). Era la elevación principal
de una cadena montañosa que corría de norte a sur, localizada al este del valle del Cedrón, adyacente al templo. Su
nombre se deriva de la densa arboleda de olivos que una vez la cubrió.

[JN]donde estaba Lázaro, el que había estado muerto, y a quien había resucitado de los muertos. [MT]Y estando Jesús en Betania, en casa de [i]Simón el leproso, [JN]le hicieron allí una cena; Marta servía, y Lázaro era uno de los que estaban sentados a la mesa con él. Entonces[,] [MR]sentado a la mesa, [JN]María[,] [MT]vino [...] con [j]un vaso de alabastro [que contenía] [JN]una [k]libra de perfume de [l]nardo puro, de mucho precio[.] [MR][Y] [m]quebrando el vaso de alabastro, se lo derramó sobre su cabeza. Y [JN]nungió los pies de Jesús, y los enjugó con sus cabellos [MT]estando sentado a la mesa. [JN][Y] la casa se llenó del olor del perfume.

[MT]Al ver esto [...] los discípulos[,] [MR]algunos [...] [o]se enojaron dentro de sí, y dijeron: [MT]¿Para qué este desperdicio? [MR]Y murmuraban contra ella. [JN]Y dijo uno de sus discípulos, Judas Iscariote hijo de Simón, el que le había de entregar: ¿Por qué no fue este perfume vendido por [p]trescientos denarios, y [q]dado a los pobres? Pero

....

[i]SIMÓN EL LEPROSO. Seguramente fue alguien a quien Jesús había sanado de la lepra. Los leprosos eran tenidos por impuros, de modo que no se les permitía socializar con las demás personas e incluso vivir en las ciudades. Él puede haber organizado esta comida para Jesús en señal de gratitud. Cp Lv. 13:2; Mt 26:6.

[j]UN VASO DE ALABASTRO [...] DE MUCHO PRECIO. Marcos fija el precio en «más de trescientos denarios» (Mr. 14:5), casi el salario de un año, muy caro en efecto. Incluso el valioso frasco fue roto (Mr. 14:3), haciendo que el acto fuera aun más costoso. El «alabastro» era una variedad muy fina de mármol, extraído de Egipto, el cual podía ser trabajado para elaborar delicados envases a fin de guardar perfumes caros. Juan nos dice que esta mujer fue María, hermana de Marta y Lázaro (Jn. 12:3), por lo que evidentemente Marta y María estaban dándole de comer a Simón el leproso. Mateo y Marcos mencionan que ella ungió su cabeza. Juan añade que también ungió sus pies y los secó con sus cabellos. Un acto similar es relatado en Lucas 7:36–38, pero se diferencian en tiempo y lugar, y otros detalles ponen en claro que ambas ocasiones fueron diferentes.

[k]LIBRA. El término empleado para «libra» indica en realidad un peso cercano a los tres cuartos de una libra (alrededor de 340 gramos).

[l]NARDO PURO. El aceite era derivado de la raíz de la planta de nardo, originaria de la India. Que fuera «puro» significaba que era genuino y sin adulterar, lo que lo hacía muy costoso.

[m]QUEBRANDO EL VASO. Quizá María simplemente rompió el cuello de la botella de forma que pudiera derramar más rápidamente el contenido del frasco, una expresión de su sincera y total devoción al Señor.

[n]UNGIÓ LOS PIES DE JESÚS. Los convidados se reclinaban junto a la mesa y extendían sus pies, lo cual facilitó el acercamiento de María para ungir los pies de Jesús. Este acto encarna la humilde devoción de María y su amor por él.

[o]SE ENOJARON. Juan dice que Judas fue el vocero que manifestó la queja y que lo hizo por razones hipócritas (Jn. 12:4–6). Evidentemente los otros discípulos, no teniendo discernimiento, simpatizaron con la protesta de Judas. Mateo 26:8 indica que todos los discípulos, siguiendo a Judas, estaban enojados con María por haber desperdiciado tan valiosa mercancía.

[p]TRESCIENTOS DENARIOS. Puesto que un denario era el equivalente al salario de un día para un trabajador común, trescientos denarios corresponderían al salario de casi un año.

[q]DADO A LOS POBRES. Mientras que once de los discípulos estaban de acuerdo con darle este uso al dinero, la verdad es que los pobres tal vez no llegaran a verlo nunca. Judas era en realidad un ladrón disfrazado que se hacía pasar por tesorero de los doce, por lo que muy bien podría haber desfalcado todo (Jn. 12:6).

dijo esto, no porque se cuidara de los pobres, sino porque era [r]ladrón, y teniendo la bolsa, sustraía de lo que se echaba en ella.

[MT]Y entendiéndolo Jesús, les dijo: Dejadla, ¿por qué la molestáis? Buena obra me ha hecho. [MR]Siempre tendréis a los pobres con vosotros, y cuando queráis les podréis hacer bien; pero a mí no siempre me tendréis. Esta ha hecho lo que podía; [JN]para el día de mi sepultura ha guardado esto. [MT]Porque al derramar este perfume sobre mi cuerpo, lo ha hecho [MR][a fin de] ungir mi cuerpo para la sepultura. De cierto os digo que dondequiera que se predique este evangelio, en todo el mundo, también se contará lo que ésta ha hecho, [u]para memoria de ella.

[JN]Gran multitud de los judíos supieron entonces que él estaba allí, y vinieron, no solamente por causa de Jesús, sino también para ver a Lázaro, a quien había resucitado de los muertos. Pero los principales sacerdotes acordaron dar muerte también a Lázaro, porque a causa de él muchos de los judíos [v]se apartaban y creían en Jesús.

---

[r] LADRÓN. El altruismo de Judas era solo una fachada para esconder su avaricia. Como era el tesorero del grupo de apóstoles, podía robar el dinero en secreto para satisfacer sus propios deseos.

[s] SIEMPRE TENDRÉIS A LOS POBRES CON VOSOTROS. Jesús ciertamente no estaba desacreditando el ministerio a los pobres, en especial luego de enseñar sobre el juicio de las ovejas y los cabritos (cp. Mt. 25:35, 36). Sin embargo, reveló que hay una prioridad más alta que ningún ministerio terrenal: la adoración ofrecida a él. Las oportunidades para ministrar a los pobres «siempre» estarán disponibles, pero ellos disfrutarían de la presencia de Jesús solo por un tiempo limitado. No era el momento de satisfacer las necesidades de los pobres y enfermos, sino de adorar de manera sacrificial a aquel que pronto sufriría y sería crucificado (cp. Mt. 26:11). Esto sería una blasfemia en el caso de cualquier otra persona excepto Dios, por lo que aquí lo vemos afirmando implícitamente su deidad (Cp. Mt. 8:27; 12:6, 8; 21:16; 22:42, 45).

[t] PARA [...] MI SEPULTURA. Esto no significa que María estuviera plenamente consciente del significado de sus acciones. Es dudoso que ella supiera de su muerte cercana, o al menos de lo pronto que sería. Sin embargo, esta unción de Jesús se convirtió en un símbolo que anticipaba su muerte y sepultura (Mt. 26:12). María llevó a cabo este acto como una muestra de su devoción, pero al igual que en el caso de Caifás (Jn. 11:49–52), su acción reveló más cosas de las que ella imaginó en ese momento. En el siglo I se empleaban grandes sumas de dinero en los funerales a fin de comprar costosos perfumes utilizados para encubrir el olor producido por la descomposición (cp. Jn. 11:39).

[u] PARA MEMORIA DE ELLA. Esta promesa fue garantizada mediante la inclusión de esta historia en el NT.

[v] SE APARTABAN Y CREÍAN. Esta frase señalaba un acto consciente y deliberado de apartarse de la religión superficial para dirigirse hacia una fe verdadera en Jesús como Mesías e Hijo de Dios.

145. La presentación del Rey

Mt. 21:1b–11, 14–17; Mr. 11:1b–11; Lc. 19:29b–44; Jn. 12:12–19

[JN a]El siguiente día, [MT]Jesús envió dos discípulos, diciéndoles: Id a [b]la aldea que está enfrente de vosotros, y [MR]luego que entréis en ella, [MT]hallaréis [c]una asna atada, y un pollino con ella[MR], en el cual [d]ningún hombre ha montado; [MT]desatadla, y traédmelos. [MR]Y [e]si alguien os dijere: ¿Por qué hacéis eso? [MT]decid: El Señor los necesita; y luego los enviará. [MR]Fueron, y hallaron el pollino atado afuera a la puerta, en el recodo del camino, y lo desataron. Y unos de los que estaban allí[LC], sus dueños[,] [MR]les dijeron: ¿Qué hacéis desatando el pollino? [LC]Ellos dijeron: Porque el Señor lo necesita[,] [MR]como Jesús había mandado; y los dejaron.

....

[a] EL SIGUIENTE DÍA. Este pasaje marca la entrada triunfal en Jerusalén, a la que se le ha denominado el Domingo de Ramos. Es uno de los pocos episodios de la vida de Jesús que está registrado en los cuatro Evangelios. Mediante este acto Jesús se presentó de manera oficial a la nación como el Mesías y el Hijo de Dios. El Sanedrín y otros líderes judíos querían asesinarlo, pero no durante la Pascua, porque temían agitar a las multitudes que lo seguían (Mt. 26:5; Mr. 14:2; Lc. 22:2). No obstante, Jesús entró en la ciudad en el tiempo propicio y preparó todo de antemano para que sucediera precisamente el día de la Pascua, en el cual los corderos eran sacrificados. Como dicen las Escrituras: «Nuestra pascua, que es Cristo, ya fue sacrificada por nosotros» (1 Co. 5:7; 1 P. 1:19). En el tiempo perfecto de Dios (vea 7:30; 8:20), el momento preciso dispuesto desde la eternidad, Jesús se presentó para morir (Jn. 10:17, 18; 17:1; 19:10, 11; cp. Hch. 2:23; 4:27, 28; Gá 4:4).

[b] LA ALDEA QUE ESTÁ ENFRENTE DE VOSOTROS. Probablemente Betfagé. Que está «enfrente» implica que se encontraba un poco fuera del camino principal.

[c] UNA ASNA [...] Y UN POLLINO. Mateo es el único escritor de los Evangelios que menciona el asna. Sin embargo, todos mencionan la joven edad del asno (Jn. 12:14) o establecen que nadie aún lo había montado (Mr. 11:2; Lc. 19:30). De acuerdo con el uso de esta palabra en los papiros griegos (documentos ordinarios escritos en los tiempos del NT hechos de caña de papiro), este fue probablemente un burro joven, una definición que concuerda con otros usos en las Escrituras (cp. Gn. 49:11; Jue. 10:4; 12:14; Zac. 9:9). El asna fue traída también, quizá para hacer cooperar al pollino.

[d] NINGÚN HOMBRE HA MONTADO. Los judíos consideraban que los animales que jamás habían sido montados eran los adecuados para los propósitos sagrados (cp. Nm. 19:2; Dt. 21:3; 1 S. 6:7).

[e] SI ALGUIEN OS DIJERE. A causa de la naturaleza especial del asno, Jesús anticipó que las acciones de los discípulos podrían ser entorpecidas. Marcos registra que esto fue exactamente lo que sucedió (Mr. 11:5–6). Habiendo justo arribado a Betfagé, Jesús no había tenido la oportunidad de hacer arreglos para el uso de estos animales. Sin embargo, él conocía con exactitud dónde se hallaban y la disposición de los dueños. Tales detalles mencionados con anticipación revelan su omnisciencia divina.

[MT][Y] trajeron el asna y el pollino [MR]a Jesús, [MT]y pusieron sobre ellos sus mantos [y] [LC]subieron a Jesús encima [MR][de] él. [MT]Todo esto aconteció para que se cumpliese lo dicho por el profeta, cuando dijo:

[JN,f]No temas, [MT][d]ecid a la hija de Sion:
He aquí, tu Rey viene a ti,
Manso, y sentado sobre una asna,
Sobre [g]un pollino, hijo de animal de carga.

[JN]Estas cosas no las entendieron sus discípulos al principio; pero cuando Jesús fue glorificado, entonces se acordaron de que estas cosas estaban escritas acerca de él, y de que se las habían hecho.

[MT]Y la multitud, que era muy numerosa [y] [JN]que habían venido a la fiesta, al oír que Jesús venía a Jerusalén, [h]tomaron ramas de palmera y salieron a recibirle[.] [LC]Y a su paso [MR]muchos [i]tendían sus mantos por el camino, y otros cortaban ramas de los árboles, y las tendían por el camino. [JN]Y daba testimonio la gente que estaba con él cuando llamó a Lázaro del sepulcro, y le resucitó de los muertos. Por lo cual también había venido la gente a recibirle, porque había oído que él había hecho esta señal. Pero los fariseos dijeron entre sí: Ya veis que no conseguís nada. Mirad, [j]el mundo se va tras él.

[LC]Cuando llegaban ya cerca de la bajada del monte de los Olivos, toda [k]la multitud de los discípulos [MT]que iba delante y la que iba detrás [LC]gozándose,

---

[f]No temas. Jesús planificó con toda intención presentarse a la nación de esa manera para dar cumplimiento a la profecía de Zacarías 9:9. Las palabras «no temas» no aparecen en el pasaje de Zacarías, sino fueron añadidas de Isaías 40:9. Solo después de su ascensión los discípulos comprendieron el significado de la entrada triunfal (Jn. 14:26).

[g]Un pollino, hijo de animal de carga. Una cita exacta de Zacarías 9:9 (cp. Is. 62:11). El cumplimiento exacto de esta profecía mesiánica no escaparía a las multitudes judías, quienes respondieron con títulos y odas que estaban solo a la altura del Mesías (cp. Ap. 7:9).

[h]Tomaron ramas de palmera. Las palmeras de dátiles abundaban y todavía crecen hoy día en Jerusalén. La costumbre de agitar ramas de palmeras se había convertido en un símbolo de la ferviente esperanza del Mesías venidero (Jn. 6:14–15). La multitud estaba entusiasmada y prorrumpía en alabanzas al Mesías que enseñaba con tal autoridad, sanaba a los enfermos y resucitaba a los muertos (Lázaro; cp. Jn. 12:12–18).

[i]Tendía sus mantos por el camino. Extender los vestidos en la calle era en la antigüedad un acto de homenaje reservado para la alta nobleza (cp. 2 R. 9:13), sugiriendo que la multitud reconocía su derecho a ser rey de los judíos.

[j]El mundo se va tras él. «El mundo» se refiere a las personas en general, no a alguien en particular. Es evidente que la mayoría de las personas en el mundo de esa época ni siquiera lo conocían, y que muchos en Israel no creían en él. Con frecuencia se utiliza el término «mundo» en este sentido general (cp. Jn. 1:29; 3:17; 4:42; 14:22; 17:9, 21).

[k]La multitud de los discípulos. Sin lugar a dudas muchos en la multitud no eran discípulos verdaderos.

comenzó a alabar a Dios a grandes voces por todas las ¹maravillas que habían visto, diciendo: ᴹᵀ₍ᵐHosanna al Hijo de David! ᴸᶜⁿ¡Bendito el rey que viene en el nombre del Señor; ᵒpaz en el cielo, y gloria en las alturas! ᴹᴿ¡Bendito ᵖel reino de nuestro padre David que viene! ¡Hosanna en las alturas!

ᴸᶜEntonces algunos de los fariseos de entre la multitud le dijeron: Maestro, ᵠreprende a tus discípulos. Él, respondiendo, les dijo: Os digo que si éstos callaran, ʳlas piedras clamarían.

Y cuando llegó cerca de la ciudad, al verla, ˢlloró sobre ella, diciendo: ¡Oh, si también tú conocieses, a lo menos en este tu día, lo que es para tu paz! Mas ahora

---

¹MARAVILLAS. En Juan 12:17, 18 se hace mención específica de que la noticia sobre la resurrección de Lázaro había motivado a muchos en la multitud para acudir a verlo.

ᵐHOSANNA. El término *hosanna* es una transliteración del vocablo hebreo que significa «sálvanos ahora». Esta era una palabra de adulación o alabanza que aparece en el Salmo 118:26, la cual resultaba familiar para todo judío debido a que el salmo era parte del Hallel (Sal. 113—118), que se cantaban a diario en el templo durante la fiesta de los tabernáculos (7:37) y estaba también asociado a la fiesta de la dedicación (10:22) y en especial a la Pascua. Después de gritar «Hosanna», las multitudes recitaron el Salmo 118:26; de manera significativa, el contexto original de este salmo puede haber sido muy bien el pronunciamiento de una bendición para un líder mesiánico. Los comentaristas judíos han considerado este verso como teniendo implicaciones mesiánicas.

ⁿ¡BENDITO EL REY QUE VIENE...! Esta frase proviene del Salmo 118:26. Forma parte del Hallel (palabra hebrea para «alabanza») comprendido en los Salmos 113—118, que eran cantados en todos los festivales religiosos judíos, principalmente en la Pascua. «El que viene» no era un título mesiánico del AT, pero definitivamente pasó a ser muy importante entre los judíos (cp. Mt. 11:3; Lc. 7:19; Jn. 3:31; 6:14; 11:27; Heb. 10:37).

ᵒPAZ EN EL CIELO. Lucas es el único que registra esta frase, la cual evoca el mensaje de los ángeles en Lucas 2:14.

ᵖEL REINO DE NUESTRO PADRE DAVID. Este tributo, registrado solo por Marcos, es un reconocimiento a Jesús como la persona que traerá el reino mesiánico prometido al Hijo de David. La multitud parafraseó la cita del Salmo 118:26 anticipando que Jesús cumpliría la profecía trayendo el reino.

ᵠREPRENDE A TUS DISCÍPULOS. Los fariseos se sentían ofendidos por una multitud que ofrecía alabanzas y adoración dignas de un rey, por eso querían que él mismo les prohibiera hacerlo.

ʳLAS PIEDRAS CLAMARÍAN. Esta expresión constituye una afirmación contundente de su deidad, y tal vez una referencia a las palabras de Habacuc 2:11. Las Escrituras hablan con frecuencia de la alabanza a Dios por parte de elementos inanimados de la naturaleza. Cp. Salmos 96:11; 98:7-9; 114:7; Isaías 55:12. Cp. también las palabras de Juan el Bautista en Mateo 3:9. Note el cumplimiento de las palabras de Jesús en Mateo 27:51.

ˢLLORÓ SOBRE ELLA. Lucas fue el único que registró el lamento profundo de Jesús por la ciudad de Jerusalén. Cristo lloró por Jerusalén al menos en otras dos ocasiones (cp. Mt. 23:37; Lc. 13:34). Podría verse como algo incongruente que Jesús haga lamento al mismo tiempo que tiene lugar la entrada triunfal, pero esto revela que él conocía la verdadera superficialidad que caracterizaba el corazón de las personas y su estado de ánimo estaba muy lejos de la jovialidad a medida que se adentraba en la ciudad. Esa misma multitud pronto clamaría por su muerte a voz en cuello (Lc. 23:21).

está encubierto de tus ojos. Porque vendrán días sobre ti, cuando tus enemigos [t]te rodearán con vallado, y te sitiarán, y por todas partes te estrecharán, y [u]te derribarán a tierra, y a tus hijos dentro de ti, y no dejarán en ti piedra sobre piedra, [v]por cuanto no conociste el tiempo de tu visitación.

[MT]Cuando entró él en Jerusalén, toda la ciudad se conmovió, diciendo: ¿Quién es éste? Y la gente decía: Este es Jesús el profeta, de Nazaret de Galilea. [MR]Y entró Jesús en Jerusalén, y en el [w]templo[.] [MT]Y vinieron a él en el templo ciegos y cojos, y los sanó. Pero los principales sacerdotes y los escribas, viendo las maravillas que hacía, y a los muchachos aclamando en el templo y diciendo: ¡Hosanna al Hijo de David! se indignaron, y le dijeron: ¿Oyes lo que éstos dicen? Y Jesús les dijo: Sí; ¿nunca leísteis:

De la boca de los niños y de los que maman
Perfeccionaste la alabanza?

[MR][Y] [x]habiendo mirado alrededor todas las cosas, [MT]dejándolos, [y]salió fuera de la ciudad, a Betania, [MR]como ya anochecía, [MT]y posó allí [MR]con los doce.

---

[t]Te rodearán con vallado, y te sitiarán. Este fue el método empleado por Tito al sitiar Jerusalén en 70 a.d. Él rodeó la ciudad el 9 de abril para interrumpir el flujo de provisiones y atrapar a miles de personas que habían estado en Jerusalén para la Pascua y la fiesta de los panes sin levadura que acababa de terminar. De forma sistemática, los romanos construyeron vallados alrededor de la ciudad y sometieron por medio del hambre a sus habitantes. Los romanos dominaron así la ciudad durante el verano y derrotaron una por una las diferentes secciones de la misma. La caída final de la ciudad ocurrió a comienzos de septiembre.

[u]Te derribarán. Esto tuvo un cumplimiento literal. Los romanos destruyeron por completo la ciudad, el templo, las residencias y a la población. Hombres, mujeres y niños padecieron de forma brutal y murieron por decenas de millares. Los contados sobrevivientes fueron llevados para terminar como víctimas del circo romano y los espectáculos con gladiadores y leones.

[v]Por cuanto no conociste el tiempo de tu visitación. Es decir, la destrucción total de Jerusalén fue resultado del juicio divino al que fueron sometidos sus habitantes porque no reconocieron ni acogieron a su Mesías al recibir su visita (cp. Lc. 20:13-16; Jn. 1:10, 11).

[w]Templo. Una referencia que no se limita al santuario sagrado interno, sino al área completa de edificios y atrios pertenecientes al complejo sagrado.

[x]Habiendo mirado alrededor todas las cosas. Una descripción distintiva de Marcos, derivada posiblemente de uno de los recuerdos de Pedro como testigo ocular. Cristo actuó como alguien con la autoridad para inspeccionar las condiciones del templo, sin dejar escapar ningún detalle.

[y]Salió fuera de la ciudad, a Betania. La cercana Betania era un lugar relativamente seguro para evitar un repentino y prematuro arresto por parte de los líderes judíos.

146. Jesús purifica el templo por segunda vez

Mt. 21:12–13; 18–19a; Mr. 11:12–18; Lc. 19:45–46

^{MRa}Al día siguiente, ^{MT}[p]or la mañana, volviendo a la ciudad ^{MR}de Betania, tuvo hambre. Y viendo de lejos ^buna higuera que tenía hojas ^{MT}cerca del camino, ^{MR}fue a ver si tal vez hallaba en ella algo; pero cuando llegó a ella, nada halló sino hojas, pues ^cno era tiempo de higos. Entonces Jesús dijo a la higuera: ^{MT}Nunca jamás nazca de ti fruto [y] ^{MRd}[n]unca jamás coma nadie fruto de ti. Y lo oyeron sus discípulos. ^{MTe}Y luego se secó la higuera.

....

^aAl día siguiente. Mateo 21:18 dice que esto fue «por la mañana», probablemente antes de las 6:00 a. m.

^bUna higuera que tenía hojas. Las higueras eran fuentes comunes de alimento. Se requería de tres años para obtener frutos de ellas una vez plantadas. Después de esto, el árbol podía ser cosechado dos veces por año, usualmente rindiendo mucho fruto. Los higos normalmente crecían con las hojas. Esta higuera extrañamente tenía hojas, pero no frutos. Que este árbol estuviera junto al camino (cp. Mt. 21:19) indica que era propiedad pública. Aparentemente, se hallaba también en buen suelo, porque su follaje estaba adelantado a la estación y al resto de las higueras vecinas. La abundancia de hojas indicaría también que debía estar adelantado en la producción de frutos.

^cNo era tiempo de higos. La próxima temporada normal de higos era en junio, a más de un mes de distancia. Esta frase, que solo aparece en Marcos, enfatiza la inusual naturaleza de esta higuera.

^dNunca jamás coma nadie fruto de ti. Las palabras directas de Jesús al árbol, personificándolo y condenándolo por no proporcionar lo que su apariencia prometía. Este incidente no fue una representación de la parábola de la higuera (Lc. 13:6–9), la cual era una advertencia contra la esterilidad espiritual. En este caso, Jesús maldice a la higuera por su apariencia engañosa, que sugería gran productividad sin dar nada en realidad. Debió hallarse llena de frutos, pero estaba yerma. En el AT la higuera representa frecuentemente al pueblo de Israel (Os. 9:10; Nah. 3:12; Zac. 3:10), y en esta ocasión Jesús usa a la higuera del camino como una lección divina sobre la hipocresía y la esterilidad espiritual de Israel (cp. Is. 5:1–7).

^eY luego. Este es un término relativo; el árbol debió morir de inmediato, pero Marcos 11:14, 20 sugiere que su marchitamiento no fue visible hasta el día siguiente. La maldición de Jesús al árbol tuvo como propósito impartir una lección divina, no fue una expresión de frustración. La higuera es frecuentemente empleada en las Escrituras como símbolo de Israel (Os. 9:10; Jl. 1:7), y la higuera marchita frecuentemente simboliza el juicio de Israel a causa de su carencia de frutos espirituales (cp. Mt. 3:8) a pesar de la abundancia de bendiciones espirituales (Jer. 8:13; Jl. 1:12). Por lo tanto, la acción de Jesús ilustra el juicio de Dios contra la Israel terrenal por su vergonzosa infructuosidad, manifestada en el rechazo del Mesías. Una de las parábolas de Jesús encerraba una enseñaza similar (Lc. 13:6–9).

ᴹᴿVinieron, pues, a Jerusalén; y entrando Jesús en el ᶠtemplo ᴹᵀde Dios, ᴹᴿᵍcomenzó a echar fuera ᴹᵀa todos ʰlos que ⁱvendían y compraban en el templo, y volcó las mesas de ʲlos cambistas, y las sillas de ᵏlos que vendían palomas; ᴹᴿy ˡno consentía que nadie atravesase el templo llevando utensilio alguno. Y les enseñaba,

---

ᶠTEMPLO. El gran atrio de los gentiles es el escenario de los acontecimientos que se suceden.

ᵍCOMENZÓ A ECHAR FUERA. Esta fue la segunda vez que Jesús limpió el templo. Juan 2:14–16 describe un incidente similar a comienzos del ministerio público de Jesús. Sin embargo, hay algunas diferencias entre ambos sucesos. En la primera limpieza, los oficiales del templo confrontaron a Jesús inmediatamente después (cp. Jn. 2:18). No obstante, ninguno de los relatos sobre la segunda limpieza menciona una confrontación similar. Por el contrario, los Sinópticos describen cómo Jesús recriminó a todos los presentes e incluso hizo del incidente una ocasión para enseñarles algo (Mr. 11:17; Lc. 19:46, 47). Aunque Jesús había limpiado el templo tres años antes, la condición del mismo era más corrupta y profana que nunca, de modo que se vio obligado a ofrecer una vez más un claro testimonio de la santidad de Dios y su juicio contra la profanación espiritual y la falsa religión. A pesar de que Dios envió a sus profetas repetidamente a través del AT para advertirle al pueblo acerca de su pecado de idolatría, Cristo nunca dejó de declararles la voluntad divina a las personas rebeldes, sin importar cuán a menudo ellos la rechazaran. Con esta limpieza del templo, Jesús mostró de una forma vívida que él estaba en una misión divina como Hijo de Dios.

ʰLOS QUE VENDÍAN Y COMPRABAN. Él considera tanto a los vendedores como a los compradores culpables de profanar el templo. Entre los artículos que eran comprados y vendidos estaban también las «palomas» y otros animales para el sacrificio (cp. Jn. 2:14).

ⁱVENDÍAN Y COMPRABAN. Los judíos necesitaban los animales para sus ofrendas de sacrificio en el templo, y era más cómodo para los adoradores comprarlos allí que traerlos desde fuera con el riesgo de que no pasaran la inspección del sumo sacerdote. Los vendedores pertenecían a la jerarquía de los sacerdotes o pagaban una tarifa alta a las autoridades del templo por el privilegio de poder comerciar allí. Cualquiera fuera el caso, la familia del sumo sacerdote se beneficiaba económicamente.

ʲLOS CAMBISTAS. Este tipo de comercio tenía lugar en el patio de los gentiles, un área de gran extensión en el monte del templo. Se encontraban allí para cambiar las monedas griegas y romanas por monedas judías o de Tiro, que los peregrinos (cada hombre judío mayor de veinte años) tenían que usar para el pago del impuesto anual en beneficio de los servicios religiosos del templo. Las monedas romanas y otras extranjeras no eran admitidas para las ofrendas del templo. Evidentemente, tanto los mercaderes como los cambistas incrementaron los precios tan excesivamente (una comisión del diez o doce por ciento podía ser cobrada por el uso de este servicio) que el mercado del templo se hizo similar a una cueva de ladrones.

ᵏLOS QUE VENDÍAN PALOMAS. Estas aves se usaban con tanta frecuencia para los sacrificios, que Marcos hace mención separadamente de su venta. Las palomas eran la ofrenda normal de los pobres (Lv. 5:7) y se requerían también para otros propósitos (Lv. 12:6; 14:22; 15:14, 29).

ˡNO CONSENTÍA QUE NADIE ATRAVESASE EL TEMPLO LLEVANDO UTENSILIO ALGUNO. Jesús no deseaba que continuaran las prácticas de usar el atrio del templo como mercado, llevando utensilios y recipientes con mercancías a otras partes de Jerusalén, ya que esto revelaría una gran irreverencia al templo y, en consecuencia, a Dios mismo.

diciendo: [m]¿No está escrito: Mi casa será llamada [n]casa de oración para todas las naciones? Mas vosotros la habéis hecho [o]cueva de ladrones.

Y lo oyeron [p]los escribas y los principales sacerdotes, y [q]buscaban cómo matarle; porque le tenían miedo, por cuanto todo el pueblo estaba admirado de su doctrina.

....

[m]¿NO ESTÁ ESCRITO...? Jesús se defiende haciendo uso de las Escrituras (después que sus acciones habían causado que una multitud se reuniera). Él reúne dos profecías del AT, Isaías 56:7 («Mi casa será llamada casa de oración para todos los pueblos») y Jeremías 7:11 («¿Es cueva de ladrones delante de vuestros ojos esta casa sobre la cual es invocado mi nombre?»).

[n]CASA DE ORACIÓN PARA TODAS LAS NACIONES. El verdadero propósito del templo de Dios. Solo Marcos incluye la frase «para todas las naciones» del texto de Isaías (56:7), tal vez porque se dirigía principalmente a los gentiles. El atrio de los gentiles era la única parte del templo a la que las personas no judías de nacimiento tenían acceso para orar y dar alabanza a Dios, y los judíos estaban entorpeciendo la alabanza al hacer de este un lugar de asuntos comerciales.

[o]CUEVA DE LADRONES. Usando la frase de Jeremías (Jer. 7:11), Jesús describió a los líderes religiosos como ladrones que hallaban refugio en el templo, comparándolos con bandoleros que se refugiaban en cuevas con otros ladrones. El templo había llegado a ser un lugar donde el pueblo de Dios, en vez de poder adorarlo tranquilamente, resultaba extorsionado y sus extorsionadores eran protegidos descaradamente.

[p]LOS ESCRIBAS Y LOS PRINCIPALES SACERDOTES. Estos hombres componían el liderazgo principal del Sanedrín (cp. Mt. 2:4; 26:59). Los principales sacerdotes controlaban el templo. Los escribas en su mayoría eran fariseos expertos en la ley y las tradiciones. Al traer su ministerio al templo, Cristo se introdujo en el corazón mismo de la oposición en su contra.

[q]BUSCABAN CÓMO MATARLE. Los líderes continuaban discutiendo cómo matar a Jesús (cp. Mt. 26:3, 4; Lc. 22:2; Jn. 5:16–18; 7:1, 19, 25).

147. El Hijo de Dios tiene que ser levantado

Jn. 12:20-36

[IN]Había [a]ciertos griegos entre los que habían subido a adorar en la fiesta. Estos, pues, se acercaron a Felipe, que era de Betsaida de Galilea, y le rogaron, diciendo: Señor, quisiéramos ver a Jesús. Felipe fue y se lo dijo a Andrés; entonces Andrés y Felipe se lo dijeron a Jesús. Jesús les respondió diciendo: Ha llegado la [b]hora para que el Hijo del Hombre sea glorificado. De cierto, de cierto os digo, que si el grano de trigo no cae en la tierra y [c]muere, queda solo; pero si muere, [d]lleva mucho fruto. El que ama su vida, la perderá; y el que aborrece su vida en este mundo, para vida eterna la guardará. Si alguno me sirve, sígame; y donde yo estuviere, allí también estará mi servidor. Si alguno me sirviere, mi Padre le honrará.

Ahora [e]está turbada mi alma; ¿y qué diré? ¿Padre, sálvame de esta hora? Mas para esto he llegado a esta hora. Padre, [f]glorifica tu nombre. Entonces vino una voz del cielo: [g]Lo he glorificado, y lo glorificaré otra vez. Y la multitud que estaba allí, y había oído la voz, decía que había sido un trueno. Otros decían: Un ángel le ha hablado. Respondió Jesús y dijo: No ha venido esta voz por causa mía, sino

....

[a] CIERTOS GRIEGOS. Es muy probable que los prosélitos gentiles del judaísmo que participaban de la Pascua, en su deseo de ver a Jesús, manifestaran una actitud contraria a la de los líderes de la nación, cuyo deseo era matarlo. En el preciso momento en el cual las autoridades judías tramaban con furia asesinarlo, los gentiles procuraban tener su atención.

[b] HORA. Se refiere al tiempo de la muerte, resurrección y exaltación de Jesús (Jn. 13:1; 17:1). Hasta ahora, la hora de Jesús siempre se había proyectado al futuro (Jn. 2:4; 4:21, 23; 7:30; 8:20).

[c] MUERE. El principio de la muerte no solo se aplica a Jesús, sino además a sus seguidores. También ellos, como discípulos, están llamados a perder su vida mientras le sirven y dan testimonio de él (vea Mt. 10:37-39; 16:24, 25).

[d] LLEVA MUCHO FRUTO. Al igual que la semilla sembrada muere para traer una cosecha abundante, la muerte del Hijo de Dios traería la salvación de muchos.

[e] ESTÁ TURBADA MI ALMA. La expresión utilizada aquí tiene una fuerte connotación y significa horror, ansiedad y agitación. El hecho de vislumbrar la ira de Dios derramada sobre él por los pecados del mundo producía una profunda aversión en el Salvador, quien jamás había cometido pecado (cp. 2 Co. 5:21).

[f] GLORIFICA TU NOMBRE. Esta petición encarna el principio de que Jesús vivía y moriría por ello. Vea Juan 7:18; 8:29, 50.

[g] LO HE GLORIFICADO, Y LO GLORIFICARÉ. El Padre le respondió al Hijo con una voz audible. Esta es una de las tres ocasiones en las cuales sucedió esto durante el ministerio de Jesús (cp. su bautismo en Mt. 3:17 y su transfiguración en 17:5).

por causa de vosotros. Ahora es el juicio de este mundo; ahora ʰel príncipe de este mundo será echado fuera. Y yo, si fuere ⁱlevantado de la tierra, a todos atraeré a mí mismo.

Y decía esto dando a entender de qué muerte iba a morir. Le respondió la gente: Nosotros hemos oído de la ley, que el Cristo ʲpermanece para siempre. ¿Cómo, pues, dices tú que es necesario que el Hijo del Hombre sea levantado? ¿Quién es este Hijo del Hombre? Entonces ᵏJesús les dijo: Aún por un poco está la luz entre vosotros; andad entre tanto que tenéis luz, para que no os sorprendan las tinieblas; porque el que anda en tinieblas, no sabe a dónde va. Entre tanto que tenéis la luz, creed en la luz, para que seáis hijos de luz.

ʰ EL PRÍNCIPE DE ESTE MUNDO. Es una referencia a Satanás (cp. Mt. 4:8-9; Lc. 4:6-7; Jn. 14:30; 16:11; 2 Co. 4:4; Ef. 2:2; 6:12). Aunque la cruz pudo parecer una señal de la victoria de Satanás sobre Dios, en realidad determinó su derrota (cp. Ro. 16:20; Heb. 2:14).

ⁱ LEVANTADO DE LA TIERRA. Esto se refiere a su crucifixión (Jn. 18:32).

ʲ PERMANECE PARA SIEMPRE. El término *ley* se utilizaba de manera tan amplia que comprendía no solo los cinco libros de Moisés, sino todo el AT (vea Ro. 10:4). Es posible que pensaran en Isaías 9:7, que promete el reinado eterno del Mesías, o en Ezequiel 37:25, que señala la promesa de Dios del David postrero como el eterno príncipe de Israel (vea también Sal. 89:35-37).

ᵏ JESÚS LES DIJO. Juan anota una última invitación de Jesús que confirma su tema acerca de creer en el Mesías y en el Hijo de Dios (vea Jn. 20:30, 31).

148. La incredulidad de los judíos

Jn. 12:37-50

^{JN}Pero a pesar de que había hecho tantas señales delante de ellos, ^ano creían en él; para que se cumpliese la palabra del profeta Isaías, que dijo: Señor, ¿quién ha creído a nuestro anuncio? ¿Y a quién se ha revelado el brazo del Señor?

Por esto no podían creer, porque también dijo Isaías: Cegó los ojos de ellos, y endureció su corazón; Para que no vean con los ojos, y entiendan con el corazón, Y se conviertan, y yo los sane. ^bIsaías dijo esto cuando vio su gloria, y habló acerca de él.

^cCon todo eso, aun de los gobernantes, muchos creyeron en él; pero a causa de los fariseos no lo confesaban, para no ser expulsados de la sinagoga. Porque amaban más la gloria de los hombres que la gloria de Dios.

Jesús clamó y dijo: El que cree en mí, no cree en mí, sino en el que me envió; y el que me ve, ve al que me envió. Yo, la luz, he venido al mundo, para que todo aquel que cree en mí no permanezca en tinieblas. Al que oye mis palabras, y no las guarda, yo no le juzgo; porque no he venido a juzgar al mundo, sino a salvar al mundo. El que me rechaza, y no recibe mis palabras, tiene quien le juzgue; la palabra que he hablado, ella le juzgará en el día postrero. Porque yo no he hablado por mi propia cuenta; el Padre que me envió, él me dio mandamiento de lo que he de decir, y de lo que he de hablar. Y sé que su mandamiento es vida eterna. Así pues, lo que yo hablo, lo hablo como el Padre me lo ha dicho.

....

^aNo creían en él. En estos versículos Juan ofrece una explicación basada en las Escrituras para la difundida y terrible incredulidad de la nación judía. La explicación consiste en que la incredulidad no solo estaba prevista en las Escrituras, sino que era necesaria. En Juan 12:38, el escritor cita Isaías 53:1, y en Juan 12:40 cita Isaías 6:10 (vea Ro. 10:16), pasajes que recalcan el plan soberano de Dios en su severo juicio de Israel (cp. el argumento de Pablo en Ro. 9-11). Sin embargo, aunque Dios predestinó dicho juicio, no excluye la responsabilidad ni la culpabilidad humanas (vea Jn. 8:24).

^bIsaías [...] vio su gloria, y habló acerca de él. Esta es una referencia a Isaías 6:1. Juan relaciona de manera explícita a Jesús con Dios o el Yahweh del AT (cp. Jn. 8:58). Por lo tanto, ya que Juan 12:41 se refiere a Jesús, se puede deducir que él es el autor del severo juicio de Israel. Esto coincide con su papel como Juez (vea Jn. 5:22, 23, 27, 30; 9:39).

^cCon todo eso [...] muchos creyeron en él. Después de la acusación de Juan 12:37-41 siguen las críticas de los vv. 42, 43 (vea Jn. 1:10, 11 frente a 1:12, 13). Mientras el pueblo se mostraba mucho más sincero y ferviente en su fe en Jesús, los líderes religiosos de Israel que creían en él manifestaban una fe deficiente, vacilante y aun falsa (cp. Jn. 2:23-25; 6:60; 8:30, 31). Su fe era tan débil que rechazaban cualquier compromiso que pusiera en riesgo su posición en la sinagoga. Esta es una de las declaraciones más deplorables acerca del liderazgo espiritual, pues ellos prefirieron el elogio de los hombres en vez de la aprobación de Dios al negarse a reconocer en público a Jesús como Mesías e Hijo de Dios.

149. La higuera seca

Mt. 21:19b–22; Mr. 11:19–26

[MR]Pero al llegar la noche, Jesús [a]salió de la ciudad. Y pasando por la mañana, vieron que [b]la higuera se había secado desde las raíces. Entonces Pedro, acordándose, le dijo: Maestro, mira, la higuera que maldijiste se ha secado. [MT]Viendo esto los discípulos, decían maravillados: ¿Cómo es que se secó en seguida la higuera?

[MR]Respondiendo Jesús, les dijo: [c]Tened fe en Dios. Porque de cierto os digo[MT], que [d]si tuviereis fe, [MR]cualquiera que dijere [e]a este monte: Quítate y échate en el mar, y no dudare en su corazón, sino creyere que será hecho lo que dice, [f]lo que diga le será hecho. Por tanto, os digo que [g]todo lo que pidiereis orando, creed que lo recibiréis, y os vendrá.

....

[a]SALIÓ DE LA CIUDAD. La práctica de Jesús durante los tres primeros días de la semana de la Pasión fue no dejar Jerusalén hasta el atardecer, cuando la multitud se dispersaba y las puertas de la ciudad estaban a punto de ser cerradas.

[b]LA HIGUERA SE HABÍA SECADO DESDE LAS RAÍCES. La sequedad que le había impedido al árbol dar fruto se había extendido por toda la higuera, matándola. Mateo describe el mismo suceso de una manera más breve, pero su relato transcurre en el mismo período de tiempo que el de Marcos.

[c]TENED FE EN DIOS. Una amable reprensión a los discípulos por su falta de fe en el poder de su palabra. Este tipo de fe cree en la verdad revelada de Dios y su poder, y busca cumplir su voluntad (cp. 1 Jn. 5:14).

[d]SI TUVIEREIS FE [...] Y NO DUDARE. Esto presupone que lo solicitado es, efectivamente, la voluntad de Dios (cp. Mt. 17:20). Solo la fe que viene de Dios es absolutamente libre de dudas (cp. Mr. 9:24).

[e]A ESTE MONTE [...] ÉCHATE EN EL MAR. Esta expresión se refería a una metáfora comúnmente usada en la literatura judía de aquella época sobre los grandes rabinos y líderes espirituales, «el quita montañas», que expresaba la gran habilidad de estos personajes para resolver problemas difíciles, pareciendo lograr lo imposible. Obviamente, Jesús no desarraigó montañas literalmente; de hecho, se negó a hacer ese tipo de milagros espectaculares para los incrédulos líderes judíos (cp. Mt. 12:38). Lo que Jesús estaba diciendo era que si los creyentes creen sinceramente en Dios y se dan cuenta del ilimitado poder del que pueden disponer los que creen en él, podrían ver el poder maravilloso de Dios en acción (cp. Jn. 14:13, 14).

[f]LO QUE DIGA. Un milagro de semejantes dimensiones era lo que precisamente deseaban los escribas y fariseos que Jesús hiciera, pero él siempre se negó (cp. Mt. 12:38). Aquí, les habla figurativamente sobre el inmensurable poder de Dios, liberado en la vida de quienes tienen verdadera fe.

[g]TODO LO QUE PIDIEREIS ORANDO. Esto establece que no existe límite alguno para las oraciones del creyente, siempre y cuando las mismas estén de acuerdo con la voluntad y los propósitos de Dios (cp. Mt. 17:20). Por consiguiente, esto significa que la fe y la oración del hombre no están en conflicto con la soberanía divina. No es responsabilidad del creyente descubrir cómo puede ser esto cierto, sino simplemente creer y obedecer a la clara enseñanza que da Jesús aquí sobre la oración. La voluntad de Dios es desplegada a través de toda la historia redentora por medio de las oraciones de su pueblo, así como su propósito salvador se cumplirá por medio de la fe de aquellos que oyen el evangelio y se arrepienten. Cp. Santiago 5:16.

Y [h]cuando estéis orando, [i]perdonad, si tenéis [j]algo contra alguno, para que también vuestro Padre que está en los cielos os perdone a vosotros vuestras [k]ofensas. Porque si vosotros no perdonáis, tampoco vuestro Padre que está en los cielos os perdonará vuestras ofensas.

---

[h] CUANDO ESTÉIS ORANDO. La tradicional postura de oración judía (cp. 1 S. 1:26; 1 R. 8:14, 22; Neh. 9:4; Mt. 6:5; Lc. 18:11, 13). La posición de rodillas o acostado sobre el piso con la cara hacia abajo era usada en circunstancias extraordinarias o por plegarias de extrema urgencia (cp. 1 R. 8:54; Esd. 9:5; Dn. 6:10; Mt. 26:39; Hch. 7:60).

[i] PERDONAD. Jesús declara el deber permanente del creyente de tener una actitud perdonadora. La oración exitosa requiere de perdón tanto como de fe. Cp. Mateo 5:22–24; Efesios 4:32.

[j] ALGO CONTRA ALGUNO. Una afirmación que incluía tanto pecados como simples diferencias que llevaran al creyente a tener algo en contra de otra persona. «Alguno» incluye tanto a creyentes como a no creyentes.

[k] OFENSAS. Este es el único caso en Marcos donde se mencionan «ilegalidades» en la oración, un término que se refiere a la caída o el alejamiento del camino de la verdad y la rectitud.

150. Los líderes judíos confrontan a Jesús

Mt. 21:23-32; Mr. 11:27-33; Lc. 19:47-20:8

^{LC}Y enseñaba cada día en el templo; pero los principales sacerdotes, los escribas y los principales del pueblo procuraban matarle. Y no hallaban nada que pudieran hacerle, porque todo el pueblo estaba suspenso oyéndole.

Sucedió un día, ^{MR}[que v]olvieron entonces a Jerusalén [y] ^{MT}vino al ªtemplo[.] ^{LC}Enseña[ba] Jesús al pueblo en el templo, y anuncia[ba] el evangelio[.] ^{MR}[Y] andando él por el templo, vinieron a él ᵇlos principales sacerdotes, los escribas y los ancianos ^{MT}del pueblo [...] mientras enseñaba, ^{MR}y le dijeron: Dinos: ᶜ¿[c]on qué autoridad haces ᵈestas cosas, ᵉy quién te dio autoridad para hacer estas cosas?

Jesús, respondiendo, les dijo: Os haré yo también una pregunta; ^{MT}y si me la contestáis, también yo os diré con qué autoridad hago estas cosas. ᶠEl bautismo

....

ª TEMPLO. Nuevamente se trata del atrio de los gentiles, más específicamente el pórtico de Salomón o el pórtico real del lado sur del atrio (cp. Mr. 11:11; Jn. 10:23; Hch. 5:12).

ᵇ LOS PRINCIPALES SACERDOTES. El grupo que se encontró con Jesús pudo haber incluido a Anás y Caifás, quienes sirvieron regularmente por varios años (Lc. 3:2). Debido a la importancia de esta confrontación, el capitán del templo, el segundo oficial más alto, pudo haber estado también presente.

ᶜ ¿CON QUÉ AUTORIDAD...? Esta fue la primera de una serie de preguntas designadas para atraparlo. La misma fue formulada por los principales sacerdotes, los escribas y los ancianos, evidentemente representando al Sanedrín. Los líderes deseaban saber qué credenciales podía tener Jesús (un autodenominado rabino, sin entrenamiento o reconocimiento aceptados) que lo autorizaran a hacer lo que estaba haciendo. Apenas recobrados del impacto inicial de los sucesos del día anterior, se habían vuelto agresivos demandando una explicación (cp. Mt. 21:23; Jn. 2:18).

ᵈ ESTAS COSAS. Una referencia directa a las acciones que tuvieron lugar en la limpieza del templo. Sin embargo, lo indefinido y lo vago de la expresión permiten la inclusión de todo lo que Jesús había estado haciendo y enseñando hasta entonces en su ministerio público, es decir, sus enseñanzas y milagros.

ᵉ Y QUIÉN TE DIO AUTORIDAD. Ellos se vieron obligados a admitir que Jesús tenía alguna fuente de indiscutible autoridad. Sus milagros fueron tan obvios y numerosos, que no podían considerarse fraudulentos. Inclusive su enseñanza tenía tal fuerza y claridad, que era obvio para todos que había autoridad en sus palabras (cp. Mt. 7:29).

ᶠ EL BAUTISMO DE JUAN, ¿DE DÓNDE ERA? Jesús les dio a los líderes judíos solo dos alternativas para juzgar la fuente de la autoridad de Juan y, por implicación, de su propia autoridad. En realidad, Cristo estaba forzando a los hombres a desempeñar su función como líderes religiosos del pueblo y hacer una evaluación del ministerio de Juan y el suyo. Jesús atrapó a los líderes judíos en su propia trampa. Ellos no tenían duda alguna de que él respondería afirmativamente diciendo que su autoridad provenía directamente de Dios (como lo había dicho muchas veces antes cp. Jn. 5:19-23; 10:18). Luego de esto, lo acusarían de blasfemia y usarían esto como una excusa para matarlo, como lo habían intentado antes (Jn. 5:18; 10:31-33). Aquí, sin embargo, él hace una pregunta que los colocó en un dilema imposible, porque Juan había sido reverenciado ampliamente por el pueblo. Ellos no podían apoyar el ministerio de Juan sin condenarse a sí mismos. Si negaban la legitimidad del ministerio de Juan, tendrían que enfrentar la reacción del pueblo. Finalmente, Jesús expone la ausencia de cualquier autoridad de parte de ellos para examinarlo.

de Juan, ¿de dónde era? ¿Del cielo, o de los hombres? ᴹᴿᵍRespondedme. ᴹᵀEllos entonces discutían entre sí, diciendo: Si decimos, del cielo, nos dirá: ʰ¿Por qué, pues, no le creísteis? Y si decimos, de los hombres, tememos al pueblo; porque ᴸᶜtodo el pueblo nos apedreará; porque están persuadidos de que Juan era ᴹᴿun verdadero ᴸᶜprofeta. ᴹᴿAsí que, respondiendo, dijeron a Jesús: No sabemos. Entonces respondiendo Jesús, les dijo: ⁱTampoco yo os digo con qué autoridad hago estas cosas.

ᴹᵀPero ¿qué os parece? Un hombre tenía dos hijos, y acercándose al primero, le dijo: Hijo, ve hoy a trabajar en mi viña. Respondiendo él, dijo: No quiero; pero después, arrepentido, fue. Y acercándose al otro, le dijo de la misma manera; y respondiendo él, dijo: Sí, señor, voy. Y no fue. ʲ¿Cuál de los dos hizo la voluntad de su padre? Dijeron ellos: El primero. Jesús les dijo: De cierto os digo, que ᵏlos publicanos y las rameras van delante de vosotros al reino de Dios. Porque vino a vosotros Juan en ˡcamino de justicia, y no le creísteis; pero los publicanos y las rameras le creyeron; y vosotros, viendo esto, no os arrepentisteis después para creerle.

....

ᵍ RESPONDEDME. Esta réplica desafiante de Jesús solo aparece en el relato de Marcos. Esto revela que los líderes judíos no tuvieron el valor de responder honestamente a su pregunta.

ʰ ¿POR QUÉ, PUES, NO LE CREÍSTEIS? Juan había dado un testimonio inequívoco de que Jesús era el Mesías. Si Juan había sido un profeta cuyas palabras fueron verdaderas, ellos deberían creer su testimonio acerca de Cristo. Por otro lado, sería una necedad política que los fariseos atacaran la legitimidad de Juan el Bautista o negaran su autoridad como un profeta de Dios. Juan gozaba de una enorme popularidad entre las personas, en especial tras haber muerto como mártir a manos de Herodes. Si los fariseos cuestionaban la autoridad de Juan, esto sería percibido como un ataque irrespetuoso contra un héroe nacional, y ellos sabían que eso no les convenía. Por eso se declararon ignorantes.

ⁱ TAMPOCO YO OS DIGO. Jesús expuso la hipocresía de la pregunta y desenmascaró los motivos perversos de ellos. Además, optó por no desperdiciar la verdad en esos necios (cp. Mt. 7:6).

ʲ ¿CUÁL DE LOS DOS HIZO LA VOLUNTAD DE SU PADRE? Jesús los forzó a testificar contra ellos mismos. El punto central de la parábola es que hacer es mejor que decir (cp. Mt. 7:21–27; Stg. 1:22). Ellos tenían que reconocer esto, aunque haciéndolo se condenaran a sí mismos. La idea de que los recolectores de impuestos y las prostitutas arrepentidos entrarían al reino antes que los hipócritas religiosos fue un tema recurrente en su ministerio (cp. Mt. 5:20), y esto enfureció a los líderes judíos.

ᵏ LOS PUBLICANOS Y LAS RAMERAS. Vea Mateo 5:46; 9:9; Marcos 2:15. Los parias de la sociedad judía, los más despreciados públicamente por los sacerdotes y los ancianos, habían hallado la salvación, mientras que sus líderes autojustificados no. Cp. Romanos 10:3.

ˡ CAMINO DE JUSTICIA. Es decir, el arrepentimiento y la fe que resultan en la imputación de la justicia de Dios (cp. Ro. 3:21).

151. La parábola del terrateniente

Mt. 21:33–46; Mr. 12:1–12; Lc. 20:9–19

[LC]Comenzó luego a decir [a]al pueblo esta parábola: [MT]Oíd otra parábola: Hubo un hombre, padre de familia, el cual plantó [b]una viña, la cercó de [c]vallado, cavó en ella [d]un lagar, edificó una [e]torre, y la [f]arrendó a unos labradores, y se fue lejos [LC]por mucho tiempo.

[MT]Y cuando se acercó [g]el tiempo de los frutos, [MR]envió [h]un siervo a los labradores, para que recibiese de éstos del fruto de la viña. Mas ellos, tomándole, le golpearon, y le enviaron con las manos vacías. [LC]Volvió a enviar otro siervo;

....

[a] AL PUEBLO. De los escritores sinópticos, Lucas es el único que menciona a quién iba dirigida la parábola, no solo a los líderes judíos, sino a todo el pueblo.

[b] UNA VIÑA [...] UN LAGAR. Vea Isaías 5:2. Jesús estaba aludiendo claramente a este pasaje del AT, el cual con seguridad era familiar para los líderes judíos. Las viñas resultaban comunes en esa región. Las laderas de Israel estaban cubiertas de viñedos, el soporte de la economía. La «viña» es un símbolo comúnmente utilizado en las Escrituras para la nación hebrea. El dueño de la viña, que representa a Dios, desarrolló su viña con gran cuidado y luego la arrendó a labradores, que representan a los líderes judíos.

[c] VALLADO. Lit. «un cerco». Pudo tratarse de un muro de piedra o un vallado de arbustos construido para protección.

[d] UN LAGAR. Localizado debajo de la prensa de uvas. Las uvas eran exprimidas en la prensa y el jugo corría a través de un abrevadero hasta un cuenco bajo, donde podía ser depositado en odres o frascos.

[e] TORRE. Esta estructura obedecía a tres propósitos: (1) servía de poste del guardia; (2) proveía de protección a los trabajadores; y (3) se utilizaba para guardar las semillas y herramientas de trabajo.

[f] ARRENDÓ A UNOS LABRADORES. Jesús añade a la imagen de Isaías 5:1, 2. El dueño del viñedo hace un arreglo con hombres que él cree son obreros confiables, quienes deberán pagarle un cierto porcentaje por concepto de renta. El resto de las ganancias le pertenece a ellos por su trabajo al cultivar y cosechar el campo. Los «labradores» representan a los líderes judíos.

[g] EL TIEMPO DE LOS FRUTOS. Es decir, en el tiempo de la cosecha. Este ocurría usualmente por primera vez en el quinto año de la siembra inicial (cp. Lv. 19:23–25).

[h] UN SIERVO. Todos los siervos de la parábola representan a los profetas del AT.

mas ellos a éste también, ⁱgolpeado y afrentado, le enviaron con las manos vacías. Volvió a enviar un tercer siervo; ᴹᴿpero apedreándole, le hirieron en la cabeza, ᴸᶜ[y le] echaron fuera ᴹᴿafrentado. Volvió a enviar otro, y a éste mataron[.] ᴹᵀEnvió de nuevo otros siervos, más que los primeros; e hicieron con ellos de la misma maneraᴹᴿ, golpeando a unos y matando a otros.

ᴸᶜEntonces el señor de la viña dijo: ¿Qué haré? Enviaré a ʲmi hijo amado; quizá cuando le vean a él, le tendrán respeto. ᴹᴿPor último, teniendo aún un hijo suyo, amado, lo envió también a ellos ᴹᵀ[f]inalmente[.]

ᴸᶜMas los labradores, al verle, discutían entre sí, diciendo: Este es el heredero; venid, matémosle, y apoderémonos de ᵏsu heredad [que] ᴹᴿserá nuestra. ᴹᵀY tomándole, le echaron fuera de la viña, y le mataron.

Cuando venga, pues, el señor de la viña, ¿qué hará a aquellos labradores? Le dijeron: ˡA los malos destruirá sin misericordia, y ᵐarrendará su viña a otros labradores, que le paguen el fruto a su tiempo. Jesús les dijo: ᴸᶜ[de cierto v]endrá y destruirá a estos labradores, y dará su viña a otros. Cuando ellos oyeron esto, dijeron: ⁿ¡Dios nos libre! Pero él, mirándolos, dijo: ᴹᴿ¿Ni aun esta escritura habéis leídoᴸᶜ, es lo que está escrito:

ⁱGOLPEADO Y AFRENTADO, LE ENVIARON CON LAS MANOS VACÍAS. El terrible tratamiento hacia los siervos se corresponde con el tratamiento que muchos de los gobernantes judíos dieron a los profetas del AT (1 R. 22:24; 2 Cr. 24:20, 21; 36:15, 16; Neh. 9:26; Jer. 2:30).

ʲMI HIJO AMADO. Esta persona representa al Señor Jesucristo, a quien ellos mataron y, por lo tanto, provocaron el juicio divino.

ᵏSU HEREDAD [QUE] SERÁ NUESTRA. Los labradores eran codiciosos, deseaban que la cosecha y la viña fueran por completo para ellos y no se detendrían ante nada para conseguirlo, incluso si era necesario matar al heredero. Debido a que Jesús había logrado reunir a tantos seguidores, los líderes creían que la única forma de mantener su posición y poder era matándolo (cp. Jn. 11:48).

ˡA LOS MALOS DESTRUIRÁ. El dueño de la viña ejecutaría a los labradores, lo cual serviría como profecía de la destrucción de Jerusalén (70 A.D.) y la nación de Israel. Según Mateo 21:41, este veredicto es recibido por los principales sacerdotes, escribas y ancianos.

ᵐARRENDARÁ SU VIÑA A OTROS LABRADORES. Nuevamente los líderes judíos pronuncian su propio juicio. El juicio que ellos mismos hicieron acerca de los labradores malvados era también el juicio de Cristo contra ellos. El reino y las bendiciones espirituales dadas a Israel fueron otorgados a «otros labradores», simbolizando la iglesia, la cual está formada principalmente por gentiles (cp. Ro. 11:11).

ⁿ¡DIOS NOS LIBRE! Lucas es el único que registra esta reacción hostil por parte de la multitud. Esta respuesta indica que sí captaron el significado de la parábola.

[o]La [p]piedra que desecharon los edificadores,
Ha venido a ser [q]cabeza del ángulo.
El Señor ha hecho esto,
Y es cosa maravillosa a nuestros ojos?

[MT]Por tanto os digo, que el reino de Dios será quitado de vosotros, y será dado a [r]gente que produzca los frutos de él. Y [s]el que cayere sobre [t]esta piedra será quebrantado; y sobre quien ella cayere, le desmenuzará. Y oyendo sus parábolas los principales sacerdotes y los fariseos, [u]entendieron que [LCv]contra ellos había dicho esta parábola[.] [MT]Pero al buscar cómo echarle mano [LC]en aquella hora, [...] temieron al pueblo[MT], porque éste le tenía por profeta. [MR][Y] dejándole, se fueron.

....

[o]LA PIEDRA QUE DESECHARON. Esta profecía mesiánica es una cita del Salmo 118:22, 23 de la Septuaginta (LXX). Se refiere a su crucifixión, y la restauración de la «cabeza del ángulo» anticipa su resurrección. Jesús continúa su enseñanza en forma de parábola, pero aquí su reino es visto como un edificio en lugar de una viña. El punto es que el hijo rechazado y la piedra desechada representan a Cristo.

[p]PIEDRA QUE DESECHARON LOS EDIFICADORES. Los constructores normalmente desechan piedras hasta que encuentran una de líneas perfectas que pueda servir de piedra angular, la cual era de suma importancia para la simetría y la estabilidad de la edificación. En la metáfora de Jesús, él mismo es la piedra que los constructores (los líderes religiosos judíos) rechazaron (crucificaron). Pero el Cristo resucitado es la piedra angular (cp. Hch. 4:10–12; 1 P. 2:6, 7).

[q]CABEZA DEL ÁNGULO. Superficialmente, esta cita del Salmo 118:22, 23 es irrelevante para la parábola que la precede. Pero es tomada de un salmo mesiánico. Jesús dice esto para sugerir que el Hijo, quien fue asesinado y arrojado fuera de la viña, era también la «cabeza del ángulo» en el plan redentor de Dios.

[r]GENTE QUE PRODUZCA LOS FRUTOS DE ÉL. La iglesia. Pedro habla de la iglesia como una «nación santa» (1 P. 2:9).

[s]EL QUE CAYERE [...] SOBRE QUIEN ELLA CAYERE. La expresión corresponde a una cita de Isaías 8:13–15 que habla acerca de Jehová. Como tantos otros pasajes del AT que se aplican a Cristo, este también demuestra que él era Jehová encarnado.

[t]ESTA PIEDRA. Cristo es «piedra de tropiezo» para los incrédulos (Is. 8:14; 1 P. 2:9). El profeta Daniel lo describió como una gran piedra que fue cortada sin manos, la cual cae sobre los reinos del mundo y los aplasta (Dn. 2:44, 45). Si un vaso de cerámica «cae sobre» una piedra, o la piedra «cae» sobre el vaso, el resultado es el mismo. El dicho sugiere que tanto la enemistad como la apatía son respuestas incorrectas a Cristo, y todos aquellos que son culpables de ambas están en peligro de juicio.

[u]ENTENDIERON QUE CONTRA ELLOS HABÍA DICHO ESTA PARÁBOLA. Al evocar tantas imágenes familiares mesiánicas, Jesús hizo que su significado fuera perfectamente claro para los principales sacerdotes y los fariseos.

[v]CONTRA ELLOS. Los principales sacerdotes, escribas y ancianos estaban completamente conscientes de que Cristo reprobaba sus acciones, pero esto solo despertó su odio, no su arrepentimiento.

152. La parábola de la invitación a las bodas

Mt. 22:1–14

^{MT}Respondiendo Jesús, les volvió a hablar en parábolas, diciendo: El reino de los cielos es ᵃsemejante a un rey que hizo fiesta de bodas a su hijo; y envió a sus siervos a llamar a los convidados a las bodas; mas éstos no quisieron venir. ᵇVolvió a enviar otros siervos, diciendo: Decid a los convidados: He aquí, he preparado mi comida; mis toros y animales engordados han sido muertos, y todo está dispuesto; venid a las bodas. Mas ellos, sin hacer caso, se fueron, uno a su labranza, y otro a sus negocios; y otros, tomando a los siervos, los afrentaron y los mataron. Al oírlo el rey, ᶜse enojó; y enviando sus ejércitos, destruyó a aquellos homicidas, y ᵈquemó su ciudad.

Entonces dijo a sus siervos: Las bodas a la verdad están preparadas; mas los que fueron convidados no eran dignos. Id, pues, a las salidas de los caminos, y ᵉllamad a las bodas a cuantos halléis. Y saliendo los siervos por los caminos, juntaron a todos los que hallaron, juntamente malos y buenos; y las bodas fueron llenas de convidados.

ᵃ SEMEJANTE A UN REY QUE HIZO FIESTA DE BODAS. Jesús narró una parábola semejante, pero diferente, en Lucas 14:16–23. Aquí, el banquete era una fiesta de bodas para el hijo del rey. La apatía y el rechazo de aquellos que fueron invitados a la fiesta representaron mucho más que un desaire al rey. Además, maltrataron y asesinaron a sus mensajeros, una inconcebible afrenta a la bondad del monarca.

ᵇ VOLVIÓ A ENVIAR OTROS SIERVOS. Esto ilustra la paciencia de Dios y su comprensión con aquellos que deliberadamente lo desprecian. Él mantiene la invitación incluso cuando su bondad ha sido ignorada o rechazada.

ᶜ SE ENOJÓ. Su gran paciencia finalmente se agotó, juzgándolos.

ᵈ QUEMÓ SU CIUDAD. El juicio que Jesús describió anticipó la destrucción de Jerusalén en el año 70 A.D. Inclusive la gran piedra del templo fue destruida por el fuego y reducida a cenizas. Cp. Mt. 23:36; 24:2; Lucas 19:43.

ᵉ LLAMAD A LAS BODAS A CUANTOS HALLÉIS. Esto ilustra la oferta gratuita del evangelio, la cual se extiende a todos indiscriminadamente (cp. Ap. 22:17).

Y entró el rey para ver a los convidados, y vio allí a un hombre que no estaba
[f]vestido de boda. Y le dijo: Amigo, ¿cómo entraste aquí, sin estar vestido de boda?
Mas [g]él enmudeció. Entonces el rey dijo a los que servían: Atadle de pies y manos, y
echadle en [h]las tinieblas de afuera; allí será [i]el lloro y el crujir de dientes.

Porque [j]muchos son llamados, y pocos escogidos.

[f]VESTIDO DE BODA. Todos, sin excepción, fueron invitados al banquete, por lo que este hombre no debe ser visto como un intruso cualquiera. De hecho, todos los invitados fueron reunidos apresuradamente en «los caminos», por lo que no se podía esperar que estuvieran ataviados de forma apropiada. De aquí se deduce que los vestidos de boda fueron provistos por el mismo rey. La falta de un atuendo apropiado en este hombre indica que rechazó intencionalmente la provisión generosa del gobernante. Su acción resultó ser más ofensiva al monarca que el rechazo a asistir a la boda, porque cometió su impertinencia en la presencia misma del rey. Este personaje parece representar a quienes se identifican externamente con el reino, profesan ser cristianos, pertenecen a la iglesia de manera visible, pero desprecian el vestido de rectitud que Cristo ofrece (cp. Is. 61:10), buscando una rectitud que venga de sí mismos (cp. Ro. 10:3; Fil. 3:8, 9). Se avergüenzan de admitir su propia pobreza espiritual (cp. Mt. 5:3), se rehúsan a recibir el vestido generosamente ofrecido por el Rey, el cual es mejor, y por esto son culpables de pecar terriblemente en contra de su bondad.

[g]ÉL ENMUDECIÓ. Es decir, él no tenía excusa alguna.

[h]LAS TINIEBLAS DE AFUERA. Esto describiría la oscuridad más lejana de la luz, es decir, las tinieblas de afuera.

[i]EL LLORO Y EL CRUJIR DE DIENTES. Esto se refiere al inconsolable lamento y el tormento incesante. Jesús usó comúnmente esta frase para describir el infierno (cp. Mateo 13:42, 50; 24:51).

[j]MUCHOS SON LLAMADOS, Y POCOS ESCOGIDOS. El llamado citado aquí es referido algunas veces como el «llamado general» (o llamado «externo»), un llamado al arrepentimiento y la fe que es inherente al mensaje del evangelio. Este llamado va dirigido a todos aquellos que escuchan el evangelio. «Muchos» lo oyen, pero «pocos» responden (vea la comparación entre muchos y pocos en Mateo 7:13, 14). Aquellos que responden son los «escogidos», los elegidos. En las cartas paulinas, la palabra «llamar» es usualmente utilizada para referirse al irresistible llamado de Dios a los elegidos (Ro. 8:30), conocido como el «llamado eficaz» (o llamado «interno»). El llamado eficaz es la ilustración sobrenatural de Dios de la cual habla Jesús en Juan 6:44. Aquí se tiene en mente un llamado general dirigido a todos aquellos que escuchan el evangelio. Este llamado implica el gran «todo aquel que quiera» del evangelio (cp. Ap. 22:17). Tenemos, entonces, el apropiado balance entre la responsabilidad humana y la soberanía divina: la exclusión del reino de quien rechaza intencionalmente la invitación es perfectamente justa. Los «escogidos» entran al reino solo a causa de la gracia divina al escogerlos.

153. Los fariseos y herodianos prueban a Jesús

Mt. 22:15–22; Mr. 12:13–17; Lc. 20:20–26

^{MT}Entonces se fueron los fariseos y consultaron cómo sorprenderle en alguna palabra. Y ^{LC}acechándole enviaron espías que se simulasen justos, ^{MR}los fariseos ^{MT}le enviaron los discípulos de ellos con los ^aherodianos^{MR}, para que le sorprendiesen en alguna palabra, ^{LC}para entregarle al poder y autoridad del gobernador.

^{MR}Viniendo ellos, le dijeron: ^{MT}Maestro, sabemos que eres amante de la verdad, y que enseñas ^{LC}rectamente ^{MT}con verdad el camino de Dios, ^{LC}y que ^bno haces acepción de persona, ^{MT}porque no miras la apariencia de los hombres. ^cDinos, pues, qué te parece: ^d¿Es lícito dar ^etributo a César, o no? ^{MR}¿Daremos, o no daremos? ^{MT}Pero Jesús, conociendo ^{LC}la astucia de ellos, [y] ^{MR}la ^fhipocresía de ellos, les dijo:

....

^aHERODIANOS. El partido judío que apoyaba a la romanizada dinastía herodiana. Los herodianos no eran un partido religioso, como los fariseos, sino uno político, constituido quizá fundamentalmente por saduceos (incluidos los líderes del templo). Al contrario de estos, los fariseos odiaban el dominio romano y la influencia herodiana. El hecho de que ambos grupos hubieran conspirado contra Jesús revela cuán seriamente ambas partes lo consideraban una amenaza para sus intereses. Herodes mismo deseaba la muerte de Jesús (Lc. 13:31), y los fariseos ya habían intentado matarlo también (Jn. 11:53). Por esto unieron esfuerzos para alcanzar la meta común.

^bNO HACES ACEPCIÓN DE PERSONAS. Esto habla de imparcialidad, de no mostrar favoritismo alguno. Aunque estas no eran más que palabras lisonjeras de parte de los fariseos y herodianos, no obstante, era verdad que Jesús no se dejaba deslumbrar por el poder, el prestigio o la posición de una persona.

^cDINOS, PUES, QUÉ TE PARECE. La segunda de una serie de preguntas que los líderes religiosos judíos esperaban pusiera en evidencia a Jesús, declarándose a sí mismo como alguien que apoyaba la insurrección (cp. Mr. 11:28). En este caso se toca el tema controversial del pago de impuestos a Roma.

^d¿ES LÍCITO DAR TRIBUTO A CÉSAR, O NO? El tema en discusión era el pago de los tributos, un impuesto anual de un denario por persona. Este «tributo» formaba parte de un impuesto mayor exigido por Roma. Puesto que estos fondos eran utilizados para financiar la ocupación del ejército, el pueblo odiaba todos los impuestos romanos. No obstante, el pago del tributo era el más odiado de todos, porque el mismo sugería que Roma era dueña incluso de las personas, cuando ellas se veían a sí mismas y a su nación como propiedad de Dios. Por lo tanto, resulta perfectamente lógico que interrogaran a Jesús sobre este asunto en particular. Si su respuesta era negativa, los herodianos podrían acusarlo de traición a Roma. Si respondía positivamente, los fariseos lo acusarían de deslealtad hacia la nación judía y perdería el apoyo del pueblo.

^eTRIBUTO. La palabra griega para «tributo» (impuestos) es un préstamo de la palabra latina de la cual proviene el término en español *censo*. Los romanos acostumbraban contar a todos los ciudadanos y hacer pagar a cada uno de ellos un impuesto anual de un denario.

^fHIPOCRESÍA. Los fariseos y herodianos, fingiendo interés en su enseñanza, intentaron esconder su intención de tenderle una trampa a Jesús. Pero el Señor percibió su motivación verdadera (cp. Jn. 2:25).

ᴹᵀᵍ¿Por qué me tentáis, hipócritas? Mostradme la moneda del tributo. ᴹᴿTraedme la moneda para que la vea. ᴹᵀY ellos le presentaron ʰun denario. Entonces les dijo: ¿De quién es esta ⁱimagen, y la ʲinscripción? ᴸᶜY respondiendo dijeron: De César. Entonces les dijo: Pues ᵏdad a César lo que es ˡde César, y a Dios lo que es de Dios. Y no pudieron sorprenderle en palabra alguna delante del pueblo[.]

ᴹᵀOyendo esto, ᴸᶜmaravillados de su respuesta, callaron. ᴹᵀ[Y ellos] dejándole, se fueron.

ᵍ¿POR QUÉ ME TENTÁIS...? La respuesta de Jesús expone el verdadero motivo de los fariseos y herodianos, revelando su hipocresía.

ʰ UN DENARIO. Una moneda de plata, el salario de un día para un soldado romano. Las monedas eran acuñadas bajo la autoridad del emperador, siendo la única persona que podía emitir monedas de oro o plata. El denario de los días de Jesús fue acuñado por Tiberio. En un lado de la moneda aparecía la imagen de su rostro, y en el otro, un grabado de sí mismo sentado en su trono con túnicas sacerdotales. Los judíos consideraban esta última como una imagen de idolatría, prohibida por el segundo mandamiento (Éx. 20:4), lo cual haría a este impuesto y estas monedas doblemente ofensivos.

ⁱ IMAGEN. Probablemente uno de los lados del denario contenía la imagen del emperador actual, Tiberio, aunque para aquel momento pudiera haber sido también Augusto, debido a que ambas monedas se encontraron en circulación simultáneamente. Lo más probable es que haya sido Tiberio, porque la respuesta fue «de César», indicando al gobernante en ejercicio más que a uno anterior.

ʲ INSCRIPCIÓN. Si la moneda había sido acuñada por Tiberio, la inscripción debió decir en uno de sus lados: «Tiberio César Augusto, hijo del divino Augusto», y en el otro: «Sacerdote Principal».

ᵏ DAD A CÉSAR. La palabra griega traducida como «dad» significa, «pagar o devolver», lo que implica una deuda. Todos los que vivían en el reino de César estaban obligados a devolverle los impuestos que le pertenecían. Esto no era una opción. De esta forma, Jesús declara que todos los ciudadanos están bajo la obligación divina de pagar los impuestos a todo gobernante que esté sobre ellos (cp. Ro. 13:1-7; 1 P. 2:13-17).

ˡ DE CÉSAR [...] DE DIOS. La imagen del César está impresa en la moneda; la imagen de Dios está impresa en la persona (Gn. 1:26, 27). El cristiano debe «rendir» obediencia a César en el reino de César (Ro. 13:1-7; 1 P. 2:13-17), pero «las cosas que pertenecen a Dios» son cosas que no pertenecen a César y deben ser dadas solamente a Dios. De esta forma, Cristo reconoce el derecho de César a medir y recolectar los impuestos, y hace un deber de los cristianos el pagarlos. Pero Cristo nunca sugirió (como algunos suponen) que César tuviera alguna autoridad única o final en el ámbito social o el político. En último caso, todas las cosas son de Dios (Ro. 11:36; 2 Co. 5:18; Ap. 4:11), incluyendo el campo en el cual César o cualquier otro gobernante ejerce autoridad.

154. Los saduceos cuestionan a Jesús

Mt. 22:23-33; Mr. 12:18-27; Lc. 20:27-39

MTAquel día[,] LC[l]legando entonces algunos de los ªsaduceos, MTbque dicen que no hay resurrección, [...] cle preguntaron, diciendo: MRMaestro, dMoisés nos escribió que MT[s]i alguno muriere MRy dejare esposa, pero no dejare hijos, que esu hermano se case con ella, y levante descendencia a su hermano. MTHubo, pues, entre nosotros siete hermanos; MRel primero tomó esposa, MTy murió; y no teniendo descendencia, dejó su mujer a su hermano. LCY la tomó el segundo, el cual también murió sin hijos. La tomó el tercero, y así todos los siete, y murieron sin dejar descendencia. Finalmente murió también la mujer. MTEn la resurrección, pues, MRcuando resuciten, MT¿de cuál de los siete será ella mujer, MRya que los siete la tuvieron por mujer?

Entonces respondiendo Jesús, les dijo: ¿No erráis por esto, porque ignoráis las Escrituras, y fel poder de Dios? LCLos hijos de este siglo se casan, y se dan en casamiento; mas los que fueren tenidos por dignos de alcanzar aquel siglo y la

....

ª SADUCEOS. La más rica, influyente y aristocrática de todas las sectas judías. Todos los sumos sacerdotes, principales sacerdotes y la mayoría de los miembros del Sanedrín eran saduceos. Ellos ignoraban la ley oral, las tradiciones y las leyes escritas de los fariseos, teniendo únicamente al Pentateuco como autoridad (cp. Mt. 3:7).

b QUE DICEN QUE NO HAY RESURRECCIÓN. El aspecto más distintivo de la teología de los saduceos, derivado de su apego al Pentateuco y la creencia de que Moisés no enseñó una resurrección literal de los muertos. Con tal descuido por el futuro, los saduceos vivían para el momento y cualquier beneficio que pudieran obtener. Dado que controlaban los asuntos del templo, se enojaron extremadamente cuando Jesús expulsó del lugar a los mercaderes y cambistas, porque haciendo esto los había privado de una fuente importante de ganancias (Mr. 11:15-18), razón por la cual deseaban desacreditar a Jesús frente al pueblo.

c LE PREGUNTARON. Esta fue la tercera en una serie de preguntas diseñadas para tenderle una trampa (cp. Lc. 20:2, 22). Esta pregunta fue hecha por los saduceos. En Mateo 22:34-40 y Marcos 12:28-34 se registra una última pregunta que le hizo un escriba, pero Lucas la omitió en su registro.

d MOISÉS NOS ESCRIBIÓ. Los saduceos apelaron a Moisés porque ellos sabían perfectamente en la alta estima que tenía Jesús las Escrituras y, por consiguiente, creían que no se atrevería a contradecir la validez del matrimonio por levirato.

e SU HERMANO SE CASE CON ELLA. Los saduceos estaban resumiendo Dt. 25:5-6, que se refiere a la costumbre del matrimonio por levirato (casarse con el hermano del esposo muerto). Dios lo estipuló en la ley de Moisés para preservar los nombres de las tribus, las familias y herencias.

f EL PODER DE DIOS. La ignorancia de las Escrituras se extendía a su falta de entendimiento con respecto a los milagros que Dios había realizado en tiempos del AT. De haber tenido este conocimiento habrían sido capaces de creer en el poder de Dios para resucitar de la muerte.

resurrección de entre los muertos, ᴹᴿcuando resuciten de los muertos, ᵍni se casarán ni se darán en casamiento, ᴸᶜno pueden ya más morir, pues son ᴹᵀʰcomo los ángeles de Dios ᴸᶜy son hijos de Dios, al ser hijos de la resurrección.

ᴹᴿPero respecto a que los muertos resucitan, ¿no habéis leído ᴹᵀlo que os fue dicho por Dios ᴹᴿen ⁱel libro de Moisés[,] ʲcómo le habló Dios en la zarza, diciendo: Yo soy el Dios de Abraham, el Dios de Isaac y el Dios de Jacob? ᴸᶜMoisés lo enseñó en ᵏel pasaje de la zarza, cuando llama al Señor, Dios de Abraham, Dios de Isaac y Dios de Jacob. Porque Dios ˡno es Dios de muertos, sino de vivos, pues ᵐpara él todos vivenᴹᴿ; así que ⁿvosotros mucho erráis. ᴹᵀOyendo esto la gente, se admiraba de su doctrina. ᴸᶜRespondiéndole algunos de los escribas, dijeron: ᵒMaestro, bien has dicho.

....

ᵍNI SE CASARÁN. El matrimonio fue creado por Dios para darles a los seres humanos la posibilidad de tener compañía y perpetuarse biológicamente sobre la tierra. Jesús estaba enfatizando el hecho de que en el cielo no existirán relaciones exclusivas o sexuales. Cada creyente experimentará un nuevo tipo de existencia en la cual tendrá relaciones espirituales perfectas con todos los demás creyentes.

ʰCOMO LOS ÁNGELES DE DIOS. Los saduceos no creían en los ángeles (cp. Mt. 3:7), por lo que Jesús estaba exponiendo aquí otra de sus creencias falsas. Los ángeles son criaturas inmortales que no se reproducen, por lo que no necesitan casarse. «En la resurrección» los santos tendrán las mismas características. Ellos serán igual a los ángeles en el sentido de que no procrearán. Más bien, serán seres eternos y espirituales que no morirán (cp. 1 Co. 15:39-44, 48, 49).

ⁱEL LIBRO DE MOISÉS. El Pentateuco, los primeros cinco libros del AT. Jesús apeló a las únicas Escrituras que los saduceos consideraban con total autoridad en materia teológica.

ʲCÓMO LE HABLÓ DIOS [...] DICIENDO: YO SOY. Haciendo énfasis en el presente del verbo «ser» en Éxodo 3:6: «Yo soy el Dios de Abraham, el Dios de Isaac y el Dios de Jacob», Jesús estaba subrayando el carácter personal y perpetuo del pacto que Dios estableció con los tres patriarcas. Aunque todos ellos habían ya muerto cuando Dios le habló a Moisés, aún seguía siendo su Dios, tanto como lo había sido antes cuando todos ellos estaban vivos sobre la tierra, y todavía más ahora que se encontraban disfrutando de una comunión eterna con él en los cielos.

ᵏEL PASAJE DE LA ZARZA. Una referencia a Éxodo 3:1—4:17. En ese pasaje Dios se identificó a sí mismo como el Dios de Abraham, Isaac y Jacob, con el uso del tiempo verbal presente. Él no dijo que *era* su Dios, sino «Yo soy» su Dios, para indicar que la existencia de ellos no había terminado con su muerte.

ˡNO ES DIOS DE MUERTOS. El argumento de Jesús (tomado del Pentateuco, porque los saduceos reconocían solamente la autoridad de Moisés, cp. Mt. 3:7) se basó en la enfática conjugación en el tiempo presente de «YO SOY» en Éxodo 3:6. Este sutil pero efectivo argumento silenció finalmente a los saduceos.

ᵐPARA ÉL TODOS VIVEN. Lucas es el único que registra esta frase. Todas las personas, bien sea que estén separadas de su cuerpo terrenal o no, siguen con vida y vivirán para siempre. Ningún ser humano es aniquilado al morir (cp. Jn. 5:28-30).

ⁿVOSOTROS MUCHO ERRÁIS. Jesús acusó a los saduceos de cometer un grave error al enseñar que no había resurrección de los muertos.

ᵒMAESTRO, BIEN HAS DICHO. Cristo había presentado un argumento contundente a favor de la resurrección de los muertos, y los fariseos estaban de acuerdo con él sobre ese tema, a diferencia de los saduceos. Este escriba, a pesar de su odio hacia Cristo, quedó satisfecho con la respuesta que él le dio.

155. Un escriba de los fariseos cuestiona a Jesús

Mt. 22:34-40; Mr. 12:28-34; Lc. 20:40

^{MT}Entonces los fariseos, oyendo que había hecho callar a los saduceos, se juntaron a una. ^{MR}Acercándose uno de los escribas, ^{MTa}intérprete de la ley, ^{MR}que los había oído disputar, y sabía que les había respondido bien, ^{MT}preguntó por tentarle, diciendo: Maestro, ^b¿cuál es el gran mandamiento ^{MR}de todos ^{MT}en la ley?

^{MR}Jesús le respondió: El primer mandamiento de todos es: ^cOye, Israel; el Señor nuestro Dios, el Señor uno es. Y ^damarás al Señor tu Dios con todo tu ^ecorazón, y con toda tu alma, y con toda tu mente y con todas tus fuerzas. Este es el principal mandamiento. Y ^fel segundo es semejante: Amarás a tu ^gprójimo como a ti mismo.

....

^a INTÉRPRETE DE LA LEY. Un escriba especializado en interpretar la ley. Cp. Mateo 2:4; Lucas 10:25.

^b ¿CUÁL ES EL GRAN MANDAMIENTO...? Los rabinos habían determinado que existían seiscientos trece mandamientos en el Pentateuco, uno por cada letra de los Diez Mandamientos principales. De los seiscientos trece mandamientos, doscientos cuarenta y ocho eran vistos como afirmativos y trescientos sesenta y cinco como negativos. Todos ellos estaban divididos en dos categorías, una mayor y una menor, con los mandamientos pertenecientes a la categoría mayor siendo más obligatorios que los de la categoría menor. Los escribas y rabinos, sin embargo, no habían llegado a un acuerdo en cuanto a establecer cuáles eran mayores y cuáles eran menores. Esta visión de la ley hizo pensar a los fariseos que Jesús había desarrollado su propia teoría al respecto. De esta forma, los fariseos le hicieron esta pregunta a Jesús con la intención de que se incriminara a sí mismo revelando alguna posición poco ortodoxa y unilateral.

^c OYE, ISRAEL. Citando la primera parte del *Shema* (Dt. 6:4, 5), la palabra hebrea para «oír», Jesús confirmó la práctica de todo judío piadoso, que recitaba por completo el *Shema* (Nm. 15:37-41; Dt. 6:4-9; 11:13-21) cada mañana y cada tarde todos los días.

^d AMARÁS AL SEÑOR. Citando Deuteronomio 10:12; 30:6, Jesús usó las propias palabras de Dios contenidas en el Pentateuco para responder, indicando la naturaleza ortodoxa de su teología.

^e CORAZÓN [...] ALMA [...] MENTE. Marcos 12:30 agrega «fuerzas». La cita proviene de Deuteronomio 6:5, una parte del *Shema* («oír» en hebreo, Dt. 6:4). Este versículo dice «corazón [...] alma [...] fuerzas». Algunos manuscritos de la LXX incluyen «mente». El uso de varios términos no está dirigido a citar diferentes facultades humanas, sino a subrayar la integridad del tipo de amor que se requiere.

^f EL SEGUNDO. Jesús llevó un poco más allá la pregunta de los fariseos identificando también el segundo mandamiento más importante, porque era esencial para poder comprender por completo el deber del amor. Este mandamiento, también de los libros de Moisés (Lv. 19:18), es de la misma naturaleza y carácter que el primero. El amor genuino por Dios es seguido en importancia por un amor genuino hacia el prójimo.

^g PRÓJIMO. Cp. Lucas 10:29-37.

No hay otro mandamiento mayor que éstos. ᴹᵀDe estos dos mandamientos depende ʰtoda la ley y los profetas.

ᴹᴿEntonces ⁱel escriba le dijo: Bien, Maestro, verdad has dicho, que uno es Dios, y no hay otro fuera de él; y el amarle con todo el corazón, con todo el entendimiento, con toda el alma, y con todas las fuerzas, y ʲamar al prójimo como a uno mismo, es más que todos los ᵏholocaustos y sacrificios. Jesús entonces, viendo que había respondido sabiamente, le dijo: ˡNo estás lejos del reino de Dios. Y ya ᵐninguno osaba preguntarle ᴸᶜnada más.

ʰ TODA LA LEY Y LOS PROFETAS. Es decir, todo el AT. Jesús resume todo el deber moral del hombre en dos categorías: amar a Dios y amar al prójimo. Estas mismas dos categorías diferencian a los cuatro primeros mandamientos del Decálogo de los seis restantes.

ⁱ EL ESCRIBA LE DIJO. La respuesta del escriba revela que él entendía bien la enseñanza del AT, acerca de que los asuntos morales están por encima de los ceremoniales (cp. 1 S. 15:22; Is. 1:11–15; Os. 6:6; Mi. 6:6–8).

ʲ AMAR AL PRÓJIMO COMO A UNO MISMO. Esta es una cita de Levítico 19:18. Contrariamente a algunas interpretaciones contemporáneas, no es un llamado al egocentrismo. Más bien, contiene en diferentes palabras la misma idea que la Regla de Oro. Propone a los creyentes medir su amor por los otros según lo que ellos desearían para sí mismos.

ᵏ HOLOCAUSTOS. Sacrificios que eran completamente quemados en el altar (cp. Lv. 1:1–17; 6:8–13).

ˡ NO ESTÁS LEJOS DEL REINO DE DIOS. Jesús felicita y reta al mismo tiempo al escriba. Él reconoció la visión del escriba con respecto a la importancia del amor. Al decirle que no estaba «lejos» del reino de los cielos, enfatizaba que aún no se encontraba en él. El escriba ya entendía los requerimientos del amor, solo necesitaba amar y obedecer a aquel que es el único que podría darle entrada en el reino.

ᵐ NINGUNO OSABA PREGUNTARLE NADA MÁS. A medida que Jesús respondía sus preguntas, quedó en claro que su autoridad y su entendimiento superaban en gran medida a los de los escribas y fariseos.

156. Jesús es el Hijo de David y el Señor de David

Mt. 22:41–46; Mr. 12:35–37; Lc. 20:41–44

^{MT}Y estando juntos los fariseos, ^{MR}[e]nseñando Jesús en el templo, ^{MTa}Jesús les preguntó, diciendo: ¿^bQué pensáis del ^cCristo? ^d¿De quién es hijo? Le dijeron: De David.

[Jesús, respondiendo,] decía: ¿Cómo dicen los escribas que el Cristo es ^ehijo de David? ^{MRf}Porque el mismo David dijo por el Espíritu Santo ^{LC}en el libro de los ^gSalmos:

^hDijo el Señor a mi Señor:
Siéntate a mi diestra,
Hasta que ponga a tus enemigos por estrado de tus pies.

....

^a Jesús les preguntó. Tan pronto los líderes judíos se dieron por vencidos con sus preguntas, Cristo invirtió la situación y les hizo él una pregunta a ellos.

^b Qué pensáis. Una frase que Cristo usa frecuentemente para introducir una pregunta a fin de probar a alguien (cp. Mt. 17:25; 18:12; 21:28; 26:66). Tanto los fariseos como los herodianos, saduceos y escribas habían intentado probar a Jesús. Él también tenía una prueba para ellos. La pregunta de Jesús expuso la ineptitud de los líderes religiosos como maestros y su ignorancia de las enseñanzas del AT acerca de la verdadera naturaleza del Mesías.

^c Cristo. Traducción de la palabra hebrea *Mesías*, que significa «el ungido» en referencia al Rey que Dios ha provisto.

^d ¿De quién es hijo? [...] De David. «Hijo de David» era el título mesiánico más común en los días de Jesús. La respuesta de ellos reflejaba la convicción de que el Mesías no sería más que un simple hombre, y la respuesta de Jesús fue una aseveración de su deidad.

^e Hijo de David. Título mesiánico comúnmente incluido en la enseñanza habitual de los escribas. Los líderes religiosos estaban convencidos de que el Mesías no sería más que un ser humano, por lo que hallaban este título apropiado.

^f Porque el mismo David dijo por el Espíritu Santo. Aunque utilizó sus propias palabras, David escribió bajo la inspiración del Espíritu Santo (cp. 2 S. 23:2).

^g Salmos. Citado del Salmo 110:1.

^h Dijo el Señor a mi Señor. En esta cita tomada de los textos hebreos (Sal. 110:1), la primera palabra para «Señor» es *Yahweh*, que es el nombre de Dios en el pacto. La segunda palabra para «Señor» es un término diferente que los judíos usaban como un título para Dios. Aquí David presenta a Dios hablando con el Mesías, a quien David llama su Señor. Los líderes religiosos de los tiempos de Jesús reconocían este salmo como mesiánico.

MRDavid mismo le llama Señor; MT[p]ues si iDavid le llama Señor, ¿cómo es su hijo?

MRY gran multitud del jpueblo le oía de buena gana.

---

iDAVID LE LLAMA SEÑOR. Jesús interpretó para los fariseos el Salmo 110:1. David jamás le habría llamado «Señor» a un simple descendiente humano. Jesús no estaba aquí discutiendo si «Hijo de David» era un título apropiado para el Mesías, pues después de todo el mismo se basaba en lo que había sido revelado acerca del Mesías en el AT (Is. 11:1; Jer. 23:5), y es usado como un título mesiánico en Mateo 1:1. Más bien, Jesús estaba aclarando que el título «Hijo de David» no resumía todo lo que es cierto acerca del Mesías, quien es también «Hijo de Dios» (Lc. 22:70). El Mesías es algo más que el «Hijo de David». Él es también el «Hijo de Dios». Jesús estaba proclamando la deidad del Mesías, y por consiguiente la suya (cp. Ro. 1:3; 2 Ti. 2:8).

jPUEBLO. La multitud que observaba esta confrontación entre Jesús y los líderes religiosos.

157. ¡Ay de los fariseos!

Mt. 23:1-39; Mr. 12:38-40; Lc. 20:45-47

^LCY[,] ^MRen su doctrina[,] ^LCoyéndole todo el pueblo, dijo a sus discípulos:
^aGuardaos de los escribas, que gustan de andar con ^bropas largas, y aman las
^csalutaciones en las plazas, y ^dlas primeras sillas en las sinagogas, y los primeros
asientos en las cenas; que ^edevoran las casas de las viudas, y por pretexto hacen
^flargas oraciones; éstos recibirán mayor condenación.

^MTEntonces habló Jesús a la gente y a sus discípulos, diciendo: En la ^gcátedra
de Moisés se sientan los escribas y los fariseos. Así que, todo lo que os digan que
guardéis, ^hguardadlo y hacedlo; mas no hagáis conforme a sus obras, porque dicen,
y no hacen. Porque atan cargas pesadas y difíciles de llevar, y las ponen sobre los

....

^a Guardaos. Esto quiere decir, «mirar» o «ver». Implica la idea de estar atentos y en guardia contra la mala influencia de los escribas.

^b Ropas largas. Una capa larga y holgada que, esencialmente, presentaba al que la usaba como un devoto y renombrado estudiante.

^c Salutaciones. Felicitaciones especiales para quienes gozan de títulos de honor.

^d Las primeras sillas en las sinagogas. El banco en la sinagoga más cercano al baúl donde los rollos sagrados eran guardados, una área reservada para los líderes y personas de renombre (cp. Stg. 2:3).

^e Devoran las casas de las viudas. Jesús denuncia la práctica codiciosa e inescrupulosa de los escribas. Los escribas trabajaban a menudo en la administración de los bienes pertenecientes a las viudas, lo que les daba la oportunidad de convencer a las atribuladas mujeres de que podrían servir a Dios apoyando al templo o el trabajo santo de los escribas. En cualquier caso, el escriba se beneficiaba económicamente y, en la práctica, le robaba a la viuda la herencia que le había dejado su marido.

^f Largas oraciones. Los fariseos intentaban hacer resaltar su piedad orando por largos períodos. Su motivación no era la devoción a Dios, sino su deseo de ser reverenciados por las personas.

^g Cátedra de Moisés. La expresión es el equivalente a una «cátedra de filosofía» universitaria. «Sentarse en la cátedra de Moisés» indicaba tener la más alta autoridad para instruir a las personas en cuanto a la ley. La expresión aquí podría ser traducida como: «Los escribas y fariseos se han sentado a sí mismos en la cátedra de Moisés», haciendo énfasis en el hecho de que este era un reclamo imaginario de autoridad que hacían para ellos mismos. Existía la idea legítima de que los sacerdotes y levitas tenían autoridad para decidir sobre los asuntos de la ley (Dt. 17:9), pero los escribas y fariseos fueron más allá de cualquier autoridad legítima y añadieron tradiciones humanas a la Palabra de Dios (Mt. 15:3-9). Por esto Jesús los condenó.

^h Guardadlo y hacedlo. Es decir, en la medida en que esté de acuerdo con la Palabra de Dios. Los fariseos eran prontos para atar «cargas pesadas» de tradiciones extrabíblicas y ponerlas sobre los hombros de los demás. Jesús condenó explícitamente este tipo de legalismo.

hombros de los hombres; pero ellos ni con un dedo quieren moverlas. Antes, hacen todas sus obras para ser vistos por los hombres. Pues ensanchan sus [i]filacterias, y extienden [j]los flecos de sus mantos; y aman los primeros asientos en las cenas, y las primeras sillas en las sinagogas, y las salutaciones en las plazas, y que los hombres los llamen: Rabí, Rabí. Pero vosotros no queráis que os llamen [k]Rabí; porque uno es vuestro Maestro, el Cristo, y todos vosotros sois hermanos. Y no llaméis padre vuestro a nadie en la tierra; porque uno es vuestro Padre, el que está en los cielos. Ni seáis llamados maestros; porque uno es vuestro Maestro, el Cristo. El que es el mayor de vosotros, sea vuestro siervo. Porque el que se enaltece será humillado, y el que se humilla será enaltecido.

Mas ¡ay de vosotros, escribas y fariseos, hipócritas! porque cerráis el reino de los cielos delante de los hombres; pues ni entráis vosotros, [l]ni dejáis entrar a los que están entrando. ¡Ay de vosotros, escribas y fariseos, hipócritas! porque devoráis las casas de las viudas, y como pretexto hacéis largas oraciones; por esto recibiréis mayor condenación.

¡Ay de vosotros, escribas y fariseos, hipócritas! porque recorréis mar y tierra para hacer un [m]prosélito, y una vez hecho, le hacéis dos veces más [n]hijo del infierno que vosotros.

----

[i] FILACTERIAS. Cajas de cuero que contenían pergaminos en los cuales estaban escritos en cuatro columnas Éx. 13:1–10; 11–16; Dt. 6:4–9; 11:13–21. Estas eran llevadas por los hombres en el momento de la oración, una en la frente y otra en el brazo izquierdo, justo por encima del codo. El uso de las filacterias se basaba en una interpretación literal exagerada de pasajes como Éx. 13:9, 10; Dt. 6:8. Evidentemente, los fariseos habían ensanchado las correas de sus filacterias para hacerlas más prominentes.

[j] LOS FLECOS DE SUS MANTOS. Es decir, las borlas. Jesús mismo las vistió (cp. Mt. 9:20), por lo que el problema no eran las borlas en sí mismas, sino la costumbre de hacerlas más largas con la intención de parecer más espirituales.

[k] RABÍ [...] PADRE [...] MAESTRO. Jesús condena aquí el orgullo y la pretensión, no los títulos en sí. Pablo habla repetidamente de «maestros» en la iglesia, y se refiere a sí mismo como el «padre» de los corintios (1 Co. 4:15). Obviamente, esto no prohíbe las muestras de respeto tampoco (cp. 1 Ts. 5:11, 12; 1 Ti. 5:1). Cristo prohíbe solamente el uso de estos nombres como títulos espirituales o de manera ostentosa, otorgando indebidamente autoridad espiritual a un ser humano, como si este fuera la fuente de verdad en lugar de Dios.

[l] NI DEJÁIS. Los fariseos, habiéndose apartado de la rectitud de Dios, buscaron la forma de crear una justicia propia (Ro. 10:3), enseñando a otros a hacer lo mismo. Su legalismo y excesiva religiosidad efectivamente oscurecieron la puerta estrecha a través de la cual hay que entrar para acceder al reino (Mt. 7:13, 14).

[m] PROSÉLITO. Un gentil convertido al judaísmo. Vea Hechos 6:5.

[n] HIJO DEL INFIERNO. Es decir, alguien que está destinado eternamente al infierno.

¡Ay de vosotros, guías ciegos! que decís: Si alguno jura por el templo, [o]no es nada; pero si alguno jura por el oro del templo, es deudor. ¡Insensatos y ciegos! porque ¿cuál es mayor, el oro, o el templo que santifica al oro? También decís: Si alguno jura por el altar, no es nada; pero si alguno jura por la ofrenda que está sobre él, es deudor. ¡Necios y ciegos! porque ¿cuál es mayor, la ofrenda, o el altar que santifica la ofrenda? Pues el que jura por el altar, jura por él, y por todo lo que está sobre él; y el que jura por el templo, jura por él, y por el que lo habita; y el que jura por el cielo, jura por el trono de Dios, y por aquel que está sentado en él.

¡Ay de vosotros, escribas y fariseos, hipócritas! porque [p]diezmáis la menta y el eneldo y el comino, y dejáis lo más importante de la ley: la justicia, la misericordia y la fe. Esto era necesario hacer, sin dejar de hacer aquello. ¡Guías ciegos, que [q]coláis el mosquito, y tragáis el camello!

¡Ay de vosotros, escribas y fariseos, hipócritas! porque [r]limpiáis lo de fuera del vaso y del plato, pero por dentro estáis llenos de robo y de injusticia. ¡Fariseo ciego! Limpia primero lo de dentro del vaso y del plato, para que también lo de fuera sea limpio.

¡Ay de vosotros, escribas y fariseos, hipócritas! porque sois semejantes a [s]sepulcros blanqueados, que por fuera, a la verdad, se muestran hermosos, mas por dentro están llenos de huesos de muertos y de toda inmundicia. Así también

---

[o] NO ES NADA. Esta era una arbitraria distinción que los fariseos habían hecho para proveerse a sí mismos de una justificación santurrona a fin de vivir con impunidad. Si alguien juraba «por el templo» (o el altar, Mt. 23:18; o el cielo, v. 22), su juramento no se consideraba obligatorio, pero si juraba «por el oro del templo», no podría romper su juramento sin estar sujeto a penalidades por la ley judía. Nuestro Señor deja en claro que jurar por semejantes cosas es equivalente a jurar por Dios mismo. Cp Mt.5:34.

[p] DIEZMÁIS LA MENTA Y EL ENELDO Y EL COMINO. Hierbas del jardín y no productos de la granja sobre los cuales se debía diezmar (Lv. 27:30). Pero los fariseos tasaban fastidiosamente un diez por ciento de cada hierba, contando quizás cada semilla de anís (eneldo). Sin embargo, la intención de Jesús no era condenar la observación de los mínimos detalles de la ley. El problema era que ellos habían descuidado los asuntos más importantes relacionados con la justicia, la misericordia y la fe, es decir, los principios morales que subyacen en las leyes. Ellos se conformaron con enfocarse en los aspectos incidentales y externos, e intencionalmente obviaron el significado espiritual de la ley. Jesús les dijo que debían haberse concentrado en estas cosas sin dejar de hacer las otras.

[q] COLÁIS EL MOSQUITO, Y TRAGÁIS EL CAMELLO. Algunos fariseos filtraban sus bebidas a través de una tela delgada para asegurarse de que no se habían tragado inadvertidamente un mosquito, el más pequeño de los animales impuros (Lv. 11:23). El camello era el más grande de los animales impuros (Lv. 11:4).

[r] LIMPIÁIS LO DE FUERA. El énfasis de los fariseos en los aspectos externos de la ley era la causa de su error. ¿Quién desearía beber de un vaso que ha sido lavado por fuera, pero no por dentro? Los fariseos vivían su vida como si la apariencia externa fuera más importante que la realidad interna. Esta era la verdadera esencia de su hipocresía, y Jesús les reprochó por esto repetidamente (cp. Mt. 5:20; 16:12).

[s] SEPULCROS BLANQUEADOS. Las tumbas eran normalmente blanqueadas para destacarlas. Tocar o caminar accidentalmente sobre una tumba podía causar impureza ceremonial (Nm. 19:16). Una tumba recién blanqueada sería de un blanco brillante, con una apariencia limpia, y algunas veces con una ornamentación espectacular. No obstante, el interior estaba lleno de deshonra y decadencia. Compare las palabras de Jesús aquí y en Lucas 11:44.

vosotros por fuera, a la verdad, os mostráis justos a los hombres, pero por dentro estáis llenos de hipocresía e iniquidad.

¡Ay de vosotros, escribas y fariseos, hipócritas! porque edificáis los sepulcros de los profetas, y adornáis los monumentos de los justos, y decís: Si hubiésemos vivido en los días de nuestros padres, ᵗno hubiéramos sido sus cómplices en la sangre de los profetas.

Así que dais testimonio contra vosotros mismos, de que sois hijos de aquellos que mataron a los profetas.

¡Vosotros también llenad la medida de vuestros padres! ¡Serpientes, generación de víboras! ¿Cómo escaparéis de la condenación del infierno? Por tanto, he aquí yo os envío ᵘprofetas y sabios y escribas; y de ellos, a unos mataréis y crucificaréis, y a otros azotaréis en vuestras sinagogas, y perseguiréis de ciudad en ciudad; para que venga sobre vosotros toda la sangre justa que se ha derramado sobre la tierra, desde la sangre de ᵛAbel el justo hasta la sangre de Zacarías ʷhijo de Berequías, a quien matasteis entre el templo y el altar. De cierto os digo que todo esto vendrá sobre ˣesta generación.

¡Jerusalén, Jerusalén, que matas a los profetas, y apedreas a los que te son enviados! ¡Cuántas veces quise juntar a tus hijos, como la gallina junta sus polluelos debajo de las alas, y no quisiste! He aquí vuestra casa os es dejada desierta. Porque os digo que desde ahora no me veréis, hasta que digáis: Bendito el que viene en el nombre del Señor.

....

ᵗNO HUBIÉRAMOS SIDO SUS CÓMPLICES. Una muestra ridícula de religiosidad excesiva si tomamos en cuenta que, de hecho, estaban planificando el asesinato del Mesías (cp. Jn. 11:47–53).

ᵘPROFETAS Y SABIOS Y ESCRIBAS. Es decir, los discípulos, así como los profetas, evangelistas y pastores que los siguieron (cp. Ef. 4:11).

ᵛABEL [...] ZACARÍAS. Primer y último mártir del AT, respectivamente.

ʷHIJO DE BEREQUÍAS. (Zac. 1:1). El AT no narra cómo murió. Sin embargo, la muerte de otro Zacarías, hijo de Joiada, se narra en 2 Crónicas 24:20, 21. Este fue apedreado en el patio del templo, exactamente como lo describe Jesús aquí. Todos los mejores manuscritos de Mateo contienen la frase «Zacarías, hijo de Berequías» (sin embargo, esta no aparece en Lucas 11:51). Algunos han sugerido que el Zacarías de 2 Crónicas 24 era en realidad nieto de Joiada, y que el nombre de su padre era también Berequías. Sin embargo, no hay dificultad alguna si consideramos las palabras de Jesús literalmente y aceptamos su infalible testimonio de que Zacarías el profeta fue martirizado entre el templo y el altar, de manera similar a como fue muerto el primer Zacarías.

ˣESTA GENERACIÓN. Históricamente, esta fue la generación que experimentó la absoluta destrucción de Jerusalén y el incendio del templo en el año 70 A.D. El lamento de Jesús sobre Jerusalén y el retiro de la bendición de Dios del templo sugieren fuertemente que el saqueo de Jerusalén en el 70 A.D. fue el juicio al que se estaba refiriendo Jesús. Cp. Mt. 22:7; 24:2; Lucas 19:43.

158. La ofrenda de una viuda

Mr. 12:41–44; Lc. 21:1–4

MREstando Jesús sentado delante del ªarca de la ofrenda, miraba cómo el pueblo echaba LCsus ofrendas [de] MRdinero en el arca; y muchos ricos echaban mucho. Y vino una bviuda pobre, y echó cdos blancas, o sea dun cuadrante. Entonces llamando a sus discípulos, les dijo: De cierto os digo que esta viuda pobre eechó más que todos los que han echado en el arca; LC[p]orque todos aquéllos echaron para las ofrendas de Dios fde lo que les sobra; MRpero ésta, de su pobreza echó todo lo que tenía, gtodo su sustento.

....

ª ARCA DE LA OFRENDA. Se refiere a los trece receptáculos en forma de trompeta que estaban en las paredes del atrio de las mujeres, donde eran colocadas las ofrendas y donaciones para el templo. Cada una estaba clasificada para un uso específico, y las donaciones se daban en consecuencia.

b VIUDA POBRE. La expresión griega significa pobreza extrema. Esta mujer era desesperadamente pobre y se esperaba más que recibiera caridad en lugar de dar lo que no tenía.

c DOS BLANCAS. Una «blanca» era una pequeña moneda de cobre, la cual era la de más baja denominación en uso. Sería el equivalente a un octavo de centavo de dólar.

d UN CUADRANTE. Para una mejor comprensión de sus lectores romanos, Marcos hace una equivalencia de la «blanca» a la moneda romana de más baja denominación. Un «cuadrante» era el equivalente a 1/64 de un denario, y un denario era el equivalente al pago de un día de salario.

e ECHÓ MÁS. Es decir, dio mucho más en proporción directa a sus recursos, por eso su ofrenda fue de mucha mayor cuantía ante los ojos de Dios.

f DE LO QUE LES SOBRA. Su acto de dar no implicó el más mínimo sacrificio.

g TODO SU SUSTENTO. Podría traducirse como «todo lo que tenía para vivir». Esto significa que ella ya no podría comer hasta tanto no consiguiera más dinero. El sistema religioso del templo era completamente corrupto. De forma literal, estaba devorando las casas de las viudas (cp. Mr. 12:40).

159. El discurso en el monte de los Olivos: el principio de los dolores de parto

Mt. 24:1–14; Mr. 13:1–13; Lc. 21:5–19

^{MT}Cuando Jesús salió del templo y se iba, se acercaron sus discípulos para mostrarle ^alos edificios del templo [y como] ^{LC}estaba adornado de hermosas piedras y ^bofrendas votivas[.] ^{MR}[L]e dijo uno de sus discípulos: Maestro, mira qué piedras, y ^cqué edificios. ^dJesús, respondiendo, ^{MT}les dijo: ¿Veis todo[s] ^{MR}estos grandes edificios? ^{MT}De cierto os digo, ^{LC}días vendrán en que ^eno quedará piedra sobre piedra, que no sea destruida.

···

^a LOS EDIFICIOS DEL TEMPLO. Este templo fue comenzado bajo el reinado de Herodes el Grande en el año 20 A.C. y continuaba bajo construcción cuando los romanos lo destruyeron en el año 70 A.D. En la época del ministerio de Jesús, el templo era una de las estructuras más impresionantes del mundo, hecho de bloques macizos de piedra decorados con ornamentos de oro. Algunas de las piedras del templo medían alrededor de doce por cuatro por cuatro metros, extraídas expertamente de la cantera para calzar a la perfección unas con otras. Los edificios del templo fueron hechos de reluciente mármol blanco, y toda la pared este de la gran estructura principal fue cubierta con láminas de oro que reflejaban el sol de la mañana, haciendo posible un espectáculo visible para muchos. El monte del templo fue ensanchado por completo por los ingenieros de Herodes mediante largas paredes de contención y cámaras abovedadas en el lado sur y la esquina sureste. De esta forma, el gran patio encima del monte del templo dobló su tamaño. Todo el complejo del templo era increíblemente magnífico. La conversación de los discípulos aquí pudo haber sido incitada por las palabras de Jesús en Mateo 23:38. Sin duda alguna, se preguntaban cómo era posible que un sitio tan espectacular como este pudiera llegar a estar alguna vez «desierto».

^b OFRENDAS VOTIVAS. Las personas acaudaladas entregaban ofrendas en forma de esculturas de oro, placas doradas y otros tesoros para el templo. Herodes había donado una vid de oro con racimos de uvas doradas de casi dos metros de altura. Las ofrendas se exhibían sobre los muros y se colgaban en el pórtico. Constituían una colección inimaginable de riqueza. Todas estas riquezas fueron saqueadas por los romanos al ocurrir la destrucción del templo.

^c QUÉ EDIFICIOS. Este discípulo no identificado estaba admirando la magnificencia y belleza del templo y los edificios vecinos, tratando de estimular una respuesta similar en Jesús. Seguramente jamás había pensado en que una edificación semejante podría llegar a quedar «desierta» (cp. Mt. 23:38).

^d JESÚS, RESPONDIENDO. En respuesta a la admiración del discípulo, Jesús predice de nuevo que el templo sería destruido. Cerca de cuarenta años después, en el 70 A.D., los romanos saquearon Jerusalén, mataron a un millón de judíos y destruyeron el templo.

^e NO QUEDARÁ PIEDRA SOBRE PIEDRA. Estas palabras se cumplieron literalmente en el año 70 A.D. Tito, el general romano, levantó enormes andamios de madera alrededor de las paredes de los edificios del templo, los colmó hasta arriba de leña y otros materiales inflamables, y los hizo arder. El calor del fuego fue tan intenso que las piedras se desmoronaron. Los escombros se cernieron para recuperar el oro fundido y las ruinas restantes fueron «derribadas» y echadas al torrente de Cedrón. Después de la destrucción, las únicas piedras que sobrevivieron fueron las enormes piedras de los cimientos, que en realidad no formaban parte del templo, sino de los fundamentos para los muros de contención bajo el monte sobre el cual se levantaba el templo. Estas pueden ser vistas aun hoy día en «El túnel del Rabino», que va de norte a sur a lo largo del muro occidental. Es una porción del lado oeste del muro de contención que hoy día es conocido como el Muro de las Lamentaciones. La mayor parte del muro de contención, incluyendo las escaleras usadas para subir y bajar del monte del templo, ha sido también descubierta en el lado sur.

[MT]Y [f]estando él sentado en el [g]monte de los Olivos, [MR]frente al templo[,] [...] [h]Pedro, Jacobo, Juan y Andrés [MT]se le acercaron aparte, diciendo: [LC]Maestro, [MT][d]inos, [i]¿cuándo serán estas cosas[?] [MR] ¿Y qué [j]señal habrá cuando todas estas cosas [LC]estén para suceder? [MT][¿Y] [k]qué señal habrá de tu venida, y del fin del siglo?

Respondiendo Jesús, les dijo: [l]Mirad que nadie os engañe. Porque vendrán muchos en mi nombre, diciendo: [m]Yo soy el Cristo[LC], y: El tiempo está cerca[MT]; y a muchos engañarán. [LC]Mas no vayáis en pos de ellos. [MT]Y oiréis de guerras y rumores de guerras; mirad que no os turbéis, porque es necesario que todo esto acontezca

---

[f]ESTANDO ÉL SENTADO. Este es el último de los cinco discursos que aparecen en el Evangelio de Mateo. Este gran sermón de Jesús es conocido comúnmente como el Discurso del Monte de los Olivos, porque Jesús lo celebró en el Monte de los Olivos, justo al este del templo, en medio del valle del Cedrón. La profecía de Jesús acerca de la cercana destrucción del templo incitó en los discípulos una pregunta sobre el carácter de los últimos tiempos. En el resto del pasaje, Jesús responde a su pregunta describiendo su Segunda Venida al final de la presente era.

[g]MONTE DE LOS OLIVOS. La colina opuesta directamente al templo, siguiendo el torrente de Cedrón al este (cp. Lc. 19:29). Este lugar tiene el privilegio de brindar la mejor vista panorámica de Jerusalén. En la base de esta montaña se encuentra Getsemaní (cp. Mt. 26:36).

[h]PEDRO, JACOBO, JUAN Y ANDRÉS SE LE ACERCARON APARTE. Estos cuatro discípulos preguntaron en nombre de los doce.

[i]¿CUÁNDO SERÁN ESTAS COSAS? Los discípulos estaban especulando acerca de que Jesús establecería el reino en breve, de modo que le hacen una doble pregunta: (1) ¿Cuándo sería destruido el templo y el reino vendría? y (2) ¿Qué sucesos podrían acompañar la llegada del reino? La primera pregunta, «cuándo», implica algo inmediato. Los discípulos creían que Jesús estaba listo para iniciar el reino de Dios en cualquier momento (cp. Lc. 19:11), por lo menos al finalizar el tiempo de la Pascua. La frase «estas cosas» se refiere a la desolación y destrucción del templo (cp. Mt. 23:38; 24:2).

[j]SEÑAL. Los discípulos probablemente esperaban algún suceso milagroso (tal como una oscuridad completa, una luz brillante o un ángel del cielo) que anunciara el inicio del reino milenario. Todas estas cosas ocurrirían en aquel tiempo.

[k]QUÉ SEÑAL HABRÁ DE TU VENIDA. Lucas 19:11 relata que los discípulos aún pensaban que el reino de Dios aparecería inmediatamente. La destrucción del templo no se adecuaba al esquema escatológico que habían previsto, por lo que pidieron mayor claridad. Jesús respondió sus preguntas en orden inverso, describiendo la señal profética de su venida (de hecho, una serie de señales) en Mateo 24:4–35, y luego respondiendo sus preguntas sobre el momento en el que ocurrirían estos sucesos comenzando en el v. 36. Cuando ellos preguntaron sobre su venida (gr. parousia, lit. «presencia»), no preveían una Segunda Venida en el futuro lejano. Ellos se referían a la venida triunfal de Jesús como Mesías, un acontecimiento que no dudaron en anticipar que sucedería en el presente. Incluso si estaban conscientes de su muerte cercana, la cual les había profetizado con claridad en repetidas ocasiones (cp. Mt. 20:19), no podían anticipar su ascensión al cielo y la larga era intermedia de la iglesia. Sin embargo, cuando Jesús usó el término parousia en su discurso, lo hizo en sentido técnico como una referencia a su Segunda Venida.

[l]MIRAD. La palabra griega utilizada aquí significa literalmente «ver». Esta era usada con frecuencia de la forma que se emplea en este pasaje, con la idea de «mantener los ojos abiertos a algo» o «tener cuidado».

[m]YO SOY EL CRISTO. Muchos falsos profetas vendrán diciendo ser mesías y mensajeros, ofreciéndose a sí mismos como la solución a los problemas del mundo. Algunos incluso dirán que ellos mismos son Cristo. El número de los falsos cristos aumentará cuando el fin se acerque.

LCprimero; npero el fin no será inmediatamente. Entonces les dijo: Se levantará nación contra nación, y reino contra reino; y habrá grandes terremotos, y en diferentes lugares hambres y pestilencias; y habrá terror y grandes señales del cielo. MTY todo esto será principio de odolores.

MRPero mirad por vosotros mismos; porque LCantes de todas estas cosas os echarán mano, y os perseguirán[.] MR[O]s entregarán a los Pconcilios LCy a las cárceles, MRy qen las sinagogas ros azotarán[.] MTEntonces os entregarán a tribulación, y os matarán, y seréis aborrecidos de todas las gentes por causa de mi nombre. MR[Y] delante de gobernadores y de reyes os llevarán por causa de mí[.] LCY esto os será socasión para dar testimonio. MRPero cuando os trajeren para entregaros, no os preocupéis por lo que thabéis de decir, ni lo penséis[.] LCProponed en vuestros corazones no pensar antes cómo habéis de responder en vuestra defensa[.] MR[L]o que os fuere dado en aquella hora, eso hablad; uporque no sois vosotros los

....

n Pero el fin no será inmediatamente. Falsos profetas, así como guerras y rumores de guerra, caracterizan por completo la presente era, pero aumentarán cuando se acerque el fin (cp. 2 Ti. 3:13). «El fin» se refiere a la consumación de la era presente.

o Dolores. La palabra significa «dolores de parto». Las hambrunas, los terremotos y los conflictos han caracterizado siempre la vida en un mundo caído; pero al llamar a estas cosas «el principio» de los dolores de parto, Jesús nos indica que las cosas serán mucho peores al final de los tiempos, siendo estas tribulaciones señal inequívoca de la pronta llegada del Mesías para juzgar a la humanidad pecadora y establecer su reino milenario. Los dolores de parto señalan el fin del embarazo y al principio son poco frecuentes, incrementándose de forma gradual justo antes de que la criatura nazca. Del mismo modo, las señales descritas aquí (en Mr. 13:6-8) serán poco frecuentes al inicio, relativamente hablando, y escalarán hasta alcanzar proporciones masivas y trágicas justo antes de la Segunda Venida de Cristo. Cp. 1 Ts. 5:3; Ap. 6:1–17; 8:1—9:21; 16:1–21.

P Concilios. La palabra griega utilizada es literalmente «sanedrines». Estas eran cortes locales judías adjuntas a las sinagogas, en las cuales se trataban los casos de herejía e infracciones normales a la ley. Según el historiador Josefo, el concilio de cada ciudad estaba compuesto de siete jueces (Antigüedades, 4.214), y la Mishná dice que había veintitrés jueces en cada ciudad que tuviera más de cien hombres judíos (Sanedrín 1.6). Los «concilios» eran versiones más pequeñas del gran Sanedrín situado en Jerusalén.

q En las sinagogas. La sinagoga era el lugar de reunión y adoración judío. Cuando los «concilios» se reunían, generalmente lo hacían en las sinagogas.

r Os azotarán. Los concilios locales normalmente administraban treinta y nueve azotes para no violar Deuteronomio 25:2, 3. El que sufría el castigo era azotado estando desnudo hasta la cintura, recibiendo veintiséis azotes en la espalda y trece en el pecho (cp. 2 Co. 11:24).

s Ocasión para dar testimonio. Las pruebas siempre son oportunidades (Stg. 1:2–4), y la persecución es muchas veces una oportunidad para ampliar el testimonio del creyente.

t Habéis de decir. Aunque la persecución será aterradora, los cristianos no deben estar preocupados por lo que sucederá.

u Porque no sois vosotros los que habláis. Más que estar temerosos, los creyentes pueden permanecer calmados y depender del Espíritu Santo, quien les dará las palabras apropiadas y efectivas para defender su fe en Cristo.

que habláis, sino el Espíritu Santo[;] ᴸᶜporque yo os daré palabra y sabiduría, la cual no podrán resistir ni contradecir todos los que se opongan.

ᴹᵀⱽMuchos tropezarán entonces, y se entregarán unos a otros, y unos a otros se aborrecerán. ᴹᴿY el hermano entregará a la muerte al hermano, y el padre al hijo; y se levantarán los hijos contra los padres, y los matarán. ᴸᶜMas seréis entregados aun por vuestros padres, y hermanos, y parientes, y amigos; ᴹᴿ[y] seréis aborrecidos de todos por causa de mi nombre[.] ᴸᶜPero ʷni un cabello de vuestra cabeza perecerá. ᴹᵀY muchos falsos profetas se levantarán, y engañarán a muchos; y por haberse multiplicado la maldad, el amor de muchos se enfriará. Mas ˣel que persevere hasta el fin, éste será salvo. ᴸᶜCon vuestra paciencia ganaréis vuestras almas. ᴹᵀY ʸserá predicado este evangelio del reino ᴹᴿantes ᴹᵀen todo el mundo, para testimonio a todas las naciones; ᶻy entonces vendrá el fin.

ᵛMUCHOS TROPEZARÁN. Lit. «llevados a tropezar», sugiriendo creyentes profesos que cayeron en pecado, e incluso que se volvieron unos contra otros en impactantes actos de alevosía espiritual. Aquellos que se desvían de semejante manera dan evidencia de que nunca fueron verdaderamente creyentes.

ʷNI UN CABELLO. Esta no fue una promesa que garantizaba la preservación de su vida física, sino una garantía de que no sufrirían una pérdida eterna. Dios mismo preserva en su soberanía a los suyos. Cp. Juan 10:28, 29.

ˣEL QUE PERSEVERE HASTA EL FIN, ÉSTE SERÁ SALVO. Cp. Mateo 10:22. Los que perseveran son los mismos que son salvos, no aquellos cuyo amor se enfría. Esto no quiere decir que nuestra perseverancia asegure nuestra salvación. Las Escrituras enseñan exactamente lo opuesto: Dios, como parte de su obra redentora, afianza nuestra perseverancia. Los verdaderos creyentes «son guardados por el poder de Dios mediante la fe» (1 P. 1:5). La garantía de nuestra perseverancia parte de la promesa del nuevo pacto. Dios dice: «Pondré mi temor en el corazón de ellos, para que no se aparten de mí» (Jer. 32:40). Todos los que se apartan de Cristo dan prueba de que jamás fueron verdaderos creyentes en un principio (1 Jn. 2:19). Decir que Dios afianza nuestra perseverancia no significa, sin embargo, que seamos pasivos en el proceso. Él nos conserva por medio de la fe (1 P. 1:5), nuestra fe. Las Escrituras algunas veces nos llaman a mantenernos firmes en la fe (Heb. 10:23; Ap. 3:11) o nos advierten del peligro de caer (Heb. 10:26–29). Estas amonestaciones no niegan las muchas promesas de que los verdaderos creyentes perseverarán (Jn. 10:28, 29; Ro. 8:38, 39; 1 Co. 1:8, 9; Fil. 1:6). Las advertencias y súplicas se refieren a los medios que Dios usa para afianzar nuestra perseverancia en la fe. Note que, junto a la advertencia, aparece siempre la promesa. Por ejemplo, cuando Judas urge a los creyentes: «Conservaos en el amor de Dios» (Jud. 21), inmediatamente puntualiza que Dios «es poderoso para guardaros sin caída» (Jud. 24).

ʸSERÁ PREDICADO [...] EN TODO EL MUNDO. Antes del fin habrá una proclamación mundial del evangelio. A pesar de todas las tribulaciones que vendrán (el engaño de los falsos maestros, las guerras, las persecuciones, los desastres naturales, las deserciones, y todos los obstáculos en la propagación del evangelio) el mensaje finalmente penetra cada rincón del globo. Dios nunca se queda sin testigos y él proclamará el evangelio desde el cielo mismo si es necesario (cp. Ap. 14:6).

ᶻY ENTONCES VENDRÁ EL FIN. «El fin» se refiere a los finales e insoportables dolores de parto (cp. Mt. 24:8). De esta forma, Jesús caracteriza el tiempo de la Gran Tribulación descrita en los versículos siguientes.

160. El discurso en el monte de los Olivos: la venida del Hijo del Hombre

Mt. 24:15–31; Mr. 13:14–27; Lc. 21:20–28

^{LC}Pero cuando viereis a Jerusalén rodeada de ejércitos, sabed entonces que su destrucción ha llegado. ^{MT}Por tanto, cuando veáis en el lugar santo la ^aabominación desoladora de que habló el profeta Daniel^{MR}, ^bpuesta donde no debe estar ^{MT}(^cel que lee, entienda), entonces los que estén en Judea, ^dhuyan a ^elos montes[;] ^{LC}y los que en medio de ella, váyanse; y los que estén en los campos, no entren en ella. ^{MT}El que esté en la azotea, no descienda ^{MRf}a la casa, ni entre para ^{MT}tomar algo de su casa; y

....

^aABOMINACIÓN DESOLADORA. Vea Daniel 9:27; 11:31. Esta frase se refiere originalmente a la profanación del templo por Antioco Epífanes, rey de Siria en la segunda centuria A.C. Antioco invadió Jerusalén en el año 168 A.C., transformó el altar en un santuario para Zeus, e incluso sacrificó cerdos en él. Sin embargo, Jesús claramente estaba presagiando una futura «abominación desoladora». Algunos sugieren que esta profecía fue cumplida en el año 70 A.D., cuando Tito invadió Jerusalén y destruyó el templo. Sin embargo, el apóstol Pablo vio un cumplimiento aún futuro (2 Ts. 2:3, 4), al igual que Juan (Ap. 13:14, 15): cuando el anticristo coloque una imagen en el templo durante la futura tribulación. Las palabras de Cristo, por consiguiente, van más allá del año 70 A.D. a una época de cataclismo aun mayor que precederá inmediatamente su venida.

^bPUESTA DONDE NO DEBE ESTAR. Mateo 24:15 indica el sitio como el «lugar santo». En la única ocasión en que esta frase de Mateo aparece otra vez en el NT, se refiere claramente al templo (Hch. 21:8). Esto implica específicamente que el templo será reconstruido en el futuro y que el sistema de sacrificio diario será reinstalado. «Puesta» indica que la abominación desoladora será continua, de hecho, durará por tres años y medio (Dn. 12:11; cp. Ap. 12:6).

^c(EL QUE LEE, ENTIENDA). Esto indica que Jesús no estaba dirigiendo esta advertencia exclusivamente a los discípulos o a otras personas de su tiempo, quienes no llegarían a experimentar estos acontecimientos, sino a todos los creyentes de todos los tiempos. Todos aquellos que lean estas verdades estarán preparados y «entenderán» las pruebas que están soportando.

^dHUYAN. La palabra griega para «huir» tiene relación con la palabra en castellano *fugitivo*, una persona que corre para escapar del peligro. Jesús aconseja a todos los que viven en Judea que huyan del holocausto refugiándose en las montañas.

^eLOS MONTES. Probablemente una referencia a la región sureste de Jerusalén, particularmente el área del Mar Muerto, donde hay muchas cuevas y lugares de refugio. David se escondió de Saúl en esta área (1 S. 23:39). Esto podría incluir también las colinas de Moab y Edom.

^fA LA CASA. Tan urgente será la necesidad de huir que si una persona estuviere en la azotea de su casa cuando escuche las noticias, deberá bajar corriendo y dejar el lugar sin siquiera haber entrado en su propio hogar para recuperar alguna pertenencia.

el que esté en el campo, no vuelva atrás para tomar su [g]capa. [LC]Porque estos son días de [h]retribución, para que se cumplan todas las cosas que están escritas. [MT]Mas ¡ay de las que estén [i]encintas, y de las que críen en aquellos días! Orad, pues, que vuestra huida no sea [j]en invierno ni en día de reposo; [LC]porque habrá gran calamidad en la tierra, e ira sobre este pueblo. Y caerán a filo de espada, y serán llevados cautivos a todas las naciones; y Jerusalén será hollada por los gentiles, hasta que [k]los tiempos de los gentiles se cumplan.

[MR][En] aquellos días[,] [MT]habrá entonces [l]gran tribulación, cual no la ha habido desde el principio del mundo [MR]que Dios creó [MT]hasta ahora, ni la habrá. [MR]Y si el Señor no hubiese [m]acortado aquellos días, nadie sería salvo; mas [n]por causa de los escogidos que él escogió, acortó aquellos días. Entonces si alguno os dijere: [o]Mirad, aquí está el Cristo; o, mirad, allí está, no le creáis. [MT]Porque se levantarán falsos

------

[g] Capa. Jesús les advierte a los que trabajan en el campo que no pierdan tiempo buscando sus capas, las cuales pudieran estar en casa o a bastante distancia de donde se encuentren.

[h] Retribución. La retribución justa de Dios en contra de la del pecado.

[i] Encintas, y [...] críen. Jesús siente compasión por aquellas mujeres que no puedan huir rápidamente porque estén llevando consigo niños. Sin embargo, también les advierte acerca de cometer atrocidades que pudieran incluir abortos y el asesinato de niños infantes (cp. Os. 13:16).

[j] En invierno. Se refiere a la estación de lluvia en Palestina, cuando los arroyos pueden tornarse imposibles de atravesar y cosechar comida en los campos yermos sería muy difícil.

[k] Los tiempos de los gentiles. Esta expresión es exclusiva de Lucas, e identifica la era que va desde el cautiverio de Israel (c. 586 a.c. en Babilonia; cp. 2 R 25) hasta su restauración en el reino (Ap. 20:1–6). Ha sido un tiempo durante el cual, de acuerdo con el propósito de Dios, los gentiles han ejercido algún tipo de dominio o amenaza sobre Jerusalén. Es una era que también se ha caracterizado por la concesión de privilegios espirituales inmensos a las naciones gentiles (cp. Is. 66:12; Mal. 1:11).

[l] Gran tribulación. Las palabras «no la ha habido» y «ni la habrá», junto con la descripción que sigue, indican que se refiere al tiempo aún futuro en el que la ira de Dios será vertida sobre la tierra. Será un período de larga duración que se caracterizará por una severa presión y una angustia continua. Esta es la Gran Tribulación al fin de la era (cp. Ap. 7:14). La descripción de Jesús acerca de los cataclismos que siguen luego es similar al vertimiento de la ira divina descrito en Apocalipsis 16 (las copas de ira) y su subsiguiente aparición en Apocalipsis 19.

[m] Acortado. Lit. «mutilado» o «amputado». Si la aflicción de este tiempo fuera continua, «nadie sería salvo», es decir, ninguna persona sobreviviría. Sin embargo, «por causa de los escogidos» (para que los redimidos no sufran más de lo que pueden soportar) este tiempo es acortado. Tanto Dn. 7:25 como Ap. 12:14 sugieren que la duración real del tiempo que se le permitirá a la bestia aterrorizar al mundo se ha determinado en tres años y medio.

[n] Por causa de los escogidos. Los «escogidos» podría referirse a la nación de Israel (cp. Is. 45:4), o a todos aquellos que se hagan cristianos durante la Tribulación (Ap. 17:14). En cualquier caso, Dios acortará los días en beneficio de ellos.

[o] Mirad, aquí está el Cristo. Satanás hará aparecer muchos falsos cristos en un intento por engañar a los escogidos para que abandonen sus lugares de refugio. Falsos maestros dirán que Cristo se encuentra en las cercanías o está de regreso en Jerusalén o cualquier otra parte de Judea.

Cristos, y falsos profetas, y harán grandes ᵖseñales y prodigios, de tal manera que ᑫengañarán, si fuere posible, aun a los escogidos. Así que, si os dijeren: Mirad, está en el desierto, no salgáis; o mirad, está en los aposentos, ʳno lo creáis. ᴹᴿMas vosotros ˢmirad; os lo he dicho todo antes. ᴹᵀPorque como el relámpago que sale del oriente y se muestra hasta el occidente, así será también la venida del Hijo del Hombre. Porque dondequiera que estuviere el cuerpo muerto, ᵗallí se juntarán las águilas.

E inmediatamente ᵘdespués de la tribulación de aquellos días, ᵛel sol se oscurecerá, y la luna no dará su resplandor, y ʷlas estrellas caerán del cielo, y ˣlas potencias de los cielos serán conmovidas. ᴸᶜEntonces ʸhabrá señales en el sol, en la luna y en las estrellas, y en la tierra angustia de las gentes, confundidas a causa del bramido del mar y de las olas; desfalleciendo los hombres por el temor y la expectación de las cosas que sobrevendrán en la tierra; porque las potencias de los cielos serán conmovidas.

....

ᵖ SEÑALES Y PRODIGIOS. Seudomilagros inspirados satánicamente empleados para apoyar su afirmación de ser el verdadero Cristo (cp. 2 Ts. 2:9).

ᑫ ENGAÑARÁN, SI FUERE POSIBLE, AUN A LOS ESCOGIDOS. Esto implica que semejante engaño es imposible (Jn. 10:4, 5).

ʳ NO LO CREÁIS. Nadie debe tomar en cuenta las declaraciones de autoproclamación mesiánica, porque todas ellas son falsas. Cuando Cristo retorne, nadie lo ignorará.

ˢ MIRAD. Jesús hace un llamado profético a estar en guardia. Él les ha dicho a los refugiados escogidos del futuro todo lo que necesitan saber para que no sean desviados y engañados por los emisarios de Satanás.

ᵗ ALLÍ SE JUNTARÁN LAS ÁGUILAS. La localización de un cadáver es visible desde grandes distancias por el círculo de aves carroñeras que se reúnen sobre él (cp. Job. 39:27-30). De igual forma, el regreso de Cristo será claramente evidente a todos, de cerca y lejos. Esta es la misma idea contenida en la ilustración del relámpago de Mateo 24:27. La imagen de las águilas y el cadáver se refiere también al juicio que acompañará la venida del Señor (Ap. 19:21).

ᵘ DESPUÉS DE LA TRIBULACIÓN DE AQUELLOS DÍAS. «Aquellos días» describe los sucesos de los versículos previos y, por lo tanto, «aquella tribulación» se refiere a la Gran Tribulación de la que Jesús habló. Esto también significa que lo que estaba a punto de describir ocurriría inmediatamente después del futuro período de tribulación.

ᵛ EL SOL SE OSCURECERÁ. Semejante fenómeno es una figura común de la profecía del Día del Señor (vea Is. 13:9, 10; Ez. 32:7, 8; Jl. 2:10, 31; 3:15; Am. 8:9). El cumplimiento final de estas profecías tiene lugar durante el tiempo del reinado de la bestia. El sol se pondrá negro mientras el universo comienza a desintegrarse antes del regreso de Cristo (Ap 6:12, 13; 8:12; cp. Hch. 2:20).

ʷ LAS ESTRELLAS CAERÁN DEL CIELO. Cuerpos celestes volarán al azar a través del espacio (cp. Ap. 6:13, 14; 8:10-13; 16:8, 17-20).

ˣ LAS POTENCIAS QUE ESTÁN EN LOS CIELOS. A todas las fuerzas de energía que mantienen a cada cosa constante en el espacio, y a las cuales controla Cristo, se les permitirá volverse caóticas y azarosas (cp. Is. 13:6-16; 34:1-5; 2 P. 3:10-12).

ʸ HABRÁ SEÑALES. Las señales y los prodigios celestiales que se describen aquí anteceden el regreso de Cristo.

MTEntonces aparecerá zla señal del Hijo del Hombre en el cielo; y entonces aalamentarán todas las tribus de la tierra, y verán al Hijo del Hombre bbviniendo sobre las nubes del cielo, con MRgran MTpoder y gran gloria. Y enviará sus ccángeles con gran voz de trompeta, y juntarán a sus escogidos, ddde los cuatro vientos, MReedesde el extremo de la tierra hasta el extremo del cielo. LCCuando estas cosas comiencen a suceder, erguíos y fflevantad vuestra cabeza, porque vuestra ggredención está cerca.

··

z LA SEÑAL DEL HIJO DEL HOMBRE. Es decir, el Hijo del Hombre en sí mismo es la señal. Los sucesos aquí descritos corresponden a los de Daniel 7:13; Apocalipsis 19:11–21.

aa LAMENTARÁN TODAS LAS TRIBUS DE LA TIERRA. Es decir, su propia rebelión. Israel en particular se lamentará por haber rechazado al Mesías (cp. Zac. 12:10–12).

bb VINIENDO SOBRE LAS NUBES [...] CON GRAN PODER Y GRAN GLORIA. Jesús regresará a la tierra de la misma manera en la que se fue (Hch. 1:9–11; cp. Dn. 7:13, 14; Ap. 1:7). El salmista dijo que Dios usa a las «nubes» como su carroza (Sal. 104:3), e Isaías 19:1 presenta al Señor montando sobre una nube. Aunque estas «nubes» pueden ser naturales, podrían describir más probablemente la «nube de gloria» sobrenatural que representa la presencia de Dios en el AT en medio de Israel (cp. Ap. 1:7). Como Cristo posee «gran poder y gran gloria», su retorno estará acompañado por una manifestación visible de ese poder y gloria (cp. Ap. 6:15–17; 11:15–19; 16:17–21; 19:11–16). Él tomará consigo a los escogidos, restaurará a la devastada tierra y establecerá su reinado sobre ella.

cc ÁNGELES [...] JUNTARÁN. Un número de ángeles regresará con Cristo (cp. Mt. 16:27; Mr. 8:38). Los ángeles serán los «recolectores» de Dios, ellos reunirán a los incrédulos para juicio (Mt. 13:41, 49, 50) y a los creyentes para gloria. Los «escogidos» incluirán a los ciento cuarenta y cuatro mil testigos judíos (cp. Ap. 7:4), a los creyentes (Ap. 7:9) y a los convertidos por las predicaciones angelicales (cp. Ap. 14:6). Incluirán también a los santos del AT, sacados de sus tumbas y unidos a sus redimidos espíritus (Dn. 12:1–3).

dd DE LOS CUATRO VIENTOS. Una expresión coloquial que significa «de todas partes» y similar a la expresión «de las cuatro esquinas de la tierra». Ninguno de los escogidos, ya sea que esté en la tierra o en el cielo, se perderá la entrada al reino.

ee DESDE EL EXTREMO [...] HASTA EL EXTREMO. Todos los «escogidos» del cielo y la tierra serán reunidos y congregados delante de Cristo. Esta es la culminación de la historia del mundo, introduciendo el reino milenario de Cristo (cp. Ap. 20:4).

ff LEVANTAD VUESTRA CABEZA. Las tribulaciones y señales espantosas que caracterizan a los últimos días son motivo de gran expectación, gozo y triunfo para el creyente verdadero.

gg REDENCIÓN. Es decir, la plenitud final de la redención, cuando los redimidos se reúnan con Cristo para siempre.

161. El discurso en el monte de los Olivos: velad y orad

Mt. 24:32-51; Mr. 13:28-37; Lc. 21:29-36

^{LC}También les dijo una parábola: Mirad la higuera y todos los árboles [...] [c]uando ya brotan[.] ^{MTa}De la higuera aprended la parábola: Cuando ya su rama está tierna, y brotan las hojas, ^{LC}viéndolo, sabéis por vosotros mismos que el verano está ya cerca. ^{MT}Así también vosotros, cuando veáis ^{MR}que suceden ^{MT}todas ^{MR}estas cosas, ^{LC}sabed que está cerca el reino de Dios; ^{MT}a las puertas. De cierto os digo, que no pasará ^besta generación hasta que todo esto acontezca. ^cEl cielo y la tierra pasarán, pero ^dmis palabras no pasarán.

---

^aDE LA HIGUERA [...] LA PARÁBOLA. Cuando de sus ramas comienzan a brotar hojas, falta poco tiempo para la llegada del verano. Igualmente, cuando los «dolores de parto» finales comiencen (cp. Mt. 24:8, 14), el regreso de Cristo estará cerca, «a las puertas».

^bESTA GENERACIÓN. Esto no puede referirse a la generación que estaba viva durante el tiempo de Cristo, porque «todas estas cosas»: la abominación desoladora (Mt. 24:15), las persecuciones y juicios (vv. 17-22), los falsos profetas (vv. 23-26), las señales en los cielos (vv. 27-29), el regreso final de Cristo (v. 30), y la reunión de los escogidos (v. 31), no ocurrirían durante sus vidas. Parece mejor interpretar las palabras de Cristo como una referencia a la generación que viva en el momento en que esos fuertes dolores de parto comiencen. Esto podría encajar bien con la lección de la higuera, la cual enfatiza el corto período de tiempo en el que estas cosas ocurrirán.

^cEL CIELO Y LA TIERRA PASARÁN. El universo tal y como lo conocemos será dramáticamente alterado después de los mil años del reino de Cristo. Cp. Is. 24:18-20; 2 P. 3:10-13.

^dMIS PALABRAS NO PASARÁN. Es imposible que la Palabra de Dios sea negada, destruida o alterada en ninguna forma (cp. Sal. 19:9; Mt. 5:18; Lc. 16:17; Jn. 10:35).

Pero [e]del día y la hora [f]nadie sabe, ni aun los [g]ángeles de los cielos, [MRh]ni el Hijo, sino el Padre. [MT]Mas [i]como en los días de Noé, así será la venida del Hijo del Hombre. Porque como en los días antes del diluvio estaban comiendo y bebiendo, casándose y dando en casamiento, hasta el día en que Noé entró en el arca, y no entendieron hasta que vino el diluvio y se los llevó a todos, así será también la venida del Hijo del Hombre. Entonces estarán dos en el campo; el [j]uno será tomado, y el otro será dejado. Dos mujeres estarán moliendo en un molino; la una será tomada, y la otra será dejada. Velad, pues, porque no sabéis a qué hora ha de venir vuestro Señor. Pero sabed esto, que si el padre de familia supiese a qué hora [k]el ladrón habría de venir, velaría, y no dejaría minar su casa. Por tanto, también vosotros estad preparados; porque el Hijo del Hombre vendrá [l]a la hora que no pensáis.

....

[e]DEL DÍA Y LA HORA. El día y la hora exactos del regreso de Cristo. Los discípulos deseaban fijar el tiempo preciso, pero este no era un asunto que tuvieran que conocer (Hch. 1:7). El énfasis de Jesús, en cambio, estaba en la fidelidad, la vigilancia, la mayordomía, la esperanza y la preparación. Estas fueron las cosas que Jesús enseñó en la parábola que sigue inmediatamente.

[f]NADIE SABE. El tiempo del regreso de Cristo no le será revelado por adelantado a ningún ser humano. En este momento, la única persona que lo sabe es Dios Padre.

[g]ÁNGELES. Aunque todos los seres angelicales disfrutan de intimidad con Dios, permanecen alrededor de su trono para cumplir sus mandatos (Is. 26:2–7), y continuamente contemplan su rostro (Mt. 18:10), ellos no conocen el tiempo del regreso de Cristo.

[h]NI EL HIJO. Cuando Jesús les dijo estas palabras a sus discípulos, incluso él mismo desconocía el día y la hora de su retorno. Aunque Jesús era completamente Dios (Jn. 1:1, 14), cuando se hizo hombre limitó de forma voluntaria el uso de algunos de sus atributos divinos (Fil. 2:6–8). Actuó solo bajo la dirección del Padre (Jn. 4:34; 5:30; 6:38). Demostró su omnisciencia en varias ocasiones (cp. Jn. 2:25; 3:13), pero voluntariamente limitó esa omnisciencia solo a aquellas cosas que Dios quería que él supiera durante los días de su humanidad (Jn. 15:15). Este fue el caso en lo que se refería al día y la hora de su regreso. Después de resucitar, Jesús retomó por completo su conocimiento divino (cp. Mt. 28:18; Hch. 1:7).

[i]COMO EN LOS DÍAS DE NOÉ. El énfasis de Jesús no se centra en la extrema maldad de los días de Noé (Gn. 6:5), sino en la preocupación de las personas por las cosas mundanas de la vida diaria («comiendo y bebiendo, casándose y dando en casamiento») cuando el juicio cayó de repente. Ellos habían recibido advertencias por medio de la predicación de Noé (2 P. 2:5) y del arca misma, que era un testimonio del juicio que estaría por venir. Sin embargo, se mantuvieron indiferentes a estos asuntos y por esto fueron barridos inesperadamente en medio de sus actividades diarias.

[j]UNO SERÁ TOMADO. Es decir, tomado en juicio como en los días de Noé. Esta no es una referencia al arrebatamiento de los creyentes descrito en 1 Tesalonicenses 4:16, 17.

[k]EL LADRÓN. Así como nadie sabe a qué hora vendrá el ladrón, ninguno conoce tampoco la hora del regreso del Señor o del Día del Señor que acompaña a su venida (cp. 1 Ts. 5:2; 2 P. 3:10). Sin embargo, el creyente debe estar preparado en todo momento.

[l]A LA HORA QUE NO PENSÁIS. Las parábolas que siguen enseñan a los seguidores de Cristo a estar listos en caso de que él regrese antes de lo previsto, y también a estar preparados en caso de que se demore más de lo esperado (Mt. 25:1–13).

[MR]Mirad, [m]velad y orad; porque no sabéis cuándo será el tiempo. [LC]Mirad también por vosotros mismos, que vuestros corazones no se carguen de glotonería y embriaguez y de los afanes de esta vida, y venga de repente sobre vosotros [n]aquel día. Porque como un lazo vendrá sobre todos los que habitan sobre la faz de toda la tierra. Velad, pues, en todo tiempo orando [o]que seáis tenidos por dignos de escapar de todas estas cosas que vendrán, y de estar en pie delante del Hijo del Hombre.

[MR]Es como el hombre que yéndose lejos, dejó su casa, y dio autoridad a sus siervos, y a cada uno su obra, y al [p]portero mandó que velase. Velad, pues, porque no sabéis cuándo vendrá el señor de la casa; si [q]al anochecer, o a la medianoche, o al canto del gallo, o a la mañana; para que cuando venga de repente, no os halle durmiendo. Y lo que a vosotros digo, a todos lo digo: Velad.

[MT]¿Quién es, pues, el siervo fiel y prudente, al cual puso su señor sobre su casa para que les dé el alimento a tiempo? Bienaventurado aquel siervo al cual, cuando su señor venga, le halle haciendo así. De cierto os digo que sobre todos sus bienes le pondrá. Pero si aquel [r]siervo malo dijere en su corazón: Mi señor tarda en venir; y comenzare a golpear a sus consiervos, y aun a comer y a beber con los borrachos, vendrá el señor de aquel siervo en día que éste no espera, y a la hora que no sabe, y lo castigará duramente, y pondrá su parte con los hipócritas; allí será el lloro y el crujir de dientes.

....

[m] VELAD Y ORAD. Cristo les pide a los creyentes que estén en guardia de dos maneras prácticas: (1) «velad» es un llamado a estar conscientes y alertas ante cualquier peligro potencial; y (2) «orad» enfatiza la constante necesidad del creyente de ayuda divina en este esfuerzo. Incluso los creyentes no tienen en sí mismos los recursos necesarios para estar alertas ante cualquier peligro espiritual que pueda fácilmente sorprenderlos.

[n] AQUEL DÍA. El día de su regreso. Cada vez que Cristo menciona su regreso, siempre hace un llamado a la vigilancia piadosa (cp. Lc. 12:37–40).

[o] QUE SEÁIS TENIDOS POR DIGNOS. Los manuscritos más antiguos dicen «que tengáis fortaleza».

[p] PORTERO. En los días de Jesús era la persona encargada de vigilar la puerta exterior de la casa para dejar entrar a su señor una vez llegara. Todos los discípulos de Cristo deben ser como porteros, siempre alertas y vigilantes a la espera de la llegada de su Señor.

[q] AL ANOCHECER [...] O A LA MAÑANA. La expresión normal para designar las cuatro vigilias de la noche desde las seis de la tarde hasta las seis de la mañana. Sus nombres identificaban el final de cada uno de los períodos de tres horas más que el inicio de cada uno en sí.

[r] SIERVO MALO. El siervo malo representa al incrédulo que se rehúsa a tomar seriamente la promesa del regreso de Cristo (cp. 2 P. 3:4). Aunque este es un incrédulo, no obstante, es responsable ante Cristo por la mayordomía de su tiempo. Jesús enseñó que cada persona recibe su vida, sus habilidades naturales y bienes materiales en préstamo de Dios, y que debe dar cuenta de cómo fueron utilizados.

162. El discurso en el monte de los Olivos: las diez vírgenes

Mt. 25:1-13

MTEntonces ªel reino de los cielos será semejante a ᵇdiez vírgenes que tomando sus lámparas, salieron a recibir al esposo. Cinco de ellas eran prudentes y cinco insensatas. Las insensatas, tomando sus lámparas, no tomaron consigo aceite; mas las prudentes tomaron aceite en sus vasijas, juntamente con sus lámparas. Y tardándose el esposo, cabecearon todas y se durmieron.

Y a la medianoche se oyó un clamor: ¡Aquí viene el esposo; salid a recibirle! Entonces todas aquellas vírgenes se levantaron, y arreglaron sus lámparas. Y las insensatas dijeron a las prudentes: Dadnos de vuestro aceite; porque nuestras lámparas se apagan. Mas las prudentes respondieron diciendo: Para que no nos falte a nosotras y a vosotras, id más bien a los que venden, y comprad para vosotras mismas. Pero mientras ellas iban a comprar, vino el esposo; y las que estaban preparadas entraron con él a las bodas; y se cerró la puerta.

Después vinieron también las otras vírgenes, diciendo: ¡Señor, señor, ábrenos! Mas él, respondiendo, dijo: De cierto os digo, que no os conozco.

Velad, pues, porque no sabéis el día ni la hora en que el Hijo del Hombre ha de venir.

ª EL REINO DE LOS CIELOS SERÁ SEMEJANTE. La parábola de las diez vírgenes fue dada a fin de subrayar la importancia de estar listos para la venida de Cristo en cualquier situación posible, incluso si se tardara más de lo previsto. Cuando regrese, no habrá segundas oportunidades para los desprevenidos.

ᵇ DIEZ VÍRGENES. Es decir, damas de honor. La boda comenzaría en la casa de la novia cuando el novio llegara para observar la ceremonia de matrimonio. Luego, seguiría una procesión a medida que el novio llevaba a la novia a su casa para completar las festividades. Para una boda nocturna habría necesidad de «lámparas», es decir, antorchas para iluminar la procesión.

163. El discurso en el monte de los Olivos: la parábola de los talentos

Mt. 25:14-30

[MT]Porque [a]el reino de los cielos es como un hombre que yéndose lejos, llamó a sus siervos y les entregó sus bienes. A uno dio cinco [b]talentos, y a otro dos, y a otro uno, a cada uno conforme a su capacidad; y luego se fue lejos. Y el que había recibido cinco talentos fue y negoció con ellos, y ganó otros cinco talentos. Asimismo el que había recibido dos, ganó también otros dos. Pero el que había recibido uno fue y cavó en la tierra, y escondió el dinero de su señor. Después de mucho tiempo vino el señor de aquellos siervos, y arregló cuentas con ellos.

Y llegando el que había recibido cinco talentos, trajo otros cinco talentos, diciendo: Señor, cinco talentos me entregaste; aquí tienes, he ganado otros cinco talentos sobre ellos. Y su señor le dijo: Bien, buen siervo y fiel; sobre poco has sido fiel, sobre mucho te pondré; entra en [c]el gozo de tu señor. Llegando también el que había recibido dos talentos, dijo: Señor, dos talentos me entregaste; aquí tienes, he ganado otros dos talentos sobre ellos. Su señor le dijo: Bien, buen siervo y fiel; sobre poco has sido fiel, sobre mucho te pondré; entra en el gozo de tu señor.

Pero llegando también el que había recibido un talento, dijo: Señor, te conocía que eres [d]hombre duro, que siegas donde no sembraste y recoges donde no

....

[a] EL REINO DE LOS CIELOS ES COMO. La parábola de los talentos ilustra la tragedia de la oportunidad desperdiciada. El hombre que se fue de viaje representa a Cristo, y los siervos simbolizan a los creyentes confesos con diferentes niveles de responsabilidad. La fidelidad es la cualidad requerida de ellos, pero la parábola sugiere que todos aquellos que son fieles darán fruto en algún grado. El siervo infructífero es descubierto como hipócrita y finalmente destruido.

[b] TALENTOS. Un talento era una medida de peso, no una moneda específica, por lo que un talento de oro era más valioso que un talento de plata. Un talento de plata (la palabra traducida como «dinero» en Mt. 25:18 es literalmente *plata*) era una suma considerable de dinero. El significado moderno de la palabra *talento*, referido a una habilidad natural, se deriva del hecho de que esta parábola es aplicada erróneamente a la mayordomía de nuestras habilidades naturales.

[c] EL GOZO DE TU SEÑOR. Tanto el hombre de los cinco talentos como el hombre que tenía solo dos recibieron exactamente la misma recompensa, indicando que esta se basa en la fidelidad y no en los resultados.

[d] HOMBRE DURO. Dando esta caracterización, difamó a su señor, presentándolo como un hombre cruel y oportunista que «segaba y recogía» donde no tenía derecho a hacerlo. Este siervo perezoso no representa a un genuino creyente, por lo que es obvio que nunca conoció verdaderamente al señor.

esparciste; por lo cual tuve miedo, y fui y escondí tu talento en la tierra; aquí tienes lo que es tuyo.

Respondiendo su señor, le dijo: Siervo malo y negligente, ᵉsabías que siego donde no sembré, y que recojo donde no esparcí. Por tanto, debías haber dado mi dinero a los banqueros, y al venir yo, hubiera recibido lo que es mío con los intereses. Quitadle, pues, el talento, y dadlo al que tiene diez talentos. Porque ᶠal que tiene, le será dado, y tendrá más; y al que no tiene, aun lo que tiene le será quitado. Y al siervo inútil echadle en las tinieblas de afuera; allí será el lloro y el crujir de dientes.

ᵉSABÍAS QUE SIEGO DONDE NO SEMBRÉ. Al repetir las palabras del siervo en contra suya, no estaba reconociendo que estas fueran ciertas. Simplemente utilizaba sus propias palabras para condenarlo. Si el siervo creía que verdaderamente su señor era como lo había descrito, esta era una razón más para no ser perezoso. Su acusación en contra de su señor, incluso si esta fuera cierta, no justificaba su propia negligencia.

ᶠAL QUE TIENE, LE SERÁ DADO, Y TENDRÁ MÁS. Vea Mt. 13:12. Los destinatarios de la gracia divina heredan innumerables bendiciones junto con la vida eterna y el favor de Dios (cp. Ro. 8:32). Sin embargo, todos aquellos que desprecian las riquezas de la benignidad, la paciencia y la longanimidad de Dios (Ro. 2:4), enterrándolas en la tierra y aferrándose en cambio al carácter vil y transitorio de este mundo, terminarán perdiendo finalmente todo lo que tienen (cp. Mt. 6:19; Jn. 12:25).

164. El discurso en el monte de los Olivos: el juicio del Hijo del Hombre

Mt. 25:31–46

ᴹᵀCuando el Hijo del Hombre venga en su gloria, y todos los santos ángeles con él, entonces ᵃse sentará en su trono de gloria, y serán reunidas delante de él todas las naciones; y apartará los unos de los otros, como aparta el pastor las ᵇovejas de los ᶜcabritos. Y pondrá las ovejas a su derecha, y los cabritos a su izquierda. Entonces el Rey dirá a los de su derecha: Venid, benditos de mi Padre, heredad el reino ᵈpreparado para vosotros desde la fundación del mundo. Porque tuve hambre, y me disteis de comer; tuve sed, y me disteis de beber; fui forastero, y me recogisteis; estuve desnudo, y me cubristeis; enfermo, y me visitasteis; en la cárcel, y vinisteis a mí.

Entonces los justos le responderán diciendo: Señor, ¿cuándo te vimos hambriento, y te sustentamos, o sediento, y te dimos de beber? ¿Y cuándo te vimos forastero, y te recogimos, o desnudo, y te cubrimos? ¿O cuándo te vimos enfermo, o

....

[a] Se sentará en su trono de gloria. Esto se refiere al reino terrenal de Cristo descrito en Apocalipsis 20:4–6. El juicio descrito aquí es diferente al juicio ante el gran trono blanco de Apocalipsis 20:11–15. Este juicio precede al reino milenario de Cristo, y los sujetos parecen ser solamente aquellos que estén vivos en el momento de su venida. Este es designado algunas veces como el juicio de las naciones, pero sus veredictos se dirigen a los individuos de esas naciones y no a las naciones como un todo.

[b] Ovejas. Es decir, los creyentes (Mt. 10:16; cp. Sal. 79:13; Ez. 34). Han recibido el lugar «a su derecha», el lugar que representa su favor.

[c] Cabritos. Representan a los incrédulos, relegados a un lugar de deshonor y rechazo.

[d] Preparado para vosotros. Esta terminología subraya que la salvación es un don de Dios, no algo merecido por los hechos descritos en Mt. 25:35, 36. Ellos fueron escogidos desde antes de «la fundación del mundo» (Ef. 1:4), predestinados para ser conformes a la imagen de Cristo (Ro. 8:29). Por lo tanto, las buenas acciones descritas en Mt. 25:35, 36 son el fruto y no la raíz de su salvación. Sus acciones no son el motivo de su entrada en el reino celestial, sino una simple manifestación de la gracia de Dios en la vida de cada uno de ellos. Estas son el criterio objetivo para establecer el juicio, pues son evidencia innegable de la fe redentora (cp. Stg. 2:14–26).

en la cárcel, y vinimos a ti? Y respondiendo el Rey, les dirá: De cierto os digo que en cuanto lo hicisteis a uno de estos ᵉmis hermanos más pequeños, a mí lo hicisteis.

Entonces dirá también a los de la izquierda: Apartaos de mí, malditos, al fuego eterno preparado para el diablo y sus ángeles. Porque tuve hambre, y no me disteis de comer; tuve sed, y no me disteis de beber; fui forastero, y no me recogisteis; estuve desnudo, y no me cubristeis; enfermo, y en la cárcel, y no me visitasteis.

Entonces también ellos le responderán diciendo: Señor, ¿cuándo te vimos hambriento, sediento, forastero, desnudo, enfermo, o en la cárcel, y no te servimos? Entonces les responderá diciendo: De cierto os digo que en cuanto no lo hicisteis a uno de estos más pequeños, tampoco a mí lo hicisteis. E irán éstos al ᶠcastigo eterno, y los justos a la vida eterna.

ᵉ MIS HERMANOS MÁS PEQUEÑOS. Esto se refiere en particular a otros discípulos. Algunos lo aplican a la nación de Israel, y otros a las personas necesitadas en general. Sin embargo, aquí Jesús está elogiando específicamente a «los de su derecha» (Mt. 25:34) por la forma en que recibieron a sus emisarios.

ᶠ CASTIGO ETERNO [...] VIDA ETERNA. La misma palabra griega es utilizada en ambos casos. El castigo de los malos es tan eterno como la dicha de los rectos. Los malos no recibirán una segunda oportunidad ni son aniquilados. El castigo de los malos muertos es descrito a lo largo de las Escrituras como el «fuego eterno» (Mt. 25:41); «fuego que nunca se apagará» (Mt. 3:12); «vergüenza y confusión perpetua» (Dn. 12:2); un lugar donde «el gusano de ellos no muere, y el fuego nunca se apaga» (Mr. 9:44–49); un lugar de «tormentos» y «llama» (Lc. 16:23, 24); de «eterna perdición» (2 Ts. 1:9); un lugar de tormento con «fuego y azufre» donde «el humo de su tormento sube por los siglos de los siglos» (Ap. 14:10, 11) y un «lago de fuego y azufre» donde los malos son «atormentados día y noche por los siglos de los siglos» (Ap. 20:10). Aquí Jesús indica que el castigo en sí mismo es eterno, no solo el humo y las flamas. Los malos estarán por siempre sujetos a la furia y la ira de Dios. Conscientemente sufrirán vergüenza y confusión, y serán presa de una conciencia acusadora junto con la ardiente ira de una deidad ofendida por toda la eternidad. Incluso el infierno conocerá la perfecta justicia de Dios (Sal. 76:10). Todos los que estén allí conocerán que su castigo es justo y que son los únicos culpables (cp. Dt. 32:3–5).

165. Judas se pone de acuerdo para entregar a Jesús

Mt. 26:1-5, 14-16; Mr. 14:1-2, 10-11; Lc. 21:37—22:6

[LC]Y enseñaba [a]de día en el templo; y de noche, saliendo, se estaba en el monte que se llama de los Olivos. Y todo el pueblo venía a él por la mañana, para oírle en el templo. Estaba cerca [b]la fiesta de los panes sin levadura, [c]que se llama la pascua.

[MT]Cuando hubo acabado Jesús todas estas palabras, dijo a sus discípulos: Sabéis que [d]dentro de dos días se celebra [e]la pascua, y el Hijo del Hombre será entregado para ser crucificado. Entonces los principales sacerdotes, los escribas, y los ancianos del pueblo se reunieron en el patio del sumo sacerdote llamado [f]Caifás, y tuvieron

---

[a]DE DÍA. Es decir, durante los días de aquella semana final en Jerusalén.

[b]LA FIESTA DE LOS PANES SIN LEVADURA. La fiesta conmemoraba la salida del pueblo de Israel de Egipto (Éx. 23:15). Comenzaba inmediatamente después de la Pascua y duraba desde el 15 al 21 de Nisán. Los panes sin levadura recordaban al tipo de pan que los israelitas llevaron con ellos al escapar, representando la ausencia de la levadura del pecado en la vida de cada uno de ellos y su casa (cp. Éx. 12:14; Lv. 23:6-8).

[c]QUE SE LLAMA LA PASCUA. La Pascua duraba un solo día y era seguida por la fiesta de los panes sin levadura (Lv. 23:5, 6). La festividad en su conjunto podría llamarse por cualquiera de estos dos nombres.

[d]DENTRO DE DOS DÍAS. En el contexto de Mateo 26:2, Jesús predijo que su crucifixión tendría lugar en «dos días», lo que sería el viernes tomando en cuenta que estaba hablando en la tarde del miércoles.

[e]LA PASCUA. El viernes de Pascua, el cual habría comenzado el jueves al anochecer. La Pascua conmemoraba la liberación de los israelitas de sufrir el paso del ángel de la muerte que mató a los primogénitos de todo Egipto (Éx. 12:1—13:16). La Pascua comenzaba el día 14 del mes de Nisán (el primer mes del calendario judío) con el sacrificio del cordero pascual y continuaba hasta las primeras horas del día 15 (cp. Éx. 12:6; Mt. 26:2). Ese fue el tiempo escogido por Dios para que Cristo muriera. Él era el antitipo al cual el cordero pascual siempre había hecho referencia. Cristo había evitado siempre los complots de sus enemigos para matarlo (Lc. 4:29, 30; Jn. 5:18; 10:39), pero ahora su tiempo había llegado. El verdadero Cordero de Dios quitaría el pecado del mundo (Jn. 1:29).

[f]CAIFÁS. Caifás sirvió como sumo sacerdote desde el año 18 hasta el 36 A.D., un período inusualmente largo para cualquier persona en aquella posición. Su longevidad sugiere que tuvo una relación cercana tanto con Roma como con la dinastía herodiana. Fue yerno de su predecesor, Anás (Jn. 18:13). Controló el templo y no dudó en beneficiarse personalmente del comercio corrupto que tenía lugar en él (cp. Mt. 21:12). Su enemistad con Jesús parece intensamente personal y en especial malintencionada. Siempre aparece en las Escrituras buscando la destrucción de Jesús.

consejo para ^{MR}prenderle por engaño y matarle. ^{MT}Pero decían: ^gNo durante la fiesta, para que no se haga alboroto en el pueblo^{LC}; ^hporque temían al pueblo.

Y ⁱentró Satanás en ^jJudas, por sobrenombre Iscariote, el cual era uno del número de los doce; y éste fue y habló con los principales sacerdotes, y con los ^kjefes de la guardia, de cómo se lo entregaría. ^{MT}[Y] les dijo: ¿Qué me queréis dar, y yo os lo entregaré? ^{MR}Ellos, al oírlo, se alegraron, ^{LC}y convinieron en darle dinero. ^{MT}Y ellos le asignaron ^ltreinta piezas de plata. Y desde entonces ^mbuscaba oportunidad para ^{MR}entregarle ^{LC}a espaldas del pueblo.

---

g NO DURANTE LA FIESTA. Debido a que la Pascua debía ser celebrada en Jerusalén, la ciudad estaría repleta, quizá con más de dos millones de personas. Puesto que muchos habrían sido de Galilea, un área donde Jesús tenía muchos seguidores, y los líderes religiosos no deseaban comenzar un alboroto, decidieron esperar a que terminara la Pascua, cuando la multitud ya habría disminuido. Ellos deseaban posponer su complot hasta un momento más oportuno desde el punto de vista político. Sin embargo, no pudieron hacerlo; el tiempo escogido por Dios había llegado.

h PORQUE TEMÍAN AL PUEBLO. Por esta razón conspiraban en secreto para asesinarlo después de la temporada de la Pascua, mientras Jerusalén no estuviera tan concurrida. Lo cierto es que estos acontecimientos ocurrieron según el plan de Dios y no el de ellos.

i ENTRÓ SATANÁS. Es decir, Judas fue poseído por Satanás mismo. Es claro que él logró el control directo sobre Judas en dos ocasiones. La primera sucedió antes de planificar la traición con los principales sacerdotes y la segunda durante la Última Cena (Jn. 13:27), justo antes de ejecutar su traición.

j JUDAS, POR SOBRENOMBRE ISCARIOTE. Este discípulo, que es comprensiblemente nombrado siempre de último en las listas de los doce, era hijo de Simón y fue llamado también «Iscariote». El nombre «Iscariote» significa «hombre de Queriot», un pequeño pueblo de Judea, a unos treinta y siete kilómetros al sur de Jerusalén (cp. Mr. 3:19). Por lo tanto, Judas no era galileo como los otros discípulos. Es claro que Judas jamás tuvo interés espiritual alguno en Jesús, simplemente se sintió atraído por él pensando que Jesús llegaría a ser un poderoso líder político y religioso. Judas vio en Jesús una gran oportunidad de adquirir poder, riquezas y prestigio al asociarse con él. No obstante, Jesús conocía las verdaderas intenciones de Judas desde el principio, y fue por esto que lo escogió para formar parte de los doce. Él sería quien lo traicionaría para que las Escrituras y el plan de salvación de Dios fueran cumplidos (Sal. 41:9; 55:12–15, 20, 21; Zac. 11:12, 13; Jn. 6:64, 70, 71; 13:18; 17:12).

k JEFES DE LA GUARDIA. Es decir, la guardia del templo, un destacamento de seguridad conformado por levitas.

l TREINTA PIEZAS DE PLATA. El precio de un esclavo (Éx. 21:32).

m BUSCABA OPORTUNIDAD. «Buscaba» se traduce mejor como «comenzó a buscar». «Oportunidad» significa que Judas andaba a la caza del momento adecuado para llevar a cabo su plan malvado, el cual sería cuando Jesús estuviera alejado de las multitudes (Lc. 22:6).

| El aposento alto la noche antes
de su muerte

166. El principio de la última Pascua

Mt. 26:17–20; Mr. 14:12–17; Lc. 22:7–16

[LC]Llegó [MTa][e]l primer día de la fiesta de los [b]panes sin levadura, [MR]cuando [c]sacrificaban el cordero de la pascua[.] [LC]Y Jesús envió [MRd]dos de sus discípulos, [LC]a Pedro y a Juan, diciendo: [e]Id, preparadnos la pascua para que la comamos. Ellos le dijeron: [MR]¿Dónde quieres que vayamos a preparar para que comas la pascua? [LC]Él les dijo: He aquí, [MR][i]d a la ciudad, y [LC]al entrar en la ciudad[,] os saldrá al

....

[a]EL PRIMER DÍA DE LA FIESTA DE LOS PANES SIN LEVADURA. Los corderos para la Pascua se sacrificaban (Mr. 14:12) el día 14 de Nisán (marzo-abril). Esa noche, se comió la cena pascual. La fiesta de los panes sin levadura seguía inmediatamente a la Pascua, del 15 al 21 de Nisán. Se hacía referencia a este período completo de tiempo indiferentemente tanto como Pascua (Lc. 22:1) o como fiesta de los panes sin levadura. Por lo tanto, el primer día corresponde a 14 de Nisán.

[b]PANES SIN LEVADURA. La Pascua y la fiesta de los panes sin levadura estaban tan relacionadas entre sí que ambos términos eran usados indiferentemente para referirse al período de celebración de ocho días que comenzaba con la Pascua. Aunque Marcos habla de la fiesta de los panes sin levadura, claramente se refiere a la preparación de la Pascua.

[c]SACRIFICABAN EL CORDERO DE LA PASCUA. Los corderos eran sacrificados al crepúsculo del día 14 de Nisán (Éx. 12:6), es decir, entre las tres y las cinco de la tarde. Debido a las diferencias en cómo se calculaba el día, las personas de Galilea celebraban la Pascua al anochecer del jueves, de modo que el cordero se sacrificaba en la tarde de ese día. Los discípulos y Jesús comieron la cena pascual esa noche, después de la puesta del sol (cuando la Pascua comenzaba oficialmente). Los de Judea podían seguir esa misma secuencia un día después, el viernes. Luego que el cordero se sacrificaba y parte de su sangre se esparcía sobre el altar, el mismo era llevado a casa, asado por completo y comido durante la cena con pan sin levadura, hierbas amargas, *charoset* (una pasta hecha de manzanas trituradas, dátiles, granadas y nueces, en la cual mojaban pan) y vino.

[d]DOS DE SUS DISCÍPULOS. Solo a dos hombres se les permitió acompañar al cordero del sacrificio.

[e]ID, PREPARADNOS. Esta no era una pequeña tarea. Tenían que llevar el cordero pascual para sacrificarlo y hacer los preparativos de una comida para trece (v. 14). Sin embargo, los preparativos preliminares aparentemente habían sido realizados personalmente por Jesús mismo, y el dueño del aposento alto estaba encargándose de varios de esos detalles por ellos.

encuentro [MT]cierto hombre [LC]que lleva un cántaro de agua; seguidle hasta la casa donde entrare[.] [MR][Y] donde entrare, decid al señor de la casa: [LC]El Maestro te dice: [MT]Mi tiempo está cerca; [LC]¿Dónde está [g]el aposento donde he de comer la pascua con mis discípulos [MT]en tu casa[?] [LC]Entonces él os mostrará [h]un gran aposento alto ya dispuesto; [i]preparad [MR]para nosotros [LC]allí.

[MT]Y los discípulos hicieron como Jesús les mandó[.] [LC]Fueron, [MR]y entraron en la ciudad, y hallaron como les había dicho; y prepararon la pascua.

Y [j]cuando llegó la noche, [LC][k][c]uando era la hora, [MR]vino él [y] [LCl]se sentó a la mesa, y [m]con él los apóstoles. Y les dijo: ¡[n]Cuánto he deseado comer con vosotros esta pascua antes que padezca! Porque os digo que no la comeré más, hasta que [o]se cumpla en el reino de Dios.

....

[f]CIERTO HOMBRE. Marcos 14:13 y Lucas 22:10 dicen que ellos podrían identificar al hombre porque este estaría «llevando un cántaro de agua», una actividad propia de las mujeres. Era alguien que evidentemente ellos no conocían, probablemente un siervo del dueño de la casa del «aposento alto», donde la cena pascual tendría lugar (Mr. 14:15; Lc. 22:12). Obviamente, Jesús había hecho estos arreglos de forma clandestina para prevenir el adelanto de la traición de la que sería objeto. Si Judas hubiera sabido de antemano dónde celebrarían la Pascua, con toda seguridad habría alertado a los principales sacerdotes y los ancianos. Pero ninguna de estas cosas sucedería hasta que el «tiempo» estuviera «cercano». Todo esto nos revela la soberanía de Jesús en el control de su propia crucifixión. A pesar de que Jesús había hecho estos arreglos, es improbable que el hombre con el cántaro fuera algún tipo de señal acordada con antelación. El conocimiento de Cristo de lo que el hombre estaría haciendo en el momento preciso que llegaran los discípulos se presenta como una manifestación de su omnisciencia divina.

[g]EL APOSENTO. La palabra es traducida como «mesón» en Lucas 2:7. Se refiere típicamente al lugar donde un viajero podía pasar la noche, un lugar de alojamiento o una habitación de huéspedes en la casa particular de alguien, como en este caso (cp. Mt. 26:18).

[h]UN GRAN APOSENTO ALTO. Esto indica que la habitación estaba localizada en el piso de arriba y puede haber sido una cámara construida en el techo de la casa. Este era uno de los muchos aposentos que se alquilaban en Jerusalén, los cuales se mantenían con el expreso propósito de proporcionarles a los peregrinos un lugar para celebrar las fiestas. El mobiliario incluía sin duda todo lo necesario para preparar y servir una comida.

[i]PREPARAD. Pedro y Juan tendrían a su cargo la preparación de la cena pascual para Jesús y los otros discípulos.

[j]CUANDO LLEGÓ LA NOCHE. La cena pascual debía ser consumida en la noche después del atardecer, y antes de la medianoche (Éx. 12:8–14).

[k]CUANDO ERA LA HORA. Esto es, la puesta del sol, que marcaba el comienzo oficial de la Pascua.

[l]SE SENTÓ. Lit. «se recostó» (cp. Mr. 14:18; Jn. 13:25).

[m]CON ÉL LOS APÓSTOLES. Pedro y Juan debieron reunirse de nuevo con Jesús y el resto de los discípulos y conducirlos hasta el aposento alto. Esta también puede ser una referencia general a los doce, queriendo decir que Jesús vino con los otros diez discípulos para reunirse con Pedro y Juan.

[n]CUÁNTO HE DESEADO. Cp. Juan 13:1. Él quería prepararlos para los próximos sucesos.

[o]SE CUMPLA. La muerte de Cristo al día siguiente sería el cumplimiento del simbolismo de la Pascua. La Pascua conmemoraba la liberación de Egipto y era un tipo profético del sacrificio de Cristo.

167. Jesús les lava los pies a los discípulos

Jn. 13:1-20

[JN]Antes de la fiesta de la pascua, sabiendo Jesús que su hora había llegado para que pasase de este mundo al Padre, como había amado a los suyos que estaban en el mundo, los amó [a]hasta el fin. Y cuando [b]cenaban, como [c]el diablo ya había puesto en el corazón de Judas Iscariote, hijo de Simón, que le entregase, sabiendo Jesús que el Padre le había dado todas las cosas en las manos, y que había salido de Dios, y [d]a Dios iba, se levantó de la cena, y se quitó su manto, y tomando una toalla, se la ciñó.

Luego puso agua en un lebrillo, y comenzó a [e]lavar los pies de los discípulos, y a enjugarlos con la toalla con que estaba ceñido. Entonces vino a Simón Pedro; y [f]Pedro le dijo: Señor, ¿tú me lavas los pies? Respondió Jesús y le dijo: Lo que yo hago, tú no lo comprendes ahora; mas lo entenderás después. Pedro le dijo: No me

....

[a] HASTA EL FIN. Significa «a la perfección» o con amor perfecto. Dios ama al mundo (3:16) y a los pecadores (Mt. 5:44, 45; Tit. 3:4) con compasión y gracia comunes, pero ama a los suyos con un amor perfecto, salvador y eterno.

[b] CENABAN. Era la Pascua el jueves en la noche, después del crepúsculo.

[c] EL DIABLO [...] EL CORAZÓN DE JUDAS. Esto no exonera a Judas, porque su corazón malvado deseó con exactitud lo mismo que deseaba el diablo, la muerte de Jesús. Satanás y Judas se habían puesto de acuerdo.

[d] A DIOS IBA. Él soportó la traición, la agonía y la muerte porque sabía que después sería exaltado al Padre, donde recibiría la gloria y la comunión que había disfrutado en la Trinidad durante la eternidad (vea Juan 17:4, 5). Este fue «el gozo puesto delante de él» por medio del cual «sufrió la cruz» (Heb. 12:2).

[e] LAVAR LOS PIES DE LOS DISCÍPULOS. Las condiciones polvorientas y sucias de la región hacían indispensable el lavado de los pies. Aunque es probable que los discípulos hubieran lavado gustosos los pies de Jesús, nunca se les hubiera ocurrido lavarse los pies unos a otros. Esto se debía a que en la sociedad de ese tiempo el lavamiento de los pies era un servicio prestado por los sirvientes más humildes. Entre iguales nadie acostumbraba lavarse los pies, a no ser que se tratara de una ocasión muy especial o como una expresión de amor y respeto profundos. Lucas comenta (Lucas 22:24) que en ese momento los discípulos discutían acerca de quién sería el más grande de ellos, así que es obvio que ninguno estaba dispuesto a agacharse en el suelo para lavar los pies de los demás. Quedaron estupefactos al ver que Jesús se disponía a lavarles los pies. Sus acciones también sirven como un símbolo de la limpieza espiritual y un ejemplo supremo de humildad cristiana. Por medio de su acción Jesús enseñó la lección del servicio abnegado que ejemplificó de manera sublime con su muerte en la cruz.

[f] PEDRO LE DIJO. El acto de limpieza avergonzó a todos los discípulos. Mientras los demás quedaron callados de asombro, Pedro habló quizá en representación de los otros (vea Mt. 16:13-23), expresando su indignación porque Jesús se rebajara a tal punto de lavarle los pies. No pudo ver más allá del acto humilde de servicio para entender que era un símbolo de limpieza y purificación espiritual (cp. 1 Jn. 1:7-9). La respuesta de Jesús hizo evidente el propósito de sus acciones: a no ser que el Cordero de Dios limpie a una persona de pecado (como ilustra a la perfección el simbolismo del lavamiento físico), esa persona no puede tener parte con él.

lavarás los pies jamás. Jesús le respondió: Si no te lavare, no tendrás parte conmigo. Le dijo Simón Pedro: Señor, no sólo mis pies, sino también las manos y la cabeza. Jesús le dijo: El que está lavado, ^gno necesita sino lavarse los pies, pues está todo limpio; y vosotros limpios estáis, aunque no todos. Porque sabía quién le iba a entregar; por eso dijo: ^hNo estáis limpios todos.

Así que, después que les hubo lavado los pies, tomó su manto, volvió a la mesa, y les dijo: ¿Sabéis lo que os he hecho? Vosotros me llamáis Maestro, y Señor; y decís bien, porque lo soy. Pues si yo, el Señor y el Maestro, he lavado vuestros pies, vosotros también debéis lavaros los pies los unos a los otros. Porque ⁱejemplo os he dado, para que como yo os he hecho, vosotros también hagáis. De cierto, de cierto os digo: El siervo no es mayor que su señor, ni el enviado es mayor que el que le envió. Si sabéis estas cosas, ^jbienaventurados seréis si las hiciereis.

No hablo de todos vosotros; yo sé ^ka quienes he elegido; mas para que se cumpla la Escritura: El que come pan conmigo, levantó contra mí su calcañar. Desde ahora os lo digo antes que suceda, para que cuando suceda, creáis que yo soy. De cierto, de cierto os digo: El que recibe al que yo enviare, me recibe a mí; y el que me recibe a mí, recibe al que me envió.

---

^gNO NECESITA SINO LAVARSE LOS PIES. La limpieza obrada por Cristo en la salvación nunca tiene que repetirse. La expiación es completa en ese momento. Sin embargo, todos los que han sido limpios por la justificación de la gracia de Dios necesitan lavamiento constante en el ámbito de su experiencia diaria, mientras batallan contra el pecado en la carne. Los creyentes son justificados y reciben por imputación la justicia divina (Fil. 3:8, 9), pero todavía necesitan santificación y rectitud personal (Fil. 3:12–14).

^hNO ESTÁIS LIMPIOS TODOS. Este versículo se refiere a Judas (Juan 6:70), quien pronto dirigiría a la turba en la captura Jesús (Juan 18:3).

ⁱEJEMPLO. La palabra usada aquí alude tanto a «ejemplo» como a «patrón» (Heb. 4:11; 8:5; 9:25; Stg. 5:10; 2 P. 2:6). El propósito de Jesús con esta acción era establecer el modelo perfecto de humildad y amor.

^jBIENAVENTURADOS SERÉIS SI LAS HICIEREIS. El gozo siempre se vincula con la obediencia a la Palabra revelada de Dios (vea Juan 15:14).

^kA QUIENES HE ELEGIDO. Una referencia a los doce discípulos que el Señor había seleccionado (vea Juan 15:16), a los cuales él conocía a la perfección, incluido Judas, quien fue elegido para que la profecía del Salmo 41:9 se cumpliera.

168. Jesús identifica a su traidor

Mt. 26:21-25; Mr. 14:18-21; Lc. 22:21-23; Jn. 13:21-30

[JN]Habiendo dicho Jesús esto [MR][y] cuando [a]se sentaron a la mesa, mientras comían, [JN]se conmovió en espíritu, y declaró y dijo: De cierto, de cierto os digo, [MR]uno de vosotros, que come conmigo, me va a entregar.

[JN]Entonces los discípulos se miraban unos a otros, dudando de quién hablaba. [LC]Entonces ellos comenzaron a discutir entre sí, quién de ellos sería el que había de hacer esto. [JNb]Y uno de sus discípulos, al cual Jesús amaba, estaba recostado al lado de Jesús. A éste, pues, hizo señas Simón Pedro, para que preguntase quién era aquel de quien hablaba. El entonces, recostado cerca del pecho de Jesús, le dijo: Señor, ¿quién es? [MT]Y entristecidos en gran manera, comenzó cada uno de ellos a decirle[,] [MR]uno por uno: ¿Soy yo, Maestro? Y el otro: ¿Seré yo?

[JN]Respondió Jesús[MR], les dijo: Es uno de los doce, [c]el que moja conmigo en el plato[,] [JN][a] quien yo diere el pan mojado[.] [MT]A la verdad el Hijo del Hombre va, [d]según está escrito de él, mas [e]¡ay de aquel hombre por quien el Hijo del Hombre es

....

[a] SE SENTARON [...] COMÍAN. El orden de la cena pascual era el siguiente: (1) beber una copa de vino tinto mezclado con agua (cp. Lc. 22:17); (2) el lavado ceremonial de las manos simbolizando la necesidad de limpieza moral y espiritual; (3) comer las hierbas amargas, simbolismo de la esclavitud en Egipto; (4) beber la segunda copa de vino mientras el cabeza de familia explicaba el significado de la Pascua; (5) cantar el Hallel (Sal. 113—118), en este punto cantaban los dos primeros; (6) el cordero era sacado y el cabeza de familia distribuía pedazos de él con el pan sin levadura; (7) beber la tercera copa de vino (cp. 1 Co. 10:16).

[b] Y UNO DE SUS DISCÍPULOS, AL CUAL JESÚS AMABA. Esta es la primera referencia a Juan el apóstol, el autor del Evangelio. Él hizo mención específica de sí mismo en la cruz (19:26, 27), en el sepulcro vacío (20:2-9), junto al Mar de Tiberias (21:1, 20-23), y en el penúltimo versículo, donde se describe como autor del Evangelio (21:24).

[c] EL QUE MOJA CONMIGO EN EL PLATO. Con toda seguridad había varios platos sobre la mesa y Judas era probablemente uno de los tantos sentado cerca de Jesús, por lo que habría mojado el pan en el mismo recipiente que él.

[d] SEGÚN ESTÁ ESCRITO. Jesús no fue una simple víctima. La traición de Judas fue profetizada en el AT (Sal. 22; Is. 53) y formaba parte del plan predeterminado de Dios para proveer salvación. Cada detalle de la crucifixión de Cristo se hallaba bajo el control soberano de Dios y respondía a sus propósitos eternos. Cp. Hch. 2:23; 4:26-28.

[e] MAS ¡AY...! El hecho de que la traición de Judas fuera parte del plan de Dios no significa que este estuviera libre de culpa por el crimen al cual accedió de manera voluntaria. La soberanía de Dios nunca es una excusa legítima para la culpa humana.

entregado! ᶠBueno le fuera a ese hombre no haber nacido. Entonces respondiendo Judas, el que le entregaba, dijo: ¿Soy yo, Maestro? Le dijo: Tú lo has dicho.

ᴵᴺY mojando el pan, ᵍlo dio a Judas Iscariote hijo de Simón. Y después del bocado, ʰSatanás entró en él. Entonces Jesús le dijo: Lo que vas a hacer, hazlo más pronto. Pero ninguno de los que estaban a la mesa entendió por qué le dijo esto. Porque algunos pensaban, puesto que Judas tenía la bolsa, que Jesús le decía: Compra lo que necesitamos para la fiesta; o que diese algo a los pobres. Cuando él, pues, hubo tomado el bocado, luego salió; y ⁱera ya de noche.

ᶠBUENO LE FUERA A ESE HOMBRE NO HABER NACIDO. Cp. Jn. 8:21–24; 16:8–11. Esto es así porque el terror que experimentaría Judas en el infierno sería muy grande. El castigo más severo está reservado a Judas y otros como él (Heb. 10:29). Esta es una de las declaraciones más fuertes de las Escrituras con respecto a la responsabilidad humana en lo que concierne a creer en Jesucristo, junto con las consecuencias de tal incredulidad.

ᵍLO DIO A JUDAS ISCARIOTE. El anfitrión de una fiesta, que en este caso era Jesús, tenía por costumbre preparar un bocado especial y sabroso para dárselo a cierto invitado como un gesto especial de honra y amistad. Jesús demostró así un gesto final de su amor por Judas, aunque este lo iba a traicionar.

ʰSATANÁS ENTRÓ EN ÉL. Judas fue poseído de manera personal por Satanás mismo al ejecutar su traición a Jesús.

ⁱERA YA DE NOCHE. Aunque esto es lo que Juan recordó de ese momento histórico, la frase también puede estar imbuida de un significado teológico profundo. Era la hora señalada para que Judas se entregara por completo al poder de las tinieblas (Satanás; cp. Lc. 22:53).

169. Más rivalidad entre los discípulos

Lc. 22:24-30

[LCa]Hubo también entre ellos [b]una disputa sobre quién de ellos sería el mayor. Pero él les dijo: Los reyes de las naciones se enseñorean de ellas, y los que sobre ellas tienen autoridad son llamados [c]bienhechores; mas no así vosotros, sino sea el mayor entre vosotros como el más joven, y el que dirige, como [d]el que sirve. Porque, ¿cuál es mayor, el que se sienta a la mesa, o el que sirve? ¿No es el que se sienta a la mesa? Mas yo estoy entre vosotros como el que sirve.

Pero vosotros sois los que habéis permanecido conmigo en [e]mis pruebas. Yo, pues, [f]os asigno un reino, como mi Padre me lo asignó a mí, para que comáis y bebáis a mi mesa en mi reino, y os sentéis en tronos [g]juzgando a las doce tribus de Israel.

....

[a] HUBO TAMBIÉN ENTRE ELLOS. En esta parte de la narración, parece que Judas ya se ha ido y Jesús se encontraba únicamente con los once discípulos restantes.

[b] UNA DISPUTA. Cp. Mateo 20:20–24; Lc. 9:46. Esta disputa pudo haber impulsado el episodio en el cual Cristo lavó sus pies (Jn. 13:1–20). También revela cuánto inquietaba esto a los discípulos y cuán lejos estaban de comprender lo que él les había enseñado.

[c] BIENHECHORES. Cp. Mateo 20:25. Este título lo usaban los gobernantes paganos tanto en Egipto como en Siria, aunque en raras ocasiones resultaba apropiado. La intención era mostrarse como defensores del pueblo, pero esto sonaba demasiado paternalista, en especial cuando muchos de esos «bienhechores» eran en realidad tiranos despiadados.

[d] EL QUE SIRVE. Cp. Mateo 20:26–28. Esta parece ser una referencia al lavamiento de sus pies. Cristo mismo había sido un ejemplo de servicio durante todo su ministerio (cp. Fil. 2:5–8).

[e] MIS PRUEBAS. La vida y el ministerio de Cristo estuvieron saturados de tentaciones (Lc. 4:1–13), privaciones (Lc. 9:58), penas (Lc. 19:41) y aflicción (Lc. 24:44), sin mencionar los sufrimientos que aún le aguardaban en la cruz.

[f] OS ASIGNO UN REINO. Cristo les reafirmó a sus discípulos la esperanza de un reino terrenal venidero. Este no vendría en el tiempo o de la manera que ellos esperaban, pero ratificó su promesa de que dicho reino sería establecido con certeza, y que ellos tendrían un papel protagónico en el mismo (cp. Mt. 19:28).

[g] JUZGANDO A LAS DOCE TRIBUS DE ISRAEL. El lenguaje utilizado indica que se trata de una promesa para el milenio. Cp. Ap. 20:4

170. Jesús predice que Pedro lo negará

Lc. 22:31-38; Jn. 13:31-38

^{JN}Entonces, cuando hubo salido, dijo Jesús: Ahora es ^aglorificado el Hijo del Hombre, y Dios es glorificado en él. Si Dios es glorificado en él, Dios también le glorificará en sí mismo, y en seguida le glorificará. Hijitos, aún estaré con vosotros un poco. Me buscaréis; pero ^bcomo dije a los judíos, así os ^cdigo ahora a vosotros: A donde yo voy, vosotros no podéis ir. ^dUn mandamiento nuevo os doy: Que os améis unos a otros; como yo os he amado, que también os améis unos a otros. En esto conocerán todos que sois mis discípulos, si tuviereis amor los unos con los otros.

Le dijo Simón Pedro: Señor, ¿a dónde vas? Jesús le respondió: A donde yo voy, ^eno me puedes seguir ahora; mas me seguirás después. Le dijo Pedro: Señor, ¿por qué no te puedo seguir ahora? ^{LC}Dijo también el Señor: ^fSimón, Simón, he aquí

....

^aGLORIFICADO. En ausencia de Judas, los acontecimientos finales comenzaron su marcha irreversible. En lugar de fijarse en la agonía de la cruz, Jesús vio más allá de la cruz y anticipó la gloria que tendría con el Padre una vez todo terminara (Jn. 17:4, 5; Heb. 12:2).

^bCOMO DIJE A LOS JUDÍOS. La declaración se encuentra en Juan 8:21.

^cDIGO AHORA A VOSOTROS. Tras haber anunciado su partida, Jesús comenzó a exponer lo que esperaba de los discípulos después que se fuera. Él estableció que el amor debía ser la característica distintiva del discípulo verdadero (cp. 1 Jn. 2:7-11; 3:10-12; 4:7-10, 20, 21).

^dUN MANDAMIENTO NUEVO [...] COMO YO OS HE AMADO. El mandamiento del amor no era nuevo. En Deuteronomio 6:5 se ordena amar a Dios y Levítico 19:18 manda a amar al prójimo como a uno mismo (cp. Mt. 22:34-40; Ro. 13:8-10; Gá 5:14; Stg. 2:8). Sin embargo, el mandato de Jesús con respecto al amor introdujo un parámetro distinto y novedoso por dos razones: (1) era un amor sacrificado, conforme al patrón de amor establecido por él mismo («como yo os he amado»; cp. Jn. 15:13), y (2) se produce a través del nuevo pacto mediante el poder transformador del Espíritu Santo (cp. Jer. 31:29-34; Ez. 36:24-26; Gá 5:22).

^eNO ME PUEDES SEGUIR. Su obra estaba casi terminada, la de ellos apenas comenzaba (Mt. 28:16-20; Mr. 16:15; Lc. 24:47). En particular, Pedro tenía una obra que hacer (cp. Jn. 21:15-19). Solo Jesús, como el sacrificio libre de pecado por las transgresiones del mundo, podía ir a la cruz y morir en expiación perfecta (1 P. 2:22-24). Además, él era el único que podía ser glorificado en la presencia del Padre con la gloria que poseyó antes de su encarnación (vea Jn. 12:41; 17:1-5).

^fSIMÓN, SIMÓN. La repetición del nombre (cp. Lc. 10:41; Hch. 9:4) indica una amonestación en un tono grave y sombrío. Cristo mismo lo había llamado Pedro (Lc. 6:14), pero aquí vuelve a utilizar su antiguo nombre, quizá para reforzar la represión por la presunción carnal de Pedro. El contexto sugiere también que Pedro pudo haber participado en la disputa del Lucas 22:24 con gran vehemencia.

[g]Satanás os ha pedido para [h]zarandearos como a trigo; pero [i]yo he rogado por ti, [j]que tu fe no falte; y tú, una vez vuelto, confirma a tus hermanos. El le dijo: Señor, dispuesto estoy a ir contigo no sólo a la cárcel, sino también a la muerte. [IN]Mi vida pondré por ti. Jesús le respondió: ¿Tu vida pondrás por mí? De cierto, de cierto [LC]te digo que el gallo no cantará hoy antes que [k]tú niegues tres veces que me conoces.

Y a ellos dijo: Cuando os envié sin bolsa, sin alforja, y sin calzado, ¿os faltó algo? Ellos dijeron: Nada. Y les dijo: [l]Pues ahora, el que tiene bolsa, tómela, y también la alforja; y el que no tiene espada, venda su capa y compre una. Porque os digo que es necesario que se cumpla todavía en mí aquello que [m]está escrito: Y fue contado con los inicuos; porque lo que está escrito de mí, tiene cumplimiento. Entonces ellos dijeron: Señor, aquí hay [n]dos espadas. Y él les dijo: [o]Basta.

[g]SATANÁS OS HA PEDIDO. Aunque se dirigía en especial a Pedro, esta advertencia era también para los demás discípulos. El pronombre es plural en el texto griego.

[h]ZARANDEAROS COMO A TRIGO. La imagen resulta apropiada. Sugiere que dichas pruebas, aunque sean perturbadoras e indeseables, producen un efecto purificador necesario.

[i]YO HE ROGADO POR TI. El pronombre es singular. Aunque es evidente que oró por todos ellos (Jn. 17:6–19), le aseguró a Pedro sobre su oración por él y su victoria final, y lo animó para que animara a los otros.

[j]QUE TU FE NO FALTE. Pedro mismo cometió faltas terribles, pero su fe nunca se derrumbó (cp. Jn. 21:18, 19).

[k]TÚ NIEGUES. Es claro que esta predicción de la negación de Pedro fue pronunciada en el aposento alto (cp. Jn. 13:38). Mateo 26:34 y Marcos 14:30 registran un segundo incidente, casi idéntico, que tuvo lugar en el Monte de los Olivos de camino a Getsemaní (cp. Mt. 26:30; Mr. 14:26).

[l]PUES AHORA. Cuando Cristo los envió antes, había planificado en su soberanía suplir todas sus necesidades. De ahí en adelante debían acudir a los medios usuales para su propia provisión y protección. La bolsa de dinero, la alforja y la espada eran expresiones metafóricas para referirse a dichos medios (la espada simboliza la protección, no la agresión). No obstante, por error ellos tomaron sus palabras de manera literal.

[m]ESTÁ ESCRITO. Cita de Isaías 53:12.

[n]DOS ESPADAS. Se trataba de instrumentos cortos, similares a una daga, más parecidos a un cuchillo que a una espada. En esa cultura no era extraño portar dichas armas. Tenían muchos usos prácticos además de ser usadas como armas contra otras personas.

[o]BASTA. Es decir, basta de esta conversación.

171. Jesús instituye la Santa Cena

Mt. 26:26–29; Mr. 14:22–25; Lc. 22:17–20; 1 Co. 11:24–25

MTaY mientras bcomían, LCc[y] habiendo tomado la copa, dio gracias, y dijo: Tomad esto, y repartidlo entre vosotros; porque os digo que no beberé más del fruto de la vid, hasta que el reino de Dios venga.

Y tomó el pan y dio gracias, y lo partióMT, y dio a sus discípulos, y dijo: Tomad, comed; desto es mi cuerpoLC, eque por vosotros es dado; fhaced esto gen memoria de mí.

....

a Y MIENTRAS... En esta parte de la narración, parece que Judas ya se ha ido (Jn. 13:23–30) y Jesús se encuentra únicamente con los once discípulos restantes que permanecieron fieles (cp. Lc. 22:21). Luego de esto, Jesús transforma la Pascua del antiguo pacto en la Cena del Señor del nuevo pacto, creando una nueva fiesta de conmemoración para recordar la liberación de Dios del pecado.

b COMÍAN. No hay indicación alguna en ninguno de los Evangelios acerca de cuál parte de la cena estaban comiendo, pero es muy probable que el suceso narrado ocurriera justo antes de comer el cordero asado o simultáneamente a esto. Es significativo que Jesús estableciera la verdad del nuevo pacto en medio de la celebración de la Pascua.

c Y HABIENDO TOMADO LA COPA. Lucas menciona dos copas. En la Pascua se tomaban cuatro copas de vino diluido. Esta copa era la primera de las cuatro (la de acción de gracias) y fue preliminar a la institución de la Santa Cena (cp. 1 Co. 10:16). Esta representaba el final de su tiempo de compartir la comida y la bebida con los discípulos, y en particular de la Pascua (cp. Mt. 9:15; 26:29; Mr. 14:25; Lc. 5:34–35).

d ESTO ES MI CUERPO. Es decir, representaba su cuerpo (cp. las palabras de Lucas 8:11, «la semilla es la palabra de Dios», y también Lucas 22:20). Este lenguaje metafórico era una costumbre hebraica. No se trataba de algún milagro eucarístico de transubstanciación, y los discípulos habrían comprendido el sentido simbólico de su declaración, ya que su cuerpo real, aún intacto, estaba ante sus propios ojos. Jesús le dio un nuevo significado a comer el pan. El pan sin levadura simbolizaba la servidumbre de los israelitas en su vida antigua en Egipto. Representaba la separación de la mundanalidad, el pecado y la religión falsa, y el inicio de una nueva vida de santidad y piedad. A partir de ahora, en la Cena del Señor, el pan simbolizaría el cuerpo de Cristo, el cual fue sacrificado para salvación de los hombres (cp. Mt. 26:26).

e QUE POR VOSOTROS ES DADO. O «quebrado». La evidencia de los manuscritos es muy débil en lo que respecta a incluir esta palabra en 1 Co. 11:24. Vea Juan 19:33, 36.

f HACED ESTO. Así estableció la práctica como una ordenanza para la adoración (cp. 1 Co. 11:23–26).

g EN MEMORIA DE MÍ. La Pascua prefiguraba el sacrificio de Cristo. Él transformó el tradicional *seder* en una ceremonia por completo diferente, que conmemora su muerte expiatoria.

De igual manera, [h]después que hubo cenado, [i]tomó la copa, [MR]y habiendo dado gracias, les dio[MT], diciendo: Bebed de ella todos; [MR]y bebieron de ella todos. Y les dijo: [LCJ]Esta copa es el nuevo pacto [k]en mi sangre, [MT]que [l]por muchos es derramada para remisión de los pecados. [1CO][H]aced esto todas las veces que la bebiereis, [m]en memoria de mí. [MR]De cierto [LC]os digo que [n]no beberé más del fruto de la vid, [MT]hasta aquel día en que [o]lo beba nuevo con vosotros en [p]el reino de mi Padre.

....

[h] DESPUÉS QUE HUBO CENADO. Cp. 1 Corintios 11:25. Estos dos versículos son idénticos en forma. Pablo declaró que había recibido del Señor mismo su conocimiento acerca de esta celebración (1 Co. 11:23).

[i] TOMÓ LA COPA. Se trata de la tercera copa (la de la bendición) de las cuatro copas que incluye la celebración de la Pascua (cp. 1 Co. 10:16).

[j] ESTA COPA ES EL NUEVO PACTO. Es evidente que la copa solo representaba el nuevo pacto.

[k] EN MI SANGRE. Los pactos eran ratificados con la sangre de un sacrificio (Gn. 8:20; 15:9, 10; Éx. 24:5-8). Las palabras de Jesús aquí son un eco del pronunciamiento de Moisés en Éxodo 24:8. La sangre del nuevo pacto no es sangre de animales, sino la propia sangre de Cristo, derramada para la remisión de los pecados. El nuevo pacto ha sido ratificado de una vez por todas por medio de la muerte de Cristo. Cp. Jeremías 31:31-34; Hebreos 8:1-10:18; 8:6; 1 Pedro 1:19.

[l] POR MUCHOS. Lit. significa «en beneficio de muchos». La palabra «muchos» se refiere a quienes han creído, tanto judíos como gentiles. Cp. Mateo 20:28; Lucas 10:45.

[m] EN MEMORIA DE MÍ. Jesús transformó la tercera copa de la Pascua en la copa de conmemoración de su ofrenda.

[n] NO BEBERÉ MÁS. Jesús afirma que esta será la última Pascua y que no volverá a beber más vino con ellos nuevamente, porque esta sería su última comida. Los creyentes compartirán esta comida conmemorativa hasta la inauguración del reino milenario (cp. 1 Co. 11:23-34).

[o] LO BEBA NUEVO. Esto sirvió como garantía de que Jesús regresaría y establecería su reino terrenal milenario. Posiblemente implica también que el servicio de la comunión continuará siendo observado en el reino milenario, como un recordatorio de la cruz. Es más probable que indique que Jesús no celebrará otra Pascua con ellos hasta que el reino sea establecido (cp. Ez. 45:18-25; 45:21-24). También es cierto que en el reino los sacrificios conmemorativos del antiguo pacto serán restaurados (Ez. 43-45), los cuales nunca habían sido verdaderamente comprendidos antes de la cruz de Cristo, de la cual eran una prefiguración.

[p] EL REINO DE MI PADRE. Es decir, el reino milenario terrenal (vea Lc. 22:18, 29, 30).

172. Jesús reconforta a sus discípulos

Jn. 14:1-14

[JNa]No se [b]turbe vuestro corazón; creéis en Dios, creed también en mí. En la casa de mi Padre muchas [c]moradas hay; si así no fuera, yo os lo hubiera dicho; [d]voy, pues, a preparar lugar para vosotros. Y si me fuere y os preparare lugar, vendré otra vez, y os tomaré a mí mismo, para que donde yo estoy, vosotros también estéis. Y sabéis a dónde voy, y sabéis el camino.

Le dijo Tomás: Señor, no sabemos a dónde vas; ¿cómo, pues, podemos saber el camino?

....

[a] No se turbe vuestro corazón. Este capítulo entero se centra en la promesa de Cristo como el elegido para brindarle consuelo al creyente, no solo en ocasión de su venida futura, sino también en el presente a través del ministerio del Espíritu Santo (Jn. 14:26). La escena se desarrolla en el aposento alto, donde los discípulos se habían reunido con Jesús antes de su arresto. Judas se había ido (Jn. 13:30), y Jesús se disponía a dar su discurso de despedida a los once restantes. El mundo de los discípulos sufriría en breve una gran sacudida. Ellos se sentirían confundidos, acosados y agobiados por los acontecimientos que estaban por suceder. Jesús conoció de antemano la desolación que iban a experimentar y les habló para reconfortar el corazón de cada uno de ellos. En lugar de que los discípulos apoyaran a Jesús durante las horas que precedieron a la cruz, él tuvo que apoyarlos a ellos tanto espiritual como emocionalmente. Esto revela su corazón lleno de amor servicial (cp. Mt. 20:26-28).

[b] Turbe. La fe en él acalla el corazón agitado.

[c] Moradas. Lit. moradas, habitaciones, o aun apartamentos (en términos modernos). Todos se encuentran en la gran «casa del Padre».

[d] Voy, pues, a preparar. Su partida sería beneficiosa para ellos, ya que se iba a prepararles un hogar celestial y luego regresaría para llevarlos consigo. Este es uno de los pasajes que hace referencia al arrebatamiento de los santos al final de los tiempos en la Segunda Venida de Cristo. El pasaje no sugiere que Cristo regresará a la tierra con sus santos para establecer su reino (Ap. 19:11-15), sino que tomará a los creyentes de la tierra para llevarlos a vivir al cielo. Puesto que no se hace mención de juicios contra los incrédulos, aquí no se trata del regreso de Cristo en gloria y poder para destruir a los malvados (cp. Mt. 13:36-43, 47-50). Describe más bien su venida para reunir a su pueblo que aún vive y resucitar el cuerpo de quienes ya han muerto para llevarlos a todos al cielo. Este acontecimiento se narra también en 1 Corintios 15:51-54; 1 Ts. 4:13-18. Después de ser arrebatada, la iglesia celebrará una cena de bodas (Ap. 19:7-10), recibirá recompensas (1 Co. 3:10-15; 4:5; 2 Co. 5:9, 10), y luego regresará a la tierra junto con Cristo para establecer su reino (Ap. 19:11—20:6).

Jesús le dijo: [e]Yo soy el camino, y la verdad, y la vida; nadie viene al Padre, sino por mí. Si me conocieseis, también a mi Padre conoceríais; y [f]desde ahora le conocéis, y le habéis visto.

Felipe le dijo: Señor, muéstranos el Padre, y nos basta.

Jesús le dijo: ¿Tanto tiempo hace que estoy con vosotros, y no me has conocido, Felipe? El que me ha visto a mí, ha visto al Padre; ¿cómo, pues, dices tú: Muéstranos el Padre? ¿No crees que yo soy en el Padre, y el Padre en mí? Las palabras que yo os hablo, no las hablo por mi propia cuenta, sino que el Padre que mora en mí, él hace las obras. Creedme que yo soy en el Padre, y el Padre en mí; de otra manera, creedme por las mismas obras.

De cierto, de cierto os digo: El que en mí cree, las [g]obras que yo hago, él las hará también; y aun mayores hará, [h]porque yo voy al Padre. [i]Y todo lo que pidiereis al Padre en mi nombre, lo haré, para que el Padre sea glorificado en el Hijo. Si algo pidiereis en mi nombre, yo lo haré.

....

[e] YO SOY EL CAMINO, Y LA VERDAD, Y LA VIDA. Esta es la sexta declaración «Yo soy» de Jesús en Juan (vea 6:35; 8:12; 10:7, 9; 10:11, 14; 11:25; 15:1, 5). Como respuesta a la pregunta de Tomás, Jesús declaró que él era el camino a Dios, pues es la verdad de Dios (Jn. 1:14) y la vida de Dios (Jn. 1:4; 3:15; 11:25). En este versículo queda establecido que Jesús es el único camino para acercarse al Padre. No existen muchos caminos, sino uno solo, para llegar a Dios, es decir, Jesucristo (cp. Mt. 7:13, 14; Lc. 13:24; Jn. 10:7–9; Hch. 4:12).

[f] DESDE AHORA LE CONOCÉIS. Ellos conocen a Dios porque han llegado a conocer a Cristo en su ministerio, así como pronto lo harían en su muerte y su resurrección. Conocerlo a él es conocer a Dios. Las reiteradas afirmaciones de Jesús como Dios encarnado no admiten duda alguna al respecto en este Evangelio (Jn. 1:1–3, 14, 17, 18; 5:10–23, 26; 8:58; 9:35; 10:30, 38; 12:41; 17:1–5; 20:28).

[g] OBRAS [...] AUN MAYORES HARÁ. Jesús no se refería a obras mayores en cuanto a poder, sino a su alcance. Serían sus testigos a todo el mundo a través del poder del Espíritu Santo que moraba en ellos y les daba su plenitud (Hch. 1:8) y traerían a muchos a la salvación debido a la presencia del Consolador en sus vidas. Esta afirmación se enfoca más en los milagros espirituales que en los físicos. El libro de Hechos constituye el inicio del registro histórico de todo lo que lograrían los discípulos llenos del Espíritu en el mundo (cp. Hch. 17:6).

[h] PORQUE YO VOY AL PADRE. El único modo de que los discípulos de Jesús hicieran aquellas obras mayores era con el poder del Espíritu Santo, quien solo podía ser enviado tras el regreso de Jesús al Padre (Jn. 7:39).

[i] Y TODO LO QUE PIDIEREIS. En la difícil hora de la partida de Jesús, los sostuvo equipándolos con todo lo necesario a fin de llevar a cabo su misión sin valerse de su presencia física, de la cual habían dependido hasta ese momento. Pedir en el «nombre» de Jesús no quiere decir añadir dicha expresión al final de una oración como un simple convencionalismo. Significa que: (1) la oración del creyente debe servir a los propósitos de Jesús y su reino, no a motivos egoístas; (2) la oración del creyente debe basarse en los méritos de Cristo y no en los suyos propios; y (3) la oración del creyente debe buscar solo la gloria de Dios.

173. El Consolador prometido

Jn. 14:15–31

[JN]a Si me amáis, guardad mis mandamientos. Y yo b rogaré al Padre, y os dará c otro d Consolador, para que esté con vosotros para siempre: e el Espíritu de verdad, al cual el mundo no puede recibir, porque no le ve, ni le conoce; pero vosotros le conocéis, porque f mora con vosotros, y estará en vosotros. No os dejaré g huérfanos; h vendré a vosotros.

a SI ME AMÁIS, GUARDAD MIS MANDAMIENTOS. En esta sección (Jn. 14:15–31), Jesús les promete a los creyentes confortarlos con cinco bendiciones sobrenaturales que el mundo no disfruta: (1) un Consolador sobrenatural (vv. 15–17); (2) una vida sobrenatural (vv. 18–19); (3) una unión sobrenatural (vv. 20–25); un Maestro sobrenatural (v. 26); y (5) una paz sobrenatural (vv. 27–31). La clave para todo esto se halla en Juan 14:15, que señala que estas bendiciones sobrenaturales están destinadas a aquellos que aman a Jesucristo, y cuyo amor se evidencia por medio de la obediencia. El amor y la obediencia a Cristo son inseparables (vea Lc. 6:46; 1 Jn. 5:2, 3). «Mis mandamientos» no solo se refiere a los mandatos de carácter ético consignados en el pasaje (vv. 23, 24), sino a toda la revelación del Padre (vea 3:31, 32; 12:47–49; 17:6).

b ROGARÉ AL PADRE. La obra de Cristo como sacerdote e intercesor comenzó en el momento en que le pidió al Padre el Espíritu Santo para que morara en quienes tienen fe (Jn. 7:39; 15:26; 16:7; 20:22; cp. Hch. 1:8; 2:4, 33).

c OTRO. La palabra griega exacta significa «otro de la misma clase», es decir, alguien como Jesús mismo que tomaría su lugar y haría su obra. El Espíritu de Cristo es la tercera persona de la Trinidad, también posee la misma esencia de la deidad y está en perfecta unidad con Cristo, así como él está unido al Padre.

d CONSOLADOR. El significado literal del término griego aquí es «uno llamado al lado para ayudar», y comunica la idea de alguien que anima y aconseja (cp. Jn. 16:7). «Esté con vosotros» alude a su presencia continua en la vida de los creyentes (Ro. 8:9; 1 Co. 6:19, 20; 12:13).

e EL ESPÍRITU DE VERDAD. Él es el Espíritu de verdad porque es la fuente de verdad y quien la imparte (Jn. 16:12–15). El hombre no puede conocer la verdad de Dios aparte de él (1 Co. 2:12–16; 1 Jn. 2:20, 27).

f MORA CON VOSOTROS, Y ESTARÁ EN VOSOTROS. Esto señala alguna diferencia entre el ministerio del Espíritu Santo a los creyentes antes y después de Pentecostés. Aunque el Espíritu Santo había estado con cada creyente a todo lo largo de la historia de la redención como la fuente de verdad, fe y vida, Jesús afirma que algo nuevo vendría en su ministerio. En Jn. 7:37–39 se indica que este ministerio sin precedentes sería como «ríos de agua viva». Hechos 19:1–7 presenta a algunos creyentes del antiguo pacto que no habían recibido aún al Espíritu Santo en esa medida de plenitud e intimidad. Cp. Hechos 1:8; 2:1–4; 1 Co. 12:11–13.

g HUÉRFANOS. Mediante esta sutil alusión a su muerte, él prometió no dejarlos solos (Ro. 8:9).

h VENDRÉ A VOSOTROS [...] VOSOTROS ME VERÉIS. En primer lugar, se refería a su resurrección, después de la cual lo verían (Jn. 20:19–29). No existe evidencia de que algún incrédulo lo haya visto después de su resurrección (vea 1 Co. 15:1–9). También es una indicación del misterio de la Trinidad. Jesús estaría de nuevo con sus hijos a través de la persona del Espíritu Santo cuando este viniera en Pentecostés para morar en ellos (cp. Mt. 28:20; Jn. 16:16; Ro. 8:9; 1 Jn. 4:13).

Todavía un poco, y el mundo no me verá más; pero vosotros me veréis; porque yo vivo, [i]vosotros también viviréis. [j]En aquel día vosotros conoceréis que yo estoy en mi Padre, y vosotros en mí, y yo en vosotros. El que tiene mis mandamientos, y los guarda, ése es el que me ama; y el que me ama, será amado por mi Padre, y yo le amaré, y me manifestaré a él.

Le dijo Judas (no el Iscariote): Señor, ¿cómo es que te manifestarás a nosotros, y no al mundo?

Respondió Jesús y le dijo: El que me ama, [k]mi palabra guardará; y mi Padre le amará, y vendremos a él, y haremos morada con él. El que no me ama, no guarda mis palabras; y la palabra que habéis oído no es mía, sino del Padre que me envió.

Os he dicho estas cosas estando con vosotros. Mas el Consolador, el Espíritu Santo, a quien el Padre enviará en mi nombre, él [l]os enseñará todas las cosas, y os recordará todo lo que yo os he dicho. La [m]paz os dejo, mi paz os doy; yo no os la doy como el mundo la da. No se turbe vuestro corazón, ni tenga miedo. Habéis oído que yo os he dicho: Voy, y vengo a vosotros. Si me amarais, os habríais regocijado, porque he dicho que voy al Padre; porque el Padre [n]mayor es que yo.

....

[i] VOSOTROS TAMBIÉN VIVIRÉIS. Gracias a la resurrección y la vida del Espíritu de Cristo que mora en el creyente, este posee vida eterna (vea Ro. 6:1–11; Col. 3:1–4).

[j] EN AQUEL DÍA. Esto se refiere a que se aparecería a ellos vivo después de su resurrección.

[k] MI PALABRA GUARDARÁ. En esta ocasión, Jesús hizo también hincapié en la necesidad de la obediencia continua a sus mandamientos como prueba del amor del creyente hacia él y el Padre. Esto concuerda con Santiago 2:14–26, cuya enseñanza afirma que la fe salvadora se demuestra a través de las obras inspiradas por Dios mediante el poder regenerador y transformador del Espíritu. Dichas obras expresan el amor que el Espíritu derrama en el corazón del creyente (Ro. 5:5; Gá 5:22).

[l] OS ENSEÑARÁ TODAS LAS COSAS. El Espíritu Santo impartió su poder en el corazón y la mente de los apóstoles en su ministerio para ayudarlos a escribir el NT. Los discípulos habían sido torpes para comprender muchas cosas acerca de Jesús y sus enseñanzas, pero gracias a esta obra sobrenatural llegaron a entender con precisión e infalibilidad al Señor y su obra, registrándolo de esa manera en los Evangelios así como en los demás escritos del NT (2 Ti. 3:16; 2 P. 1:20, 21).

[m] PAZ OS DEJO [...] NO [...] COMO EL MUNDO LA DA. La palabra *paz* viene del hebreo *shalom*, que se convirtió en un saludo para los discípulos después de la resurrección de Jesús (Jn. 20:19–26). En el ámbito personal esta paz, que desconocen quienes aún no son salvos, asegura la calma en tiempos de dificultad y silencia el temor (Fil. 4:7), y reina en los corazones del pueblo de Dios para conservar la armonía (Col. 3:15). El cumplimiento cabal de esta paz se verá en el reino mesiánico (Nm. 6:26; Sal. 29:11; Is. 9:6, 7; 52:7; 54:13; 57:19; Ez. 37:26; Hag. 2:9; cp. Hch. 10:36; Ro. 1:7; 5:1; 14:17).

[n] MAYOR ES QUE YO. Aquí Jesús no aceptó alguna inferioridad suya frente al Padre (tras haber afirmado en repetidas ocasiones su igualdad con él, cp. Jn. 14:7–11). Antes bien, basado en el amor de sus discípulos, podía afirmar que no se mostrarían renuentes a dejarlo ir al Padre, porque así regresaría al reino que le pertenecía y a la gloria plena que había dejado (Jn. 17:5). Al volver a su Padre gozaría de la misma gloria que él, una gloria mayor a la que había experimentado en su encarnación. De ninguna manera sería inferior en gloria, pues su humillación ya había finalizado.

Y ahora os lo he dicho antes que suceda, para que cuando suceda, creáis. No hablaré ya mucho con vosotros; porque viene °el príncipe de este mundo, y él ᵖnada tiene en mí. Mas para que el mundo conozca que amo al Padre, y como el Padre me mandó, así hago. Levantaos, vamos de aquí.

°EL PRÍNCIPE DE ESTE MUNDO. Judas era un simple instrumento del «príncipe» que gobierna el reino de tinieblas, Satanás (Jn. 6:70; 13:21, 27).

ᵖNADA TIENE EN MÍ. En el idioma hebreo significa que Satanás no tenía nada en Jesús, no podía hacerle exigencia alguna ni acusarlo de pecado. Por consiguiente, no podía retenerlo en la muerte. Cristo venció y derrotó a Satanás (Heb. 2:14). La muerte de Cristo no significó victoria alguna para Satanás, sino el cumplimiento de la voluntad de Dios.

174. La vid y los pámpanos

Jn. 15:1–17

[N][a]Yo soy la [b]vid verdadera, y mi Padre es el labrador. Todo pámpano que en mí no lleva fruto, [c]lo quitará; y todo aquel que lleva fruto, [d]lo limpiará, para que lleve más fruto. Ya vosotros estáis limpios por la palabra que os he hablado. [e]Permaneced en mí, y yo en vosotros. Como el pámpano no puede llevar fruto por sí mismo, si no permanece en la vid, así tampoco vosotros, si no permanecéis en mí.

....

[a] Yo soy la vid verdadera. Esta es la última de siete afirmaciones contundentes de su deidad que Cristo hace en la forma de declaraciones que se reconocen por la frase «Yo soy» en el Evangelio de Juan (vea 6:35; 8:12; 10:7, 9; 10:11, 14; 11:25; 14:6).

[b] Vid [...] labrador. Por medio de esta metáfora extensa de la vid y los pámpanos, Jesús estableció los principios de la vida cristiana. Él emplea imágenes propias de la vida agrícola de su tiempo, es decir, vides y cosechas de uva (vea también Mt. 20:1–16; 21:23–41; Mr. 12:1–9; Lc. 13:6–9; 20:9–16). En el AT, la vid se usaba con frecuencia como símbolo de Israel (Sal. 80:9–16; Is. 5:1–7; 27:2–6; Jer. 2:21; 12:10; Ez. 15:1–8; 17:1–21; 19:10–14; Os. 10:1, 2). De forma específica, se identificó a sí mismo como «la vid verdadera» y al Padre como «el labrador» o preservador de la vid. La vid tiene dos tipos de ramas o pámpanos: (1) pámpanos que llevan fruto (Jn. 15:2, 8) y (2) pámpanos sin fruto (Jn. 15:2, 6). Los pámpanos que llevan fruto son los creyentes auténticos. Aunque el contexto inmediato se enfoca en los once discípulos fieles, la imagen también abarca a todos los creyentes en todas las épocas y lugares. Los pámpanos que no llevan fruto representan a los que profesan tener fe, pero su falta de fruto indica que en su vida nunca ha ocurrido una salvación genuina y que no reciben su vitalidad de la vid. De manera especial se tiene presente a Judas en el contexto inmediato, pero la imagen se aplica con base en su ejemplo a todos los que hacen una profesión de fe en Cristo, pero en realidad no poseen la salvación. La imagen de los pámpanos que no llevan fruto y son quemados ilustra el juicio escatológico y el rechazo eterno de estos falsos creyentes (vea Ez. 15:6–8).

[c] Lo quitará. Aquí se presenta al labrador (i. e., el Padre), quien se esmera en la labor de deshacerse de la vegetación muerta para que las ramas vivas que llevan fruto puedan distinguirse bien. Esta acción se aplica a cristianos apóstatas que nunca creyeron de verdad y serán arrancados como parte del juicio divino (Mt. 7:16; Ef. 2:10). Ellos nunca permitieron que la vida transformadora de Cristo palpitara en su interior (cp. Mt. 13:18–23; 24:12; Heb. 3:14–19; 6:4–8; 10:27–31; 1 Jn. 2:19; 2 Jn. 9).

[d] Lo limpiará. Dios quita todas las cosas en la vida del creyente que le impidan llevar fruto en abundancia, es decir, él azota si es necesario para arrancar todo pecado y obstáculo que frustre la vida espiritual, así como un agricultor quita cualquier cosa que crezca en las ramas y les impida rendir fruto al máximo (Heb. 12:3–11).

[e] Permaneced en mí. La palabra *permanecer* significa quedarse o persistir. El hecho de permanecer constituye una evidencia de que la salvación ya ha tenido lugar (1 Jn. 2:19), y no lo contrario. El fruto o la evidencia de la salvación es la permanencia y la continuidad en el servicio a Jesús y su enseñanza (Jn. 8:31; 1 Jn. 2:24; Col. 1:23). El creyente que permanece es el único creyente legítimo. De hecho, permanecer y creer son aspectos esenciales de la salvación genuina (Heb. 3:6–19). Para una discusión sobre la perseverancia de los santos, vea Mateo 24:13.

Yo soy la vid, vosotros los pámpanos; el que permanece en mí, y yo en él, éste lleva mucho fruto; porque separados de mí nada podéis hacer. El que en mí no permanece, será echado fuera como pámpano, y se secará; y los recogen, y ᶠlos echan en el fuego, y arden.

ᵍSi permanecéis en mí, y mis palabras permanecen en vosotros, pedid todo lo que queréis, y os será hecho. En esto es glorificado mi Padre, en que llevéis mucho fruto, y seáis así mis discípulos.

Como el Padre me ha amado, así también yo os he amado; ʰpermaneced en mi amor. Si guardareis mis mandamientos, permaneceréis en mi amor; así como yo he guardado los mandamientos de mi Padre, y permanezco en su amor.

Estas cosas os he hablado, para que mi gozo esté en vosotros, y ⁱvuestro gozo sea cumplido. Este es mi mandamiento: Que os améis unos a otros, como yo os he amado. Nadie tiene mayor amor que este, que uno ʲponga su vida por sus ᵏamigos. Vosotros sois mis amigos, si hacéis lo que yo os mando. Ya no os llamaré siervos, porque el siervo no sabe lo que hace su señor; pero os he llamado amigos, porque todas las cosas que oí de mi Padre, os las he dado a conocer. No me elegisteis

---

ᶠLOS ECHAN EN EL FUEGO. Aquí la imagen presentada es de destrucción (cp. Mt. 3:10–12; 5:22; 13:40–42, 50; 25:41; Mr. 9:43–49; Lc. 3:17; 2 Ts. 1:7–9; Ap. 20:10–15). Así se ilustra el juicio que aguarda a todos los que nunca fueron salvos.

ᵍSI PERMANECÉIS EN MÍ. Los creyentes verdaderos obedecen los mandatos del Señor mediante el sometimiento a su Palabra (Jn. 14:21, 23). En virtud de su compromiso con la Palabra de Dios, se dedican por completo a hacer su voluntad y de este modo sus oraciones son fructíferas (Jn. 14:13, 14), lo cual a su vez hace evidente la gloria a Dios a medida que él las responde.

ʰPERMANECED EN MI AMOR. Cp. Judas 21. No es algo emocional ni místico, sino que se define en el v. 10 como obediencia. Jesús estableció el modelo a seguir con su obediencia perfecta al Padre, y debemos usarlo como patrón de nuestra obediencia a él.

ⁱVUESTRO GOZO SEA CUMPLIDO. Así como Jesús insistió en que su obediencia al Padre era la base de su gozo, los creyentes que sean obedientes a sus mandamientos experimentarán el mismo gozo (Jn. 17:13; cp. 16:24).

ʲPONGA SU VIDA POR SUS AMIGOS. Esta es una referencia a la evidencia y expresión suprema del amor de Jesús, su sacrificio y muerte en la cruz. Los cristianos están llamados a ejemplificar la misma clase de entrega sacrificada los unos por los otros, aun si ese sacrificio implica perder la vida en imitación del ejemplo de Cristo (cp. 1 Jn. 3:16).

ᵏAMIGOS. Así como Abraham fue llamado el «amigo de Dios» (2 Cr. 20:7; Stg. 2:23), también los que siguen a Cristo tienen el privilegio de recibir una revelación extraordinaria a través del Mesías e Hijo de Dios, y al creer, se convierten en «amigos» de Dios por igual. Fue por sus «amigos» que el Señor dio su vida (Jn. 10:11, 15, 17).

vosotros a mí, sino que [l]yo os elegí a vosotros, y os he puesto para que vayáis y [m]llevéis fruto, y vuestro fruto permanezca; para que todo lo que pidiereis al Padre en mi nombre, él os lo dé. Esto os mando: Que os améis unos a otros.

[l]Yo os ELEGÍ. En caso de que pudiera existir cualquier pretensión entre los discípulos en términos de orgullo espiritual a causa de los privilegios que disfrutaban, Jesús dejó en claro que ese privilegio no dependía de sus propios méritos, sino de su elección soberana de ellos. Dios eligió a Israel (Is. 45:4; Am. 3:2), pero no a causa de algún mérito intrínseco de la nación (Dt. 7:7; 9:4–6). Dios eligió a los ángeles para que fueran santos para siempre (1 Ti. 5:21). Él eligió a los creyentes para salvación aparte de cualquier mérito humano (Mt. 24:24, 31; Ro. 8:29–33; Ef. 1:3–6; Col. 3:12; Tit. 1:1; 1 P. 1:2).

[m]LLEVÉIS FRUTO. Uno de los propósitos de la elección soberana de Dios es que los discípulos que han sido bendecidos con tal revelación y entendimiento produzcan fruto espiritual en abundancia. El NT describe el fruto en términos de actitudes piadosas (Gá. 5:22, 23), una conducta justa (Fil. 1:11), alabanza (Heb. 13:15), y en especial la conducción de otros a la fe en Jesús como Mesías e Hijo de Dios (Ro. 1:13–16).

175. El odio del mundo

Jn. 15:18-25

[JNa]Si el mundo os aborrece, sabed que a mí me ha aborrecido antes que a vosotros. Si fuerais del mundo, el mundo amaría lo suyo; pero porque no sois del mundo, antes yo os elegí del mundo, por eso el mundo os aborrece. Acordaos de la palabra que yo os he dicho: El [b]siervo no es mayor que su señor. Si a mí me han perseguido, también a vosotros os perseguirán; si han guardado mi palabra, también guardarán la vuestra. Mas todo esto os harán por causa de mi nombre, porque no conocen al que me ha enviado. Si yo no hubiera venido, ni les hubiera hablado, [c]no tendrían pecado; pero ahora no tienen excusa por su pecado. El que me aborrece a mí, también a mi Padre aborrece. Si yo no hubiese hecho entre ellos obras que ningún otro ha hecho, no tendrían pecado; pero ahora han visto y han aborrecido a mí y a mi Padre. Pero esto es para que se cumpla la palabra que está escrita en su ley: [d]Sin causa me aborrecieron.

....

[a] SI EL MUNDO OS ABORRECE. Puesto que Satanás es el que domina el sistema de maldad mundano en rebelión contra Dios (Jn. 14:30), el resultado es que el mundo no solo aborrece a Jesús, sino también a los que lo siguen (2 Ti. 3:12). El aborrecimiento a Jesús significa también aborrecimiento al Padre que lo envió.

[b] SIERVO [...] SEÑOR. Este axioma, enunciado también en Juan 13:16, refleja la verdad obvia que motivó a Jesús a informar a sus discípulos sobre este particular. Ellos podían esperar que los trataran como él fue tratado porque quienes lo aborrecieron no conocen a Dios y también los aborrecerían. De igual modo, aquellos que escucharon con fe a Jesús, también les prestarían atención a ellos.

[c] NO TENDRÍAN PECADO. No quiso dar a entender que si no hubiera venido todos habrían quedado libres de pecado. Más bien, su venida incitó en ellos la clase de pecado más violenta y letal, la cual consiste en rechazar a Dios y rebelarse contra él y su verdad. Jesús hablaba del pecado del rechazo decidido, la elección deliberada y fatal de las tinieblas sobre la luz y de la muerte sobre la vida. Él había hecho muchos milagros y hablado palabras innumerables para probar que era el Mesías y el Hijo de Dios, pero ellos fueron beligerantes en su amor al pecado y su rechazo al Salvador. Vea Hebreos 4:2-5; 6:4-6; 10:29-31.

[d] SIN CAUSA ME ABORRECIERON. Jesús cita los Salmos 35:19; 69:4. Aquí la lógica es que si David, un simple hombre, llegó a ser aborrecido de una manera tan terrible e implacable por los enemigos de Dios, cuánto más aborrecerían los malos al Hijo perfecto y divino de David, quien fue el Rey prometido que confrontaría el pecado y reinaría para siempre sobre su reino de justicia (vea 2 S. 7:16).

176. Jesús reitera que el Consolador viene

Jn. 15:26—16:15

[JN]Pero [a]cuando venga el Consolador, a quien yo os enviaré del Padre, el Espíritu de verdad, el cual procede del Padre, él dará testimonio acerca de mí. Y vosotros daréis testimonio también, porque habéis estado conmigo desde el principio.

[b]Estas cosas os he hablado, para que no tengáis [c]tropiezo. Os expulsarán de las sinagogas; y aun viene la hora cuando cualquiera que os mate, pensará que [d]rinde servicio a Dios. Y harán esto porque no conocen al Padre ni a mí. Mas os he dicho estas cosas, para que cuando llegue la hora, os acordéis de que ya os lo había dicho.

Esto no os lo dije al principio, porque [e]yo estaba con vosotros.

Pero ahora voy al que me envió; y [f]ninguno de vosotros me pregunta: ¿A dónde vas? Antes, porque os he dicho estas cosas, tristeza ha llenado vuestro corazón. Pero yo os digo la verdad: Os conviene que yo me vaya; porque si no me fuera,

....

[a] CUANDO VENGA EL CONSOLADOR. De nuevo, Jesús prometió enviar al Espíritu Santo (Jn. 7:39; 14:16, 17, 26; 16:7, 13, 14). Esta vez hizo hincapié en la ayuda del Espíritu para testificar de Cristo y proclamar el evangelio.

[b] ESTAS COSAS. En Juan 16:1-15, Jesús prosigue con la idea de Juan 15:18-25 acerca de la oposición del mundo contra sus discípulos y el testimonio del Espíritu Santo sobre él como Mesías e Hijo de Dios. En este pasaje habla en detalle acerca de la obra del Espíritu de confrontar al mundo, es decir, él no solo da testimonio de Jesús, sino que convence al hombre de pecado. Al convencer de pecado y dar testimonio del evangelio, el Espíritu transforma el corazón rebelde y enemigo de Dios para concederle la fe en Jesús como Salvador y Señor. El pasaje puede dividirse en cuatro partes: (1) la persecución del mundo contra los discípulos (Jn. 16:1-4); (2) el consuelo del Señor para los discípulos (vv. 5-7); (3) la convicción de los hombres operada por el Espíritu Santo (vv. 8-12); y (4) el consejo del Espíritu Santo para guiar a los discípulos a toda verdad (vv. 13-15).

[c] TROPIEZO. Esta palabra sugiere la idea de una trampa. El odio del mundo era tal que haría todo lo posible por poner trampas y aniquilar a los discípulos en un esfuerzo por frenar su testimonio de Jesús como Mesías e Hijo de Dios. Jesús no quería que esto los tomara por sorpresa.

[d] RINDE SERVICIO A DIOS. Antes de su salvación, Pablo personificó esta actitud y la reflejó en su persecución de la iglesia, porque él pensaba que así servía a Dios (Hch. 22:4, 5; 26:9-11; Gá 1:13-17; Fil. 3:6; 1 Ti. 1:12-17). Después de su conversión, el perseguidor se convirtió en fugitivo perseguido por causa del odio del mundo (2 Co. 11:22-27; cp. Esteban en Hch. 7:54—8:3).

[e] YO ESTABA CON VOSOTROS. No era necesario que Jesús les advirtiera, pues él estaba con ellos para protegerlos.

[f] NINGUNO DE VOSOTROS ME PREGUNTA. Antes solían hacerlo (Jn. 13:36; 14:5), pero debido a la pena y la confusión que los embargaba llegaron al punto de despreocuparse por el lugar adonde iba. Al parecer estaban afligidos por lo que les sobrevendría.

[g]el Consolador no vendría a vosotros; mas si me fuere, os lo enviaré. Y [h]cuando él venga, [i]convencerá al mundo de [j]pecado, de [k]justicia y de [l]juicio. De pecado, por cuanto no creen en mí; de justicia, por cuanto voy al Padre, y no me veréis más; y de juicio, por cuanto el príncipe de este mundo ha sido ya juzgado.

Aún tengo muchas cosas que deciros, pero ahora no las podéis sobrellevar. Pero cuando venga el Espíritu de verdad, él os guiará a [m]toda la verdad; porque no hablará por su propia cuenta, sino que hablará todo lo que oyere, y os hará saber las

....

[g] EL CONSOLADOR NO VENDRÍA. Jesús reitera la promesa de enviar al Espíritu Santo para consolar a los discípulos. Primero, hizo hincapié en su poder para dar vida (Jn. 7:37–39). Luego resalta su presencia que viene a morar en el creyente (Jn. 14:16, 17) y su ministerio de enseñanza (Jn. 14:26). En Juan 15:26 señala su ministerio de habilitarlos para dar testimonio acerca de él.

[h] CUANDO ÉL VENGA. El Espíritu Santo vendría en Pentecostés, cuarenta días más tarde (vea Hch. 2:1–13).

[i] CONVENCERÁ. Esta palabra tiene dos significados: (1) el acto judicial de convicción con miras a una sentencia (i. e. convicción de pecado como un término legal) o (2) la acción de convencer. En este caso, el segundo significado resulta más apropiado, pues el propósito del Espíritu Santo no es condenar, sino convencer acerca de la necesidad del Salvador. El Hijo es quien juzga, junto con el Padre (Jn. 5:22, 27, 30). En Juan 16:14, está escrito que él revelará las glorias de Cristo a su pueblo. También dará la inspiración para escribir el NT y guiará a los apóstoles a hacerlo (Jn. 16:13), y revelará «las cosas que habrán de venir» mediante las profecías del NT.

[j] PECADO. Aquí el singular indica que se trata de un pecado en particular, es decir, el de no creer en Jesús como Mesías e Hijo de Dios. Es el único pecado que por último condenará a las personas al infierno (cp. Jn. 8:24). Aunque todos los hombres están corrompidos y bajo maldición por haber violado la ley de Dios y debido a su naturaleza pecaminosa, la condenación al infierno es el resultado de haberse rehusado a creer en el Señor Jesucristo como Salvador.

[k] JUSTICIA. El objetivo del Espíritu Santo con esto es quebrantar cualquier pretensión de justicia propia (hipocresía) al sacar a la luz las tinieblas del corazón (Jn. 3:19–21; 7:7; 15:22, 24). Mientras Jesús estuvo en la tierra, realizó esta obra enfocándose en la vacuidad y superficialidad del judaísmo, el cual se había degradado en costumbres legalistas carentes de vida (p. ej., Jn. 2:13–22; 5:10–16; 7:24; Is. 64:5, 6). Después que Jesús regresó al Padre, el Espíritu Santo continúa su obra de convencer a los hombres.

[l] JUICIO. Aquí se trata del juicio que el mundo emite bajo el control de Satanás. Sus juicios son ciegos, defectuosos y malvados, como se evidenció en el veredicto contra Cristo. El mundo es incapaz de emitir juicios justos (Jn. 7:24), pero el Espíritu de Cristo sí puede hacerlo (Jn. 8:16). Todas las sentencias de Satanás son mentiras (Jn. 8:44–47), de manera que el Espíritu convence a los hombres de sus falsos juicios con respecto a Cristo. Satanás, el príncipe de este mundo (Jn. 14:30; Ef. 2:1–3), que como su dios pervierte el juicio y aparta a los hombres para que no crean en Jesús como Mesías e Hijo de Dios (2 Co. 4:4), fue vencido en la cruz. Aunque la muerte de Cristo llegó a parecer la mayor victoria de Satanás, en realidad fue su más grande destrucción (cp. Col. 2:15; Heb. 2:14, 15; Ap. 20:10). El Espíritu va a conducir a los pecadores hacia el juicio verdadero.

[m] TODA LA VERDAD. Al igual que Juan 14:26, este versículo se refiere en particular a la revelación sobrenatural de toda la verdad mediante la cual Dios se reveló en Cristo. Este es el tema de los escritos inspirados del NT.

cosas que habrán de venir. [n]El me glorificará; porque tomará de lo mío, y os lo hará saber. Todo lo que tiene el Padre es mío; por eso dije que tomará de lo mío, y os lo hará saber.

---

[n]EL ME GLORIFICARÁ. Al igual que en Juan 16:13, esto señala que toda la verdad revelada por Dios en el NT se centra en Cristo (Heb. 1:1, 2). Cristo fue el tema del AT, tal como lo declaró el NT (Lc. 24:27, 44; Jn. 1:45; 5:37; Hch. 10:43; 18:28; Ro. 1:1, 2; 1 Co. 15:3; 1 P. 1:10, 11; Ap. 19:10).

177. Jesús habla de su muerte y resurrección

Jn. 16:16–33

[IN]Todavía un poco, y [a]no me veréis; y de nuevo un poco, y me veréis; porque yo voy al Padre. Entonces se dijeron algunos de sus discípulos unos a otros: ¿Qué es esto que nos dice: Todavía un poco y no me veréis; y de nuevo un poco, y me veréis; y, porque yo voy al Padre? Decían, pues: ¿Qué quiere decir con: Todavía un poco? No entendemos lo que habla.

Jesús conoció que querían preguntarle, y les dijo: ¿Preguntáis entre vosotros acerca de esto que dije: Todavía un poco y no me veréis, y de nuevo un poco y me veréis? De cierto, de cierto os digo, que vosotros lloraréis y lamentaréis, y el mundo se alegrará; pero aunque vosotros estéis tristes, [b]vuestra tristeza se convertirá en gozo. La mujer cuando da a luz, tiene dolor, porque ha llegado su hora; pero después que ha dado a luz un niño, ya no se acuerda de la angustia, por el gozo de que haya nacido un hombre en el mundo. También vosotros ahora tenéis tristeza; pero [c]os volveré a ver, y se gozará vuestro corazón, y nadie os quitará vuestro gozo.

....

[a] NO ME VERÉIS. Jesús se refería a su ascensión («no me veréis») y a la venida del Espíritu Santo («me veréis»). De este modo, declaró con vehemencia que el Espíritu y él son uno (Ro. 8:9; Fil. 1:19; 1 P. 1:11; Ap. 19:10). Cristo mora en los creyentes a través del Espíritu Santo, y es en ese sentido que ellos lo verían.

[b] VUESTRA TRISTEZA SE CONVERTIRÁ EN GOZO. El mismo suceso que trajo júbilo al maligno reino de la humanidad («el mundo») y produjo aflicción a los discípulos de Jesús, será a su vez el que traiga dolor al mundo y regocijo al creyente. En poco tiempo los discípulos descubrirían la admirable naturaleza del don de la salvación y del Espíritu dados por Dios a través de la obra de Jesús y la respuesta a la oración. El libro de Hechos registra la venida del Espíritu Santo y el poder del gozo presente en la iglesia primitiva (Hch. 2:4–47; 13:52).

[c] OS VOLVERÉ A VER. Después de la resurrección Jesús vio a sus discípulos (Jn. 20:19–29; 21:1–23; cp. 1 Co. 15:1–8). Además de acompañarlos durante ese breve tiempo de comunión personal (Hch. 1:1–3), él estaría con ellos para siempre en su Espíritu (Jn. 14:16–19; 16:16–19).

[d]En aquel día [e]no me preguntaréis nada. De cierto, de cierto os digo, que todo cuanto pidiereis al Padre en mi nombre, os lo dará. Hasta ahora nada habéis pedido en mi nombre; pedid, y recibiréis, para que vuestro [f]gozo sea cumplido.

Estas cosas os he hablado [g]en alegorías; la hora viene cuando ya no os hablaré por alegorías, sino que claramente os anunciaré acerca del Padre. En aquel día pediréis en mi nombre; y [h]no os digo que yo rogaré al Padre por vosotros, pues el Padre mismo os ama, porque vosotros me habéis amado, y habéis creído que yo salí de Dios. Salí del Padre, y he venido al mundo; otra vez dejo el mundo, y voy al Padre.

Le dijeron sus discípulos: He aquí ahora hablas claramente, y ninguna alegoría dices. Ahora entendemos que sabes todas las cosas, y no necesitas que nadie te pregunte; por esto creemos que has salido de Dios.

Jesús les respondió: ¿Ahora creéis? He aquí la hora viene, y ha venido ya, en que seréis esparcidos cada uno por su lado, y me dejaréis solo; mas no estoy solo, porque el Padre está conmigo. Estas cosas os he hablado para que en mí tengáis paz. En el mundo tendréis [i]aflicción; pero confiad, yo he [j]vencido al mundo.

⋯⋯

[d] EN AQUEL DÍA. Esta es una referencia a la venida del Espíritu Santo en Pentecostés (Hch. 2:1–13), que cambiaría la tristeza en gozo. También se refiere a los «últimos días», un período que se inicia después de su resurrección y de la venida del Espíritu (Hch. 2:17; 2 Ti. 3:1; Heb. 1:2; Stg. 5:3; 2 P. 3:3; 1 Jn. 2:18).

[e] NO ME PREGUNTARÉIS NADA. Tras haber partido y enviado a su Espíritu, los creyentes ya no le formularían más preguntas, porque estaría ausente. En cambio, le preguntarían al Padre en su nombre (cp. Jn. 14:13, 14).

[f] GOZO SEA CUMPLIDO. En este caso el gozo del creyente tiene que ver con la oración contestada y con la plenitud de las bendiciones celestiales que son necesarias para cumplir con el propósito divino en su vida.

[g] EN ALEGORÍAS. La palabra significa «declaración velada e incisiva» que está llena de significado, es decir, algo que se encuentra oculto. Después de la muerte y resurrección de Jesús, y de la venida del Espíritu Santo, todo lo que parecía difícil de comprender para los discípulos ya no lo sería más (cp. 14:26; 15:26, 27; 16:13, 14). Entenderían mucho mejor el ministerio de Cristo que mientras estuvieron con él, porque el Espíritu los inspiró para escribir los Evangelios y las epístolas, y también obró en y a través de ellos.

[h] NO OS DIGO. Cristo aclara aquí lo que significaba la oración en su nombre. No se trata de pedirle a él para que él le pida al Padre, como si el Padre fuera indiferente a los creyentes y no al Hijo. Antes bien, el Padre ama a los que son de Cristo. En efecto, el Padre envió al Hijo para redimirlos y que luego regresara. Pedir en el nombre de Jesús significa pedir sobre la base de sus méritos y su justicia, y procurar todo lo que le conceda honor y gloria para así edificar su reino.

[i] AFLICCIÓN. Esta palabra se refiere con frecuencia a las tribulaciones de los últimos tiempos (Mr. 13:9; Ro. 2:9) y a la persecución de los creyentes por causa de su testimonio de Cristo (cp. 15:18—16:4; Hch. 11:19; Ef. 3:13).

[j] VENCIDO. La razón fundamental para perseverar en medio de la persecución es la victoria de Jesús sobre el mundo (Jn. 12:31; 1 Co. 15:57). A través de su muerte, él anularía la oposición del mundo. Aunque el mundo persistirá en atacar al pueblo de Dios, sus ataques no pueden causarle daño, porque la victoria de Cristo ya derrotó por completo todo el sistema de rebeldía y maldad. Cp. Romanos 8:35–39.

178. La oración sacerdotal de Cristo

Jn. 17:1-26

[IN]Estas cosas habló [a]Jesús, y levantando los ojos al cielo, dijo: Padre, [b]la hora ha llegado; glorifica a tu Hijo, para que también tu Hijo te glorifique a ti; como le has dado [c]potestad sobre toda carne, para que dé vida eterna a [d]todos los que le diste. Y esta es la [e]vida eterna: que te conozcan a ti, el único Dios verdadero, y a Jesucristo, a quien has enviado. Yo te he glorificado en la tierra; he acabado la obra que me diste que hiciese. Ahora pues, Padre, [f]glorifícame tú al lado tuyo, con aquella gloria que tuve contigo antes que el mundo fuese.

....

[a]Jesús [...] dijo. Aunque Mateo 6:9-13 y Lucas 11:2-4 han llegado a conocerse en el ámbito popular como «la oración del Señor» o «el Padrenuestro», esa oración fue en realidad un ejemplo que Jesús les enseñó a los discípulos como un patrón a seguir en sus propias oraciones. La oración que se registra aquí (en Jn. 17) es la verdadera oración del Señor, porque exhibe la comunión cara a cara que el Hijo tenía con el Padre. Es muy poco lo que se presenta del contenido específico de las oraciones frecuentes de Jesús al Padre (Mt. 14:23; Lc. 5:16), así que esta oración nos revela detalles preciosos de la comunión y la intercesión del Hijo con el Padre. Este capítulo es de transición, porque marca la enseñanza final del ministerio terrenal de Jesús y el comienzo de su ministerio de intercesión por los creyentes (Heb. 7:25). En muchos sentidos, la oración constituye un resumen de todo el Evangelio de Juan. Sus temas principales incluyen: (1) la obediencia de Jesús a su Padre, (2) el compromiso del Hijo de glorificar al Padre; (3) la elección y protección de los discípulos; (4) el testimonio de los discípulos a un mundo hostil; (5) su unidad con Cristo y los unos con los otros; y (6) el futuro glorioso que les espera. El capítulo se divide en tres partes: (1) la oración de Jesús por él mismo (Jn. 17:1-5); (2) la oración de Jesús por los apóstoles (vv. 6-19); y (3) la oración de Jesús por todos los creyentes del NT que formarán la iglesia (vv. 20-26).

[b]La hora ha llegado. El tiempo determinado para su muerte.

[c]Potestad sobre toda carne. Cp. Mt. 28:18; Jn. 5:27.

[d]Todos los que le diste. Una referencia a la elección divina de aquellos que vendrán a Cristo (vea Jn. 6:37, 44). La doctrina bíblica de la elección o predestinación se presenta a lo largo de todo el NT (15:16, 19; Hch. 13:48; Ro. 8:29-33; Ef. 1:3-6; 2 Ts. 2:13; Tit. 1:1; 1 P. 1:2).

[e]Vida eterna. Vea Juan 3:15, 16; 5:24; cp. 1 Jn. 5:20.

[f]Glorifícame tú al lado tuyo. Tras completar su obra, Jesús miró mucho más allá de la cruz y pidió ser reinstalado en la gloria que había compartido con su Padre antes de que el mundo existiese (cp. Jn. 1:1; 8:58; 12:41). Cristo declaró el cumplimiento literal de haber soportado la ira del juicio por los pecadores al exclamar: «Consumado es» (Jn. 19:30).

He manifestado tu nombre a los hombres que del mundo me diste; ᵍtuyos eran, y me los diste, y han guardado tu palabra. Ahora han conocido que todas las cosas que me has dado, proceden de ti; porque las palabras que me diste, les he dado; y ellos las recibieron, y han conocido verdaderamente que salí de ti, y ʰhan creído que tú me enviaste.

Yo ruego por ellos; no ruego por el mundo, sino por los que me diste; porque tuyos son, y todo lo mío es tuyo, y lo tuyo mío; y he sido glorificado en ellos. Y ⁱya no estoy en el mundo; mas éstos están en el mundo, y yo voy a ti. Padre santo, a los que me has dado, guárdalos en tu nombre, para que sean uno, así como nosotros. Cuando estaba con ellos en el mundo, ʲyo los guardaba en tu nombre; a los que me diste, yo los guardé, y ninguno de ellos se perdió, sino ᵏel hijo de perdición, para que la Escritura se cumpliese. Pero ahora voy a ti; y hablo esto en el mundo, para que tengan mi gozo cumplido en sí mismos. Yo les he dado tu palabra; y el mundo los aborreció, porque no son del mundo, como tampoco yo soy del mundo. No ruego que los quites del mundo, sino ˡque los guardes del mal. No son del mundo,

----

ᵍ Tuyos eran. Una vez más el hijo enfatiza que el Padre le dio a aquellos que creyeron en él. «Tuyos eran» (cp. Jn. 17:9) es una poderosa afirmación de que antes de la conversión ellos pertenecían a Dios (cp. Jn. 6:37). Esto es cierto debido a la elección de Dios. Fueron escogidos desde antes de «la fundación del mundo» (Ef. 1:4), cuando sus nombres se escribieron en el libro de la vida del Cordero (Ap. 17:8). Cp. Hechos 18:10, donde Dios dice que él tenía mucho pueblo en Corinto, personas que le pertenecían, pero no eran salvas aún.

ʰ Han creído. El Hijo de Dios afirmó la fe genuina para salvación que tenían sus discípulos.

ⁱ Ya no estoy en el mundo. Su muerte y su regreso al Padre eran tan seguros que Jesús trató su partida como un hecho ya realizado. Aquí oró por sus discípulos, porque ellos tendrían que enfrentar la tentación y el aborrecimiento del mundo sin su presencia y protección inmediatas (Jn. 15:18—16:4). Sobre la base firme de la eternidad e inmutabilidad de Dios («en tu nombre»), oró por la seguridad eterna de los creyentes. Pidió que así como la Trinidad experimenta unidad eterna, los creyentes también tengan la misma experiencia. Vea Romanos 8:31–39.

ʲ Yo los guardaba en tu nombre. Jesús los protegió y los mantuvo a salvo del mundo tal como dijo en Juan 6:37–40, 44. Una ilustración de esto puede verse en Juan 18:1–11. Los creyentes están seguros por la eternidad gracias a que son sostenidos y guardados por Cristo y Dios. Cp. Juan 10:28, 29.

ᵏ El hijo de perdición. Alusión a Judas y a su destino de condenación eterna (Mt. 7:13; Hch. 8:20; Ro. 9:22; Fil. 1:28; 3:19; 1 Ti. 6:9; Heb. 10:39; 2 P. 2:1; 3:7; Ap. 17:8, 11). La deserción y traición de Judas no fue una falla por parte de Jesús, sino había sido anticipada y ordenada de antemano en las Escrituras (Sal. 41:9; 109:8; cp. 13:18).

ˡ Que los guardes del mal. Esta es una referencia a ser protegidos de Satanás y todas las fuerzas de maldad que lo siguen (Mt. 6:13; 1 Jn. 2:13, 14; 3:12; 5:18, 19). Aunque el sacrificio de Jesús en la cruz representó la derrota de Satanás, el enemigo sigue suelto y puede maquinar dentro de su sistema de maldad en contra de los creyentes. Satanás procura por todos los medios destruir a los creyentes (1 P. 5:8), como trató de hacerlo con Job y Pedro (Lc. 22:31, 32) y la iglesia en general (Ef. 6:12), pero Dios es el protector invencible de ellos (Jn. 12:31; 16:11; cp. Sal. 27:1–3; 2 Co. 4:4; Jud. 24, 25).

como tampoco yo soy del mundo. [m]Santifícalos en tu verdad; tu palabra es verdad. Como tú me enviaste al mundo, así yo los he enviado al mundo. Y por ellos [n]yo me santifico a mí mismo, para que también ellos sean santificados en la verdad.

Mas no ruego solamente por éstos, sino también por los que han de creer en mí por la palabra de ellos, para [o]que todos sean uno; como tú, oh Padre, en mí, y yo en ti, que también ellos sean uno en nosotros; para que el mundo crea que tú me enviaste. [p]La gloria que me diste, yo les he dado, para que sean uno, así como nosotros somos uno. Yo en ellos, y tú en mí, para que sean [q]perfectos en unidad, para que el mundo conozca que tú me enviaste, y que los has amado a ellos como también a mí me has amado.

Padre, aquellos que me has dado, quiero que donde yo estoy, también ellos [r]estén conmigo, para que vean mi gloria que me has dado; porque me has amado desde antes de la fundación del mundo. [s]Padre justo, el mundo no te ha conocido, pero yo te he conocido, y éstos han conocido que tú me enviaste. Y les he dado a conocer tu nombre, y lo daré a conocer aún, para que el amor con que me has amado, esté en ellos, y yo en ellos.

---

[m] Santifícalos. Este verbo también aparece en el Evangelio de Juan en 10:36 y 17:19. El concepto de santificación tiene que ver con apartar algo para un uso particular. En este sentido, los creyentes son apartados para Dios y sus propósitos de manera exclusiva. En consecuencia, el creyente solo hace lo que Dios quiere y aborrece todo lo que Dios aborrece (Lv. 11:44, 45; 1 P. 1:16). La santificación solo se alcanza por medio de la verdad, que es la revelación dada por el Hijo acerca de todo lo que el Padre le mandó comunicar y que ahora está contenida en las Escrituras dejadas por los apóstoles. Cp. Efesios 5:26; 2 Tesalonicenses 2:13; Santiago 1:21; 1 Pedro 1:22, 23.

[n] Yo me santifico a mí mismo. Esto significa que Jesús se había apartado de forma total y exclusiva para hacer la voluntad de Dios (cp. 4:34; 5:19; 6:38; 7:16; 9:4). Él hizo esto con el fin de que todos los creyentes pudieran ser apartados para Dios por la verdad que él reveló.

[o] Que todos sean uno. La base de esta unidad se centra en la obediencia a la revelación que el Padre les dio a sus primeros discípulos a través de su Hijo. Los creyentes también deben permanecer unidos en la creencia común de la verdad que fue recibida en la Palabra de Dios (Fil. 2:2). Esto no fue un deseo para el futuro, porque se hizo realidad tan pronto vino el Espíritu Santo (cp. Hch. 2:4; 1 Co. 12:13). No es una unidad basada en la experiencia, sino la unidad de una vida eterna en común de la cual participan todos los que creen la verdad de Dios, y que resulta en un solo cuerpo de Cristo para que todos compartan en la misma medida su vida. Vea Efesios 4:4–6.

[p] La gloria que me diste. Esto se refiere a la participación del creyente en todos los atributos y la esencia de Dios a través de la presencia del Espíritu Santo que mora en su interior (cp. Col. 1:27; 2 P. 1:4), así como Juan 17:23 lo deja en claro («Yo en ellos»).

[q] Perfectos en unidad. Aquí la idea es que los creyentes puedan alcanzar la unidad en la misma vida espiritual centrados en la verdad que salva. Esta oración fue contestada por la realidad de 1 Corintios 12:12, 13; Efesios 2:14–22.

[r] Estén conmigo. Esto será una realidad en el cielo, donde podremos contemplarlo en su gloria eterna. Algún día los creyentes no solo verán su gloria, sino también participarán de ella (Fil. 3:20, 21; 1 Jn. 3:2). Hasta ese momento, participamos de ella en sentido espiritual (2 Co. 3:18).

[s] Padre justo. Esto resume la oración de este capítulo y promete la presencia continua de Cristo en nuestro interior, así como su amor constante. Cp. Romanos 5:5.

179. La negación de Pedro se predice por segunda vez

Mt. 26:30–35; Mr. 14:26–31; Lc. 22:39; Jn. 18:1a

JNHabiendo dicho Jesús estas cosas, MT[y] cuando hubieron ªcantado el himno, bsalió con sus discípulos al otro lado del ctorrente de Cedrón al monte de los OlivosLC, como solía, [...] y sus discípulos también le siguieron.

MTEntonces Jesús les dijo: Todos vosotros os escandalizaréis de mí esta noche; porque escrito está: Heriré al pastor, y las ovejas del rebaño serán dispersadas. Pero después que haya resucitado, iré delante de vosotros da Galilea. Respondiendo Pedro, le dijo: Aunque todos se escandalicen de ti, yo nunca me eescandalizaré. Jesús le dijo: MRDe cierto te digo que tú, hoy, en esta noche, fantes que el gallo haya cantado dos veces, me negarás tres veces. Mas él con mayor insistencia decía: Si me fuere necesario morir contigo, no te negaré. También MTlos discípulos MRdecían lo mismo.

....

ªCANTADO EL HIMNO. Probablemente el Salmo 118. El Talmud designaba los Salmos 113—118 como el *Hallel* (salmos de alabanza) de Egipto. Estos salmos se cantaban durante la Pascua (cp. Sal. 113—118).

bSALIÓ. La valentía extrema de Jesús se evidencia en su determinación a ir a la cruz, en la cual su pureza y santidad serían profanadas al soportar la ira de Dios por los pecados del mundo (Jn. 3:16; 12:27). El tiempo de la «potestad de las tinieblas» había llegado (Lc. 22:53; cp. Jn. 1:5; 9:4; 13:30).

cTORRENTE DE CEDRÓN. «Torrente» denota una corriente de agua intermitente que se secaba la mayor parte del año, pero fluía en las épocas lluviosas. Esta corriente atravesaba el valle del Cedrón, entre el monte del templo al este de Jerusalén y el Monte de los Olivos, más distante al este.

dA GALILEA. La promesa de Jesús de reunirse con sus discípulos una vez hubiera resucitado (cp. 16:7; Mt. 28:16, 17).

eESCANDALIZARÉ. La palabra griega es la misma que Jesús usa en Mateo 24:10 y se traduce como «tropezarán», describiendo la caída y la traición espiritual que sobrevendrán en los últimos tiempos. Aquí, sin embargo, Jesús habla de algo un poco menor a la completa y final apostasía. En un momento de temor carnal abandonaron a Cristo, pero él oró pidiendo que la fe de ellos no flaqueara (Lc. 22:32; Jn. 17:9–11), y su oración fue escuchada. El versículo que cita aquí Jesús es Zacarías 13:7.

fANTES QUE EL GALLO HAYA CANTADO DOS VECES. En la medición judía del tiempo, «el canto del gallo» correspondía a la tercera vigilia de la noche, acabando a las tres de la madrugada, hora en la cual los gallos comenzaban típicamente a cantar. Únicamente Marcos indica que el gallo cantó dos veces (Mr. 14:72). Aunque Pedro y los demás discípulos insistieron en que ellos nunca negarían a Cristo, faltaban solo algunas horas para que se cumpliera esta profecía (Mt. 26:74, 75; Mr. 14:66–72).

180. Jesús ora en Getsemaní

Mt. 26:36-46; Mr. 14:32-42; Lc. 22:40-46; Jn. 18:1b

[MT]Entonces llegó Jesús con ellos a un lugar que se llama [a]Getsemaní, y [JN]había un huerto, en el cual entró con sus discípulos. [MR][Y] dijo a sus discípulos: [MT]Sentaos aquí, entre tanto que voy allí y oro. Y tomando [b]a Pedro, y a los dos hijos de Zebedeo, [MR]a Jacobo y a Juan, [MT]comenzó a entristecerse y a [c]angustiarse en gran manera.

Entonces Jesús les dijo: Mi alma está muy [d]triste, hasta la muerte; quedaos aquí, y velad conmigo. [LCe]Orad que no entréis en tentación. [MT]Yendo un poco adelante, [LC]se apartó de ellos a distancia [f]como de un tiro de piedra; y puesto de rodillas [MR]en tierra, [MT]se postró sobre su rostro, [MR]y oró que [g]si fuese posible, pasase de él [h]aquella

....

[a] GETSEMANÍ. El nombre significa lit. «lagar de aceite» y se refiere a un huerto lleno de olivos sobre una ladera del Monte de los Olivos. Este era un lugar frecuente de reunión para Jesús y sus discípulos (Jn. 18:2), justo cruzando el torrente de Cedrón desde Jerusalén (Jn. 18:1). En la actualidad todavía existe allí un huerto de olivos antiguos. La familiaridad de Judas con respecto a los hábitos de Jesús le permitió encontrarlo con facilidad, aun cuando Jesús no había anunciado previamente sus intenciones de estar allí.

[b] A PEDRO, A JACOBO Y A JUAN. Jesús dejó a la mayoría de los discípulos a la entrada de Getsemaní y se internó con Pedro, Jacobo y Juan para orar. Probablemente acompañaron a Jesús hasta adentro del huerto porque eran los líderes de los doce y debían aprender una importante lección que dar a conocer a los otros.

[c] ANGUSTIARSE EN GRAN MANERA. La palabra griega se refiere a un sentimiento de terror profundo. Ante la terrible perspectiva de cargar con la completa furia de Dios contra el pecado, Jesús fue presa del terror.

[d] TRISTE, HASTA LA MUERTE. La tristeza de Jesús era tan grande que pudo causarle la muerte en aquel momento. Su angustia no tenía nada que ver con el temor a los hombres o el tormento físico de la cruz. Él estaba triste porque dentro de pocas horas tendría que beber por completo la copa de la furia divina contra el pecado. Es posible que una persona muera de la angustia.

[e] ORAD. Él ya les había advertido, a Pedro en particular, que vendría una prueba muy grande (cp. Lc. 22:31). Es triste que su advertencia, así como su súplica para orar, fueran desatendidas.

[f] COMO DE UN TIRO DE PIEDRA. Es decir, al alcance del oído. Su oración era en parte para beneficiarlos a ellos (cp. Jn. 11:41, 42).

[g] SI FUESE POSIBLE. Jesús no le estaba preguntando a Dios si tenía el poder necesario para hacer pasar esta copa de él, sino si esto era posible según los planes de Dios. Cristo pronto bebería de esta copa en la cruz como sacrificio único de Dios por el pecado (cp. Hch. 4:12).

[h] AQUELLA HORA. El momento de su muerte en sacrificio decretada por Dios. Esto incluía todo, desde la traición hasta el enjuiciamiento de Jesús, la burla y su crucifixión.

hora. Y decía: [i]Abba, Padre, [j]todas las cosas son posibles para ti; [LC]Padre, si quieres, pasa de mí [k]esta copa; pero [l]no se haga mi voluntad, sino la tuya.

Y se le apareció un ángel del cielo para fortalecerle. Y estando en agonía, oraba más intensamente; y era su sudor [m]como grandes gotas de sangre que caían hasta la tierra. Cuando se levantó de la oración, y vino a sus discípulos, los halló [n]durmiendo a causa de la tristeza[.]

[Y] [MT]dijo a Pedro: [MRo]Simón, ¿duermes? [MT]¿Así que no habéis podido velar conmigo [p]una hora? [LC]¿Por qué dormís? [q]Levantaos, [MRr][v]elad y orad, para que no

....

[i]ABBA. Un término arameo que denota intimidad y afecto, equivalente en castellano a la palabra «papi» (cp. Ro. 8:15; Gá 4:6).

[j]TODAS LAS COSAS SON POSIBLES. Jesús sabía que estaba dentro del alcance del poder y la omnisciencia de Dios proveer un plan alternativo de salvación si así lo deseaba.

[k]ESTA COPA. Una copa es con frecuencia el símbolo de la ira divina en el AT (Sal. 75:8; Is. 51:17, 22; Jer. 25:15–17, 27–29; Lm. 4:21, 22; Ez. 23:31–34; Hab. 2:16). Al día siguiente, Cristo iba a «llevar los pecados de muchos» (Heb. 9:28) y la plenitud de la ira divina caería sobre él (Is. 53:10, 11; 2 Co. 5:21). Cristo enfrentaría la furia de Dios por el pecado, a Satanás, el poder de la muerte y la culpa por la iniquidad (cp. Mt. 26:39; Lc. 22:42; Jn. 18:11). Él cargó con el precio por el pecado, y lo pagó por completo. Su lamento lleno de angustia en Mateo 27:46 refleja la extrema amargura de la copa de la ira de Dios que le fue dada a beber.

[l]NO SE HAGA MI VOLUNTAD. Esto no significa que hubiera algún conflicto entre las Personas de la Divinidad. Evadir la copa de la ira divina era una manifestación perfectamente normal de su humanidad. Sin embargo, aunque la copa era abominable para él, quiso tomarla porque era la voluntad del Padre. En su oración estaba sometiendo de manera consciente, deliberada y voluntaria todos sus deseos humanos a la voluntad perfecta de su Padre, de modo que no había conflicto alguno entre la voluntad divina y sus deseos. Tampoco existía conflicto entre el Padre y el Hijo, o entre la deidad de Cristo y sus deseos humanos. Jesús vino al mundo para hacer la voluntad de Dios, y mantuvo su compromiso hasta el fin. Vea Juan 4:34; 5:30; 6:38; 8:29; Filipenses 2:8.

[m]COMO GRANDES GOTAS DE SANGRE. Solo Lucas, el médico, proporciona este detalle. Esto indica con mucha probabilidad una condición física bastante peligrosa que se conoce como *hematidrosis*, cuyo síntoma principal es la efusión de sangre en la transpiración. Puede ser causada por la angustia extrema o un esfuerzo físico violento. Los capilares subcutáneos se dilatan y estallan, con lo cual la sangre y el sudor se entremezclan. Cristo mismo declaró que su aflicción lo había conducido al umbral de la muerte.

[n]DURMIENDO A CAUSA DE LA TRISTEZA. Cp. Lucas 9:32. La tensión emocional que experimentaba Cristo también recaía sobre los discípulos. No obstante, la reacción de ellos fue ceder a los deseos de la carne. Así pues, satisficieron su necesidad inmediata de sueño en vez de permanecer despiertos para rogar por fortaleza, como Cristo les había ordenado. Es innegable que el fracaso experimentado más adelante se debe a su conducta en el huerto.

[o]SIMÓN. Que Jesús le llamara «Simón» a Pedro pudiera significar que este no estaba viviendo a la altura del significado de su nuevo nombre, «Pedro» (cp. Mt. 16:18).

[p]UNA HORA. Esto sugiere que Jesús había estado orando por una hora, el tiempo que Pedro no pudo permanecer despierto.

[q]LEVANTAOS [...] Y ORAD. Un tierno llamado a los discípulos, quienes en su debilidad lo habían desobedecido en un momento crítico. Es probable que los haya invitado a ponerse de pie para combatir su somnolencia. Mateo 26:43 y Marcos 14:40 revelan que los encontró dormidos por lo menos una vez más.

[r]VELAD. Esta palabra griega significa «estar alerta». Jesús estaba exhortando a Pedro, Jacobo y Juan a discernir cuándo se encontraban bajo ataque espiritual. No debían permitir que la confianza en sí mismos los llevara a la inactividad espiritual.

entréis en tentación; el espíritu a la verdad está dispuesto, pero [s]la carne es débil. [MT]Otra vez fue, y oró por segunda vez, [MR]diciendo las mismas palabras[MT]: Padre mío, si no puede pasar de mí esta copa sin que yo la beba, hágase tu voluntad. [MR]Al volver, otra vez los halló durmiendo, porque los ojos de ellos estaban cargados de sueño; y no sabían qué responderle.

[MT]Y dejándolos, se fue de nuevo, y oró por tercera vez, diciendo las mismas palabras. Entonces vino a sus discípulos [MR]la tercera vez, [MT]y les dijo: [t]Dormid ya, y descansad. [MR]Basta, [MT][h]e aquí ha llegado la hora, y el Hijo del Hombre es entregado en manos de pecadores. Levantaos, vamos; ved, se acerca el que me entrega.

[s] LA CARNE ES DÉBIL. La ternura en sus palabras resulta conmovedora. Debido a que hasta las almas mejor intencionadas permanecen todavía atadas a cuerpos sin redimir, los creyentes no siempre pueden comportarse con la justicia que quisieran (cp. Ro. 7:15-23; también Mt. 26:41). Cristo mismo estaba familiarizado con los sentimientos de debilidad humana (Heb. 4:15), pero sin pecado. En ese mismo momento él estaba enfrascado en una lucha contra las pasiones humanas, las cuales, aunque no eran pecaminosas en sí mismas, debían sujetarse a la voluntad divina si el pecado iba a ser evitado.

[t] DORMID YA, Y DESCANSAD. Los tres discípulos permanecieron indiferentes no solo a las necesidades de Cristo en aquel momento, sino también a su propia necesidad de fortaleza y vigilancia para vencer la tentación a la que tendrían que enfrentarse todos los once. Los discípulos debían aprender que la victoria espiritual es de aquellos que permanecen alertas en oración y dependen de Dios, y que la autosuficiencia y la falta de preparación espiritual solo conducen al desastre.

PARTE X | Crucifixión, resurrección y ascensión

181. Arrestan a Jesús

Mt. 26:47-56; Mr. 14:43-52; Lc. 22:47-53; Jn. 18:2-12

[MR]Luego, hablando él aún, [LC]se presentó [MTa]mucha gente con espadas y palos, [LC]y el que se llamaba [b]Judas, uno de los doce, iba al frente de ellos; y se acercó hasta Jesús[.] [JN][Porque] Judas, el que le entregaba, conocía aquel lugar, porque muchas veces Jesús se había reunido allí con sus discípulos. Judas, pues, tomando [c]una

....

[a] MUCHA GENTE CON ESPADAS Y PALOS. Una «multitud» cuidadosamente seleccionada con el único propósito de arrestar a Jesús para que pudiera ser asesinado. Se trataba de representantes armados del Sanedrín (Mt. 26:47; Mr. 14:43), acompañados por una compañía romana con linternas, antorchas y armas (Jn. 18:3). La compañía de soldados romanos (seiscientos hombres fuertemente armados) estaba en medio de las personas debido a que los líderes religiosos judíos (cp. Lc. 22:52), quienes organizaban a la multitud, necesitaban permiso de Roma para aplicar la pena capital y temían a la muchedumbre. Las «espadas» eran las armas pequeñas de mano que usaban regularmente los romanos, y los «palos» de madera eran las armas que usaba normalmente la guardia judía del templo.

[b] JUDAS, UNO DE LOS DOCE. Los cuatro evangelistas se refieren a él de esta misma forma (Mt. 26:14, 47; Mr. 14:10, 43; Lc. 22:47; Jn. 6:71). Solo en otra ocasión (Jn. 20:24) se describe a otro discípulo de esa manera. Los escritores de los Evangelios parecen usar la expresión para subrayar la perfidia del crimen de Judas, en especial aquí, en medio de su traición. Es evidente que ellos se refrenan notablemente describiendo y evaluando a Judas. Específicamente en este contexto, una descripción tan simple como esta simplemente eleva la maldad de su crimen más que cualquier epíteto despectivo o crítica negativa que pudiera hacerse. Esto también enfatiza el cumplimiento del anuncio de Jesús en Marcos 14:18-20.

[c] UNA COMPAÑÍA DE SOLDADOS, Y ALGUACILES DE LOS PRINCIPALES SACERDOTES. La expresión «compañía de soldados» se refiere a una cohorte de tropas romanas. Una cohorte de apoyo completa contaba con la fuerza de mil hombres. No obstante, por regla general, una cohorte estaba conformada por seiscientos hombres y en ocasiones podía referirse hasta a doscientos. Las tropas romanas de apoyo acostumbraban situarse en Cesarea, pero en temporada de fiestas se guarnecían en la Fortaleza Antonia, ubicada en el perímetro noroeste del complejo del templo (con el fin de controlar brotes de violencia o rebelión entre la gran multitud que se agolpaba en Jerusalén). El segundo grupo de «alguaciles» era la policía del templo, responsable principal del arresto si se tiene en cuenta que este se haría ante el sumo sacerdote. Venían preparados para enfrentar cualquier resistencia por parte de Jesús o sus seguidores («armas»).

compañía de soldados, y alguaciles de los ^dprincipales sacerdotes ^{MR}y de los escribas
^{JN}y de los fariseos ^{MT}y de los ancianos del pueblo^{JN}, fue allí con linternas y antorchas,
y con armas.

^{MR}Y el que le entregaba les había dado señal, diciendo: Al que yo ^ebesare, ése es;
prendedle, y llevadle con seguridad. Y cuando vino, ^{MT}en seguida se acercó a Jesús y
dijo: ¡Salve, ^fMaestro! Y ^gle besó. Y Jesús le dijo: ^hAmigo, ¿a qué vienes? ^{LC}Judas, ¿con
un beso entregas al Hijo del Hombre?

^{JN}Pero Jesús, ⁱsabiendo todas las cosas que le habían de sobrevenir, se adelantó
y les dijo: ^j¿A quién buscáis? Le respondieron: A Jesús nazareno. Jesús les dijo: Yo
soy. Y estaba también con ellos Judas, el que le entregaba. Cuando les dijo: Yo soy,
retrocedieron, y cayeron a tierra. Volvió, pues, a preguntarles: ¿A quién buscáis? Y
ellos dijeron: A Jesús nazareno. Respondió Jesús: Os he dicho que yo soy; pues si
me buscáis a mí, dejad ir a éstos; para que se cumpliese aquello que había dicho: De

---

^d PRINCIPALES SACERDOTES [...] ESCRIBAS [...] ANCIANOS. Aunque eran tres secciones diferentes del Sanedrín (como
lo indica el artículo definido griego con cada uno), estaban actuando como un solo grupo. Evidentemente, estos
líderes judíos habían esperado por algún tiempo acusar a Jesús de rebelión contra Roma (Mr. 3:6; 11:18). Así, su
ejecución sería achacada a los romanos y los líderes podrían escapar de una potencial represalia de parte de los
judíos que admiraban a Jesús. El Sanedrín, probablemente, había conseguido que Poncio Pilato, el gobernador
romano, les permitiera el uso de sus soldados, o quizás un acuerdo para el uso de las tropas si así lo requerían a
la mayor brevedad posible. Cualquiera fuera el caso, los líderes buscaron la ayuda militar romana de la Fortaleza
Antonia en Jerusalén.

^e BESARE. Además de ser una demostración especial de respeto y afecto, este tipo de beso era signo de homenaje en
la cultura del Medio Oriente. Dentro de la variedad de este tipo de besos (en los pies, al reverso de la mano, en la
palma, en el dobladillo del vestido), Judas escogió el abrazo y el beso en la mejilla, que era el que demostraba mayor
amor y afecto, normalmente reservado para aquella persona con la que se tenía una relación más íntima y cercana
(como la del maestro y su alumno). Judas no podría haber escogido una manera más despreciable de identificar a
Jesús, pues pervirtió el significado usual de este beso de manera hipócrita y traidora.

^f MAESTRO. «Mi maestro».

^g LE BESÓ. En el original, «le besó» es una forma acentuada del verbo «besar» de Marcos 14:44, que denota una
expresión continua y ferviente de afecto (cp. Lc. 7:38, 45; 15:20; Hch. 20:37). Fue con intensidad que Judas
pretendió amar a Cristo. La acción duró el tiempo suficiente para que la multitud pudiera identificar a Jesús.

^h AMIGO. No la usual palabra griega para «amigo», sino otra que significa «camarada».

ⁱ SABIENDO TODAS LAS COSAS. Juan declara de manera práctica que Jesús era omnisciente, y por lo tanto Dios.

^j ¿A QUIÉN BUSCÁIS? Al formular dos veces esta misma pregunta, a la cual respondieron: «Jesús nazareno», Jesús los
forzó a reconocer que no tenían autoridad para prender a sus discípulos. En realidad, les pidió que los dejaran ir.
La fuerza de su petición se observa en el poder de sus palabras. En el momento de decir: «Yo soy», una declaración
que había empleado antes para aseverar que era Dios (Jn. 8:28, 58; cp. 6:35; 8:12; 10:7, 9, 11, 14; 11:25; 14:6; 15:1, 5),
ellos retrocedieron y cayeron a tierra. Esta demostración de poder y la demanda contundente de no arrestar a sus
discípulos fueron de gran trascendencia, como lo indica el versículo siguiente.

los que me diste, [k]no perdí ninguno. [MT]Entonces se acercaron y echaron [MR]mano [MT]a Jesús, y le prendieron.

[LC]Viendo los que estaban con él lo que había de acontecer, le dijeron: Señor, ¿heriremos a espada? [JN]Simón Pedro, que tenía una espada, la desenvainó, e hirió [m]al siervo del sumo sacerdote, y [n]le cortó la oreja derecha. Y el siervo se llamaba Malco. [LC][R]espondiendo Jesús, dijo: [o]Basta ya; dejad. Y [p]tocando su oreja, le sanó.

[JN]Jesús entonces dijo a Pedro: Mete tu espada en la vaina; [MT]porque todos los que tomen espada, [q]a espada perecerán. ¿Acaso piensas que no puedo ahora orar a mi Padre, y que él no me daría [r]más de doce legiones de ángeles? ¿Pero cómo entonces se cumplirían las Escrituras, de que es necesario que así se haga? [JNs][L]a copa que el Padre me ha dado, ¿no la he de beber?

....

[k]NO PERDÍ NINGUNO. Con esto, Jesús quería decir que había protegido a sus discípulos de ser arrestados para no perder a ninguno y cumplir así las promesas que les había hecho (Jn. 6:39, 40, 44; 10:28; 17:12). Él sabía que ser arrestados, y quizás aun encarcelados o ejecutados, sería más de lo que podrían soportar, y su fe podría fenecer. Así que se aseguró de que esto no sucediera. Todos los creyentes son débiles y están desvalidos si el Señor no los protege. Sin embargo, es evidente que él nunca dejará que sean tentados más allá de sus fuerzas (1 Co. 10:13), como se demuestra aquí. Los creyentes poseen seguridad eterna, no en sus propias fuerzas, sino en la protección del Señor, la cual es constante y llena de gracia (cp. Ro. 8:35–39).

[l]SIMÓN PEDRO. No cabe duda que su intención era agredir a Malco en la cabeza a fin de iniciar una batalla para defender a su Señor, pero aquí demostró un amor y una valentía basados en la ignorancia.

[m]AL SIERVO DEL SUMO SACERDOTE. Malco. No era ni un soldado romano ni un guardia del templo, sino más bien un esclavo de confianza de Caifás, el sumo sacerdote, probablemente enviado allí para observar a Judas y reportarle a su amo los sucesos del día.

[n]LE CORTÓ LA OREJA DERECHA. Los cuatro Evangelios relatan este incidente. Solo Juan revela que el hombre de la espada era Pedro y que el nombre de la víctima era Malco (Jn. 18:10). Solo Lucas, el médico, relata la sanidad que se efectuó en seguida.

[o]BASTA YA; DEJAD. Es decir, permitid la traición y el arresto (cp. Jn. 18:11). Todo estaba sucediendo conforme al plan divino.

[p]TOCANDO SU OREJA, LE SANÓ. Esta es la única ocasión en la cual Cristo sanó una herida reciente en la carne. El milagro también resulta único porque Cristo sanó a un enemigo que no le pidió ser sanado y que no da señales de fe. También es increíble que un milagro tan extraordinario no afectara el corazón de cada uno de esos hombres. Tampoco lo hizo el fulminante poder de las palabras de Jesús que los hizo caer a tierra (Jn. 18:6). Prosiguieron con el arresto como si nada extraordinario hubiera sucedido.

[q]A ESPADA PERECERÁN. La acción de Pedro fue un acto policial. Sin importar lo injusto del arresto de Jesús, Pedro no tenía derecho a tomar la ley en sus manos para detenerlo. La respuesta de Jesús fue una reafirmación del principio de Génesis 9:6: «El que derrame sangre de hombre, por el hombre su sangre será derramada», una afirmación de que la pena capital es un castigo justo para el asesinato.

[r]MÁS DE DOCE LEGIONES. Una legión romana estaba compuesta por seis mil soldados, así que las doce legiones equivaldrían a más de setenta y dos mil ángeles. En 2 Reyes 19:35 un solo ángel mató a más de ciento ochenta y cinco mil hombres en una sola noche, por lo que muchos ángeles podrían formar un formidable ejército.

[s]LA COPA [...] BEBER. La valentía impulsiva de Pedro no solo estaba mal encaminada, sino que demostraba su incapacidad para comprender la finalidad de la muerte que Jesús vino a padecer. En el AT la «copa» está relacionada con el sufrimiento y en especial con el juicio, es decir, la copa de la ira de Dios (Sal. 75:8; Is. 51:17, 22; Jer. 25:15; Ez. 23:31–34; Mt. 26:39; Mr. 14:36; Lc. 22:42; cp. Ap. 14:10; 16:19).

^{MT}En aquella hora dijo Jesús a la gente[,] ^{LC}a los principales sacerdotes, a los jefes de la guardia del templo y a los ancianos, que habían venido contra él: ^{MT}¿^tComo contra un ladrón habéis salido con espadas y con palos para prenderme? Cada día me sentaba con vosotros enseñando en el ^utemplo, y no ^{LC}extendisteis las manos contra mí; mas ^vesta es vuestra hora, y la potestad de las tinieblas. ^{MT}Mas todo esto sucede, para que ^wse cumplan las Escrituras de los profetas. ^{JN}Entonces la compañía de soldados, el tribuno y los alguaciles de los judíos, prendieron a Jesús y le ataron[.] ^{MT}Entonces todos los discípulos, ^xdejándole, huyeron.

^{MR}Pero ^ycierto joven le seguía, cubierto el cuerpo ^zcon una sábana; y le prendieron; mas él, dejando la sábana, ^{aa}huyó desnudo.

- - - - - - - - -

^tCOMO CONTRA UN LADRÓN. Jesús expresó un resentimiento justo hacia las acciones y actitudes de la muchedumbre. Un «ladrón» era normalmente un salteador de caminos o un bandolero armado que se resistía al arresto. La escena orquestada por la multitud era completamente incoherente con su bien conocido ministerio como maestro religioso.

^uTEMPLO. Cp. Marcos 11:11. Este era el lugar más público de todo Jerusalén.

^vESTA ES VUESTRA HORA. Esto es, la noche, la hora de las tinieblas. Ellos no tuvieron el valor para confrontarlo en presencia de las multitudes en el templo, donde les había enseñado en público cada día. Sus tácticas astutas delataban lo que en verdad había en sus corazones. La noche era una hora perfecta para que los siervos de la oscuridad (de Satanás) se levantaran (cp. Jn. 3:20, 21; Ef. 5:8, 12–15; 1 Ts. 5:5–7).

^wSE CUMPLAN LAS ESCRITURAS. Dios mismo había preordenado los más mínimos detalles de la muerte de Jesús (Hch. 2:23; 4:27, 28). Morir fue el acto consumado de Cristo de sumisión a la voluntad del Padre. Jesús mismo estuvo también en absoluto control (Jn. 10:17, 18). Sin embargo, no fue Jesús solamente, sino todos los que estaban con él, incluidos sus enemigos, quienes cumplieron los detalles de las profecías del AT. Aparte por completo de las intenciones pecaminosas de la multitud, Dios estaba usando los acontecimientos de forma soberana para cumplir su profecía (cp. Is. 53:7–9) y lograr sus propósitos llenos de gracia. Estos sucesos manifiestan su divina soberanía. Cp. Mt. 1:22; 5:18; 27:50.

^xDEJÁNDOLE. En cuanto los discípulos se dieron cuenta de que no podrían evitar el arresto de Jesús y que ellos mismos corrían peligro de ser arrestados, dejaron colapsar su fe en él, en lugar de encontrar ayuda en la referencia que había hecho a las Escrituras.

^yCIERTO JOVEN. Algunos comentaristas piensan que quizás era el mismo Marcos. Sin embargo, la evidencia antigua de los padres de la iglesia (como Papías) sugiere que Marcos nunca vio personalmente al Señor, sino que recibió la información de un testigo presencial, Pedro. Es más probable, dada la naturaleza dramática de la escena, que Marcos incluyera este detalle para enfatizar la naturaleza tumultuosa del arresto de Cristo. Este hombre era posiblemente un inocente espectador que vivía cerca y se había despertado en medio de la noche por la conmoción. Cuando vino a investigar qué sucedía, casi fue arrestado. Al igual que los discípulos, huyó de la escena lleno de terror.

^zCON UNA SÁBANA. Posiblemente un vestido holgado de lino para dormir o una sábana en la que este hombre se había envuelto apresuradamente una vez se levantó de la cama.

^{aa}HUYÓ DESNUDO. Este hombre escapó de la captura y huyó corriendo, pero al hacerlo la prenda que lo cubría se cayó o fue halada, dejándole completamente desnudo o con tan solo la ropa interior.

182. El juicio de Jesús ante Anás; la primera negación de Pedro

Mt. 26:58, 69–70; Mr. 14:54, 66–68; Lc. 22:54–57; Jn. 18:13–24

[LCa]Y prendiéndole, [JN]le llevaron [b]primeramente a Anás; porque era suegro de Caifás, que era sumo sacerdote aquel año. Era Caifás el que había dado el consejo a los judíos, de que convenía que un solo hombre muriese por el pueblo.

Y [c]seguían a Jesús Simón Pedro y otro discípulo [MT]de lejos hasta el patio del sumo sacerdote[.] [JN]Y este discípulo era [d]conocido del sumo sacerdote, y entró con Jesús al patio del sumo sacerdote; mas Pedro estaba fuera, a la puerta. Salió, pues, el discípulo que era conocido del sumo sacerdote, y habló a la portera, e hizo entrar a Pedro. [MT][Y] entrando, se sentó con los alguaciles, para ver el fin.

[LC]Y habiendo ellos encendido fuego en medio del patio, se sentaron alrededor; y Pedro se sentó también entre ellos. [JN]Y estaban en pie los siervos y los alguaciles que habían encendido un fuego; porque hacía frío, y se calentaban; y también [e]con ellos estaba Pedro en pie, calentándose.

....

[a]Y PRENDIÉNDOLE. Los relatos de los Evangelios sobre el enjuiciamiento de Jesús dejan en claro que Cristo fue juzgado en dos etapas generales: primero, ante las autoridades religiosas (la corte judía del Sanedrín), y en segundo lugar, ante las autoridades políticas seculares (Roma, representada por el gobernador Poncio Pilato). Cada una de estas etapas tenía tres partes: el interrogatorio preliminar, la acusación formal y la sentencia final. Ninguno de los escritores de los Evangelios incluyó un relato exhaustivo con todos los detalles y pormenores de estos juicios. Para una idea completa debe tomarse en cuenta la información de los cuatro Evangelios de manera combinada.

[b]PRIMERAMENTE A ANÁS. Anás era sumo sacerdote en el período de 6–15 A.D., después del cual fue destituido por Valerio Grato, predecesor de Pilato. No obstante, Anás no dejó de ejercer cierta influencia en el cargo debido a que aún era considerado como el verdadero sumo sacerdote, y también porque al menos cinco de sus hijos y su yerno Caifás ocuparon el cargo en algún momento. Se realizaron dos juicios: uno judío y otro romano. El juicio judío comenzó con el interrogatorio informal de Anás (Jn. 18:12–14, 19–23), cuya presunta intención era proveer el tiempo necesario para que los miembros del Sanedrín se reunieran con prontitud. En seguida vino una sesión ante el Sanedrín (Mt. 26:57–68), que convino en enviar a Jesús a Pilato (Mt. 27:1, 2). El juicio romano comenzó con un primer interrogatorio ante Pilato (Mt. 27:11–14; Jn. 18:28–38a) y prosiguió con el de Herodes Antipas, (Lc. 23:6–12), llamado «zorra» en Lc. 13:32. Por último, Jesús volvió a ser llevado ante Pilato (Mt. 27:15–31; Jn. 18:38—19:16).

[c]SEGUÍAN A JESÚS SIMÓN PEDRO [...] DE LEJOS. Los cuatro Evangelios relatan este hecho. Juan indica que otro discípulo, quizás él mismo, también lo siguió (Jn. 18:15).

[d]CONOCIDO DEL SUMO SACERDOTE. Al parecer Juan era mucho más que un simple conocido, pues este término puede designar a un amigo (Lc. 2:44). El hecho de que haya mencionado a Nicodemo (Jn. 3:1) y a José (Jn. 19:38) puede indicar que conocía a otros judíos prominentes.

[e]CON ELLOS ESTABA PEDRO. Esta es la primera de las tres negaciones de Pedro que habían sido predichas.

[MR]Estando Pedro [f]abajo, en el patio, vino [g]una de las criadas del sumo sacerdote[, que era] [JN]portera[.] [MR][Y] cuando vio a Pedro que se calentaba, [LC]sentado al fuego, [MR]mirándole[LC], se fijó en él, y dijo: [MR]Tú también estabas con Jesús el [h]nazareno. [JN]¿No eres tú también de los discípulos de este hombre? [MT]Mas él negó delante de todos, diciendo: [LC]Mujer, [JN][n]o lo soy. [LC][N]o lo conozco. [MR]No le conozco, ni sé lo que dices. Y salió a [i]la entrada; y [j]cantó el gallo.

[JN]Y el [k]sumo sacerdote [Anás] [l]preguntó a Jesús acerca de sus discípulos y de su doctrina. Jesús le respondió: Yo públicamente he hablado al mundo; siempre he enseñado en la sinagoga y en el templo, donde se reúnen todos los judíos, y nada he hablado en oculto. ¿Por qué me preguntas a mí? Pregunta a los que han oído, qué les haya yo hablado; he aquí, ellos saben lo que yo he dicho. Cuando Jesús hubo dicho esto, uno de los alguaciles, que estaba allí, le dio una bofetada, diciendo: ¿Así respondes al sumo sacerdote? Jesús le respondió: Si he hablado mal, testifica en qué

....

[f] ABAJO. Las habitaciones que rodeaban el patio estaban en un nivel más alto que este en sí mismo.

[g] UNA DE LAS CRIADAS. Una esclava o doncella en la casa del sumo sacerdote. Los cuatro Evangelios la mencionan. Pudo haber sido también la portera de la casa (cp. Jn. 18:15, 16) que dejó pasar a Pedro y, sintiendo curiosidad y sospechando de él, quiso mirarlo más de cerca.

[h] NAZARENO. La referencia al lugar de proveniencia de Jesús indica un sentimiento de desprecio que concordaba con la visión de los líderes judíos y la pobre reputación que en general tenía Nazaret (cp. Jn. 1:46).

[i] LA ENTRADA. Usado solo aquí en el NT, este término se refiere al «área de servicio» o «zaguán», un área del patio en forma de arco cubierto que daba hacia la calle.

[j] CANTÓ EL GALLO. Esta frase probablemente no formaba parte del Evangelio de Marcos original, ya que no aparece en los primeros manuscritos. Es muy posible que la haya insertado más tarde un escriba para relatar el hecho de que, en el Evangelio de Marcos, se dice que el gallo cantó dos veces. Incluso si un gallo cantó en este punto de la historia, Pedro no lo escuchó o no se dio cuenta de la relevancia de esto. Cuando el gallo cantó la segunda vez, Jesús miró a Pedro (Lc. 22:61), reactivó su memoria y lo hizo percatarse de su rechazo (cp. Mr. 14:72).

[k] SUMO SACERDOTE. Aquí el escritor del Evangelio se refiere a Anás como el sumo sacerdote. Esto es apropiado y exacto, ya que Anás había ocupado el cargo con anterioridad y aún continuaba teniendo una gran influencia sobre el mismo. Un antiguo sumo sacerdote podía todavía ser llamado con ese título.

[l] PREGUNTÓ A JESÚS ACERCA. Su turbación se centraba en las aseveraciones de Jesús de que era el Hijo de Dios (19:7). En una audiencia judía formal cuestionar al acusado podría ser ilegal, porque el caso debía fundarse en el testimonio de varios testigos. Si se trataba de un interrogatorio informal ante el sumo sacerdote emérito y no ante el Sanedrín, Anás pudo haber pensado que no estaba sujeto a dichas leyes. No obstante, Jesús conocía la ley y exigió que se llamara a los testigos (Jn. 18:20, 21). Un alguacil sabía que Jesús había increpado a Anás y tomó represalias (Jn. 18:22).

está el mal; y si bien, ^m¿por qué me golpeas? ⁿAnás entonces le envió atado a Caifás, el sumo sacerdote. ^{LC}[Y] le llevaron, y le condujeron a casa del sumo sacerdote.

<hr />

^m ¿POR QUÉ ME GOLPEAS? En esencia, Jesús solicitó un juicio justo, mientras que sus opositores ya habían decidido la sentencia (véase Jn. 11:47–57) y no tenían interés alguno en ello.

ⁿ ANÁS ENTONCES LE ENVIÓ ATADO A CAIFÁS. Anás reconoció que no lograba avanzar con Jesús y lo envió a Caifás, pues si Jesús debía ser llevado ante Pilato para la ejecución, la acusación legal debía proceder del sumo sacerdote actual (i. e., Caifás) que presidía el Sanedrín.

183. El juicio de Jesús ante Caifás

Mt. 26:57, 59–68; Mr. 14:53, 55–65

[MT]Los que prendieron a Jesús le llevaron al [a]sumo sacerdote Caifás, adonde [MR]todos los principales sacerdotes y los ancianos y los escribas [MT]estaban reunidos[.] [MR]Y los principales sacerdotes y todo [b]el concilio buscaban [MT]falso testimonio contra Jesús, para entregarle a la muerte, y [c]no lo hallaron, aunque muchos testigos falsos se presentaban. [MR]Porque [d]muchos decían falso testimonio contra él, mas sus testimonios [e]no concordaban.

....

[a] SUMO SACERDOTE CAIFÁS. En Juan 18:13 vemos que Jesús fue llevado primero a Anás (antiguo sumo sacerdote y suegro de Caifás). Luego fue enviado a la casa de Caifás (Jn. 18:24). Caifás era el líder del Sanedrín (cp. Mt. 26:3, 57; Jn. 18:24) y el sumo sacerdote oficial del 18-36 A.D. La conspiración fue bien planificada, de forma que «los principales sacerdotes y los ancianos» (el Sanedrín) estaban ya reunidos en «asamblea» en la casa de Caifás, listos para examinar a Jesús. La hora fue entre medianoche y el primer canto del gallo (Mt. 26:74). Semejante audiencia era ilegal por varios motivos: los juicios criminales no debían ser llevados a cabo en la noche, y los juicios de casos capitales podían ser tratados solamente en el templo y siempre en público.

[b] EL CONCILIO. El gran Sanedrín era la Corte Suprema de Israel. Estaba formado por setenta y un miembros, presidido por el sumo sacerdote. Se reunían diariamente en el templo para deliberar, excepto en el día de reposo y otros días santos. Técnicamente, no tenía poder para aplicar la pena capital (Jn. 18:31), pero en el caso de Esteban, por ejemplo, esto no fue impedimento para su apedreamiento (cp. Hch. 6:12–14; 7:58–60). Los gobernadores romanos algunas veces, evidentemente, ignoraban incidentes como este por conveniencia política. En el caso de Jesús, los hombres que lo habían aprehendido eran los mismos que habían conspirado contra él (cp. Jn. 11:47–50).

[c] NO LO HALLARON. Aunque muchos de ellos no dudaron en cometer perjurio, el Sanedrín no pudo encontrar ningún cargo lo suficiente creíble contra Jesús. Evidentemente, los «testigos falsos» no pudieron ponerse de acuerdo entre sí. Debido a que Jesús era inocente, los líderes judíos no podían condenarlo excepto acudiendo al perjurio y la perversión de la justicia. Ellos estaban dispuestos a hacer lo que fuera necesario, incluso si tenían que violar cada ley bíblica y rabínica.

[d] MUCHOS DECÍAN FALSO TESTIMONIO CONTRA ÉL. No faltaron personas que atendieran la invitación del Sanedrín de presentar conscientemente falso testimonio contra Jesús.

[e] NO CONCORDABAN. Los testimonios fueron evidentemente inconsistentes. La ley, sin embargo, requería que existiera completa concordancia entre dos testigos (Dt. 17:6; 19:15).

ᴹᵀPero al fin vinieron dos testigos falsos, [y] ᴹᴿdieron ᶠfalso testimonio contra él, diciendo: Nosotros le hemos oído decir: ᵍYo derribaré este templo ᴹᵀde Dios ᴹᴿhecho a mano, y en tres días edificaré otro hecho sin mano. Pero ni aun así concordaban en el testimonio. Entonces ʰel sumo sacerdote, levantándose en medio, preguntó a Jesús, diciendo: ¿No respondes nada? ¿Qué testifican éstos contra ti? ᴹᵀMas ʲJesús callabaᴹᴿ, y nada respondía.

ᴹᵀEntonces el sumo sacerdote le dijo: ʲTe conjuro por el Dios viviente, que nos digasᴹᴿ: ¿Eres tú el ᵏCristo, el Hijo del ˡBendito? ᴹᵀJesús le dijo: Tú lo has dicho[.] ᴹᴿᵐYo soy[.] ᴹᵀ[Y] además os digo, que desde ahora veréis al ⁿHijo del Hombre sentado ᵒa la diestra del poder de Dios, y viniendo en las ᵖnubes del cielo.

....

ᶠFALSO TESTIMONIO. Maliciosamente, los testigos confundieron y tergiversaron las palabras de Jesús. Posiblemente mezclaron su declaración figurativa sobre su muerte y resurrección en Juan 2:19–22 con su predicción de una destrucción literal del templo en Marcos 13:2. Ellos lo acusaban de ser irrespetuoso con la adoración y el orden religioso actual (al amenazar con derribar el templo) y de blasfemar contra Dios (al decir que él podría construir uno nuevo muy rápidamente y sin manos).

ᵍYO DERRIBARÉ ESTE TEMPLO. Vea Juan 2:19–21. El relato de los testigos era una distorsión de lo que Jesús había querido decir. Jesús hizo esta audaz afirmación frente al templo que los judíos veneraban, pero sus palabras no fueron plenamente comprendidas, ya que se estaba refiriendo al templo de su cuerpo y a su muerte y resurrección.

ʰEL SUMO SACERDOTE, LEVANTÁNDOSE. Caifás intentó salvar la difícil situación al ver que las repetidas acusaciones falsas no permitían establecer un caso sólido contra Jesús ni lograban arrancarle una confesión. El sumo sacerdote no entendía cómo Jesús podía permanecer en silencio sin intentar defensa alguna.

ʲCALLABA. El silencio de la inocencia, la integridad y la fe en Dios. Una respuesta por parte de Jesús habría dado la impresión de que todos los falsos testimonios y los procedimientos ilegales eran legítimos.

ʲTE CONJURO. Caifás trataba de romper el silencio de Jesús. Su propósito era obligar a Jesús de manera legal a responder. La respuesta de Jesús implica la aceptación del juramento.

ᵏCRISTO. Este término se refiere a la declaración de Jesús de ser el Mesías prometido.

ˡBENDITO. El relato de Marcos dice: «Hijo del Bendito». Se refiere a la afirmación de Jesús de su propia deidad. Este es el único uso de la expresión en el NT, y es un ejemplo de la costumbre hebrea de evitar el empleo del nombre de Dios (cp. Jn. 8:58). La aceptación de Jesús de su mesianismo y deidad (cp. Lc. 4:18–21; Jn. 4:25, 26; 5:17, 18; 8:58) ha provocado siempre la oposición vigorosa de los líderes judíos (Jn. 5:19–47; 8:16–19; 10:29–39). Claramente, el sumo sacerdote hacía esta pregunta esperando que Jesús respondiera de manera afirmativa, abriendo el camino para que fuera enjuiciado formalmente de blasfemia.

ᵐYO SOY. Una explícita y clara declaración de que Jesús era tanto el Mesías como el Hijo de Dios.

ⁿHIJO DEL HOMBRE. Jesús usó este comúnmente conocido título mesiánico de sí mismo más de ochenta veces en los Evangelios, haciéndolo aquí en referencia al Salmo 110:1 y Daniel 7:13 (cp. Ap. 1:13; 14:14).

ᵒA LA DIESTRA DEL PODER DE DIOS. Cp. Marcos 10:37; Hechos 2:33; 7:55; Hebreos 2:9; Apocalipsis 12:5. La posición glorificada de Jesús es cerca del trono de Dios (el «poder» es otra referencia a Dios).

ᵖNUBES. Vea Mateo 13:26; cp. Mateo 24:30; 26:64; Lucas 21:27; Hechos 1:9–11; Apocalipsis 1:7; 14:14.

Entonces [q]el sumo sacerdote [r]rasgó sus vestiduras, diciendo: [MRs]¿Qué más necesidad tenemos de testigos? Habéis oído [MT]su [MRt]blasfemia; ¿qué os parece? [MT][E]llos [MR]le condenaron [y] [MT]dijeron: ¡Es reo de muerte! [MR]Y algunos [u]comenzaron a escupirle [MT]en el rostro, [MR]y a cubrirle el rostro y a darle de puñetazos, [MT]y [MR]los alguaciles [MT]le abofeteaban, diciendo: [v]Profetízanos, Cristo, quién es el que te golpeó.

[q] **EL SUMO SACERDOTE RASGÓ SUS VESTIDURAS.** Normalmente, esta era una expresión de profundo pesar (2 R. 19:1; Job. 1:20; Jer. 36:24). Al sumo sacerdote le estaba prohibido romper sus vestiduras (Lv. 10:6; 21:10), pero el Talmud hacía una excepción para los sumos sacerdotes que fueran testigos de una blasfemia. No obstante, el supuesto pesar de Caifás fue un engaño, así como el cargo de blasfemia en contra de Jesús. En realidad, se estaba gozando de haber encontrado algo en qué basar sus acusaciones.

[r] **RASGÓ SUS VESTIDURAS.** Una demostración ceremonial, y en este caso bien planificada, de dolor e indignación ante la presunta deshonra del nombre de Dios hecha por Jesús (cp. Gn. 37:29; Lv. 10:6; Job. 1:20; Hch. 14:13, 19).

[s] **¿QUÉ MÁS NECESIDAD TENEMOS DE TESTIGOS?** Una pregunta retórica que expresó alivio por el final de la tensión y la situación embarazosa que habían protagonizado. Al Jesús haberse incriminado a sí mismo ante los ojos del Sanedrín, no tendrían necesidad de ningún otro testigo falso.

[t] **BLASFEMIA.** Cp. Marcos 2:7; 3:29. Las palabras de Jesús, en sentido estricto, no constituyeron «blasfemia» o una desafiante irreverencia a Dios (Lv. 24:10–23), pero Caifás las consideró como tal, porque Jesús exigió para sí mismo igual poder y prerrogativa que Dios.

[u] **COMENZARON A ESCUPIRLE [...] Y A DARLE DE PUÑETAZOS.** Para los judíos, «escupir» en la cara de otra persona era la forma de insulto personal más grosera y odiosa posible (cp. Nm. 12:14; Dt. 25:9). Su brutal crueldad alcanzó el punto máximo, revelando la gran depravación del corazón de cada uno de ellos, cuando comenzaron a «darle puñetazos», golpeándolo con los puños.

[v] **PROFETÍZANOS.** De manera burlona e irrespetuosa, le ordenaron a Jesús que utilizara los poderes proféticos que decía tener, adivinando frívolamente quién de ellos lo estaba golpeando (Mt. 26:68).

184. La segunda y tercera negaciones de Pedro

Mt. 26:71–75; Mr. 14:69–72; Lc. 22:58–65; Jn. 18:25–27

[LC]Un poco después, [MT][s]aliendo [Pedro] a [a]la puerta, [MR]la criada, viéndole otra vez, comenzó a decir a los que estaban allí: Este es de ellos. [MT][L]e vio otra, y dijo a los que estaban allí: También éste estaba con Jesús el nazareno. [LC][V]iéndole otro, dijo: Tú también eres de ellos. [JN]Estaba, pues, Pedro en pie, calentándose. Y le dijeron: ¿No eres tú de sus discípulos? [LC]Y Pedro [MRb]negó otra vez [MT]con juramento[JN], y dijo: [LC]Hombre, no lo soy. [MT]No conozco al hombre.

[MR]Y poco después, [LCc][c]omo una hora después, [MT]acercándose los que por allí estaban, dijeron a Pedro: Verdaderamente también tú eres de ellos, [MR]porque eres [d]galileo, y tu manera de hablar es semejante a la de ellos [y] [MT]te descubre. [LC][O]tro afirmaba, diciendo: Verdaderamente también éste estaba con él, porque es galileo. [JN]Uno de los siervos del sumo sacerdote, pariente de aquel a quien Pedro había cortado la oreja, le dijo: ¿No te vi yo en el huerto con él? [MR]Entonces [JN][n]egó Pedro otra vez; y [MRe]comenzó a maldecir, y a jurar: [LC]Hombre, no sé lo que dices. [MR]No

....

[a]LA PUERTA. En el relato paralelo de Marcos se usa el término «la entrada» (Mr. 14:68), denotando el «área de servicio» o «zaguán», un área del patio en forma de arco cubierto que daba hacia la calle.

[b]NEGÓ OTRA VEZ. Una comparación de los relatos de los cuatro Evangelios indica que todas estas acusaciones fueron parte de lo que ocasionó la segunda negación de Pedro. Evidentemente, un pequeño grupo de personas, siguiendo a la criada, estaba ahora acusándolo. Pedro respondió a su lluvia de acusaciones negando de forma vehemente y repetida al Señor Jesús, probablemente en un corto intervalo de tiempo. Ante la criada original, «él negó otra vez» (Mr. 14:70). Ante una segunda criada, la muchacha que menciona Mateo, «negó otra vez con juramento: No conozco al hombre» (Mt. 26:72). A uno de los individuos que lo identificó como un discípulo de Cristo, le dijo: «Hombre, no lo soy» (Lc. 22:58). Y ante el grupo completo que lo presionaba para que admitiera que era uno de los Doce, «negó, y dijo: No lo soy» (Jn. 18:25). Esos cuatro relatos juntos sugieren que Pedro negó enfáticamente todas esas acusaciones de un modo trepidante, incluso usando un juramento para puntualizar la seriedad de su refutación.

[c]COMO UNA HORA DESPUÉS. Este intervalo de tiempo separa la segunda negación de Pedro de la tercera. Al igual que la segunda negación, este tercer y final episodio implicó a múltiples acusadores y una refutación firme e insistente de parte de Pedro.

[d]GALILEO. Ellos lo sabían debido a su acento (Mt. 26:73). Las personas de Jerusalén usaban con frecuencia el término *galileo* como una etiqueta de burla dirigida a sus vecinos norteños. Esto sugiere fuertemente que los nativos de Galilea eran considerados incultos y de modales rudos (cp. Hch. 4:13).

[e]COMENZÓ A MALDECIR, Y A JURAR. Es decir, poniendo a Dios como su testigo, Pedro dijo: «No conozco al hombre», y pronunció una maldición de muerte sobre sí mismo si sus palabras no eran ciertas. Los cuatro Evangelios relatan la traición de Pedro.

conozco a este hombre de quien habláis. LCY en seguida, mientras él todavía hablaba, el gallo cantó MRla segunda vez.

LCEntonces, fvuelto el Señor, miró a Pedro; y gPedro se acordó de la palabra del Señor, que le había dicho: MRAntes que el gallo cante dos veces, me negarás tres veces. Y pensando en esto, LCsaliendo fuera, lloró amargamente.

fVUELTO EL SEÑOR, MIRÓ A PEDRO. Solo Lucas revela que Jesús miró a los ojos a Pedro. El verbo utilizado sugiere una mirada fija y resuelta. El hecho de que pudiera ver a Pedro indica que los hombres que conducían a Jesús ya lo habían llevado al patio para azotarlo.

gPEDRO SE ACORDÓ. Lucas 22:61 registra que Jesús hizo contacto ocular con Pedro en este mismo momento, lo cual puede haber aumentado el ya insoportable sentimiento de remordimiento del discípulo. «Saliendo fuera», es decir, dejando la casa de Caifás, «lloró amargamente». El verdadero Pedro no se conoce en su negación, sino en su arrepentimiento. Este pasaje nos recuerda no solo nuestra propia debilidad, sino también la gracia divina (cp. Jn. 21:15–19).

185. El Sanedrín confirma el veredicto

Mt. 27:1; Mr. 15:1a; Lc. 22:66–71

[MRa]Muy de mañana, [LCb][c]uando era de día, [MR]habiendo tenido consejo los principales sacerdotes con los ancianos, con los escribas y con todo el concilio, [LC]le trajeron [...] diciendo: [c]¿Eres tú el Cristo? Dínoslo.

Y les dijo: Si os lo dijere, no creeréis; y también si os preguntare, no me responderéis, ni me soltaréis. Pero desde ahora el Hijo del Hombre se sentará a la diestra del poder de Dios.

Dijeron todos: ¿Luego eres tú el Hijo de Dios? Y él les dijo: Vosotros decís que lo soy. Entonces ellos dijeron: ¿Qué más testimonio necesitamos? porque nosotros mismos lo hemos oído de su boca. [MT][Y] todos los principales sacerdotes y los ancianos del pueblo entraron en consejo contra Jesús, para entregarle a muerte.

....

[a] MUY DE MAÑANA. Apenas amaneció, probablemente entre las cinco y las seis de la mañana, habiendo declarado ilegalmente culpable a Jesús durante la noche (Mr. 14:53–65; Jn. 18:13–24), el Sanedrín convino en pronunciar formalmente una sentencia.

[b] CUANDO ERA DE DÍA. Los procesos criminales eran considerados ilegales si se realizaban en la noche, así que el Sanedrín esperó debidamente hasta el amanecer para emitir el veredicto que en todo caso ya se había convenido.

[c] ¿ERES TÚ EL CRISTO? El Sanedrín lo sometió al mismo interrogatorio de la noche anterior, y las respuestas que dio fueron en esencia las mismas.

186. Judas se arrepiente de su traición

Mt. 27:3–10

[MT]Entonces Judas, el que le había entregado, viendo que era condenado, devolvió [a]arrepentido las treinta piezas de plata a los principales sacerdotes y a los ancianos, diciendo: Yo he pecado entregando sangre inocente. Mas ellos dijeron: ¿Qué nos importa a nosotros? ¡Allá tú! Y arrojando las piezas de plata en el templo, salió, y fue y [b]se ahorcó.

Los principales sacerdotes, tomando las piezas de plata, dijeron: No es lícito echarlas en el tesoro de las ofrendas, porque es precio de sangre. Y después de consultar, compraron con ellas el campo del alfarero, para sepultura de los extranjeros. Por lo cual aquel campo se llama hasta el día de hoy: Campo de sangre. Así se cumplió [c]lo dicho por el profeta Jeremías, cuando dijo: Y tomaron las treinta piezas de plata, precio del apreciado, según precio puesto por los hijos de Israel; y las dieron para el campo del alfarero, como me ordenó el Señor.

....

[a]ARREPENTIDO. Judas sintió el aguijón de su propia culpa, pero este no fue un genuino arrepentimiento. Existe un dolor piadoso que lleva al arrepentimiento, pero el remordimiento de Judas fue de diferente tipo, como lo demostró en su suicidio. Cp. 2 Corintios 7:10.

[b]SE AHORCÓ. Vea Hechos 1:18.

[c]LO DICHO POR EL PROFETA JEREMÍAS. La afirmación, en realidad, es una paráfrasis de Zacarías 11:12, 13. El canon hebreo fue dividido en tres secciones: la Ley, los Escritos y los Profetas (cp. Lc. 24:44). Jeremías era el primero de los libros proféticos, por lo que algunas veces, utilizando su nombre, se referían colectivamente a todos ellos.

187. El juicio de Jesús ante Pilato

Mt. 27:2, 11–14; Mr. 15:1–5; Lc. 23:1–5; Jn. 18:28–38

[MT]Y [...] llevaron [MR]a Jesús atado, [LC][l]evantándose entonces [a]toda la muchedumbre de ellos[,] [JN]de casa de Caifás al [b]pretorio [MT]y [c]le entregaron a Poncio Pilato, el gobernador. [JN]Era [d]de mañana, y ellos no entraron en el pretorio [e]para no contaminarse, y así poder comer la pascua.

Entonces salió Pilato a ellos, y les dijo: [f]¿Qué acusación traéis contra este hombre? Respondieron y le dijeron: Si éste no fuera malhechor, no te lo habríamos entregado. Entonces les dijo Pilato: Tomadle vosotros, y juzgadle según vuestra ley. Y los judíos le dijeron: A nosotros [g]no nos está permitido dar muerte a nadie;

....

[a]TODA LA MUCHEDUMBRE DE ELLOS. Es decir, todo el Sanedrín, unos setenta hombres. Al menos un miembro del concilio, José de Arimatea, estaba en desacuerdo con la decisión de condenar a Cristo (cp. Lc. 23:50–52).

[b]PRETORIO. El cuartel general del comandante militar romano o del gobernador romano (i. e., Pilato). La jefatura habitual de Pilato estaba en Cesarea. Sin embargo, Pilato y sus predecesores insistían en permanecer en Jerusalén durante las fiestas con el propósito de controlar cualquier disturbio. Jerusalén se convirtió en su *pretorio* o cuartel general.

[c]LE ENTREGARON A PONCIO PILATO. Jesús tuvo dos juicios, uno judío y religioso, y otro romano y secular. Roma se reservaba el derecho de ejecutar la pena capital (cp. Mt. 26:59), así que Jesús tuvo que ser entregado a las autoridades romanas para ejecutar la sentencia de muerte. Las oficinas principales de Pilato estaban en Cesarea, en la costa mediterránea, pero este se encontraba en Jerusalén por la celebración de la Pascua, de modo que supervisó el juicio (cp. Mr. 15:1). Jesús fue llevado ante Pilato, luego fue enviado a Herodes para otra audiencia (Lc. 23:6–12), y regresó de nuevo a Pilato para la audiencia final y el pronunciamiento de la sentencia.

[d]DE MAÑANA. La palabra es ambigua. Lo más probable es que sea alrededor de las seis de la mañana, pues muchos oficiales romanos comenzaban su jornada muy temprano y terminaban hacia las diez o las once de la mañana.

[e]PARA NO CONTAMINARSE. La ley oral judía determinaba que un judío quedaba ritualmente impuro al entrar en las casas de los gentiles. Si se negaban a entrar en el lugar evitaban contaminarse. Juan anota esta observación cargada de ironía al advertir el recelo de los jefes de los sacerdotes en cuanto a la limpieza ceremonial, mientras incurrían en una contaminación moral continua y sin paralelo por sus actos en contra de Jesús.

[f]¿QUÉ ACUSACIÓN...? Esta fue la pregunta que marcó el inicio de los procedimientos del juicio romano contra Jesús (lo cual difiere con el juicio religioso ante los judíos en Juan 18:24).

[g]NO NOS ESTÁ PERMITIDO. Cuando Roma ocupó Judea y comenzó a gobernar mediante un prefecto en 6 A.D., la jurisdicción de la pena capital fue suspendida a los judíos y entregada al gobernador romano. Por lo tanto, los líderes judíos estaban obligados a pedirle a Pilato la autorización para crucificar a Jesús.

para [h]que se cumpliese la palabra que Jesús había dicho, dando a entender de qué muerte iba a morir. [LC]Y comenzaron a acusarle, diciendo: A éste hemos hallado que pervierte a la nación, y que [i]prohibe dar tributo a César, [j]diciendo que él mismo es el Cristo, un rey. [IN]Entonces [k]Pilato volvió a entrar en el pretorio, y llamó a Jesús y le dijo: [l]¿Eres tú el Rey de los judíos?

[MT]Jesús, pues, estaba en pie delante del gobernador; [IN]Jesús le respondió: ¿Dices tú esto por ti mismo, o te lo han dicho [m]otros de mí? Pilato le respondió: ¿Soy yo acaso judío? Tu nación, y los principales sacerdotes, te han entregado a mí. ¿Qué has hecho?

Respondió Jesús: [n]Mi reino no es de este mundo; si mi reino fuera de este mundo, mis servidores pelearían para que yo no fuera entregado a los judíos; pero mi reino no es de aquí. Le dijo entonces Pilato: ¿Luego, eres tú rey? Respondió

....

[h] QUE SE CUMPLIESE LA PALABRA QUE JESÚS HABÍA DICHO. Jesús había dicho que sería «levantado» en su muerte (Jn. 3:14; 8:28; 12:32, 33). Si los judíos lo hubieran ejecutado, habrían utilizado la lapidación. Pero Dios, en su providencia, controló cada procedimiento político para asegurar que tras la sentencia, él fuera crucificado por los romanos y no apedreado por los judíos, como le sucedió a Esteban (Hch. 7:59). Los judíos preferían dicha forma de ejecución basados en Deuteronomio 21:23.

[i] PROHÍBE DAR TRIBUTO A CÉSAR. Esta era una mentira deliberada. Miembros del Sanedrín habían interrogado a Jesús en público acerca de este mismo tema (con la esperanza de desprestigiarlo delante de los judíos), y él sostuvo expresamente el derecho que tiene César de pedir tributo (Lc. 20:20–25).

[j] DICIENDO QUE [...] ES EL CRISTO, UN REY. Esta era una insinuación de que él era un rebelde contra Roma, otra acusación falsa.

[k] PILATO [...] LE DIJO. Juan relata (Jn. 18:30) que los líderes judíos le pidieron a Pilato que estuviera simplemente de acuerdo con la sentencia de muerte que ellos habían pronunciado contra Jesús (Mr. 14:64). Pilato se negó, y entonces los líderes judíos presentaron sus falsas acusaciones contra Jesús (Lc. 23:2). Habiendo oído sus cargos, Pilato lo interrogó.

[l] ¿ERES TÚ EL REY DE LOS JUDÍOS? La única acusación que Pilato tomó seriamente en cuenta fue que Jesús se declarara a sí mismo rey, lo que lo haría culpable de rebelión contra Roma. La pregunta de Pilato revela que ya había sido previamente informado sobre este cargo (Lc. 23:2).

[m] OTROS. Una vez más (cp. Jn. 18:20, 21), Jesús exigía que hubiera testigos.

[n] MI REINO NO ES DE ESTE MUNDO. Con esta frase, Jesús quería decir que su reino no estaba asociado con las entidades terrenales en el ámbito político ni nacional, y que tampoco provenía del maligno sistema mundial que está en rebelión contra Dios. Si su reino fuera de este mundo, habría luchado. Los reinos de este mundo se defienden por la fuerza. El reino del Mesías no se origina en el esfuerzo del hombre, sino en el Hijo de Dios, quien de manera poderosa y definitiva vence el pecado en la vida de su pueblo y subyugará al malvado sistema mundial en su Segunda Venida. Entonces establecerá su reino en el ámbito terrestre. Su reino no representaba una amenaza para la identidad nacional de Israel ni para la identidad política y militar de Roma. El mismo existe en la dimensión espiritual hasta el fin de los tiempos (Ap. 11:15).

Jesús: [MTo]Tú lo dices [JN]que yo soy rey. Yo para esto he nacido, y para esto he venido al mundo, para dar testimonio a la verdad. Todo aquel que es de la verdad, oye mi voz.

Le dijo Pilato: [p]¿Qué es la verdad? Y cuando hubo dicho esto, salió otra vez a los judíos, y les dijo [LC]a los principales sacerdotes, y a la gente: [JN]Yo no hallo en [LC]este hombre [JNq]ningún delito. [LC]Pero ellos porfiaban, diciendo: Alborota al pueblo, enseñando por toda Judea, comenzando desde Galilea hasta aquí. [MT]Y siendo acusado [MR]mucho [MT]por los principales sacerdotes y por los ancianos, nada respondió. [MR]Otra vez le preguntó Pilato, diciendo: [r]¿Nada respondes? [MT]¿No oyes cuántas cosas testifican contra ti? Pero Jesús no le respondió ni una palabra; de tal manera que el gobernador se maravillaba mucho.

---

[o] TÚ LO DICES. La respuesta de Jesús reconoció que él era el rey justo de Israel, pero implicó también que el concepto que tenía Pilato de lo que esto significaba era diferente al del Señor.

[p] ¿QUÉ ES LA VERDAD? Ante la mención que hizo Jesús de la «verdad» en Juan 18:37, Pilato responde de manera retórica y con cinismo, convencido de que no existía respuesta a tal pregunta. Su réplica prueba que no era uno de los que el Padre le había entregado al Hijo («Todo aquel que es de la verdad, oye mi voz», Jn. 18:37; cp. Jn. 10:1–5).

[q] NINGÚN DELITO. Jesús no era culpable de pecado ni delito alguno, y por lo tanto, pone en evidencia la grave injusticia y culpa tanto por parte de los judíos como de los romanos que lo ejecutaron. A pesar de los intentos desesperados de los líderes judíos para acusarlo, Pilato estaba convencido de que Jesús no era un insurrecto, pero temió liberarlo debido a la ferocidad de las personas. Se sintió aliviado cuando supo que Jesús era galileo, pues esto lo excusaba para remitirlo a Herodes. Cp. Juan 19:4.

[r] ¿NADA RESPONDES? Pilato estaba asombrado del silencio de Jesús, porque por regla general los prisioneros acusados acostumbraban negar vehementemente los cargos en contra de ellos. Jesús pudo haber permanecido en silencio para cumplir la profecía (Is. 42:1, 2; 53:7), porque Pilato lo había declarado ya inocente (Lc. 23:4; Jn. 18:38), o por ambas razones.

188. El juicio de Jesús ante Herodes Antipas

Lc. 23:6–12

LCEntonces Pilato, oyendo decir, Galilea, preguntó si el hombre era galileo. Y al saber que era de la jurisdicción de Herodes, ªle remitió a Herodes, que en aquellos días también estaba en Jerusalén.

Herodes, viendo a Jesús, se alegró mucho, porque hacía tiempo que ᵇdeseaba verle; porque había oído muchas cosas acerca de él, y esperaba verle hacer alguna señal. Y le hacía muchas preguntas, pero él ᶜnada le respondió. Y estaban los principales sacerdotes y los escribas acusándole con gran vehemencia. Entonces Herodes con sus ᵈsoldados ᵉle menospreció y escarneció, vistiéndole de ᶠuna ropa espléndida; y volvió a enviarle a Pilato.

Y se hicieron ᵍamigos Pilato y Herodes aquel día; porque antes estaban enemistados entre sí.

....

ª LE REMITIÓ A HERODES. Herodes había venido a Jerusalén para las fiestas, y Pilato aprovechó la oportunidad para deshacerse de una disyuntiva política al remitirlo a su rival.

ᵇ DESEABA VERLE. El interés que Herodes tenía por Cristo estaba alimentado por su recuerdo atormentador de Juan el Bautista (cp. Lc. 9:7–9). Al parecer, Herodes había intentado asesinar a Jesús en una ocasión (Lc. 13:31–33), pero dado que pasaba más tiempo en Judea que en Galilea o Perea (donde Herodes gobernaba), el interés del rey parecía no ser más que una curiosidad afanosa.

ᶜ NADA LE RESPONDIÓ. Es significativo que de todos los interrogatorios, Jesús solo se negara a responder el de Herodes. Cp. Mateo 7:6. Herodes ya había rechazado la verdad cuando la escuchó de Juan el Bautista, así que resultaría infructuoso que Jesús le respondiera. Cp. Isaías 53:7; Salmos 38:13, 14; 39:1, 2, 9; 1 Pedro 2:23.

ᵈ SOLDADOS. Su fuerza de seguridad.

ᵉ LE MENOSPRECIÓ Y ESCARNECIÓ. Herodes utilizó a Cristo y las acusaciones en su contra como una oportunidad para burlarse y divertir a Pilato.

ᶠ UNA ROPA ESPLÉNDIDA. Quizás no es la misma ropa mencionada en Mateo 27:28, que era un manto militar. Esta era una ropa real que tal vez Herodes había puesto a un lado para deshacerse de ella.

ᵍ AMIGOS. Tuvieron en común el mismo trato injusto y cobarde que le dieron a Jesús.

189. Sentencian a Jesús ante Pilato

Mt. 27:15–26a; Mr. 15:6–15; Lc. 23:13–25; Jn. 18:39—19:15

MTAhora bien, ᵃen el día de la fiesta ᵇacostumbraba el gobernador soltar al pueblo un preso, MRcualquiera que pidiesen. MTY tenían entonces un preso famoso [, que] JNera ᶜladrón[,] MRque se llamaba ᵈBarrabás, preso con sus compañeros de motín que habían cometido homicidio [y] LCsedición en la ciudad[.] MTReunidos, pues, ellos, MR[y] viniendo la multitud, comenzó a pedir que hiciese como siempre les había hecho. Y Pilato les respondió diciendo: JN[V]osotros tenéis la costumbre de que os suelte uno en la pascua. MT¿A quién queréis que os suelte: a Barrabás, o a Jesús, llamado el Cristo? MR¿Queréis que os suelte al Rey de los judíos? Porque conocía que ᵉpor envidia le habían entregado los principales sacerdotes.

MTY estando él sentado en el tribunal, su mujer le mandó decir: No tengas nada que ver con ese justo; porque hoy he padecido mucho en sueños por causa de él. LCEntonces Pilato, ᶠconvocando a los principales sacerdotes, a los gobernantes, y al pueblo, les dijo: Me habéis presentado a éste como un hombre que perturba al pueblo; pero habiéndole interrogado yo delante de vosotros, no he hallado en este hombre delito alguno de aquellos de que le acusáis. Y ᵍni aun Herodes, porque os

....

ᵃ EN EL DÍA DE LA FIESTA. La Pascua.

ᵇ ACOSTUMBRABA. Fuentes antiguas seculares indican que los gobernadores romanos ocasionalmente declaraban una amnistía a petición del pueblo. Suponiendo que este hubiera sido el caso y hubieran solicitado ver al rey (a quien ya habían reconocido anteriormente en la semana, Mr. 11:1–10) para liberar a alguien, Pilato indudablemente vio en esta costumbre anual la forma de salir airoso de su dilema con respecto a Jesús.

ᶜ LADRÓN. La palabra *ladrón* significa «uno que captura el botín», lo cual describe no solo a un ladrón, sino a un terrorista o guerrillero que participó en una insurrección sangrienta (vea Mr. 15:7).

ᵈ BARRABÁS. Un ladrón (Jn. 18:40) y asesino (Lc. 23:18, 19) de alguna manera identificado como un insurrecto antirromano. Si su participación fue motivada por convicciones políticas o codicia personal, no lo sabemos. Es imposible determinar en cuál insurrección específica se vio involucrado, pero estas fueron muy comunes en los días de Jesús, siendo precursoras de la revuelta general del 66-70 A.D.

ᵉ POR ENVIDIA. Pilato se dio cuenta de que las autoridades judías no habían traído a Jesús hasta él por lealtad a Roma. Él vio, a través del engaño, la verdadera razón subyacente: sus celos por la popularidad de Jesús entre las personas.

ᶠ CONVOCANDO. Pilato pretendía declarar a Cristo inocente y pronunciar el veredicto de la manera más pública posible. Sin duda esperaba que esto pusiera fin a todo el asunto.

ᵍ NI AUN HERODES. Pilato y Herodes convinieron en el veredicto (cp. 1 Ti. 6:13).

remití a él; y he aquí, nada digno de muerte ha hecho este hombre. Le soltaré, pues, después de castigarle. Y [h]tenía necesidad de soltarles uno en cada fiesta.

[MT]Pero los principales sacerdotes y los ancianos [MR]incitaron a la multitud para que [MT]pidiese a Barrabás, y que Jesús fuese muerto. Y respondiendo el gobernador, les dijo: ¿A cuál de los dos queréis que os suelte? [LC]Mas toda la multitud dio voces a una, diciendo: ¡Fuera con éste, y suéltanos a Barrabás! [JN]No a éste, sino a Barrabás. [LC]Pilato, queriendo soltar a Jesús[,] [MR][r]espondiendo[,] [LC][l]es habló otra vez: [MR]¿Qué, pues, queréis que haga [MT]de Jesús, llamado el Cristo[,] [MR]que llamáis Rey de los judíos? [LC][P]ero ellos [MT][t]odos [LC]volvieron a dar voces, diciendo: [MT]¡Sea [i]crucificado! [LC]¡Crucifícale, crucifícale! Él les dijo [j]por tercera vez: ¿Pues qué mal ha hecho éste? Ningún delito digno de muerte he hallado en él; [k]le castigaré, pues, y le soltaré.

[JN]Así que, entonces tomó Pilato a Jesús, y le [l]azotó. Y los soldados entretejieron una [m]corona de espinas, y la pusieron sobre su cabeza, y le vistieron con un [n]manto de púrpura; y le decían: ¡Salve, Rey de los judíos! y le daban de bofetadas. Entonces Pilato salió otra vez, y les dijo: Mirad, os lo traigo fuera, para que entendáis que ningún delito hallo en él.

....

[h]TENÍA NECESIDAD. Es decir, porque era una costumbre judía de mucho tiempo (Jn. 18:39), que los romanos tradicionalmente respetaban.

[i]CRUCIFICADO. El escritor romano Cicerón describió la crucifixión, un método romano común de ejecución para esclavos y extranjeros, como «el más cruel y odioso de todos los castigos posibles».

[j]POR TERCERA VEZ. Pilato testificó de manera reiterada y enérgica sobre la inocencia de Cristo (Lc. 23:4, 14, 15). Al hacerlo, no solo condenaba a los judíos, quienes exigían la muerte de Jesús, sino también a sí mismo, porque entregó al Salvador sin razón.

[k]LE CASTIGARÉ. Aunque Pilato lo halló inocente de cualquier delito, estaba dispuesto a azotarlo con el simple propósito de calmar a los judíos. Sin embargo, la severidad de ese castigo (cp. Mt. 27:26) no apaciguaría su sed de sangre.

[l]AZOTÓ. Al parecer, Pilato azotó a Jesús como parte de una estrategia suya para dejarlo en libertad. Este castigo, conocido como *fustigatio* (fustigación) era menos severo que la flagelación que Jesús recibió después que fue sentenciado. Pilato esperaba así que los judíos fueran apaciguados y que la lástima ante el sufrimiento de Jesús despertara en el pueblo el deseo de pedir que lo soltaran (vea Lc. 23:13–16).

[m]CORONA DE ESPINAS. Esta «corona» se elaboró con ramas puntiagudas de hasta treinta centímetros de largo pertenecientes a alguna palma datilera. Con ellas hicieron una especie de imitación de las coronas radiantes que portaban los reyes orientales. Las espinas atravesaron la cabeza de Jesús y contribuyeron a aumentar el dolor y el desangre.

[n]MANTO DE PÚRPURA. Este color era representativo de la realeza. El manto (diferente del que Herodes colocó sobre Jesús en Lucas 23:11), podía tratarse de una túnica militar que se puso sobre los hombros de Jesús con la intención de hacer mofa de sus declaraciones acerca de ser el Rey de los judíos.

Y salió Jesús, llevando la corona de espinas y el manto de púrpura. Y Pilato les dijo: °¡He aquí el hombre! Cuando le vieron los principales sacerdotes y los alguaciles, LCinstaban[, y] MTgritaban aún más, LCpidiendo[,] INdiciendo: ¡Crucifícale! ¡Crucifícale! Pilato les dijo: PTomadle vosotros, y crucificadle; porque yo no hallo delito en él.

Los judíos le respondieron: qNosotros tenemos una ley, y según nuestra ley debe morir, porque se hizo a sí mismo Hijo de Dios. Cuando Pilato oyó decir esto, tuvo rmás miedo. Y entró otra vez en el pretorio, y dijo a Jesús: s¿De dónde eres tú? Mas Jesús no le dio respuesta. Entonces le dijo Pilato: ¿A mí no me hablas? ¿No sabes que tengo autoridad para crucificarte, y que tengo autoridad para soltarte? Respondió Jesús: tNinguna autoridad tendrías contra mí, si no te fuese dada de arriba; por tanto, uel que a ti me ha entregado, mayor pecado tiene.

°¡HE AQUÍ EL HOMBRE! Pilato hizo una presentación dramática de Jesús después del trato cruento que recibió a manos de los soldados. Jesús tendría en ese momento un aspecto hinchado, magullado y ensangrentado. Pilato mostró a Jesús como una figura apaleada y lastimera con la esperanza de que la opinión de las personas se inclinara a soltarlo. La frase de Pilato está llena de sarcasmo, porque quiso demostrarles a las autoridades judías que Jesús no era un malhechor peligroso como le habían dado a entender.

PTOMADLE VOSOTROS, Y CRUCIFICADLE. El pronombre «vosotros» tiene una fuerza enfática, indicando el asco y la indignación de Pilato ante el encarnizamiento de los judíos con Jesús.

qNOSOTROS TENEMOS UNA LEY. Es una referencia probable a Levítico 24:16: «El que blasfemare el nombre de Jehová, ha de ser muerto». La acusación de blasfemia (Jn. 5:18; 8:58, 59; 10:33, 36) fue un elemento central en el juicio de Jesús ante Caifás (vea Mt. 26:57–68).

rMÁS MIEDO. Muchos oficiales romanos eran supersticiosos en extremo. Mientras los judíos interpretaron las afirmaciones de Jesús como mesiánicas, para una persona con mentalidad grecorromana el título «Hijo de Dios» pondría a Jesús en la categoría de «hombres divinos», que estaban dotados de poderes sobrenaturales. Pilato tuvo miedo porque había acabado de azotar y torturar a un hombre que, según su manera de pensar, podía someterlo a algún tipo de maldición o venganza.

s¿DE DÓNDE ERES TÚ? Pilato mostró cierto interés en los orígenes de Jesús. Su mente supersticiosa se preguntaba con qué clase de persona se había metido.

tNINGUNA AUTORIDAD TENDRÍAS [...] SI NO. Esta declaración de Jesús indica que ni siquiera la peor maldad imaginable se escapa a la soberanía de Dios. Pilato no tenía control real de la situación, pero no dejó nunca de ser un agente moral y responsable de sus propias acciones. Al ser confrontado con oposición y maldad, Jesús halló consuelo varias veces en la soberanía de su Padre (p. ej., Jn. 6:43, 44, 65; 10:18, 28, 29).

uEL QUE A TI ME HA ENTREGADO, MAYOR PECADO TIENE. Esto podría referirse por igual a Judas o a Caifás. En vista de que Caifás tuvo una participación tan activa en el complot contra Jesús (Jn. 11:49–53) y presidió sobre el Sanedrín, la referencia puede aplicarse más que todo a él (Jn. 18:30, 35). El punto crítico no es la identidad de la persona, sino la culpabilidad correspondiente a un acto deliberado, frío y calculado como entregar a Jesús a Pilato con acusaciones falsas, después de haber visto y oído evidencias abrumadoras de que era el Mesías y el Hijo de Dios. Pilato no había hecho algo así. Cp. Juan 9:41; 15:22–24; Heb. 10:26–31.

Desde entonces procuraba Pilato soltarle; pero los judíos daban voces, diciendo: Si a éste sueltas, ᵛno eres amigo de César; todo el que se hace rey, a César se opone. Entonces Pilato, oyendo esto, llevó fuera a Jesús, y se sentó en ᵂel tribunal en el lugar llamado el Enlosado, y en hebreo Gabata. Era la ˣpreparación de la pascua, y ʸcomo la hora sexta. Entonces dijo a los judíos: ᶻ¡He aquí vuestro Rey! Pero ellos gritaron: ¡Fuera, fuera, crucifícale! Pilato les dijo: ¿A vuestro Rey he de crucificar? Respondieron los principales sacerdotes: No tenemos más rey que César. ᴸᶜY las voces de ellos y de los principales sacerdotes prevalecieron.

ᴹᵀViendo Pilato que nada adelantaba, sino que se hacía más alboroto, tomó agua y se lavó las manos delante del pueblo, diciendo: Inocente soy yo de la sangre de este justo; allá vosotros. Y respondiendo todo el pueblo, dijo: ᵃᵃSu sangre sea sobre nosotros, y sobre nuestros hijos. ᴹᴿY Pilato, queriendo satisfacer al pueblo, ᴸᶜᵇᵇsentenció que se hiciese lo que ellos pedían; y les soltó ᴹᴿa Barrabás[,] ᴸᶜa aquel que había sido echado en la cárcel por sedición y homicidio, a quien habían pedido[.]

ᵛNO ERES AMIGO DE CÉSAR. Esta declaración por parte de los judíos está cargada de ironía, porque el odio de los judíos hacia Roma indicaba que ellos también estaban muy lejos de ser amigos de César. No obstante, sabían que Pilato temía a Tiberio César (el emperador romano en el tiempo de la crucifixión de Jesús), ya que era conocido por sospechar de todos y castigar sin clemencia. Pilato ya había creado algunas revueltas en Jerusalén con ciertos actos imprudentes que encolerizaron a los judíos, así que estaba bajo el escrutinio de Roma para asegurar que hubiera corregido su ineptitud. Los judíos le intimidaron con amenazas de otra revuelta que significaría el fin de su poder en Jerusalén si decidía abstenerse de ejecutar a Jesús.

ᵂEL TRIBUNAL. Pilato cedió bajo la presión judía y se preparó a emitir juicio sobre la acusación original de insurrección contra Roma. Este «tribunal» se refiere al lugar donde Pilato se sentó para dar el veredicto oficial. Era como una silla colocada en un área cubierta con piedras conocida como «el Enlosado». La ironía es que Pilato pronunció juicio sobre quien habría de pronunciar un día un justo juicio de condena contra él (Jn. 5:22).

ˣPREPARACIÓN DE LA PASCUA. Esto se refiere al viernes, el día antes o el «día de preparación» para la semana de la Pascua.

ʸCOMO LA HORA SEXTA. Juan cuenta aquí el tiempo conforme al método romano, en el que el día comenzaba a la medianoche.

ᶻ¡HE AQUÍ VUESTRO REY! Pilato se burló de los judíos al sugerir la clase de rey que se merecían, un hombre indefenso y desahuciado. Esa burla se expresó también en el título que mandó a poner sobre la cruz (Jn. 19:19–22).

ᵃᵃSU SANGRE SEA SOBRE NOSOTROS. Los judíos aceptaron la culpa por la ejecución de Jesús absolviendo a los romanos de toda responsabilidad. Cp. Mt. 21:38, 39.

ᵇᵇSENTENCIÓ. La respuesta de Pilato revela su falta de principios. Su deseo de agradar a los judíos por razones políticas (para librarse a sí mismo de la desaprobación de Roma) venció por fin a su deseo de liberar a Jesús (cp. Lc. 23:20).

190. Más burlas de los soldados romanos

Mt. 27:26b–30; Mr. 15:16–19; Jn. 19:16

[MT][Y Pilato,] habiendo [a]azotado a Jesús, l[o] entregó [JN]a ellos [MT]para ser crucificado. Entonces los soldados del gobernador [JN][t]omaron, pues, a Jesús, y le llevaron [MR]dentro del atrio, esto es, al [b]pretorio, y convocaron [MT]alrededor de él [MR]a [c]toda la compañía. [MT][Y] desnudándole, le echaron encima [d]un manto de escarlata[.] [MR]Y [e]le vistieron de púrpura, y [MT]pusieron sobre su cabeza una corona tejida de espinas, y [f]una caña en su mano derecha; [MR]comenzaron luego a saludarle: [g]¡Salve, Rey de los judíos! [MT][E] hincando la rodilla delante de él, le escarnecían [y] [MR]le hacían reverencias. [MT]Y [h]escupiéndole, tomaban la caña y [i]le golpeaban en la cabeza.

....

[a] AZOTADO. Esto fue en adición a su azotamiento anterior (Jn. 19:1–5). Tal castigo seguía a la sentencia y constituía la más severa forma de fustigamiento, conocida como *verberatio*. Era un acto horrible y cruel en el que la víctima era despojada de toda su ropa, atada a un poste y flagelada por varios soldados. Para aquellos que no fueran ciudadanos romanos, el instrumento predilecto era una empuñadura de madera de la cual colgaban varias tiras de cuero. Este látigo era conocido como un *flagellum*. Cada una de las tiras de cuero tenía en la punta pedazos de metal o hueso. La flagelación era tan salvaje que muchas víctimas morían. El cuerpo era despedazado o lacerado a tal extremo que hasta músculos, venas y huesos podían quedar expuestos. Esta clase de azotamiento precedía con frecuencia a la ejecución con el fin de debilitar y deshumanizar a la víctima (Is. 53:5).

[b] PRETORIO. La residencia de Pilato en Jerusalén. Probablemente se localizaba en la Fortaleza Antonia, adyacente a la esquina noroeste del templo. «Los soldados del gobernador» formaban parte de la «compañía», alrededor de seiscientos soldados asignados para servir al gobernador (Pilato) durante su estadía en Jerusalén.

[c] TODA LA COMPAÑÍA. Una unidad táctica militar romana, formada por seiscientos hombres, que había sido ubicada en Jerusalén. Todos los soldados que no estaban asignados a algún servicio específico en aquel momento se reunieron para burlarse de Jesús.

[d] UN MANTO DE ESCARLATA. Marcos 15:17 y Juan 19:2 dicen «púrpura», sugiriendo que el color del manto debió estar entre el púrpura real y el «escarlata», lo más cercano que pudieron encontrar a una prenda de la realeza. La palabra «manto» se refiere a una capa militar indudablemente perteneciente a uno de los soldados.

[e] LE VISTIERON DE PÚRPURA [...] UNA CORONA TEJIDA DE ESPINAS. El «púrpura» era el color tradicional de la realeza. La «corona de espinas» era una imitación burlesca de una corona real. Los insensibles soldados decidieron realizar una coronación ficticia de Jesús como rey de los judíos.

[f] UNA CAÑA EN SU MANO DERECHA. Para simular un cetro, deliberadamente escogieron algo debilucho.

[g] ¡SALVE, REY DE LOS JUDÍOS! Una parodia del saludo dado al César.

[h] ESCUPIÉNDOLE. Vea Isaías 50:6.

[i] LE GOLPEABAN EN LA CABEZA. Una caña larga que simulara un cetro sería lo bastante firme para ser extremadamente dolorosa, como un palo de escoba. Juan 19:3 dice que también lo golpearon con sus puños.

191. El camino de Jesús al Gólgota

Mt. 27:31-34; Mr. 15:20-23; Lc. 23:26-33a; Jn. 19:17

[MT]Después de haberle escarnecido, le quitaron el manto [MR]púrpura[MT], le pusieron sus vestidos, y le llevaron [a]para crucificarle. [JN]Y él, [b]cargando su cruz, salió[.] [MT]Cuando salían, hallaron a un hombre de Cirene que se llamaba Simón[MR], padre de Alejandro y de Rufo, [LC]que venía del campo [y] [MR]que pasaba, [LC]y le pusieron encima la cruz para que la llevase tras Jesús. Y le seguía gran multitud del pueblo, y de mujeres que lloraban y hacían lamentación por él. Pero Jesús, vuelto hacia ellas, les dijo: [c]Hijas de Jerusalén, no lloréis por mí, sino llorad por vosotras mismas y por vuestros hijos. Porque he aquí vendrán días en que dirán:

----

[a]PARA CRUCIFICARLE. La crucifixión era una forma de castigo adoptada por los romanos de los persas, fenicios y cartagineses. La crucifixión romana era, premeditadamente, una sentencia prolongada. Los verdugos romanos perfeccionaron el arte de la tortura lenta, manteniendo a la víctima viva. Algunas víctimas incluso llegaron a vivir lo suficiente como para que las aves de rapiña o las fieras salvajes se las comieran vivas. La mayoría colgaba de las cruces por días antes de morir de agotamiento, deshidratación, fiebre traumática o, más probablemente, sofocación. Cuando las piernas no podían soportar más el peso del cuerpo, el diafragma se contraía haciendo imposible la respiración. Esa era la razón por la cual la ruptura de las piernas aceleraba la muerte (Jn. 19:31-33), pero esto fue innecesario en el caso de Jesús. Las manos eran clavadas usualmente a través de las muñecas, y los pies a través del empeine del tendón de Aquiles (algunas veces usando el mismo clavo para ambos pies). Ninguna de estas heridas habría sido fatal, pero el dolor producido por ellas se hacía insoportable a medida que las horas pasaban. La característica más notable de la crucifixión era el estigma de desgracia que estaba ligado a ella (Gá. 3:13; 5:11; Heb. 12:2). Una humillación era tener que llevar la propia cruz, la cual podía pesar tanto como noventa kilogramos. Normalmente, un grupo de cuatro soldados escoltaba al prisionero en medio de la muchedumbre hasta el lugar de la crucifixión. Una placa con la acusación inscrita en ella era colgada alrededor del cuello del reo.

[b]CARGANDO SU CRUZ. Esto se refiere al travesaño horizontal de la cruz. El hombre condenado lo llevaba atado a sus hombros hasta el lugar de su ejecución. Jesús cargó su cruz hasta la puerta de la ciudad, pero debido a los efectos de la flagelación brutal a la que fue sometido y a la extenuación por la falta de sueño, fue incapaz de continuar llevándola. Esta es otra imagen conmovedora de su humanidad, en la cual experimentó todas las debilidades humanas excepto el pecado (Heb. 4:15). Como resultado, los guardias romanos escogieron al azar a Simón, obligándolo a cargar la cruz el resto del camino. Simón, procedente de la ciudad de Cirene, al norte de África, se encontraba de camino a Jerusalén. La identificación que hace Marcos de él como «padre de Alejandro y de Rufo» (cp. Ro. 16:13) es evidencia de la conexión del escritor del Evangelio con la iglesia en Roma.

[c]HIJAS DE JERUSALÉN. Nada sugiere en el texto que estas mujeres fueran parte del grupo de discípulos de Cristo. Pudo tratarse de plañideras, las cuales debían estar presentes en los funerales judíos (cp. Mt. 9:23), y quizá también en las ejecuciones importantes.

[d]Bienaventuradas las estériles, y los vientres que no concibieron, y los pechos que no criaron. Entonces comenzarán [e]a decir a los montes: Caed sobre nosotros; y a los collados: Cubridnos. Porque si en el [f]árbol verde hacen estas cosas, ¿en el seco, qué no se hará? Llevaban también con él a otros dos, que eran malhechores, para ser muertos. Y cuando llegaron al [Ng]lugar llamado de la Calavera, y en hebreo, Gólgota[,] [MT]le dieron a beber [h]vinagre mezclado con hiel; pero después de haberlo probado, no quiso beberlo. [LC][L]e crucificaron allí[.]

[d]BIENAVENTURADAS LAS ESTÉRILES. Bajo circunstancias normales, la maternidad es vista como una bendición de Dios. Sin embargo, Cristo advirtió de un tiempo de juicio que vendría sobre la nación de Israel, en el cual se considerarían bienaventurados los que no tuvieran hijos a quienes endechar.

[e]A DECIR. Citado de Oseas 10:8. Cp. Apocalipsis 6:16, 17; 9:6.

[f]ÁRBOL VERDE [...] SECO. Es probable que fuera un proverbio popular. Al parecer, lo que Jesús quiso decir es: Si los romanos cometieron semejantes atrocidades contra él (el «árbol verde», es decir, joven, fuerte y fuente de vida), ¿qué le harían entonces a la nación judía (el «árbol seco», es decir, viejo, estéril y listo para ser juzgado)?

[g]LUGAR LLAMADO DE LA CALAVERA. La palabra «Gólgota» es una palabra aramea que significa «calavera», la cual Marcos traduce para sus lectores. El sitio puede haber sido una colina con forma de calavera, o se le puede haber llamado así porque era un lugar de crucifixión, donde los cráneos se acumulaban. Ninguno de los Evangelios menciona una colina. Aunque el sitio exacto es desconocido, hoy en día existen dos lugares en Jerusalén que se consideran como posibles: (1) El Calvario de Gordon (nombrado así por el hombre que lo descubrió en los tiempos modernos) al norte; y (2) el sitio tradicional al oeste en la Iglesia del Santo Sepulcro, una tradición que data del siglo cuarto.

[h]VINAGRE MEZCLADO CON HIEL. La «hiel» se refiere simplemente a algo amargo. Marcos 15:23 lo identifica como mirra, un narcótico. Los judíos tenían la costumbre, basada en Proverbios 31:6, de administrar un medicamento analgésico mezclado con vino a las víctimas de crucifixión para aminorar el dolor. Habiéndolo probado, y a pesar de estar sediento, Jesús «no quiso beberlo», para no embotar sus sentidos antes de completar su obra. La disminución del dolor físico probablemente no habría disminuido la eficacia de su obra redentora, pero él necesitaba sus facultades mentales por completo para las horas que estaban por venir. Era necesario que estuviera plenamente despierto y consciente, por ejemplo, para ministrarle al ladrón moribundo (Lc. 23:43).

192. Las primeras tres horas en la cruz

Mt. 27:35–44; Mr. 15:24–32; Lc. 23:33b–43; Jn. 19:18–27

^{MT}Cuando ^ale hubieron crucificado, ^{LC}Jesús decía: Padre, ^bperdónalos, porque ^cno saben lo que hacen. ^{MR}Era ^dla hora tercera[.] ^{LC}Y el pueblo estaba mirando[.]

^{JN}Cuando los soldados hubieron crucificado a Jesús, ^etomaron sus vestidos, e hicieron cuatro partes, una para cada soldado. Tomaron también su túnica, la cual era sin costura, de un solo tejido de arriba abajo. Entonces dijeron entre sí: No la partamos, sino echemos suertes sobre ella, a ver de quién será. ^{LC}Y repartieron entre sí sus vestidos, echando suertes ^{MR}para ver qué se llevaría cada uno[.] ^{JN}Esto fue

....

^a LE HUBIERON CRUCIFICADO. Hicieron que Jesús se acostara en el suelo mientras sus brazos eran extendidos y clavados al madero horizontal que había traído. Se acostumbraba levantar el madero de inmediato con la víctima adherida a él, y empalmarlo al madero vertical. Sus pies fueron clavados al travesaño vertical, que en algunos casos tenía un pedazo de madera que servía como una especie de base para soportar en parte el peso del cuerpo. No obstante, el propósito de tal instrumento era prolongar e intensificar la agonía, no aliviarla. Tras haber sido desvestidas y golpeadas, las víctimas podían quedar colgando en el sol ardiente durante varias horas y hasta varios días, expuestas a la burla de las multitudes. Para respirar era necesario empujar con las piernas y contraer los brazos, lo cual generaba un dolor desgarrador, pero resultaba necesario a fin de evitar la asfixia.

^b PERDÓNALOS. Esto es, a quienes lo atormentaban, tanto judíos como romanos (cp. Hch. 7:60). Parte del fruto de esta oración se vio en la salvación de miles de personas en Jerusalén en Pentecostés (Hch. 2:41).

^c NO SABEN LO QUE HACEN. No eran conscientes del alcance total de su maldad. No lo reconocieron como el verdadero Mesías (Hch. 13:27, 28). Estaban ciegos a la luz de la verdad divina, «porque si la hubieran conocido, nunca habrían crucificado al Señor de gloria» (1 Co. 2:8). Con todo, su ignorancia no los hizo merecedores del perdón; antes bien, su propia ceguera espiritual era prueba de su culpa (Jn. 3:19). Sin embargo, la oración de Cristo en el momento mismo en el cual se burlaban de él es una expresión de la infinita compasión de la gracia divina.

^d LA HORA TERCERA. La crucifixión ocurrió a las nueve de la mañana, basándose en el método judío de medición del tiempo. Juan dice que era «como la hora sexta» cuando Pilato sentenció a Jesús a ser crucificado (Jn. 19:14). Al parecer Juan utilizó el método romano de medición del tiempo, el cual cuenta las horas a partir de la medianoche De esta forma, la «hora sexta» de Juan sería alrededor de las seis de la mañana.

^e TOMARON SUS VESTIDOS. Esto fue en cumplimiento del Salmo 22:18. Por costumbre, la ropa de la persona condenada era propiedad de los verdugos. La división de los vestidos indica que la escuadrilla de ejecución estaba compuesta por cuatro soldados (cp. Hch. 12:4). La túnica era la parte de la vestimenta que se mantenía en contacto con la piel. El plural «vestidos» se refiere a artículos como el manto exterior, cinturón, sandalias y turbante.

para que se cumpliese la Escritura, ᴹᵀdich[a] por el profeta: ᶠPartieron entre sí mis vestidos, y sobre mi ropa echaron suertes.

ᴶᴺY así lo hicieron los soldados. ᴹᵀY sentados le guardaban allí.

ᴶᴺᵍEscribió también Pilato un título, que puso sobre la cruz[.] ᴹᵀY pusieron sobre su cabeza ᴹᴿʰel título ᴹᵀde ⁱsu causa escrita: ESTE ES ᴶᴺJESÚS NAZARENO, ᴶREY DE LOS JUDÍOS.

Y muchos de los judíos leyeron este título; porque el lugar donde Jesús fue crucificado estaba cerca de la ciudad, y el título estaba escrito en hebreo, en griego y en latín. Dijeron a Pilato los principales sacerdotes de los judíos: No escribas: Rey de los judíos; sino, que él dijo: Soy Rey de los judíos. Respondió Pilato: Lo que he escrito, he escrito.

....

ᶠPARTIERON ENTRE SÍ MIS VESTIDOS. Juan cita el Salmo 22:18. En el salmo, David se sentía angustiado por dolencias físicas y el escarnio de sus opositores, por lo cual empleó símbolos correspondientes a una escena de ejecución, en la que el verdugo repartía los vestidos de la víctima. Esto ilustraba la profundidad de su desventura. Es importante advertir que David describió con exactitud una forma de ejecución que nunca había visto. El pasaje era una profecía tipológica de Jesús, el heredero de David al trono mesiánico.

ᵍESCRIBIÓ [...] UN TÍTULO. Como parte de estas ejecuciones, se acostumbraba atar una tabla con el texto de la sentencia en el cuello de la víctima durante su recorrido hasta el sitio de la ejecución. Después se clavaba esa tabla a la cruz de la víctima (cp. Mt. 27:37; Mr. 15:26; Lc. 23:38). Pilato aprovechó la oportunidad para vengarse con mofa de los judíos que tanto lo intimidaron para acceder a esta ejecución.

ʰEL TÍTULO DE SU CAUSA. El crimen por el cual un hombre condenado era ejecutado se escribía en una tabla de madera que se ataba a la cruz, sobre su cabeza. La inscripción de Jesús estaba escrita en latín, hebreo y griego (Jn. 19:20).

ⁱSU CAUSA. El hecho de que la placa fue puesta «sobre su cabeza» sugiere que esta cruz era del tipo común, que se prolongaba verticalmente por encima del travesaño, y no en forma de T, las cuales eran también usadas algunas veces.

ᴶREY DE LOS JUDÍOS. Puesto que Pilato había declarado repetidamente la inocencia de Jesús sobre cualquier crimen (Lc. 23:4, 14, 15, 22), ordenó que esta inscripción fuera escrita para él. Mientras que la acción de Pilato probablemente no buscaba burlarse ni honrar a Jesús, lo cierto es que sí intentaba molestar a las autoridades judías que le habían dado tantos problemas. Cuando los ofendidos líderes judíos solicitaron que la inscripción fuera cambiada, Pilato bruscamente se negó a hacerlo (vea Jn. 19:22). Los escritores de los cuatro Evangelios mencionan el título con ligeras variaciones. Lucas y Juan (19:20) dicen que estaba escrito en griego, latín y hebreo, así que las ligeras diferencias en los Evangelios podrían simplemente reflejar las diferentes traducciones del título. Es todavía más probable que los cuatro evangelistas hayan hecho una referencia elíptica al título, de tal modo que cada uno omitió diferentes partes de la inscripción completa. Los cuatro coinciden con Marcos en afirmar que la descripción decía EL REY DE LOS JUDÍOS (Mt. 27:37; Mr. 15:26; Lc. 23:38; Jn. 19:19). Lucas añadió «ESTE ES» al principio, y Mateo comienza con «ESTE ES JESÚS». La versión de Juan comienza con «JESÚS DE NAZARET». Al unirlos todos, el título completo diría: «ESTE ES JESÚS DE NAZARET, EL REY DE LOS JUDÍOS».

[MT]Entonces crucificaron con él a dos [k]ladrones, [MR]uno a su derecha, y el otro a su izquierda[,] [JN]y [l]Jesús en medio. [MR]Y se cumplió la Escritura que dice: Y fue contado con los inicuos. [MT]Y los que pasaban le injuriaban, [m]meneando la cabeza, y diciendo: [MR]¡Bah! [MT]Tú que [n]derribas el templo, y en tres días lo reedificas, sálvate a ti mismo; si eres Hijo de Dios, [o]desciende de la cruz.

De esta manera también los principales sacerdotes, escarneciéndole [MR]unos a otros, [MT]con los escribas [...] y los ancianos, [LCp]se burlaban de él, diciendo: [MT]A otros salvó, a sí mismo no se puede salvar; [LC]sálvese a sí mismo, si éste es el Cristo, el escogido de Dios. [MT][S]i es el Rey de Israel, descienda ahora de la cruz, [MR]para que veamos [q]y creamos [MT]en él. Confió en Dios; líbrele ahora si le quiere; porque ha dicho: Soy Hijo de Dios. [LC]Los soldados también le escarnecían, acercándose y presentándole vinagre, y diciendo: Si tú eres el Rey de los judíos, sálvate a ti mismo. [MT]Lo mismo le injuriaban [r]también los ladrones que estaban crucificados con él.

[LC]Y [s]uno de los malhechores que estaban colgados le injuriaba, diciendo: Si tú eres el Cristo, sálvate a ti mismo y a nosotros. Respondiendo el otro, le reprendió, diciendo: ¿Ni aun temes tú a Dios, estando en la misma condenación? Nosotros,

....

[k]LADRONES. Esta palabra denota a un rebelde y forajido que saqueaba y robaba. Los ladrones comunes generalmente no eran crucificados, ya que el robo no era una ofensa capital bajo el gobierno de Roma. Estos pudieron ser seguidores de Barrabás, es decir, rebeldes y guerrilleros.

[l]JESÚS EN MEDIO. Al colocar la cruz de Jesús entre los dos ladrones, Pilato habría intentado un insulto adicional contra los judíos, dando a entender que su rey no era más que un vulgar delincuente. Dios, sin embargo, buscaba el cumplimiento de la profecía (cp. Is. 53:12).

[m]MENEANDO LA CABEZA. Un gesto de desprecio y mofa (cp. 2 R. 19:21; Sal. 22:7; 44:14; 109:25; Jer. 18:16; Lm. 2:15).

[n]DERRIBAS EL TEMPLO, Y EN TRES DÍAS LO REEDIFICAS. Vea Mateo 26:61. Los transeúntes repitieron la acusación falsa hecha durante el juicio de Jesús ante Caifás (Mr. 14:58). El cargo fue producto de una interpretación errónea de las palabras de Jesús en Juan 2:19–21. Ellos habían interpretado mal el mensaje. «Mas él hablaba del templo de su cuerpo» (Jn. 2:21). Él no bajaría de la cruz, pero no porque no tuviera poder para hacerlo (Jn. 10:18). Las prueba definitiva de que era el Hijo de Dios vendría «en tres días» (vea Mt. 12:40), cuando retornó con «el templo» (es decir, su cuerpo) reconstruido.

[o]DESCIENDE DE LA CRUZ. Una petición final de las incrédulas autoridades judías por un milagro (cp. Mr. 8:11). Su afirmación de que una vez que vieran creerían, era falsa, puesto que se negaron a creer ante el milagro aun más grande de la resurrección de Cristo.

[p]SE BURLABAN. Cp. el Salmo 22:6, 7, 16–18.

[q]Y CREAMOS EN ÉL. Cp. Mateo 12:38; 16:1.

[r]TAMBIÉN LOS LADRONES QUE ESTABAN CRUCIFICADOS CON ÉL. Los dos ladrones se unieron al ultraje contra Jesús, aunque uno de ellos se arrepentiría después (Lc. 23:40–43).

[s]UNO DE LOS MALHECHORES. Mateo 27:44 y Marcos 15:32 relatan que ambos criminales se unieron a la multitud en sus burlas contra Cristo. Sin embargo, al transcurrir las horas, la conciencia de este malhechor fue afectada y se arrepintió. Tan pronto el ladrón impenitente insistió en burlarse, este otro lo reprendió y se negó a hacerlo de nuevo.

a la verdad, justamente padecemos, porque recibimos lo que merecieron nuestros hechos; 'mas éste ningún mal hizo. Y dijo a Jesús: "Acuérdate de mí cuando vengas en tu reino. Entonces Jesús le dijo: De cierto te digo que hoy estarás conmigo en el 'paraíso.

JNwEstaban junto a la cruz de Jesús su madre, y la hermana de su madre, María mujer de Cleofas, y María Magdalena. Cuando vio Jesús a su madre, y ˣal discípulo a quien él amaba, que estaba presente, dijo a su madre: Mujer, he ahí tu hijo. Después dijo al discípulo: He ahí tu madre. Y desde aquella hora el discípulo la recibió en su casa.

....

ᵗMAS ÉSTE NINGÚN MAL HIZO. Cp. Lucas 23:4, 15, 22. Aun el ladrón daba testimonio de su inocencia.

ᵘACUÉRDATE DE MÍ. La oración del ladrón arrepentido reveló que creía en la vida del alma después de la muerte, que Cristo tenía potestad en un reino para gobernar el alma de cada uno de los hombres, y que pronto entraría a ese reino a pesar de su muerte inminente. Su petición, digna de ser recordada, era una súplica por misericordia, la cual también revela su comprensión de que no había esperanza aparte de la gracia divina y que la dispensación de esa gracia estaba en manos de Jesús. Todo lo anterior demuestra la fe verdadera del ladrón agonizante, y Cristo en su gracia aseguró su salvación.

ᵛPARAÍSO. Los únicos pasajes en los cuales se utiliza esta palabra en el NT son 2 Corintios 12:4 y Apocalipsis 2:7. El término sugiere un huerto (es la palabra usada para referirse a Edén en la Septuaginta), pero en todas las referencias en el NT se refiere al cielo.

ʷESTABAN JUNTO A LA CRUZ. Aunque el número exacto de mujeres que se menciona aquí es discutible, Juan se refiere a cuatro mujeres y no a tres, a pesar de que solo incluye el nombre de dos de ellas: (1) «su madre» (María); (2) «la hermana de su madre» (pudo ser Salomé [Mr. 15:40], la hermana de María y madre de Jacobo y Juan, los hijos de Zebedeo [Mt. 27:56, 57; Mr. 15:40]); (3) «María mujer de Cleofas» (la madre de Jacobo el menor y José [Mt. 27:56]); y (4) María Magdalena (esto alude a la aldea de Magdala sobre la costa occidental de Galilea, al norte de Tiberias). María Magdalena es una figura prominente en la historia de la resurrección (vea 20:1–18; cp. Lc. 8:2, 3, donde Jesús la sanó tras liberarla de siete demonios).

ˣAL DISCÍPULO A QUIEN ÉL AMABA. Esta es una referencia a Juan (cp. Jn. 13:23). Jesús, quien como primogénito se hizo responsable de asegurar el sustento de su familia antes de comenzar su ministerio, no cedió esa responsabilidad a sus hermanos, porque ellos no simpatizaban con su ministerio ni creían en él (Jn. 7:3–5), y lo más probable es que no estuvieran presentes a la hora de su muerte (i. e., su hogar se hallaba en Capernaum, vea Jn. 2:12).

193. Las últimas tres horas en la cruz

Mt. 27:45–50; Mr. 15:33–37; Lc. 23:44–45a; Jn. 19:28–30

[MT]Y [a]desde la hora sexta [LC]el sol se oscureció [y] [MT]hubo [b]tinieblas sobre toda la tierra hasta la hora novena. Cerca de la hora novena, Jesús clamó a gran voz, diciendo: [c]Elí, Elí, ¿lama sabactani? [MR]que traducido es: Dios mío, Dios mío, [d]¿por qué me has desamparado? [MT]Algunos de los que estaban allí decían, al oírlo: [MR]Mirad, [MT][a] Elías llama éste.

[JN]Después de esto, sabiendo Jesús que ya todo estaba consumado, dijo, para que la Escritura se cumpliese: Tengo sed. Y estaba allí una vasija llena de [e]vinagre[.] [MT]Y al instante, corriendo uno de ellos, tomó una esponja, y la empapó de vinagre, y poniéndola en una caña [de] [JN]hisopo, se la acerc[ó] a la boca [y] [MT]le dio a beber.

....

[a] DESDE LA HORA SEXTA [...] HASTA LA HORA NOVENA. Desde el mediodía hasta las tres de la tarde. La crucifixión comenzó a las nueve de la mañana. La hora sexta marcaba el punto medio de las seis horas de Jesús en la cruz.

[b] TINIEBLAS. Un signo del juicio divino (cp. Is. 5:30; 13:10, 11; Jl. 2:1, 2; Am. 5:20; Sof. 1:14, 15; Mt. 8:12; 22:13; 25:30). La extensión geográfica de las tinieblas es desconocida, aunque los escritos de los padres de la iglesia dicen que se extendió más allá de Israel. Esto no pudo causarlo un eclipse, ya que los judíos usaban un calendario lunar, y la Pascua siempre caía en luna llena, haciendo que un eclipse solar resultara imposible. Se trató de una oscuridad sobrenatural.

[c] ELÍ, ELÍ, ¿LAMA SABACTANI? «Elí» es hebreo, el resto es arameo (Mr. 15:34 refiere el clamor completamente en arameo). Este lamento es el cumplimiento del Salmo 22:1, uno de los muchos paralelos sorprendentes entre este salmo y los sucesos específicos de la crucifixión. Cristo en ese momento experimentó el abandono y la desesperación que resultan del derramamiento de la ira divina sobre él como portador del pecado (cp. Mt. 26:39).

[d] ¿POR QUÉ ME HAS DESAMPARADO? Jesús se sentía intensamente abandonado por el Padre, debido a que la ira de Dios estaba siendo vertida sobre él como sustituto por los pecadores (cp. 2 Co. 5:21).

[e] VINAGRE. No debe confundirse con el «vinagre mezclado con hiel» que le ofrecieron en el camino a la cruz (Mt. 27:34) con el propósito de hacerlo insensible al dolor. La función de esta bebida (cp. Mr. 15:36) era prolongar la vida y aumentar la intensidad de la tortura y el dolor. Se trataba del vino agrio y barato que los soldados utilizaban. Esta palabra evoca el Salmo 69:21, donde el mismo término se encuentra en la Septuaginta. El hisopo es una planta pequeña que al secarse es ideal para rociar (vea Éx. 12:22).

Pero los otros decían: Deja, veamos si viene ᶠElías a librarle [y] ᴹᴿa bajarle. ᴶᴺCuando Jesús hubo tomado el vinagre, dijo: ᵍConsumado es.

ᴸᶜEntonces Jesús, ʰclamando a gran voz, dijo: Padre, ⁱen tus manos encomiendo mi espíritu. Y habiendo dicho esto, ᴶᴺ[y] habiendo inclinado la cabeza, ᴸᶜexpiró [y] ᴹᵀⱼentregó el espíritu.

ᶠEʟíAS. Una burla más que, en efecto, significaba: «Dejen que el precursor venga y salve a este autoproclamado Mesías» (cp. Lc. 1:17).

ᵍCONSUMADO ES. Aquí el verbo comunica la idea de cumplir la tarea asignada, y en el contexto religioso alude al cumplimiento perfecto de las obligaciones religiosas individuales (vea Jn. 17:4). Toda la obra de redención quedó completa en este punto. La palabra griega que se traduce con la frase «consumado es» se ha encontrado en papiros que se utilizaban en aquel tiempo como recibos de los impuestos para indicar que se había hecho un «pago total» de la deuda (vea Col. 3:13, 14).

ʰCLAMANDO A GRAN VOZ. Demostrando gran fortaleza tomando en cuenta el gran sufrimiento al que se había estado enfrentando, el clamor del Señor revelaba también que su vida no le había sido lentamente robada, sino que él voluntariamente la estaba dando (Jn. 10:17, 18).

ⁱEN TUS MANOS. Aquí se cita el Salmo 31:5, y la manera como habría de morir concuerda con Juan 10:18. Por lo general, las víctimas de la crucifixión morían con mayor lentitud. Él, con pleno control de la situación, tan solo entregó su alma (Jn. 10:18; 19:30), encomendándosela a Dios. Así, «se ofreció a sí mismo sin mancha a Dios» (Heb. 9:14).

ʲENTREGÓ EL ESPÍRITU. Un acto voluntario. Esta oración señala que Jesús ofreció su espíritu como un acto de su voluntad. Nadie le quitó la vida, sino que él la dio por su propia voluntad (vea Jn. 10:17–18).

194. Testigos de la muerte de Jesús

Mt. 27:51–56; Mr. 15:38–41; Lc. 23:45b, 47–49

[MT]Y he aquí, [a]el velo del templo se rasgó en dos, de arriba abajo; y la tierra tembló, y las rocas se partieron; y se abrieron los sepulcros, y muchos [b]cuerpos de santos que habían dormido, se levantaron; y saliendo de los sepulcros, después de la resurrección de él, vinieron a la santa ciudad, y aparecieron a muchos.

[c]El centurión, [MR]que estaba frente a él, [MT]y [d]los que estaban con él guardando a Jesús, [MR]eviendo que después de clamar había expirado [y] [MT]visto el terremoto, y las cosas que habían sido hechas, temieron en gran manera, y [LC]di[eron] gloria a Dios, diciendo: [MR]Verdaderamente este hombre era Hijo de Dios [y] [LC][v]erdaderamente este hombre era justo. Y toda la multitud de los que estaban presentes en este espectáculo, viendo lo que había acontecido, se volvían [f]golpeándose el pecho.

···

[a]EL VELO DEL TEMPLO. Es decir, la cortina que bloqueaba la entrada al Lugar Santísimo (Éx. 26:31–33; 40:20, 21; Lv. 16:2; Heb. 9:3). La ruptura del velo significó que el acceso a la presencia de Dios fue abierto a todos a través de un camino nuevo y vivo (Heb. 10:19–22). El hecho de que el velo fuera rasgado «de arriba abajo» muestra que ningún hombre pudo haberlo roto. Dios lo hizo.

[b]CUERPOS DE SANTOS […] SE LEVANTARON. Solo Mateo menciona este milagro. Nada más se dice sobre estas personas, las cuales probablemente no permanecieron mucho tiempo en la tierra. Evidentemente, ellas recibieron cuerpos glorificados; se les aparecieron a «muchos», los suficientes como para establecer la veracidad de este milagro, y luego sin duda alguna ascendieron al cielo, un anticipo de 1 Tesalonicenses 4:16.

[c]EL CENTURIÓN. El oficial militar romano que estaba a cargo de la crucifixión. Los centuriones, considerados el segmento principal del ejército romano, tenían bajo su mando a cien soldados.

[d]LOS QUE ESTABAN CON ÉL. Estos eran probablemente hombres bajo su mando. Marcos 15:39 dice que fue el centurión quien profirió las palabras de confesión, pero es evidente que también fue el vocero de todo el grupo. Su «temor» habla del conocimiento que tenía acerca de sus pecados, y la palabra «verdaderamente» sugiere la certeza y la convicción de una fe real. Estos hombres son una respuesta a la oración de Jesús en Lucas 23:34. Su respuesta contrasta grandemente con la actitud de burla de Mateo 27:39–44.

[e]VIENDO QUE DESPUÉS DE CLAMAR. El centurión había visto morir muchas víctimas de crucifixión, pero ninguna como Jesús. La fortaleza que manifestó en su muerte, así como su clamor en voz alta, no eran naturales en una víctima de crucifixión. Esto, junto con el terremoto que coincidió con la muerte de Cristo (Mt. 27:51–54), convenció al centurión de que Jesús era «verdaderamente […] Hijo de Dios». Según la tradición, este hombre llegó a ser creyente.

[f]GOLPEÁNDOSE EL PECHO. Solo Lucas relata esta expresión de compunción y angustia (cp. Lc. 18:13).

Pero todos sus conocidos, [y] ᴹᵀᵍmuchas ʰmujeres [...], las cuales habían seguido a Jesús desde Galilea, sirviéndole, ᴸᶜestaban lejos mirando estas cosas. ᴹᴿEntre las cuales estaban ⁱMaría Magdalena, ʲMaría la madre de Jacobo el menor y de José, y ᵏSalomé ᴹᵀla madre de los hijos de Zebedeo[,] ᴹᴿquienes, cuando él estaba en Galilea, le seguían y le servían; y ˡotras muchas que habían subido con él a Jerusalén.

ᵍMUCHAS MUJERES. Algunas de estas mujeres habían estado antes al pie de la cruz (Jn. 19:25–27). No siendo capaces de observar el sufrimiento de Jesús a tan corta distancia, decidieron mirar «de lejos». Su manifiesta lealtad contrasta fuertemente con la actitud de los discípulos, quienes a excepción de Juan, desaparecieron sin dejar rastro.

ʰMUJERES [...] DESDE GALILEA. Mateo 27:56 y Marcos 15:40, 41 relatan que aquí se incluía a María Magdalena; a María, la madre de Jacobo (el menor) y José; a Salomé, la madre de Santiago y Juan, y a muchas otras. Estas mismas mujeres estuvieron presentes en su sepultura (Mt. 27:61; Mr. 15:47; Lc. 23:55) y su resurrección (Mt. 28:1; Mr. 16:1; Lc. 24:1), así que fueron testigos oculares de todos los acontecimientos cruciales del evangelio (cp. 1 Co. 15:3, 4).

ⁱMARÍA MAGDALENA. Es probable que su nombre se derive del pueblo de Magdala, en la región de Galilea. Lucas anota que Jesús había expulsado de ella siete demonios (Lc. 8:2). Usualmente se le nombra primero cuando se listan las mujeres que siguieron a Jesús, lo cual sugiere que ella era la líder.

ʲMARÍA LA MADRE DE JACOBO EL MENOR Y DE JOSÉ. La otra «María» («esposa de Cleofas» en Juan 19:25, una variante de Alfeo) es diferenciada de las otras Marías por el nombre de sus hijos. «Jacobo el menor» (llamado también «Jacobo hijo de Alfeo» en Mt. 10:3) fue uno de los doce.

ᵏSALOMÉ LA MADRE DE LOS HIJOS DE ZEBEDEO. Salomé (Mr. 15:40), madre de Jacobo y Juan. Por Juan 19:26 sabemos que María, la madre de Jesús, estaba también presente en la cruz, posiblemente permaneciendo aparte de estas tres que estaban «mirando de lejos», como si no hubieran sido capaces de observar su sufrimiento, pero tampoco de abandonarlo.

ˡOTRAS MUCHAS. Estas mujeres habían estado con Jesús desde los días de su ministerio en Galilea, viajando con él y sus discípulos, cuidando de sus necesidades (cp. Lc. 8:2, 3).

195. Remueven el cuerpo de Jesús de la cruz

Mt. 27:57–58; Mr. 15:42–45; Lc. 23:50–52; Jn. 19:31–38

[IN]Entonces[,] [MR][c]uando llegó la noche, porque era [a]la preparación, es decir, la víspera del día de reposo, [IN]a fin de [b]que los cuerpos no quedasen en la cruz en el día de reposo (pues aquel día de reposo era de gran solemnidad), rogaron a Pilato [c]que se les quebrasen las piernas, y fuesen quitados de allí. Vinieron, pues, los soldados, y quebraron las piernas al primero, y asimismo al otro que había sido crucificado con él.

Mas cuando llegaron a Jesús, como le vieron ya muerto, no le quebraron las piernas. Pero uno de los soldados [d]le abrió el costado con una lanza, y al instante salió sangre y agua. Y [e]el que lo vio da testimonio, y su testimonio es verdadero; y él sabe que dice verdad, para que vosotros también creáis. Porque estas cosas sucedieron para que se cumpliese la Escritura: [f]No será quebrado hueso suyo. Y también otra Escritura dice: [g]Mirarán al que traspasaron.

....

[a] LA PREPARACIÓN. El viernes, día anterior al *día de reposo* (sábado).

[b] QUE LOS CUERPOS NO QUEDASEN EN LA CRUZ EN EL DÍA DE REPOSO. A pesar de que los romanos no tenían problemas con dejar a las víctimas de la crucifixión colgando de las cruces mucho tiempo después de que hubieran muerto (permitiendo que sus cuerpos se descompusieran o las aves de rapiña los devoraran), los líderes judíos insistían en que el cuerpo de Jesús fuera bajado de la cruz. La ley mosaica insistía en que todo el que quedara colgado de un madero no debía dejarse allí durante la noche, sino ser enterrado el mismo día (Dt. 21:22, 23). Ellos debían mostrarse recelosos en cuanto a esto, en especial a la luz de la celebración de la Pascua.

[c] QUE SE LES QUEBRASEN LAS PIERNAS. A fin de precipitar la muerte por alguna razón en particular, los soldados fracturaban las piernas de la víctima con un mazo de hierro. Esta acción brutal le impedía empujar con sus piernas para poder respirar, de tal modo que la víctima moría asfixiada.

[d] LE ABRIÓ EL COSTADO CON UNA LANZA. La perforación que el soldado infligió en el costado de Jesús fue muy profunda en vista de la salida repentina de agua y sangre. Puede ser que la lanza traspasara el corazón de Jesús o que la cavidad torácica fuera perforada en una sección inferior del diafragma. En cualquier caso, Juan mencionó el vertimiento de «sangre y agua» para hacer hincapié en el hecho indiscutible de que Jesús había muerto.

[e] EL QUE LO VIO. Una referencia a Juan el apóstol, quien fue testigo ocular de estos acontecimientos (Jn. 13:23; 19:26; 20:2; 21:7, 20; cp. 1 Jn. 1:1–4).

[f] NO SERÁ QUEBRADO HUESO SUYO. Juan incluyó esta cita de Éxodo 12:46 o Números 9:12, donde se establece de manera específica que ningún hueso del cordero pascual debía ser quebrado. Puesto que el NT presenta a Jesús como el Cordero de Pascua que quita el pecado del mundo (Jn. 1:29; cp. 1 Co. 5:7; 1 P. 1:19), estos versículos tienen un significado profético y tipológico de gran importancia.

[g] MIRARÁN AL QUE TRASPASARON. La cita corresponde a Zacarías 12:10. La angustia y la contrición de los judíos en el pasaje de Zacarías al ver herido al pastor de Dios es una tipología profética del tiempo correspondiente a la venida del Hijo de Dios, el Mesías, quien al regresar causará el lamento más profundo de Israel por haber rechazado y matado a su Rey (cp. Ap. 1:7).

Después de todo esto, LC[h]abía un varón llamado ʰJosé, MTun hombre rico de ⁱArimatea, LCciudad de Judea, [y] MRmiembro noble del concilio, que también ʲesperaba el reino de Dios, LCvarón bueno y justo [y] JNque era discípulo de Jesús, pero secretamente por miedo de los judíos[.] LC[Y] no había consentido en el acuerdo ni en los hechos de ellos[.]

ᵏ[V]in[iendo] y entr[ando] osadamente[,] MT[e]ste fue a Pilato y ˡpidió JNque le permitiese llevarse el cuerpo de Jesús[.] MRmPilato se sorprendió de que ya hubiese muerto; y haciendo venir al centurión, le preguntó si ya estaba muerto. E informado por el centurión, JNPilato se lo concedió [y] MTnmandó que se le diese el cuerpo MRa José[.] JNEntonces vino, y se llevó el cuerpo de Jesús.

ʰ Josᴇ́. Este hombre aparece en los cuatro Evangelios y solo en relación con la sepultura de Jesús. Los sinópticos relatan que era un miembro del Sanedrín (Mr. 15:43), rico (Mt. 27:57), y esperaba el reino de Dios (Lc. 23:51). A pesar de formar parte del Sanedrín, Lucas dice que «no había consentido en el acuerdo ni en los hechos de ellos», refiriéndose a la condena de Cristo. Juan trató en términos negativos la idea de ser discípulo de Jesús en secreto (vea 12:42, 43), pero en vista de que José arriesgó en público su reputación y hasta su vida al pedir el cuerpo de Jesús, lo presentó con un tono más positivo. José y Nicodemo (Juan 19:39), ambos prominentes líderes judíos, enterraron a Jesús en un «sepulcro nuevo», cumpliendo con exactitud la profecía de Isaías 53:9.

ⁱ Arimatea. Conocida en el AT como Ramá o Ramataim de Zofim (el lugar de nacimiento de Samuel, 1 S. 1:1, 19; 2:11), esta ciudad estaba localizada aproximadamente de veinticuatro a treinta y dos kilómetros al noroeste de Jerusalén.

ʲ Esperaba el reino de Dios. Esto es, creía en las palabras de Jesús. Juan 19:38 se refiere a él como un discípulo secreto.

ᵏ Viniendo y entrando osadamente. Pilato seguramente no habría recibido con agrado a un miembro del Sanedrín después que dicho grupo lo había forzado a crucificar a un hombre inocente. Pero además, la identificación pública de José habría enfurecido a los otros miembros del Sanedrín.

ˡ Pidió que le permitiese llevarse el cuerpo de Jesús. Aunque bajo la ley romana los prisioneros sentenciados a muerte perdían el derecho a ser enterrados, los cuerpos eran entregados a los parientes si estos los reclamaban, pero la madre de Jesús estaba demasiado débil emocionalmente como para hacerlo. No existe evidencia alguna de que los hermanos y hermanas de Jesús estuvieran en ese momento en Jerusalén, y sus amigos más cercanos, los discípulos, habían huido (excepto Juan, que debía cuidar de María, Jn. 19:26, 27). En ausencia de parientes y amigos, José decidió valientemente pedirle a Pilato el cuerpo de Jesús.

ᵐ Pilato se sorprendió. Las víctimas de crucifixión frecuentemente colgaban por días, por lo que Pilato se sorprendió de que Jesús hubiera muerto tan solo seis horas después. Antes de entregarle el cuerpo de Jesús a José, Pilato confirmó con el centurión encargado de la crucifixión que Jesús, efectivamente, había muerto.

ⁿ Mandó que se le diese el cuerpo a José. Habiendo recibido confirmación por parte del centurión de la muerte de Jesús, Pilato le entregó el cuerpo de Jesús a José. Por medio de este acto, los romanos declaraban oficialmente muerto a Jesús.

196. Colocan el cuerpo de Jesús en la tumba

Mt. 27:59–66; Mr. 15:46–47; Lc. 23:53–56; Jn. 19:39–42

[MT]José [MR]compró una sábana, y lo quit[ó][.] [JN]También Nicodemo, el que antes había visitado a Jesús de noche, vino trayendo un compuesto de mirra y de áloes, [a]como cien libras. Tomaron, pues, el cuerpo de Jesús, y [MTb]lo envolvi[eron] [JN]en [c]lienzos [de] [MT]una sábana limpia [JN]con especias aromáticas, según es costumbre sepultar entre los judíos.

Y en el lugar donde había sido crucificado, había un [d]huerto, y en el huerto un sepulcro nuevo[.] [MR][Y José] lo puso [MT]en su [e]sepulcro nuevo, que había labrado en la peña[JN], en el cual [LC]aún [JN]no había sido puesto ninguno. [MT][Y] después de hacer rodar una gran piedra a la entrada del sepulcro, se fue. [JN]Allí, pues, por causa de [f]la preparación de la pascua de los judíos, y porque aquel sepulcro estaba cerca, pusieron a Jesús[,] [LC]y estaba para comenzar el día de reposo.

....

[a]COMO CIEN LIBRAS. Esta cifra se deriva de una noción imprecisa del término empleado en el texto original, porque la mezcla aludida pesaba alrededor de treinta kilogramos. La mirra era una resina muy fragante y pegajosa que los judíos pulverizaban y mezclaban con áloe, un polvo derivado del sándalo aromático. Los judíos no embalsamaban, sino que realizaban este proceso para contrarrestar la fetidez de la putrefacción (cp. Jn. 11:39).

[b]LO ENVOLVIERON EN [...] UNA SÁBANA. Los judíos no embalsamaban los cadáveres, pero sí los envolvían en telas perfumadas (cp. Mr. 16:1). Nicodemo, otro prominente miembro del Sanedrín (cp. Jn. 7:50), ayudó a José a llevar el cuerpo de Jesús (Jn. 19:39, 40). Estos dos hombres, que habían mantenido en secreto su lealtad a Jesús mientras estuvo con vida, la hicieron luego pública a fin de sepultarlo, mientras que los discípulos, que habían seguido abiertamente a Jesús, se escondieron (Jn. 20:19).

[c]LIENZOS [...] ESPECIAS. Lo más probable es que las especias fueran colocadas a todo lo largo de los lienzos que envolvieron por completo el cuerpo de Jesús. También se esparcieron especias debajo del cuerpo y alrededor. La resina viscosa hacía que los lienzos se adhirieran al cuerpo.

[d]HUERTO [...] SEPULCRO NUEVO. Juan es el único que alude a la cercanía del sepulcro al lugar donde Jesús fue crucificado. Como ya era casi el día de reposo, en el que todo trabajo debía cesar a partir del crepúsculo (alrededor de las seis de la tarde), fue conveniente que la tumba quedara cerca.

[e]SEPULCRO LABRADO EN LA PEÑA. Este «sepulcro» estaba localizado cerca del Gólgota (Jn. 19:42). Mateo añade que era propiedad de José (Mt. 27:60), mientras que Lucas y Juan señalan que nadie había sido enterrado en él todavía (Lc. 23:53; Jn. 19:41). No cabe duda de que José, que era rico, había construido una tumba para su propia familia. Estaba nueva. La sepultura de Jesús allí fue el maravilloso cumplimiento de Isaías 53:9.

[f]LA PREPARACIÓN. El viernes, día anterior al día de reposo (sábado).

Y las mujeres que habían venido con él desde Galilea, siguieron también, y [g]vieron el sepulcro, y cómo fue puesto su cuerpo. [MT]Y estaban allí María Magdalena, y la otra María, sentadas delante del sepulcro. [MR]Y María Magdalena y María madre de José miraban dónde lo ponían. [LC]Y vueltas, prepararon especias aromáticas y ungüentos; y descansaron el día de reposo, conforme al mandamiento.

[MTh]Al día siguiente, que es después de la preparación, se reunieron los principales sacerdotes y los fariseos ante Pilato, diciendo: Señor, nos acordamos que aquel engañador dijo, viviendo aún: Después de tres días resucitaré. Manda, pues, que se asegure el sepulcro hasta el tercer día, no sea que vengan sus discípulos de noche, y lo hurten, y digan al pueblo: Resucitó de entre los muertos. Y será el postrer error peor que el primero.

Y Pilato les dijo: Ahí tenéis una guardia; id, aseguradlo como sabéis. Entonces ellos fueron y aseguraron el sepulcro, sellando la piedra y poniendo la guardia.

· ·

[g]VIERON [...] CÓMO FUE PUESTO SU CUERPO. Según Juan 19:39, Nicodemo compró cincuenta kilogramos de especias y ungüentos (recolectados quizá mientras José le pedía a Pilato el cuerpo de Jesús), y junto con José envolvieron el cuerpo con lino y especias. Es muy probable que las mujeres de Galilea no conocieran a Nicodemo y a José, que eran habitantes de Judea. Después de todo, ambos hombres tenían vínculos con los líderes judíos que habían protagonizado la conspiración contra Jesús (Lc. 23:50; Jn. 3:1). Así que las mujeres habían decidido preparar ellas mismas el cuerpo de Jesús para su sepultura. Por esto mismo regresaron (i. e., fueron a la casa de cada una de ellas) para preparar sus propias especias y ungüentos (Lc. 23:56). Al tener que dejar el cuerpo de Jesús en la tumba antes del atardecer, cuando el día de reposo comenzaba, no pudieron terminar de prepararlo. Marcos 16:1 dice que compraron más especias «cuando pasó el día de reposo» (i. e., después del atardecer del sábado). Entonces regresaron el domingo en la mañana con las especias (Lc. 24:1) para culminar la tarea interrumpida por el día de reposo.

[h]AL DÍA SIGUIENTE. El día de reposo, sábado.

197. En la mañana del domingo, la tumba está vacía

Mt. 28:1-8; Mr. 16:1-8; Lc. 24:1-8; Jn. 20:1-2

MRCuando ªpasó el día de reposo, [en] JNb[e]l primer día de la semana, MRcMaría Magdalena, María la madre de Jacobo, y Salomé, compraron despecias aromáticas para ir a ªungirle.

MTY hubo fun gran terremoto; porque un ángel del Señor, descendiendo del cielo y llegando, removió la piedra, y se sentó sobre ella. Su aspecto era como un relámpago, y su vestido blanco como la nieve. Y de miedo de él los guardas temblaron y ªse quedaron como muertos.

....

ª Pasó el día de reposo. El *día de reposo* terminaba oficialmente al atardecer del día sábado, después de lo cual las mujeres podían comprar especias.

b El primer día de la semana. Se refiere al domingo. Desde entonces, los creyentes apartan el domingo para reunirse y recordar la portentosa resurrección del Señor (vea Hch. 20:7; 1 Co. 16:2). Llegó a conocerse como el día del Señor (Ap. 1:10).

c María Magdalena, María la madre de Jacobo, y Salomé. Lucas menciona que Juana y otras mujeres estuvieron presentes también (Lc. 24:10; cp. 15:41).

d Especias. Las mujeres compraron más especias, además de las que ya habían preparado antes (cp. Lc. 23:56; Jn. 19:39, 40).

e Ungirle. A diferencia de los egipcios, el pueblo hebreo no embalsamaba a sus muertos. El ungimiento era una demostración de amor, para compensar el hedor de un cuerpo ya en descomposición. Que las mujeres vinieran a ungir el cuerpo de Jesús al tercer día después de su entierro demuestra que ellas, al igual que los discípulos, no esperaban que él resucitara de los muertos (cp. Mr. 8:31; 9:31; 10:34).

f Un gran terremoto. El segundo terremoto asociado con la muerte de Jesús (Mt. 27:51). Este debió estar limitado al área alrededor de la tumba, cuando «un ángel» sobrenaturalmente «removió la piedra», no para dejar salir a Jesús y que pudiera resucitar de los muertos, pues él no tenía necesidad de ninguna ayuda para escapar de una tumba terrenal, sino para permitirles a las mujeres y los apóstoles entrar a ella.

g Se quedaron como muertos. Esto sugiere que no estaban simplemente paralizados por el miedo, sino completamente inconscientes, totalmente traumatizados por lo que habían visto. La palabra traducida como «temblaron» tiene la misma raíz que la palabra para «terremoto» en Mateo 27:2. La aparición repentina de este ángel al mismo tiempo que las mujeres llegaron fue la primera pista de que algo extraordinario estaba sucediendo.

[JNh]María Magdalena fue de mañana, siendo aún oscuro, al sepulcro; y vio quitada la piedra del sepulcro. Entonces corrió, y fue a Simón Pedro y al [i]otro discípulo, aquel al que amaba Jesús, y les dijo: [j]Se han llevado del sepulcro al Señor, y no sabemos dónde le han puesto.

[MTk][A]l amanecer, [MR]muy de mañana, la otra María y Salomé [LC]y algunas otras mujeres con ellas [MT]vinieron [...] a ver el sepulcro[LC], [l]trayendo las especias aromáticas que habían preparado[.] [MR][V]inieron al sepulcro, [m]ya salido el sol. Pero decían entre sí: [n]¿Quién nos removerá la piedra de la entrada del sepulcro? Pero cuando miraron, [o]vieron removida la piedra [JN]del sepulcro[MR], que era muy grande.

[LC][Y] [p]entrando, [MR]en el sepulcro, [LC]no hallaron el cuerpo del Señor Jesús. Aconteció que estando ellas perplejas por esto, he aquí se pararon junto a ellas [q]dos varones con vestiduras resplandecientes; [MR]y se espantaron [y] [LC]tuvieron temor, y bajaron el rostro a tierra[.]

....

[h]Maria Magdalena fue de mañana, siendo aún oscuro, al sepulcro. María fue al sepulcro primero, antes que las otras mujeres. Quizás la razón por la que Jesús se le apareció primero a María Magdalena fue demostrar gracia por medio de su fidelidad a alguien que tenía un sórdido pasado, pero evidentemente también porque ella lo amaba de un modo tan profundo que se apareció antes que todos los demás en el sepulcro. Su propósito era terminar la preparación del cuerpo de Jesús para su entierro, trayendo más especias a fin de ungir el cadáver.

[i]Otro discípulo, aquel al que amaba Jesús. Se trata de Juan, el autor del cuarto Evangelio.

[j]Se han llevado. Aunque Jesús había predicho su resurrección en numerosas ocasiones, en ese momento excedía lo que ella podía creer. Para que por fin creyeran fue necesario que Jesús se presentara con «muchas pruebas indubitables» (Hch. 1:3).

[k]Al amanecer. El *sabbat* terminaba oficialmente con el atardecer del día sábado. En aquel momento las mujeres podían comprar y preparar las especias (Lc. 24:1). El suceso aquí descrito ocurrió a la mañana siguiente, al amanecer del domingo, el primer día de la semana.

[l]Trayendo las especias. Las mujeres no esperaban encontrar a Jesús resucitado; solo se proponían terminar de ungir su cuerpo para la sepultura.

[m]Ya salido el sol. Juan 20:1 dice que María Magdalena llegó a la tumba mientras todavía era oscuro. Aparentemente, ella debió ir antes que las demás mujeres, lo cual explica por qué solo ella salió a buscar a Pedro y Juan.

[n]¿Quién nos removerá la piedra de la entrada del sepulcro? Solo Marcos relata esta conversación camino al sepulcro. Las mujeres se dieron cuenta de que no llevaban con ellas a ningún hombre para quitar de la entrada del sepulcro la pesada piedra. Dado que la última vez que habían visitado la tumba era el viernes por la tarde, no sabían que el día sábado había sido sellado el sepulcro y colocado una guardia a la entrada (Mt. 27:62–66). Los guardias romanos cayeron como muertos del miedo. Marcos, Lucas y Juan no hacen mención de ellos, lo cual significa que huyeron cuando volvieron en sí y hallaron la tumba vacía. Las mujeres deben haber arribado poco después.

[o]Vieron removida la piedra. La piedra había sido colocada no para evitar que Jesús saliera, sino para impedir que alguien pudiera entrar. El terremoto ocurrido cuando el ángel movió la piedra (Mt. 28:2) pudo haber afectado solo el área cercana a la tumba, tomando en cuenta que las mujeres al parecer no lo sintieron.

[p]Entrando en el sepulcro. La cámara exterior, separada de la cámara de entierro por una pequeña puerta.

[q]Dos varones. Eran ángeles.

^{MT}Mas [uno de los] ángel[es], ^{MRr}un joven sentado al lado derecho, cubierto de una larga ropa blanca^{MT}, dijo a las mujeres: No temáis vosotras; porque yo sé que buscáis a ^sJesús ^{MR}nazareno, ^{MT}el que fue crucificado. ^{LC}¿Por qué buscáis entre los muertos al que vive? ^{MT}No está aquí, pues ^tha resucitado, como dijo. Venid, ved el lugar donde ^{MR}pusieron ^{MT}[a]l Señor. ^{MR}Pero ^{MT}id pronto ^{MR}y decid a sus discípulos, ^uy a Pedro, que ^{MT}ha resucitado de los muertos, y he aquí ^vva delante de vosotros a Galilea; ^wallí le veréis^{MR}, como os dijo. ^{MT}He aquí, os lo he dicho.

^{LC}Acordaos de lo que os habló, cuando aún estaba en Galilea, diciendo: Es necesario que el Hijo del Hombre sea entregado en manos de hombres pecadores, y que sea crucificado, y resucite al tercer día. Entonces ellas se acordaron de sus palabras[.]

^{MR}Y ellas se fueron huyendo del sepulcro, porque les había tomado temblor y espanto ^{MT}con temor y gran gozo^{MR}; ni decían nada a nadie, porque ^xtenían miedo [pero] ^{MT}iban a dar las nuevas a los discípulos[.]

---

^rUn joven [...] cubierto de una larga ropa blanca. El ángel, habiendo movido la piedra (Mt. 28:2), entró luego a la cámara de entierro. Lucas narra que había dos ángeles en el sepulcro, Mateo y Marcos se concentran en el que habló.

^sJesús nazareno, el que fue crucificado. El relato inspirado no deja lugar a dudas en cuanto a quién había estado en el sepulcro. La idea de algunos incrédulos de que las mujeres entraron en la tumba equivocada es absurda.

^tHa resucitado. La resurrección de Cristo es una de las verdades centrales de la fe cristiana (1 Co. 15:4) y la única posible explicación para el sepulcro vacío. Incluso los líderes judíos no negaron la realidad de la tumba vacía, pero crearon la historia de que los discípulos habían robado el cuerpo (Mt. 28:11-15). La idea de que los temerosos (Jn. 19:19) y dudosos (Lc. 24:10, 11) discípulos consiguieron de alguna manera vencer a la guardia romana destacada allí y robar el cuerpo de Jesús es ridícula. Que lo hicieran mientras los guardias estaban dormidos es todavía más absurdo, porque seguramente al mover la pesada roca de la entrada de la tumba habrían despertado al menos a uno de los soldados. Además, ¿cómo podrían haber sabido los guardias lo que había sucedido mientras estaban dormidos? Muchas otras teorías han sido inventadas a través de los siglos para explicar la tumba vacía, todas ellas igualmente descabelladas.

^uY a Pedro. Pedro no fue seleccionado como líder de los discípulos, sino reafirmado en el hecho de que, a pesar de haber negado a Cristo, seguía siendo uno ellos.

^vVa delante de vosotros a Galilea [...] como os dijo. La falta de fe de los discípulos los hizo desacatar las instrucciones del ángel, no yendo a Galilea (Mt. 28:7, 16) hasta que Jesús se les apareció repetidamente en Jerusalén (cp. Lc. 24:13-32; Jn. 20:19-31).

^wAllí le veréis. Cp. Mateo 26:32; Juan 21:1-14. Esto no significa que ellos no lo verían hasta entonces. Jesús fue visto varias veces por los apóstoles antes de que llegara a Galilea (Lc. 24:15, 34, 36; Jn. 20:19, 26). Sin embargo, su suprema aparición después de la resurrección fue en Galilea, donde se «apareció a más de quinientos hermanos a la vez» (1 Co. 15:6).

^xTenían miedo. Ellos estaban agobiados por la apariencia aterradora del ángel y el misterio imponente de la resurrección.

198. Pedro y Juan ven la tumba vacía

Lc. 24:12; Jn. 20:3-10

[Despues de haber escuchado a María Magdalena,] ^{JN}salieron Pedro[,] ^{LC}levantándose[,] ^{JN}y el otro discípulo, y fueron al sepulcro.

Corrían los dos juntos; pero el otro discípulo ^acorrió más aprisa que Pedro, y llegó primero al sepulcro. Y bajándose a mirar, vio ^blos lienzos puestos allí, pero no entró. Luego llegó Simón Pedro tras él, y entró en el sepulcro, y vio los lienzos puestos allí ^{LC}solos[,] ^{JN}y el sudario, que había estado sobre la cabeza de Jesús, no puesto con los lienzos, sino ^cenrollado en un lugar aparte.

Entonces entró también ^del otro discípulo, que había venido primero al sepulcro; y vio, y creyó. Porque aún ^eno habían entendido la Escritura, que era necesario que él resucitase de los muertos. Y volvieron los discípulos^{LC}, y se fue[ron] ^{JN}a los suyos[,] ^{LC}maravillándose de lo que había sucedido.

....

^aCORRIÓ MÁS APRISA QUE PEDRO. Juan corrió junto con Pedro, pero llegó primero a la tumba.

^bLOS LIENZOS. Es decir, las envolturas que habían contenido el cuerpo. Hay una gran diferencia entre la resurrección de Lázaro (Jn. 11:44) y la de Jesús. Mientras que Lázaro salió de la tumba con las vendas y el sudario, el cuerpo material de Jesús fue glorificado y atravesó los lienzos, de la misma manera que atravesó luego las paredes del recinto en el cual se les apareció a los discípulos (cp. Fil. 3:21).

^cENROLLADO EN UN LUGAR APARTE. El estado en el cual encontraron estos elementos indica que no habían sido forzados y que el cuerpo no había sido desenvuelto de prisa por ladrones, quienes en realidad ni siquiera lo hubieran hecho, pues resultaba más fácil y grato transportarlo con sus envolturas y especias. Todo indica que nadie pudo haber tomado el cuerpo, sino que este atravesó la envoltura de lienzos y el sudario, dejándolos intactos tras de sí en la tumba.

^dEL OTRO DISCÍPULO. Juan vio los lienzos y se convenció de que Jesús había resucitado.

^eNO HABÍAN ENTENDIDO LA ESCRITURA. Pedro y Juan no entendieron la Escritura que declaraba la resurrección de Jesús (Sal. 16:10). Esto se evidencia en el relato de Lucas (24:25-27, 32, 44-47). Jesús había profetizado su resurrección (Mt. 16:21; Mr. 8:31; 9:31; Lc. 9:22; Jn. 2:17), pero ellos no lo admitían (Mt. 16:22; Lc. 9:44, 45). En la época en la cual Juan escribió su Evangelio, la iglesia había crecido en su comprensión de la resurrección del Mesías profetizada en el AT (cp. «aún»).

199. Jesús se le aparece a María Magdalena

Jn. 20:11-18; [Mr. 16:9-11]

[JN]Pero María estaba fuera [a]llorando junto al sepulcro; y mientras lloraba, se inclinó para mirar dentro del sepulcro; y vio a [b]dos ángeles con vestiduras blancas, que estaban sentados el uno a la cabecera, y el otro a los pies, donde el cuerpo de Jesús había sido puesto. Y le dijeron: Mujer, ¿por qué lloras? Les dijo: Porque se han llevado a mi Señor, y no sé dónde le han puesto.

Cuando había dicho esto, se volvió, y vio a Jesús que estaba allí; mas [c]no sabía que era Jesús. Jesús le dijo: Mujer, ¿por qué lloras? ¿A quién buscas? Ella, pensando que era el hortelano, le dijo: Señor, si tú lo has llevado, dime dónde lo has puesto, y yo lo llevaré.

Jesús le dijo: [d]¡María! Volviéndose ella, le dijo: ¡Raboni! (que quiere decir, Maestro). Jesús le dijo: [e]No me toques, porque aún no he subido a mi Padre; mas ve a [f]mis hermanos, y diles: Subo a mi Padre y a vuestro Padre, a mi Dios y a vuestro

....

[a]LLORANDO. El sentimiento de pena y dolor de María debió conducirla de regreso a la tumba. Parece que no se cruzó en el camino con Pedro o Juan, y por eso ignoraba la resurrección de Jesús.

[b]DOS ÁNGELES. Lucas (24:4) describe a ambos. Mateo (28:2, 3) y Marcos (16:5) solo hacen referencia a uno. Juan mencionó a los dos ángeles con el fin de demostrar que no hubo ladrones de tumbas que robaran el cuerpo. Fue el poder de Dios el que actuó.

[c]NO SABÍA QUE ERA JESÚS. No es clara la razón por la cual María no fue capaz de reconocer a Jesús. Pudo deberse a las lágrimas de sus ojos que hacían borrosa su visión. Quizás también las recientes imágenes del cuerpo herido y deshecho estaban grabadas aún en su mente, y la apariencia resucitada de Jesús fue tan dramáticamente diferente que ella falló en reconocerlo. Sin embargo, es posible que hubiera sido cegada de manera sobrenatural para reconocerlo solo cuando él lo permitiera, tal como les sucedió a los discípulos en el camino a Emaús (vea Lc. 24:16).

[d]¡MARÍA! Sin importar cuál haya sido la razón por la cual antes no pudo reconocerlo, ella reconoció a Jesús tan pronto como él pronunció su nombre. Esto rememora las palabras de Jesús: «Mis ovejas oyen mi voz, y yo las conozco, y me siguen» (Jn. 10:27; cp. 10:3, 4).

[e]NO ME TOQUES, PORQUE AÚN NO HE SUBIDO A MI PADRE. María manifestó su deseo de asirse del Señor por temor a perderlo de nuevo. La alusión de Jesús a su ascensión deja en claro que solo estaría con ellos por un tiempo, y aunque ella quisiera con empeño que él se quedara, esto no era posible. Jesús permaneció con ellos solo durante cuarenta días y luego ascendió (Hch. 1:3-11). Después de ir al Padre, enviaría al Espíritu Santo («el Consolador») para que no se sintieran desamparados (cp. Jn. 14:18, 19).

[f]MIS HERMANOS. Hasta entonces, los discípulos habían sido llamados «siervos» o «amigos» (Jn. 15:15), pero no «hermanos». Gracias a la obra de Jesús en la cruz en la cual tomó el lugar del pecador, fue posible establecer esta nueva relación con Cristo (Ro. 8:14-17; Gá 3:26, 27; Ef. 1:5; Heb. 2:10-13).

Dios. Fue entonces María Magdalena para dar a los discípulos las nuevas de que había visto al Señor, y que él le había dicho estas cosas.

[MR8Habiendo, pues, resucitado Jesús por la mañana, el primer día de la semana, apareció primeramente a María Magdalena, de quien había echado siete demonios. Yendo ella, lo hizo saber a los que habían estado con él, que estaban tristes y llorando. Ellos, cuando oyeron que vivía, y que había sido visto por ella, no lo creyeron.]

....

8HABIENDO, PUES, RESUCITADO. La evidencia externa sugiere fuertemente que estos versículos (Mr. 16:9–20) no estaban en el Evangelio original de Marcos. (De ahí que aparezcan entre corchetes al final de la sección.) Mientras que la mayoría de los manuscritos griegos contienen estos versos, los más antiguos y confiables no. Existe también un final más corto, pero este no es incluido en el texto. Por otra parte, algunos que incluyen el pasaje refieren que falta en los manuscritos griegos más antiguos, mientras otros tienen comentarios indicando que el pasaje era considerado espurio. Eusebio y Jerónimo, padres de la iglesia en el siglo cuarto, notan que casi todos los manuscritos griegos disponibles para ellos carecen de los vv. 9–20. La evidencia interna de este pasaje también pareciera negar la autoría de Marcos. La transición entre 16:8 y 16:9 es abrupta y torpe. La palabra griega traducida como «habiendo» que da inicio al v. 9 implica continuidad con la narrativa precedente. Lo que sigue, sin embargo, no da continuidad a la historia de las mujeres referida en el v. 8, sino describe la aparición de Cristo a María Magdalena (cp. Jn. 20:11–18). El participio masculino del v. 9, «resucitado», debería corresponderse con el sujeto del v. 8, las mujeres. Aunque María Magdalena es mencionada tres veces (15:40, 47; 16:1), el v. 9 la introduce como si fuera la primera vez. Además, si Marcos escribió el v. 9, es extraño que hubiera esperado hasta ahora para decir que Jesús había expulsado de ella a siete demonios. El ángel habló de la aparición de Jesús a sus seguidores en Galilea, y las apariciones descritas en los vv. 9–20 ocurren todas en el área de Jerusalén. Finalmente, la presencia en estos versículos de un número significativo de palabras griegas no usadas en ninguna otra parte del Evangelio refuerza la idea de que Marcos no los escribió. Los versículos del 9 al 20 representan un intento antiguo por completar el Evangelio de Marcos (en el siglo segundo los padres Ireneo, Taciano y quizá Justino Mártir ya los conocían). Los vv. 9–20 deberían ser siempre comparados con el resto de las Escrituras y ninguna doctrina debería formularse tomando en cuenta únicamente estos versículos. A pesar de todas estas consideraciones acerca de la probable falsedad de esta sección, es posible que no sea así, por consiguiente, es bueno considerar el significado de este pasaje y dejarlo en el texto, siguiendo el ejemplo de Juan 7:53–8:11.

200. Jesús se les aparece a las otras mujeres

Mt. 28:9-10; Lc. 24:9-11

^{MT}[H]e aquí[,] ^{LC}volviendo del sepulcro [las otras mujeres], ^{MT}Jesús les salió al encuentro, diciendo: ¡Salve! Y ellas, acercándose, abrazaron sus pies, y le adoraron. Entonces Jesús les dijo: No temáis; id, dad las nuevas a ^amis hermanos, para que vayan a Galilea, y allí me verán.

^{LC}[Y] dieron nuevas de todas estas cosas a ^blos once, y a todos los demás. Eran ^cMaría Magdalena, y ^dJuana, y ^eMaría madre de Jacobo, ^fy las demás con ellas, quienes dijeron estas cosas a los apóstoles. Mas a ellos les parecían ^glocura las palabras de ellas, y no las creían.

---

^a MIS HERMANOS. Es decir, los discípulos.

^b LOS ONCE. Esta es una referencia general a los apóstoles y probablemente podría haber excluido a Pedro y Juan, a quienes ya María Magdalena les había dado la noticia temprano en la mañana.

^c MARÍA MAGDALENA. Cp. Lc. 8:2. Ella fue la primera en ver a Jesús resucitado (Mr. 16:9; Jn. 20:11-18). Después de su encuentro individual con Jesús, María se reunió con las otras mujeres para ir a decirles a los discípulos lo que había sucedido.

^d JUANA. Su esposo era el intendente de Herodes. Cp. Lucas 8:3.

^e MARÍA MADRE DE JACOBO. Vea Mateo 27:56.

^f Y LAS DEMÁS. Nunca son identificadas con precisión (cp. Lucas 23:49, 55).

^g LOCURA. Es decir, algo sin sentido. En este punto a los discípulos les resultó imposible creer lo que las mujeres estaban diciendo. Sin embargo, pronto el Cristo resucitado se les aparecería y disiparía sus dudas.

201. Los soldados le dan un reporte a la autoridad judía

Mt. 28:11-15

[MT]Mientras ellas iban, he aquí unos de la guardia fueron a la ciudad, y [a]dieron aviso a los principales sacerdotes de todas las cosas que habían acontecido.

Y reunidos con los ancianos, y habido consejo, dieron [b]mucho dinero a los soldados, diciendo: Decid vosotros: Sus discípulos vinieron de noche, y lo hurtaron, [c]estando nosotros dormidos. Y si esto lo oyere el gobernador, nosotros le persuadiremos, y os pondremos a salvo.

Y ellos, tomando el dinero, hicieron como se les había instruido. Este dicho se ha divulgado entre los judíos hasta el día de hoy.

....

[a]DIERON AVISO A LOS PRINCIPALES SACERDOTES. La determinación de los líderes judíos de ocultar lo que había ocurrido revela la obstinación del incrédulo al enfrentar la evidencia (Lc. 16:31).

[b]MUCHO DINERO. Lit. «plata» (cp. Mateo 26:15). El soborno fue necesario porque la historia de los soldados, de ser cierta, podría costarles la vida, ya que se les había encomendado una guardia bajo las órdenes personales de Pilato (Mt. 27:65). Los líderes judíos también prometieron proteger a los soldados si la historia llegaba a oídos de Pilato.

[c]ESTANDO NOSOTROS DORMIDOS. La excusa era evidentemente ficticia, y no muy buena además. De haber estado realmente dormidos, no habrían podido saber lo que había sucedido.

202. El camino a Emaús

Lc. 24:13–35; [Mr. 16:12–13]

^{LC}Y he aquí, ^ados de ellos iban el mismo día a una aldea llamada ^bEmaús, que estaba a sesenta estadios de Jerusalén. E iban hablando entre sí de todas aquellas cosas que habían acontecido. Sucedió que mientras hablaban y discutían entre sí, Jesús mismo se acercó, y caminaba con ellos. Mas ^clos ojos de ellos estaban velados, para que no le conociesen.

Y les dijo: ¿Qué pláticas son estas que tenéis entre vosotros mientras camináis, y por qué estáis tristes? Respondiendo uno de ellos, que se llamaba Cleofas, le dijo: ¿^dEres tú el único forastero en Jerusalén que no has sabido las cosas que en ella han acontecido en estos días?

Entonces él les dijo: ¿Qué cosas? Y ellos le dijeron: De Jesús nazareno, que fue varón profeta, poderoso en obra y en palabra delante de Dios y de todo el pueblo; y cómo le entregaron los principales sacerdotes y nuestros gobernantes a sentencia de muerte, y le crucificaron. ^ePero nosotros esperábamos que él era el que había de redimir a Israel; y ahora, además de todo esto, hoy es ya ^fel tercer día que esto ha acontecido. Aunque también nos han asombrado unas mujeres de entre nosotros, las que antes del día fueron al sepulcro; y como no hallaron su cuerpo, vinieron

....

^aDos de ellos. Es evidente que no formaban parte de los once discípulos. Según el v. 18, uno se llamaba Cleofas.

^bEmaús. No se menciona en otro lugar de las Escrituras. Su ubicación exacta se desconoce, pero la tradición afirma que se corresponde con un pueblo llamado El-Qubeibe, ubicado a unos once kilómetros al noroeste de Jerusalén.

^cLos ojos de ellos estaban velados. Es decir, Dios les impidió reconocerlo.

^dEres tú el único forastero en Jerusalén. La crucifixión de Jesús era ya un suceso tan conocido en Jerusalén, que se extrañaron al saber que él parecía ignorarlo.

^ePero nosotros esperábamos. Ellos habían esperado un reino terrenal inmediato. Tras la crucifixión de Jesús, lucharían con la duda acerca de si él era el Mesías que habría de reinar. Sin embargo, seguían considerándolo un profeta verdadero.

^fEl tercer día. Estas palabras podrían sugerir esperanza. Ya habían escuchado rumores acerca de su resurrección. Quizá Cleofas recordó las promesas del Señor en Lucas 9:22; 18:33. No obstante, parece más probable que esa fue la manera de expresar su sorpresa ante el forastero que aún no conocía lo que todos en Jerusalén habían comentado durante los últimos tres días.

diciendo que también habían visto visión de ángeles, quienes dijeron que él vive. Y fueron algunos de los nuestros al sepulcro, y hallaron así como las mujeres habían dicho, [g]pero a él no le vieron.

Entonces él les dijo: ¡Oh insensatos, y tardos de corazón para creer todo lo que los profetas han dicho! ¿[h]No era necesario que el Cristo padeciera estas cosas, y que entrara en su gloria? Y comenzando desde [i]Moisés, y siguiendo por todos los profetas, les declaraba [j]en todas las Escrituras lo que de él decían.

Llegaron a la aldea adonde iban, y él hizo como que iba más lejos. Mas ellos le obligaron a quedarse, diciendo: Quédate con nosotros, porque se hace tarde, y el día ya ha declinado. Entró, pues, a quedarse con ellos. Y aconteció que estando sentado con ellos a la mesa, [k]tomó el pan y lo bendijo, lo partió, y les dio. Entonces [l]les fueron abiertos los ojos, y le reconocieron; mas [m]él se desapareció de su vista.

Y se decían el uno al otro: ¿No ardía nuestro corazón en nosotros, mientras nos hablaba en el camino, y cuando nos abría las Escrituras? Y levantándose en la misma

....

[g] PERO A ÉL NO LE VIERON. Esto era cierto. Es evidente que Cleofas y su compañero no habían escuchado acerca de la aparición a María Magdalena.

[h] ¿NO ERA NECESARIO...? Las profecías del AT citaban con frecuencia a un siervo de Jehová que sufriría.

[i] MOISÉS, Y [...] TODOS LOS PROFETAS. Lucas 24:44 presenta las tres divisiones. Esta es una manera resumida de referirse a lo mismo.

[j] EN TODAS LAS ESCRITURAS. En la inescrutable sabiduría de la divina providencia, la esencia de la enseñanza de Cristo acerca de las profecías mesiánicas del AT no fue registrada. Pero la esencia de lo que expuso sin duda incluyó una explicación del sistema de sacrificios del AT, el cual estaba lleno de símbolos y tipos que hablaban de sus sufrimientos y muerte. También debió referirse a los principales pasajes proféticos que hablaban de la crucifixión, tales como Salmos 16:9–11; 22; 69; Isaías 52:14—53:12; Zacarías 12:10; 13:7. Asimismo, debió señalar el verdadero significado de pasajes como Génesis 3:15; Números 21:6–9; Salmo 16:10; Jeremías 23:5, 6; Daniel 9:26, y muchas más de otras profecías mesiánicas, en especial aquellas que hablaban de su muerte y resurrección.

[k] TOMÓ EL PAN. Una expresión sencilla que hacía referencia al hecho de sentarse a participar de una comida.

[l] LES FUERON ABIERTOS LOS OJOS. Es decir, por Dios. El Señor les había impedido reconocerlo hasta ese momento. Su cuerpo resucitado había sido glorificado y su apariencia había cambiado (vea la descripción de Juan en Ap. 1:13–16), lo cual explica sin duda por qué María no lo reconoció al principio (cp. Jn. 20:14–16). No obstante, en este caso, Dios intervino de forma activa para impedirles reconocerlo hasta el momento de su partida.

[m] ÉL SE DESAPARECIÓ DE SU VISTA. Su cuerpo resucitado, aunque era real y tangible (Jn. 20:27), y aún podía ingerir alimentos (Lc. 24:42, 43), poseía sin embargo las cualidades de un cuerpo glorificado y transformado de manera misteriosa (cp. 1 Co. 15:35–54; Fil. 3:21). Cristo podía aparecer y desaparecer corporalmente, como podemos ver en este pasaje. Su cuerpo podía traspasar objetos sólidos, como los lienzos de la tumba (Lc. 24:12), o los muros y puertas de una habitación cerrada (Jn. 20:19, 26). Al parecer, también podía recorrer grandes distancias en un instante, porque en el tiempo en el cual los discípulos regresaron a Jerusalén, Cristo ya se le había aparecido a Pedro (Lc. 24:34). Su ascensión demostró que su cuerpo resucitado ya estaba listo para ir al cielo. Con todo, era su propio cuerpo, el mismo que desapareció de la tumba, el cual conservaba rasgos que lo identificaban, tales como las heridas de los clavos (Jn. 20:25–27). No era un fantasma o un espectro.

hora, volvieron a Jerusalén, y hallaron a los once reunidos, y a los que estaban con ellos, que decían: Ha resucitado el Señor verdaderamente, y [n]ha aparecido a Simón.

Entonces ellos contaban las cosas que les habían acontecido en el camino, y cómo le habían reconocido al partir el pan.

[[MRo]Pero después apareció en otra forma a dos de ellos que iban de camino, yendo al campo. Ellos fueron y lo hicieron saber a los otros; y ni aun a ellos creyeron.]

---

[n] Ha aparecido a Simón. Cp. 1 Corintios 15:5–8. Las Escrituras describen al menos diez diferentes apariciones de Cristo en el período comprendido entre su resurrección y su ascensión. Él se apareció: (1) a María Magdalena en la tumba (Mr. 16:9; Jn. 20:11–18); (2) a las mujeres en el camino (Mt. 28:9, 10); (3) a los discípulos en el camino a Emaús (Lc. 24:13–32); (4) a Pedro (Lc. 24:34); (5) a diez de los once discípulos, en ausencia de Tomás (Mr. 16:14; Lc. 24:36–43; Jn. 20:19–25); (6) a los once discípulos (con Tomás presente) ocho días después (Jn. 20:26–31); (7) a siete discípulos a orillas del Mar de Galilea (Jn. 21:1–25); (8) a más de quinientos discípulos, quizás en una montaña en Galilea (1 Co. 15:6; cp. Mt. 28:16); (9), a Jacobo (1 Co. 15:7); y (10) a los apóstoles cuando ascendió al cielo (Hch. 1:3–11). Después de su ascensión se le apareció a Pablo (1 Co. 15:8). La próxima vez que aparezca será en gloria (Mt. 24:30).

[o] Pero después. La evidencia externa e interna sugiere fuertemente que estos versículos (Mr. 16:9–20) no estaban en el Evangelio original de Marcos. (De ahí que aparezcan entre corchetes al final de la sección.)

203. El aposento alto sin Tomás

Lc. 24:36–43; Jn. 20:19–23; [Mr. 16:14]

^{LC}Mientras ellos aún hablaban de estas cosas, Jesús ^{JN}vino [y] se puso en medio de ellos[. Y era] aquel mismo día, el primero de la semana, estando ^alas puertas cerradas en el lugar donde los discípulos estaban reunidos por miedo de los judíos[.]

Jesús les dijo: ^bPaz a vosotros. ^{LC}Entonces, espantados y atemorizados, pensaban que veían espíritu. Pero él les dijo: ¿Por qué estáis turbados, y vienen a vuestro corazón estos pensamientos? ^cMirad mis manos y mis pies, que yo mismo soy; palpad, y ved; porque un espíritu no tiene carne ni huesos, como veis que yo tengo. ^{JN}Y cuando les hubo dicho esto, les mostró las manos ^{LC}y los pies ^{JN}y el costado.

^{LC}Y como todavía ellos, de gozo, no lo creían, y estaban maravillados, les dijo: ¿Tenéis aquí algo de comer? Entonces le dieron parte de un pez asado, y un panal de miel. Y él lo tomó, y comió delante de ellos. ^{JN}Y los discípulos se regocijaron viendo al Señor.

Entonces Jesús les dijo otra vez: Paz a vosotros. Como me envió el Padre, así también yo os envío. Y habiendo dicho esto, sopló, y les dijo: ^dRecibid el Espíritu Santo. ^eA quienes remitiereis los pecados, les son remitidos; y a quienes se los retuviereis, les son retenidos.

[^{MRf}Finalmente se apareció a los once mismos, estando ellos sentados a la mesa, y les reprochó su incredulidad y dureza de corazón, porque no habían creído a los que le habían visto resucitado.]

....

^aLAS PUERTAS CERRADAS. La palabra en griego indica que las puertas habían sido aseguradas por temor a los judíos. Puesto que las autoridades habían ejecutado a su líder, ellos pensaban que podían sufrir su mismo destino.

^bPAZ A VOSOTROS. El saludo de Jesús completaba su declaración: «Consumado es», pues su obra en la cruz logró la paz entre Dios y su pueblo (Ro. 5:1; Ef. 2:14–17).

^cMIRAD MIS MANOS Y MIS PIES. Aquí les mostró las heridas de los clavos para probar que era él en realidad.

^dRECIBID EL ESPÍRITU SANTO. Esta declaración se entiende como la garantía por parte de Cristo de que el Espíritu Santo vendría, pues los discípulos solo lo recibieron cuarenta días después en el día de Pentecostés (Hch. 1:8; 2:1–3).

^eA QUIENES REMITIERES LOS PECADOS. Este versículo no les da licencia a los cristianos para perdonar pecados. Jesús se refería al hecho de que un creyente puede declarar con certeza el perdón del Padre para el pecador gracias a la obra de su Hijo, en caso de que aquel se haya arrepentido y creído en el evangelio. El creyente puede decirle también con certeza a quienes no han aceptado el mensaje del perdón de Dios mediante la fe en Cristo que sus pecados no han sido perdonados.

^fFINALMENTE, SE APARECIÓ. La evidencia externa e interna sugiere fuertemente que estos versículos (Mr. 16:9–20) no estaban en el Evangelio original de Marcos. (De ahí que aparezcan entre corchetes al final de la sección.)

204. El aposento alto con Tomás presente

Jn. 20:24–31

[JN]Pero Tomás, uno de los doce, llamado Dídimo, no estaba con ellos cuando Jesús vino. Le dijeron, pues, los otros discípulos: Al Señor hemos visto.

El les dijo: [a]Si no viere en sus manos la señal de los clavos, y metiere mi dedo en el lugar de los clavos, y metiere mi mano en su costado, no creeré. Ocho días después, estaban otra vez sus discípulos dentro, y con ellos Tomás. Llegó Jesús, estando las puertas cerradas, y se puso en medio y les dijo: Paz a vosotros.

Luego dijo a Tomás: Pon aquí tu dedo, y mira mis manos; y acerca tu mano, y métela en mi costado; y no seas incrédulo, sino creyente. Entonces Tomás respondió y le dijo: [b]¡Señor mío, y Dios mío! Jesús le dijo: Porque me has visto, Tomás, creíste; [c]bienaventurados los que no vieron, y creyeron.

Hizo además Jesús muchas otras señales en presencia de sus discípulos, las cuales no están escritas en este libro. Pero [d]éstas se han escrito para que creáis que Jesús es el Cristo, el Hijo de Dios, y para que creyendo, tengáis vida en su nombre.

··

[a] SI NO VIERE [...] NO CREERÉ. Ya se había descrito a Tomás como un discípulo leal, pero pesimista. Jesús no lo reprendió por haber fallado, sino en cambio le mostró su compasión al ofrecerle pruebas de su resurrección. Con amor, llegó a su encuentro en un momento de debilidad. Las acciones de Tomás revelan que Jesús tuvo que convencer a los discípulos de su resurrección de manera enérgica, es decir, ellos no eran personas muy crédulas dispuestas a creer en la resurrección. Esto también demuestra que no pudieron haber inventado o imaginado dicho acontecimiento, puesto que eran tan reacios a creer en él aun ante la evidencia visible.

[b] ¡SEÑOR MÍO, Y DIOS MÍO! Con estas palabras, Tomás declaró su fe inconmovible en la resurrección, así como en la deidad de Jesús, el Mesías e Hijo de Dios (Tit. 2:13). Esta es la más grande confesión que una persona puede hacer. La confesión de Tomás es la mejor muestra de lo que Juan quiso comunicar al escribir su Evangelio.

[c] BIENAVENTURADOS. Jesús pronosticó el tiempo en el cual no habría evidencias tangibles como la que Tomás había experimentado. Tras la ascensión definitiva de Jesús al Padre, todos aquellos que creyeran en él lo harían sin el privilegio de ver al Señor resucitado. Jesús pronunció una bendición especial para quienes creerían en él sin verlo, a diferencia de como había sucedido con Tomás (1 P. 1:8, 9).

[d] ÉSTAS SE HAN ESCRITO. Estos versículos constituyen la meta y el propósito por el cual Juan escribió el Evangelio.

205. Jesús se les aparece a los discípulos mientras pescaban

Jn. 21:1-14

[JN][a]Después de esto, Jesús se manifestó otra vez a sus discípulos junto al [b]mar de Tiberias; y se manifestó de esta manera: Estaban juntos Simón Pedro, Tomás llamado el Dídimo, Natanael el de Caná de Galilea, los hijos de Zebedeo, y otros dos de sus discípulos.

[c]Simón Pedro les dijo: [d]Voy a pescar. Ellos le dijeron: Vamos nosotros también contigo. Fueron, y entraron en una barca; y aquella noche no pescaron nada. Cuando ya iba amaneciendo, se presentó Jesús en la playa; mas [e]los discípulos no sabían que era Jesús.

Y les dijo: Hijitos, ¿tenéis algo de comer? Le respondieron: No. El les dijo: Echad la red a la derecha de la barca, y hallaréis. Entonces la echaron, y ya no la podían sacar, por la gran cantidad de peces. Entonces [f]aquel discípulo a quien Jesús amaba dijo a Pedro: ¡Es el Señor! Simón Pedro, cuando oyó que era el Señor, se ciñó la ropa (porque se había despojado de ella), y se echó al mar. Y los otros discípulos vinieron

....

[a] DESPUÉS DE ESTO. Juan 21:1-25 constituye el epílogo o apéndice del Evangelio de Juan. Mientras que 20:30, 31 representa la conclusión del cuerpo principal de la obra, la información que aparece aquí al final provee un equilibrio con su prólogo en 1:1-18. El epílogo en esencia responde cinco preguntas persistentes: (1) ¿Ya no proveería más Jesús directamente para los suyos (cp. 20:17)? Esta cuestión se responde en los vv. 1-14. (2) ¿Qué le sucedió a Pedro? Pedro había negado tres veces a Cristo y huido. La última vez que se le había visto fue en 20:6-8, cuando él y Juan encontraron el sepulcro vacío, pero solo Juan creyó (20:8). Esta pregunta se responde en los vv. 15-17. (3) ¿Qué les deparaba el futuro a los discípulos ahora que su Maestro no estaba con ellos? Esta pregunta se responde en los vv. 18-19. (4) ¿Moriría Juan? Jesús responde esta cuestión en los vv. 20-23. (5) ¿Por qué Juan no registró otras cosas que Jesús hizo? Juan da la respuesta a esto en los vv. 24-25.

[b] MAR DE TIBERIAS. Otro nombre para el Mar de Galilea que solo se encuentra en Juan (vea 6:1).

[c] SIMÓN PEDRO. En todas las listas de los apóstoles su nombre aparece primero, indicando su liderazgo general del grupo (Mt. 10:2).

[d] VOY A PESCAR. La explicación más razonable para que Pedro y los demás estuvieran en Galilea es que habían ido obedeciendo el mandato del Señor de que se encontraran con él allí (Mt. 28:16). Pedro y los demás se mantuvieron ocupados en la pesca, que era su manera de ganarse la vida, mientras aguardaban la aparición de Jesús.

[e] LOS DISCÍPULOS NO SABÍAN QUE ERA JESÚS. Podría tratarse de otra ocasión en la que el Señor impidió que sus discípulos lo reconocieran (Juan 20:14, 15; cp. Lc. 24:16).

[f] AQUEL DISCÍPULO A QUIEN JESÚS AMABA. Juan reconoció de inmediato que el extraño era en realidad el Señor resucitado, porque solo él poseía esa clase de conocimiento y poder sobrenaturales. Pedro fue impulsivo y saltó al agua para ver al Señor de cerca.

con la barca, arrastrando la red de peces, pues no distaban de tierra sino como
ᵍdoscientos codos.

Al descender a tierra, vieron brasas puestas, y un ʰpez encima de ellas, y pan.
Jesús les dijo: Traed de los peces que acabáis de pescar. Subió Simón Pedro, y sacó la
red a tierra, llena de grandes peces, ⁱciento cincuenta y tres; y aun siendo tantos, la
red no se rompió.

Les dijo Jesús: Venid, comed. Y ninguno de los discípulos se atrevía a
preguntarle: ¿Tú, quién eres? sabiendo que era el Señor. Vino, pues, Jesús, y tomó
el pan y les dio, y asimismo del pescado. Esta era ya ʲla tercera vez que Jesús se
manifestaba a sus discípulos, después de haber resucitado de los muertos.

ᵍ DOSCIENTOS CODOS. A unos noventa metros de la orilla.

ʰ PEZ [...] Y PAN. Al parecer, el Señor creó este desayuno tal como había creado comida para las multitudes (Juan
6:1–13).

ⁱ CIENTO CINCUENTA Y TRES. El registro que Juan hace del número exacto ratifica el hecho de que fue testigo ocular
de los acontecimientos que consignó por escrito (1 Jn. 1:1–4). La acción de Jesús al proveerles alimento indica que
él seguiría encargado de satisfacer las necesidades de sus discípulos (vea Fil. 4:19; Mt. 6:25–33).

ʲ LA TERCERA VEZ. Esta referencia a «la tercera vez» solo se aplica a las apariciones mencionadas en el Evangelio de
Juan. La primera fue en Juan 20:19–23 y la segunda en Juan 20:26–29.

206. Jesús restaura a Pedro al ministerio

Jn. 21:15–25

[JN]Cuando hubieron comido, Jesús dijo a Simón Pedro: Simón, hijo de Jonás, [a]¿me amas [b]más que éstos? Le respondió: Sí, Señor; tú sabes que te amo. El le dijo: [c]Apacienta mis corderos.

Volvió a decirle la segunda vez: Simón, hijo de Jonás, ¿me amas? Pedro le respondió: Sí, Señor; tú sabes que te amo. Le dijo: Pastorea mis ovejas. Le dijo la tercera vez: Simón, hijo de Jonás, ¿me amas?

[d]Pedro se entristeció de que le dijese la tercera vez: ¿Me amas? y le respondió: Señor, tú lo sabes todo; tú sabes que te amo.

Jesús le dijo: Apacienta mis ovejas. De cierto, de cierto te digo: Cuando eras más joven, te ceñías, e ibas a donde querías; mas cuando ya seas viejo, extenderás tus

....

[a]¿ME AMAS...? El significado de esta sección depende del uso de dos palabras que son sinónimos de amor. En términos de interpretación, al colocarse bastante cerca dos sinónimos en un contexto inmediato, es porque quiere hacerse una distinción de significado, por leve que sea. Cuando Jesús le preguntó a Pedro si lo amaba, empleó una palabra para «amar» que alude a un compromiso total. Pedro respondió a su vez con otra palabra que confirmaba su amor por Jesús, aunque no necesariamente su compromiso total. Esto no se debía a que vacilara en expresar esa clase de amor más grande, sino a que había sido desobediente y negado al Señor en el pasado. Es posible que no se sintiera digno de afirmar una devoción suprema en vista de que su vida no respaldó esa afirmación que hizo en el pasado. Jesús le hizo entender a Pedro cuán necesaria era su devoción inquebrantable al preguntarle si lo amaba con un amor supremo. Aquí el mensaje esencial es que Jesús demanda un compromiso total de sus seguidores. El amor de ellos por él debe darle supremacía por encima de su amor por todo lo demás. Jesús confrontó a Pedro con amor porque quería que él dirigiera a los apóstoles (Mt. 16:18), y era necesario que diera ejemplo de amor supremo a su Señor para poder convertirse en un pastor eficaz.

[b]MÁS QUE ÉSTOS. Puede ser una referencia a los peces ([g]PERO A ÉL NO LE VIERON. Esto era cierto. Es evidente que Cleofas y su compañero no habían escuchado acerca de la aparición a María Magdalena. 21:11), simbolizando la profesión de Pedro como pescador, ya que él había vuelto a dedicarse a ello mientras esperaba la manifestación de Jesús (vea 21:3). Jesús quería que Pedro lo amara con tal supremacía que se dispusiera a abandonar todo lo que era conocido para él y a dedicarse de manera exclusiva a ser un pescador de hombres (Mt. 4:19). La frase puede aludir también a los otros discípulos, ya que Pedro había dicho que se había consagrado más que todos los demás a la causa del Señor (Mt. 26:33).

[c]APACIENTA MIS CORDEROS. La palabra *apacentar* evoca la noción de estar dedicado al servicio de Jesús como un ayudante de pastor que cuida el rebaño de su Señor (vea 1 P. 5:1–4). La palabra incluye el concepto de alimentar y nutrir constantemente a las ovejas. Esto sirvió para recordar que el deber primordial del mensajero de Jesucristo es enseñar la Palabra de Dios (2 Ti. 4:2). Hechos 1—12 describe la obediencia de Pedro a esta comisión.

[d]PEDRO SE ENTRISTECIÓ. La tercera vez que Jesús le preguntó a Pedro, usó la palabra empleada por el discípulo que significaba algo menos que devoción total, dando así a entender que cuestionaba incluso ese nivel de amor que Pedro consideró honesto y humilde afirmar. Las lecciones aprendidas afligieron el corazón de Pedro, pero tenían el propósito de ayudarlo a entender sus sentimientos, no conforme a lo que había dicho o hecho, sino basándose en la omnisciencia del Señor (cp. Jn. 2:24, 25).

manos, y te ceñirá otro, y te llevará a donde no quieras. Esto dijo, ᵉdando a entender con qué muerte había de glorificar a Dios. Y dicho esto, añadió: Sígueme.

Volviéndose Pedro, vio que les seguía el discípulo a quien amaba Jesús, el mismo que en la cena se había recostado al lado de él, y le había dicho: Señor, ¿quién es el que te ha de entregar? Cuando Pedro le vio, dijo a Jesús: Señor, ᶠ¿y qué de éste?

Jesús le dijo: Si quiero que él quede ᵍhasta que yo venga, ¿qué a ti? Sígueme tú. Este dicho se extendió entonces entre los hermanos, que aquel discípulo no moriría. Pero Jesús no le dijo que no moriría, sino: Si quiero que él quede hasta que yo venga, ¿qué a ti?

Este es ʰel discípulo que da testimonio de estas cosas, y escribió estas cosas; y sabemos que su testimonio es verdadero. Y hay también ⁱotras muchas cosas que hizo Jesús, las cuales si se escribieran una por una, pienso que ni aun en el mundo cabrían los libros que se habrían de escribir. Amén.

ᵉ **DANDO A ENTENDER CON QUÉ MUERTE HABÍA DE GLORIFICAR A DIOS.** Una profecía del martirio de Pedro. El llamado que Jesús hace a una devoción total a él también significaba que la devoción de Pedro incluiría su propia muerte (Mt. 10:37–39). Siempre que un cristiano sigue a Cristo, debe estar preparado a sufrir y morir (Mt. 16:24–26). Pedro vivió tres décadas de servicio al Señor y anticipó su propia muerte por la causa de Cristo (2 P. 1:12–15), pero el apóstol escribió que esa clase de sufrimiento y muerte por el Señor trae gloria y alabanza a Dios (1 P. 4:14–16). La tradición eclesiástica confirma que Pedro sufrió martirio bajo Nerón (c. 67–68 A.D.), y fue crucificado boca abajo porque se rehusó a ser crucificado como su Señor.

ᶠ **¿Y QUÉ DE ÉSTE?** La profecía de Jesús sobre el martirio de Pedro motivó al discípulo a preguntar qué sucedería con Juan («el discípulo a quien amaba Jesús», vea Juan 13:23). Es posible que haya preguntado esto por un interés sincero en el futuro de Juan, ya que también era su amigo cercano. La respuesta de Jesús: «¿Y qué a ti? Sígueme tú», tenía el propósito de hacerle entender que su interés no debía enfocarse en Juan, sino en su devoción continua al Señor y su servicio, es decir, el servicio a Cristo debía convertirse en su pasión consumada y exclusiva, sin darle prioridad a otras cosas.

ᵍ **HASTA QUE YO VENGA.** La declaración hipotética de Jesús era que si Juan vivía hasta su Segunda Venida, esto no le concernía a Pedro. Cada discípulo debía vivir su propia vida en fidelidad, sin compararla con la de ningún otro.

ʰ **EL DISCÍPULO QUE DA TESTIMONIO.** Juan es un testigo personal de la veracidad de los acontecimientos que registró. El «sabemos» puede ser un recurso editorial que en realidad se refiere solo a Juan (vea Jn. 1:14; 1 Jn. 1:1–4; 3 Jn. 12), o puede incluir el testimonio colectivo de sus colegas apostólicos.

ⁱ **OTRAS MUCHAS COSAS.** Juan explicó que había sido selectivo antes que exhaustivo en su testimonio. Aunque escribió sus propias selecciones, la verdad revelada en el Evangelio de Juan es suficiente para llevar a cualquier persona a tener fe en Jesús el Mesías y el Hijo de Dios (Jn. 14:26; 16:13).

207. Jesús se aparece ante muchos discípulos en Galilea

Mt. 28:16–20; 1 Co. 15:6–7; [Mr. 16:15–18]

^MT^Pero ^a^los once discípulos se fueron a Galilea, al monte donde Jesús les había ordenado. ^1CO^Después apareció a más de ^b^quinientos hermanos a la vez, de los cuales muchos viven aún, y otros ya duermen.

^MT^Y cuando le vieron, le adoraron; ^c^pero algunos dudaban. Y Jesús se acercó y les habló diciendo: ^d^Toda potestad me es dada en el cielo y en la tierra. ^e^Por tanto, id, y haced discípulos a todas las naciones, bautizándolos ^f^en el nombre del Padre, y del Hijo, y del Espíritu Santo; ^g^enseñándoles que guarden todas las cosas que os he

....

^a^Los once discípulos. Esto no significa que fueran los únicos presentes. El hecho de que algunos hubieran dudado (Mt. 28:17) sugiere fuertemente que había más de once personas allí. Es probable que Cristo hubiera arreglado esta reunión en Galilea porque era el lugar donde estaba la mayoría de sus seguidores. Este parece el mejor sitio para la reunión masiva con sus discípulos que Pablo describe en 1 Co. 15:6.

^b^Quinientos hermanos a la vez. El testimonio de los testigos oculares registrado en el NT fue añadido a las evidencias que respaldan la realidad de la resurrección. Estos incluyeron a: (1) Juan y Pedro juntos (Jn. 20:19, 20), pero es probable que también con anterioridad por separado (Lc. 24:34); (2) los doce (Jn. 20:19, 20; Lc. 24:36; Hch. 1:22); (3) los quinientos, a quienes solo se hace referencia aquí, los cuales vieron todos a Cristo resucitado (cp. Mt. 28:9; Mr. 16:9, 12, 14; Lc. 24:31–39; Jn. 21:1–23); (4) Jacobo, uno de los dos apóstoles con ese nombre (el hijo de Zebedeo o el hijo de Alfeo; cp. Mr. 3:17, 18) o incluso Jacobo el medio hermano del Señor, autor de la epístola universal de Santiago y líder principal de la iglesia de Jerusalén (Hch. 15:13–21); y por último (5) los apóstoles (Jn. 20:19–29). Estas apariciones cuyos detalles no conocemos ocurrieron en un período de cuarenta días (Hch. 1:3) a todos los apóstoles.

^c^Pero algunos dudaban. Esta sencilla frase es uno de los innumerables testimonios de la integridad de las Escrituras. La honestidad transparente de una afirmación como esta demuestra que Mateo no estaba intentando excluir o encubrir hechos que pudieran disminuir la perfección de un momento tan glorioso como este.

^d^Toda potestad. Vea Mateo 11:27; Juan 3:35. Una absoluta autoridad soberana, el señorío sobre todo, es dada a Cristo, «en el cielo y en la tierra». Esta es una prueba clara de su deidad. El tiempo de su humillación había finalizado y Dios lo había exaltado sobre todo (Fil. 2:9–11).

^e^Por tanto. Es decir, basándose en su autoridad, los discípulos fueron enviados a «hacer discípulos a todas las naciones». El alcance aplastante de su comisión es consumado con su ilimitada autoridad.

^f^En el nombre del Padre, y del Hijo, y del Espíritu Santo. La fórmula es una fuerte afirmación de la Trinidad.

^g^Enseñándoles que guarden todas las cosas que os he mandado. El tipo de evangelismo requerido en esta comisión no se limita a la conversión de los incrédulos.

mandado; y he aquí [h]yo estoy con vosotros todos los días, hasta el fin del mundo. Amén.

[1 CO]Después apareció a Jacobo; después a todos los apóstoles[.]

[MRiY les dijo: Id por todo el mundo y predicad el evangelio a toda criatura. El que creyere y fuere bautizado, será salvo; mas el que no creyere, será condenado. Y estas señales seguirán a los que creen: En mi nombre echarán fuera demonios; hablarán nuevas lenguas; tomarán en las manos serpientes, y si bebieren cosa mortífera, no les hará daño; sobre los enfermos pondrán sus manos, y sanarán.]

---

[h] Yo ESTOY CON VOSOTROS. Encontramos aquí un conmovedor eco del comienzo del Evangelio de Mateo. Emanuel (Mt. 1:23), «que traducido es: Dios con nosotros», permanece con nosotros «todos los días, hasta el fin del mundo»; es decir, hasta que él regrese en persona para juzgar al mundo y establecer su reino terrenal.

[i] Y LES DIJO. La evidencia externa e interna sugiere fuertemente que estos versículos (Mr. 16:9-20) no estaban en el Evangelio original de Marcos. (De ahí que aparezcan entre corchetes al final de la sección.)

208. Jesús se les aparece a los discípulos en Jerusalén

Lc. 24:44–49; Hch. 1:3–8

[HCH][D]espués de haber padecido, [a]se presentó vivo con muchas pruebas indubitables, apareciéndoseles durante [b]cuarenta días y hablándoles acerca del reino de Dios. Y [c]estando juntos, [LC]les dijo: Estas son las palabras que os hablé, estando aún con vosotros: que era necesario que se cumpliese todo lo que está escrito de mí [d]en la ley de Moisés, en los profetas y en los salmos.

Entonces [e]les abrió el entendimiento, para que comprendiesen las Escrituras; y les dijo: Así está escrito, y así fue necesario que el Cristo padeciese, y resucitase de los muertos al tercer día; y que se predicase en su nombre el arrepentimiento y el perdón de pecados en todas las naciones, comenzando desde Jerusalén. Y vosotros sois testigos de estas cosas. He aquí, yo enviaré la promesa de mi Padre sobre vosotros; pero quedaos vosotros en la ciudad de Jerusalén, hasta que seáis investidos de poder desde lo alto.

[Así que] [HCH]les mandó que no se fueran de Jerusalén, sino que esperasen [f]la promesa del Padre, la cual, les dijo, oísteis de mí. Porque Juan ciertamente bautizó

....

[a] SE PRESENTÓ VIVO CON MUCHAS PRUEBAS INDUBITABLES. Cp. Juan 20:30; 1 Co. 15:5–8. Para darles confianza a los apóstoles en la presentación de su mensaje, Jesús entró de manera sobrenatural a un recinto cerrado (Jn. 20:19), les mostró sus heridas de la crucifixión (Lc. 24:39), y comió y bebió con los discípulos (Lc. 24:41–43).

[b] CUARENTA DÍAS. El período de tiempo entre la resurrección de Jesús y su ascensión, en el que hizo apariciones periódicas a los apóstoles y otras personas (1 Co. 15:5–8), y uno de cuyos propósitos fue suministrar evidencias convincentes de su resurrección. REINO DE DIOS. Cp. 8:12; 14:22; 19:8; 20:25; 28:23, 31. Esta expresión se refiere aquí a la esfera de la salvación, el dominio lleno de gracia del gobierno divino sobre el corazón de los creyentes (vea 1 Co. 6:9; Ef. 5:5; cp. 17:7; Col. 1:13, 14; Ap. 11:15; 12:10). Este fue el tema predominante durante el ministerio terrenal de Cristo (cp. Mt. 4:23; 9:35; Mr. 1:15; Lc. 4:43; 9:2; Jn. 3:3–21).

[c] ESTANDO JUNTOS. También se puede leer «comiendo con ellos», que es lo que hacía Jesús con sus discípulos en el momento (cp. Lc. 24:42, 43. Hch. 10:41). El hecho de que Jesús comiera constituye una prueba adicional de su resurrección corporal.

[d] EN LA LEY DE MOISÉS, EN LOS PROFETAS Y EN LOS SALMOS. Es decir, todo el AT.

[e] LES ABRIÓ EL ENTENDIMIENTO. Es indudable que les enseñó del AT, como lo hizo en el camino a Emaús. Pero en esencia, su expresión sugiere la apertura sobrenatural de su mente para recibir las verdades que les reveló. Aunque habían sido tardos para entender (Lc. 9:45), al final vieron con claridad (cp. Sal. 119:18; Is. 29:18, 19; 2 Co. 3:14–16).

[f] LA PROMESA DEL PADRE. Jesús prometió de forma reiterada que Dios les enviaría a su Espíritu (Lc. 11:13; 24:49; Jn. 7:39; 14:16, 26; 15:26; 16:7; 20:22).

con agua, mas vosotros seréis bautizados [g]con el Espíritu Santo [h]dentro de no muchos días.

Entonces los que se habían reunido le preguntaron, diciendo: Señor, [i]¿restaurarás el reino a Israel en este tiempo? Y [j]les dijo: No os toca a vosotros saber [k]los tiempos o las sazones, que el Padre puso en su sola potestad; pero [l]recibiréis poder, cuando [m]haya venido sobre vosotros el Espíritu Santo, y me seréis [n]testigos en Jerusalén, en toda [o]Judea, en [p]Samaria, y hasta lo último de la tierra.

---

[g] **Con el Espíritu Santo.** Los apóstoles tuvieron que esperar hasta el día de Pentecostés, pero desde aquel entonces todos los creyentes son bautizados con el Espíritu Santo al ser salvos (vea 1 Co. 12:13; cp. Ro. 8:9; 1 Co. 6:19, 20; Tit. 3:5, 6).

[h] **Dentro de no muchos días.** La promesa de Dios se cumplió diez días después.

[i] **¿Restaurarás el reino a Israel...?** Los apóstoles todavía creían que la forma terrenal del reino del Mesías sería restablecida en poco tiempo (cp. Lc. 19:11; 24:21). También sabían que Ezequiel 36 y Joel 2 conectaban la venida del reino con el derramamiento del Espíritu prometido por Jesús.

[j] **Les dijo.** Este versículo muestra que la expectativa de los apóstoles con respecto a un reino literal y terrenal reflejaba lo que Cristo enseñó y lo predicho en el AT. Si no hubiera sido así, él los habría corregido en este aspecto tan crucial de su enseñanza.

[k] **Los tiempos o las sazones.** Las dos palabras se refieren a características, eras y acontecimientos que serán parte de su reino sobre la tierra, el cual comenzará a partir de su Segunda Venida (Mt. 25:21–34). Sin embargo, el tiempo exacto de su regreso no ha sido revelado (Mr. 13:32; cp. Dt. 29:29).

[l] **Recibiréis poder.** Los apóstoles ya habían experimentado el poder del Espíritu Santo para salvar, guiar, enseñar y hacer milagros. Pronto recibirían su presencia dentro de ellos y una nueva dimensión de poder para testificar (cp. 1 Co. 6:19, 20; Ef. 3:16, 20).

[m] **Haya venido sobre vosotros el Espíritu Santo.** La misión de los apóstoles consistía en esparcir el evangelio y era la razón principal del poder que les dio el Espíritu Santo. Este suceso cambió de forma dramática la historia del mundo, porque permitió que el mensaje del evangelio llegara a todos los rincones de la tierra (Mt. 28:19, 20).

[n] **Testigos.** Personas que cuentan la verdad acerca de Jesucristo (cp. Jn. 14:26; 1 P. 3:15). La palabra griega significa «el que muere por su fe», porque ese era casi siempre el precio que se pagaba por dar testimonio de Jesús.

[o] **Judea.** La región en la que estaba ubicada Jerusalén.

[p] **Samaria.** La región al norte de Judea.

209. La ascensión de Cristo

Lc. 24:50–53; Hch. 1:9–12; [Mr. 16:19–20]

[HCH]Y habiendo dicho estas cosas, [LC]los sacó fuera hasta Betania, y alzando sus manos, los bendijo. Y aconteció que bendiciéndolos, se separó de ellos, [HCH]viéndolo ellos, [LC]y fue [a]llevado arriba al cielo. [HCH][Y] le recibió [b]una nube que le ocultó de sus ojos.

Y estando ellos con los ojos puestos en el cielo, entre tanto que él se iba, he aquí se pusieron junto a ellos [c]dos varones con vestiduras blancas, los cuales también les dijeron: [d]Varones galileos, ¿por qué estáis mirando al cielo? Este mismo Jesús, que ha sido tomado de vosotros al cielo, [e]así vendrá como le habéis visto ir al cielo.

[LC]Ellos, después de [f]haberle adorado, volvieron a Jerusalén con gran gozo[,] [HCH]desde [g]el monte que se llama del Olivar, el cual está cerca de Jerusalén, [h]camino

....

[a]LLEVADO ARRIBA AL CIELO. Es decir, de manera visible. Antes, cuando el Cristo resucitado se apartaba de ellos, tan solo desaparecía (Lc. 24:31). Esta vez lo vieron ascender. Dios el Padre se llevó a Jesús de este mundo, en su cuerpo de resurrección, a fin de que ocupara su legítimo lugar a la diestra del Padre (cp. Jn. 17:1–6).

[b]UNA NUBE. Esta fue una manifestación visible de que la gloria de Dios estuvo presente mientras los apóstoles contemplaban la ascensión. Para algunos de ellos esta no era la primera vez que presenciaban la gloria divina (Mr. 9:26), y tampoco será la última vez que Jesús esté rodeado de nubes (Mr. 13:26; 14:62; Ap. 1:7).

[c]DOS VARONES CON VESTIDURAS BLANCAS. Dos ángeles en forma de hombres (cp. Gn. 18:2; Jos. 5:13–15; Mr. 16:5).

[d]VARONES GALILEOS. Todos los apóstoles eran de Galilea excepto Judas, que ya había acabado con su vida en ese momento.

[e]ASÍ. Un día Cristo volverá a la tierra (al Monte de los Olivos) de la misma forma en la que ascendió (con las nubes), para establecer su reino (cp. Dn. 7:13; Zac. 14:4; Mt. 24:30; 26:64; Ap. 1:7; 14:14).

[f]HABERLE ADORADO. Esto es, un acto formal de adoración. Una vez que el Señor les abrió el entendimiento, pudieron comprender toda la verdad de su deidad, libres de cualquier sombra de duda o confusión. Cp. Mateo 28:9; Juan 20:28; contraste con Mateo 28:17.

[g]EL MONTE QUE SE LLAMA DEL OLIVAR. Ubicado al otro lado del valle del Cedrón, al este de Jerusalén, este collado inmenso que se eleva unos sesenta metros por encima de la ciudad fue el sitio donde ocurrió la ascensión de Jesús al cielo (Lc. 24:50, 51).

[h]CAMINO DE UN DÍA DE REPOSO. Equivalía a unos ochocientos metros (cerca de dos mil codos) y era la máxima distancia que podía recorrer un judío fiel en el día de reposo para acomodarse a la prohibición de Éxodo 16:29. Esta medida se derivaba de la tradición establecida durante la época del campamento israelita en el desierto. Dentro del perímetro del campamento, las tiendas más alejadas se encontraban a unos dos mil codos del centro del tabernáculo, por eso era la distancia máxima que cualquier israelita tenía que recorrer para llegar al tabernáculo en el día de reposo (Jos. 3:4; cp. Nm. 35:5).

de un día de reposo. ᴸᶜ[Y] estaban siempre ⁱen el templo, alabando y bendiciendo a Dios. Amén.

[ᴹᴿʲY el Señor, después que les habló, fue recibido arriba en el cielo, y se sentó a la diestra de Dios. Y ellos, saliendo, predicaron en todas partes, ayudándoles el Señor y confirmando la palabra con las señales que la seguían. Amén.]

....

ⁱEN EL TEMPLO. Este se convirtió en el primer lugar de reunión de la iglesia (Hch. 2:46; 5:21, 42). Había lugares alrededor de los pórticos del patio exterior que podían utilizarse para este tipo de reuniones.

ʲY EL SEÑOR. La evidencia externa e interna sugiere fuertemente que estos versículos (Mr. 16:9–20) no estaban en el Evangelio original de Marcos. (De ahí que aparezcan entre corchetes al final de la sección.)

PARTE XI | Reflexiones del Nuevo Testamento sobre el evangelio de Jesucristo

210. La centralidad de la muerte de Cristo

Ro. 5:8–10; 1 Co. 1:22–24; 2 Co. 5:15, 21; Gá. 1:3–4; Ef. 2:13; Fil. 2:6–8; Col. 1:13–14; 2:13–14; Heb. 2:9, 17; 9:13–15, 27–28a; 12:2b; 1 P. 1:18–19; 2:23–24; 3:18a

^{GÁ}Gracia y paz sean a vosotros, de Dios el Padre y de nuestro Señor Jesucristo, el cual se dio a sí mismo por nuestros pecados para librarnos del presente siglo malo, conforme a la voluntad de nuestro Dios y Padre, [y] ^{FIL}el cual, ^asiendo en forma de Dios, ^bno estimó el ser ^cigual a Dios como cosa a que aferrarse, sino que se despojó a sí mismo, tomando forma de siervo, hecho ^dsemejante a los hombres[.] ^{HEB}Por lo cual debía ser en todo semejante a sus hermanos, para venir a ser misericordioso y

....

^a Siendo en forma de Dios. Pablo afirma que Jesús ha sido Dios por toda la eternidad. Aquí no se usa la palabra griega corriente que se traduce «siendo». Pablo prefirió otro término que recalca la esencia de la naturaleza de una persona, su estado o condición continuos y permanentes. Pablo también pudo haber escogido cualquiera de las dos palabras griegas que significan «forma», pero eligió la que denota de manera específica el carácter esencial e inmutable de algo, aquello que es por sí y en sí mismo. La doctrina fundamental de la deidad de Cristo siempre ha incluido estas características cruciales (cp. Jn. 1:1, 3, 4, 14; 8:58; Col. 1:15–17; Heb. 1:3).

^b No estimó [...] cosa a que aferrarse. La expresión griega se traduce en algunas versiones como «robarse», porque su significado original aludía a «apropiarse de algo mediante el robo». Llegó a utilizarse para aludir a todo lo que es retenido, abrazado o valorado en gran manera, y por lo tanto algunas veces se traduce como «aferrarse». Aunque Cristo tenía todos los derechos, privilegios y honores de la deidad, de los cuales siempre fue digno y nunca podría ser descalificado de su posesión, su actitud fue no aferrarse a esas cosas o a su posición, sino estar dispuesto a prescindir de ellas por un tiempo.

^c Igual a Dios. La palabra griega que se traduce «igual» define cosas que son exactamente las mismas en tamaño, cantidad, calidad, carácter y número. En todo sentido, Jesús es igual a Dios, y así lo afirmó siempre durante su ministerio terrenal (cp. Jn. 5:18; 10:33, 38; 14:9; 20:28; Heb. 1:1–3).

^d Semejante a los hombres. Cristo no solo fue Dios en un cuerpo humano, sino que adoptó todos los atributos esenciales de la humanidad (Lc. 2:52; Gá 4:4; Col. 1:22), incluso al extremo de identificarse por completo con las necesidades y debilidades humanas básicas (cp. Heb. 2:14, 17; 4:15). Él se convirtió en la versión humana de Dios, plenamente Dios y plenamente hombre.

fiel sumo sacerdote en lo que a Dios se refiere, [e]para expiar los pecados del pueblo. [FIL][Y] estando [f]en la condición de hombre, se humilló a sí mismo, haciéndose obediente hasta la muerte, y muerte de cruz.

[HEB]Y de la manera que está establecido para los hombres que mueran una sola vez, y después de esto el juicio, así también Cristo fue ofrecido una sola vez para llevar los pecados de muchos[.] [1P]Porque también Cristo padeció [g]una sola vez por los pecados, [h]el justo por los injustos, para llevarnos a Dios[;] [2CO][a]l que no conoció pecado, por nosotros lo hizo pecado, para que nosotros fuésemos hechos justicia de Dios en él.

[1P][C]uando le maldecían, no respondía con maldición; cuando padecía, no amenazaba, sino encomendaba la causa al que juzga justamente; quien [i]llevó él mismo nuestros pecados en su cuerpo sobre el madero, para que nosotros, estando muertos a los pecados, vivamos a la justicia; y [j]por cuya herida fuisteis sanados, [y] [HEB]el cual por el gozo puesto delante de él sufrió la cruz, menospreciando el oprobio, y se sentó a la diestra del trono de Dios.

....

[e] PARA EXPIAR LOS PECADOS. También se traduce «propiciación», una palabra que alude a «conciliar» o «satisfacer». La obra expiatoria y propiciatoria de Cristo tiene que ver con su ministerio como sumo sacerdote. Al participar de la naturaleza humana, Cristo demostró su misericordia hacia la humanidad y su fidelidad a Dios, satisfaciendo el requisito divino a causa del pecado y obteniendo así perdón total para su pueblo. Cp. 1 Juan 2:2; 4:10.

[f] EN LA CONDICIÓN DE HOMBRE. No es una simple repetición de la última frase de Fil. 2:7, sino un cambio del enfoque celestial al terrenal. La humanidad de Cristo se describe ahora desde el punto de vista de quienes lo vieron. Pablo implica que así tuviera el aspecto exterior de un hombre, su esencia iba mucho más allá de su apariencia, y la mayoría de las personas fueron incapaces de trascender su percepción natural para reconocerlo como Dios (cp. Jn. 6:42; 8:48).

[g] UNA SOLA VEZ POR LOS PECADOS. Bajo el antiguo pacto, el pueblo judío ofrecía un sacrificio después de otro y repetía la misma secuencia al año siguiente, en especial durante la Pascua. Sin embargo, el sacrificio único de Cristo por los pecados tuvo validez perpetua y fue suficiente para todos, por lo cual nunca será necesario repetirlo (cp. Heb. 7:27; 9:26–28).

[h] EL JUSTO POR LOS INJUSTOS. Esta es otra declaración de la perfección sin pecado de Jesús (cp. Heb. 7:26) y de su expiación sustitutiva y vicaria. Él nunca pecó ni mostró una naturaleza pecaminosa, pero de todos modos ocupó el lugar de los pecadores (cp. 2 Co. 5:21). Al hacer esto, Cristo satisfizo el castigo justo de Dios contra el pecado que era requerido por la ley, y abrió el camino a Dios para todos los que creen y se arrepienten (cp. Jn. 14:6; Hch. 4:12).

[i] LLEVÓ ÉL MISMO NUESTROS PECADOS. Cristo no solo sufrió como ejemplo para el cristiano (1 P. 2:21–23), sino mucho más importante, como sustituto del cristiano. Cargar con los pecados implicó ser castigado por ellos (cp. Nm. 14:33; Ez. 18:20). Cristo llevó la condena y el castigo en el lugar de los creyentes, de tal modo que satisfizo la justicia de un Dios santo (cp. 2 Co. 5:21; Gá 3:13). Esta gran doctrina de la expiación sustitutiva es el corazón del evangelio. La expiación, suficiente para los pecados del mundo entero, se llevó a cabo por todos los que habrían de creer, es decir, los elegidos (cp. Lv. 16:17; 23:27–30; Jn. 3:16; 2 Co. 5:19; 1 Ti. 2:6; 2 Ti. 4:10; Tit. 2:11; Heb. 2:9; 1 Jn. 2:2; 4:9, 10).

[j] POR CUYA HERIDA FUISTEIS SANADOS. Cita de Isaías 53:5. Por medio de las heridas de Cristo en la cruz, los creyentes reciben sanidad espiritual de la enfermedad mortal del pecado. La sanidad física solo viene en la glorificación, cuando no habrá más dolor, enfermedad ni muerte física (Ap. 21:4). Cp. Is. 53:4–6.

[RO]Mas Dios muestra su amor para con nosotros, en que siendo aún pecadores, Cristo murió por nosotros. Pues mucho más, estando ya [k]justificados en su sangre, por él seremos salvos de la ira. Porque si siendo enemigos, fuimos reconciliados con Dios por la muerte de su Hijo, mucho más, estando reconciliados, seremos [l]salvos por su vida. [COL]Y a vosotros, estando muertos en pecados y en la incircuncisión de vuestra carne, os dio vida juntamente con él, [m]perdonándoos todos los pecados, [n]anulando el acta de los decretos que había contra nosotros, que nos era contraria, quitándola de en medio y [o]clavándola en la cruz[.]

[EF]Pero ahora en Cristo Jesús, vosotros que en otro tiempo estabais lejos, habéis sido hechos cercanos por la sangre de Cristo[,] [1P]sabiendo que fuisteis [p]rescatados de vuestra vana manera de vivir, la cual recibisteis de vuestros padres, no con cosas corruptibles, como oro o plata, sino con la sangre preciosa de Cristo, como de un

---

[k]JUSTIFICADOS. Este verbo y todas las palabras relacionadas que se derivan de la misma raíz griega (p. ej., justificación), aparecen unas treinta veces en Romanos y se concentran en especial en 2:13—5:1. Este término legal o forense proviene de la palabra griega que significa «justo» y tiene que ver con «declarar justo» a alguien. Este veredicto incluye: perdón de la culpa y el castigo del pecado, y la imputación de la justicia de Cristo a favor del creyente, lo cual suministra la justicia positiva que el hombre necesita para ser aceptado por Dios. Dios declara justo al pecador solo con base en los méritos de Cristo y su justicia perfecta. Él le imputó el pecado del creyente a Cristo en su sacrificio en la cruz (Is. 53:4, 5; 1 P. 2:24), y le imputa la obediencia perfecta de Cristo a la ley de Dios a los cristianos (cp. Ro. 5:19; 1 Co. 1:30; 2 Co. 5:21; Fil. 3:9). El pecador recibe este regalo de la gracia de Dios solo por medio de la fe (Ro. 3:22, 25; 4:1–25). La santificación es una obra de Dios para hacer justos a quienes ya ha justificado, y aunque se diferencia de la justificación, siempre la sigue sin excepción alguna (Ro. 8:30).

[l]SALVOS POR SU VIDA. Mientras éramos enemigos de Dios, Cristo por su muerte pudo reconciliarnos con Dios. Ahora que somos hijos de Dios, es indudable que el Salvador puede preservarnos por su poder viviente.

[m]PERDONÁNDOOS TODOS LOS PECADOS. El perdón gratuito (Ro. 3:24) y completo (Ro. 5:20; Ef. 1:7) de Dios, otorgado a pecadores culpables que depositan su fe en Jesucristo, es la realidad más importante en las Escrituras (cp. Sal. 32:1; 130:3, 4; Is. 1:18; 55:7; Mi. 7:18; Mt. 26:28; Hch. 10:43; 13:38, 39; Tit. 3:4–7; Heb. 8:12).

[n]ANULANDO EL ACTA DE LOS DECRETOS. El significado literal de la palabra griega que se traduce «acta» es «manuscrito» y se refiere al certificado de una deuda que se escribía a mano y por el cual un deudor reconocía su obligación. Todas las personas (Ro. 3:23) le deben a Dios una deuda por transgredir su ley que les resulta imposible pagar por sí mismas (Gá. 3:10; Stg. 2:10; cp. Mt. 18:23–27), por esa razón están bajo sentencia irremediable de muerte (Ro. 6:23). Pablo establece una comparación gráfica entre el perdón que Dios concede a los creyentes por sus pecados y la eliminación de la tinta que se ha fijado a un papiro. Por medio del sacrificio y la muerte de Cristo en la cruz, Dios ha borrado por completo nuestro certificado de deuda y ha hecho completo nuestro perdón.

[o]CLAVÁNDOLA EN LA CRUZ. Esta es otra metáfora para aludir al perdón. La lista de los delitos de un delincuente crucificado era clavada a la cruz junto al delincuente para declarar los delitos y las transgresiones por las que era castigado (como en el caso de Jesús, como se indica en Mt. 27:37). Los pecados de los creyentes fueron puestos en la cuenta de Cristo y clavados a su cruz mientras él pagaba el castigo en lugar de ellos, de tal forma que satisfizo la ira justa de Dios contra los delitos y pecados que requerían el pago total.

[p]RESCATADOS. Es decir, pagar el precio para librar a una persona de la esclavitud, dejar a alguien en libertad mediante el pago de un rescate. Redención o rescate era un término técnico que se aplicaba al dinero pagado para comprar la libertad de un prisionero de guerra. Aquí alude al precio pagado para comprar la libertad de los que viven en servidumbre al pecado y bajo la maldición de la ley (i.e., muerte eterna, cp. Gá 3:13). El precio pagado a un Dios santo fue la sangre derramada de su propio Hijo (cp. Éx. 12:1–13; 15:13; Sal. 78:35; Hch. 20:28; Ro. 3:24; Gá 4:4, 5; Ef. 1:7; Col. 1:14; Tit. 2:14; Heb. 9:11–17).

cordero sin mancha y sin contaminación[.] [HEB]Porque si la sangre de los toros y de los machos cabríos, y las cenizas de la becerra rociadas a los inmundos, santifican para la purificación de la carne, ¿[q]cuánto más [r]la sangre de Cristo, el cual mediante el Espíritu eterno [s]se ofreció a sí mismo sin mancha a Dios, limpiará vuestras conciencias de obras muertas para que sirváis al Dios vivo? Así que, por eso es mediador de un nuevo pacto, para que interviniendo muerte para la remisión de las transgresiones que había bajo el primer pacto, los llamados reciban la promesa de la herencia eterna.

[1 CO]Porque los judíos piden señales, y los griegos buscan sabiduría; pero nosotros predicamos a Cristo [t]crucificado, para los judíos ciertamente tropezadero, y para los gentiles locura; mas para los llamados, así judíos como griegos, Cristo poder de Dios[.] [COL][Dios] nos ha librado de la potestad de las tinieblas, y trasladado al reino de su amado Hijo, en quien tenemos redención por su sangre, el perdón de pecados.

[HEB]Pero vemos a aquel que fue hecho un poco menor que los ángeles, a Jesús, coronado de gloria y de honra, a causa del padecimiento de la muerte, para que por la gracia de Dios gustase la muerte por todos. [2 CO][Y] por todos murió, para que los que viven, ya no vivan para sí, sino para aquel que murió y resucitó por ellos.

---

[q]CUÁNTO MÁS. Superior a la capacidad limpiadora de las cenizas de un animal es el poder limpiador del sacrificio de Cristo.

[r]LA SANGRE DE CRISTO. Esta es una expresión que no solo se refiere al fluido, sino a toda la obra expiatoria y el sacrificio perfecto de Cristo en su muerte. La sangre se usa como sinónimo de la muerte (cp. Mt. 23:30, 35; 26:28; 27:6, 8, 24, 25; Jn. 6:54–56; Hch. 18:6; 20:26; Ro. 3:25; 5:9; Col. 1:14).

[s]SE OFRECIÓ A SÍ MISMO. Cp. Juan 10:17, 18. Como es obvio, los animales que eran sacrificados en el sistema levítico no acudían por voluntad propia ni entendían el propósito de su muerte. Cristo vino de manera voluntaria y con una comprensión plena de la necesidad y las consecuencias de su sacrificio. Él no solo sacrificó su sangre, sino toda su naturaleza humana (cp. Heb. 10:10).

[t]CRUCIFICADO. Aunque Pablo expuso todo el consejo de Dios a la iglesia (Hch. 20:27) y les enseñó a los corintios la Palabra de Dios (Hch. 18:11), el enfoque de su predicación y enseñanza a los no creyentes fue Jesucristo, quien pagó el castigo por el pecado en la cruz (Hch. 20:20; 2 Co. 4:2; 2 Ti. 4:1, 2). Hasta que alguien entienda y crea el evangelio, de nada más hay que hablarles. La predicación de la cruz (1 Co. 1:18) predominó tanto en la iglesia primitiva que los creyentes fueron acusados de rendirle culto a un hombre muerto.

211. La victoria de la resurrección de Cristo

Hch. 2:32; 26:22–23; Ro. 6:5–9; 1 Co. 15:1–8, 20–22, 51–55; 2 Co. 13:4; 1 Ts. 4:13–18; 2 Ti. 2:8

[1 CO]Además os declaro, hermanos, el evangelio que os he predicado, el cual también recibisteis, en el cual también perseveráis; por el cual asimismo, si retenéis la palabra que os he predicado, sois salvos, si no creísteis en vano. Porque primeramente os he enseñado lo que asimismo recibí: Que Cristo murió por nuestros pecados, [a]conforme a las Escrituras; y que fue sepultado, y que resucitó al tercer día, conforme a las Escrituras[.]

[HCH]A este Jesús resucitó Dios, de lo cual todos nosotros somos testigos. [1 CO][Y] [...] apareció a Cefas, y después a los doce. Después apareció a más de quinientos hermanos a la vez, de los cuales muchos viven aún, y otros ya duermen. Después apareció a Jacobo; después a todos los apóstoles; y al último de todos, como a un abortivo, me apareció a mí.

[2 TI]Jesucristo, del linaje de David, [fue] [b]resucitado de los muertos conforme a mi evangelio, [2 CO][p]orque aunque fue crucificado en debilidad, vive por el poder de Dios. Pues también nosotros somos débiles en él, pero viviremos con él por el poder de Dios para con vosotros. [RO]Porque si fuimos plantados juntamente con él en la semejanza de su muerte, así también lo seremos en la de su resurrección; sabiendo esto, que nuestro viejo hombre fue crucificado juntamente con él, para que el cuerpo del pecado sea destruido, a fin de que no sirvamos más al pecado. Porque el que ha muerto, ha sido justificado del pecado. Y si morimos con Cristo, creemos que también viviremos con él; sabiendo que Cristo, habiendo resucitado de los muertos, ya no muere; la muerte no se enseñorea más de él.

[HCH]Pero habiendo obtenido auxilio de Dios, persevero hasta el día de hoy, dando testimonio a pequeños y a grandes, no diciendo nada fuera de las cosas que los profetas y Moisés dijeron que habían de suceder: Que el Cristo había de padecer, y

....

[a]Conforme a las Escrituras. El AT habló del sufrimiento y la resurrección de Cristo (vea Lc. 24:25–27; Hch. 2:25–31; 26:22, 23). Jesús, Pedro y Pablo citaron o hicieron referencia a pasajes del AT que trataban acerca de la obra de Cristo, como Salmos 16:8–11; 22; Isaías 53.

[b]Resucitado de los muertos. La resurrección de Cristo es la verdad central de la fe cristiana (1 Co. 15:3, 4, 17, 19). Por medio de ella, Dios afirmó la obra perfecta de redención realizada por Jesucristo (cp. Ro. 1:4).

ser el primero de la resurrección de los muertos, para anunciar luz al pueblo y a los gentiles.

[1 CO]Mas ahora Cristo ha resucitado de los muertos; [c]primicias de los que durmieron es hecho. Porque por cuanto la muerte entró por [d]un hombre, también por un hombre la resurrección de los muertos. Porque así como en Adán [e]todos mueren, también en Cristo todos serán vivificados.

[1 TS]Tampoco queremos, hermanos, que ignoréis acerca de [f]los que duermen, para que no os entristezcáis como los otros que no tienen esperanza. Porque si creemos que Jesús murió y resucitó, así también traerá Dios con Jesús a los que durmieron en él. Por lo cual os decimos esto en palabra del Señor: que nosotros que vivimos, que habremos quedado hasta la venida del Señor, no precederemos a los que durmieron. Porque el Señor mismo con voz de mando, con voz de arcángel, y con trompeta de Dios, descenderá del cielo; y los muertos en Cristo resucitarán primero. Luego nosotros los que vivimos, los que hayamos quedado, seremos [g]arrebatados juntamente con ellos en las nubes para recibir al Señor en el aire, y así estaremos siempre con el Señor. Por tanto, [h]alentaos los unos a los otros con estas palabras.

....

[c]PRIMICIAS. Esto alude a la primera cuota en la cosecha de la vida eterna, en la que la resurrección de Cristo precipitará y garantizará que todos los santos que han muerto también serán resucitados. Vea Juan 14:19.

[d]UN HOMBRE [...] UN HOMBRE. Adán, quien por medio de su pecado trajo la muerte a toda la raza, fue un ser humano. También lo fue Cristo, quien por medio de su resurrección trajo vida a toda la humanidad. Cp. Ro. 5:12–19.

[e]TODOS [...] TODOS. Los dos «todos» son semejantes solo en el sentido de que ambos se aplican a los descendientes. El segundo «todos» solo se aplica a los creyentes (vea Gá 3:26, 29; 4:7; Ef. 3:6; cp. Hch. 20:32; Tit. 3:7) y no implica universalismo (la salvación de todos sin necesidad de tener fe). Muchos otros pasajes enseñan con claridad el castigo eterno de los incrédulos (p. ej., Mt. 5:29; 10:28; 25:41, 46; Lc. 16:23; 2 Ts. 1:9; Ap. 20:15).

[f]LOS QUE DUERMEN. El sueño es un eufemismo en el NT para aludir a la muerte, porque describe la condición aparente de la persona difunta (cp. 1 Co. 11:30). Describe el cuerpo que yace muerto, mas no el alma (cp. 2 Co. 5:1–9; Fil. 1:23). Se emplea con referencia a la hija de Jairo (Mt. 9:24), a quien Jesús levantó de los muertos, y a Esteban, quien murió apedreado (Hch. 7:60; cp. Jn. 11:11; 1 Co. 7:39; 15:6, 18, 51; 2 P. 3:4). Los que mueren en Cristo se identifican en 1 Ts. 4:16 como «los que durmieron en él». Muchos en su ignorancia habían llegado a la conclusión de que los que mueren se pierden el regreso del Señor y los creyentes guardaban luto por ellos debido a su ausencia en ese acontecimiento tan glorioso. Por eso la partida de un ser querido le traía una tristeza profunda al alma. Sin embargo, no hay razón alguna para que los cristianos se lamenten así cuando muere un hermano en la fe, como si esa persona hubiera sufrido una gran pérdida.

[g]ARREBATADOS. Tras la resurrección de los muertos el espíritu de cada uno de ellos, que ya había estado con el Señor (2 Co. 5:8; Fil. 1:23), se unirá para siempre a su nuevo cuerpo resucitado (cp. 1 Co. 15:35–50), y los cristianos que estén vivos serán arrebatados (cp. Jn. 10:28; Hch. 8:39). Este pasaje, junto a Juan 14:1–3 y 1 Corintios 15:51, 52, constituye la base bíblica para el «arrebatamiento» de la iglesia.

[h]ALENTAOS LOS UNOS A LOS OTROS. El propósito primordial de este pasaje no es enseñar un esquema profético, sino más bien suministrar ánimo a los cristianos cuyos seres queridos han muerto. Esta consolación se basa en lo siguiente: (1) los muertos serán resucitados y participarán en la venida del Señor por los suyos; (2) cuando Cristo venga los vivos se reunirán para siempre con sus seres queridos; y (3) todos estarán con el Señor por la eternidad.

[1CO]He aquí, os digo un misterio: No todos dormiremos; pero todos seremos transformados, en un momento, en un abrir y cerrar de ojos, a la final trompeta; porque se tocará la trompeta, y los muertos serán resucitados incorruptibles, y nosotros seremos transformados. Porque es necesario que esto corruptible se vista de incorrupción, y esto mortal se vista de inmortalidad. Y cuando esto corruptible se haya vestido de incorrupción, y esto mortal se haya vestido de inmortalidad, entonces se cumplirá la palabra [1]que está escrita: Sorbida es la muerte en victoria. ¿Dónde está, oh muerte, tu aguijón? ¿Dónde, oh sepulcro, tu victoria?

---

[1]QUE ESTÁ ESCRITA. Pablo amplificó su gozo ante la realidad de la resurrección con citas de Isaías 25:8 y Oseas 13:14. La última cita es una burla a la muerte como si fuera una abeja cuyo aguijón ha sido extirpado. Ese aguijón era el pecado que fue expuesto por la ley de Dios (cp. Ro. 3:23; 4:15; 6:23; Gá 3:10–13), y conquistado del todo por Cristo en su muerte (cp. Ro. 5:17; 2 Co. 5:21).

212. La maravilla de la gloria ascendida de Cristo

Hch. 2:33–36; Ef. 1:20–23; Fil. 2:9–11; Col. 1:17–20; Heb. 10:10–12; 1 P. 3:22; Ap. 1:10–18; 5:6–14

^{HEB}[S]omos ^asantificados mediante la ofrenda del cuerpo de Jesucristo hecha una vez para siempre. Y ciertamente todo sacerdote está día tras día ministrando y ofreciendo muchas veces los mismos sacrificios, que nunca pueden quitar los pecados; pero Cristo, habiendo ofrecido una vez para siempre un solo sacrificio por los pecados, se ha sentado a ^bla diestra de Dios[.]

^{HCH}Así que, exaltado por la diestra de Dios, y habiendo recibido del Padre la promesa del Espíritu Santo, ha derramado esto que vosotros veis y oís. Porque David no subió a los cielos; pero ^cél mismo dice:

Dijo el Señor a mi Señor:
Siéntate a mi diestra,
Hasta que ponga a tus enemigos por estrado de tus pies.

Sepa, pues, ciertísimamente toda la casa de Israel, que a este Jesús a quien vosotros crucificasteis, Dios le ha hecho ^dSeñor y Cristo. ^{1 P}[Él,] habiendo subido al cielo está a la diestra de Dios; y a él están sujetos ángeles, autoridades y potestades.

....

^aSANTIFICADOS. Se refiere al proceso de «hacer santos» a los creyentes, apartados del pecado para Dios (cp. 1 Ts. 4:3). Cristo cumplió a perfección la voluntad de Dios y así les suministró a los creyentes una condición continua y permanente de santidad (Ef. 4:24; 1 Ts. 3:13). Es la santificación posicional del creyente, la cual se diferencia de su santificación progresiva que viene como resultado de vivir a diario conforme a la voluntad de Dios (cp. Ro. 6:19; 12:1, 2; 2 Co. 7:1).

^bLA DIESTRA DE DIOS. Se describe con frecuencia a Jesús ocupando esa posición (cp. Mt. 22:44; 26:64; Lc. 22:69; Hch. 2:34; 7:55; Ef. 1:20; Col. 3:1; Heb. 1:3; 8:1; 10:11, 12; 12:2). Después que Jesús terminó su obra en la cruz y fue levantado de los muertos, él fue exaltado a su lugar merecido de preeminencia, honor, majestad, autoridad y poder (cp. Ro. 8:34; Fil. 2:9–11; Heb. 6:20).

^cÉL MISMO DICE. Pedro cita otro salmo (Sal. 110:1) sobre la exaltación del Mesías mediante su ascensión a la diestra de Dios, y le recuerda al lector que esto no se cumplió en David (como tampoco se cumplió la resurrección *corporal*), sino en Jesucristo (Hch. 2:36). Pedro había sido testigo ocular de la ascensión (Hch. 1:9–11).

^dSEÑOR Y CRISTO. Pedro resume su sermón en Hechos 2 con una poderosa afirmación llena de certeza: Las profecías del AT acerca de la resurrección y la exaltación proveen una evidencia sobrecogedora que apunta al Jesús crucificado como el Mesías. Jesús es Dios y también el Mesías ungido (cp. Ro. 1:4; 10:9; 1 Co. 12:3; Fil. 2:9, 11).

[FIL]Por lo cual Dios también [e]le exaltó hasta lo sumo, y le dio un [f]nombre que es sobre todo nombre, para que en el nombre de Jesús se doble toda rodilla de los que están en los cielos, y en la tierra, y debajo de la tierra; y toda lengua confiese que Jesucristo es el Señor, para gloria de Dios Padre. [COL]Y él es antes de todas las cosas, y todas las cosas en él subsisten; y él es [g]la cabeza del cuerpo que es la iglesia, él que es el principio, el primogénito de entre los muertos, para que en todo tenga la preeminencia; por cuanto agradó al Padre que en él habitase toda plenitud, y por medio de él reconciliar consigo todas las cosas, así las que están en la tierra como las que están en los cielos, haciendo la paz mediante la sangre de su cruz.

[EF][Él] operó en Cristo, resucitándole de los muertos y sentándole a su diestra en los lugares celestiales, sobre todo principado y autoridad y poder y señorío, y sobre todo nombre que se nombra, no sólo en este siglo, sino también en el venidero; y sometió todas las cosas bajo sus [h]pies, y lo dio por cabeza sobre todas las cosas a la iglesia, la cual es su cuerpo, la plenitud de Aquel que todo lo llena en todo.

[AP]Yo estaba en el Espíritu en el día del Señor, y oí detrás de mí una gran voz como de trompeta, que decía: Yo soy el Alfa y la Omega, el primero y el último. Escribe en un libro lo que ves, y envíalo a las siete iglesias que están en Asia: a Efeso, Esmirna, Pérgamo, Tiatira, Sardis, Filadelfia y Laodicea.

....

[e]LE EXALTÓ HASTA LO SUMO. La exaltación de Cristo fue cuádruple. Los primeros sermones de los apóstoles afirman su resurrección y coronación (su posición a la diestra de Dios), y aluden a su intercesión por los creyentes (Hch. 2:32, 33; 5:30, 31; cp. Ef. 1:20, 21; Heb. 4:15; 7:25, 26). En Hebreos 4:14 se hace referencia al aspecto final que es su ascensión. La exaltación no tenía que ver con la naturaleza de Cristo o su lugar eterno dentro de la Trinidad, sino con su nueva identidad como el Dios-Hombre (cp. Jn. 5:22; Ro. 1:4; 14:9; 1 Co. 15:24, 25). Además de recibir la gloria que siempre le perteneció (Jn. 17:5), la nueva posición de Cristo como Dios hecho hombre significó que Dios le dio privilegios que no tenía antes de la encarnación. Si no hubiera vivido entre los hombres, no habría podido identificarse con ellos como el sumo sacerdote perfecto que intercede por todos. Si no hubiera muerto en la cruz, no habría podido ser elevado desde el extremo más bajo al que llegó hasta el cielo, como sustituto perfecto por el pecado humano.

[f]NOMBRE [...] SOBRE TODO NOMBRE. El nuevo nombre de Cristo que describe su naturaleza esencial y lo ubica por encima y más allá de todo es *Señor*. Este nombre es sinónimo en el NT de las descripciones de Dios en el AT como el Rey soberano del universo. Tanto antes (Is. 45:21–23; Mr. 15:2; Lc. 2:11; Jn. 13:13; 18:37; 20:28) como después (Hch. 2:36; 10:36; Ro. 14:9–11; 1 Co. 8:6; 15:57; Ap. 17:14; 19:16) de la exaltación, las Escrituras afirman que este es el título que pertenece a Jesús por derecho propio como Dios hecho hombre.

[g]LA CABEZA DEL CUERPO. Cp. Col 2:19. Pablo utiliza el cuerpo humano como una metáfora de la iglesia, a la cual Cristo sirve como su «cabeza». Así como un cuerpo es controlado desde el cerebro, Cristo controla cada parte de la iglesia para darle vida y dirección. Cp. Efesios 4:15; 5:23.

[h]PIES [...] CABEZA. Esta es una cita del Salmo 8:6 que sirve para mostrar que Dios ha exaltado a Cristo sobre todas las cosas (cp. Heb. 2:8), incluida su iglesia (cp. Col. 1:18). Es evidente que Cristo es la cabeza (no la «fuente») que tiene autoridad absoluta, porque todas las cosas han sido colocadas bajo sus pies.

Y me volví para ver la voz que hablaba conmigo; y vuelto, vi siete candeleros de oro, y en medio de los siete candeleros, a uno semejante al [i]Hijo del Hombre, vestido de una [j]ropa que llegaba hasta los pies, y ceñido por el pecho con un cinto de oro. Su cabeza y sus cabellos eran [k]blancos como blanca lana, como nieve; sus [l]ojos como llama de fuego; y sus [m]pies semejantes al bronce bruñido, refulgente como en un horno; y su [n]voz como estruendo de muchas aguas. Tenía en su diestra [o]siete estrellas; de su boca salía [p]una espada aguda de dos filos; y su rostro era como el sol cuando resplandece en su fuerza. Cuando le vi, [q]caí como muerto a sus pies. Y él puso su diestra sobre mí, diciéndome: No temas; yo soy [r]el primero y el último; y el que vivo, y estuve muerto; mas he aquí que vivo por los siglos de los siglos, amén. Y tengo [s]las llaves de la muerte y del Hades.

[i]HIJO DEL HOMBRE. Según los Evangelios, este es el título que Cristo usó con mayor frecuencia para aludir a sí mismo durante su ministerio terrenal (ochenta y una veces en los Evangelios). Tomado de la visión celestial en Daniel 7:13, es una afirmación implícita de su deidad.

[j]ROPA. La mayor parte de los usos de esta palabra en la Septuaginta, que es el AT en griego, hace referencia a la vestidura del sumo sacerdote. El cinto de oro alrededor de su torso completa la representación de Cristo en pleno ejercicio de su servicio sacerdotal (cp. Lv. 16:1–4; Heb. 2:17).

[k]BLANCOS COMO [...] LANA. «Blancos» no se refiere al color, sino a una luz resplandeciente e impecable (cp. Dn. 7:9). Como la nube de gloria (*Shekiná*), esto es un reflejo de su santidad.

[l]OJOS COMO LLAMA DE FUEGO. Como dos rayos láser, los ojos del Señor exaltado atraviesan todas las apariencias para mirar a las iglesias en lo más profundo de su ser (Ap. 2:18; 19:12; cp. Heb. 4:13).

[m]PIES SEMEJANTES AL BRONCE BRUÑIDO. El altar de los holocaustos se enchapaba con bronce y sus utensilios estaban hechos del mismo material (cp. Éx. 38:1–7). Los pies incandescentes como el bronce del altar son una referencia clara al juicio divino. Jesucristo se mueve en medio de su iglesia para ejercer con autoridad toda disciplina y el escarmiento que sean necesarios a causa del pecado.

[n]VOZ COMO ESTRUENDO DE MUCHAS AGUAS. Aquí su voz ya no es semejante a las notas claras de una trompeta (Ap. 1:10), sino que Juan la asemejó al estrépito de las olas que golpeaban contra los arrecifes y las rocas de la isla (cp. Ez. 43:2). Esto corresponde a su voz de autoridad.

[o]SIETE ESTRELLAS. Estos son los mensajeros que representan a las siete iglesias (cp. Ap. 1:20). Cristo los tiene en su mano y esto significa que él es quien controla a la iglesia y sus líderes.

[p]UNA ESPADA AGUDA DE DOS FILOS. Una espada ancha y larga que tenía dos aristas. Este símbolo representa el juicio (cp. Ap. 2:16; 19:15) sobre los que atacan a su pueblo y destruyen su iglesia.

[q]CAÍ [...] A SUS PIES. Una reacción común al ver la gloria impresionante y poderosa del Señor (Gn. 17:3; Nm. 16:22; Is. 6:1–8; Ez. 1:28; Hch. 9:4).

[r]EL PRIMERO Y EL ÚLTIMO. Jesucristo aplica a sí mismo este título del AT para Yahweh (Ap. 22:13; cp. Is. 41:4; 44:6; 48:12) en una afirmación clara de que es Dios. Los ídolos vienen y van, pero él existió antes que todo y será el único que permanecerá por la eternidad.

[s]LAS LLAVES DE LA MUERTE Y DEL HADES. Cp. Lucas 16:23. La muerte y el Hades son en esencia expresiones sinónimas, pero la muerte es la condición mortal en sí y el Hades equivale al término *Seol* en el AT, que es el lugar de los muertos (cp. Ap. 20:13). Cristo decide quién vive, quién muere y cuándo.

Y miré, y vi que en medio del trono y de los cuatro seres vivientes, y en medio de los ancianos, estaba en pie un ᵗCordero ᵘcomo inmolado, que tenía ᵛsiete cuernos, y siete ojos, los cuales son los siete espíritus de Dios enviados por toda la tierra. Y vino, y tomó el libro de la mano derecha del que estaba sentado en el trono.

Y cuando hubo tomado el libro, los cuatro seres vivientes y los veinticuatro ancianos se postraron delante del Cordero; todos tenían arpas, y copas de oro llenas de incienso, que son las oraciones de los santos; y cantaban un nuevo cántico, diciendo: Digno eres de tomar el libro y de abrir sus sellos; porque tú fuiste inmolado, y ʷcon tu sangre nos has redimido para Dios, de todo linaje y lengua y pueblo y nación; y nos has hecho para nuestro Dios reyes y sacerdotes, y reinaremos sobre la tierra.

Y miré, y oí la voz de muchos ángeles alrededor del trono, y de los seres vivientes, y de los ancianos; y su número era millones de millones, que decían a gran voz: El Cordero que fue inmolado es digno de tomar el poder, las riquezas, la sabiduría, la fortaleza, la honra, la gloria y la alabanza.

Y a todo lo creado que está en el cielo, y sobre la tierra, y debajo de la tierra, y en el mar, y a todas las cosas que en ellos hay, oí decir: Al que está sentado en el trono, y al Cordero, sea la alabanza, la honra, la gloria y el poder, por los siglos de los siglos.

Los cuatro seres vivientes decían: Amén; y los veinticuatro ancianos se postraron sobre sus rostros y adoraron al que vive por los siglos de los siglos.

....

ᵗCORDERO. Tan pronto escucha acerca de un león (Ap. 5:5), Juan levanta la mirada y ve un cordero (lit. «corderillo»). Dios requería que los judíos llevaran el cordero de Pascua a sus hogares durante cuatro días, lo cual equivalía a convertirlo en una mascota doméstica antes de que fuera sometido a una muerte violenta (Éx. 12:3, 6). Este es el verdadero Cordero de la Pascua, el Hijo de Dios (cp. Is. 53:7; Jer. 11:19; Jn. 1:29).

ᵘCOMO INMOLADO. Las marcas de su inmolación todavía son visibles, pero se mantiene erguido y con vida.

ᵛSIETE CUERNOS. En la Biblia, los cuernos siempre son símbolos de poder, porque en el reino animal se utilizan para ejercer dominio e infligir heridas en el combate. Siete cuernos representan un poder completo, perfecto y absoluto. A diferencia de otros corderos indefensos, este tiene poder total y soberano.

ʷCON TU SANGRE NOS HAS REDIMIDO PARA DIOS. El sacrificio y la muerte de Cristo a favor y en lugar de los pecadores lo hizo digno de tomar el rollo (cp. 1 Co. 6:20; 7:23; 2 Co. 5:21; Gá 3:3; 1 P. 1:18, 19; 2 P. 2:1).

213. La certeza del regreso de Cristo

Fil. 3:20–21; 1 Ts. 1:9b–10; 2 Ts. 1:6–10; 1 Ti. 6:13–16; Tit. 2:11–14; Heb. 9:28b;
2 P. 3:8–10; Ap. 19:11–16; 22:12–13, 20

[TIT]Porque la gracia de Dios se ha manifestado para salvación a [a]todos los hombres, enseñándonos que, renunciando a la impiedad y a los deseos mundanos, vivamos en este siglo sobria, justa y piadosamente, aguardando [b]la esperanza bienaventurada y [c]la manifestación gloriosa de nuestro gran [d]Dios y Salvador Jesucristo, quien se dio a sí mismo por nosotros para redimirnos de toda iniquidad y purificar para sí un pueblo propio, celoso de buenas obras. [1 TS][Porque] os convertisteis de los ídolos a Dios, para servir al Dios vivo y verdadero, y [e]esperar de los cielos a su Hijo, al cual resucitó de los muertos, a Jesús, quien nos libra de la ira venidera.

[FIL]Mas nuestra ciudadanía está en los cielos, de donde también [f]esperamos al Salvador, al Señor Jesucristo; el cual [g]transformará el cuerpo de la humillación

[a] TODOS LOS HOMBRES. Esto no enseña la salvación universal. «La humanidad» es traducida «los hombres» en Tito 3:4 para referirse a la raza humana en general como unidad categórica, y no a todos y cada uno de los individuos. Cp. 2 Corintios 5:19; 2 Pedro 3:9. Jesucristo hizo un sacrificio suficiente para cubrir todos los pecados de todo aquel que cree (Jn. 3:16–18; 1 Ti. 2:5, 6; 4:10; 1 Jn. 2:2). Pablo aclara en las palabras introductorias de esta carta a Tito que la salvación se hace eficaz solo por medio de «la fe de los escogidos de Dios» (Tito 1:1). De toda la humanidad, solo los que creen serán salvos (Jn. 1:12; 3:16; 5:24, 38, 40; 6:40; 10:9; Ro. 10:9–17).

[b] LA ESPERANZA BIENAVENTURADA. Una referencia general a la Segunda Venida de Jesucristo, que incluye la resurrección (cp. Ro. 8:22, 23; 1 Co. 15:51–58; Fil. 3:20, 21; 1 Ts. 4:13–18; 1 Jn. 3:2, 3) y el reino de los santos con Cristo en gloria (2 Ti. 2:10).

[c] LA MANIFESTACIÓN GLORIOSA. Cp. 2 Timoteo 1:10. Lit. «la aparición de la gloria». Esta será nuestra salvación de la presencia del pecado.

[d] DIOS Y SALVADOR. Una referencia clara a la deidad de Jesús. Cp. 2 Pedro 1:1.

[e] ESPERAR. Este es un tema recurrente en las cartas a los tesalonicenses (1 Ts. 3:13; 4:15–17; 5:8, 23; 2 Ts. 3:6–13; cp. Hch. 1:11; 2 Ti. 4:8; Tit. 2:11–13). Estos pasajes indican la inminencia de la liberación divina. Era algo que según el sentir de Pablo podría ocurrir en su tiempo.

[f] ESPERAMOS. El verbo griego se encuentra en la mayoría de los pasajes que hablan sobre la Segunda Venida de Cristo y expresa la idea de aguardar con paciencia, pero también con gran expectación (Ro. 8:23; 2 P. 3:11, 12).

[g] TRANSFORMARÁ EL CUERPO DE LA HUMILLACIÓN NUESTRA. La palabra griega que se traduce «transformará» es la misma que da origen al término «esquema» y alude al diseño interior de algo. Aquellos que ya están muertos en Cristo, pero vivos con él en espíritu en el cielo (2 Co. 5:8; Fil. 1:23; Heb. 12:23), recibirán un cuerpo nuevo en la resurrección y el rapto de la iglesia, que será el momento en el que será transformado el cuerpo de cada uno de los creyentes que estén con vida en la tierra (cp. Ro. 8:18–23; 1 Co. 15:51–54; 1 Ts. 4:16).

nuestra, para que sea [h]semejante al cuerpo de la gloria suya, por el poder con el cual puede también sujetar a sí mismo todas las cosas. [HEB][Y] aparecerá [i]por segunda vez, sin relación con el pecado, para salvar a los que le esperan.

[AP]He aquí [j]yo vengo pronto, y mi galardón conmigo, para recompensar a cada uno según sea su obra. Yo soy el Alfa y la Omega, el principio y el fin, el primero y el último.

[2 P]Mas, oh amados, no ignoréis esto: que para con el Señor [k]un día es como mil años, y mil años como un día. El Señor [l]no retarda su promesa, según algunos la tienen por tardanza, sino que es paciente para con nosotros, [m]no queriendo que

....

[h]SEMEJANTE AL CUERPO DE LA GLORIA SUYA. El nuevo cuerpo del creyente será como el de Cristo después de su resurrección, diseñado y adaptado por completo para la vida en el cielo (1 Co. 15:42, 43; 1 Jn. 3:2).

[i]POR SEGUNDA VEZ. En el día de la Expiación, el pueblo aguardaba con cierto nerviosismo que el sumo sacerdote regresara del Lugar Santísimo, y tan pronto hacía aparición sabían que el sacrificio en favor de ellos había sido aceptado por Dios. De la misma manera, cuando Cristo aparezca en su Segunda Venida, será la confirmación de que el Padre ha quedado satisfecho por completo con el sacrificio del Hijo a favor de los creyentes. En ese momento la salvación será consumada (cp. 1 P. 1:3–5).

[j]YO VENGO PRONTO. Este no es el juicio temporal y amenazador que se describe en Ap. 1:3; 2:5, 16, ni el juicio final de Ap. 19. Se trata más bien de un acontecimiento esperanzador. Cristo volverá para librar a su iglesia de la hora de la prueba.

[k]UN DÍA ES COMO MIL AÑOS. Dios entiende el tiempo de forma muy diferente al ser humano. Desde el punto de vista humano, la venida de Cristo parece estar muy lejos (cp. Sal. 90:4). Desde el punto de vista de Dios todo va según lo programado y no tarda mucho. Más allá de esa referencia general, esta puede ser una indicación específica del hecho de que en realidad transcurren mil años literales entre la primera fase del Día del Señor al final de la tribulación (Ap. 6:17), y la última fase mil años después al final del reino milenario cuando el Señor crea el nuevo cielo y la nueva tierra (cp. 1 P 3:10, 13; Ap. 20:1—21:1).

[l]NO RETARDA. Es decir, no se demora ni está atrasado (cp. Gá. 4:4; Tit. 1:6; Heb. 6:18; 10:23, 37; Ap. 19:11). Paciente para con nosotros. «Nosotros» denota a los salvados que conformamos el pueblo de Dios. Él aguarda para que todos sean salvos. Dios tiene una capacidad inmensa para la paciencia antes de irrumpir en juicio justo (Jl. 2:13; Lc. 15:20; Ro. 9:22; 1 P. 3:15). Dios soporta blasfemias continuas en contra de su nombre así como rebelión, homicidios y la transgresión continua de su ley mientras espera con paciencia que los suyos respondan a su llamado y sean redimidos. No es cuestión de impotencia o desidia, la razón por la que él demora su juicio final es su amor y paciencia.

[m]NO QUERIENDO QUE NINGUNO PEREZCA. Aquí «ninguno» se refiere a aquellos que han sido escogidos por el Señor y serán llamados por él para completar el número de los redimidos, lo cual se corresponde con el «nosotros». Puesto que todo el pasaje trata acerca de la destrucción de los malos por parte de Dios, su paciencia no tiene que ver con la salvación de ellos, sino tiene el propósito de permitir que él reciba a todos los suyos. No es posible que espere a que todos se salven, porque el texto hace hincapié en que destruirá al mundo y a los impíos. Aquellos que perecen y van al infierno lo hacen porque son depravados y dignos nada más que del infierno por haber rechazado a Jesucristo, el único remedio para su perdición, no porque hayan sido creados para el infierno y predeterminados para ocupar ese lugar. El sendero que lleva a la condenación es el sendero recorrido por el corazón no arrepentido de aquel que rechaza la persona y la provisión de Jesucristo y opta por permanecer en su pecado (cp. Is. 55:1; Jer. 13:17; Ez. 18:32; Mt. 11:28; 13:37; Lc. 13:3; Jn. 3:16; 8:21, 24; 1 Ti. 2:3, 4; Ap. 22:17).

ninguno perezca, sino ⁿque todos procedan al arrepentimiento. Pero ᵒel día del Señor vendrá ᵖcomo ladrón en la noche; en el cual los cielos pasarán con grande estruendo, y los elementos ardiendo serán deshechos, y la tierra y las obras que en ella hay serán quemadas.

ᴬᴾEntonces vi ᑫel cielo abierto; y he aquí un ʳcaballo blanco, y el que lo montaba se llamaba Fiel y Verdadero, y con justicia juzga y pelea. Sus ojos eran como llama de fuego, y había en su cabeza muchas diademas; y tenía un nombre escrito que ninguno conocía sino él mismo. Estaba vestido de una ropa teñida en sangre; y su nombre es: EL VERBO DE DIOS.

Y los ˢejércitos celestiales, vestidos de lino finísimo, blanco y limpio, le seguían en caballos blancos. De su boca sale ᵗuna espada aguda, para herir con ella a las

....

ⁿ QUE TODOS PROCEDAN AL ARREPENTIMIENTO. «Todos» (cp. «nosotros», «ninguno») debe referirse a todos los que forman parte del pueblo de Dios y que acudirán a Cristo para completar el número total de los hijos de Dios. La razón para la tardanza de la venida de Cristo y los juicios terribles que la acompañan no es que Dios se demore en cumplir su promesa, o quiera juzgar a más personas malvadas, o sea impotente frente a la maldad. Todo lo contrario, él retrasa su venida porque es paciente y desea dar todo el tiempo necesario y suficiente para que su pueblo se arrepienta.

ᵒ EL DÍA DEL SEÑOR. «El día del Señor» es un término técnico que apunta a las intervenciones especiales de Dios en la historia humana para ejecutar su juicio. En última instancia se refiere al tiempo futuro de juicio en que Dios juzga a los malvados en la tierra y pone fin a este sistema del mundo en su forma presente. Los profetas del AT vieron el día final del Señor como de tinieblas y condenación sin paralelo, un día en el que el Señor actuaría como nunca antes para reivindicar su nombre, destruir a sus enemigos, revelar su gloria, establecer su reino y destruir el mundo (cp. Is. 2:10–21; 13:6–22; Jl. 1, 2; Am. 5; Abd. 15; Zac. 14; Mal. 4; 2 Ts. 1:7; 2:2). Ocurre en el tiempo de la tribulación sobre la tierra (Ap. 6:17), y de nuevo mil años después al final del reino milenario y justo antes de la creación de los cielos nuevos y la tierra nueva (Ap. 20:1—21:1).

ᵖ COMO LADRÓN EN LA NOCHeb. El día del Señor llegará de forma sorpresiva, repentina, inesperada y desastrosa para los que no estén preparados.

ᑫ EL CIELO ABIERTO. Aquel que ascendió al cielo (Hch. 1:9–11) y se ha sentado a la diestra del Padre (Heb. 8:1; 10:12; 1 P. 3:22) volverá para arrebatar la tierra del usurpador y establecer su reino justo (Ap. 5:1–10). La naturaleza de este acontecimiento muestra lo mucho que difiere del arrebatamiento, en el cual se reúne con los suyos en el aire. Aquí viene con ellos a la tierra. En el arrebatamiento no hay juicio, mientras que en este suceso todo es juicio. Este acontecimiento es precedido por una oscuridad densa ocasionada por el ennegrecimiento del sol, el apagamiento de la luna, la caída de los astros y el humo, seguida de relámpagos y la gloria deslumbradora y fulgurante que acompaña la venida de Cristo. Estos detalles no se incluyen en los pasajes que enseñan sobre el arrebatamiento de la iglesia (Jn. 14:1–3; 1 Ts. 4:13–18).

ʳ CABALLO BLANCO. En las procesiones triunfales de los romanos, el general victorioso cabalgaba su corcel de guerra blanco por la Vía Sacra hasta llegar al templo de Júpiter en la colina Capitolina. La primera venida de Jesús fue en humillación montado sobre un pollino (Zac. 9:9). La visión de Juan lo presenta como el conquistador montado sobre su caballo de guerra que viene a destruir a los malvados, derrocar al anticristo, derrotar a Satanás y tomar el control de la tierra (cp. 2 Co. 2:14).

ˢ EJÉRCITOS CELESTIALES. Conformados por la iglesia (Ap. 19:8), los santos de la tribulación (Ap. 7:13), los creyentes del AT (Jud. 14; cp. Dn. 12:1, 2) y hasta por los ángeles (Mt. 25:31). Ellos no regresan para ayudar a Jesús en la batalla (están desarmados), sino para reinar con él tan pronto derrote a sus enemigos (1 Co. 6:2; 2 Ti. 2:12; Ap. 7:13). Cp. el Salmo 149:5–9.

ᵗ UNA ESPADA AGUDA. Esto simboliza el poder de Cristo para matar a sus enemigos (Ap. 1:16; cp. Is. 11:4; Heb. 4:12, 13). El hecho de que la espada sale de su boca indica que gana la batalla con el poder de su palabra. Aunque los santos vuelven con Cristo para reinar y gobernar, no son ejecutores del juicio divino. Esa es su tarea exclusiva al lado de sus ángeles santos (Mt. 13:37–50).

naciones, y él las regirá con ᵘvara de hierro; y él pisa el lagar del vino del furor y de la ira del Dios Todopoderoso. Y en su vestidura y en su muslo tiene escrito este nombre: REY DE REYES Y SEÑOR DE SEÑORES.

² ᵀˢPorque es justo delante de ᵛDios pagar con tribulación a los que os atribulan, y a vosotros que sois atribulados, daros reposo con nosotros, ʷcuando se manifieste el Señor Jesús desde el cielo con los ángeles de su poder, en llama de fuego, para dar retribución a los que no conocieron a Dios, ni obedecen al evangelio de nuestro Señor Jesucristo; los cuales sufrirán pena de eterna perdición, excluidos de la presencia del Señor y de la gloria de su poder, ˣcuando venga en aquel día para ser glorificado en sus santos y ser admirado en todos los que creyeron (por cuanto nuestro testimonio ha sido creído entre vosotros).

¹ ᵀᴵTe mando delante de Dios, que da vida a todas las cosas, y de Jesucristo, que dio testimonio de la buena profesión delante de Poncio Pilato, que guardes el mandamiento sin mácula ni represión, hasta la ʸaparición de nuestro Señor Jesucristo, [con] la cual a su tiempo [Dios] mostrará el bienaventurado y solo Soberano, Rey de reyes, y Señor de señores, el único que tiene inmortalidad, que habita en luz inaccesible; a quien ninguno de los hombres ha visto ni puede ver, al cual sea la honra y el imperio sempiterno. Amén.

ᴬᴾEl que da testimonio de estas cosas dice: Ciertamente vengo en breve. Amén; sí, ven, Señor Jesús.

....

ᵘ VARA DE HIERRO. El juicio veloz y justo caracterizará el mandato de Cristo en su reino terrenal. Los creyentes participarán de su autoridad (Ap. 2:26–27; 1 Co. 6:2; cp. Sal. 2:8–9; Ap. 12:5).

ᵛ DIOS PAGAR. Así como el juicio justo de Dios sirve para perfeccionar a los creyentes (v. 5), su otra función es «retribuir» a los impíos. La vindicación y la retribución deben ser ejercidas por el Señor y no por el hombre en todo lo relacionado con la persecución espiritual (cp. Dt. 32:35; Pr. 25:21, 22; Ro. 12:19–21; 1 Ts. 5:15; Ap. 19:2). El cuándo y cómo de la retribución divina son determinados por Dios en su infinita sabiduría.

ʷ CUANDO SE MANIFIESTE EL SEÑOR JESÚS. Sin lugar a dudas esto se refiere al momento en el que Cristo será revelado en su venida como juez sobre todos. El primer aspecto de esta revelación ocurre al final del período de tribulación de siete años (cp. Mt. 13:24–30, 36–43; 24:29–51; 25:31–46; Ap. 19:11–15). La revelación final y universal de Cristo como juez ocurre en el juicio ante el gran trono blanco que viene después del reino milenario de Cristo sobre la tierra (Ap. 20:11–15). Los ángeles siempre acompañan a Cristo en su venida para juzgar (cp. Mt 13:41, 49; 24:30, 31; 25:31; Ap. 14:14, 15).

ˣ CUANDO VENGA. El tiempo en el que llegará el día del Señor para retribución y ruina de los incrédulos. Al quedar desplegada la gran gloria de Cristo, el resultado será reposo y alivio para los creyentes y el privilegio insuperable de participar en su gloria (cp. Fil. 3:21; 1 Jn. 3:2). Esta es la «manifestación» gloriosa de los creyentes a la que Pablo hizo alusión (Ro. 8:18, 19). En aquel tiempo todos los creyentes lo adorarán y le rendirán culto, incluidos los de la iglesia en Tesalónica que creyeron el testimonio que Pablo les dio del evangelio.

ʸ APARICIÓN. Cuando el Señor regrese a la tierra en gloria (cp. 2 Ti. 4:1, 8; Tit. 2:13) para juzgar y establecer su reino (Mt. 24:27, 29, 30; 25:31). Por cuanto el regreso de Cristo es inminente, eso debería ser motivación suficiente para que el hombre de Dios permanezca fiel a su llamado hasta que muera o el Señor regrese (cp. Hch. 1:8–11; 1 Co. 4:5; Ap. 22:12).

214. La salvación es solo por gracia, solo a través de la fe y solo en Cristo

Hch. 4:12; 15:11a; Ro. 3:23–26; 4:2–5, 24–25; 5:1–2; 8:1, 29–39; 11:6; Gá. 2:16; 3:11–14; Ef. 1:13–14; 2:8–9; Fil. 3:8–10a; 1 Ti. 2:5–6a; 2 Ti. 1:8b–11; Tit. 3:4–7; Heb. 7:25; 1 Jn. 2:1b–2

^{GÁ}[E]l hombre no es ^ajustificado por las ^bobras de la ley, sino por la fe de Jesucristo, nosotros también hemos creído en Jesucristo, para ser justificados por la fe de Cristo y no por ^clas obras de la ley, por cuanto por las obras de la ley nadie será justificado. ^{RO}[P]or cuanto todos pecaron, y están destituidos de la gloria de Dios, siendo justificados ^dgratuitamente por su gracia, mediante la ^eredención que es en Cristo Jesús, a quien Dios puso como ^fpropiciación

....

^a JUSTIFICADO. Esta palabra se empleaba en la jurisprudencia griega para describir cómo un juez declaraba no culpable a una persona acusada, como resultado de lo cual se consideraba inocente ante la ley. En todas las Escrituras se refiere a la declaración que Dios hace de un pecador como no culpable, sino justo por completo ante él, al imputar a favor de esa persona la justicia divina de Cristo, al mismo tiempo que imputa el pecado de ese individuo a su Salvador libre de pecado, quien recibe todo el castigo correspondiente (cp. Ro. 3:24; Fil. 3:8, 9).

^b OBRAS [...] FE. Tres veces en este versículo (Gá. 2:16) Pablo declara que la salvación solo es por fe en Cristo y no por la ley. La primera es general («el hombre no es justificado»), la segunda es personal («nosotros también [...] para ser justificados»), y la tercera es universal («nadie será justificado»).

^c LAS OBRAS DE LA LEY. Guardar la ley es inaceptable como medio para alcanzar la salvación, porque la raíz de la pecaminosidad está en la condición caída del corazón humano, no en sus acciones. La ley sirvió como un espejo para revelar el pecado, mas nunca como su cura definitiva (cp. Ro. 7:7-13; Gá. 3:22–24; 1 Ti. 1:8–11).

^d GRATUITAMENTE POR SU GRACIA. La justificación es un regalo gratuito y generoso que Dios le otorga al pecador arrepentido que cree, sin conexión alguna con los méritos u obras del ser humano.

^e REDENCIÓN. La imagen tras esta palabra griega viene del antiguo mercado esclavista. Significaba pagar el rescate necesario para obtener la puesta en libertad de un prisionero o esclavo. El único pago adecuado para redimir a los pecadores de la esclavitud del pecado y su castigo merecido es «en Cristo Jesús» (1 Ti. 2:6; 1 P. 1:18, 19), y le fue pagado a Dios para satisfacer su justicia perfecta.

^f PROPICIACIÓN. Un aspecto crucial del sacrificio de Cristo, porque esta palabra alude a la idea de apaciguamiento o satisfacción. En este caso la muerte violenta de Cristo satisfizo la santidad ofendida de Dios y su ira justa en contra de todos aquellos por quienes murió (Is. 53:11; Col. 2:11–14). El equivalente hebreo de esta palabra se usaba para describir el propiciatorio o la cubierta del arca del pacto, sobre el cual rociaba el sumo sacerdote la sangre del animal sacrificado en el Día de la Expiación, a fin de hacer expiación por los pecados del pueblo. En las religiones paganas es el adorador y no el dios quien tiene la responsabilidad de apaciguar la ira de la deidad ofendida, pero en realidad el hombre es incapaz de satisfacer la justicia de Dios aparte de Cristo, a no ser que pase la eternidad en el infierno. Cp. 1 Juan 2:2.

^gpor medio de la fe en su sangre, para manifestar su justicia, a causa de haber ^hpasado por alto, en su paciencia, los pecados pasados, con la mira de manifestar en este tiempo su justicia, a fin de que él sea ⁱel justo, y el que justifica al que es de la fe de Jesús.

^{EF}En él también vosotros, ^jhabiendo oído la palabra de verdad, el evangelio de vuestra salvación, y habiendo creído en él, fuisteis ^ksellados con el Espíritu Santo de la promesa, que es las arras de nuestra herencia hasta la redención de la posesión adquirida, para alabanza de su gloria. ^{RO|}Justificados, pues, por la fe, tenemos ^mpaz para con Dios por medio de nuestro Señor Jesucristo; por quien también tenemos entrada por la fe a esta gracia en la cual estamos firmes, y nos gloriamos en la esperanza de la gloria de Dios.

^{HEB}[P]or lo cual [él] puede también salvar ⁿperpetuamente a los que por él

---

^g POR MEDIO DE LA FE. Confiar, apoyarse en o tener fe en. La verdadera fe que salva es sobrenatural, un don gratuito de Dios que él mismo deposita y produce en el corazón (cp. Ef. 2:8), y es el único medio por el cual una persona puede apropiarse de la justicia verdadera (cp. Ro. 3:22, 25; 4:5, 13, 20; 5:1). La fe salvadora consiste en tres elementos: (1) mental: la mente entiende el evangelio y la verdad acerca de Cristo (Ro. 10:14–17); (2) emocional: la persona manifiesta que ha acogido la veracidad de esos hechos con tristeza por el pecado y gozo por la misericordia y la gracia de Dios (Ro. 6:17; 15:13); y (3) volitivo: el pecador somete su voluntad a Cristo y confía solo en él como la única esperanza de salvación (Ro. 10:9). La fe genuina siempre producirá una obediencia auténtica (Ro. 4:3; cp. Jn. 8:31; 14:23–24).

^h PASADO POR ALTO [...] LOS PECADOS. Esto no significa indiferencia ni remisión. La justicia de Dios demanda que todo pecado y todo pecador sea castigado. Dios habría sido justo, tan pronto Adán y Eva pecaron, si los hubiera destruido y con ellos a toda la raza humana, pero en su bondad y paciencia (vea Ro. 2:4), contuvo su juicio durante una cierta cantidad de tiempo (cp. Sal. 78:38, 39; Hch. 17:30, 31; 2 P. 3:9).

ⁱ EL JUSTO, Y EL QUE JUSTIFICA. La sabiduría del plan de Dios le permitió castigar a Jesús en lugar de a los pecadores y así justificar a los que son culpables sin desdecir su veredicto justo y sin poner en entredicho su justicia.

^j HABIENDO OÍDO LA PALABRA DE VERDAD [...] Y HABIENDO CREÍDO. El evangelio de Jesucristo revelado por Dios debe ser oído (Ro. 10:17) y creído (Jn. 1:12) para traer salvación.

^k SELLADOS CON EL ESPÍRITU SANTO. El Espíritu de Dios mismo viene para morar en el creyente, en gran parte para asegurar y preservar su salvación eterna. El sello del que habla Pablo se refiere a una marca oficial de identificación que se colocaba en cartas, contratos y otros documentos importantes. Así el documento quedaba bajo la autoridad auténtica y oficial de la persona cuya marca quedara impresa en el sello. Hay cuatro verdades primordiales que se establecen por medio de un sello: (1) seguridad (cp. Dn. 6:17; Mt. 27:62—66); (2) autenticidad (cp. 1 R. 21:6–16); (3) propiedad (cp. Jer. 32:10); y (4) autoridad (cp. Est. 8:8–12). El Espíritu Santo es dado por Dios como su juramento de la herencia futura del creyente en la gloria (cp. 2 Co. 1:21).

^l JUSTIFICADOS. La construcción griega y su traducción subrayan que la justificación es una declaración legal que se hace una sola vez y tiene resultados perpetuos, no un proceso continuo.

^m PAZ PARA CON DIOS. No una sensación subjetiva e interior de calma y serenidad, sino una realidad externa y objetiva. Dios se ha declarado en guerra contra todo ser humano a causa de la rebelión pecaminosa del hombre contra él y sus leyes (cp. Éx. 22:24; Dt. 32:21, 22; Sal. 7:11; Jn. 3:36; Ro. 1:18; 8:7; Ef. 5:6). El primer resultado de la justificación es que la guerra del pecador con Dios termina para siempre (Col. 1:21, 22). Las Escrituras se refieren al término de este conflicto como la reconciliación de una persona con Dios (Ro. 5:10, 11; 2 Co. 5:18–20).

ⁿ PERPETUAMENTE. Casi el mismo concepto que se expresó con la palabra «perfección» (Heb. 7:11) y «perfeccionó» (Heb. 7:19). Es un término griego que solo se usa aquí y en Lucas 13:11 (donde se explica que el cuerpo de la mujer no se podía enderezar por completo).

se acercan a Dios, viviendo siempre para °interceder por ellos. [1 JN][Y] si alguno hubiere pecado, abogado tenemos para con el Padre, a Jesucristo el justo. Y él es la propiciación por nuestros pecados; y no solamente por los nuestros, sino también Ppor los de todo el mundo. [1 TI]Porque hay un solo Dios, y un solo qmediador entre Dios y los hombres, Jesucristo hombre, el cual se dio a sí mismo ren rescate por todos[.] HCHY en ningún otro hay salvación; porque no hay otro nombre bajo el cielo, dado a los hombres, en que podamos ser salvos.

TITPero cuando se manifestó la bondad de Dios nuestro Salvador, y su amor para con los hombres, nos salvó, no por obras de justicia que nosotros hubiéramos hecho, sino por su misericordia, por el slavamiento de la regeneración y por la renovación en el Espíritu Santo, el cual derramó en nosotros abundantemente por Jesucristo nuestro Salvador, para que justificados por su gracia, viniésemos a ser herederos conforme a la esperanza de la vida eterna. EFPorque por gracia sois salvos

°INTERCEDER. La palabra significa «suplicar en beneficio y representación de otro». Se empleaba para aludir a peticiones que un intermediario presentaba a un rey en representación de otra persona. Vea Romanos 8:34. Compare la oración sacerdotal e intercesora de Cristo en Juan 17. Como los rabinos atribuían poderes de intercesión a los ángeles, es posible que algunos los trataran como intercesores personales. El escritor aclara sin equívocos que Cristo es el único intercesor de los creyentes (cp. 1 Ti. 2:5).

PPOR LOS DE TODO EL MUNDO. Un término genérico que no se refiere a todos los individuos de la raza humana, sino a la humanidad en general. En realidad, Cristo solo pagó el castigo de aquellos que habrían de arrepentirse y creer. Varios textos bíblicos indican que Cristo murió por el mundo (Jn. 1:29; 3:16; 6:51; 1 Ti. 2:6; Heb. 2:9). La mayor parte del mundo será condenada al infierno por la eternidad para pagar por sus propios pecados, así que estos no podrían haber sido pagados por Cristo. Los pasajes que hablan de la muerte de Cristo por todo el mundo deben entenderse como una referencia a la humanidad en general (como en Tit. 2:11). «Mundo» alude a la esfera de seres con quienes Dios procura reconciliarse y a favor de los cuales ha provisto un medio de propiciación perfecta. Dios ha mitigado por un tiempo su ira contra los pecadores al permitirles vivir y disfrutar la vida terrenal (cp. 1 Ti. 4:10). En ese sentido, Cristo ha suministrado una propiciación breve y temporal para el mundo entero, pero él satisfizo a plenitud la ira eterna de Dios solo a favor de los elegidos que creen. La muerte de Cristo en sí misma tuvo un valor ilimitado e infinito, porque él mismo es el Dios santo. Por eso su sacrificio fue suficiente para pagar el castigo por los pecados de todos los que son traídos por Dios a la fe. Ahora bien, la satisfacción y la expiación eficaces para salvación solo se aplican a quienes creen (cp. Jn. 10:11, 15; 17:9, 20; Hch. 20:28; Ro. 8:32, 37; Ef. 5:25). El perdón de pecados se ofrece al mundo entero, pero solo es recibido por los que creen (cp. Jn. 5:24; 1 Jn. 4:9, 14). No existe otra manera de ser reconciliado con Dios.

qMEDIADOR. Esto se refiere a alguien que interviene entre dos partes para resolver un conflicto o ratificar un pacto. Jesucristo es el único «mediador» que puede restaurar la paz entre Dios y los pecadores (Heb. 8:6; 9:15; 12:24).

rEN RESCATE. Este término describe el resultado de la muerte sustitutiva de Cristo por los creyentes, a la cual él se sometió por voluntad propia (Jn. 10:17, 18) y le recuerda al creyente la declaración de Cristo mismo en Mateo 20:28, «en rescate por muchos». Aquí «todos» está limitado a los «muchos». No todos serán rescatados, aunque su muerte sería suficiente para todos, sino solo aquellos que creen mediante la obra del Espíritu Santo y por los cuales se hizo expiación en realidad. Cristo no solo pagó un rescate, sino que se convirtió en el objeto mismo de la ira justa de Dios en el lugar del creyente. Él padeció la muerte que merecían los creyentes y cargó con todo su pecado (cp. 2 Co. 5:21; 1 P. 2:24).

sLAVAMIENTO DE LA REGENERACIÓN. Cp. Ezequiel 36:25-29; Efesios 5:26; Santiago 1:18; 1 Pedro 1:23. La salvación trae a los creyentes limpieza divina del pecado y el regalo de una vida nueva, generada por el Espíritu, investida de poder por el Espíritu y protegida por el Espíritu, como hijos propios y herederos de Dios (Tito 3:7). Este es el nuevo nacimiento (cp. Jn. 3:5; 1 Jn. 2:29; 3:9; 4:7; 5:1).

por medio de [1]la fe; y esto no de vosotros, pues es don de Dios; no por obras, para que nadie se gloríe. ROY si por gracia, ya no es por obras; de otra manera la gracia ya no es gracia. HCHAntes creemos que por la gracia del Señor Jesús seremos salvos[.]

ROAhora, pues, ninguna condenación hay para los que están en Cristo Jesús, los que no andan conforme a la carne, sino conforme al Espíritu. GAY que por la ley ninguno se justifica para con Dios, es evidente, porque: El justo por la fe vivirá; y la ley no es de fe, sino que dice: El que hiciere estas cosas vivirá por ellas. Cristo nos redimió de la maldición de la ley, [u]hecho por nosotros maldición (porque está escrito: Maldito todo el que es colgado en un madero), para que en Cristo Jesús la bendición de Abraham alcanzase a los gentiles, a fin de que por la fe recibiésemos la promesa del Espíritu.

ROPorque si Abraham fue justificado por las obras, tiene de qué [v]gloriarse, pero no para con Dios. Porque ¿qué dice la Escritura? [w]Creyó Abraham a Dios, y le fue contado por justicia. Pero al que obra, no se le cuenta el salario como gracia, sino como deuda; mas al que no obra, sino cree en aquel que justifica al impío, su fe le es [x]contada por justicia. [Y justicia] con respecto a nosotros a quienes ha de ser contada, esto es, a los que creemos en el que levantó de los muertos a Jesús, Señor nuestro, el cual fue entregado por nuestras transgresiones, y resucitado [y]para nuestra justificación.

....

[1]LA FE; Y ESTO NO DE VOSOTROS. «Esto» se refiere a todo lo incluido en la declaración anterior sobre la salvación y no solo a la gracia, sino a la fe. Aunque se requiere que los hombres crean para ser salvos, hasta la fe es parte del don de Dios que salva y no puede ejercerse con base en algún poder personal. La gracia de Dios es preeminente en todos los aspectos de la salvación (cp. Ro. 3:20; Gá 2:16).

[u]HECHO POR NOSOTROS MALDICIÓN. Al soportar toda la ira de Dios por los pecados de los creyentes en la cruz (cp. 2 Co. 5:21; cp. Heb. 9:28; 1 P. 2:24; 3:18), Cristo puso sobre sus hombros la maldición pronunciada sobre aquellos que transgredían la ley (cp. Gá. 3:10).

[v]GLORIARSE. Si las propias obras de Abraham hubieran sido la base de su justificación, él habría tenido todo el derecho de jactarse en presencia de Dios. Esto hace impensable la premisa hipotética del v. 2 (Ef. 2:8, 9; 1 Co. 1:29).

[w]CREYÓ ABRAHAM A DIOS. Una cita de Gn. 15:6, una de las declaraciones más evidentes en todas las Escrituras sobre la justificación. Abraham fue un hombre de fe (cp. Ro. 1:16; 4:18–21; Gá 3:6, 7, 9; Heb. 11:8–10), la fe no debe considerarse como una obra meritoria. Nunca es el fundamento de la justificación, sino tan solo el canal a través del cual es recibida, y también es un regalo de Dios. Cp. Efesios 2:8.

[x]CONTADA. Cp. Ro. 4:5, 9, 10, 22. También se puede traducir «imputada» (Ro. 4:6, 8, 11, 23, 24). Empleada tanto en sentido financiero como legal, esta palabra griega que ocurre nueve veces en Romanos 4 significa tomar algo que pertenece a alguien y acreditarlo en favor de otro. Es una transacción unilateral, por eso Abraham no tuvo que hacer algo para acumularla, sino que Dios tomó la iniciativa de asignarle su justicia. Dios tomó su propia justicia y la acreditó a favor de Abraham como si fuera realmente suya. Dios hizo esto porque Abraham creyó en él.

[y]PARA NUESTRA JUSTIFICACIÓN. La resurrección suministró la prueba definitiva de que Dios había aceptado el sacrificio de su Hijo y estaría en libertad y capacidad de ser justo al mismo tiempo que justifica a los impíos.

^{FIL}Y ciertamente, aun estimo ^ztodas las cosas como pérdida por la excelencia del conocimiento de Cristo Jesús, mi Señor, por amor del cual lo he perdido todo, y lo tengo por basura, para ganar a Cristo, y ser hallado en él, no teniendo mi propia justicia, que es por la ley, sino la que es por la fe de Cristo, la justicia que es de Dios por la fe; a fin de conocerle, y el poder de su resurrección[.]

^{2 TI}[Esté es] el evangelio según el poder de Dios, quien nos salvó y llamó con llamamiento santo, ^{aa}no conforme a nuestras obras, sino según el propósito suyo y la gracia que nos fue dada en Cristo Jesús antes de los tiempos de los siglos, del cual yo fui constituido predicador, apóstol y maestro de los gentiles.

^{RO}Porque a los que antes conoció, también los predestinó para que fuesen hechos conformes a la imagen de su Hijo, para que él sea el primogénito entre muchos hermanos. Y a los que predestinó, a éstos también llamó; y a los que llamó, a éstos también justificó; y a los que justificó, a éstos también glorificó.

^{bb}¿Qué, pues, diremos a esto? Si Dios es por nosotros, ¿quién contra nosotros? El que no escatimó ni a su propio Hijo, sino que lo entregó por todos nosotros, ¿cómo no nos dará también con él todas las cosas? ¿Quién acusará a los escogidos de Dios? Dios es el que justifica. ¿Quién es el que condenará? Cristo es el que murió; más aun, el que también resucitó, el que además está a la diestra de Dios, el que también intercede por nosotros. ¿Quién nos separará del amor de Cristo? ¿Tribulación, o angustia, o persecución, o hambre, o desnudez, o peligro, o espada? Como está escrito:

Por causa de ti somos muertos todo el tiempo;
Somos contados como ovejas de matadero.

Antes, en todas estas cosas somos más que vencedores por medio de aquel que nos amó. Por lo cual estoy seguro de que ni la muerte, ni la vida, ni ángeles, ni principados, ni potestades, ni lo presente, ni lo por venir, ni lo alto, ni lo profundo, ni ninguna otra cosa creada nos podrá separar del amor de Dios, que es en Cristo Jesús Señor nuestro.

....

^z TODAS LAS COSAS COMO PÉRDIDA. La palabra griega que se traduce «pérdida» es un término de contabilidad que describe una pérdida bursátil. Pablo usó el lenguaje de los negocios para describir la transacción espiritual que ocurrió cuando Cristo lo redimió. Todas sus credenciales religiosas judías que él había tabulado en su columna de ganancias eran en realidad pérdidas condenatorias (cp. Lc. 18:9–14). Por eso las puso en la otra columna y las contó como pérdidas tan pronto vio las glorias y méritos insuperables de Cristo (cp. Mt. 13:44, 45; 16:25, 26).

^{aa} No [...] OBRAS, SINO [...] GRACIA. Esta verdad es el fundamento del evangelio. La salvación es de gracia por medio de la fe y aparte de obras humanas (cp. Ro. 3:20-25; Gá 3:10, 11; Ef. 2:8, 9; Fil. 3:8, 9). La gracia también es la base para la obra sustentadora de Dios en los creyentes (cp. Fil. 1:6; Jud. 24, 25).

^{bb} ¿QUÉ, PUES, DIREMOS A ESTO? Pablo termina su enseñanza en Romanos 8:31-39 acerca de la seguridad del creyente en Cristo con una intensificación de las preguntas y respuestas que sus lectores todavía podrían requerir. El resultado es una expresión casi poética de alabanza a la gracia de Dios por haber completado la obra de salvación para bien de todos los escogidos que creen. Es un himno sobre la seguridad de la salvación.

215. Hoy es el día de salvación

Hch. 10:43; 13:38–39; 16:31a; 17:30b–31; Ro. 10:9–13; 2 Co. 5:17, 20—6:2; 1 Ts. 5:9–10; 1 Ti. 1:15a; 2:3–4; 1 Jn. 4:9–10; 5:1a, 11–13, 20; Jud. 24–25

[2 CO]Así que, somos [a]embajadores en nombre de Cristo, [b]como si Dios rogase por medio de nosotros; os rogamos en nombre de Cristo: Reconciliaos con Dios. Al que [c]no conoció pecado, [d]por nosotros lo hizo pecado, para que nosotros fuésemos hechos [e]justicia de Dios en él. Así, pues, nosotros, como colaboradores suyos, os exhortamos también a que no recibáis en vano la gracia de Dios. Porque dice:

En tiempo aceptable te he oído,
Y en día de salvación te he socorrido.

· ·

[a]EMBAJADORES. Un término que se relaciona con la palabra griega más frecuente que se traduce «anciano». Describía a un hombre de edad y más experimentado que servía como representante de un rey en otros países. Pablo describió así su función, y la función de todos los creyentes, como mensajeros que representan en la tierra al Rey del cielo con el evangelio para rogar a las personas de todo el mundo que se reconcilien con Dios, quien es su Rey verdadero y por derecho propio (cp. Ro. 10:13–18).

[b]COMO SI DIOS ROGASE. A medida que los creyentes presentan el evangelio, Dios habla (lit. «llama» o «ruega») a través de ellos para urgir a los pecadores incrédulos que se acerquen a él con actitud de fe y acepten el evangelio, lo cual significa que se arrepientan de sus pecados y crean en Jesús (cp. Hch. 16:31; Stg. 4:8).

[c]NO CONOCIÓ PECADO. Jesucristo, el Hijo de Dios sin pecado ni mancha (cp. Lc. 23:4, 14, 22, 47; Jn. 8:46; Gá. 4:4–5; Heb. 4:15; 7:26; 1 P. 1:19; 2:22–24; 3:18; Ap. 5:2–10).

[d]POR NOSOTROS LO HIZO PECADO. Dios el Padre, quien aplica el principio divino de la imputación, trató a Cristo como si él fuera un pecador, aunque no lo era, y permitió que muriera como sustituto para pagar el castigo por los pecados de todos los que creyeran en él (cp. Is. 53:4–6; Gá 3:10–13; 1 P. 2:24). En la cruz, él no se convirtió en un pecador, como algunos han sugerido, sino que permaneció santo como siempre. Fue tratado como si fuera culpable de todos los pecados cometidos por todos los que habrían de creer, aunque no había cometido uno solo. La ira de Dios se desató sobre él hasta saciarse y el requisito justo de la ley de Dios fue cumplido a la perfección para beneficio de aquellos en cuyo lugar murió.

[e]JUSTICIA DE DIOS. Otra referencia a la justificación y la imputación. La justicia que se acredita a la cuenta del creyente es la justicia de Jesucristo, el Hijo de Dios (cp. Ro. 1:17; 3:21–24; Fil. 3:9). Así como Cristo no fue un pecador, pero fue tratado como el peor de los pecadores, los creyentes que todavía no han sido hechos justos por completo (hasta la glorificación) son tratados como si fueran justos. Él llevó sobre sí sus pecados para que ellos pudieran vestirse con su justicia. Dios lo trató como si hubiera cometido los pecados de los creyentes, y trata a los creyentes como si solo hicieran las obras justas del Hijo de Dios libre de todo pecado.

He aquí ahora el tiempo aceptable; he aquí [f]ahora el día de salvación.

[1 TI]Porque esto es bueno y agradable delante de Dios nuestro Salvador, el cual [g]quiere que todos los hombres sean salvos y vengan al conocimiento de la verdad. [HCH][Porque Dios] ahora manda a todos los hombres en todo lugar, que se arrepientan; por cuanto ha establecido un día en el cual juzgará al mundo con justicia, por aquel varón a quien designó, dando fe a todos con haberle levantado de los muertos.

[RO][S]i [h]confesares con tu boca que Jesús es el Señor, y creyeres en tu corazón que [i]Dios le levantó de los muertos, serás salvo. Porque con el corazón se cree para justicia, pero con la boca se confiesa para salvación. Pues la Escritura dice: Todo aquel que en él creyere, no será avergonzado. Porque no hay diferencia entre judío y griego, pues el mismo que es Señor de todos, es rico para con todos los que le invocan; porque todo aquel que invocare el nombre del Señor, será salvo.

[1 JN]Pero sabemos que el Hijo de Dios ha venido, y nos ha dado entendimiento para conocer al que es verdadero; y estamos en el verdadero, en su Hijo Jesucristo. Este es el verdadero Dios, y la vida eterna. [HCH]De éste dan testimonio todos los profetas, que todos los que en él creyeren, recibirán perdón de pecados[.]

[1 TI]Palabra fiel y digna de ser recibida por todos: que Cristo Jesús vino al mundo para salvar a los pecadores[.] [HCH]Sabed, pues, esto, varones hermanos: que por medio de él se os anuncia perdón de pecados, y que de todo aquello de que por la

[f]AHORA EL DÍA DE SALVACIÓN. Pablo aplicó las palabras de Isaías a la situación presente. Hay un tiempo en la economía de Dios cuando él escucha a los pecadores y responde a los que se arrepienten, y ese tiempo preciso y oportuno era y es ahora mismo (cp. Pr. 1:20–23; Is. 55:6; Heb. 3:7, 8; 4:7). Sin embargo, ese tiempo también llegará a su fin (cp. Gn. 6:3; Pr. 1:24–33; Jn. 9:4), razón por la cual la exhortación de Pablo fue tan apasionada.

[g]QUIERE QUE TODOS LOS HOMBRES SEAN SALVOS. La palabra griega que se traduce «quiere» no es la expresión habitual para aludir a la voluntad de Dios en cuanto a su decreto o propósito eterno, sino a la voluntad o el deseo íntimo de Dios. Existe una distinción entre el deseo de Dios y su propósito eterno de salvación, que debe trascender sus deseos. Dios no quiere que los hombres pequen. Él aborrece el pecado con todo su ser (Sal. 5:4; 45:7), y por lo tanto aborrece sus consecuencias: malignidad eterna en el infierno. Dios no quiere que las personas sean malvadas para siempre y sientan un remordimiento eterno, pero a fin de manifestar su propia gloria, «mostrar su ira y hacer notorio su poder, soportó con mucha paciencia los vasos de ira preparados para destrucción» para el cumplimiento supremo de su voluntad (Ro. 9:22). En su propósito eterno solo escogió a los elegidos para sacarlos del mundo (Jn. 17:6) y pasó encima del resto para abandonarlos a las consecuencias de su propio pecado, incredulidad y rechazo de Cristo (cp. Ro. 1:18–32). En última instancia, las elecciones de Dios son determinadas por su propósito soberano y eterno, no por sus deseos.

[h]CONFESARES [...] QUE JESÚS ES EL SEÑOR. No un simple reconocimiento de que él es Dios y el Señor del universo, ya que hasta los demonios reconocen que esto es verdad (Stg. 2:19). Se trata de una convicción personal profunda y sin reservas de que Jesús ejerce un señorío directo y soberano sobre esa persona. Esta frase supone el arrepentimiento del pecado, la plena confianza en Jesús para obtener la salvación, y un sometimiento incondicional a él como Señor. Este es el elemento volitivo de la fe (cp. Ro. 1:16).

[i]DIOS LE LEVANTÓ DE LOS MUERTOS. La resurrección de Cristo fue la validación suprema de su ministerio (cp. Jn. 2:18–21). La creencia en ella es necesaria para la salvación, porque demostró que Cristo era quien afirmaba ser y que el Padre había aceptado su sacrificio en sustitución por los pecadores (Ro. 4:24; cp. Hch. 13:32, 33; 1 P. 1:3, 4). Sin la resurrección, no hay salvación (1 Co. 15:14–17).

ley de Moisés no pudisteis ser justificados, en él es justificado todo aquel que cree. [1JN]En esto consiste el amor: no en que nosotros hayamos amado a Dios, sino en que él nos amó a nosotros, y envió a su Hijo en [j]propiciación por nuestros pecados.

[HCH]Cree en el Señor Jesucristo, y serás salvo[.] [1JNk]Todo aquel que cree que [l]Jesús es el Cristo, es [m]nacido de Dios[.] [2CO]De modo que si alguno está [n]en Cristo, [o]nueva criatura es; las cosas viejas pasaron; he aquí todas son hechas nuevas.

[1JN]Y este es el testimonio: que Dios nos ha dado vida eterna; y esta vida está en su Hijo. El que tiene al Hijo, tiene la vida; el que no tiene al Hijo de Dios no tiene la vida. Estas cosas os he escrito a vosotros que creéis en el nombre del Hijo de Dios, para que sepáis que tenéis vida eterna, y para que creáis en el nombre del Hijo de Dios.

[JUD]Y a aquel que es poderoso para guardaros sin caída, y [p]presentaros sin mancha delante de su gloria con gran alegría, al único y sabio [q]Dios, nuestro Salvador, sea gloria y majestad, imperio y potencia, ahora y por todos los siglos. Amén.

....

[j]PROPICIACIÓN. La palabra significa «apaciguamiento» o «satisfacción». El sacrificio de Jesús en la cruz satisfizo las demandas de la santidad de Dios para el castigo del pecado (cp. Ro. 1:18; 2 Co. 5:21; Ef. 2:3). Literalmente, Cristo se convirtió en nuestra propiciación, así como el sumo sacerdote rociaba sobre el propiciatorio la sangre del sacrificio en el Día de Expiación (Lv. 16:15). Él hizo esto cuando su sangre, derramada a favor de otros, satisfizo las demandas de la justicia santa de Dios y su ira contra el pecado.

[k]TODO AQUEL QUE CREE. La fe que salva es la primera característica de un vencedor (cp. 1 Jn. 5:4, 5). El término *cree* alude a la noción de una fe continua y muestra que la marca de los creyentes genuinos es que continúan y perseveran en la fe a lo largo de su vida. La creencia salvadora no es una simple aceptación intelectual, sino una dedicación permanente y de todo corazón a Jesús.

[l]JESÚS ES EL CRISTO. El objeto de la fe del creyente es Jesús, en particular en su condición de Mesías prometido o «Ungido», a quien Dios envió para ser el Salvador del pecado. Todo aquel que deposita su fe en Jesucristo como el único Salvador ha nacido de nuevo y como resultado es un vencedor.

[m]NACIDO DE DIOS. Esta es una referencia al nuevo nacimiento y es la misma palabra que Jesús usó en Juan 3:7. El tiempo del verbo griego indica que la fe constante es resultado del nuevo nacimiento y, por ende, una evidencia confiable de este. Los hijos de Dios manifestarán la realidad de que han nacido de nuevo al no dejar nunca de creer en el Hijo de Dios, Jesucristo el Salvador. El nuevo nacimiento nos lleva a una relación permanente de fe y fidelidad con Dios y Cristo.

[n]EN CRISTO. Estas dos palabras constituyen una afirmación breve pero profunda de la importancia infinita de la redención del creyente, la cual incluye lo siguiente: (1) la seguridad del creyente en Cristo, quien cargó en su cuerpo el juicio de Dios contra el pecado; (2) la aceptación del creyente en el único en quien Dios se ha complacido; (3) la seguridad futura del creyente en aquel que es la resurrección a vida eterna y el único garante de la herencia del creyente en el cielo; y (4) la participación del creyente en la naturaleza divina de Cristo, el Verbo eterno (cp. 2 P. 1:4).

[o]NUEVA CRIATURA. Esto describe algo que es creado a un nivel nuevo de excelencia. Se refiere a la regeneración o el nuevo nacimiento (cp. Jn. 3:3; Ef. 2:1–3; Tit. 3:5; 1 P. 1:23; 1 Jn. 2:29; 3:9; 5:4). La expresión incluye el perdón para el cristiano de sus pecados, que fueron pagados en la muerte substitutiva de Cristo (cp. Gá 6:15; Ef. 4:24).

[p]PRESENTAROS SIN MANCHA. Cp. 2 Corintios 11:1; Efesios 5:27. Los cristianos poseen la justicia imputada de Cristo mediante la justificación por fe y han sido hechos dignos de la vida eterna en el cielo (cp. Ro. 8:31–39).

[q]DIOS, NUESTRO SALVADOR. Dios es por naturaleza un Salvador, a diferencia de las falsas deidades reacias e indiferentes que son resultado de la invención de los seres humanos y los demonios (cp. 1 Ti. 2:2; 4:10; 2 Ti. 1:10; Tit. 1:3; 2:10; 3:4; 2 P. 1:1; 1 Jn 4:14).

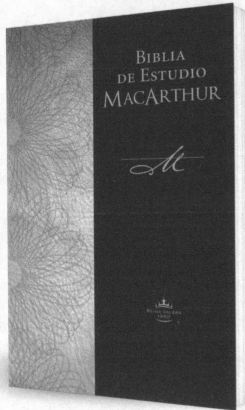
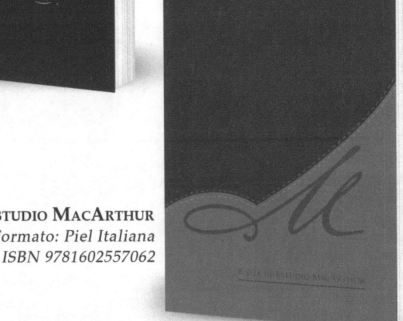

LA BIBLIOTECA DEL PASTOR

LA EVANGELIZACIÓN
ISBN 9781400243976

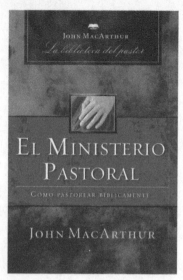

EL MINISTERIO PASTORAL
ISBN 9781400243952

LA CONSEJERÍA
ISBN 9781400243969

LA PREDICACIÓN
ISBN 9781400243945

JOHN MACARTHUR

Printed in the USA
CPSIA information can be obtained
at www.ICGtesting.com
JSHW032127270324
60039JS00009B/95

9 781400 346905